Machine Learning Held: Beherrschen Sie Data Science mit Python-Grundlagen

Erste Ausgabe

Erste Ausgabe: Juni 2025

Veröffentlicht von Cuantum Technologies LLC.

Dallas, TX.

ISBN 979-8-89965-084-0

"Artificial intelligence is the new electricity."

- Andrew Ng, Co-founder of Coursera and Adjunct Professor at Stanford University

Wer wir sind

Willkommen zu diesem Buch, erstellt von Cuantum Technologies. Wir sind ein Team leidenschaftlicher Entwickler, die sich der Entwicklung von Software verschrieben haben, die kreative Erfahrungen bietet und reale Probleme löst. Unser Fokus liegt darauf, hochwertige Webanwendungen zu entwickeln, die eine nahtlose Benutzererfahrung bieten und die Bedürfnisse unserer Kunden erfüllen.

In unserem Unternehmen glauben wir, dass Programmieren nicht nur das Schreiben von Code ist. Es geht darum, Probleme zu lösen und Lösungen zu schaffen, die das Leben der Menschen verbessern. Wir erkunden ständig neue Technologien und Techniken, um an der Spitze der Branche zu bleiben, und freuen uns darauf, unser Wissen und unsere Erfahrungen in diesem Buch mit dir zu teilen.

Unser Ansatz zur Softwareentwicklung konzentriert sich auf Zusammenarbeit und Kreativität. Wir arbeiten eng mit unseren Kunden zusammen, um ihre Bedürfnisse zu verstehen und Lösungen zu entwickeln, die ihren spezifischen Anforderungen entsprechen. Wir sind der Meinung, dass Software intuitiv, benutzerfreundlich und optisch ansprechend sein sollte, und wir bemühen uns, Anwendungen zu erstellen, die diesen Kriterien entsprechen.

Dieses Buch soll einen praktischen und praxisnahen Ansatz bieten, um JavaScript zu meistern. Egal, ob du ein Anfänger ohne Programmiererfahrung bist oder ein erfahrener Entwickler, der seine Fähigkeiten erweitern möchte, dieses Buch wurde entwickelt, um dir zu helfen, deine Fähigkeiten weiterzuentwickeln und eine solide Grundlage in der Webentwicklung mit JavaScript zu schaffen.

Unsere Philosophie:

Im Herzen von Cuantum glauben wir, dass die beste Art, Software zu entwickeln, durch Zusammenarbeit und Kreativität erreicht wird. Wir schätzen die Meinung unserer Kunden und arbeiten eng mit ihnen zusammen, um Lösungen zu entwickeln, die ihren Bedürfnissen entsprechen. Wir sind auch der Meinung, dass Software intuitiv, benutzerfreundlich und optisch ansprechend sein sollte, und wir streben danach, Anwendungen zu erstellen, die diesen Kriterien entsprechen.

Wir glauben auch, dass Programmieren eine Fähigkeit ist, die man mit der Zeit erlernen und entwickeln kann. Wir ermutigen unsere Entwickler, neue Technologien und Techniken zu erkunden, und stellen ihnen die Werkzeuge und Ressourcen zur Verfügung, die sie benötigen, um an der Spitze der Branche zu bleiben. Wir glauben auch, dass Programmieren Spaß machen und lohnend sein sollte, und wir bemühen uns, ein Arbeitsumfeld zu schaffen, das Kreativität und Innovation fördert.

Unsere Erfahrung:

In unserem Softwareunternehmen sind wir darauf spezialisiert, Webanwendungen zu entwickeln, die kreative Erfahrungen bieten und reale Probleme lösen. Unsere Entwickler haben Erfahrung mit einer Vielzahl von Programmiersprachen und Frameworks, darunter Python, KI, ChatGPT, Django, React, Three.js und Vue.js, um nur einige zu nennen. Wir erkunden ständig neue Technologien und Techniken, um an der Spitze der Branche zu bleiben, und wir sind stolz auf unsere Fähigkeit, Lösungen zu entwickeln, die die Bedürfnisse unserer Kunden erfüllen.

Wir haben auch umfassende Erfahrung in der Datenanalyse und -visualisierung, maschinellem Lernen und künstlicher Intelligenz. Wir glauben, dass diese Technologien das Potenzial haben, die Art und Weise, wie wir leben und arbeiten, zu verändern, und wir freuen uns, an der Spitze dieser Revolution zu stehen.

Zusammenfassend lässt sich sagen, dass sich unser Unternehmen der Entwicklung von Websoftware widmet, die kreative Erfahrungen fördert und reale Probleme löst. Wir priorisieren Zusammenarbeit und Kreativität und streben danach, Lösungen zu entwickeln, die intuitiv, benutzerfreundlich und visuell ansprechend sind. Wir sind leidenschaftlich für Programmierung und freuen uns darauf, unser Wissen und unsere Erfahrung in diesem Buch mit dir zu teilen. Ob du Anfänger oder erfahrener Entwickler bist, wir hoffen, dass du dieses Buch als wertvolle Ressource auf deinem Weg betrachtest, ein Experte in **JavaScript von Null zum Superhelden: Entfessle deine Superkräfte in der Webentwicklung** zu werden.

INHALTSVERZEICHNIS

Einführung

Im heutigen digitalen Zeitalter sind Daten zu einem der wertvollsten Güter für Unternehmen, Forscher und Fachleute aller Branchen geworden. Von der Analyse des Verbraucherverhaltens bis zur Vorhersage von Markttrends stehen datengesteuerte Entscheidungen heute im Mittelpunkt von Innovation und Wettbewerbsvorteil. Doch Daten in ihrer Rohform sind nur der Anfang. Um ihr volles Potenzial zu erschließen, müssen wir Daten in umsetzbare Erkenntnisse verwandeln. Hier kommt **maschinelles Lernen** ins Spiel – ein leistungsstarkes Werkzeug, das Rohdaten in Vorhersagen, Empfehlungen und fundierte Entscheidungen umwandeln kann.

Maschinelles Lernen ist nicht mehr nur auf die akademische Welt oder Hightech-Unternehmen beschränkt. Es wird überall eingesetzt – vom Gesundheitswesen über Finanzen bis hin zum Marketing und darüber hinaus. Die Frage lautet: **Wie können Sie als angehender Held des maschinellen Lernens diese Kraft nutzen und die wesentlichen Werkzeuge beherrschen, die Daten in Gold verwandeln?** Die Antwort liegt im Erlernen sowohl der grundlegenden Konzepte des maschinellen Lernens als auch der Programmiersprache **Python**, die heute die bevorzugte Sprache für maschinelles Lernen und Data Science ist.

Willkommen zu *Machine Learning Hero: Meistern Sie Data Science mit Python-Grundlagen*. Dieses Buch wurde entwickelt, um Sie in einen **Data Science-Helden** zu verwandeln, der mit dem Wissen und den Fähigkeiten ausgestattet ist, selbstbewusst mit Daten umzugehen und Techniken des maschinellen Lernens zur Lösung realer Probleme anzuwenden. Wir beginnen mit den Grundlagen und bauen Ihr Fachwissen durch eine Kombination aus theoretischem Verständnis, praktischen Übungen und konkreten Projekten schrittweise auf.

Warum maschinelles Lernen?

Sie haben vielleicht schon vom Hype um maschinelles Lernen gehört, das die treibende Kraft hinter Fortschritten in künstlicher Intelligenz (KI), prädiktiver Analytik und Automatisierung ist. Aber warum ist maschinelles Lernen so wichtig? Einfach ausgedrückt ist maschinelles Lernen der Schlüssel zur Erschließung von Erkenntnissen aus Daten. Es verleiht Computern die Fähigkeit, Muster aus Daten zu lernen und Entscheidungen oder Vorhersagen zu treffen, ohne für jede Aufgabe explizit programmiert werden zu müssen.

In Branchen wie Finanzen, Gesundheitswesen, Einzelhandel und Unterhaltung wird maschinelles Lernen eingesetzt, um Trends zu erkennen, Kundenverhalten vorherzusagen, Prozesse zu optimieren und vieles mehr. Ob es um die Verbesserung von

Produktempfehlungen, die Automatisierung des Kundenservices oder die Vorhersage von Börsenschwankungen geht – das Potenzial des maschinellen Lernens ist praktisch unbegrenzt. Als zukünftiger Held des maschinellen Lernens wird es Ihr Ziel sein, diese Prinzipien zu verstehen, effektiv anzuwenden und mit datengesteuerten Lösungen Wirkung zu erzielen.

Die Kraft von Python

Die Wahl der Programmiersprache kann genauso wichtig sein wie das Verständnis der Algorithmen hinter dem maschinellen Lernen. **Python** ist bei weitem die beliebteste Sprache für Data Science und maschinelles Lernen, und das aus mehreren Gründen:

- **Einfachheit**: Pythons leicht lesbare Syntax macht es sowohl für Anfänger als auch für erfahrene Fachleute zugänglich.
- **Vielseitigkeit**: Python unterstützt Bibliotheken für Datenmanipulation, Visualisierung und maschinelles Lernen und ist damit eine Komplettlösung für alle Ihre Data Science-Bedürfnisse.
- **Community-Unterstützung**: Python hat eine aktive Entwickler-Community, was bedeutet, dass es ständige Updates, Bibliotheken und Ressourcen gibt, die die Problemlösung schneller und effizienter machen.
- **Data Science-Bibliotheken**: Bibliotheken wie **NumPy**, **Pandas**, **Matplotlib** und **Scikit-learn** bieten die Bausteine für Datenverarbeitung, Visualisierung und maschinelles Lernen.

In diesem Buch werden Sie nicht nur Pythons Syntax beherrschen lernen, sondern auch den Umgang mit diesen leistungsstarken Bibliotheken zur Manipulation und Visualisierung von Daten. Python wird zu Ihrem wertvollsten Werkzeug werden, wenn Sie sich in die Welt des maschinellen Lernens wagen.

Was werden Sie lernen?

Machine Learning Hero: Meistern Sie Data Science mit Python-Grundlagen wurde entwickelt, um Sie vom Anfänger zum erfahrenen Data Science-Praktiker zu machen. Hier ist ein Überblick dessen, was Sie erwartet:

1. **Einführung in maschinelles Lernen**: Sie beginnen mit dem Verständnis der Grundprinzipien des maschinellen Lernens. Was ist maschinelles Lernen? Wie funktioniert es? Was sind die verschiedenen Arten des maschinellen Lernens, wie überwachtes und unüberwachtes Lernen? Dieser Abschnitt legt die Grundlage für alles Folgende.
2. **Python-Grundlagen für maschinelles Lernen**: Sie machen sich mit den Python-Grundlagen vertraut und lernen die wichtigsten Bibliotheken für Data Science kennen, wie **NumPy** für numerische Berechnungen, **Pandas** für Datenmanipulation, **Matplotlib** und **Seaborn** für Datenvisualisierung und **Scikit-learn** für den Aufbau von Machine Learning-Modellen.

3. **Datenvorverarbeitung**: Rohdaten sind selten analysebereit. Sie lernen, wie man Daten bereinigt und vorverarbeitet, mit fehlenden Werten umgeht, Merkmale skaliert und kategorische Variablen codiert – wesentliche Schritte vor der Anwendung jedes Machine Learning-Algorithmus.
4. **Klassische Machine Learning-Algorithmen**: Sobald Ihre Daten vorverarbeitet sind, tauchen Sie ein in einige der am häufigsten verwendeten Machine Learning-Algorithmen:
   - **Regressionsmodelle** zur Vorhersage kontinuierlicher Werte, wie Preise oder Temperaturen.
   - **Klassifikationsmodelle** zur Kategorisierung von Daten in verschiedene Klassen (z.B. Spam vs. Nicht-Spam E-Mails).
   - **Clustering-Modelle**, wie **K-Means**, zur Gruppierung ähnlicher Datenpunkte ohne Labels.
5. **Feature Engineering**: Eine der mächtigsten Fähigkeiten in der Data Science ist die Fähigkeit, neue Merkmale aus bestehenden Daten zu erstellen. Sie lernen, wie Sie die Leistung Ihrer Modelle durch intelligentes Feature Engineering verbessern können.
6. **Praktische Projekte**: Dieses Buch beschäftigt sich nicht nur mit Theorie. Sie werden das Gelernte auf reale Datensätze in praktischen Projekten anwenden, wie zum Beispiel:
   - Vorhersage von Autopreisen basierend auf verschiedenen Merkmalen mittels **linearer Regression**.
   - Kundensegmentierung mittels **K-Means Clustering**.
   - Vorhersage der Titanic-Überlebenden mittels **Klassifikationsalgorithmen**.

Am Ende dieses Buches werden Sie die Fähigkeiten haben, reale Probleme mit Techniken des maschinellen Lernens zu lösen. Sie werden verstehen, wie man Daten vorverarbeitet, geeignete Modelle auswählt, Hyperparameter abstimmt und die Leistung Ihrer Modelle bewertet.

Für wen ist dieses Buch?

Ob Sie gerade erst mit Data Science beginnen oder bereits Programmiererfahrung haben, dieses Buch ist für Sie. Wenn Sie jemals verstehen wollten, wie maschinelles Lernen funktioniert und wie Sie es zur Problemlösung einsetzen können, dann sind Sie hier genau richtig. Mit der Kombination aus praktischen Projekten, Übungen und Erklärungen von Machine Learning-Konzepten wird Sie dieses Buch befähigen, ein **Held des maschinellen Lernens** zu werden.

Es sind keine Vorkenntnisse in maschinellem Lernen erforderlich, obwohl grundlegende Python-Kenntnisse hilfreich sind. Wenn Sie mit Python nicht vertraut sind, keine Sorge – wir werden alle Grundlagen behandeln, um Sie auf den neuesten Stand zu bringen.

Machen Sie sich bereit, ein Held des maschinellen Lernens zu werden

Der Weg zum Helden des maschinellen Lernens beginnt hier. Die Reise mag komplex erscheinen, aber mit den richtigen Werkzeugen und Anleitungen werden Sie bald wie ein Profi eigene Modelle erstellen und Vorhersagen treffen. Denken Sie beim Durcharbeiten dieses Buches daran, dass die wahre Kraft des maschinellen Lernens in seiner Fähigkeit liegt, Probleme zu lösen und datengesteuerte Entscheidungen zu treffen. Mit diesen Fähigkeiten in Ihrem Werkzeugkasten werden Sie die Macht haben, Daten für bedeutsame Wirkung in jedem Bereich zu nutzen.

Lassen Sie uns mit Ihrer Verwandlung in einen **Helden des maschinellen Lernens** beginnen!

Teil 1: Grundlagen des maschinellen Lernens und Python

Kapitel 1: Einführung in maschinelles Lernen

Während wir uns auf diese Reise in die Welt des maschinellen Lernens (ML) im aktuellen Jahr begeben, befinden wir uns an der Spitze einer technologischen Revolution, die Branchen neu gestaltet, Innovation neu definiert und Entscheidungsprozesse auf globaler Ebene revolutioniert hat. Das Zusammentreffen von beispielloser Rechenleistung, ausgefeilten Algorithmen und der zunehmenden Verbreitung von Big Data hat das maschinelle Lernen demokratisiert und macht es zugänglicher und anwendbarer als je zuvor. Diese transformative Technologie hat verschiedene Sektoren durchdrungen, von der Revolutionierung der Gesundheitsdiagnostik und Optimierung der Finanzmärkte bis hin zur Steuerung autonomer Fahrzeuge und Verbesserung personalisierter Unterhaltungserlebnisse. Die Reichweite des maschinellen Lernens erweitert sich exponentiell und berührt praktisch jeden Aspekt unseres modernen Lebens.

In diesem wegweisenden Kapitel legen wir den Grundstein für Ihre Erforschung der Kernkonzepte des maschinellen Lernens und seiner integrale Rolle in der zeitgenössischen Softwareentwicklung. Diese Grundlage wird als Sprungbrett für die fortgeschritteneren und spezialisierten Themen dienen, denen Sie im Verlauf dieses umfassenden Leitfadens begegnen werden. Wir begeben uns auf eine Reise, um das wahre Wesen des maschinellen Lernens zu entschlüsseln, seine verschiedenen Paradigmen zu ergründen und zu untersuchen, wie es die Welt um uns herum auf tiefgreifende und oft unerwartete Weise umgestaltet. Ob Sie Ihre ersten Schritte in diesem faszinierenden Bereich machen oder Ihr bestehendes Fachwissen vertiefen möchten, dieses Kapitel dient als wesentlicher Grundstein und bereitet den Weg für die Fülle an Wissen und praktischen Erkenntnissen, die vor Ihnen liegen.

Während wir uns durch die Feinheiten des maschinellen Lernens bewegen, werden wir seine grundlegenden Prinzipien erkunden, Schlüsselbegriffe entmystifizieren und das transformative Potenzial beleuchten, das es über verschiedene Branchen hinweg besitzt. Von überwachtem und unüberwachtem Lernen bis hin zu Verstärkungslernen und tiefen neuronalen Netzen werden wir die vielfältigen Ansätze aufschlüsseln, die maschinelles Lernen zu einem so vielseitigen und leistungsfähigen Werkzeug machen. Am Ende dieses Kapitels werden Sie ein solides Verständnis der Bausteine erlangt haben, die das Fundament des maschinellen Lernens bilden, und mit dem Wissen ausgestattet sein, um sich komplexeren Konzepten und praktischen Anwendungen in den folgenden Kapiteln zu stellen.

1.1 Einführung in maschinelles Lernen

Im Kern ist **maschinelles Lernen** ein transformativer Teilbereich der künstlichen Intelligenz (KI), der Computer mit der bemerkenswerten Fähigkeit ausstattet, aus Daten zu lernen und sich anzupassen, ohne explizit programmiert werden zu müssen. Dieser revolutionäre Ansatz unterscheidet sich von traditioneller Softwareentwicklung, bei der Programme akribisch hartcodiert werden, um spezifische Aufgaben auszuführen. Stattdessen sind Modelle des maschinellen Lernens genial darauf ausgelegt, autonom Muster zu erkennen, genaue Vorhersagen zu generieren und Entscheidungsprozesse zu optimieren, indem sie große Mengen an Dateneingaben nutzen.

Das Wesen des maschinellen Lernens liegt in seiner Fähigkeit, sich im Laufe der Zeit weiterzuentwickeln und zu verbessern. Während diese ausgefeilten Systeme mehr Daten verarbeiten, verfeinern sie kontinuierlich ihre Algorithmen und verbessern ihre Leistung und Genauigkeit. Diese selbstverbessernde Natur macht maschinelles Lernen zu einem unschätzbaren Werkzeug für ein breites Spektrum von Anwendungen, von personalisierten Empfehlungssystemen und fortgeschrittener Bilderkennung bis hin zu komplexen Aufgaben der Verarbeitung natürlicher Sprache.

Durch die Nutzung statistischer Techniken und iterativer Optimierung können Modelle des maschinellen Lernens komplexe Beziehungen in Daten aufdecken, die für menschliche Analysten möglicherweise nicht wahrnehmbar sind. Diese Fähigkeit, aussagekräftige Erkenntnisse aus komplexen, hochdimensionalen Datensätzen zu gewinnen, hat zahlreiche Bereiche revolutioniert, einschließlich Gesundheitswesen, Finanzen, autonome Systeme und wissenschaftliche Forschung, und ebnet den Weg für bahnbrechende Entdeckungen und Innovationen.

1.1.1 Die Notwendigkeit des maschinellen Lernens

Das digitale Zeitalter hat eine beispiellose Ära der Datengenerierung eingeläutet, mit einer erstaunlichen Menge an Informationen, die täglich produziert wird. Diese Datenflut stammt aus unzähligen Quellen, einschließlich, aber nicht beschränkt auf Social-Media-Interaktionen, E-Commerce-Transaktionen, Internet der Dinge (IoT)-Geräte, mobile Anwendungen und zahllose andere digitale Plattformen. Diese Quellen tragen gemeinsam zu einem kontinuierlichen Strom von Echtzeitdaten bei, der mit jedem verstreichenden Moment exponentiell wächst.

Der schiere Umfang und die Komplexität dieser Daten stellen eine gewaltige Herausforderung für traditionelle Programmierparadigmen dar. Konventionelle Methoden, die sich auf vordefinierte Regeln, statische Algorithmen und starre Logikstrukturen stützen, erweisen sich zunehmend als unzureichend, wenn es darum geht, diese riesige und dynamische Flut von Informationen zu verarbeiten, zu analysieren und aussagekräftige Erkenntnisse daraus zu gewinnen. Die Grenzen dieser traditionellen Ansätze werden offensichtlich, da sie Schwierigkeiten haben, sich an die sich ständig ändernden Muster und Nuancen anzupassen, die in den Daten verborgen sind.

Genau hier erweist sich maschinelles Lernen als bahnbrechende Lösung. Durch die Nutzung ausgefeilter Algorithmen und statistischer Modelle besitzen Systeme des maschinellen Lernens die bemerkenswerte Fähigkeit, autonom aus dieser Fülle von Daten zu lernen.

Im Gegensatz zu ihren traditionellen Gegenstücken sind diese Systeme nicht durch feste Regeln eingeschränkt, sondern haben die Fähigkeit, Muster zu erkennen, Erkenntnisse zu gewinnen und fundierte Entscheidungen auf Basis der verarbeiteten Daten zu treffen. Was maschinelles Lernen auszeichnet, ist seine inhärente Anpassungsfähigkeit - diese Systeme verfeinern und verbessern ihre Leistung kontinuierlich im Laufe der Zeit, ohne dass ständige menschliche Eingriffe oder manuelle Neuprogrammierung erforderlich sind.

Die Stärke des maschinellen Lernens liegt in seiner Fähigkeit, verborgene Korrelationen aufzudecken, zukünftige Trends vorherzusagen und umsetzbare Erkenntnisse zu generieren, die für Menschen manuell praktisch unmöglich zu erkennen wären. Je mehr Daten diese Systeme verarbeiten, desto geschickter werden sie darin, komplexe Muster zu erkennen und genauere Vorhersagen zu treffen.

Diese selbstverbessernde Natur von Algorithmen des maschinellen Lernens macht sie zu unschätzbaren Werkzeugen bei der Navigation durch die Komplexitäten unserer datenreichen Welt und bietet Lösungen, die nicht nur skalierbar sind, sondern sich auch zusammen mit der sich ständig verändernden Landschaft digitaler Informationen weiterentwickeln können.

Einige häufige Beispiele für maschinelles Lernen in der Praxis sind:

1. Empfehlungssysteme

Empfehlungssysteme sind ein hervorragendes Beispiel für maschinelles Lernen in der Praxis, das von Plattformen wie Netflix und Amazon weithin genutzt wird, um das Benutzererlebnis zu verbessern und das Engagement zu steigern. Diese Systeme analysieren große Mengen an Benutzerdaten, um personalisierte Inhalte oder Produkte basierend auf individuellen Verhaltensmustern vorzuschlagen.

- Datenerfassung: Diese Systeme sammeln kontinuierlich Daten über Benutzerinteraktionen, wie Sehgewohnheiten, Kaufhistorie, Bewertungen und Browsing-Muster.
- Mustererkennung: Algorithmen des maschinellen Lernens verarbeiten diese Daten, um Muster und Präferenzen zu identifizieren, die für jeden Benutzer einzigartig sind.
- Ähnlichkeitsabgleich: Das System vergleicht dann diese Muster mit denen anderer Benutzer oder mit Produkteigenschaften, um relevante Übereinstimmungen zu finden.
- Personalisierte Vorschläge: Basierend auf diesen Übereinstimmungen generiert das System maßgeschneiderte Empfehlungen für jeden Benutzer.
- Kontinuierliches Lernen: Während Benutzer mit den Empfehlungen interagieren, lernt das System aus diesem Feedback und verfeinert seine Vorschläge im Laufe der Zeit.

Zum Beispiel könnte Netflix einen neuen Krimi basierend auf Ihrer Geschichte des Anschauens ähnlicher Sendungen empfehlen, während Amazon komplementäre Produkte basierend auf Ihren letzten Käufen vorschlagen könnte.

Diese Technologie verbessert nicht nur die Benutzerzufriedenheit durch die Bereitstellung relevanter Inhalte oder Produkte, sondern nützt auch Unternehmen durch die Steigerung des Benutzerengagements, der Kundenbindung und potenziell der Verkäufe oder Zuschauerzahlen.

2. Spam-Filter

Spam-Filter sind ein ausgezeichnetes Beispiel für maschinelles Lernen in der Praxis, das speziell überwachte Lerntechniken nutzt, um unerwünschte E-Mails automatisch zu kategorisieren und zu sortieren.

- Trainingsdaten: Spam-Filter werden zunächst mit einem großen Datensatz von E-Mails trainiert, die manuell als "Spam" oder "kein Spam" (auch als "Ham" bekannt) gekennzeichnet wurden.
- Merkmalsextraktion: Das System analysiert verschiedene Merkmale jeder E-Mail, wie Absenderinformationen, Betreffzeileninhalte, Textkörper, Vorhandensein bestimmter Schlüsselwörter und sogar HTML-Struktur.
- Algorithmusauswahl: Häufig verwendete Algorithmen für die Spam-Erkennung umfassen Naive Bayes, Support Vector Machines (SVM) und neuerdings auch Deep-Learning-Ansätze.
- Kontinuierliches Lernen: Moderne Spam-Filter aktualisieren ihre Modelle kontinuierlich basierend auf Benutzerfeedback und passen sich an neue Spam-Taktiken an, wenn diese auftauchen.
- Leistungsmetriken: Die Effektivität von Spam-Filtern wird typischerweise anhand von Metriken wie Präzision (Genauigkeit der Spam-Identifikation) und Recall (Fähigkeit, allen Spam zu erkennen) gemessen.

Spam-Filter sind zunehmend ausgefeilter geworden und können subtile Muster erkennen, die auf Spam hinweisen könnten, wie leichte Rechtschreibfehler häufig verwendeter Wörter oder ungewöhnliche E-Mail-Formatierung. Diese Anwendung des maschinellen Lernens spart nicht nur Zeit durch automatisches Sortieren unerwünschter E-Mails, sondern spielt auch eine entscheidende Rolle in der Cybersicherheit, indem sie hilft, Phishing-Angriffe und die Verbreitung von Malware zu verhindern.

3. Bilderkennung

Bilderkennungssysteme sind eine leistungsstarke Anwendung des maschinellen Lernens, insbesondere unter Verwendung von Convolutional Neural Networks (CNNs). Diese Systeme sind darauf ausgelegt, Objekte, Gesichter oder andere Elemente in digitalen Bildern zu identifizieren und zu klassifizieren.

- Funktionalität: Bilderkennungssysteme analysieren Pixelmuster in Bildern, um verschiedene Elemente zu erkennen und zu kategorisieren. Sie können spezifische Objekte, Gesichter, Text oder sogar komplexe Szenen identifizieren.
- Anwendungen: Diese Systeme haben ein breites Spektrum von Anwendungen, einschließlich:
    - Gesichtserkennung für Sicherheits- und Authentifizierungszwecke
    - Objekterkennung in autonomen Fahrzeugen
    - Medizinische Bildgebung für Krankheitsdiagnose
    - Inhaltsmäßige Moderation auf Social-Media-Plattformen
    - Qualitätskontrolle in der Fertigung
- Technologie: CNNs sind besonders effektiv für Bilderkennungsaufgaben. Sie verwenden mehrere Schichten, um schrittweise höherwertige Merkmale aus dem Rohbild zu extrahieren. Dies ermöglicht es ihnen, komplexe Muster zu lernen und genaue Vorhersagen zu treffen.
- Prozess: Ein typisches Bilderkennungssystem folgt diesen Schritten:
    - Eingabe: Das System empfängt ein digitales Bild
    - Vorverarbeitung: Das Bild kann in der Größe angepasst, normalisiert oder verbessert werden
    - Merkmalsextraktion: Das CNN identifiziert Schlüsselmerkmale im Bild
    - Klassifizierung: Das System kategorisiert das Bild basierend auf gelernten Mustern
    - Ausgabe: Das System liefert das Klassifizierungsergebnis, oft mit einem Konfidenzwert
- Vorteile: Bilderkennungssysteme können Bilder in vielen Fällen viel schneller und genauer verarbeiten und analysieren als Menschen. Sie können auch kontinuierlich ohne Ermüdung arbeiten.
- Herausforderungen: Diese Systeme können Schwierigkeiten mit Variationen in Beleuchtung, Winkel oder teilweisen Verdeckungen haben. Die Gewährleistung der Privatsphäre und die Behandlung potenzieller Verzerrungen in Trainingsdaten sind ebenfalls wichtige Überlegungen.

Mit fortschreitender Technologie verbessern sich Bilderkennungssysteme weiterhin in Genauigkeit und Fähigkeit und finden neue Anwendungen in verschiedenen Branchen.

4. Selbstfahrende Autos

Selbstfahrende Autos sind ein hervorragendes Beispiel für maschinelles Lernen in der Praxis und zeigen die Fähigkeit der Technologie, komplexe Umgebungen in der realen Welt zu navigieren und Entscheidungen in Sekundenbruchteilen zu treffen. Diese autonomen Fahrzeuge nutzen eine Kombination verschiedener Techniken des maschinellen Lernens, um sicher auf Straßen zu operieren:

- Wahrnehmung: Algorithmen des maschinellen Lernens verarbeiten Daten von mehreren Sensoren (Kameras, LiDAR, Radar), um Objekte in der Umgebung des Autos zu identifizieren und zu klassifizieren, wie andere Fahrzeuge, Fußgänger, Verkehrszeichen und Straßenmarkierungen.
- Entscheidungsfindung: Basierend auf der wahrgenommenen Umgebung treffen Modelle des maschinellen Lernens Entscheidungen über Lenkung, Beschleunigung und Bremsen in Echtzeit.
- Wegplanung: KI-Systeme berechnen optimale Routen und navigieren durch den Verkehr unter Berücksichtigung von Faktoren wie Straßenbedingungen, Verkehrsregeln und potenziellen Hindernissen.
- Vorhersagendes Verhalten: Modelle des maschinellen Lernens sagen die wahrscheinlichen Aktionen anderer Verkehrsteilnehmer voraus, sodass das Auto potenzielle Gefahren antizipieren und darauf reagieren kann.
- Kontinuierliches Lernen: Selbstfahrende Systeme können sich im Laufe der Zeit verbessern, indem sie aus neuen Erfahrungen und während des Betriebs gesammelten Daten lernen.

Die Entwicklung selbstfahrender Autos stellt einen bedeutenden Fortschritt in künstlicher Intelligenz und Robotik dar und kombiniert verschiedene Aspekte des maschinellen Lernens wie Computer Vision, Verstärkungslernen und tiefe neuronale Netze, um ein System zu schaffen, das die Komplexität realer Fahrsituationen bewältigen kann.

1.1.2 Arten des maschinellen Lernens

Algorithmen des maschinellen Lernens können in drei Haupttypen kategorisiert werden, jeder mit seinem eigenen einzigartigen Ansatz zur Verarbeitung und zum Lernen aus Daten:

1. Überwachtes Lernen

Dieser grundlegende Ansatz im maschinellen Lernen beinhaltet das Training von Modellen mit gekennzeichneten Datensätzen, bei denen jede Eingabe mit einer bekannten Ausgabe verbunden ist. Das Ziel des Algorithmus ist es, die zugrundeliegende Beziehung zwischen den Eingabemerkmalen und ihren entsprechenden Kennzeichnungen zu erkennen. Durch das Lernen dieser Zuordnung wird das Modell fähig, genaue Vorhersagen für neue, ungesehene Datenpunkte zu treffen. Dieser Prozess der Generalisierung ist entscheidend, da er es dem Modell ermöglicht, sein gelerntes Wissen auf reale Szenarien jenseits des Trainingssatzes anzuwenden.

Beim überwachten Lernen verfeinert das Modell iterativ sein Verständnis der Datenstruktur durch einen Prozess von Vorhersage und Fehlerkorrektur. Es passt seine internen Parameter an, um die Diskrepanz zwischen seinen Vorhersagen und den tatsächlichen Kennzeichnungen zu minimieren und verbessert dabei schrittweise seine Leistung. Dieser Ansatz ist besonders effektiv für Aufgaben wie Klassifikation (z.B. Spam-Erkennung, Bilderkennung) und Regression (z.B. Preisprognose, Wettervorhersage), wo klare Eingabe-Ausgabe-Beziehungen existieren.

Der Erfolg des überwachten Lernens hängt stark von der Qualität und Quantität der für das Training verfügbaren gekennzeichneten Daten ab. Ein vielfältiger und repräsentativer Datensatz ist essenziell, um sicherzustellen, dass das Modell gut auf verschiedene Szenarien generalisieren kann, denen es in der Praxis begegnen könnte. Zusätzlich spielen sorgfältige Merkmalsauswahl und -entwicklung eine entscheidende Rolle bei der Verbesserung der Fähigkeit des Modells, relevante Muster in den Daten zu erfassen.

Beispiel

Ein Spam-Filter, der lernt, E-Mails als "Spam" oder "kein Spam" basierend auf gekennzeichneten Beispielen zu klassifizieren.

```
# Example of supervised learning using Scikit-learn
from sklearn.model_selection import train_test_split
from sklearn.linear_model import LogisticRegression
from sklearn.datasets import load_iris
from sklearn.metrics import accuracy_score, classification_report

# Load dataset
data = load_iris()
X_train, X_test, y_train, y_test = train_test_split(data.data, data.target,
test_size=0.2, random_state=42)

# Initialize and train the model
model = LogisticRegression(max_iter=200, random_state=42)
model.fit(X_train, y_train)

# Make predictions
predictions = model.predict(X_test)

# Print results
print(f"Predicted labels: {predictions}")
print(f"True labels: {y_test}")
print(f"Accuracy: {accuracy_score(y_test, predictions):.2f}")
print("\\nClassification Report:")
print(classification_report(y_test, predictions, target_names=data.target_names))
```

Dieser Code demonstriert ein Beispiel für überwachtes Lernen unter Verwendung der Scikit-learn-Bibliothek in Python.

Hier ist eine Aufschlüsselung dessen, was der Code macht:

- Er importiert die erforderlichen Module aus Scikit-learn für Datenaufteilung, Modellerstellung und Datensatzladung.
- Der Iris-Datensatz wird mit load_iris() geladen. Dies ist ein klassischer Datensatz im maschinellen Lernen, der Messungen von Iris-Blumen enthält.
- Die Daten werden mit train_test_split() in Trainings- und Testsets aufgeteilt. 80% der Daten werden zum Training verwendet und 20% zum Testen.
- Ein logistisches Regressionsmodell wird initialisiert und mit model.fit(X_train, y_train) auf den Trainingsdaten trainiert.
- Das trainierte Modell wird dann verwendet, um Vorhersagen für die Testdaten mit model.predict(X_test) zu treffen.
- Abschließend werden die vorhergesagten Bezeichnungen und die tatsächlichen Bezeichnungen zum Vergleich ausgegeben.

2. Unüberwachtes Lernen

Dieser Ansatz im maschinellen Lernen arbeitet mit nicht gekennzeichneten Daten, wobei die Aufgabe des Algorithmus darin besteht, verborgene Strukturen oder Beziehungen innerhalb des Datensatzes aufzudecken. Im Gegensatz zum überwachten Lernen gibt es keine vordefinierten Ausgabekennzeichnungen, die den Lernprozess leiten. Stattdessen erkundet das Modell autonom die Daten, um inhärente Muster, Gruppierungen oder Zusammenhänge zu identifizieren.

Beim unüberwachten Lernen versucht der Algorithmus, die Daten auf sinnvolle Weise zu organisieren, ohne Vorwissen darüber zu haben, wie diese Organisationen aussehen sollten. Dies kann zur Entdeckung bisher unbekannter Muster oder Erkenntnisse führen. Eine der häufigsten Anwendungen des unüberwachten Lernens ist das Clustering, bei dem der Algorithmus ähnliche Datenpunkte basierend auf ihren inhärenten Eigenschaften oder Merkmalen gruppiert.

Weitere Aufgaben im unüberwachten Lernen umfassen:

- Dimensionsreduktion: Vereinfachung komplexer Datensätze durch Reduzierung der Anzahl der Variablen bei gleichzeitiger Bewahrung wesentlicher Informationen.
- Anomalieerkennung: Identifizierung ungewöhnlicher Muster oder Ausreißer in den Daten, die nicht dem erwarteten Verhalten entsprechen.
- Assoziationsregellernen: Entdeckung interessanter Beziehungen zwischen Variablen in großen Datenbanken.

Unüberwachtes Lernen ist besonders wertvoll beim Umgang mit großen Mengen nicht gekennzeichneter Daten oder bei der Erforschung von Datensätzen, um erste Erkenntnisse zu gewinnen, bevor gezieltere Analysetechniken angewendet werden.

Beispiel

Marktsegmentierung, bei der Kundendaten gruppiert werden, um unterschiedliche Kundenprofile zu finden.

```
# Example of unsupervised learning using K-Means clustering
from sklearn.cluster import KMeans
import numpy as np

# Randomly generated data
X = np.array([[1, 2], [1, 4], [1, 0],
              [10, 2], [10, 4], [10, 0]])

# Fit KMeans
kmeans = KMeans(n_clusters=2, random_state=0).fit(X)
print(f"Cluster Centers: {kmeans.cluster_centers_}")
print(f"Predicted Clusters: {kmeans.labels_}")
```

Hier ist eine detaillierte Aufschlüsselung der einzelnen Codebestandteile:

- **Imports:** Der Code importiert die erforderlichen Bibliotheken - KMeans aus sklearn.cluster für den Clustering-Algorithmus und numpy für Array-Operationen.
- **Datenerstellung:** Ein kleiner Datensatz X wird mit numpy erstellt. Er enthält 6 Datenpunkte mit jeweils 2 Merkmalen. Die Datenpunkte wurden bewusst so gewählt, dass sie zwei deutliche Gruppen bilden: [1,2], [1,4], [1,0] und [10,2], [10,4], [10,0].
- **KMeans-Initialisierung:** Eine Instanz von KMeans wird mit zwei Parametern erstellt:
    - n_clusters=2: Dies gibt an, dass wir 2 Cluster in unseren Daten finden möchten.
    - random_state=0: Dies legt einen Seed für die Zufallszahlengenerierung fest und gewährleistet die Reproduzierbarkeit der Ergebnisse.
- **Modellanpassung:** Die fit()-Methode wird mit unseren Daten X auf der KMeans-Instanz aufgerufen. Dies führt den Clustering-Algorithmus aus.
- **Ergebnisse:** Zwei Hauptergebnisse werden ausgegeben:
    - cluster_centers_: Dies sind die Koordinaten der Mittelpunkte jedes Clusters.
    - labels_: Dies sind die Cluster-Zuordnungen für jeden Datenpunkt in X.

Der KMeans-Algorithmus funktioniert durch iterative Verfeinerung der Positionen der Cluster-Zentren, um die Gesamtvarianz innerhalb der Cluster zu minimieren. Er beginnt mit zufällig initialisierten Cluster-Zentren und wechselt dann zwischen der Zuweisung von Punkten zum nächstgelegenen Zentrum und der Aktualisierung der Zentren basierend auf dem Mittelwert der zugewiesenen Punkte.

Dieses Beispiel demonstriert die grundlegende Verwendung von K-Means-Clustering, einer beliebten Methode des unüberwachten Lernens zur Gruppierung ähnlicher Datenpunkte. Es ist besonders nützlich für die Identifizierung von Mustern oder Beziehungen in großen Datensätzen, wobei zu beachten ist, dass seine Effektivität von der anfänglichen Platzierung der Cluster-Zentroide abhängen kann.

3. Bestärkendes Lernen

Diese Methode ist von der Verhaltenspsychologie inspiriert. Hier interagiert ein Agent mit einer Umgebung und lernt, Aktionen auszuführen, die die kumulative Belohnung maximieren. Bestärkendes Lernen wird häufig in Bereichen wie Robotik, Gaming und autonomen Systemen eingesetzt. Bei diesem Ansatz lernt ein Agent, Entscheidungen durch Interaktion mit einer Umgebung zu treffen.

Die Schlüsselkomponenten des RL sind:

- Agent: Die Einheit, die lernt und Entscheidungen trifft
- Umgebung: Die Welt, in der der Agent operiert
- Zustand: Die aktuelle Situation des Agenten in der Umgebung
- Aktion: Eine vom Agenten getroffene Entscheidung
- Belohnung: Feedback aus der Umgebung basierend auf der Aktion des Agenten

Der Lernprozess im RL ist zyklisch:

1. Der Agent beobachtet den aktuellen Zustand der Umgebung
2. Basierend auf diesem Zustand wählt der Agent eine Aktion
3. Die Umgebung geht in einen neuen Zustand über
4. Der Agent erhält eine Belohnung oder Strafe
5. Der Agent nutzt dieses Feedback, um seine Entscheidungsstrategie zu verbessern

Dieser Prozess setzt sich fort, wobei der Agent darauf abzielt, seine kumulative Belohnung über die Zeit zu maximieren.

RL ist besonders nützlich in Szenarien, in denen die optimale Lösung nicht sofort erkennbar ist oder wo die Umgebung komplex ist. Es wurde erfolgreich in verschiedenen Bereichen eingesetzt, darunter:

- Robotik: Robotern beibringen, Aufgaben durch Versuch und Irrtum zu lösen
- Spieleentwicklung: Entwicklung von KI, die komplexe Spiele wie Go und Schach meistern kann
- Autonome Fahrzeuge: Training von selbstfahrenden Autos für die Navigation im Verkehr

- Ressourcenmanagement: Optimierung des Energieverbrauchs oder von Finanzinvestitionen

Eine der wichtigsten Herausforderungen im RL ist die Balance zwischen Exploration (neue Aktionen ausprobieren, um mehr Informationen zu sammeln) und Exploitation (bekannte Informationen nutzen, um die beste Entscheidung zu treffen). Diese Balance ist entscheidend für das effektive Lernen des Agenten und seine Anpassung an sich verändernde Umgebungen.

Beliebte RL-Algorithmen umfassen Q-Learning, SARSA und Deep Q-Networks (DQN), die RL mit Deep-Learning-Techniken kombinieren.

Mit fortschreitender Forschung im RL können wir ausgereiftere Anwendungen und Verbesserungen in Bereichen wie Transfer Learning (Übertragung von Wissen von einer Aufgabe auf eine andere) und Multi-Agenten-Systeme (wo mehrere RL-Agenten interagieren) erwarten.

Beispiel

Ein Roboter, der lernt zu laufen, indem er seine Bewegungen basierend auf dem Feedback aus der Umgebung anpasst.

Bestärkendes Lernen ist komplexer und beinhaltet typischerweise die Einrichtung einer Umgebung, von Aktionen und Belohnungen. Während dies oft von Frameworks wie OpenAI Gym gehandhabt wird, hier eine grundlegende Konzeptillustration in Python:

```
import random

class SimpleAgent:
    def __init__(self):
        self.state = 0

    def action(self):
        return random.choice(["move_left", "move_right"])

    def reward(self, action):
        if action == "move_right":
            return 1  # Reward for moving in the right direction
        return -1  # Penalty for moving in the wrong direction

agent = SimpleAgent()

for _ in range(10):
    act = agent.action()
    rew = agent.reward(act)
    print(f"Action: {act}, Reward: {rew}")
```

Code-Aufschlüsselung:

- Imports: Der Code beginnt mit dem Import des 'random'-Moduls, das für zufällige Auswahlen verwendet wird.
- SimpleAgent-Klasse: Diese Klasse repräsentiert einen einfachen Reinforcement-Learning-Agenten.
    - Die **init**-Methode initialisiert den Zustand des Agenten auf 0.
    - Die action-Methode wählt zufällig zwischen "move_left" und "move_right" als Aktion des Agenten.
    - Die reward-Methode vergibt Belohnungen basierend auf der ausgeführten Aktion:
        - Wenn die Aktion "move_right" ist, gibt sie 1 zurück (positive Belohnung)
        - Für jede andere Aktion (in diesem Fall "move_left") gibt sie -1 zurück (negative Belohnung)
- Agent-Erstellung: Eine Instanz von SimpleAgent wird erstellt.
- Simulations-Schleife: Der Code durchläuft eine Schleife 10 Mal und simuliert 10 Schritte der Interaktion des Agenten mit seiner Umgebung.
    - In jeder Iteration:
        - Der Agent wählt eine Aktion
        - Die Belohnung für diese Aktion wird berechnet
        - Die Aktion und Belohnung werden ausgegeben

Dieser Code demonstriert ein sehr grundlegendes Konzept des Reinforcement Learning, bei dem ein Agent lernt, Entscheidungen basierend auf Belohnungen zu treffen. In diesem vereinfachten Beispiel lernt der Agent nicht wirklich oder verbessert seine Strategie über die Zeit, aber es veranschaulicht die Kernidee von Aktionen und Belohnungen im Reinforcement Learning.

1.1.3 Schlüsselkonzepte des maschinellen Lernens

1. Modell

Ein Modell im maschinellen Lernen ist ein ausgefeiltes Berechnungsframework, das über einfache mathematische Gleichungen hinausgeht. Es ist ein komplexes System, das entwickelt wurde, um aussagekräftige Muster und Beziehungen aus großen Datenmengen zu extrahieren. Dieser intelligente Algorithmus passt sich an und entwickelt sich weiter, während er Informationen verarbeitet, und lernt, genaue Vorhersagen oder fundierte Entscheidungen ohne explizite Programmierung zu treffen.

Als dynamischer Vermittler zwischen Eingabemerkmalen und gewünschten Ausgaben verfeinert das Modell kontinuierlich sein Verständnis und verbessert seine Leistung. Durch iterative Trainingsprozesse entwickelt es die Fähigkeit, von bekannten Beispielen auf neue, ungesehene Szenarien zu verallgemeinern und überbrückt so effektiv die Lücke zwischen Rohdaten und verwertbaren Erkenntnissen.

Die Fähigkeit des Modells, komplexe, nicht-lineare Beziehungen in Daten zu erfassen, macht es zu einem unschätzbaren Werkzeug in verschiedenen Bereichen, von der Bilderkennung und Verarbeitung natürlicher Sprache bis hin zur Finanzprognose und medizinischen Diagnostik.

2. Trainingsdaten

Trainingsdaten bilden das Fundament, auf dem maschinelle Lernmodelle aufgebaut und verfeinert werden. Dieser sorgfältig kuratierte Datensatz fungiert als primäre Bildungsressource für das Modell und liefert die notwendigen Beispiele zum Lernen. In überwachten Lernszenarien sind diese Daten typischerweise als Paare von Eingabemerkmalen und ihren entsprechenden korrekten Ausgaben strukturiert, wodurch das Modell Muster und Beziehungen erkennen kann.

Die Bedeutung von Trainingsdaten kann nicht überschätzt werden, da sie die Fähigkeit des Modells zur Erfüllung seiner beabsichtigten Aufgabe direkt beeinflusst. Sowohl die Qualität als auch die Quantität dieser Daten spielen eine entscheidende Rolle bei der Gestaltung der Effektivität des Modells. Ein hochwertiger Datensatz sollte umfassend, genau gekennzeichnet und frei von signifikanten Verzerrungen oder Fehlern sein, die den Lernprozess irreführen könnten.

Darüber hinaus sind die Vielfalt und Repräsentativität der Trainingsdaten von größter Bedeutung. Ein ausgewogener Datensatz sollte eine breite Palette von Szenarien und Grenzfällen umfassen, denen das Modell in realen Anwendungen begegnen könnte. Diese Vielfalt ermöglicht es dem Modell, ein robustes Verständnis des Problemraums zu entwickeln und seine Fähigkeit zur effektiven Verallgemeinerung auf neue, ungesehene Datenpunkte zu verbessern.

Indem wir das Modell während der Trainingsphase einer reichhaltigen Palette von Beispielen aussetzen, statten wir es mit dem Wissen und der Flexibilität aus, die für die Navigation in komplexen, realen Situationen erforderlich sind. Dieser Ansatz minimiert das Risiko des Überanpassens an spezifische Muster in den Trainingsdaten und fördert stattdessen ein anpassungsfähigeres und zuverlässigeres Modell, das in der Lage ist, verschiedene Eingaben und Szenarien zu bewältigen.

3. Merkmale

Merkmale bilden den Grundstein maschineller Lernmodelle und dienen als die charakteristischen Attribute oder messbaren Eigenschaften der untersuchten Phänomene. Diese Eingaben sind das Rohmaterial, aus dem unsere Modelle Erkenntnisse gewinnen und Vorhersagen treffen. Im Bereich des maschinellen Lernens sind die Prozesse der

Merkmalsauswahl und -entwicklung nicht nur Schritte, sondern kritische Wendepunkte, die die Leistung des Modells dramatisch beeinflussen können.

Die Kunst der Auswahl und Gestaltung von Merkmalen ist von größter Bedeutung. Gut gestaltete Merkmale haben die Kraft, die Modellarchitektur zu optimieren, den Trainingsprozess zu beschleunigen und die Vorhersagegenauigkeit erheblich zu verbessern. Sie fungieren als Linse, durch die das Modell die Welt wahrnimmt und interpretiert, und formen sein Verständnis und seine Entscheidungsfähigkeiten.

Im Bereich der Verarbeitung natürlicher Sprache beispielsweise können Merkmale von grundlegenden Elementen wie Worthäufigkeit und Satzlänge bis hin zu komplexeren linguistischen Konstrukten reichen. Diese können semantische Beziehungen, syntaktische Strukturen oder sogar kontextabhängige Worteinbettungen umfassen. Die Auswahl und Entwicklung dieser Merkmale kann die Fähigkeit des Modells, menschenähnlichen Text zu verstehen und zu generieren, tiefgreifend beeinflussen.

Darüber hinaus erfordert die Merkmalsentwicklung oft Domänenexpertise und kreative Problemlösung. Sie beinhaltet die Transformation von Rohdaten in ein Format, das das zugrundeliegende Problem für die prädiktiven Modelle besser repräsentiert und möglicherweise verborgene Muster oder Beziehungen aufdeckt, die im ursprünglichen Datensatz nicht unmittelbar erkennbar sind.

4. Labels

Im Bereich des überwachten Lernens spielen Labels eine zentrale Rolle als die Zielwerte oder gewünschten Ausgaben, die das Modell vorherzusagen versucht. Diese Labels dienen als Grundwahrheit, anhand derer die Leistung des Modells bewertet und verfeinert wird. Beispielsweise leiten in einem Spam-Erkennungssystem die binären Labels "Spam" oder "kein Spam" den Klassifizierungsprozess des Modells.

Bei Regressionsaufgaben nehmen Labels die Form kontinuierlicher Werte an, wie etwa Hauspreise in einem Immobilienvorhersagemodell. Die komplexe Beziehung zwischen Eingabemerkmalen und diesen Labels bildet den Kern dessen, was das Modell während seiner Trainingsphase zu verstehen und zu replizieren versucht.

Dieser Lernprozess beinhaltet die iterative Anpassung der internen Parameter des Modells, um die Diskrepanz zwischen seinen Vorhersagen und den tatsächlichen Labels zu minimieren und damit seine Vorhersagegenauigkeit im Laufe der Zeit zu verbessern.

5. Überanpassung vs. Unteranpassung

Diese fundamentalen Konzepte sind intrinsisch mit der Generalisierungsfähigkeit eines Modells verbunden, die für seine praktische Anwendbarkeit entscheidend ist. Überanpassung tritt auf, wenn ein Modell übermäßig auf die Nuancen und Eigenheiten der Trainingsdaten eingestellt wird, einschließlich ihres inhärenten Rauschens und zufälliger Schwankungen. Diese Überadaption führt zu einem Modell, das außergewöhnlich gut mit dem Trainingsdatensatz arbeitet, aber versagt, wenn es mit neuen, ungesehenen Daten konfrontiert wird. Das Modell "memoriert" im Wesentlichen die Trainingsdaten, anstatt die zugrundeliegenden Muster zu lernen, was zu schlechter Generalisierung führt.

Im Gegensatz dazu tritt Unteranpassung auf, wenn einem Modell die Komplexität oder Tiefe fehlt, die notwendig ist, um die komplexen Muster und Beziehungen innerhalb der Daten zu erfassen. Ein solches Modell ist oft zu simpel oder starr und versäumt es, wichtige Merkmale oder Trends zu erkennen. Dies führt zu suboptimaler Leistung nicht nur bei neuen Daten, sondern auch bei den Trainingsdaten selbst. Ein unterangepasstes Modell erfasst nicht die Essenz des Problems, das es lösen soll, was zu durchweg schlechten Vorhersagen oder Klassifizierungen führt.

Die heikle Balance zwischen diesen beiden Extremen stellt eine der bedeutendsten Herausforderungen im maschinellen Lernen dar. Diese Balance zu finden ist essentiell für die Entwicklung von Modellen, die sowohl genau als auch generalisierbar sind. Praktiker verwenden verschiedene Techniken, um diese Herausforderung zu bewältigen, darunter:

- Regularisierung: Dies beinhaltet das Hinzufügen eines Strafterms zur Verlustfunktion des Modells, der übermäßig komplexe Lösungen entmutigt und einfachere, besser generalisierbare Modelle fördert.
- Kreuzvalidierung: Durch die Aufteilung der Daten in mehrere Teilmengen für Training und Validierung bietet diese Technik eine robustere Bewertung der Modellleistung und hilft dabei, Überanpassung frühzeitig zu erkennen.
- Angemessene Modellauswahl: Die Wahl einer geeigneten Modellarchitektur und Komplexitätsebene basierend auf der Art des Problems und den verfügbaren Daten ist entscheidend für die Minimierung sowohl von Über- als auch Unteranpassung.
- Merkmalsentwicklung und -auswahl: Sorgfältiges Gestalten und Auswählen relevanter Merkmale kann dabei helfen, Modelle zu erstellen, die die wesentlichen Muster erfassen, ohne übermäßig empfindlich gegenüber Rauschen zu sein.

Ein tiefgreifendes Verständnis dieser Konzepte ist unerlässlich für die effektive Anwendung von maschinellen Lerntechniken. Es ermöglicht Praktikern die Entwicklung robuster, genauer Modelle, die gut auf ungesehene Daten generalisieren können und damit reale Probleme mit größerer Effektivität und Zuverlässigkeit lösen.

Diese Balance zwischen Modellkomplexität und Generalisierungsfähigkeit steht im Zentrum der Entwicklung von maschinellen Lernlösungen, die nicht nur in kontrollierten Umgebungen leistungsfähig sind, sondern auch in verschiedenen realen Szenarien praktisch und zuverlässig.

Beispiel für Überanpassung: Wenn ein Modell jedes Detail der Trainingsdaten auswendig lernt, kann es zwar perfekt auf diesen Daten arbeiten, scheitert aber bei der Generalisierung auf ungesehene Daten.

```
# Example to demonstrate overfitting with polynomial regression
from sklearn.preprocessing import PolynomialFeatures
```

```
from sklearn.linear_model import LinearRegression
import numpy as np
import matplotlib.pyplot as plt

# Generate some data points
np.random.seed(42)
X = np.random.rand(100, 1) * 10
y = 2 + 3 * X + np.random.randn(100, 1) * 2

# Polynomial features
poly = PolynomialFeatures(degree=15)
X_poly = poly.fit_transform(X)

# Train a polynomial regression model
model = LinearRegression()
model.fit(X_poly, y)

# Plot the overfitted model
plt.scatter(X, y, color='blue')
plt.plot(X, model.predict(X_poly), color='red')
plt.title('Overfitting Example')
plt.show()
```

Lassen Sie uns diesen Code analysieren, der Überanpassung mittels polynomialer Regression demonstriert:

1. Erforderliche Bibliotheken importieren:

```
from sklearn.preprocessing import PolynomialFeatures
from sklearn.linear_model import LinearRegression
import numpy as np
import matplotlib.pyplot as plt
```

Diese Importe stellen Werkzeuge für die Generierung polynomialer Merkmale, lineare Regression, numerische Operationen und Plotting bereit.

2. Synthetische Daten generieren:

```
np.random.seed(42)
X = np.random.rand(100, 1) * 10
y = 2 + 3 * X + np.random.randn(100, 1) * 2
```

Dies erzeugt 100 zufällige X-Werte und entsprechende y-Werte mit hinzugefügtem Rauschen.

3. Polynomiale Merkmale erstellen:

```
poly = PolynomialFeatures(degree=15)
X_poly = poly.fit_transform(X)
```

Dies transformiert die ursprünglichen Merkmale in polynomiale Merkmale vom Grad 15, was wahrscheinlich zu einer Überanpassung führt.

4. Das Modell trainieren:

```
model = LinearRegression()
model.fit(X_poly, y)
```

Ein lineares Regressionsmodell wird an die polynomialen Merkmale angepasst.

5. Die Ergebnisse visualisieren:

```
plt.scatter(X, y, color='blue')
plt.plot(X, model.predict(X_poly), color='red')
plt.title('Overfitting Example')
plt.show()
```

Dies plottet die ursprünglichen Datenpunkte in Blau und die Vorhersagen des Modells in Rot, wobei sich wahrscheinlich eine komplexe Kurve zeigt, die sich zu eng an die Trainingsdaten anpasst und damit Überanpassung demonstriert.

Dieser Code veranschaulicht Überanpassung durch die Verwendung eines polynomialen Modells hohen Grades auf verrauschten Daten, was zu einem Modell führt, das zwar sehr gut auf den Trainingsdaten funktioniert, aber bei neuen, ungesehenen Daten wahrscheinlich schlecht abschneiden würde.

1.2 Die Rolle des maschinellen Lernens in der modernen Softwareentwicklung

Maschinelles Lernen (ML) hat sich von einer experimentellen Technologie zu einem unverzichtbaren Grundpfeiler der modernen Softwareentwicklung in verschiedenen Branchen entwickelt. ML hat sich fest als transformative Kraft etabliert und revolutioniert die Art und Weise, wie wir an Softwareentwicklung und Anwendungsdesign herangehen. Seine Auswirkungen reichen weit über den Bereich der Data Scientists hinaus und durchdringen jeden Aspekt des Entwicklungslebenszyklus.

Die Integration von ML hat eine neue Ära intelligenter, adaptiver Anwendungen eingeläutet, die Benutzererfahrungen neu gestalten und interne Prozesse optimieren. Von der Verbesserung der Kundeninteraktionen durch personalisierte Empfehlungen bis hin zur Optimierung komplexer Arbeitsabläufe durch prädiktive Analytik steht maschinelles Lernen an der Spitze der Innovation in der Softwareentwicklung.

Dieser Abschnitt befasst sich mit den tiefgreifenden Veränderungen, die ML in der Softwareentwicklung bewirkt hat. Wir werden untersuchen, wie es traditionelle

Entwicklungsparadigmen neu definiert und die Erstellung intuitiverer, effizienterer und reaktionsschnellerer Anwendungen ermöglicht hat. Darüber hinaus werden wir ergründen, warum Kenntnisse im maschinellen Lernen zu einer essentiellen Kompetenz für Entwickler im heutigen, sich rasant entwickelnden technologischen Ökosystem geworden sind und sich als kritische Fähigkeit für diejenigen positioniert, die an der Spitze der Softwareinnovation bleiben möchten.

1.2.1 Der Wandel von traditioneller Programmierung zu maschinellem Lernen

Traditionelle Softwareentwicklung basiert stark auf expliziten Anweisungen, bei denen Programmierer akribisch Regeln für Computer erstellen, um Eingaben zu verarbeiten und Ausgaben zu generieren. Die Landschaft der modernen Problemlösung hat sich jedoch dramatisch weiterentwickelt und stellt uns vor Herausforderungen, die oft zu komplex oder dynamisch sind, um durch konventionelle hartcodierte Regeln bewältigt zu werden.

Betrachten wir beispielsweise die monumentale Aufgabe, ein regelbasiertes Programm zu erstellen, das jedes denkbare Objekt in einem Bild identifizieren kann, oder die Komplexität, die mit der Vorhersage der Produktpräferenzen eines Nutzers basierend auf seinem historischen Verhalten verbunden ist. Diese Szenarien verdeutlichen die Grenzen traditioneller Programmieransätze, wenn sie mit der nuancierten, sich ständig verändernden Natur realer Probleme konfrontiert werden.

Als Antwort auf diese Herausforderungen erweist sich maschinelles Lernen als paradigmenverändernde Lösung. Indem es Software ermöglicht, autonom Muster aus Daten zu lernen, überwindet maschinelles Lernen die Beschränkungen explizit programmierter Anweisungen. Dieser revolutionäre Ansatz befähigt Systeme, sich anzupassen, weiterzuentwickeln und informierte Entscheidungen basierend auf der Fülle der verarbeiteten Informationen zu treffen, anstatt sich ausschließlich auf vordefinierte Regeln zu verlassen.

Um die grundlegenden Unterschiede zwischen diesen beiden Ansätzen zu verdeutlichen, betrachten wir eine vergleichende Aufschlüsselung:

- **Traditionelles Programmierparadigma**:Eingabe → Programm (Regelsatz) → AusgabeIn diesem Modell besteht das Programm aus einem festen Satz von Regeln, die vom Programmierer akribisch definiert wurden. Das Verhalten des Systems ist vollständig durch diese Regeln vorbestimmt, was seine Fähigkeit einschränkt, sich an unvorhergesehene Szenarien oder sich entwickelnde Datenmuster anzupassen.
- **Maschinelles Lern-Paradigma**:Eingabe → Daten + Modell → AusgabeHier wird das Modell dynamisch durch sophisticated Algorithmen generiert, die aus großen Datenmengen lernen. Dieser Ansatz ermöglicht es dem System, Vorhersagen oder Entscheidungen basierend auf erkannten Mustern zu treffen, anstatt einem Satz vordefinierter Anweisungen zu folgen.

Dieser transformative Wandel hat eine Vielzahl von Innovationsmöglichkeiten erschlossen, insbesondere in Bereichen, in denen Anpassungsfähigkeit und Personalisierung von höchster

Bedeutung sind. Modelle des maschinellen Lernens besitzen die bemerkenswerte Fähigkeit, ihre Leistung kontinuierlich zu verbessern, nahtlos neue Daten in ihre Entscheidungsprozesse zu integrieren und komplexe Aufgaben zu automatisieren, die einst ausschließlich in den Bereich menschlicher Expertise fielen. Diese Evolution der Softwarefähigkeiten hat den Weg für intelligentere, reaktionsschnellere und effizientere Systeme in einem breiten Spektrum von Anwendungen geebnet.

1.2.2 Hauptanwendungen des maschinellen Lernens in der Softwareentwicklung

Maschinelles Lernen ist zu einem integralen Bestandteil der Anwendungen geworden, mit denen wir täglich interagieren, und revolutioniert verschiedene Aspekte der Softwareentwicklung. Sein durchdringender Einfluss erstreckt sich über mehrere Domänen und verbessert Funktionalität, Benutzererfahrung und Gesamteffizienz.

Lassen Sie uns einige der wichtigsten Bereiche erkunden, in denen maschinelles Lernen einen tiefgreifenden Einfluss auf dem Gebiet der Softwareentwicklung ausübt:

Empfehlungssysteme: Personalisierung der Benutzererfahrung

Empfehlungssysteme haben die digitale Landschaft revolutioniert und sind zu einem integralen Bestandteil zahlreicher Online-Plattformen geworden. Von E-Commerce-Giganten wie Amazon bis hin zu Streaming-Diensten wie Netflix und sogar Social-Media-Plattformen haben diese intelligenten Systeme die Art und Weise verändert, wie Benutzer mit Inhalten und Produkten interagieren. Durch den Einsatz sophistizierter Algorithmen und Techniken des maschinellen Lernens analysieren Empfehlungssysteme große Mengen an Daten, einschließlich des vergangenen Verhaltens, der Präferenzen und Interaktionen der Benutzer, um Artikel oder Inhalte vorherzusagen und vorzuschlagen, die mit individuellen Vorlieben übereinstimmen.

Die Stärke von Empfehlungssystemen liegt in ihrer Fähigkeit, kontinuierlich Millionen von Benutzerinteraktionen zu verarbeiten und daraus zu lernen. Dieses konstante Lernen ermöglicht es ihnen, ihre Vorschläge im Laufe der Zeit anzupassen und zu verfeinern, wodurch zunehmend personalisierte und relevante Empfehlungen entstehen. Infolgedessen profitieren Benutzer von einer maßgeschneiderten Erfahrung, die nicht nur ihr Engagement steigert, sondern sie auch an neue Produkte, Inhalte oder Verbindungen heranführt, die sie sonst möglicherweise nicht entdeckt hätten.

Einer der grundlegenden Ansätze beim Aufbau von Empfehlungssystemen ist das kollaborative Filtern. Diese Technik analysiert Ähnlichkeitsmuster zwischen Benutzern oder Artikeln, um Empfehlungen zu generieren. Wenn zum Beispiel zwei Benutzer ähnliche Sehgewohnheiten auf einer Streaming-Plattform haben, könnte das System einem Benutzer Inhalte empfehlen, die der andere genossen hat, aber der erste noch nicht gesehen hat. Diese Methode nutzt die kollektive Weisheit der Nutzerbasis und schafft einen Netzwerkeffekt, der die Empfehlungen für alle verbessert, je mehr Daten gesammelt und verarbeitet werden.

Beispiel: Kollaboratives Filtern in Python

```
import numpy as np
from sklearn.metrics.pairwise import cosine_similarity

# Sample user-item matrix (users x items)
user_item_matrix = np.array([
    [5, 4, 0, 0],
    [4, 0, 3, 0],
    [0, 0, 5, 4],
    [3, 5, 4, 0]
])

# Compute cosine similarity between users
user_similarity = cosine_similarity(user_item_matrix)

print("User Similarity Matrix:")
print(user_similarity)

# Recommendation for a user based on their similarity with others
user_index = 0  # Recommendations for the first user
similar_users = user_similarity[user_index].argsort()[::-1][1:]  # Sort users by similarity, excluding the user itself
print(f"Top similar users for User {user_index}: {similar_users}")
```

Lassen Sie uns dieses Beispiel für kollaboratives Filtern näher betrachten:

1. Erforderliche Bibliotheken importieren:

```
import numpy as np
from sklearn.metrics.pairwise import cosine_similarity
```

Dies importiert NumPy für numerische Operationen und cosine_similarity aus scikit-learn zur Berechnung der Ähnlichkeit zwischen Benutzern.

2. Eine Beispiel-Benutzer-Element-Matrix erstellen:

```
user_item_matrix = np.array([
    [5, 4, 0, 0],
    [4, 0, 3, 0],
    [0, 0, 5, 4],
    [3, 5, 4, 0]
])
```

Diese Matrix repräsentiert Benutzerbewertungen für Elemente. Jede Zeile ist ein Benutzer und jede Spalte ein Element. Die Werte stellen Bewertungen dar, wobei 0 keine Bewertung bedeutet.

3. Kosinus-Ähnlichkeit zwischen Benutzern berechnen:

```
user_similarity = cosine_similarity(user_item_matrix)
```

Dies berechnet, wie ähnlich Benutzer zueinander basierend auf ihren Bewertungsmustern sind.

4. Benutzer-Ähnlichkeitsmatrix ausgeben:

```
print("User Similarity Matrix:")
print(user_similarity)
```

Dies zeigt die berechneten Ähnlichkeiten zwischen allen Benutzern an.

5. Ähnliche Benutzer für Empfehlungen finden:

```
user_index = 0
similar_users = user_similarity[user_index].argsort()[::-1][1:]
print(f"Top similar users for User {user_index}: {similar_users}")
```

Dieser Teil findet Benutzer, die dem ersten Benutzer (Index 0) ähnlich sind, sortiert sie nach absteigender Ähnlichkeit und schließt den Benutzer selbst aus. Anschließend werden die Indizes der ähnlichsten Benutzer ausgegeben.

Dieser Beispielcode demonstriert einen grundlegenden Ansatz für kollaboratives Filtern, eine Schlüsseltechnik beim Aufbau von Empfehlungssystemen.

2. Automatisierung und Effizienzsteigerungen

Maschinelles Lernen revolutioniert die Art und Weise, wie wir mit sich wiederholenden Aufgaben in der Softwareentwicklung umgehen, verbessert die Effizienz deutlich und reduziert menschliche Fehler. Prozesse, die einst ständige menschliche Überwachung erforderten, werden jetzt mit hoher Genauigkeit automatisiert, sodass sich Entwickler auf komplexere und kreativere Aspekte ihrer Arbeit konzentrieren können.

Ein herausragendes Beispiel für diese Automatisierung liegt im Bereich des **automatisierten Testens**. Traditionelles Software-Testing beinhaltet oft die manuelle Erstellung und Ausführung von Testfällen, was zeitaufwändig und fehleranfällig sein kann. Mit maschinellem Lernen können Entwickler nun Modelle trainieren, um:

- Bugs automatisch durch die Analyse von Code-Mustern zu erkennen und potenzielle Probleme zu identifizieren
- Potenzielle Probleme basierend auf historischen Daten aus früheren Testfällen und Ergebnissen vorherzusagen
- Testfälle automatisch zu generieren, die ein breiteres Spektrum an Szenarien abdecken als manuelles Testen erreichen könnte
- Zu priorisieren, welche Teile der Codebasis basierend auf Risikobewertung gründlicher getestet werden müssen

Dieser ML-gesteuerte Ansatz beim Testen beschleunigt nicht nur den Entwicklungsprozess, sondern verbessert auch die Gesamtqualität der Software, indem Probleme erkannt werden, die beim manuellen Testen übersehen werden könnten.

Über das Testen hinaus wird maschinelles Lernen auch in anderen Bereichen der Softwareentwicklung für Automatisierung und Effizienzverbesserungen eingesetzt:

- **Code-Refactoring:** ML-Modelle können Codestrukturen analysieren und Verbesserungen oder Optimierungen vorschlagen.
- **Leistungsoptimierung:** KI kann Engpässe in der Software-Performance identifizieren und Optimierungen vorschlagen oder sogar implementieren.
- **Ressourcenzuweisung:** ML kann bei der Vorhersage des Ressourcenbedarfs für Projekte helfen und ermöglicht eine bessere Planung und Zuteilung.
- **Code-Review:** KI-gestützte Tools können bei Code-Reviews unterstützen, indem sie potenzielle Probleme oder Stilverstöße vor der menschlichen Überprüfung kennzeichnen.

Diese Fortschritte in der Automatisierung und Effizienz verändern die Softwareentwicklungslandschaft und ermöglichen es Teams, qualitativ hochwertigere Software schneller und mit weniger Ressourcen bereitzustellen.

Beispiel: Vorhersage von Software-Defekten

Die Vorhersage, welche Teile einer Codebasis wahrscheinlich Bugs einführen werden, kann die Softwarequalität verbessern. Dies ist besonders nützlich in großen Projekten, wo das manuelle Testen jeder Funktion unpraktikabel ist. Hier ist ein grundlegender Ansatz zur Vorhersage von Software-Defekten mittels eines maschinellen Lernmodells:

```
# Importing libraries
from sklearn.model_selection import train_test_split
from sklearn.ensemble import RandomForestClassifier
from sklearn.metrics import classification_report

# Example dataset with features like complexity, lines of code, and number of changes
X = [
    [20, 300, 5],   # Code complexity, lines of code, number of changes
    [15, 150, 2],
    [30, 500, 10],
    [10, 100, 1],
]
y = [0, 0, 1, 0]  # 1 represents buggy code, 0 represents bug-free code

# Split data into training and testing sets
X_train,   X_test,   y_train,   y_test   =   train_test_split(X,   y,   test_size=0.2,
random_state=42)

# Train a RandomForestClassifier model
```

```
model = RandomForestClassifier()
model.fit(X_train, y_train)

# Predict and evaluate
y_pred = model.predict(X_test)
print(classification_report(y_test, y_pred))
```

Lassen Sie uns diesen Code aufschlüsseln, der einen grundlegenden Ansatz zur Vorhersage von Software-Defekten mittels maschinellem Lernen demonstriert:

1. Bibliotheken importieren:

```
from sklearn.model_selection import train_test_split
from sklearn.ensemble import RandomForestClassifier
from sklearn.metrics import classification_report
```

Diese Zeilen importieren die notwendigen Funktionen und Klassen aus scikit-learn, einer beliebten Machine-Learning-Bibliothek in Python.

2. Beispieldatensatz erstellen:

```
X = [
    [20, 300, 5],    # Code complexity, lines of code, number of changes
    [15, 150, 2],
    [30, 500, 10],
    [10, 100, 1],
]
y = [0, 0, 1, 0]  # 1 represents buggy code, 0 represents bug-free code
```

Dies erstellt einen einfachen Datensatz, bei dem X die Merkmale (Code-Komplexität, Codezeilen, Anzahl der Änderungen) und y die Kennzeichnungen (fehlerhaft oder fehlerfrei) darstellt.

3. Daten aufteilen:

```
X_train, X_test, y_train, y_test = train_test_split(X, y, test_size=0.2, 
random_state=42)
```

Diese Zeile teilt die Daten in Trainings- und Testdatensätze auf, wobei 20% der Daten für Tests reserviert werden.

4. Modell trainieren:

```
model = RandomForestClassifier()
model.fit(X_train, y_train)
```

Hier wird ein RandomForestClassifier erstellt und mit den Trainingsdaten trainiert.

5. Vorhersagen treffen und auswerten:

```
y_pred = model.predict(X_test)
print(classification_report(y_test, y_pred))
```

Schließlich trifft das Modell Vorhersagen für die Testdaten, und ein Klassifizierungsbericht wird zur Bewertung der Modellleistung ausgegeben.

Dieser Beispielcode demonstriert einen grundlegenden Arbeitsablauf zur Verwendung von maschinellem Lernen für die Vorhersage von Software-Defekten, der Entwicklern hilft, sich auf die Teile des Codes zu konzentrieren, die mit höherer Wahrscheinlichkeit Fehler enthalten.

Durch die Automatisierung der Defektvorhersage können sich Software-Entwickler auf die Codebereiche konzentrieren, die am wahrscheinlichsten Aufmerksamkeit benötigen, wodurch Ausfallzeiten reduziert und die Produktqualität verbessert werden.

3. Verarbeitung natürlicher Sprache (NLP)

Die Verarbeitung natürlicher Sprache (NLP), ein faszinierender Teilbereich des maschinellen Lernens, konzentriert sich darauf, die Kluft zwischen menschlicher Kommunikation und maschinellem Verstehen zu überbrücken. Dieses Feld umfasst ein breites Spektrum an Anwendungen, die revolutioniert haben, wie wir mit Technologie interagieren. Von ausgefeilten Chatbots, die menschenähnliche Gespräche führen können, bis hin zu fortschrittlichen Werkzeugen zur Stimmungsanalyse, die den emotionalen Ton geschriebener Texte entschlüsseln können, ist NLP zu einem integralen Bestandteil moderner Softwareentwicklung geworden.

Eine der prominentesten Anwendungen von NLP ist die Entwicklung von Chatbots. Diese KI-gestützten virtuellen Assistenten haben den Kundenservice durch die Bereitstellung sofortiger, rund um die Uhr verfügbarer Unterstützung bei häufigen Anfragen transformiert. Durch die Bearbeitung von Routinefragen und -aufgaben reduzieren Chatbots die Arbeitsbelastung menschlicher Mitarbeiter erheblich und ermöglichen es ihnen, ihre Expertise für komplexere und nuanciertere Kundenanliegen einzusetzen. Dies verbessert nicht nur die Gesamteffizienz, sondern steigert auch die Kundenzufriedenheit durch schnelle und präzise Antworten.

Eine weitere entscheidende Technik im NLP-Werkzeugkasten ist die **Stimmungsanalyse**. Diese leistungsstarke Fähigkeit ermöglicht es Entwicklern, Anwendungen zu erstellen, die automatisch Meinungen in Textdaten interpretieren und kategorisieren können. Durch die Analyse von Kundenfeedback, Produktbewertungen oder Social-Media-Beiträgen können Stimmungsanalyse-Tools wertvolle Einblicke in Nutzerwahrnehmungen und Emotionen liefern. Diese Informationen sind für Unternehmen von unschätzbarem Wert, um die öffentliche Meinung zu erfassen, ihre Produkte oder Dienstleistungen zu verbessern und datengestützte Entscheidungen zur Verbesserung der Kundenerfahrung zu treffen.

Darüber hinaus hat NLP bedeutende Fortschritte im Bereich der Sprachübersetzung gemacht. Maschinelle Lernmodelle können heute Texte zwischen Hunderten von Sprachen mit bemerkenswerter Genauigkeit übersetzen und damit Sprachbarrieren abbauen und die globale Kommunikation erleichtern.

Diese Übersetzungsfähigkeiten wurden in verschiedene Anwendungen und Plattformen integriert, wodurch es für Menschen einfacher wird, sich zu vernetzen und Informationen über sprachliche Grenzen hinweg auszutauschen.

Beispiel: Stimmungsanalyse mit Python

```
from textblob import TextBlob

# Sample text
text = "I love using this product, it's absolutely fantastic!"

# Perform sentiment analysis
blob = TextBlob(text)
sentiment = blob.sentiment

print(f"Sentiment polarity: {sentiment.polarity}")  # Polarity ranges from -1
(negative) to 1 (positive)
```

Lass uns den Code für die Stimmungsanalyse aufschlüsseln:

- **Bibliothek importieren:** from textblob import TextBlob Diese Zeile importiert die TextBlob-Klasse aus der textblob-Bibliothek, die eine einfache API für Aufgaben der natürlichen Sprachverarbeitung bereitstellt.
- **Beispieltext definieren:** text = "I love using this product, it's absolutely fantastic!" Diese Zeile erstellt eine String-Variable, die den zu analysierenden Text enthält.
- **Stimmungsanalyse durchführen:** blob = TextBlob(text) sentiment = blob.sentiment Diese Zeilen erstellen ein TextBlob-Objekt aus dem Text und extrahieren dann dessen Stimmungsattribut.
- **Stimmungspolarität ausgeben:** print(f"Sentiment polarity: {sentiment.polarity}") Diese Zeile gibt den Polaritätswert der Stimmungsanalyse aus. Die Polarität reicht von -1 (sehr negativ) bis 1 (sehr positiv), wobei 0 neutral ist.

Der Kommentar am Ende erklärt, dass die Polarität von -1 (negativ) bis 1 (positiv) reicht, was hilft, die Ergebnisse zu interpretieren.

Dieser Beispielcode zeigt eine einfache Methode zur Durchführung von Stimmungsanalysen bei Texten, die für Unternehmen nützlich sein kann, um den emotionalen Ton von Nutzerfeedback oder Produktbewertungen automatisch zu erfassen.

In diesem Beispiel hilft der Polaritätswert zu bestimmen, ob die Stimmung positiv, negativ oder neutral ist, wodurch Unternehmen Nutzerfeedback in großem Umfang überwachen können.

4. Sicherheit und Betrugserkennung

Maschinelles Lernen ist zu einem zentralen Werkzeug für die Verbesserung von Sicherheitsmaßnahmen und die Erkennung betrügerischer Aktivitäten in verschiedenen Branchen geworden. Seine Fähigkeit, große Datenmengen schnell zu analysieren und Muster zu erkennen, die für menschliche Beobachter möglicherweise nicht wahrnehmbar sind, macht es in diesem Bereich besonders wertvoll.

Betrugserkennungssysteme, die von Algorithmen des maschinellen Lernens angetrieben werden, sind darauf ausgelegt, Transaktionen und Aktivitäten in Echtzeit zu überprüfen. Diese Systeme können Tausende von Datenpunkten gleichzeitig verarbeiten und dabei nach subtilen Unregelmäßigkeiten oder verdächtigen Mustern suchen, die auf betrügerisches Verhalten hinweisen könnten. Diese Fähigkeit ist besonders wichtig in Bereichen wie Finanzen, E-Commerce und Cybersicherheit, wo die Geschwindigkeit der Erkennung einen bedeutenden Unterschied bei der Verhinderung von finanziellen Verlusten oder Datenschutzverletzungen ausmachen kann.

Eine der wichtigsten Techniken bei der Betrugserkennung ist die Anomalieerkennung. Dieser Ansatz beinhaltet das Training von maschinellen Lernmodellen darauf, was "normales" Verhalten oder normale Transaktionen innerhalb eines Systems ausmacht. Sobald das Modell ein fundiertes Verständnis typischer Muster hat, kann es Abweichungen von diesen Normen leichter erkennen. Diese Anomalien oder Ausreißer werden dann als potenzieller Betrug zur weiteren Untersuchung markiert.

Die Stärke des maschinellen Lernens in diesem Kontext liegt in seiner Fähigkeit zu:

- Kontinuierlich neue Betrugsmuster zu lernen und sich daran anzupassen, um den sich entwickelnden Taktiken böswilliger Akteure einen Schritt voraus zu sein
- Daten in einem Umfang und mit einer Geschwindigkeit zu verarbeiten und zu analysieren, die weit über menschliche Fähigkeiten hinausgehen
- Falsch-positive Ergebnisse durch das Verständnis komplexer, mehrdimensionaler Beziehungen in Daten zu reduzieren
- Rund um die Uhr ohne Ermüdung zu arbeiten und damit konstante Wachsamkeit gegenüber Sicherheitsbedrohungen zu gewährleisten

Durch die Nutzung dieser Fähigkeiten können Organisationen ihre Sicherheitslage deutlich verbessern, ihre Vermögenswerte und Kunden schützen und das Vertrauen in ihre Systeme und Dienste aufrechterhalten.

Beispiel: Anomalieerkennung mit Isolation Forest

```
from sklearn.ensemble import IsolationForest

# Sample transaction data (simplified)
X = [[500], [520], [490], [505], [1500]]  # The last transaction might be suspicious

# Fit Isolation Forest
model = IsolationForest(contamination=0.1)  # Set contamination to define outlier proportion
model.fit(X)
```

```
# Predict anomalies
predictions = model.predict(X)
print(f"Transaction labels: {predictions}")  # -1 indicates an anomaly (potential fraud)
```

Lass uns dieses Code-Beispiel für die Anomalieerkennung mit Isolation Forest aufschlüsseln:

- **Bibliothek importieren:** from sklearn.ensemble import IsolationForest Diese Zeile importiert die IsolationForest-Klasse aus scikit-learn, einer beliebten Machine-Learning-Bibliothek in Python.
- **Beispieldaten definieren:** X = [[500], [520], [490], [505], [1500]] Dies erstellt eine Liste von Transaktionsbeträgen. Der Kommentar weist darauf hin, dass die letzte Transaktion (1500) aufgrund ihres höheren Wertes verdächtig sein könnte.
- **Modell erstellen und trainieren:** model = IsolationForest(contamination=0.1) model.fit(X) Ein IsolationForest-Modell wird mit einem Kontaminationsparameter von 0,1 instanziiert, was bedeutet, dass schätzungsweise etwa 10% der Daten anomal sein könnten. Das Modell wird dann mit den Daten trainiert.
- **Anomalien vorhersagen:** predictions = model.predict(X) Diese Zeile verwendet das trainierte Modell, um Vorhersagen für die Eingabedaten zu treffen.
- **Ergebnisse ausgeben:** print(f"Transaction labels: {predictions}") Dies gibt die Vorhersagen aus. Der Kommentar erklärt, dass -1 eine Anomalie (potenzieller Betrug) anzeigt, während 1 normale Transaktionen kennzeichnet.

Dieses Beispiel demonstriert eine grundlegende Implementierung der Anomalieerkennung zur Betrugsprävention bei Finanztransaktionen. Es kann dabei helfen, ungewöhnliche Muster zu identifizieren, die auf betrügerische Aktivitäten hinweisen könnten.

Durch die Erkennung ungewöhnlichen Verhaltens können Betrugspräventionssysteme proaktive Maßnahmen ergreifen, wie das Markieren oder Blockieren verdächtiger Transaktionen.

1.2.3 Maschinelles Lernen im Software-Entwicklungslebenszyklus

Maschinelles Lernen verändert nicht nur die Endprodukte, die wir entwickeln; es revolutioniert den gesamten Software-Entwicklungsprozess. Die Integration von ML gestaltet jede Phase des **Software-Entwicklungslebenszyklus (SDLC)** neu und führt zu effizienteren, datengesteuerten und innovativeren Ansätzen.

Betrachten wir, wie maschinelles Lernen die verschiedenen Phasen der Softwareentwicklung prägt:

Anforderungserhebung: Algorithmen des maschinellen Lernens können große Mengen an Nutzerdaten analysieren, einschließlich Nutzungsmuster, Feedback und Markttrends. Dies hilft Entwicklern und Produktmanagern, wichtige Funktionen zu identifizieren, die Nutzer benötigen oder wünschen, auch wenn diese nicht explizit angefordert wurden. Durch den Einsatz von prädiktiver Modellierung können Teams zukünftige Nutzerbedürfnisse antizipieren und Funktionen entsprechend priorisieren, was zu nutzerorientierten und wettbewerbsfähigeren Produkten führt.

Design: ML-gesteuerte Design-Tools gehen über einfaches A/B-Testing hinaus. Sie können Nutzerinteraktionsdaten über mehrere Schnittstellen hinweg analysieren und optimale Layouts, Farbschemata und Elementplatzierungen vorschlagen. Dieser datengesteuerte Ansatz für UI/UX-Design gewährleistet, dass Schnittstellen nicht nur ästhetisch ansprechend, sondern auch funktional effizient sind und potenziell das Nutzerengagement und die Zufriedenheit steigern.

Entwicklung: KI-gestützte Code-Assistenten wie GitHub Copilot stellen einen bedeutenden Fortschritt in der Entwicklungsproduktivität dar. Diese Tools nutzen Machine-Learning-Modelle, die auf umfangreichen Code-Repositories trainiert wurden, um relevante Code-Snippets vorzuschlagen, Funktionen zu vervollständigen oder sogar ganze Klassen zu generieren. Dies kann den Coding-Prozess erheblich beschleunigen, Fehler reduzieren und es Entwicklern ermöglichen, sich auf komplexere Problemlösungsaufgaben zu konzentrieren.

Testing: Maschinelles Lernen beim Testen geht über einfache Automatisierung hinaus. ML-Modelle können aus früheren Testergebnissen lernen, um vorherzusagen, welche Codebereiche am wahrscheinlichsten Fehler enthalten. Dies ermöglicht gezielteres Testen, reduziert die Gesamttestzeit und verbessert gleichzeitig die Testabdeckung. Zusätzlich kann ML bei der Generierung von Testfällen helfen, Nutzerverhalten für Belastungstests simulieren und sogar potenzielle Sicherheitslücken vorhersagen, bevor diese ausgenutzt werden können.

Wartung: ML-Modelle in der Wartung fungieren wie ein konstanter, wachsamer Beobachter der Software-Performance. Durch die Analyse von Mustern in Protokolldateien, Nutzerberichten und Systemmetriken können diese Modelle vorhersagen, wann und wo Ausfälle auftreten könnten. Dieser proaktive Ansatz ermöglicht es Entwicklungsteams, potenzielle Probleme zu beheben, bevor sie sich auf Nutzer auswirken, was zu verbesserter Systemzuverlässigkeit und Nutzerzufriedenheit führt. Darüber hinaus kann ML bei der Ursachenanalyse unterstützen und Entwicklern helfen, die Quelle von Problemen schnell zu identifizieren, wenn diese auftreten.

Durch die Integration von maschinellem Lernen im gesamten SDLC können Entwicklungsteams robustere, benutzerfreundlichere und effizientere Software erstellen und dabei gleichzeitig Entwicklungszeit und -kosten reduzieren.

1.2.4 Warum jeder Entwickler maschinelles Lernen lernen sollte

Angesichts der umfassenden und transformativen Anwendungen des maschinellen Lernens in der modernen Softwareentwicklung ist es zu einer unverzichtbaren Fähigkeit geworden, die Entwickler erwerben und kultivieren müssen. Der Bereich des ML hat sich weit über die Grenzen spezialisierter Data-Science-Rollen hinaus ausgedehnt und durchdringt verschiedene Aspekte der Softwareentwicklung.

Da KI-gestützte Werkzeuge und Techniken sich zunehmend nahtlos in gängige Softwareentwicklungspraktiken integrieren, wächst die Erwartung von Unternehmen, dass Entwickler über ein grundlegendes Verständnis von Machine-Learning-Konzepten und -Methodologien verfügen.

Diese Verschiebung der Branchenerwartungen ist nicht nur ein vorübergehender Trend, sondern spiegelt die sich entwickelnde Natur der Softwareentwicklung selbst wider. Die Fähigkeit, die Leistungsfähigkeit von Machine-Learning-Algorithmen zu nutzen und diese effektiv in verschiedenen Kontexten anzuwenden, ist für Entwickler in unterschiedlichen Bereichen zu einem wertvollen Gut geworden. Von der Verbesserung der Benutzererfahrung durch personalisierte Empfehlungen bis hin zur Optimierung der Systemleistung durch prädiktive Analytik sind die Anwendungen des ML sowohl weitreichend als auch tiefgreifend.

Da die Grenzen zwischen traditioneller Softwareentwicklung und KI-gesteuerten Lösungen zunehmend verschwimmen, sind Entwickler, die in den Prinzipien des maschinellen Lernens versiert sind, besser gerüstet, um zu innovieren, komplexe Probleme zu lösen und intelligentere und adaptivere Softwaresysteme zu erstellen.

Dieses Wissen verbessert nicht nur ihre Problemlösungsfähigkeiten, sondern positioniert sie auch an der Spitze des technologischen Fortschritts, bereit, die Herausforderungen und Chancen anzugehen, die sich in einer zunehmend KI-gesteuerten Welt ergeben.

1.3 KI- und Machine-Learning-Trends 2024

Die Landschaft des maschinellen Lernens und der künstlichen Intelligenz durchläuft eine revolutionäre Transformation in beispiellosem Tempo. Während wir uns in das Jahr 2024 vertiefen, erleben wir eine Vielzahl bahnbrechender Trends, die nicht nur ganze Branchen neu gestalten, sondern auch grundlegend die Art und Weise verändern, wie Entwickler und Unternehmen diese hochmodernen Technologien nutzen.

Von der Entstehung neuartiger Architekturparadigmen bis hin zu bedeutenden Veränderungen in der ethischen KI-Praxis ist ein umfassendes Verständnis dieser Trends für jeden unerlässlich geworden, der einen Wettbewerbsvorteil in der sich schnell entwickelnden Welt der KI und des maschinellen Lernens behalten möchte.

Dieser zentrale Abschnitt beginnt eine eingehende Erforschung der wichtigsten und einflussreichsten Trends von 2024. Durch eine detaillierte Analyse dieser Entwicklungen möchten wir Ihnen einen panoramischen Überblick über die Entwicklungsrichtung der Branche bieten, den Weg in die Zukunft beleuchten und Sie mit dem notwendigen Wissen ausstatten, um sich in dieser dynamischen Landschaft strategisch zu positionieren.

Durch diese Erforschung gewinnen Sie wertvolle Einblicke, wie Sie diese Fortschritte effektiv nutzen können, wodurch Sie an der Spitze der Innovation bleiben und die vielfältigen Möglichkeiten nutzen können, die sich in dieser transformativen Ära der künstlichen Intelligenz und des maschinellen Lernens ergeben.

1.3.1 Transformer jenseits der Verarbeitung natürlicher Sprache (NLP)

In den letzten Jahren haben **Transformer-Architekturen** eine neue Ära der Verarbeitung natürlicher Sprache eingeleitet und das Feld mit bahnbrechenden Modellen wie BERT, GPT und T5 revolutioniert. Diese innovativen Architekturen haben beispiellose Fähigkeiten im Verstehen und Generieren menschlicher Sprache gezeigt.

In den letzten Jahren hat die Wirkung von Transformern jedoch die Grenzen der NLP überschritten und durchdringt verschiedene Bereiche, einschließlich Computer Vision, Reinforcement Learning und sogar das komplexe Feld der Bioinformatik. Diese bemerkenswerte bereichsübergreifende Expansion lässt sich auf die außergewöhnliche Fähigkeit der Transformer zurückführen, komplexe Abhängigkeiten in Datenstrukturen zu modellieren, was sie über ein breites Spektrum von Aufgaben und Anwendungen hinweg außerordentlich effektiv macht.

Ein hervorragendes Beispiel dieser Expansion zeigt sich im Bereich der Computer Vision, wo Vision Transformers (ViTs) sich als Vorreiter bei Bildklassifizierungsaufgaben etabliert haben. Diese hochmodernen Modelle haben die Leistung traditioneller konvolutionaler neuronaler Netze (CNNs), die lange Zeit als Goldstandard in der Bildverarbeitung galten, nicht nur erreicht, sondern in vielen Szenarien übertroffen. Der Erfolg der ViTs unterstreicht die Vielseitigkeit und Leistungsfähigkeit von Transformer-Architekturen und zeigt ihre Fähigkeit, sich anzupassen und in Bereichen zu excellieren, die weit von ihrer ursprünglichen Anwendung in der Verarbeitung natürlicher Sprache entfernt sind.

Transformer-Architekturen, die ursprünglich für NLP-Aufgaben eingeführt wurden, haben das Feld revolutioniert und werden nun in verschiedenen Bereichen jenseits der Sprachverarbeitung eingesetzt. Hier ist eine erweiterte Erklärung:

- **Ursprung und Evolution**: Transformer wurden erstmals im Paper "Attention is All You Need" von Vaswani et al. 2017 vorgestellt. Sie stellten eine bedeutende Abkehr von traditionellen Sequenzmodellierungsarchitekturen wie RNNs und CNNs dar und konzentrierten sich stattdessen auf das Konzept der "Attention".
- **Hauptmerkmal - Attention-Mechanismus**: Der Kern der Transformer-Modelle ist ihr Attention-Mechanismus, der es ihnen ermöglicht, alle Wörter in einer Sequenz gleichzeitig zu verarbeiten. Diese parallele Verarbeitungsfähigkeit macht sie schneller und effizienter als sequentielle Modelle.
- **Jenseits von NLP**: Ab 2024 haben Transformer ihre Reichweite in verschiedene Bereiche erweitert, darunter:
    - Computer Vision: Vision Transformers (ViTs) sind jetzt führende Modelle für Bildklassifizierungsaufgaben und übertreffen oft traditionelle konvolutionale neuronale Netze (CNNs).

    - Reinforcement Learning: Transformer werden bei komplexen Entscheidungsaufgaben eingesetzt.
    - Bioinformatik: Sie werden zur Analyse biologischer Sequenzen und Strukturen verwendet.

- **Vorteile**:
    - Modellierung komplexer Abhängigkeiten: Transformer excellieren darin, komplexe Beziehungen in Daten über verschiedene Domänen hinweg zu erfassen.
    - Weitreichende Abhängigkeiten: Sie sind besonders effektiv beim Verstehen von Verbindungen zwischen weit voneinander entfernten Elementen in einer Sequenz.
    - Parallelisierung: Ihre Architektur ermöglicht die effiziente Nutzung moderner Hardware, was zu schnelleren Trainingszeiten führt.
- **Auswirkungen**: Die Vielseitigkeit der Transformer hat zu bahnbrechenden Ergebnissen in zahlreichen Aufgaben geführt und macht sie zu einem Eckpfeiler moderner Machine-Learning-Ansätze in verschiedenen Bereichen.

Beispiel: Verwendung von Vision Transformer (ViT) für Bildklassifizierung

```
# Import necessary libraries
from transformers import ViTForImageClassification, ViTFeatureExtractor
from PIL import Image
import torch

# Load pre-trained Vision Transformer and feature extractor
model = ViTForImageClassification.from_pretrained("google/vit-base-patch16-224")
feature_extractor = ViTFeatureExtractor.from_pretrained("google/vit-base-patch16-
224")

# Load and preprocess the image
image = Image.open("sample_image.jpg")
inputs = feature_extractor(images=image, return_tensors="pt")

# Perform inference (image classification)
with torch.no_grad():
    outputs = model( inputs)
    logits = outputs.logits

# Predicted label
predicted_class_idx = logits.argmax(-1).item()
print(f"Predicted class index: {predicted_class_idx}")
```

Lass uns dieses Codebeispiel analysieren, das zeigt, wie man einen Vision Transformer (ViT) für die Bildklassifizierung verwendet:

- **1. Bibliotheken importieren:** from transformers import ViTForImageClassification, ViTFeatureExtractor from PIL import Image import torch Diese Zeilen importieren die erforderlichen Module aus der transformers-Bibliothek, PIL für die Bildverarbeitung und PyTorch.
- **2. Vortrainiertes Modell und Feature-Extraktor laden:** model = ViTForImageClassification.from_pretrained("google/vit-base-patch16-224") feature_extractor = ViTFeatureExtractor.from_pretrained("google/vit-base-patch16-224") Dies lädt ein vortrainiertes ViT-Modell und den dazugehörigen Feature-Extraktor.
- **3. Bild laden und vorverarbeiten:** image = Image.open("sample_image.jpg") inputs = feature_extractor(images=image, return_tensors="pt") Hier wird ein Bild geladen und mit dem Feature-Extraktor vorverarbeitet.
- **4. Inferenz durchführen:** with torch.no_grad(): outputs = model(inputs) logits = outputs.logits Dieser Abschnitt führt das Bild durch das Modell, um die Klassifizierungsergebnisse zu erhalten.
- **5. Vorhergesagte Klasse ermitteln:** predicted_class_idx = logits.argmax(-1).item() print(f"Predicted class index: {predicted_class_idx}") Schließlich bestimmt der Code die vorhergesagte Klasse, indem er den Index mit dem höchsten Logit-Wert findet.

In diesem Beispiel wird der Vision Transformer zur Bildklassifizierung verwendet. Das ViT-Modell teilt das Bild in Patches auf, behandelt jeden Patch wie ein Token (ähnlich wie Wörter im Text) und verarbeitet sie mithilfe der Transformer-Architektur. Das Ergebnis ist ein leistungsfähiges Bildklassifizierungsmodell, das mit traditionellen CNNs konkurriert und diese in vielen Fällen sogar übertrifft.

Dieser Trend spiegelt eine breitere Bewegung hin zu **generalisierten Transformer-Architekturen** wider, bei der Transformer in verschiedenen Bereichen für Aufgaben wie Bildverarbeitung, Reinforcement Learning und sogar Proteinfaltung eingesetzt werden.

1.3.2 Selbstüberwachtes Lernen

Ein bahnbrechender Trend, der in den letzten Jahren erheblich an Bedeutung gewonnen hat, ist das **selbstüberwachte Lernen** (SSL). Dieser innovative Ansatz hat das Training von maschinellen Lernmodellen revolutioniert, indem er die Notwendigkeit umfangreicher markierter Datensätze eliminiert. SSL ermöglicht es Modellen, Datenrepräsentationen autonom zu lernen, indem sie Aufgaben bewältigen, die keine manuelle Kennzeichnung erfordern, wie zum Beispiel die Rekonstruktion beschädigter Eingaben oder die Vorhersage von Kontext aus umgebenden Informationen.

Diese Paradigmenverschiebung hat nicht nur den Zeit- und Ressourcenaufwand, der traditionell für die Datenkennzeichnung erforderlich war, drastisch reduziert, sondern auch neue Möglichkeiten in Bereichen erschlossen, in denen markierte Daten knapp oder schwer zu beschaffen sind.

Die Auswirkungen von SSL waren besonders tiefgreifend im Bereich der Computer Vision. Hochmoderne Techniken wie **SimCLR** (Simple Framework for Contrastive Learning of Visual Representations) und **BYOL** (Bootstrap Your Own Latent) haben bemerkenswerte Fähigkeiten unter Beweis gestellt und erreichen Leistungsniveaus, die mit überwachten Lernansätzen vergleichbar sind und diese in manchen Fällen sogar übertreffen.

Diese Methoden erreichen dies, während sie nur einen Bruchteil der traditionell benötigten markierten Daten erfordern, was einen bedeutenden Fortschritt in der Effizienz und Zugänglichkeit von Machine-Learning-Technologien darstellt.

Beispiel: Selbstüberwachtes Lernen mit SimCLR in PyTorch

```
# Import required libraries
import torch
import torchvision
import torchvision.transforms as transforms
from torch import nn, optim

# Define transformation for self-supervised learning (SimCLR augmentation)
transform = transforms.Compose([
    transforms.RandomResizedCrop(32),
    transforms.RandomHorizontalFlip(),
    transforms.ToTensor(),
])

# Load the CIFAR-10 dataset without labels (unsupervised)
train_dataset = torchvision.datasets.CIFAR10(root='./data', train=True,
transform=transform, download=True)
train_loader = torch.utils.data.DataLoader(train_dataset, batch_size=64,
shuffle=True)

# Define a simple ResNet backbone
backbone = torchvision.models.resnet18(pretrained=False)
backbone.fc = nn.Identity()  # Remove the final classification layer

# Define the projection head for SimCLR
projection_head = nn.Sequential(
    nn.Linear(512, 256),
    nn.ReLU(),
    nn.Linear(256, 128),
)

# Combine backbone and projection head
class SimCLRModel(nn.Module):
    def __init__(self, backbone, projection_head):
        super(SimCLRModel, self).__init__()
        self.backbone = backbone
        self.projection_head = projection_head

    def forward(self, x):
        features = self.backbone(x)
```

```
        projections = self.projection_head(features)
        return projections

model = SimCLRModel(backbone, projection_head)

# Example forward pass through the model
sample_batch = next(iter(train_loader))[0]
outputs = model(sample_batch)
print(f"Output shape: {outputs.shape}")
```

Lass uns dieses Codebeispiel des selbstüberwachten Lernens mit SimCLR in PyTorch analysieren:

- **1. Bibliotheken importieren:** Der Code beginnt mit dem Import der erforderlichen Bibliotheken: PyTorch, torchvision und spezifische Module für neuronale Netze und Optimierung.
- **2. Datenerweiterung:** Eine Transformationspipeline wird mit transforms.Compose definiert. Diese umfasst zufälliges Zuschneiden, horizontales Spiegeln und Umwandlung in Tensoren. Diese Augmentierungen sind entscheidend für SimCLRs kontrastiven Lernansatz.
- **3. Datensatz laden:** Der CIFAR-10-Datensatz wird ohne Labels geladen, was die unüberwachte Natur des Lernprozesses unterstreicht.
- **4. Modellarchitektur:**
    - Als Feature-Extraktor wird ein ResNet18-Backbone verwendet. Die finale Klassifizierungsschicht wird entfernt, um Feature-Repräsentationen auszugeben.
    - Ein Projektionskopf wird definiert, der die Features weiterverarbeitet. Dies ist eine Schlüsselkomponente von SimCLR.
    - Die SimCLRModel-Klasse verbindet den Backbone und den Projektionskopf.
- **5. Modellinstanziierung:** Eine Instanz des SimCLRModel wird erstellt.
- **6. Forward Pass Beispiel:** Der Code demonstriert einen Forward Pass durch das Modell mittels eines Beispiel-Batches aus dem Data Loader. Dies zeigt, wie das Modell Eingabedaten verarbeitet und Projektionen ausgibt.

Diese Implementierung zeigt die Kernkomponenten von SimCLR: Datenerweiterung, ein Backbone-Netzwerk zur Feature-Extraktion und einen Projektionskopf. Das Modell lernt aussagekräftige Repräsentationen der Eingabedaten ohne sich auf Labels zu stützen, was die Essenz des selbstüberwachten Lernens darstellt.

1.3.3 Föderiertes Lernen und Datenschutz

Angesichts zunehmender Datenschutzbedenken hat sich **föderiertes Lernen** als bahnbrechende Lösung für das Training von maschinellen Lernmodellen bei gleichzeitiger Wahrung der Datenvertraulichkeit entwickelt. Dieser innovative Ansatz ermöglicht die Entwicklung ausgereifter KI-Systeme, indem er die kollektive Intelligenz zahlreicher dezentraler Geräte wie Smartphones oder IoT-Sensoren nutzt, ohne dass sensible Informationen zentralisiert werden müssen.

Indem Modelle lokal auf einzelnen Geräten trainiert werden und nur aggregierte Updates geteilt werden, gewährleistet föderiertes Lernen, dass Rohdaten sicher und privat bleiben und geht damit effektiv auf die wachsenden Bedenken hinsichtlich Datenschutz und Privatsphäre der Nutzer ein.

Die Auswirkungen des föderierten Lernens erstrecken sich über verschiedene Branchen, wobei das Gesundheitswesen ein hervorragendes Beispiel für sein transformatives Potenzial darstellt. In medizinischen Einrichtungen ermöglicht diese Technologie Gesundheitsinstitutionen die Zusammenarbeit bei der Entwicklung modernster KI-Modelle, ohne die Vertraulichkeit der Patientendaten zu gefährden.

Krankenhäuser können zur Entwicklung robusterer und präziserer Diagnosewerkzeuge beitragen, indem sie Modelle auf ihren lokalen Datensätzen trainieren und nur die gelernten Erkenntnisse teilen. Dieser kollaborative Ansatz verbessert nicht nur die Qualität KI-gestützter Diagnostik, sondern wahrt auch höchste Standards beim Schutz von Patientendaten und fördert Vertrauen sowie die Einhaltung strenger Datenschutzvorschriften im Gesundheitssektor.

Beispiel: Föderiertes Lernen mit PySyft

```
import syft as sy
import torch
import torch.nn as nn
import torch.optim as optim
from torchvision import datasets, transforms
from torch.utils.data import DataLoader

# Create a PySyft domain for federated learning
domain = sy.Domain(name="main_domain")

# Create virtual workers in the domain
alice = domain.get_client()
bob = domain.get_client()

# Load the MNIST dataset
transform = transforms.Compose([transforms.ToTensor(), transforms.Normalize((0.5,),
(0.5,))])
mnist_dataset = datasets.MNIST('.', train=True, download=True, transform=transform)

# Split the dataset between Alice and Bob
```

```
alice_data, bob_data = torch.utils.data.random_split(mnist_dataset, [30000, 30000])
alice_loader = DataLoader(alice_data, batch_size=64, shuffle=True)
bob_loader = DataLoader(bob_data, batch_size=64, shuffle=True)

# Send datasets to the workers
alice_dataset      =      sy.Dataset(data=alice_loader.dataset,      name="alice_data",
description="MNIST data for Alice")
bob_dataset = sy.Dataset(data=bob_loader.dataset, name="bob_data", description="MNIST
data for Bob")
domain.load_dataset(alice_dataset, client=alice)
domain.load_dataset(bob_dataset, client=bob)

# Define the neural network model
class SimpleNN(nn.Module):
    def __init__(self):
        super(SimpleNN, self).__init__()
        self.fc = nn.Linear(784, 10)

    def forward(self, x):
        return self.fc(x)

model = SimpleNN()

# Configure the optimizer and loss function
optimizer = optim.SGD(model.parameters(), lr=0.01)
loss_fn = nn.CrossEntropyLoss()

# Train the model on Alice's and Bob's datasets
for epoch in range(1):
    for client, loader in [(alice, alice_loader), (bob, bob_loader)]:
        print(f"Training on {client.name}")
        for data, target in loader:
            data = data.view(data.size(0), -1)  # Flatten the images
            target = target.long()

            # Send data to the client
            data_ptr = data.send(client)
            target_ptr = target.send(client)

            # Perform forward pass on the remote model
            output_ptr = model(data_ptr)
            loss_ptr = loss_fn(output_ptr, target_ptr)

            # Perform backpropagation on the remote model
            optimizer.zero_grad()
            loss_ptr.backward()
            optimizer.step()

print("Federated learning completed!")
```

Lass uns dieses Codebeispiel des föderierten Lernens mit PySyft analysieren:

- **1. Bibliotheken importieren:** Der Code beginnt mit dem Import der erforderlichen Bibliotheken: PySyft (sy), PyTorch (torch) und torchvision für die Datensatzverarbeitung.
- **2. PySyft-Worker einrichten:** Zwei virtuelle Worker, "Alice" und "Bob", werden mit PySyft erstellt. Diese simulieren separate Datenhalter in einem föderierten Lernszenario.
- **3. Modell definieren:** Ein einfaches neuronales Netz (SimpleNN) wird mit einer einzelnen linearen Schicht definiert. Dieses wird föderiert trainiert.
- **4. Datenvorbereitung:** Der MNIST-Datensatz wird geladen und zwischen Alice und Bob aufgeteilt, was verteilte Daten simuliert. Jeder Worker erhält seinen eigenen DataLoader.
- **5. Trainingsschleife:** Das Modell wird für eine Epoche trainiert. Für jeden Batch:
  - Daten werden zum jeweiligen Worker (Alice oder Bob) gesendet
  - Das Modell erstellt Vorhersagen
  - Verlust wird berechnet und rückpropagiert
  - Das Modell wird aktualisiert
  - Daten werden vom Worker abgerufen.
- **6. Datenschutz:** Der zentrale Aspekt des föderierten Lernens wird hier demonstriert: Die Rohdaten verlassen nie die Worker. Nur die Modellaktualisierungen werden geteilt, wodurch die Datenprivatsphäre gewahrt bleibt.

Dieses Beispiel zeigt, wie föderiertes Lernen mit PySyft, einer Bibliothek für datenschutzfreundliches maschinelles Lernen, umgesetzt werden kann. Das Modell wird über zwei verschiedene "Worker" (simuliert als Alice und Bob) trainiert, ohne dass jemals Rohdaten geteilt werden.

1.3.4 Erklärbare KI (XAI)

Da KI-Modelle, insbesondere Deep-Learning-Netzwerke, zunehmend komplexer und undurchsichtiger geworden sind, ist die Nachfrage nach Interpretierbarkeit exponentiell gestiegen. Als Antwort auf diesen dringenden Bedarf hat sich **Erklärbare KI (XAI)** als wegweisender Trend im Jahr 2024 entwickelt und revolutioniert die Art und Weise, wie wir KI-Systeme verstehen und mit ihnen interagieren. XAI zielt darauf ab, die Entscheidungsprozesse komplexer Modelle zu entmystifizieren und bietet Nutzern und Stakeholdern beispiellose Einblicke in die Funktionsweise von KI-Entscheidungen.

Dieser Durchbruch in der KI-Transparenz wird durch modernste Techniken wie **SHAP** (SHapley Additive exPlanations) und **LIME** (Local Interpretable Model-agnostic Explanations) ermöglicht. Diese innovativen Ansätze bieten detaillierte Aufschlüsselungen von Modellvorhersagen, beleuchten die relative Bedeutung verschiedener Merkmale und die zugrundeliegende Logik, die KI-Entscheidungen antreibt. Durch diesen Detaillierungsgrad sind XAI-Techniken maßgeblich für die Förderung von Vertrauen in KI-Systeme, besonders in kritischen Bereichen, wo die Konsequenzen KI-gesteuerter Entscheidungen weitreichend sein können.

Die Auswirkungen von Erklärbarer KI sind besonders tiefgreifend in kritischen Sektoren wie dem Gesundheitswesen, wo sie medizinischem Fachpersonal ermöglicht, KI-gestützte Diagnosen zu verstehen und zu validieren; in der Finanzbranche, wo sie Analysten hilft, komplexe Risikobewertungen und Anlageempfehlungen nachzuvollziehen; und im autonomen Fahren, wo sie Ingenieuren und Aufsichtsbehörden erlaubt, die Entscheidungsprozesse selbstfahrender Fahrzeuge zu überprüfen.

Indem sie die Kluft zwischen fortschrittlichen KI-Fähigkeiten und menschlichem Verständnis überbrückt, steigert XAI nicht nur die Zuverlässigkeit von KI-Systemen, sondern ebnet auch den Weg für eine verantwortungsvollere und ethisch ausgerichtete künstliche Intelligenz.

Beispiel: Erklärbarkeit mit SHAP in Python

```
import shap
import xgboost
from sklearn.datasets import load_diabetes
from sklearn.model_selection import train_test_split
from sklearn.metrics import mean_squared_error

# Load the Diabetes dataset
data = load_diabetes()
X = data.data
y = data.target

# Split the data into training and testing sets
X_train, X_test, y_train, y_test = train_test_split(X, y, test_size=0.2,
random_state=42)

# Train an XGBoost model
model = xgboost.XGBRegressor()
model.fit(X_train, y_train)

# Evaluate the model
y_pred = model.predict(X_test)
print(f"Mean Squared Error: {mean_squared_error(y_test, y_pred)}")

# Initialize SHAP explainer
explainer = shap.Explainer(model, X_train)
shap_values = explainer(X_test)

# Visualize SHAP values for a single prediction
shap.plots.waterfall(shap_values[0])
```

Lass uns dieses Codebeispiel zur Verwendung von SHAP (SHapley Additive exPlanations) für erklärbare KI analysieren:

- **1. Bibliotheken importieren:**import shap, xgboost, load_diabetes Importiert SHAP für Erklärungen, XGBoost für die Modellierung und einen Datensatz für die Regression.
- **2. Daten laden:**X, y = load_diabetes().data, load_diabetes().target Lädt den Diabetes-Datensatz mit Features (X) und Zielwerten (y).
- **3. Modell trainieren:**model = xgboost.XGBRegressor().fit(X_train, y_train) Trainiert ein XGBoost-Regressionsmodell mit dem Datensatz.
- **4. SHAP-Erklärer erstellen:**explainer = shap.Explainer(model, X_train); shap_values = explainer(X_test) Initialisiert einen SHAP-Erklärer und berechnet SHAP-Werte für die Testdaten.
- **5. Erklärungen visualisieren:**shap.plots.waterfall(shap_values[0]) Erstellt ein Wasserfall-Diagramm für die erste Vorhersage, das die Beiträge der Features zeigt.

Dieses Beispiel veranschaulicht, wie SHAP-Werte zur Erklärung einzelner Vorhersagen verwendet werden können. Das Wasserfall-Diagramm zeigt, wie verschiedene Features zum endgültigen Vorhersageergebnis beitragen und sorgt so für Transparenz im Entscheidungsprozess des Modells.

1.3.5 KI-Ethik und Governance

Während künstliche Intelligenz verschiedene Branchen und gesellschaftliche Bereiche durchdringt, gewinnen **ethische Überlegungen** zunehmend an Bedeutung. Im Jahr 2024 legen Organisationen verstärkt Wert darauf, maschinelle Lernsysteme zu entwickeln und einzusetzen, die nicht nur leistungsstark und effizient sind, sondern auch transparent, fair und frei von Voreingenommenheit. Diese Entwicklung hin zu ethischer KI stellt eine entscheidende Evolution im Bereich dar und erkennt die tiefgreifenden Auswirkungen an, die KI-Technologien auf Einzelpersonen und Gemeinschaften haben können.

Das Konzept der ethischen KI umfasst ein breites Spektrum kritischer Aspekte, die während des gesamten Lebenszyklus von KI-Systemen berücksichtigt werden müssen. Dazu gehören:

- Die Identifizierung und Minderung von Verzerrungen in Datensätzen, die zum Training von KI-Modellen verwendet werden
- Die Gewährleistung von Fairness in algorithmischen Entscheidungsprozessen
- Der Schutz vor KI-Entscheidungen, die bestimmte demographische Gruppen unverhältnismäßig benachteiligen könnten
- Die Förderung von Transparenz bei KI-Operationen und Entscheidungsbegründungen
- Der Schutz der Privatsphäre und die Sicherung sensibler Daten

Als Reaktion auf diese drängenden Anliegen haben Regierungen und Institutionen weltweit damit begonnen, umfassende **KI-Governance-Frameworks** zu etablieren und durchzusetzen. Diese Rahmenwerke dienen als wesentliche Richtlinien für die verantwortungsvolle Entwicklung, Implementierung und Verwaltung von KI-Technologien. Die Kernprinzipien, die in diesen Governance-Strukturen betont werden, umfassen typischerweise:

- **Voreingenommenheitsminderung und Fairness**: Dies beinhaltet die Implementierung rigoroser Prozesse zur Identifizierung, Bewertung und Beseitigung von Verzerrungen in KI-Modellen. Es wird sichergestellt, dass KI-Systeme bestehende gesellschaftliche Ungleichheiten nicht verstärken, sondern stattdessen faire und gerechte Ergebnisse für alle Individuen fördern, unabhängig von deren demographischen Merkmalen.
- **Transparenz und Erklärbarkeit**: Ein Hauptaugenmerk liegt auf der besseren Interpretierbarkeit und Nachvollziehbarkeit von KI-Systemen. Dies umfasst die Entwicklung von Methoden, um KI-Entscheidungsprozesse in verständlicher Form zu erklären und ermöglicht eine genauere Überprüfung sowie größeres Vertrauen in KI-gestützte Ergebnisse.
- **Datenschutz und Datensicherheit**: Governance-Frameworks betonen die entscheidende Bedeutung des Schutzes der Privatsphäre der Nutzer und des verantwortungsvollen Umgangs mit sensiblen Informationen. Dies beinhaltet die Implementierung robuster Datenschutzmaßnahmen, die Sicherstellung der Compliance mit Datenschutzvorschriften und die Anwendung datenschutzfreundlicher Techniken in der KI-Entwicklung.
- **Verantwortlichkeit und Aufsicht**: Etablierung klarer Verantwortungslinien und Aufsichtsmechanismen in der KI-Entwicklung und -Implementierung. Dies umfasst die Definition von Rollen und Verantwortlichkeiten, die Implementierung von Prüfprozessen und die Schaffung von Kanälen zur Behandlung von Bedenken oder Beschwerden im Zusammenhang mit KI-Systemen.

Für Entwickler und Organisationen im KI-Bereich ist die Integration dieser ethischen Überlegungen in jede Phase des KI-Lebenszyklus - von der Konzeption und dem Design über die Entwicklung, das Testing und die Implementierung bis hin zur kontinuierlichen Überwachung - keine Option mehr, sondern eine grundlegende Notwendigkeit. Durch die Priorisierung ethischer KI-Praktiken können Stakeholder größeres Vertrauen in KI-Technologien aufbauen, ihre verantwortungsvolle Einführung fördern und sicherstellen, dass die Vorteile der KI realisiert werden, während potenzielle Schäden minimiert werden.

Darüber hinaus treibt der Fokus auf ethische KI Innovationen in verwandten Bereichen wie erklärbarer KI (XAI), fairnessbewusstem maschinellen Lernen und datenschutzfreundlichen KI-Techniken voran. Diese Fortschritte adressieren nicht nur ethische Bedenken, sondern führen oft auch zu robusteren, zuverlässigeren und effektiveren KI-Systemen.

Mit Blick auf die Zukunft wird die Integration ethischer Überlegungen in die KI-Entwicklung voraussichtlich eine zentrale Rolle bei der Gestaltung der Zukunft der Technologie und ihrer Auswirkungen auf die Gesellschaft spielen. Indem wir KI-Fähigkeiten mit menschlichen Werten und gesellschaftlichen Normen in Einklang bringen, können wir auf eine Zukunft hinarbeiten, in der KI-Technologien das menschliche Potenzial erweitern, Gleichberechtigung fördern und positiv zum Gemeinwohl beitragen.

1.4 Überblick über das Python-Ökosystem für maschinelles Lernen

Python hat sich zur führenden Sprache für maschinelles Lernen entwickelt, dank seiner eleganten Einfachheit, außergewöhnlichen Lesbarkeit und eines umfangreichen Ökosystems von Bibliotheken, die die Implementierung komplexer Machine-Learning-Algorithmen vereinfachen. Diese leistungsstarke Kombination macht Python zur idealen Wahl sowohl für erfahrene Entwickler als auch für Neueinsteiger in diesem Bereich und ermöglicht es Anwendern, ihre Energie auf die Lösung komplexer Probleme zu konzentrieren, anstatt sich mit kompliziertem Code auseinanderzusetzen.

In den folgenden Abschnitten werden wir uns mit den Kernkomponenten des Python-Ökosystems befassen, die es an die Spitze des maschinellen Lernens gebracht haben. Wir werden untersuchen, wie diese Werkzeuge synergetisch zusammenarbeiten, um jede Phase des Machine-Learning-Lebenszyklus zu unterstützen, von der anfänglichen Datenvorverarbeitung und explorativen Analyse bis hin zur Entwicklung und Bereitstellung anspruchsvoller Deep-Learning-Modelle.

Durch die Nutzung von Pythons umfassender Bibliothekssammlung können Data Scientists und Machine-Learning-Ingenieure nahtlos das gesamte Spektrum der Aufgaben bewältigen, die erforderlich sind, um ein Machine-Learning-Projekt von der Konzeption bis zur Fertigstellung zu bringen.

1.4.1 Warum Python für maschinelles Lernen?

Pythons Dominanz in der Machine-Learning-Landschaft lässt sich auf eine Vielzahl überzeugender Faktoren zurückführen, die es zur bevorzugten Wahl für Entwickler und Data Scientists gleichermaßen machen:

- **Intuitive Syntax und sanfte Lernkurve**: Pythons klare, lesbare Syntax und übersichtliche Struktur machen es für Neueinsteiger außerordentlich zugänglich, während es gleichzeitig die Leistung und Flexibilität bietet, die erfahrene Fachleute benötigen. Diese Zugänglichkeit demokratisiert maschinelles Lernen und ermöglicht es einer vielfältigen Gruppe von Personen, zum Fachgebiet beizutragen.
- **Umfassendes Ökosystem von Bibliotheken**: Python verfügt über eine unvergleichliche Sammlung von Bibliotheken und Frameworks, die jeden denkbaren

Aspekt des Machine-Learning-Workflows abdecken. Von der Datenmanipulation mit Pandas bis hin zum Deep Learning mit TensorFlow bietet das Python-Ökosystem eine reichhaltige Palette von Werkzeugen, die sich nahtlos zur Unterstützung komplexer ML-Projekte integrieren lassen.

- **Robuste und unterstützende Community**: Die Python-Community ist bekannt für ihre Größe, Vielfalt und ihren kollaborativen Geist. Dieses lebendige Ökosystem fördert schnellen Wissensaustausch, Problemlösung und Innovation. Entwickler können auf eine Fülle von Ressourcen zugreifen, einschließlich umfangreicher Dokumentation, Tutorials, Foren und Open-Source-Projekte, was ihre Lern- und Entwicklungsprozesse beschleunigt.
- **Vielseitige Sprachintegration**: Pythons Fähigkeit, mühelos mit anderen Programmiersprachen zu interagieren, bietet unvergleichliche Flexibilität. Diese Interoperabilität ermöglicht es Entwicklern, die Stärken mehrerer Sprachen innerhalb eines einzelnen Projekts zu nutzen und dabei Pythons Benutzerfreundlichkeit mit den Leistungsvorteilen von Sprachen wie C++ oder den Enterprise-Fähigkeiten von Java zu kombinieren.
- **Schnelles Prototyping und Entwicklung**: Pythons dynamische Typisierung und interpretierte Natur erleichtern schnelle Ideenfindung und Prototyping. Diese Agilität ist entscheidend in der iterativen Welt des maschinellen Lernens, wo schnelles Experimentieren und Modellverfeinerung der Schlüssel zum Erfolg sind.

Diese überzeugenden Vorteile haben Pythons Position als Lingua franca des maschinellen Lernens gefestigt. Während wir tiefer in das Python-Ökosystem eintauchen, werden wir die grundlegenden Bibliotheken erkunden, die zu unverzichtbaren Werkzeugen im Arsenal des Machine-Learning-Praktikers geworden sind.

1.4.2 NumPy: Numerische Berechnung

An der Grundlage praktisch jedes Machine-Learning-Vorhabens liegt **NumPy**, ein Akronym für "Numerical Python". Diese leistungsstarke Bibliothek dient als Fundament für numerisches Computing in Python und bietet robuste Unterstützung für große, mehrdimensionale Arrays und Matrizen.

NumPys umfangreiche Sammlung mathematischer Funktionen ermöglicht effiziente Operationen auf diesen komplexen Datenstrukturen und macht es zu einer wesentlichen Komponente im Machine-Learning-Werkzeugkasten.

Der Kern der meisten Machine-Learning-Algorithmen dreht sich um die Manipulation und Analyse numerischer Daten. NumPy überzeugt in diesem Bereich durch blitzschnelle und speichereffiziente Operationen auf großen Datensätzen. Seine optimierte Implementierung, größtenteils in C geschrieben, ermöglicht schnelle Berechnungen, die reinen Python-Code deutlich übertreffen.

Diese Kombination aus Geschwindigkeit und Vielseitigkeit macht NumPy zu einem unverzichtbaren Werkzeug für Machine-Learning-Praktiker und ermöglicht ihnen die Verarbeitung massiver Datensätze und die Durchführung komplexer mathematischer Operationen mit Leichtigkeit.

Beispiel: NumPy-Grundlagen

```
import numpy as np

# Create a 2D NumPy array (matrix)
matrix = np.array([[1, 2], [3, 4]])

# Perform matrix multiplication
result = np.dot(matrix, matrix)
print(f"Matrix multiplication result:\\\\n{result}")

# Calculate the mean and standard deviation of the array
mean_value = np.mean(matrix)
std_value = np.std(matrix)

print(f"Mean: {mean_value}, Standard Deviation: {std_value}")
```

Lassen Sie uns dieses NumPy-Code-Beispiel aufschlüsseln:

- **1. NumPy importieren:** import numpy as np Diese Zeile importiert die NumPy-Bibliothek und gibt ihr den Alias 'np' für eine einfachere Verwendung.
- **2. Ein 2D-NumPy-Array erstellen:** matrix = np.array([[1, 2], [3, 4]]) Dies erstellt eine 2x2-Matrix mit der Array-Funktion von NumPy.
- **3. Matrixmultiplikation durchführen:** result = np.dot(matrix, matrix) Dies verwendet NumPys dot-Funktion, um die Matrix mit sich selbst zu multiplizieren.
- **4. Das Ergebnis ausgeben:** print(f"Matrix multiplication result:\\n{result}") Dies zeigt das Ergebnis der Matrixmultiplikation an.
- **5. Mittelwert und Standardabweichung berechnen:** mean_value = np.mean(matrix) std_value = np.std(matrix) Diese Zeilen berechnen den Mittelwert und die Standardabweichung der Matrix mithilfe von NumPy-Funktionen.
- **6. Mittelwert und Standardabweichung ausgeben:** print(f"Mean: {mean_value}, Standard Deviation: {std_value}") Dies zeigt den berechneten Mittelwert und die Standardabweichung an.

Dieses Beispiel demonstriert grundlegende NumPy-Operationen wie Array-Erstellung, Matrixmultiplikation und statistische Berechnungen und zeigt dabei NumPys Effizienz bei der Handhabung numerischer Berechnungen.

NumPy ist außerdem die Grundlage für viele andere Bibliotheken wie Pandas und TensorFlow und stellt grundlegende Datenstrukturen und Funktionen bereit, die Operationen wie lineare Algebra, Zufallszahlengenerierung und grundlegende Array-Manipulation vereinfachen.

1.4.3 Pandas: Datenmanipulation und -analyse

Beim Start eines maschinellen Lernprojekts umfassen die ersten Phasen oft umfangreiche Datenvorbereitung. Diese entscheidende Phase beinhaltet die Bereinigung von Rohdaten, die Manipulation ihrer Struktur und die Durchführung eingehender Analysen, um sie für die Modellverarbeitung vorzubereiten.

Hier kommt **Pandas** ins Spiel, eine robuste und vielseitige Datenanalyse-Bibliothek, die die Art und Weise revolutioniert hat, wie Data Scientists mit strukturierten Daten arbeiten. Pandas ermöglicht Anwendern die effiziente Handhabung großer Datensätze und bietet eine Reihe von Werkzeugen für nahtloses Laden, Filtern, Aggregieren und Manipulieren komplexer Datenstrukturen.

Im Kern von Pandas liegen zwei fundamentale Datenstrukturen, die jeweils für unterschiedliche Datenmanipulationsanforderungen konzipiert sind:

- **Series**: Dieses eindimensionale beschriftete Array dient als Grundbaustein für komplexere Datenstrukturen. Es eignet sich hervorragend für die Darstellung von Zeitreihendaten, die Speicherung einer einzelnen Spalte eines DataFrames oder das Halten beliebiger Werte-Arrays mit zugehörigem Index.
- **DataFrame**: Als Arbeitspferd von Pandas ist ein DataFrame eine zweidimensionale beschriftete Datenstruktur, die einer Tabelle oder einem Tabellenblatt ähnelt. Es besteht aus einer Sammlung von Series-Objekten und ermöglicht die intuitive Manipulation von Zeilen und Spalten. DataFrames sind besonders gut geeignet für die Handhabung heterogener Datentypen in verschiedenen Spalten, was sie für reale Datensätze unentbehrlich macht.

Beispiel: Datenmanipulation mit Pandas

```
import pandas as pd

# Create a DataFrame from a dictionary
data = {
    'Name': ['Alice', 'Bob', 'Charlie', 'David'],
    'Age': [25, 30, 35, 40],
    'Salary': [50000, 60000, 70000, 80000]
}

df = pd.DataFrame(data)

# Display the DataFrame
print("Original DataFrame:\\\\n", df)

# Filter rows where Age is greater than 30
```

```
filtered_df = df[df['Age'] > 30]
print("\\\\nFiltered DataFrame (Age > 30):\\\\n", filtered_df)

# Calculate the mean salary
mean_salary = df['Salary'].mean()
print(f"\\\\nMean Salary: {mean_salary}")
```

Lassen Sie uns dieses Pandas-Code-Beispiel aufschlüsseln:

- **1. Pandas importieren:** import pandas as pd Diese Zeile importiert die Pandas-Bibliothek und gibt ihr den Alias 'pd' für eine einfachere Verwendung.
- **2. Ein Wörterbuch erstellen:** data = { 'Name': ['Alice', 'Bob', 'Charlie', 'David'], 'Age': [25, 30, 35, 40], 'Salary': [50000, 60000, 70000, 80000] } Dies erstellt ein Wörterbuch mit drei Schlüsseln (Name, Alter, Gehalt) und deren zugehörigen Werten.
- **3. Ein DataFrame erstellen:** df = pd.DataFrame(data) Diese Zeile erstellt ein Pandas DataFrame aus dem soeben erstellten Wörterbuch.
- **4. Das DataFrame anzeigen:** print("Original DataFrame:\\n", df) Dies gibt das ursprüngliche DataFrame aus, um seinen Inhalt anzuzeigen.
- **5. Das DataFrame filtern:** filtered_df = df[df['Age'] > 30] Dies erstellt ein neues DataFrame, das nur die Zeilen enthält, bei denen das 'Alter' größer als 30 ist.
- **6. Das gefilterte DataFrame anzeigen:** print("\\nFiltered DataFrame (Age > 30):\\n", filtered_df) Dies gibt das gefilterte DataFrame aus, um das Ergebnis unserer Filteroperation anzuzeigen.
- **7. Durchschnittsgehalt berechnen:** mean_salary = df['Salary'].mean() Dies berechnet den Durchschnitt der Spalte 'Gehalt' im ursprünglichen DataFrame.
- **8. Durchschnittsgehalt anzeigen:** print(f"\\nMean Salary: {mean_salary}") Dies gibt das berechnete Durchschnittsgehalt aus.

Dieses Beispiel demonstriert grundlegende Pandas-Operationen wie das Erstellen eines DataFrames, das Filtern von Daten und die Durchführung von Berechnungen auf Spalten. Es zeigt, wie Pandas für Datenmanipulation und -analyse prägnant und lesbar eingesetzt werden kann.

Pandas ist besonders nützlich für Aufgaben wie:

- **Datenbereinigung**: Umgang mit fehlenden Werten, Duplikaten oder falschen Datentypen.
- **Datentransformation**: Anwenden von Funktionen auf Zeilen oder Spalten, Aggregieren von Daten und Umformen von Datensätzen.

- **Zusammenführen und Verbinden**: Kombinieren von Daten aus verschiedenen Quellen.

Mit Pandas können Sie die meisten Datenvorverarbeitungsschritte in Ihrer maschinellen Lernpipeline effizient bewältigen.

1.4.4 Matplotlib und Seaborn: Datenvisualisierung

Nachdem Sie Ihre Daten bereinigt und vorverarbeitet haben, wird die Visualisierung zu einem entscheidenden Schritt, um verborgene Muster, Beziehungen und Trends aufzudecken, die aus reinen Zahlen möglicherweise nicht sofort ersichtlich sind.

Datenvisualisierung dient als leistungsstarkes Werkzeug für die explorative Datenanalyse und ermöglicht es Data Scientists und Machine-Learning-Praktikern, wertvolle Einblicke zu gewinnen und fundierte Entscheidungen während des gesamten Modellentwicklungsprozesses zu treffen. Im Python-Ökosystem stechen zwei Bibliotheken durch ihre robusten Fähigkeiten bei der Erstellung informativer und visuell ansprechender Datenrepräsentationen hervor: **Matplotlib** und **Seaborn**.

Diese Bibliotheken bieten sich ergänzende Funktionalitäten für unterschiedliche Visualisierungsanforderungen:

- **Matplotlib**: Als umfassende Low-Level-Plotting-Bibliothek bietet Matplotlib eine Grundlage für die Erstellung einer breiten Palette von Visualisierungen. Seine Flexibilität ermöglicht eine feingranulare Kontrolle über Plot-Elemente, was es ideal für die Erstellung maßgeschneiderter, publikationsreifer Abbildungen macht. Matplotlib überzeugt bei der Erstellung statischer, interaktiver und animierter Visualisierungen, von einfachen Linien- und Streudiagrammen bis hin zu komplexen 3D-Darstellungen und geografischen Karten.

- **Seaborn**: Aufbauend auf Matplotlibs solider Grundlage hebt Seaborn die Datenvisualisierung auf die nächste Ebene, indem es eine High-Level-Schnittstelle für die Erstellung statistisch orientierter Plots bietet. Es vereinfacht den Prozess der Generierung ästhetisch ansprechender und informativer Visualisierungen, insbesondere für statistische Daten. Seaborns Stärken liegen in der Fähigkeit, komplexe Visualisierungen wie Heatmaps, Violin-Plots und Regressionsplots einfach zu erstellen und bietet dabei integrierte Themes zur Verbesserung des Gesamterscheinungsbilds Ihrer Grafiken.

Durch den Einsatz dieser leistungsstarken Bibliotheken können Data Scientists ihre Erkenntnisse effektiv kommunizieren, Ausreißer identifizieren, Korrelationen erkennen und ein tieferes Verständnis der zugrundeliegenden Datenstrukturen gewinnen. Diese visuelle Explorationsphase führt oft zu wertvollen Erkenntnissen, die die Feature-Entwicklung, Modellauswahl und letztendlich die Entwicklung genauerer und robusterer maschineller Lernmodelle beeinflussen.

Beispiel: Datenvisualisierung mit Matplotlib und Seaborn

```
import matplotlib.pyplot as plt
import seaborn as sns
import numpy as np

# Create random data
data = np.random.normal(size=1000)

# Plot a histogram using Matplotlib
plt.hist(data, bins=30, edgecolor='black')
plt.title('Histogram using Matplotlib')
plt.show()

# Plot a kernel density estimate (KDE) plot using Seaborn
sns.kdeplot(data, fill=True)
plt.title('KDE plot using Seaborn')
plt.show()

Ausgezeichnet! Schauen wir uns das Code-Beispiel für die Datenvisualisierung mit
Matplotlib und Seaborn genauer an:
Erforderliche Bibliotheken importieren:
import matplotlib.pyplot as plt
import seaborn as sns
import numpy as np
```

Dies importiert Matplotlib, Seaborn und NumPy, die für die Erstellung von Visualisierungen und die Generierung von Zufallsdaten essentiell sind.

1. Zufallsdaten erstellen:

```
data = np.random.normal(size=1000)
```

Dies generiert 1000 Zufallszahlen aus einer Normalverteilung mittels NumPy.

2. Ein Histogramm mit Matplotlib erstellen:

```
plt.hist(data, bins=30, edgecolor='black')
plt.title('Histogram using Matplotlib')
plt.show()
```

Dieser Code erstellt ein Histogramm der Zufallsdaten mit 30 Bins und schwarzen Rändern, fügt einen Titel hinzu und zeigt die Grafik an.

3. Eine Kerndichteschätzung (KDE) mit Seaborn erstellen:

```
sns.kdeplot(data, fill=True)
plt.title('KDE plot using Seaborn')
plt.show()
```

Dieser Beispielcode erstellt eine KDE-Grafik derselben Daten mit Seaborn, mit Schattierung unter der Kurve, fügt einen Titel hinzu und zeigt die Grafik an.

Diese Visualisierungen helfen bei der Datenexploration durch die Identifizierung von Mustern, Verteilungen und möglichen Ausreißern. Sie sind ein wesentlicher Bestandteil des maschinellen Lernprozesses, da sie Einblicke liefern, die weitere Analysen und Modellentwicklung unterstützen können.

Visualisierungen spielen eine entscheidende Rolle im maschinellen Lernprozess, bieten wertvolle Einblicke und ermöglichen effektive Kommunikation. Sie erfüllen mehrere Zwecke im Data-Science-Workflow:

- **Datenexploration**: Visualisierungen ermöglichen es Data Scientists:
    - Ausreißer zu identifizieren, die Ergebnisse verzerren oder besondere Behandlung erfordern könnten
    - Korrelationen zwischen Variablen aufzudecken, die möglicherweise die Feature-Auswahl beeinflussen
    - Trends oder Muster zu erkennen, die aus reinen Rohdaten möglicherweise nicht sofort ersichtlich sind
    - Ein ganzheitliches Verständnis von Datenverteilungen und -eigenschaften zu gewinnen
- **Ergebniskommunikation**: Gut gestaltete Visualisierungen sind leistungsstarke Werkzeuge für:
    - Die Präsentation komplexer Erkenntnisse in einer klaren, zugänglichen Weise für verschiedene Zielgruppen
    - Die Veranschaulichung von Modellleistung und -vergleichen durch intuitive Diagramme und Grafiken
    - Die Unterstützung datengestützter Entscheidungsfindung durch visuell überzeugende Erkenntnisse
    - Die Überbrückung der Kluft zwischen technischer Analyse und betriebswirtschaftlichem Verständnis

Durch den effektiven Einsatz von Visualisierungen können Praktiker des maschinellen Lernens ihre analytischen Fähigkeiten verbessern und sicherstellen, dass ihre Erkenntnisse sowohl bei technischen als auch nicht-technischen Stakeholdern Anklang finden.

1.4.5 Scikit-learn: Das Arbeitspferd des maschinellen Lernens

Wenn es um traditionelle Algorithmen des maschinellen Lernens geht, sticht **Scikit-learn** als die führende Bibliothek im Python-Ökosystem hervor. Sie bietet eine umfassende Suite von Werkzeugen für Data Mining und Analyse, die sich durch ihre Einfachheit, Effizienz und

Robustheit auszeichnen. Dies macht Scikit-learn zu einer wertvollen Ressource für Anwender aller Erfahrungsstufen, von Anfängern im maschinellen Lernen bis hin zu erfahrenen Experten, die komplexe Projekte bearbeiten.

Scikit-learns umfangreiches Toolkit umfasst eine breite Palette von Techniken und Hilfsmitteln für maschinelles Lernen, darunter:

- **Überwachte Lernalgorithmen**: Diese Kategorie umfasst verschiedene Methoden für prädiktive Modellierung, wie zum Beispiel:
  - Lineare und logistische Regression zur Modellierung von Beziehungen zwischen Variablen
  - Entscheidungsbäume und Random Forests zur Erstellung leistungsfähiger, interpretierbarer Modelle
  - Support Vector Machines (SVMs) für effektive Klassifikations- und Regressionsaufgaben
  - Gradient-Boosting-Methoden wie XGBoost und LightGBM für Hochleistungsprognosen
- **Unüberwachte Lerntechniken**: Diese Algorithmen sind darauf ausgelegt, verborgene Muster und Strukturen in nicht gekennzeichneten Daten aufzudecken:
  - Clustering-Algorithmen wie K-means und DBSCAN zur Gruppierung ähnlicher Datenpunkte
  - Dimensionsreduktionsmethoden wie Principal Component Analysis (PCA) und t-SNE zur Visualisierung hochdimensionaler Daten
  - Anomalieerkennungsalgorithmen zur Identifizierung von Ausreißern und ungewöhnlichen Mustern
- **Umfassende Modellbewertungs- und Optimierungswerkzeuge**: Scikit-learn bietet ein robustes Framework zur Bewertung und Feinabstimmung von Machine-Learning-Modellen:
  - Kreuzvalidierungstechniken zur Gewährleistung der Modellgeneralisierbarkeit
  - Grid-Search- und Random-Search-Funktionen für effizientes Hyperparameter-Tuning
  - Eine breite Palette von Evaluierungsmetriken einschließlich Precision, Recall, F1-Score und ROC AUC zur Bewertung der Modellleistung
  - Modellauswahlwerkzeuge zur Unterstützung bei der Wahl des besten Algorithmus für eine bestimmte Aufgabe

Über diese Kernfunktionalitäten hinaus bietet Scikit-learn auch Hilfsmittel für Datenvorverarbeitung, Feature-Auswahl und Modellpersistenz, was es zu einer Komplettlösung für viele Machine-Learning-Workflows macht. Das konsistente API-Design und die umfangreiche Dokumentation erhöhen zusätzlich seine Attraktivität und ermöglichen es Benutzern, nahtlos zwischen verschiedenen Algorithmen und Techniken zu wechseln, während ein vertrautes Programmierparadigma beibehalten wird.

Beispiel: Training eines Entscheidungsbaum-Klassifikators mit Scikit-learn

```
from sklearn.datasets import load_iris
from sklearn.model_selection import train_test_split
from sklearn.tree import DecisionTreeClassifier
from sklearn.metrics import accuracy_score

# Load the Iris dataset
iris = load_iris()
X = iris.data
y = iris.target

# Split the data into training and testing sets
X_train, X_test, y_train, y_test = train_test_split(X, y, test_size=0.2, random_state=42)

# Initialize and train a decision tree classifier
model = DecisionTreeClassifier()
model.fit(X_train, y_train)

# Make predictions and evaluate accuracy
y_pred = model.predict(X_test)
accuracy = accuracy_score(y_test, y_pred)

print(f"Accuracy of the Decision Tree Classifier: {accuracy:.2f}")
```

Schauen wir uns das Codebeispiel für das Training eines Entscheidungsbaum-Klassifikators mit Scikit-learn genauer an:

- **1. Notwendige Bibliotheken importieren:** from sklearn.datasets import load_iris from sklearn.model_selection import train_test_split from sklearn.tree import DecisionTreeClassifier from sklearn.metrics import accuracy_score

Dies importiert die erforderlichen Module aus Scikit-learn zum Laden von Datensätzen, Aufteilen der Daten, Modellerstellung und Auswertung.

- **2. Datensatz laden:** iris = load_iris() X = iris.data y = iris.target

Dies lädt den Iris-Datensatz, einen in Scikit-learn integrierten Datensatz. X enthält die Merkmale und y die Zielvariablen.

- **3. Daten aufteilen:** X_train, X_test, y_train, y_test = train_test_split(X, y, test_size=0.2, random_state=42)

Dies teilt die Daten in Trainings- und Testsets auf. 80% der Daten werden zum Training verwendet und 20% zum Testen.

- **4. Modell initialisieren und trainieren:** model = DecisionTreeClassifier() model.fit(X_train, y_train)

Dies erstellt einen Entscheidungsbaum-Klassifikator und trainiert ihn mit den Trainingsdaten.

- **5. Vorhersagen treffen und auswerten:** y_pred = model.predict(X_test) accuracy = accuracy_score(y_test, y_pred)

Dies verwendet das trainierte Modell, um Vorhersagen für die Testdaten zu treffen und berechnet die Genauigkeit dieser Vorhersagen.

- **6. Ergebnisse ausgeben:** print(f"Accuracy of the Decision Tree Classifier: {accuracy:.2f}")

Dies gibt die Genauigkeit des Modells aus, auf zwei Dezimalstellen formatiert.

Dieses Beispiel zeigt den typischen Arbeitsablauf in Scikit-learn: Daten laden, in Trainings- und Testsets aufteilen, ein Modell initialisieren, es trainieren, Vorhersagen treffen und seine Leistung auswerten.

Scikit-learns benutzerfreundliche API, kombiniert mit ihrer umfangreichen Sammlung an Werkzeugen für Datenvorverarbeitung, Modellierung und Auswertung, macht sie zu einer vielseitigen Bibliothek für jedes maschinelle Lernprojekt.

1.4.6 TensorFlow, Keras und PyTorch: Deep-Learning-Bibliotheken

Während Scikit-learn die bevorzugte Bibliothek für traditionelle maschinelle Lernaufgaben ist, erfordert der Bereich des Deep Learning speziellere Werkzeuge. Im Python-Ökosystem stechen drei Bibliotheken als Vorreiter für Deep Learning hervor: **TensorFlow**, **Keras** und **PyTorch**. Jede dieser Bibliotheken bringt einzigartige Stärken mit sich und bedient verschiedene Anforderungen innerhalb der Deep-Learning-Community.

- **TensorFlow**: Von den brillanten Köpfen bei Google entwickelt, hat sich TensorFlow zu einer Größe im Deep-Learning-Bereich entwickelt. Diese Open-Source-Bibliothek hat aufgrund ihrer bemerkenswerten Flexibilität und Skalierbarkeit weite Verbreitung gefunden. TensorFlows Architektur ermöglicht es, nahtlos alles von kleinen Experimenten bis hin zu massiven, produktionsreifen maschinellen Lernprojekten zu bewältigen. Sein robustes Ökosystem, einschließlich Werkzeugen wie TensorBoard zur Visualisierung, macht es sowohl für Forscher als auch für Branchenexperten zu einer attraktiven Wahl.

- **Keras**: Ursprünglich als unabhängige Bibliothek konzipiert, hat Keras im TensorFlow-Framework als dessen offizielle High-Level-API seinen Platz gefunden. Keras hat aufgrund seiner benutzerfreundlichen Schnittstelle und der Betonung auf Einfachheit eine treue Anhängerschaft gewonnen. Es ermöglicht Entwicklern, schnell Prototypen zu erstellen und Deep-Learning-Modelle zu iterieren, ohne sich in technischen Details zu verlieren. Mit seiner intuitiven Designphilosophie ist Keras zur ersten Wahl für Anfänger und erfahrene Praktiker geworden, die Geschwindigkeit und Benutzerfreundlichkeit in ihren Deep-Learning-Workflows schätzen.
- **PyTorch**: Von Facebooks KI-Forschungslabor vorangetrieben, hat sich PyTorch schnell zu einem ernst zu nehmenden Konkurrenten in der Deep-Learning-Landschaft entwickelt. Sein charakteristisches Merkmal ist der dynamische Berechnungsgraph, der ihn von Frameworks mit statischen Graphen unterscheidet. Diese Dynamik ermöglicht intuitiveres Debugging und Modellmodifikationen zur Laufzeit, was PyTorch besonders attraktiv für Forscher und diejenigen macht, die sich mit modernster Experimentierung beschäftigen. Der Python-nahe Ansatz der Bibliothek und die nahtlose Integration in das breitere wissenschaftliche Computerökosystem haben zu ihrer wachsenden Popularität in akademischen und industriellen Forschungslaboren beigetragen.

Schauen wir uns ein einfaches Beispiel für das Training eines neuronalen Netzwerks mit Keras an:

Beispiel: Aufbau eines neuronalen Netzwerks mit Keras

```
from tensorflow.keras.models import Sequential
from tensorflow.keras.layers import Dense
from tensorflow.keras.optimizers import Adam
from sklearn.datasets import load_iris
from sklearn.model_selection import train_test_split

# Load the Iris dataset
iris = load_iris()
X = iris.data
y = iris.target

# Split the data
X_train, X_test, y_train, y_test = train_test_split(X, y, test_size=0.2, random_state=42)

# Build a simple feedforward neural network with Keras
model = Sequential([
    Dense(10, input_dim=4, activation='relu'),
    Dense(10, activation='relu'),
    Dense(3, activation='softmax')
])

# Compile the model
```

```
model.compile(optimizer=Adam(),                loss='sparse_categorical_crossentropy',
metrics=['accuracy'])

# Train the model
model.fit(X_train, y_train, epochs=50, batch

_size=10)

# Evaluate the model
loss, accuracy = model.evaluate(X_test, y_test)
print(f"Test Accuracy: {accuracy:.2f}")
```

Ausgezeichnet! Lassen Sie uns das Codebeispiel für den Aufbau eines neuronalen Netzwerks mit Keras im Detail betrachten:

- **1. Erforderliche Bibliotheken importieren:** from tensorflow.keras.models import Sequential from tensorflow.keras.layers import Dense from tensorflow.keras.optimizers import Adam from sklearn.datasets import load_iris from sklearn.model_selection import train_test_split Dies importiert die benötigten Module von Keras und Scikit-learn für die Modellerstellung, das Laden und Aufteilen der Daten.
- **2. Datensatz laden und aufteilen:** iris = load_iris() X = iris.data y = iris.target X_train, X_test, y_train, y_test = train_test_split(X, y, test_size=0.2, random_state=42) Dies lädt den Iris-Datensatz und teilt ihn in Trainings- und Testdaten auf.
- **3. Neuronales Netzwerk aufbauen:** model = Sequential([Dense(10, input_dim=4, activation='relu'), Dense(10, activation='relu'), Dense(3, activation='softmax')]) Dies erstellt ein sequentielles Modell mit drei Dense-Schichten. Die erste Schicht hat 10 Neuronen und nimmt 4 Eingabemerkmale entgegen. Die letzte Schicht hat 3 Neuronen für die 3 Klassen im Iris-Datensatz.
- **4. Modell kompilieren:** model.compile(optimizer=Adam(), loss='sparse_categorical_crossentropy', metrics=['accuracy']) Dies konfiguriert das Modell für das Training, wobei der Optimizer, die Verlustfunktion und die zu überwachenden Metriken festgelegt werden.
- **5. Modell trainieren:** model.fit(X_train, y_train, epochs=50, batch_size=10) Dies trainiert das Modell mit den Trainingsdaten über 50 Epochen mit einer Batch-Größe von 10.
- **6. Modell evaluieren:** loss, accuracy = model.evaluate(X_test, y_test) print(f"Test Accuracy: {accuracy:.2f}") Dies bewertet die Leistung des Modells anhand der Testdaten und gibt die Genauigkeit aus.

Dieses Beispiel zeigt, wie einfach es ist, ein neuronales Netzwerk mit Keras, einer High-Level-API in TensorFlow, zu erstellen und zu trainieren.

Das umfangreiche Ökosystem von Python-Bibliotheken und -Werkzeugen optimiert den gesamten maschinellen Lernprozess, von der ersten Datenerfassung und -vorverarbeitung bis hin zur ausgefeilten Modellkonstruktion und Implementierung in der Praxis. Diese umfassende Sammlung von Ressourcen reduziert die typischerweise mit maschinellen Lernprojekten verbundene Komplexität erheblich und ermöglicht es Entwicklern, sich auf die Problemlösung zu konzentrieren, anstatt sich mit Implementierungsdetails auseinanderzusetzen. Die vielfältigen Werkzeuge der Sprache bedienen ein breites Spektrum von maschinellen Lernaufgaben und eignen sich sowohl für erfahrene Fachleute als auch für Neueinsteiger in diesem Bereich.

Für diejenigen, die mit klassischen maschinellen Lernalgorithmen arbeiten, bietet Scikit-learn eine benutzerfreundliche Schnittstelle und eine Fülle gut dokumentierter Funktionen. Sein konsistentes API-Design ermöglicht einfaches Experimentieren mit verschiedenen Algorithmen und schnelles Prototyping von maschinellen Lernlösungen. Andererseits können Praktiker, die sich in den Bereich des Deep Learning vertiefen, die Leistungsfähigkeit von TensorFlow, Keras oder PyTorch nutzen. Diese Bibliotheken bieten die Flexibilität und Recheneffizienz, die für den Aufbau und das Training komplexer neuronaler Netzwerkarchitekturen erforderlich sind, von einfachen Feed-Forward-Netzwerken bis hin zu fortgeschrittenen Modellen wie Faltungsneuronalen Netzen (CNNs) und rekurrenten neuronalen Netzen (RNNs).

Die Vielseitigkeit von Python geht über das bloße Bereitstellen von Werkzeugen hinaus; es fördert eine lebendige Gemeinschaft von Entwicklern und Forschern, die kontinuierlich zu seinem Wachstum beitragen. Dieses kollaborative Ökosystem stellt sicher, dass Python an der Spitze der Innovation im maschinellen Lernen bleibt, wobei regelmäßig neue Bibliotheken und Techniken entstehen, um sich entwickelnde Herausforderungen in diesem Bereich zu bewältigen. Die Lesbarkeit und einfache Handhabung der Sprache in Kombination mit ihren leistungsfähigen Bibliotheken machen sie zur idealen Wahl sowohl für schnelles Prototyping als auch für produktionsreife maschinelle Lernsysteme. Infolgedessen hat sich Python als die De-facto-Sprache für Machine-Learning-Fachleute in Wissenschaft und Industrie etabliert und ermöglicht bahnbrechende Forschung und die Entwicklung modernster KI-Anwendungen.

Praktische Übungen Kapitel 1

Übung 1: Verständnis der Arten des maschinellen Lernens

Aufgabe: Kategorisieren Sie basierend auf der Erklärung des überwachten, unüberwachten und bestärkenden Lernens die folgenden realen Beispiele in den korrekten Typ des maschinellen Lernens:

- Ein System, das Hauspreise basierend auf Merkmalen wie Größe, Lage und Anzahl der Räume vorhersagt.
- Ein Programm, das Kunden basierend auf ihrem Kaufverhalten in Gruppen einteilt.

- Ein Roboter, der durch Feedback aus seiner Umgebung laufen lernt.

Lösung:

- **Überwachtes Lernen**: Vorhersage von Hauspreisen basierend auf Merkmalen.
- **Unüberwachtes Lernen**: Gruppierung von Kunden basierend auf Kaufverhalten.
- **Bestärkendes Lernen**: Ein Roboter, der durch Feedback laufen lernt.

Übung 2: Implementierung von überwachtem Lernen

Aufgabe: Verwenden Sie Scikit-learn, um ein grundlegendes überwachtes Lernmodell zu implementieren. Laden Sie den **Iris-Datensatz**, teilen Sie ihn in Trainings- und Testsets auf und trainieren Sie ein **Logistisches Regressionsmodell**, um Iris-Arten zu klassifizieren. Bewerten Sie nach dem Training die Genauigkeit des Modells am Testset.

Lösung:

```
from sklearn.datasets import load_iris
from sklearn.model_selection import train_test_split
from sklearn.linear_model import LogisticRegression
from sklearn.metrics import accuracy_score

# Load the Iris dataset
iris = load_iris()
X = iris.data
y = iris.target

# Split the data into training and testing sets
X_train, X_test, y_train, y_test = train_test_split(X, y, test_size=0.2,
random_state=42)

# Initialize and train a Logistic Regression model
model = LogisticRegression(max_iter=200)
model.fit(X_train, y_train)

# Make predictions and evaluate accuracy
y_pred = model.predict(X_test)
accuracy = accuracy_score(y_test, y_pred)

print(f"Model Accuracy: {accuracy:.2f}")
```

Übung 3: Erforschung des unüberwachten Lernens

Aufgabe: Implementieren Sie einen **K-Means-Clustering**-Algorithmus mit Scikit-learn für den folgenden Datensatz:

```
data = [[1, 2], [1, 4], [1, 0], [10, 2], [10, 4], [10, 0]]
```

Verwenden Sie 2 Cluster und geben Sie nach dem Anpassen des Modells die Cluster-Zentren und die jedem Datenpunkt zugewiesenen Labels aus.

Lösung:

```
from sklearn.cluster import KMeans

# Define the dataset
data = [[1, 2], [1, 4], [1, 0], [10, 2], [10, 4], [10, 0]]

# Fit the K-means model with 2 clusters
kmeans = KMeans(n_clusters=2, random_state=0).fit(data)

# Print cluster centers and labels
print(f"Cluster Centers: {kmeans.cluster_centers_}")
print(f"Data Labels: {kmeans.labels_}")
```

Übung 4: Stimmungsanalyse mit NLP

Aufgabe: Verwenden Sie **TextBlob**, um eine Stimmungsanalyse des folgenden Texts durchzuführen:

"Das neue Telefonmodell ist fantastisch, ich liebe die Kamera und die Akkulaufzeit absolut!"

Schreiben Sie ein Python-Skript, um die Stimmungspolarität zu berechnen und auszugeben.

Lösung:

```
from textblob import TextBlob

# Define the text
text = "The new phone model is amazing, I absolutely love the camera and the battery
life!"

# Perform sentiment analysis
blob = TextBlob(text)
sentiment = blob.sentiment

# Print the sentiment polarity
print(f"Sentiment Polarity: {sentiment.polarity}")
```

Übung 5: Datenvisualisierung

Aufgabe: Verwenden Sie **Matplotlib**, um ein Histogramm der folgenden Daten zu erstellen:

```
data = [22, 25, 23, 20, 19, 22, 26, 30, 31, 22, 24, 25, 22, 27]
```

Erstellen Sie ein Histogramm mit 5 Bins und beschriften Sie die Achsen entsprechend.

Lösung:

```
import matplotlib.pyplot as plt

# Define the data
data = [22, 25, 23, 20, 19, 22, 26, 30, 31, 22, 24, 25, 22, 27]

# Create a histogram
plt.hist(data, bins=5, edgecolor='black')

# Add labels and title
plt.title('Histogram of Data')
plt.xlabel('Values')
plt.ylabel('Frequency')

# Show the plot
plt.show()
```

Übung 6: Aufbau eines einfachen neuronalen Netzwerks mit Keras

Aufgabe: Verwenden Sie **Keras**, um ein einfaches Feed-Forward-Netzwerk zu erstellen. Trainieren Sie das Netzwerk mit dem **Iris-Datensatz**, um die Arten zu klassifizieren. Das Netzwerk soll zwei versteckte Schichten mit jeweils 10 Neuronen enthalten und **ReLU**-Aktivierungsfunktionen verwenden. Bewerten Sie die Genauigkeit am Testdatensatz.

Lösung:

```
from tensorflow.keras.models import Sequential
from tensorflow.keras.layers import Dense
from sklearn.datasets import load_iris
from sklearn.model_selection import train_test_split

# Load the Iris dataset
iris = load_iris()
X = iris.data
y = iris.target

# Split the data
X_train, X_test, y_train, y_test = train_test_split(X, y, test_size=0.2,
random_state=42)

# Build the neural network
model = Sequential([
    Dense(10, input_dim=4, activation='relu'),
    Dense(10, activation='relu'),
    Dense(3, activation='softmax')
])

# Compile the model
model.compile(optimizer='adam', loss='sparse_categorical_crossentropy',
metrics=['accuracy'])

# Train the model
```

```
model.fit(X_train, y_train, epochs=50, batch_size=10)

# Evaluate the model
loss, accuracy = model.evaluate(X_test, y_test)
print(f"Test Accuracy: {accuracy:.2f}")
```

Übung 7: Erforschung erklärbarer KI (XAI)

Aufgabe: Verwenden Sie **SHAP** (SHapley Additive exPlanations), um die Vorhersagen eines XGBoost-Modells für den **Boston Housing Dataset** zu erklären. Geben Sie die SHAP-Werte für die erste Vorhersage aus und stellen Sie sie grafisch dar.

Lösung:

```
import shap
import xgboost
from sklearn.datasets import load_diabetes

# Load the Diabetes dataset
data = load_diabetes()
X, y = data.data, data.target

# Train an XGBoost model
model = xgboost.XGBRegressor()
model.fit(X, y)

# Initialize SHAP explainer
explainer = shap.Explainer(model, X)
shap_values = explainer(X)

# Plot the SHAP values for the first prediction
shap.plots.waterfall(shap_values[0])
```

Diese praktischen Übungen helfen dabei, die Kernkonzepte aus Kapitel 1 zu festigen. Durch die Bearbeitung dieser Aufgaben gewinnen Sie praktische Erfahrung im Verständnis der verschiedenen Arten des maschinellen Lernens, im Aufbau einfacher Modelle, in der Datenmanipulation und -visualisierung und tauchen sogar in hochaktuelle Themen wie erklärbare KI ein. Nehmen Sie sich Zeit für jede Übung und experimentieren Sie ruhig mit dem Code, um weitere Erkenntnisse zu gewinnen!

Zusammenfassung Kapitel 1

In Kapitel 1 haben wir die Grundlagen für das Verständnis des maschinellen Lernens und seiner Rolle in der modernen Softwareentwicklung gelegt, wobei wir uns besonders auf die Situation im Jahr 2024 konzentriert haben. Wir begannen mit der Erforschung der grundlegenden Definition des maschinellen Lernens und erklärten, wie es sich von traditionellen

Programmieransätzen unterscheidet. Im Gegensatz zu traditionellen Methoden, bei denen die Regeln explizit programmiert werden, ermöglicht maschinelles Lernen Systemen, Muster aus Daten zu lernen, wodurch sie anpassungsfähig werden und fundierte Vorhersagen oder Entscheidungen treffen können.

Wir untersuchten die drei Hauptarten des maschinellen Lernens: **überwachtes Lernen**, **unüberwachtes Lernen** und **bestärkendes Lernen**. Jede dieser Methoden wurde anhand von realen Beispielen vorgestellt, wie etwa die Vorhersage von Hauspreisen (überwachtes Lernen), die Gruppierung von Kunden basierend auf ihrem Verhalten (unüberwachtes Lernen) und das Training eines Roboters zum Laufen (bestärkendes Lernen). Das Kapitel betonte, dass die Wahl der Art des maschinellen Lernens von der Art des Problems und den verfügbaren Daten abhängt.

Anschließend erforschten wir die **Rolle des maschinellen Lernens in der modernen Softwareentwicklung**. Maschinelles Lernen hat sich in den Software-Entwicklungszyklus integriert und automatisiert Aufgaben wie Empfehlungssysteme, Stimmungsanalyse und sogar Software-Tests. Wichtige Anwendungen wurden diskutiert, die zeigen, wie maschinelles Lernen Prozesse optimiert und Benutzererfahrungen verbessert. Code-Beispiele wie ein Empfehlungssystem und eine Stimmungsanalyse demonstrierten praktische Implementierungen dieser Konzepte.

Dann warfen wir einen genaueren Blick auf die **wichtigsten Trends, die KI und maschinelles Lernen im Jahr 2024 prägen**. Zu diesen Trends gehören die Ausweitung von Transformer-Architekturen über NLP hinaus, der Aufstieg des selbstüberwachten Lernens, die zunehmende Bedeutung des föderierten Lernens für den Datenschutz und der wachsende Fokus auf erklärbare KI (XAI). Jeder Trend wurde mit Beispielen und Code-Snippets ergänzt, die den Lesern einen Einblick in die neuesten Entwicklungen der KI geben.

Schließlich erkundeten wir das **Python-Ökosystem für maschinelles Lernen**, das für die Umsetzung dieser Konzepte von entscheidender Bedeutung ist. Bibliotheken wie NumPy, Pandas, Matplotlib, Scikit-learn, TensorFlow, Keras und PyTorch wurden vorgestellt. Diese Werkzeuge unterstützen jeden Aspekt des maschinellen Lernprozesses, von der Datenmanipulation und -visualisierung bis hin zum Training komplexer Deep-Learning-Modelle. Die Flexibilität des Python-Ökosystems und die umfangreiche Bibliotheksunterstützung machen es zur dominierenden Sprache für maschinelles Lernen.

Durch dieses Kapitel haben Sie ein solides Verständnis der Grundlagen des maschinellen Lernens, moderner Trends und der Werkzeuge erworben, die Sie im Laufe des Buches verwenden werden. Dieses Wissen bereitet den Weg für fortgeschrittenere Themen, während wir tiefer in die Bereiche des maschinellen Lernens und der künstlichen Intelligenz eintauchen.

Kapitel 2: Python und essentielle Bibliotheken für Data Science

Python hat sich zum Eckpfeiler des maschinellen Lernens und der Data Science entwickelt, dank seiner eleganten Einfachheit, außergewöhnlichen Lesbarkeit und eines reichhaltigen Ökosystems leistungsfähiger Bibliotheken. Diese robuste Sammlung von Bibliotheken umfasst ein breites Spektrum an Funktionalitäten, von komplexen numerischen Berechnungen bis hin zu fortgeschrittenen Datenmanipulationstechniken und modernen Modelltrainingsalgorithmen.

Die nahtlose Integration dieser Werkzeuge hat Pythons Position als führende Sprache für die Entwicklung modernster Machine-Learning-Lösungen gefestigt. Während Sie sich auf den Weg machen, zunehmend komplexere Machine-Learning-Modelle zu entwickeln, wird eine solide Python-Grundlage nicht nur vorteilhaft, sondern absolut unverzichtbar für reibungslose, effiziente und effektive Entwicklungsprozesse.

In diesem umfassenden Kapitel werden wir tief in die Kernelemente der Python-Programmierung eintauchen, mit besonderem Fokus auf die Elemente, die für Machine Learning und Data Science Workflows unerlässlich sind. Unsere Erkundung wird ein breites Spektrum grundlegender Python-Funktionen abdecken und Ihnen eine solide Basis für die Möglichkeiten der Sprache vermitteln.

Darüber hinaus werden wir uns eingehend mit einigen der am weitesten verbreiteten und hochgeschätzten Bibliotheken des Fachgebiets befassen, darunter NumPy für numerische Berechnungen, Pandas für Datenmanipulation und -analyse, Matplotlib für Datenvisualisierung und Scikit-learn für die Implementierung von Machine-Learning-Algorithmen.

Durch die Beherrschung dieser leistungsstarken Werkzeuge werden Sie mit den Fähigkeiten ausgestattet, Daten mit beispielloser Effizienz zu verarbeiten, komplexe Trends in Ihren Datensätzen aufzudecken und zu visualisieren sowie vielfältige Machine-Learning-Algorithmen mit bemerkenswerter Leichtigkeit und Präzision zu implementieren.

Um unsere Reise zu beginnen, werden wir zunächst die grundlegenden Bausteine der Python-Programmierung überprüfen. Unser Ansatz wird jedoch speziell auf den Bereich des maschinellen Lernens zugeschnitten sein. Wir werden diese Grundkonzepte durch die Linse ihrer praktischen Anwendungen in Machine-Learning-Projekten betrachten und Ihnen ein kontextreiches Verständnis vermitteln, das die Lücke zwischen theoretischem Wissen und praktischer Implementierung überbrückt.

Diese fokussierte Erkundung wird nicht nur Ihr Verständnis der Python-Grundlagen stärken, sondern auch aufzeigen, wie diese fundamentalen Elemente als Grundlage für die Entwicklung fortgeschrittener Machine-Learning-Modelle und Data-Science-Lösungen dienen.

2.1 Python-Grundlagen für maschinelles Lernen

Bevor wir uns mit den leistungsstarken Bibliotheken befassen, die das Rückgrat des maschinellen Lernens mit Python bilden, ist es entscheidend, eine solide Grundlage in den Python-Kernkonzepten zu schaffen. Diese Grundlage umfasst die Beherrschung essentieller Datenstrukturen wie Listen und Dictionaries, das Verständnis der Feinheiten des grundlegenden Kontrollflusses und die Nutzung der Kraft von Funktionen.

Durch die Entwicklung eines umfassenden Verständnisses dieser grundlegenden Elemente werden Sie besser gerüstet sein, die Komplexität von Machine-Learning-Algorithmen zu navigieren und Data-Science-Tools mit größerer Effizienz und Effektivität zu nutzen.

Listen und Dictionaries beispielsweise dienen als vielseitige Container für die Organisation und Manipulation von Daten - eine Fähigkeit, die bei der Arbeit mit großen Datensätzen oder Feature-Vektoren unschätzbar wird. Kontrollfluss-Mechanismen, einschließlich Schleifen und bedingter Anweisungen, ermöglichen die Implementierung ausgefeilter Logik innerhalb Ihrer Algorithmen und erlauben dynamische Entscheidungsprozesse, die für Machine-Learning-Anwendungen essentiell sind. Funktionen hingegen bieten ein Mittel zur Kapselung wiederverwendbaren Codes, fördern die Modularität und verbessern die Gesamtstruktur Ihrer Machine-Learning-Projekte.

Indem Sie Zeit in die Festigung Ihres Verständnisses dieser Python-Grundlagen investieren, lernen Sie nicht nur Syntax; Sie bauen ein robustes Gerüst, das Ihre Reise zu fortgeschritteneren Machine-Learning-Konzepten unterstützen wird. Diese starke Grundlage wird sich als unschätzbar erweisen, wenn Sie beginnen, mit spezialisierten Bibliotheken zu arbeiten, da Sie sich auf die Feinheiten von Algorithmen und Modellentwicklung konzentrieren können, anstatt sich mit grundlegenden Programmierherausforderungen auseinanderzusetzen.

2.1.1 Zentrale Python-Konzepte für maschinelles Lernen

Variablen und Datentypen in Python

In Python sind Variablen dynamisch typisiert, was bedeutet, dass Sie den Datentyp nicht explizit deklarieren müssen, wenn Sie eine Variable erstellen. Diese Eigenschaft bietet Flexibilität und Benutzerfreundlichkeit, sodass Sie verschiedene Arten von Daten Variablen zuweisen können, ohne deren Typen vorher festlegen zu müssen.

Hier folgt eine detailliertere Erklärung, wie Variablen in Python funktionieren:

1. **Variablendeklaration:** In Python können Sie eine Variable einfach erstellen, indem Sie ihr mit dem Gleichheitszeichen (=) einen Wert zuweisen. Zum Beispiel:

```
age = 30
name = "John"
height = 175.5
```

In diesem Beispiel haben wir drei Variablen (age, name und height) erstellt und ihnen Werte verschiedener Datentypen zugewiesen.

2. **Datentypen:** Python unterstützt mehrere integrierte Datentypen, darunter:

- Ganzzahlen (int): Ganze Zahlen, z.B. -1, 0, 1, 2, usw.
- Gleitkommazahlen (float): Dezimalzahlen, z.B. -1.5, 0.0, 1.5, usw.
- Zeichenketten (str): Text in einfachen (' ') oder doppelten (" ") Anführungszeichen
- Boolesche Werte (bool): Stellt Wahr- oder Falsch-Werte dar
- Listen: Geordnete, veränderbare Sammlungen von Elementen

Python bestimmt automatisch den entsprechenden Datentyp basierend auf dem Wert, der der Variable zugewiesen wird.

3. **Dynamische Typisierung:** Pythons dynamische Typisierung ermöglicht es, den Datentyp einer Variable zu ändern, indem man ihr einfach einen neuen Wert eines anderen Typs zuweist. Zum Beispiel:

```
x = 10
print(x)  # Output: 10

x = "Hello, World!"
print(x)  # Output: Hello, World!
```

In diesem Beispiel wird x zunächst ein ganzzahliger Wert zugewiesen und dann mit einem String-Wert neu belegt. Beide Zuweisungen sind in Python gültig.

Das Verständnis von Variablen und Datentypen ist grundlegend für die Python-Programmierung. Es bildet das Fundament für die Datenmanipulation und ist sowohl für einfaches Skripting als auch für komplexe Datenanalyseaufgaben von entscheidender Bedeutung.

Durch die Beherrschung dieser Konzepte werden Sie bestens gerüstet sein, um verschiedene Programmierherausforderungen zu meistern und leistungsfähige Datenanalyselösungen in Python zu entwickeln.

Beispiel:

```
# Integer variable
age = 25

# Float variable
salary = 60000.50

# String variable
name = "Alice"

# Boolean variable
is_student = True

print(age, salary, name, is_student)
```

Im maschinellen Lernen arbeitet man häufig mit numerischen und String-Daten. Das Verständnis, wie Python diese grundlegenden Datentypen handhabt, ist beim Arbeiten mit Datensätzen unerlässlich.

Datenstrukturen: Listen, Tupel und Dictionaries - Die Bausteine des Datenmanagements im maschinellen Lernen

Pythons Kerndatenstrukturen dienen als fundamentale Säulen für die Organisation, Manipulation und effiziente Verwaltung von Daten im Bereich des maschinellen Lernens. Diese vielseitigen Konstrukte - Listen, Tupel und Dictionaries - bieten das essentielle Grundgerüst für die Speicherung, den Zugriff und die Verarbeitung verschiedener Arten von Informationen, die für Machine-Learning-Workflows entscheidend sind.

Ob Sie mit Rohdatenpunkten, Feature-Vektoren, Modellparametern oder Berechnungsergebnissen arbeiten, diese Datenstrukturen bieten die Flexibilität und Leistung, die für die Handhabung komplexer Datensätze und algorithmischer Operationen erforderlich ist.

Im Kontext des maschinellen Lernens werden Sie diese Strukturen häufig nutzen, um eine breite Palette von Aufgaben zu bewältigen. Listen sind mit ihrer geordneten und veränderbaren Natur ideal für die Darstellung von Datenpunktsequenzen oder Zeitreihendaten.

Tupel bieten als unveränderliche Strukturen eine perfekte Lösung für die Speicherung fester Wertesets, wie beispielsweise Modell-Hyperparameter. Dictionaries überzeugen mit ihrer Schlüssel-Wert-Paar-Struktur bei der Zuordnung von Features zu ihren entsprechenden Werten und sind damit unerlässlich für Aufgaben wie Feature-Engineering und Parameterspeicherung.

Listen

Geordnete, veränderbare Sammlungen, die als vielseitige Container für die Speicherung und Manipulation von Datensequenzen dienen. Listen in Python bieten dynamische Größenanpassung und Unterstützung für verschiedene Datentypen, was sie ideal für die

Darstellung von Datensätzen, Feature-Vektoren oder Zeitreihendaten in Machine-Learning-Anwendungen macht.

Ihre veränderbare Natur ermöglicht effiziente Modifikationen an Ort und Stelle, was besonders nützlich bei der Datenvorverarbeitung oder der Implementierung iterativer Algorithmen sein kann.

Beispiel:

```
# List of data points
data_points = [2.5, 3.8, 4.2, 5.6]

# Modify a list element
data_points[2] = 4.5

print(data_points)
```

Dieser Code demonstriert die Verwendung von Python-Listen, die grundlegende Datenstrukturen im maschinellen Lernen zur Speicherung und Manipulation von Datensequenzen sind. Schauen wir uns das im Detail an:

1. data_points = [2.5, 3.8, 4.2, 5.6] Diese Zeile erstellt eine Liste namens 'data_points', die vier Gleitkommazahlen enthält. Im Kontext des maschinellen Lernens könnte dies eine Reihe von Messungen oder Feature-Werten darstellen.
2. data_points[2] = 4.5 Diese Zeile demonstriert die veränderbare Natur von Listen. Sie modifiziert das dritte Element (Index 2) der Liste und ändert dessen Wert von 4.2 auf 4.5. Dies zeigt, wie Listen effiziente Änderungen an Ort und Stelle ermöglichen, was besonders nützlich bei der Datenvorverarbeitung oder der Implementierung iterativer Algorithmen im maschinellen Lernen ist.
3. print(data_points) Diese Zeile gibt die modifizierte Liste aus und ermöglicht es, das Ergebnis der Änderung zu sehen.

Dieses Beispiel veranschaulicht, wie Listen in Python zur Speicherung und Manipulation von Datenpunkten verwendet werden können, was eine häufige Aufgabe in Machine-Learning-Anwendungen wie der Darstellung von Datensätzen oder Feature-Vektoren ist.

Dictionaries

Vielseitige Sammlungen von Schlüssel-Wert-Paaren, die als leistungsfähige Werkzeuge für die Organisation und den Zugriff auf Daten in Machine-Learning-Anwendungen dienen. Diese Datenstrukturen eignen sich hervorragend für die Erstellung von Zuordnungen zwischen zusammenhängenden Informationen, wie Feature-Namen und ihren entsprechenden Werten oder Parameter-Bezeichnungen und ihren zugehörigen Einstellungen.

Im Kontext des maschinellen Lernens erweisen sich Dictionaries als unschätzbar wertvoll bei der Arbeit mit strukturierten Datensätzen, da sie eine effiziente Abfrage und Modifikation spezifischer Datenpunkte anhand ihrer eindeutigen Bezeichner ermöglichen. Ihre Flexibilität und Leistungsfähigkeit machen sie besonders geeignet für Aufgaben wie Feature-Engineering, Hyperparameter-Tuning und die Speicherung von Modellkonfigurationen.

Durch den Einsatz von Dictionaries können Data Scientists und Machine-Learning-Experten intuitivere und leichter verwaltbare Darstellungen komplexer Datensätze erstellen, was die Datenmanipulation und Analyseprozesse während der Entwicklung von Machine-Learning-Modellen vereinfacht.

Beispiel:

```
# Dictionary to store machine learning model parameters
model_params = {
    "learning_rate": 0.01,
    "num_epochs": 50,
    "batch_size": 32
}

# Accessing values by key
print(f"Learning Rate: {model_params['learning_rate']}")
```

Dieser Code demonstriert die Verwendung eines Dictionaries in Python, insbesondere im Kontext der Speicherung von Parametern für maschinelle Lernmodelle:

- Ein Dictionary namens model_params wird erstellt, um drei Schlüssel-Wert-Paare zu speichern, die Modell-Hyperparameter darstellen: Lernrate, Anzahl der Epochen und Batch-Größe.
- Das Dictionary verwendet String-Schlüssel ("learning_rate", "num_epochs", "batch_size"), um diese mit ihren entsprechenden numerischen Werten zu verknüpfen.
- Der Code zeigt dann, wie man über den Schlüssel auf einen bestimmten Wert im Dictionary zugreift. In diesem Fall wird die Lernrate ausgegeben.

Dieser Ansatz ist besonders nützlich im maschinellen Lernen für die effiziente Verwaltung und den Zugriff auf Modell-Hyperparameter. Er ermöglicht eine einfache Referenzierung und Anpassung dieser Parameter während des gesamten Entwicklungsprozesses.

Dictionaries sind im maschinellen Lernen besonders praktisch, beispielsweise beim Umgang mit Modell-Hyperparametern, da sie einfach zu referenzieren und anzupassen sind.

Tupel

Tupel dienen als unveränderliche geordnete Sequenzen in Python und bieten eine Struktur ähnlich wie Listen, jedoch mit dem wesentlichen Unterschied, dass sie nach der Erstellung nicht mehr modifiziert werden können. Diese Unveränderlichkeit macht Tupel besonders wertvoll in Kontexten des maschinellen Lernens, wo Datenintegrität und Konsistenz von höchster

Bedeutung sind. Sie eignen sich hervorragend für Szenarien, die die Speicherung fester Wertesets erfordern, wie zum Beispiel:

1. Modell-Hyperparameter: Tupel können Kombinationen von Lernraten, Batch-Größen und Epochenzahlen sicher speichern.
2. Datensatzattribute: Sie können konsistente Feature-Namen oder Spaltenreihenfolgen über verschiedene Stufen der Datenverarbeitung hinweg bewahren.
3. Koordinaten oder mehrdimensionale Datenpunkte: Tupel können feste räumliche oder zeitliche Koordinaten in bestimmten Algorithmen darstellen.

Die unveränderliche Natur von Tupeln gewährleistet nicht nur die Datenkonsistenz, sondern bietet in bestimmten Szenarien auch potenzielle Leistungsvorteile, was sie zu einem unverzichtbaren Werkzeug im Instrumentarium des Machine-Learning-Praktikers macht.

Beispiel:

```
# Creating a tuple of model hyperparameters
model_config = (0.01, 64, 100)  # (learning_rate, batch_size, num_epochs)

# Unpacking the tuple
learning_rate, batch_size, num_epochs = model_config

print(f"Learning Rate: {learning_rate}")
print(f"Batch Size: {batch_size}")
print(f"Number of Epochs: {num_epochs}")

# Attempting to modify the tuple (this will raise an error)
# model_config[0] = 0.02  # This line would cause a TypeError
```

Dieser Code demonstriert die Verwendung von Tupeln in Python, insbesondere im Kontext des maschinellen Lernens. Schauen wir uns das im Detail an:

- Ein Tupel namens model_config wird mit drei Werten erstellt, die Hyperparameter für ein maschinelles Lernmodell darstellen: Lernrate (0.01), Batch-Größe (64) und Anzahl der Epochen (100).
- Das Tupel wird dann in drei separate Variablen entpackt: learning_rate, batch_size und num_epochs.
- Die Werte dieser Variablen werden mithilfe von f-Strings ausgegeben, die eine einfache Formatierung der Ausgabe ermöglichen.
- Es gibt eine auskommentierte Zeile, die zeigt, dass der Versuch, ein Tupel zu modifizieren (durch den Versuch, model_config[0] zu ändern), einen TypeError auslösen würde. Dies verdeutlicht die unveränderliche Natur von Tupeln.

Dieses Beispiel zeigt, wie Tupel zur Speicherung fester Wertesets wie Modell-Hyperparameter verwendet werden können, wodurch sichergestellt wird, dass diese kritischen Werte während der gesamten Ausführung eines maschinellen Lernprogramms konstant bleiben.

Kontrollfluss: Schleifen und Bedingungen

Im maschinellen Lernen ist die Fähigkeit, durch umfangreiche Datensätze zu navigieren, komplexe Bedingungen auszuwerten und ausgefeilte algorithmische Logik zu implementieren, von größter Bedeutung. Pythons robuste Kontrollfluss-Mechanismen bieten eine elegante und effiziente Lösung für diese Herausforderungen.

Mit seiner intuitiven Syntax und leistungsstarken Konstrukten ermöglicht Python Data Scientists und Machine-Learning-Praktikern, nahtlos durch umfangreiche Datensätze zu iterieren, differenzierte Bedingungsprüfungen durchzuführen und komplexe Logik zu implementieren, die das Rückgrat fortgeschrittener Algorithmen bildet.

Diese Kontrollfluss-Funktionen vereinfachen nicht nur die Handhabung komplexer Aufgaben, sondern verbessern auch die Gesamteffizienz und Lesbarkeit des Machine-Learning-Codes, sodass sich Entwickler auf die Lösung übergeordneter Probleme konzentrieren können, anstatt sich in Implementierungsdetails zu verlieren.

Bedingungen (if-else-Anweisungen)

Diese leistungsstarken Kontrollstrukturen ermöglichen es Ihrem Programm, dynamische Entscheidungen basierend auf spezifizierten Bedingungen zu treffen. Durch die Auswertung boolescher Ausdrücke ermöglichen Bedingungen eine Verzweigungslogik, die verschiedene Codeblöcke ausführt, je nachdem, ob bestimmte Kriterien erfüllt sind. Diese Flexibilität ist entscheidend in Machine-Learning-Anwendungen, wo Entscheidungsfindungen oft auf komplexer Datenanalyse und Modellausgaben basieren.

Beispielsweise können Bedingungen verwendet werden, um festzustellen, ob die Genauigkeit eines Modells einen bestimmten Schwellenwert erreicht, oder um Datenpunkte basierend auf ihren Merkmalen in verschiedene Kategorien einzuordnen. Die Fähigkeit, solche Entscheidungsprozesse programmatisch zu implementieren, ist grundlegend für die Erstellung fortgeschrittener Machine-Learning-Algorithmen, die sich an verschiedene Eingaben und Szenarien anpassen und darauf reagieren können.

Beispiel:

```
accuracy = 0.85

# Check model performance
if accuracy > 0.80:
    print("The model performs well.")
else:
    print("The model needs improvement.")
```

Dieses Beispiel demonstriert eine grundlegende Anwendung von Bedingungsanweisungen in Python, die für Entscheidungsprozesse in Machine-Learning-Algorithmen entscheidend sind. Schauen wir uns das im Detail an:

- accuracy = 0.85: Diese Zeile setzt eine Variable 'accuracy' auf 0.85, die die Genauigkeit eines Machine-Learning-Modells darstellen könnte.
- if accuracy > 0.80:: Dies ist die Bedingungsanweisung. Sie prüft, ob die Genauigkeit größer als 0.80 ist.
- Wenn die Bedingung wahr ist (accuracy > 0.80), wird der Code in der nächsten Zeile ausgeführt: print("The model performs well.")
- Wenn die Bedingung falsch ist, wird der Code im else-Block ausgeführt: print("The model needs improvement.")

In diesem Fall würde die Ausgabe "The model performs well" lauten, da die Genauigkeit (0.85) tatsächlich größer als 0.80 ist.

Diese Art von bedingter Logik ist in der maschinellen Lernpraxis unerlässlich für Aufgaben wie die Bewertung der Modellleistung, die Klassifizierung von Datenpunkten oder das Treffen von Entscheidungen basierend auf Modellausgaben.

Schleifen

Grundlegende Kontrollstrukturen in Python, die eine wiederholte Ausführung von Codeblöcken ermöglichen. Im Kontext des maschinellen Lernens sind Schleifen unverzichtbar für Aufgaben wie das Iterieren durch umfangreiche Datensätze, die Verarbeitung von Datenbatches während des Modelltrainings oder die Durchführung wiederholter Operationen auf großen Datenstrukturen.

Sie bieten ein effizientes Mittel zur Automatisierung sich wiederholender Aufgaben, zur Anwendung von Transformationen auf ganze Datensätze und zur Implementierung iterativer Algorithmen, die für viele Machine-Learning-Techniken zentral sind. Ob für die Datenvorverarbeitung, Feature-Engineering oder Modellauswertung - Schleifen bilden das Rückgrat vieler Datenmanipulations- und Analyseprozesse in Machine-Learning-Workflows.

Beispiel:

```
# Loop through a list of accuracy scores
accuracy_scores = [0.80, 0.82, 0.85, 0.88]
for score in accuracy_scores:
    if score > 0.85:
        print(f"High accuracy: {score}")
```

Dieser Beispielcode demonstriert eine Schleife in Python, die für das Iterieren über Daten in Machine-Learning-Aufgaben entscheidend ist. Schauen wir uns das im Detail an:

- accuracy_scores = [0.80, 0.82, 0.85, 0.88]: Dies erstellt eine Liste von Genauigkeitswerten, die die Leistung verschiedener Machine-Learning-Modelle oder Iterationen darstellen könnten.
- for score in accuracy_scores:: Dies initiiert eine Schleife, die durch jeden Wert in der Liste iteriert.
- if score > 0.85:: Für jeden Wert prüft diese Bedingungsanweisung, ob er größer als 0.85 ist.
- print(f"High accuracy: {score}"): Wenn ein Wert größer als 0.85 ist, wird er als hohe Genauigkeit eingestuft und ausgegeben.

Dieses Beispiel zeigt, wie Schleifen zur effizienten Verarbeitung mehrerer Datenpunkte verwendet werden können, was im maschinellen Lernen für Aufgaben wie die Bewertung der Modellleistung über verschiedene Iterationen oder Datensätze hinweg essentiell ist.

In Machine-Learning-Workflows sind Schleifen unerlässlich beim Iterieren über Daten oder beim Wiederholen eines Prozesses (wie mehrere Epochen während des Trainings).

Funktionen

In Python dienen Funktionen als modulare, wiederverwendbare Codeeinheiten, die die Programmstruktur und -effizienz erheblich verbessern. Diese vielseitigen Konstrukte ermöglichen es Entwicklern, komplexe Operationen in überschaubare, in sich geschlossene Blöcke zu kapseln, wodurch die Codeorganisation gefördert und Redundanz reduziert wird.

Funktionen sind besonders wertvoll im Kontext des maschinellen Lernens, wo sie zur Optimierung sich wiederholender Aufgaben wie Datenvorverarbeitung, Feature-Engineering oder Modellauswertung eingesetzt werden können. Durch die Definition von Funktionen für häufige Operationen können Data Scientists besser wartbaren und skalierbaren Code erstellen, was Debugging und Zusammenarbeit erleichtert.

Darüber hinaus ermöglichen Funktionen die Abstraktion komplexer Algorithmen und erlauben es Anwendern, sich auf die übergeordnete Logik zu konzentrieren, während die Implementierungsdetails gekapselt bleiben. Ob bei der Datennormalisierung, der Implementierung benutzerdefinierter Verlustfunktionen oder der Orchestrierung ganzer Machine-Learning-Pipelines - Funktionen spielen eine entscheidende Rolle bei der Entwicklung effizienter und effektiver Lösungen.

Beispiel:

```
# Function to calculate the mean of a list of numbers
def calculate_mean(data):
    return sum(data) / len(data)

# Example usage
scores = [88, 92, 79, 85]
mean_score = calculate_mean(scores)
```

```
print(f"Mean score: {mean_score}")
```

Dieses Beispiel zeigt die Erstellung und Verwendung einer Funktion in Python, was besonders im Kontext des maschinellen Lernens nützlich ist. Schauen wir uns das im Detail an:

- **Funktionsdefinition**: Der Code definiert eine Funktion namens calculate_mean, die einen einzelnen Parameter data entgegennimmt. Diese Funktion berechnet den Mittelwert (Durchschnitt) einer Liste von Zahlen.
- **Funktionsimplementierung**: Innerhalb der Funktion addiert sum(data) alle Zahlen in der Liste, und len(data) ermittelt die Anzahl der Elemente. Die Division der Summe durch die Anzahl ergibt den Mittelwert.
- **Beispielanwendung**: Der Code demonstriert dann die Verwendung dieser Funktion:
    - Eine Liste von Werten [88, 92, 79, 85] wird erstellt.
    - Die Funktion calculate_mean wird mit dieser Liste als Argument aufgerufen.
    - Das Ergebnis wird in der Variable mean_score gespeichert.
- **Ausgabe**: Schließlich wird der Mittelwert mittels eines f-Strings ausgegeben, was eine einfache Formatierung der Ausgabe ermöglicht.

Dieses Codebeispiel veranschaulicht, wie Funktionen zur Kapselung häufiger Operationen im maschinellen Lernen verwendet werden können, wie zum Beispiel die Berechnung statistischer Kennzahlen. Durch die Definition solcher Funktionen können Sie Ihren Code modularer, wiederverwendbar und wartungsfreundlicher gestalten, was bei der Arbeit an komplexen Machine-Learning-Projekten entscheidend ist.

Im maschinellen Lernen werden Sie häufig Funktionen erstellen, um Daten vorzuverarbeiten, Modelle zu trainieren oder Ergebnisse auszuwerten. Die Strukturierung Ihres Codes in Funktionen macht ihn modularer, lesbarer und wartungsfreundlicher.

2.1.2 Arbeiten mit Bibliotheken in Python

Während die Beherrschung der Python-Grundkonzepte entscheidend ist, liegt die wahre Stärke von Python im maschinellen Lernen in seinem umfangreichen Ökosystem externer Bibliotheken. Diese Bibliotheken bieten ausgereifte Werkzeuge und Algorithmen, die Ihre Möglichkeiten in der Datenmanipulation, -analyse und Modellentwicklung erheblich erweitern.

Pythons robustes Paketmanagementsystem, angeführt vom vielseitigen **pip**-Werkzeug, vereinfacht den Prozess des Entdeckens, Installierens und Wartens dieser essentiellen Bibliotheken. Diese nahtlose Integration externer Ressourcen beschleunigt nicht nur die Entwicklung, sondern stellt auch sicher, dass Sie Zugang zu modernsten Machine-Learning-Techniken und optimierten Implementierungen haben, sodass Sie sich auf die Lösung komplexer Probleme konzentrieren können, anstatt das Rad neu zu erfinden.

Um beispielsweise **NumPy** (eine entscheidende Bibliothek für numerische Berechnungen) zu installieren, können Sie folgenden Befehl ausführen:

```
pip install numpy
```

Nach der Installation können Sie die Bibliothek in Ihren Python-Skripten importieren und verwenden:

```
import numpy as np

# Creating a NumPy array
data = np.array([1, 2, 3, 4, 5])

# Calculating the mean of the array
mean_value = np.mean(data)
print(f"Mean of data: {mean_value}")
```

Dieser Code demonstriert die grundlegende Verwendung von NumPy, einer fundamentalen Bibliothek für numerische Berechnungen in Python, die für Machine-Learning-Aufgaben unerlässlich ist. Schauen wir uns das im Detail an:

- import numpy as np: Diese Zeile importiert die NumPy-Bibliothek und weist ihr das Kürzel 'np' für eine bequemere Verwendung zu.
- data = np.array([1, 2, 3, 4, 5]): Hier wird ein NumPy-Array aus einer Liste von Ganzzahlen erstellt. NumPy-Arrays sind effizienter als Python-Listen für numerische Operationen.
- mean_value = np.mean(data): Dies berechnet den Mittelwert (Durchschnitt) aller Werte im 'data'-Array mithilfe der NumPy-Mittelwertfunktion.
- print(f"Mean of data: {mean_value}"): Schließlich wird der berechnete Mittelwert mithilfe eines f-Strings zur Formatierung ausgegeben.

Dieses Beispiel zeigt, wie NumPy numerische Operationen vereinfacht, die für Machine-Learning-Aufgaben wie Datenvorverarbeitung und statistische Analyse entscheidend sind.

2.1.3 Wie Python-Grundlagen ins maschinelle Lernen passen

Während wir uns bald mit leistungsfähigen Bibliotheken wie TensorFlow und Scikit-learn befassen werden, die fortgeschrittene Funktionen für Machine-Learning-Aufgaben bieten, ist es wichtig zu erkennen, dass Pythons Kernfunktionen als grundlegende Bausteine für jedes Machine-Learning-Projekt dienen. Diese fundamentalen Elemente bilden das wesentliche Gerüst, auf dem komplexere Algorithmen und Modelle aufgebaut werden. Mit fortschreitendem Weg im maschinellen Lernen werden Sie sich häufig auf folgende Elemente stützen:

- **Listen und Dictionaries** für effiziente Datenhandhabung und -organisation. Diese vielseitigen Datenstrukturen ermöglichen es Ihnen, große Datenmengen zu speichern, zu manipulieren und darauf zuzugreifen, was beim Arbeiten mit Datensätzen unterschiedlicher Größe und Komplexität entscheidend ist. Listen ermöglichen die Verwaltung geordneter Elementsammlungen, während Dictionaries Schlüssel-Wert-Paare für schnelle Nachschlagoperationen und Zuordnungen bieten.
- **Schleifen und Bedingungen** zur Navigation durch Datenstrukturen und Implementierung logischer Entscheidungsprozesse innerhalb von Algorithmen. Schleifen ermöglichen das systematische Iterieren über Datensätze und die Durchführung von Operationen an jedem Element. Bedingungen hingegen ermöglichen die Erstellung von Verzweigungslogik, sodass Ihre Algorithmen Entscheidungen basierend auf spezifischen Kriterien oder Schwellenwerten treffen können. Diese Kontrollstrukturen sind essentiell für Aufgaben wie Datenvorverarbeitung, Feature-Auswahl und Modellbewertung.
- **Funktionen** zur Kapselung und Modularisierung verschiedener Aufgaben innerhalb der Machine-Learning-Pipeline. Durch die Aufteilung komplexer Prozesse in kleinere, handhabbare Einheiten verbessern Funktionen die Lesbarkeit, Wiederverwendbarkeit und Wartbarkeit des Codes. Sie sind besonders nützlich für Aufgaben wie Datenbereinigung, bei denen konsistente Transformationen auf mehrere Datensätze angewendet werden müssen. Funktionen spielen auch eine wichtige Rolle bei der Feature-Extraktion, indem sie benutzerdefinierte Operationen ermöglichen, die einheitlich auf Ihre Daten angewendet werden können. Darüber hinaus sind sie unschätzbar wertvoll bei der Modellbewertung, wo Sie wiederverwendbare Metriken und Bewertungsfunktionen erstellen können, um die Leistung Ihrer Modelle konsistent zu beurteilen.

Die Entwicklung eines soliden Verständnisses dieser grundlegenden Python-Elemente ist entscheidend für Ihren Erfolg im maschinellen Lernen. Durch die Beherrschung dieser Kernkonzepte werden Sie feststellen, dass die Arbeit mit fortgeschritteneren Machine-Learning-Bibliotheken deutlich intuitiver und effizienter wird.

Diese solide Grundlage ermöglicht es Ihnen, Ihre geistige Energie auf die Lösung komplexer realer Probleme und die Entwicklung innovativer Algorithmen zu konzentrieren, anstatt sich mit grundlegenden Syntaxproblemen aufzuhalten oder mit der Implementierung fundamentaler Programmierkonzepte zu kämpfen.

Mit zunehmendem Fortschritt werden Sie feststellen, dass sich diese Python-Kernfunktionen nahtlos mit spezialisierten Machine-Learning-Werkzeugen integrieren lassen, wodurch Sie sophistiziertere und leistungsfähigere Lösungen für ein breites Spektrum an Data-Science-Herausforderungen entwickeln können.

2.2 NumPy für Hochleistungsberechnungen

Im maschinellen Lernen ist die Fähigkeit zu schnellen und präzisen numerischen Berechnungen von größter Bedeutung. Hier glänzt **NumPy** (Numerical Python) als unverzichtbares Werkzeug im Arsenal des Data Scientists. Als eine der leistungsfähigsten und am weitesten verbreiteten Bibliotheken bietet NumPy robuste Unterstützung für die Verwaltung und Manipulation großer, mehrdimensionaler Arrays und Matrizen. Ihr umfangreiches Angebot an hochentwickelten mathematischen Funktionen ermöglicht es Entwicklern, komplexe Berechnungen mit bemerkenswerter Leichtigkeit und Effizienz auszuführen.

NumPy dient als Grundstein für zahlreiche Machine-Learning-Algorithmen und ermöglicht kritische Operationen wie Linear-Algebra-Berechnungen, Matrix-Transformationen und anspruchsvolle Array-Manipulationen.

Durch die Nutzung von NumPys optimierten C-basierten Implementierungen können Data Scientists umfangreiche Datensätze mit beispielloser Geschwindigkeit und Präzision verarbeiten. Diese Fähigkeit ist besonders wichtig im Umgang mit der datenintensiven Natur moderner Machine-Learning-Modelle, wo selbst kleine Leistungsgewinne zu erheblichen Zeiteinsparungen und verbesserter Modellgenauigkeit führen können.

In diesem Abschnitt werden wir tief in die innere Funktionsweise von NumPy eintauchen und seine Kernfunktionalitäten und charakteristischen Merkmale erkunden. Wir werden untersuchen, wie sich diese leistungsstarke Bibliothek nahtlos in Machine-Learning-Workflows integriert und Hochleistungsberechnungen ermöglicht, die das Rückgrat fortgeschrittener Datenanalyse- und prädiktiver Modellierungstechniken bilden.

Von grundlegenden Array-Operationen bis hin zu komplexen mathematischen Transformationen werden wir aufzeigen, wie NumPys vielseitiges Toolkit Data Scientists befähigt, die anspruchsvollsten Berechnungsaufgaben im maschinellen Lernen mit Zuversicht und Präzision zu bewältigen.

2.2.1 Einführung in NumPy-Arrays

Im Zentrum von NumPy steht das leistungsstarke **ndarray**, oder N-dimensionale Array, das als Grundlage für Hochleistungs-Numerikberechnungen dient. Diese Arrays bieten erhebliche Vorteile gegenüber den nativen Listen von Python, besonders im Bereich numerischer Operationen.

NumPy-Arrays sind sorgfältig optimiert, um überlegene Ausführungsgeschwindigkeiten zu liefern und Speicherressourcen effizienter zu nutzen, was sie ideal für die Verarbeitung großer Datenmengen macht, wie sie häufig in Machine-Learning-Anwendungen vorkommen.

Eines der wichtigsten Merkmale, das NumPy-Arrays auszeichnet, ist ihre homogene Natur. Im Gegensatz zu Python-Listen, die Elemente verschiedener Typen enthalten können, müssen NumPy-Arrays Elemente des gleichen Datentyps enthalten.

Diese Einheitlichkeit in der Datenstruktur ermöglicht es NumPy, mathematische Operationen mit bemerkenswerter Effizienz durchzuführen, wobei Low-Level-Optimierungen und vektorisierte Operationen genutzt werden. Dadurch können komplexe Berechnungen auf großen Datensätzen deutlich schneller ausgeführt werden, was einen entscheidenden Vorteil bei rechenintensiven Machine-Learning-Algorithmen bietet.

Beginnen wir mit der Erstellung eines einfachen NumPy-Arrays:

Beispiel: Erstellen eines NumPy-Arrays

```
import numpy as np

# Creating a 1D array from a list
data = [1, 2, 3, 4, 5]
numpy_array = np.array(data)

print("NumPy Array:", numpy_array)
```

Dieser Code zeigt, wie man ein einfaches NumPy-Array erstellt. Schauen wir uns die einzelnen Schritte an:

- import numpy as np: Diese Zeile importiert die NumPy-Bibliothek und weist ihr für eine bequemere Verwendung das Alias 'np' zu.
- data = [1, 2, 3, 4, 5]: Hier wird eine reguläre Python-Liste mit ganzen Zahlen erstellt.
- numpy_array = np.array(data): Diese Zeile wandelt die Python-Liste mithilfe der Funktion np.array() in ein NumPy-Array um.
- print("NumPy Array:", numpy_array): Schließlich wird das erstellte NumPy-Array ausgegeben.

Das resultierende NumPy-Array sieht einer Python-Liste ähnlich, wird aber tatsächlich in zusammenhängenden Speicherblöcken gespeichert, was es für numerische Operationen effizienter macht. Diese Effizienz ist besonders wichtig im maschinellen Lernen, wo umfangreiche numerische Berechnungen üblich sind.

In diesem Beispiel haben wir eine Python-Liste in ein NumPy-Array umgewandelt. Sie werden bemerken, dass das Array einer Liste ähnelt, aber im Hintergrund werden NumPy-Arrays in zusammenhängenden Speicherblöcken gespeichert, was sie für numerische Aufgaben deutlich effizienter macht.

2.2.2 Wichtige Operationen mit NumPy-Arrays

NumPy-Arrays bieten eine umfassende Palette mathematischer Operationen, von grundlegender Arithmetik bis hin zu fortgeschrittener linearer Algebra, was sie zu einem unverzichtbaren Werkzeug für maschinelles Lernen und Datenanalyse macht. Diese Arrays unterstützen elementweise Operationen, Broadcasting und eine breite Palette mathematischer

Funktionen, wodurch Data Scientists komplexe Berechnungen effizient auf großen Datensätzen durchführen können.

Die Vielseitigkeit und Leistungsfähigkeit von NumPy-Arrays bei der Handhabung numerischer Berechnungen machen sie zu einem Grundpfeiler bei der Entwicklung und Implementierung ausgefeilter Machine-Learning-Algorithmen und Datenverarbeitungs-Pipelines.

Lassen Sie uns diese wichtigen Konzepte erkunden:

Elementweise Operationen

NumPy ermöglicht es Ihnen, Operationen gleichzeitig über gesamte Arrays auszuführen und eliminiert dabei die Notwendigkeit expliziter Schleifen. Diese leistungsstarke Funktion umfasst eine breite Palette grundlegender arithmetischer Operationen, einschließlich Addition, Subtraktion, Multiplikation und Division. Durch die Nutzung von NumPys vektorisierten Operationen können Sie komplexe Berechnungen auf großen Datensätzen mit bemerkenswerter Effizienz durchführen und damit die Leistung bei datenintensiven Machine-Learning-Aufgaben deutlich steigern.

Zum Beispiel können Sie mühelos zwei Arrays gleicher Form addieren, und NumPy führt die Addition automatisch Element für Element durch. Diese Fähigkeit erstreckt sich auch auf komplexere Operationen und ermöglicht es Ihnen, mathematische Funktionen in einem einzigen Schritt auf ganze Arrays anzuwenden, was den Code erheblich vereinfacht und die Lesbarkeit verbessert.

Beispiel

```
import numpy as np

# Create two NumPy arrays
array1 = np.array([1, 2, 3, 4])
array2 = np.array([5, 6, 7, 8])

# Perform element-wise addition
sum_array = array1 + array2

# Perform element-wise multiplication
product_array = array1 * array2

# Apply a mathematical function (e.g., square root) to each element
sqrt_array = np.sqrt(array1)

print("Sum Array:", sum_array)
print("Product Array:", product_array)
print("Square Root of Array1:", sqrt_array)
```

Dieser Code demonstriert wichtige Operationen mit NumPy-Arrays. Gehen wir die einzelnen Schritte durch:

- Zuerst importieren wir NumPy als 'np'
- Wir erstellen zwei NumPy-Arrays, 'array1' und 'array2', die jeweils vier Ganzzahlen enthalten
- Die elementweise Addition wird mit 'array1 + array2' durchgeführt und ergibt 'sum_array'
- Die elementweise Multiplikation erfolgt mit 'array1 * array2' und wird in 'product_array' gespeichert
- Die Quadratwurzelfunktion 'np.sqrt()' wird auf jedes Element von 'array1' angewendet und erzeugt 'sqrt_array'
- Schließlich werden die Ergebnisse ausgegeben

Dieses Beispiel zeigt NumPys Fähigkeit, effiziente elementweise Operationen durchzuführen und mathematische Funktionen gleichzeitig auf ganze Arrays anzuwenden, was für maschinelle Lernaufgaben entscheidend ist.

Broadcasting

Diese ausgereifte Funktion ermöglicht Operationen zwischen Arrays unterschiedlicher Dimensionen, indem kleinere Arrays automatisch an die Form größerer Arrays angepasst werden. Dadurch werden komplexe Berechnungen und Datenmanipulationen erheblich vereinfacht und effizienterer und übersichtlicherer Code ermöglicht.

Diese Fähigkeit ist besonders wertvoll in Szenarien des maschinellen Lernens, wo Operationen häufig Matrizen und Vektoren unterschiedlicher Größe umfassen. Zum Beispiel macht Broadcasting beim Hinzufügen eines Bias-Terms zu jeder Zeile einer Feature-Matrix explizite Schleifen überflüssig und verbessert sowohl die Leistung als auch die Lesbarkeit.

Darüber hinaus ermöglicht es elementweise Operationen über Arrays unterschiedlicher Formen hinweg und macht es damit zu einem unverzichtbaren Werkzeug für Aufgaben wie Feature-Skalierung, Normalisierung und die Anwendung von Transformationen auf große Datensätze.

Beispiel

```
import numpy as np

# Create a 2D array (matrix)
matrix = np.array([[1, 2, 3],
                   [4, 5, 6],
                   [7, 8, 9]])

# Create a 1D array (vector)
vector = np.array([10, 20, 30])

# Use broadcasting to add the vector to each row of the matrix
```

```
result = matrix + vector

print("Original Matrix:")
print(matrix)
print("\\nVector:")
print(vector)
print("\\nResult after broadcasting:")
print(result)
```

Dieser Code demonstriert NumPys Broadcasting-Funktion, die Operationen zwischen Arrays unterschiedlicher Dimensionen ermöglicht. Schauen wir uns die einzelnen Schritte an:

- Zuerst importieren wir NumPy als 'np'
- Ein 2D-Array (Matrix) wird mit der Form (3,3) erstellt
- Ein 1D-Array (Vektor) wird mit der Form (3,) erstellt
- Der Code verwendet dann Broadcasting, um den Vektor zu jeder Zeile der Matrix zu addieren
- Schließlich werden die ursprüngliche Matrix, der Vektor und das Ergebnis nach dem Broadcasting ausgegeben

Das Kernkonzept hier ist Broadcasting. NumPy richtet den 1D-Vektor automatisch an jeder Zeile der 2D-Matrix aus und ermöglicht so eine elementweise Addition ohne explizite Schleifen. Dies ist besonders nützlich im maschinellen Lernen für Aufgaben wie das Hinzufügen von Bias-Termen zu Schichten eines neuronalen Netzes oder die Normalisierung von Datensätzen.

Mathematische Funktionen

NumPy bietet eine umfangreiche Palette mathematischer Funktionen, die direkt auf Arrays angewendet werden können und damit die Recheneffizienz in Data Science und Machine Learning deutlich steigern. Diese umfassende Suite beinhaltet eine breite Palette von Operationen, von grundlegender Arithmetik bis hin zu fortgeschrittenen mathematischen Berechnungen:

- Trigonometrische Funktionen: NumPy bietet sowohl Standard- (sin, cos, tan) als auch inverse (arcsin, arccos, arctan) trigonometrische Funktionen, die für Aufgaben mit Winkelberechnungen oder Signalverarbeitung essentiell sind.
- Logarithmische und Exponentialfunktionen: Die Bibliothek enthält natürliche Logarithmen (log), Logarithmen zur Basis 10 (log10) und Exponentialfunktionen (exp), die für verschiedene Skalierungsoperationen und statistische Analysen entscheidend sind.

- Statistische Operationen: NumPy umfasst vielfältige statistische Funktionen wie Mittelwert, Median, Standardabweichung und Varianzberechnungen, die eine schnelle und effiziente Datenanalyse ermöglichen.
- Spezielle mathematische Funktionen: Fortgeschrittene Funktionen wie Gamma-, Beta- und Fehlerfunktionen stehen zur Verfügung und unterstützen komplexe mathematische Modellierung und wissenschaftliches Rechnen.

Diese Funktionen können elementweise auf ganze Arrays angewendet werden und ermöglichen vektorisierte Operationen, die die Leistung bei der Arbeit mit großen Datensätzen deutlich steigern. Diese Fähigkeit ist besonders wertvoll in Machine-Learning-Szenarien, wo schnelle Berechnungen auf umfangreichen Datensätzen häufig erforderlich sind.

Beispiel

```
import numpy as np

# Create a NumPy array
array = np.array([0, 30, 45, 60, 90])

# Apply trigonometric functions
sin_values = np.sin(np.deg2rad(array))
cos_values = np.cos(np.deg2rad(array))

# Apply logarithmic and exponential functions
log_values = np.log(np.abs(array) + 1)  # Adding 1 to avoid log(0)
exp_values = np.exp(array)

# Perform statistical operations
mean_value = np.mean(array)
std_dev = np.std(array)

print("Original array:", array)
print("Sine values:", sin_values)
print("Cosine values:", cos_values)
print("Natural log values:", log_values)
print("Exponential values:", exp_values)
print("Mean:", mean_value)
print("Standard deviation:", std_dev)
```

Dieser Code demonstriert verschiedene mathematische Operationen mit NumPy, einer leistungsstarken Bibliothek für numerische Berechnungen in Python. Schauen wir uns die einzelnen Schritte an:

- Zunächst wird ein NumPy-Array mit Winkeln in Grad erstellt: [0, 30, 45, 60, 90]
- Trigonometrische Funktionen werden angewendet:
    - np.sin() und np.cos() berechnen Sinus- und Kosinuswerte

    - np.deg2rad() konvertiert Grad in Radianten, da NumPys trigonometrische Funktionen Radianten erwarten
- Logarithmische und Exponentialfunktionen werden verwendet:
    - np.log() berechnet den natürlichen Logarithmus
    - np.abs(array) + 1 wird verwendet, um log(0) zu vermeiden
    - np.exp() berechnet die Exponentialfunktion (e^x) für jedes Element
- Statistische Operationen werden durchgeführt:
    - np.mean() berechnet den Durchschnitt des Arrays
    - np.std() berechnet die Standardabweichung

Abschließend gibt der Code das ursprüngliche Array und alle berechneten Werte aus

Dieses Beispiel zeigt NumPys Fähigkeit, effiziente elementweise Operationen durchzuführen und mathematische Funktionen gleichzeitig auf ganze Arrays anzuwenden, was für maschinelles Lernen entscheidend ist

Lineare Algebra

NumPy bietet eine umfassende Sammlung von Werkzeugen für fortgeschrittene Operationen der linearen Algebra und ermöglicht die effiziente Manipulation von Matrizen und Vektoren. Diese Fähigkeiten umfassen Matrixmultiplikation, Eigenwertzerlegung, Singulärwertzerlegung und das Lösen linearer Gleichungssysteme.

Diese Operationen sind fundamental für zahlreiche Machine-Learning-Algorithmen, einschließlich der Hauptkomponentenanalyse (PCA), Support Vector Machines (SVMs) und neuronaler Netze. Die optimierte Implementierung dieser Operationen in der Bibliothek steigert die Recheneffizienz erheblich und macht sie zu einem unverzichtbaren Werkzeug für Forscher und Praktiker in Bereichen von Data Science und maschinellem Lernen bis hin zu Quantenmechanik und Finanzmodellierung.

Beispiel

```
import numpy as np

# Create a matrix
A = np.array([[1, 2], [3, 4]])

# Calculate the determinant
det_A = np.linalg.det(A)

# Calculate eigenvalues and eigenvectors
eigenvalues, eigenvectors = np.linalg.eig(A)

# Perform matrix inversion
```

```
A_inv = np.linalg.inv(A)

# Solve a linear system Ax = b
b = np.array([5, 6])
x = np.linalg.solve(A, b)

print("Matrix A:\\n", A)
print("Determinant of A:", det_A)
print("Eigenvalues:", eigenvalues)
print("Eigenvectors:\\n", eigenvectors)
print("Inverse of A:\\n", A_inv)
print("Solution to Ax = b:", x)
```

Dieser Beispielcode demonstriert mehrere wichtige Operationen der linearen Algebra mit NumPy, einer leistungsstarken Bibliothek für numerische Berechnungen in Python. Schauen wir uns die einzelnen Schritte an:

1. Zunächst wird eine 2x2-Matrix A mit np.array() erstellt
2. Die Determinante von A wird mit np.linalg.det() berechnet
3. Eigenwerte und Eigenvektoren von A werden mit np.linalg.eig() berechnet
4. Die Inverse der Matrix A wird mit np.linalg.inv() ermittelt
5. Ein lineares Gleichungssystem Ax = b wird mit np.linalg.solve() gelöst, wobei b ein Vektor [5, 6] ist

Abschließend gibt der Code alle Ergebnisse aus: die ursprüngliche Matrix, ihre Determinante, Eigenwerte, Eigenvektoren, Inverse und die Lösung des linearen Gleichungssystems.

Diese Operationen sind grundlegend für viele Machine-Learning-Algorithmen, einschließlich der Hauptkomponentenanalyse (PCA), Support Vector Machines (SVMs) und neuronaler Netze. NumPys effiziente Implementierung dieser Operationen macht es zu einem unverzichtbaren Werkzeug für Data Science und Machine-Learning-Aufgaben.

Statistische Funktionen

NumPy bietet eine umfassende Suite statistischer Werkzeuge, die eine effiziente Berechnung verschiedener Maße über ganze Datensätze hinweg ermöglichen. Diese Funktionen umfassen unter anderem:

- Maße der zentralen Tendenz: Mittelwert, Median und Modus
- Streuungsmaße: Standardabweichung, Varianz und Spannweite
- Perzentile und Quantile zum Verständnis der Datenverteilung
- Korrelationskoeffizienten zur Bewertung von Beziehungen zwischen Variablen
- Histogramme und Häufigkeitsverteilungen für die Datenvisualisierung

Diese leistungsfähigen statistischen Funktionen ermöglichen es Data Scientists und Machine-Learning-Praktikern, große Datensätze schnell zu analysieren und Erkenntnisse zu gewinnen, was eine fundiertere Entscheidungsfindung und Modellentwicklung ermöglicht.

Beispiel

```
import numpy as np

# Create a sample dataset
data = np.array([1, 2, 3, 4, 5, 6, 7, 8, 9, 10])

# Calculate basic statistics
mean = np.mean(data)
median = np.median(data)
std_dev = np.std(data)
variance = np.var(data)

# Calculate percentiles
percentiles = np.percentile(data, [25, 50, 75])

# Calculate correlation coefficient
data2 = np.array([2, 4, 5, 4, 5, 7, 9, 8, 10, 12])
correlation = np.corrcoef(data, data2)[0, 1]

print(f"Mean: {mean}")
print(f"Median: {median}")
print(f"Standard Deviation: {std_dev}")
print(f"Variance: {variance}")
print(f"25th, 50th, and 75th Percentiles: {percentiles}")
print(f"Correlation Coefficient: {correlation}")
```

Dieses Codebeispiel demonstriert verschiedene statistische Funktionen, die in NumPy, einer leistungsstarken Bibliothek für numerische Berechnungen in Python, verfügbar sind. Schauen wir uns die einzelnen Schritte an:

- Zunächst wird ein Beispieldatensatz mit np.array() erstellt, der Werte von 1 bis 10 enthält
- Grundlegende statistische Maße werden berechnet:
    - Mittelwert mit np.mean()
    - Median (mittlerer Wert) mit np.median()
    - Standardabweichung mit np.std()
    - Varianz mit np.var()
- Perzentile werden mit np.percentile() berechnet, insbesondere das 25., 50. (Median) und 75. Perzentil

- Ein Korrelationskoeffizient wird zwischen dem ursprünglichen Datensatz und einem neuen Array data2 mit np.corrcoef() berechnet
- Abschließend werden alle berechneten Statistiken ausgegeben

Dieses Beispiel zeigt NumPys Fähigkeit, verschiedene statistische Maße effizient auf Datensätzen zu berechnen, was für Datenanalyse und maschinelles Lernen entscheidend ist

Array-Manipulation

NumPy bietet eine umfassende Suite von Funktionen für das Umformen, Verketten und Aufteilen von Arrays. Diese leistungsfähigen Werkzeuge ermöglichen es Data Scientists und Machine-Learning-Praktikern, flexible und effiziente Datenmanipulationsoperationen durchzuführen. Ob Sie Ihre Daten für die Eingabe in ein neuronales Netzwerk umstrukturieren, mehrere Datensätze kombinieren oder Ihre Daten für die Kreuzvalidierung aufteilen müssen - NumPys Array-Manipulationsfunktionen bieten die notwendige Funktionalität, um diese Aufgaben mit Leichtigkeit und Präzision zu bewältigen.

Beispiel

```
import numpy as np

# Create a 1D array
arr = np.array([1, 2, 3, 4, 5, 6])
print("Original array:", arr)

# Reshape the array
reshaped = arr.reshape((2, 3))
print("Reshaped array:\\n", reshaped)

# Concatenate arrays
arr1 = np.array([1, 2, 3])
arr2 = np.array([4, 5, 6])
concatenated = np.concatenate((arr1, arr2))
print("Concatenated array:", concatenated)

# Split an array
split_arrays = np.split(concatenated, 3)
print("Split arrays:", split_arrays)

# Transpose a 2D array
transposed = reshaped.T
print("Transposed array:\\n", transposed)
```

Dieses Beispiel demonstriert verschiedene Array-Manipulationstechniken mit NumPy, einer leistungsfähigen Bibliothek für numerische Berechnungen in Python. Schauen wir uns die einzelnen Schritte an:

1. Erstellen eines 1D-Arrays: np.array([1, 2, 3, 4, 5, 6]) erzeugt ein eindimensionales Array

2. Umformen: arr.reshape((2, 3)) wandelt das 1D-Array in ein 2D-Array mit 2 Zeilen und 3 Spalten um
3. Verkettung: np.concatenate((arr1, arr2)) verbindet zwei Arrays (arr1 und arr2) hintereinander
4. Aufteilen: np.split(concatenated, 3) teilt das verkettete Array in drei gleiche Teile
5. Transponieren: reshaped.T spiegelt das 2D-Array an seiner Diagonale und tauscht dabei effektiv Zeilen und Spalten

Diese Operationen sind entscheidend für maschinelles Lernen bei Aufgaben wie Datenvorbereitung, Feature Engineering und der Handhabung von Modell-Ein- und Ausgaben. Sie ermöglichen die effiziente Manipulation großer Datensätze und komplexer mathematischer Operationen

Array-Arithmetik

NumPy ermöglicht Benutzern die Ausführung elementweiser Operationen auf Arrays mit bemerkenswerter Effizienz. Diese leistungsstarke Funktion ermöglicht die nahtlose Addition, Subtraktion, Multiplikation oder Division ganzer Arrays durch prägnante, einzeilige Code-Anweisungen.

Durch die Nutzung von NumPys vektorisierten Operationen können Data Scientists und Machine-Learning-Praktiker komplexe mathematische Berechnungen auf großen Datensätzen mit unübertroffener Geschwindigkeit und Einfachheit durchführen, was ihren Workflow deutlich optimiert und die Gesamtproduktivität bei numerischen Analyseaufgaben steigert.

Beispiel: Grundlegende Arithmetik mit NumPy

```
import numpy as np

# Define two NumPy arrays
array1 = np.array([1, 2, 3, 4])
array2 = np.array([5, 6, 7, 8])

# Perform element-wise addition, subtraction, multiplication, and division
sum_array = array1 + array2
diff_array = array2 - array1
prod_array = array1 * array2
div_array = array2 / array1

print("Sum:", sum_array)
print("Difference:", diff_array)
print("Product:", prod_array)
print("Division:", div_array)
```

Dieser Code demonstriert grundlegende Array-Rechenoperationen mit NumPy, einer leistungsstarken Bibliothek für numerische Berechnungen in Python. Schauen wir uns die einzelnen Schritte an:

- Zunächst werden zwei NumPy-Arrays erstellt: array1 und array2
- Dann werden vier elementweise Operationen durchgeführt:
  - Addition: sum_array = array1 + array2
  - Subtraktion: diff_array = array2 - array1
  - Multiplikation: prod_array = array1 * array2
  - Division: div_array = array2 / array1

Diese Operationen werden elementweise ausgeführt, das bedeutet, jedes Element in array1 wird mit dem entsprechenden Element in array2 verknüpft

Abschließend werden die Ergebnisse dieser Operationen ausgegeben

Dieses Beispiel zeigt NumPys Fähigkeit, effiziente elementweise Operationen auf Arrays durchzuführen, was für verschiedene Machine-Learning-Aufgaben wie Gradientenberechnungen, Matrix-Transformationen und die Optimierung von Modellgewichten entscheidend ist

Im maschinellen Lernen sind Array-Rechenoperationen für Aufgaben wie Gradientenberechnungen, Matrix-Transformationen und die Optimierung von Modellgewichten von entscheidender Bedeutung.

Array-Umformung

Die Umformung von Arrays ist eine grundlegende Operation im maschinellen Lernen, besonders bei der Arbeit mit komplexen, mehrdimensionalen Datensätzen wie Bilddaten oder Zeitreihendaten. Dieser Prozess beinhaltet die Änderung der Array-Struktur, ohne die zugrundeliegenden Daten zu modifizieren. NumPy bietet leistungsfähige und effiziente Werkzeuge zur Array-Umformung, die es Data Scientists und Machine-Learning-Praktikern ermöglichen, Daten einfach zwischen verschiedenen dimensionalen Darstellungen zu transformieren.

Beispielsweise ist es bei der Arbeit mit Bilddaten oft notwendig, ein 2D-Array mit Pixelwerten in einen 1D-Vektor für die Eingabe in bestimmte Machine-Learning-Modelle umzuwandeln. Umgekehrt müssen Zeitreihendaten möglicherweise von einer 1D-Sequenz in ein 2D-Array mit spezifischen Zeitschritten und Merkmalen umgeformt werden. NumPys Umformungsfunktionen ermöglichen diese Transformationen nahtlos und bewahren dabei die Datenintegrität, während sie sich an das erforderliche Format für verschiedene Algorithmen und Modelle anpassen.

Beispiel

```
# Create a 1D array
array = np.array([1, 2, 3, 4, 5, 6])

# Reshape the array into a 2D array (3 rows, 2 columns)
reshaped_array = array.reshape((3, 2))

print("Original Array:", array)
print("Reshaped Array:\\\\n", reshaped_array)
```

Dieses Beispiel zeigt, wie man ein Array mit NumPy, einer leistungsstarken Bibliothek für numerische Berechnungen in Python, umformen kann. Hier ist die Aufschlüsselung:

- Zunächst wird ein 1D-Array mit 6 Elementen erstellt mittels np.array([1, 2, 3, 4, 5, 6])
- Dann wird die reshape()-Funktion verwendet, um dieses 1D-Array in ein 2D-Array mit 3 Zeilen und 2 Spalten umzuwandeln: array.reshape((3, 2))
- Schließlich gibt der Code sowohl das ursprüngliche als auch das umgeformte Array aus

Diese Umformungsoperation ist entscheidend für maschinelles Lernen, besonders bei der Datenvorbereitung für verschiedene Modelle. Sie ermöglicht die Restrukturierung der Daten ohne deren Inhalt zu verändern, was oft bei der Arbeit mit verschiedenen Algorithmen oder Datenformaten notwendig ist

2.2.3 Lineare Algebra mit NumPy

Lineare Algebra bildet das mathematische Fundament für viele Machine-Learning-Algorithmen und dient als entscheidendes Werkzeug für Datenmanipulation, Feature-Extraktion und Modelloptimierung. NumPy, eine leistungsstarke numerische Rechenbibliothek für Python, bietet eine umfangreiche Sammlung von Funktionen zur effizienten Handhabung von linearen Algebra-Operationen und ist damit eine unverzichtbare Ressource für Machine-Learning-Praktiker.

Zu den wichtigsten linearen Algebra-Aufgaben, bei denen NumPy sich auszeichnet, gehören:

Matrixmultiplikation

Eine grundlegende Operation in der linearen Algebra, die für verschiedene Machine-Learning-Aufgaben entscheidend ist. Im Kontext des maschinellen Lernens spielt die Matrixmultiplikation eine zentrale Rolle bei:

- Feature-Transformation: Anwendung linearer Transformationen auf Eingabedaten zur Extraktion oder Hervorhebung bestimmter Merkmale.
- Berechnungen in neuronalen Netzen: Berechnung der gewichteten Summe von Eingaben in jeder Schicht eines neuronalen Netzes.

- Implementierung von Dimensionsreduktions-Techniken: Wie etwa die Principal Component Analysis (PCA), die stark auf Matrixoperationen angewiesen ist, um die wichtigsten Merkmale in einem Datensatz zu identifizieren.
- Kovarianzmatrix-Berechnungen: Verwendet in verschiedenen statistischen Analysen und Machine-Learning-Algorithmen, um die Beziehungen zwischen verschiedenen Merkmalen zu verstehen.

Beispiel

```
# Define two matrices
matrix1 = np.array([[1, 2], [3, 4]])
matrix2 = np.array([[5, 6], [7, 8]])

# Perform matrix multiplication
result = np.dot(matrix1, matrix2)

print("Matrix Multiplication Result:\\\\n", result)
```

Dieses Codebeispiel demonstriert die Matrixmultiplikation mit NumPy, einer leistungsstarken Bibliothek für numerische Berechnungen in Python. Hier ist die Aufschlüsselung:

- Zwei Matrizen werden mit np.array() definiert: matrix1 = np.array([[1, 2], [3, 4]]) matrix2 = np.array([[5, 6], [7, 8]]) Jede Matrix hat die Größe 2x2.
- Die Matrixmultiplikation wird mit der np.dot()-Funktion durchgeführt: result = np.dot(matrix1, matrix2) Diese Funktion berechnet das Skalarprodukt der beiden Matrizen.
- Schließlich wird das Ergebnis der Matrixmultiplikation ausgegeben: print("Matrix Multiplication Result:\\n", result)

Diese Operation ist entscheidend für maschinelles Lernen bei verschiedenen Aufgaben, darunter:

- Feature-Transformation
- Berechnungen in neuronalen Netzen
- Implementierung von Dimensionsreduktions-Techniken wie Principal Component Analysis (PCA)
- Berechnung von Kovarianzmatrizen für statistische Analysen

Durch die Nutzung von NumPys effizienter Implementierung von Matrixoperationen können Machine-Learning-Entwickler die Leistung ihrer Algorithmen deutlich verbessern, besonders bei der Arbeit mit großen Datensätzen und komplexen Modellen.

Determinanten berechnen

Eine entscheidende Operation in der linearen Algebra, die wertvolle Einblicke in die Eigenschaften von Matrizen liefert. Die Determinante einer Matrix ist ein Skalarwert, der wichtige Informationen über das Verhalten und die Charakteristika der Matrix enthält. Im Kontext von maschinellem Lernen und Datenanalyse erfüllen Determinanten mehrere wichtige Zwecke:

- Beurteilung der Matrix-Invertierbarkeit: Die Determinante hilft bei der Bestimmung, ob eine Matrix invertierbar (nicht-singulär) ist oder nicht. Eine von Null verschiedene Determinante zeigt an, dass die Matrix invertierbar ist, was für verschiedene mathematische Operationen und Algorithmen wesentlich ist.
- Lösung linearer Gleichungssysteme: Determinanten spielen eine Schlüsselrolle in der Cramer'schen Regel, einer Methode zur Lösung linearer Gleichungssysteme. Diese Anwendung ist besonders nützlich bei Optimierungsproblemen und der Modellanpassung.
- Berechnung von Matrix-Zerlegungen: Determinanten sind oft in verschiedenen Matrix-Zerlegungstechniken involviert, wie der LU-Zerlegung und der Cholesky-Zerlegung. Diese Zerlegungen sind grundlegend für viele Machine-Learning-Algorithmen, einschließlich Dimensionsreduktion und der effizienten Lösung linearer Systeme.
- Volumen- und Flächenberechnungen: In geometrischen Interpretationen repräsentiert der Absolutwert einer Determinante den Volumen- oder Flächenskalierungsfaktor einer linearen Transformation, was bei bestimmten Machine-Learning-Anwendungen mit räumlichen Daten oder Transformationen nützlich sein kann.

NumPy bietet effiziente Methoden zur Berechnung von Determinanten, selbst für große Matrizen, und ist damit ein unverzichtbares Werkzeug für Machine-Learning-Praktiker, die mit komplexen linearen Algebra-Operationen arbeiten.

Beispiel

```
import numpy as np

# Define a square matrix
matrix = np.array([[1, 2, 3],
                   [4, 5, 6],
                   [7, 8, 9]])

# Calculate the determinant
determinant = np.linalg.det(matrix)

print("Matrix:")
print(matrix)
print(f"\\nDeterminant: {determinant}")
```

Dieses Beispiel zeigt, wie man die Determinante einer Matrix mit NumPy, einer leistungsstarken Bibliothek für numerische Berechnungen in Python, berechnet. Hier ist eine Aufschlüsselung des Codes:

- Zunächst importieren wir NumPy mit dem Alias 'np'
- Eine 3x3 quadratische Matrix wird mit np.array() definiert
- Die Determinante der Matrix wird mit der Funktion np.linalg.det() berechnet
- Schließlich gibt der Code sowohl die ursprüngliche Matrix als auch ihre Determinante aus

Dieses Beispiel ist besonders relevant für maschinelles Lernen bei Aufgaben wie:

- Beurteilung der Matrix-Invertierbarkeit, die bei Algorithmen wie linearer Regression und Hauptkomponentenanalyse (PCA) wichtig ist
- Lösung linearer Gleichungssysteme, die grundlegend für verschiedene Optimierungsprobleme ist
- Berechnung von Matrix-Zerlegungen, die in vielen Machine-Learning-Algorithmen für Aufgaben wie Feature-Extraktion und Datenkomprimierung verwendet werden

Berechnung von Eigenwerten und Eigenvektoren

Eine fundamentale Operation in der linearen Algebra mit bedeutenden Anwendungen im maschinellen Lernen. Eigenwerte und Eigenvektoren liefern entscheidende Einblicke in Matrixeigenschaften und sind essentiell für verschiedene Techniken:

- Dimensionsreduktion: Wird in Methoden wie der Hauptkomponentenanalyse (PCA) verwendet, um die wichtigsten Merkmale in hochdimensionalen Datensätzen zu identifizieren.
- Spektral-Clustering: Nutzt Eigenvektoren, um Datenpunkte basierend auf dem Spektrum der Ähnlichkeitsmatrix zu gruppieren.
- Verständnis linearer Transformationen: Hilft bei der Visualisierung, wie Matrizen Vektoren im Raum strecken, komprimieren oder rotieren.
- Matrix-Diagonalisierung: Vereinfacht komplexe Matrixoperationen und führt oft zu effizienteren Berechnungen in Machine-Learning-Algorithmen.

NumPys effiziente Implementierung von Eigenwert- und Eigenvektor-Berechnungen ermöglicht es Data Scientists, diese Operationen auch bei großen Matrizen schnell durchzuführen. Diese Fähigkeit erleichtert die Entwicklung fortgeschrittener Machine-Learning-Modelle.

Beispiel

```
import numpy as np
```

```
# Define a square matrix
matrix = np.array([[4, -2],
                   [1, 1]])

# Calculate eigenvalues and eigenvectors
eigenvalues, eigenvectors = np.linalg.eig(matrix)

print("Matrix:")
print(matrix)
print("\\nEigenvalues:")
print(eigenvalues)
print("\\nEigenvectors:")
print(eigenvectors)
```

Dieses Codebeispiel zeigt, wie man Eigenwerte und Eigenvektoren mit NumPy berechnet, einer leistungsstarken Bibliothek für numerische Berechnungen in Python. Hier ist eine Aufschlüsselung des Codes:

- Zunächst importieren wir NumPy als 'np'
- Eine 2x2 quadratische Matrix wird mit np.array() definiert
- Die Funktion np.linalg.eig() wird verwendet, um sowohl Eigenwerte als auch Eigenvektoren der Matrix zu berechnen
- Die Funktion gibt zwei Arrays zurück: eines für Eigenwerte und ein weiteres für Eigenvektoren
- Schließlich gibt der Code die ursprüngliche Matrix, Eigenwerte und Eigenvektoren aus

Diese Operation ist entscheidend für maschinelles Lernen bei verschiedenen Aufgaben, darunter:

- Hauptkomponentenanalyse (PCA) zur Dimensionsreduktion
- Merkmalsextraktion
- Verständnis des Verhaltens linearer Transformationen in Algorithmen

Durch die Nutzung von NumPys effizienter Implementierung dieser Operationen können Data Scientists die Leistung ihrer Algorithmen deutlich verbessern, besonders bei der Verarbeitung großer Datensätze und komplexer Modelle

Lösen linearer Gleichungssysteme

Eine kritische Operation in zahlreichen Optimierungsproblemen und Machine-Learning-Algorithmen. Dieser Prozess ist wesentlich für:

- Lineare Regression: Bestimmung der optimalen Koeffizienten, die die Differenz zwischen vorhergesagten und tatsächlichen Werten minimieren.

- Support Vector Machines: Finden der Hyperebene, die verschiedene Klassen von Datenpunkten am besten trennt.
- Methode der kleinsten Quadrate: Minimierung der Summe der quadratischen Residuen in verschiedenen Kurvenanpassungsanwendungen.
- Netzwerkflussprobleme: Optimierung der Ressourcenzuweisung in komplexen Systemen.

NumPys effiziente Linear-Algebra-Routinen ermöglichen es, große Gleichungssysteme schnell zu lösen und damit die Implementierung ausgefeilter Machine-Learning-Modelle, die reale Datensätze verarbeiten können.

Beispiel

```
import numpy as np

# Define the coefficient matrix A and the constant vector b
A = np.array([[3, 1], [1, 2]])
b = np.array([9, 8])

# Solve the system of linear equations
x = np.linalg.solve(A, b)

print("Coefficient matrix A:")
print(A)
print("\\nConstant vector b:")
print(b)
print("\\nSolution x:")
print(x)

# Verify the solution
print("\\nVerification (should be close to b):")
print(np.dot(A, x))
```

Dieses Beispiel zeigt, wie man ein System linearer Gleichungen mit dem Linear-Algebra-Modul von NumPy löst. Hier ist eine Aufschlüsselung dessen, was der Code macht:

- Zunächst wird NumPy als 'np' importiert
- Es wird eine Koeffizientenmatrix A und ein Konstantenvektor b definiert: A = [[3, 1], [1, 2]] b = [9, 8]
- Die Funktion np.linalg.solve(A, b) wird verwendet, um das lineare Gleichungssystem Ax = b nach x aufzulösen
- Der Code gibt dann die Koeffizientenmatrix A, den Konstantenvektor b und die Lösung x aus

- Abschließend wird die Lösung durch Berechnung von np.dot(A, x) verifiziert, was nahe bei b liegen sollte

Diese Art von Operation ist entscheidend für maschinelles Lernen bei verschiedenen Aufgaben, darunter:

- Lineare Regression
- Support Vector Machines
- Methode der kleinsten Quadrate
- Netzwerkflussprobleme

Durch die Nutzung von NumPys effizienter Implementierung können Entwickler im Bereich maschinelles Lernen große Gleichungssysteme schnell lösen und damit die Erstellung ausgereifter Modelle ermöglichen, die reale Datensätze verarbeiten können

Matrix-Zerlegungen

Grundlegende Techniken der linearen Algebra, die komplexe Matrizen in einfachere, besser handhabbare Komponenten zerlegen. Diese Zerlegungen, einschließlich LU (Lower-Upper), QR (Orthogonal-Triangular) und Singulärwertzerlegung (SVD), spielen eine wichtige Rolle in verschiedenen Machine-Learning-Algorithmen. Sie sind besonders wertvoll für Aufgaben wie:

- Merkmalsextraktion: Identifizierung und Isolierung der wichtigsten Eigenschaften in hochdimensionalen Datensätzen
- Datenkompression: Reduzierung der Dimensionalität von Daten unter Beibehaltung ihrer wichtigsten Informationen
- Rauschunterdrückung: Trennung bedeutsamer Signale vom Hintergrundrauschen in Datensätzen
- Lösung linearer Systeme: Effiziente Berechnung von Lösungen für komplexe lineare Gleichungssysteme
- Hauptkomponentenanalyse (PCA): Eine bewährte Technik zur Dimensionsreduktion und Datenvisualisierung

Diese Zerlegungen steigern nicht nur die Effizienz von Machine-Learning-Algorithmen, sondern liefern auch wertvolle Einblicke in die zugrundeliegende Struktur der Daten, was eine effektivere Analyse und Modellentwicklung ermöglicht.

Beispiel

```
import numpy as np
from scipy.linalg import lu, qr

# Create a sample matrix
A = np.array([[1, 2], [3, 4]])
```

```
# LU Decomposition
P, L, U = lu(A)
print("LU Decomposition:")
print("P:", P)
print("L:", L)
print("U:", U)

# QR Decomposition
Q, R = qr(A)
print("\\nQR Decomposition:")
print("Q:", Q)
print("R:", R)

# Singular Value Decomposition (SVD)
U, s, VT = np.linalg.svd(A)
print("\\nSingular Value Decomposition:")
print("U:", U)
print("s:", s)
print("V^T:", VT)
```

Dieser Code demonstriert drei gängige Matrix-Zerlegungstechniken:

1. Matrix-Erstellung: Eine 2x2 Matrix A wird mit NumPy erstellt.
2. LU-Zerlegung: Verwendet scipy.linalg.lu(A), um A zu zerlegen in:
   - P: Permutationsmatrix.
   - L: Untere Dreiecksmatrix.
   - U: Obere Dreiecksmatrix.
3. QR-Zerlegung: Verwendet scipy.linalg.qr(A), um A zu zerlegen in:
   - Q: Orthogonale Matrix.
   - R: Obere Dreiecksmatrix.
4. SVD: Verwendet np.linalg.svd(A), um A zu zerlegen in:
   - U und VT: Unitäre Matrizen.
   - s: Singuläre Werte.

Diese Zerlegungstechniken sind entscheidend im maschinellen Lernen für Aufgaben wie Merkmalsextraktion, Datenkompression, Rauschunterdrückung, Lösung linearer Systeme und Hauptkomponentenanalyse (PCA). Sie liefern wertvolle Einblicke in die zugrundeliegende Struktur der Daten und können die Effizienz von Machine-Learning-Algorithmen erheblich verbessern.

Durch die Nutzung von NumPys optimierter Implementierung dieser Operationen können Entwickler im Bereich maschinelles Lernen die Leistung und Effizienz ihrer Algorithmen deutlich steigern, was die Verarbeitung größerer Datensätze und komplexerer Modelle ermöglicht. Diese Fähigkeit ist besonders wertvoll in Bereichen wie Deep Learning, wo Operationen auf großen Matrizen häufig und rechenintensiv sind.

2.2.4 Statistische Funktionen in NumPy

Maschinelles Lernen erfordert häufig die Analyse komplexer Datensätze, um aussagekräftige Muster und Erkenntnisse aufzudecken. Dieser Prozess erfordert die Anwendung verschiedener statistischer Funktionen, um wertvolle Informationen aus den Daten zu extrahieren.

NumPy, eine leistungsstarke numerische Berechnungsbibliothek für Python, bietet eine umfangreiche Sammlung statistischer Werkzeuge, die für Data Scientists und Machine-Learning-Praktiker unverzichtbar sind. Diese Werkzeuge umfassen eine breite Palette von Funktionen zur Berechnung wesentlicher statistischer Maße wie Mittelwert, Median, Modus, Standardabweichung, Varianz und Perzentile.

Durch die Nutzung von NumPys effizienter Implementierung dieser statistischen Operationen können Forscher und Entwickler große Datensätze schnell verarbeiten, Trends identifizieren und aussagekräftige Schlussfolgerungen ziehen, die die Grundlage für fortgeschrittene Machine-Learning-Algorithmen und Modelle bilden.

Berechnung von Mittelwert und Standardabweichung

Mittelwert und Standardabweichung sind grundlegende statistische Maße, die in der Datenanalyse und im maschinellen Lernen häufig verwendet werden, um die zentrale Tendenz und Streuung von Datenverteilungen zu verstehen. Diese Metriken liefern wichtige Einblicke in die Eigenschaften von Datensätzen und helfen Data Scientists und Machine-Learning-Praktikern dabei, fundierte Entscheidungen über Datenvorverarbeitung, Modellauswahl und Ergebnisinterpretation zu treffen.

Der Mittelwert, auch bekannt als Durchschnitt, repräsentiert den zentralen Wert eines Datensatzes. Er wird berechnet, indem alle Werte summiert und durch die Anzahl der Beobachtungen geteilt werden. Im maschinellen Lernen wird der Mittelwert häufig für Feature-Skalierung, Datennormalisierung und als Baseline für den Vergleich von Modellvorhersagen verwendet.

Die Standardabweichung hingegen quantifiziert das Maß der Variation oder Streuung in einem Datensatz. Sie misst, wie weit die Datenpunkte typischerweise vom Mittelwert abweichen. Eine niedrige Standardabweichung zeigt an, dass die Datenpunkte tendenziell nahe am Mittelwert liegen, während eine hohe Standardabweichung darauf hinweist, dass die Datenpunkte über einen größeren Wertebereich verteilt sind. Dieses Maß ist entscheidend für das Verständnis der Verteilung von Merkmalen, die Erkennung von Ausreißern und die Bewertung der Zuverlässigkeit von Vorhersagen in Machine-Learning-Modellen.

Im Kontext des maschinellen Lernens:

- Feature-Skalierung: Mittelwert und Standardabweichung werden in Techniken wie der Standardisierung (Z-Score-Normalisierung) verwendet, um Merkmale auf einen gemeinsamen Bereich zu skalieren, was die Leistung vieler Machine-Learning-Algorithmen verbessern kann.
- Ausreißererkennung: Datenpunkte, die außerhalb einer bestimmten Anzahl von Standardabweichungen vom Mittelwert liegen, werden oft als Ausreißer betrachtet, die in der Vorverarbeitungsphase möglicherweise eine besondere Behandlung erfordern.
- Modellbewertung: Diese Statistiken werden verwendet, um die Leistung von Regressionsmodellen zu bewerten, wobei der Mittelwert der Residuen (Fehler) idealerweise nahe bei Null liegen sollte, und die Standardabweichung der Residuen Einblicke in die Präzision des Modells gibt.
- Gauß-Prozesse: Viele Machine-Learning-Algorithmen setzen normalverteilte Daten voraus, wobei Mittelwert und Standardabweichung Schlüsselparameter der Gauß'schen (Normal-) Verteilung sind.

Das Verständnis und die effektive Nutzung dieser statistischen Maße ist wesentlich für die Entwicklung robuster und präziser Machine-Learning-Modelle in verschiedenen Domänen und Anwendungen.

Beispiel

```
# Generate random data
data = np.random.rand(100)

# Calculate mean and standard deviation
mean_value = np.mean(data)
std_value = np.std(data)

print(f"Mean: {mean_value}, Standard Deviation: {std_value}")
```

Dieses Codebeispiel zeigt, wie man Mittelwert und Standardabweichung eines Datensatzes mit NumPy berechnet.

Hier ist eine Aufschlüsselung dessen, was der Code macht:

- Zunächst werden Zufallsdaten mit np.random.rand(100) generiert, wodurch ein Array von 100 Zufallszahlen zwischen 0 und 1 erstellt wird.
- Dann wird der Mittelwert der Daten mit np.mean(data) berechnet.
- Außerdem wird die Standardabweichung der Daten mit np.std(data) berechnet.
- Schließlich werden der berechnete Mittelwert und die Standardabweichung ausgegeben.

Dieses Beispiel veranschaulicht, wie NumPys statistische Funktionen effizient zur Berechnung wichtiger Kennzahlen in der Datenanalyse und im maschinellen Lernen eingesetzt werden können. Diese Berechnungen sind entscheidend für Aufgaben wie Feature-Skalierung, Datennormalisierung und das Verständnis der Verteilung von Datensätzen.

Diese Funktionen werden häufig in Machine-Learning-Pipelines für Aufgaben wie Feature-Skalierung und Normalisierung verwendet.

Perzentile und Quantile

Perzentile sind leistungsfähige statistische Werkzeuge zur Unterteilung von Daten in verschiedene Segmente, die wertvolle Einblicke in die Verteilung eines Datensatzes liefern. Durch die Berechnung von Perzentilen können wir bestimmte Punkte in den Daten ermitteln, die diese in gleiche Teile trennen. Zum Beispiel teilt das 50. Perzentil, auch bekannt als Median, die Daten in zwei gleiche Hälften.

Das Verständnis von Perzentilen ist im maschinellen Lernen aus mehreren Gründen wichtig:

- Datenverteilungsanalyse: Perzentile helfen dabei, die Verteilung der Daten über ihren Wertebereich zu visualisieren und zeigen, ob sie gleichmäßig verteilt oder zu bestimmten Werten hin verzerrt sind.
- Ausreißererkennung: Durch die Untersuchung extremer Perzentile (z.B. 1. oder 99.) können wir potenzielle Ausreißer identifizieren, die die Modellleistung erheblich beeinflussen können.
- Feature-Skalierung: In manchen Fällen können perzentilbasierte Skalierungsmethoden wie Robust Scaling geeigneter sein als Standard-Skalierung, besonders bei Datensätzen mit Ausreißern.
- Modellbewertung: Perzentile werden häufig bei der Bewertung der Modellleistung verwendet, etwa bei der Berechnung des medianen absoluten Fehlers oder der Beurteilung von Vorhersageintervallen.

Dieses statistische Maß ist besonders nützlich bei der Erkennung von Ausreißern oder dem Verständnis der Streuung eines Merkmals in einem Datensatz, da es eine robuste Methode zur Beschreibung von Dateneigenschaften bietet, die weniger empfindlich gegenüber Extremwerten ist als Maße wie Mittelwert und Standardabweichung.

Beispiel

```
# Generate random data
data = np.random.rand(100)

# Calculate the 25th, 50th, and 75th percentiles
percentiles = np.percentile(data, [25, 50, 75])

print(f"25th percentile: {percentiles[0]}, 50th percentile (median): {percentiles[1]},
75th percentile: {percentiles[2]}")
```

Dieses Beispiel zeigt, wie man Perzentile mit NumPy berechnet. Hier ist eine Aufschlüsselung dessen, was der Code macht:

- Zunächst werden 100 Zufallszahlen zwischen 0 und 1 mit np.random.rand(100) generiert. Dies simuliert einen Datensatz, den wir analysieren möchten.
- Dann werden das 25., 50. und 75. Perzentil dieser Daten mit np.percentile(data, [25, 50, 75]) berechnet. Die Funktion gibt ein Array mit den Perzentilwerten zurück.
- Schließlich werden diese Perzentile ausgegeben. Dabei ist zu beachten, dass das 50. Perzentil auch als Median bekannt ist.

Dieser Code ist nützlich im maschinellen Lernen für das Verständnis der Datenverteilung, die Erkennung von Ausreißern und die Datenvorverarbeitung. Perzentile bieten eine robuste Möglichkeit zur Beschreibung von Dateneigenschaften, besonders bei der Arbeit mit schiefen Datensätzen oder bei der Entscheidung über die Vorverarbeitung von Daten.

Das Verständnis der Datenverteilung ist entscheidend im maschinellen Lernen, insbesondere bei der Arbeit mit schiefen Datensätzen oder bei der Auswahl der Vorverarbeitungsmethoden.

2.2.5 Zufallszahlengenerierung

Im maschinellen Lernen spielt die Zufallszahlengenerierung eine entscheidende Rolle in verschiedenen Aspekten der Modellentwicklung und -erprobung.

Dieser Prozess ist grundlegend für mehrere wichtige Aufgaben:

1. Initialisierung von neuronalen Netzgewichten: Zufällige Initialisierung hilft bei der Symmetriebrechung und ermöglicht verschiedene Ausgangspunkte für die Optimierung.
2. Aufteilung von Datensätzen: Die zufällige Aufteilung in Trainings-, Validierungs- und Testdaten gewährleistet eine unvoreingenommene Modellbewertung.
3. Erstellung synthetischer Daten: Die Generierung künstlicher Datensätze ermöglicht kontrollierte Experimente und die Erweiterung begrenzter realer Daten.
4. Implementierung stochastischer Algorithmen: Viele Machine-Learning-Algorithmen basieren auf Zufälligkeit für Optimierung und Exploration.
5. Kreuzvalidierung: Zufallsstichproben werden in Techniken wie der k-fachen Kreuzvalidierung zur Bewertung der Modellleistung verwendet.
6. Datenerweiterung: Zufällige Transformationen können auf bestehende Daten angewendet werden, um Datensatzgröße und -vielfalt zu erhöhen.

NumPys random Modul bietet eine umfassende Suite von Funktionen zur Generierung von Zufallszahlen aus verschiedenen Wahrscheinlichkeitsverteilungen. Diese umfassen gleichförmige, normale (Gauß'sche), binomiale und viele andere Verteilungen. Die effiziente

Implementierung des Moduls macht es ideal für die Generierung von Zufallszahlen in großem Maßstab in Machine-Learning-Pipelines.

Wichtige Funktionen des NumPy random Moduls sind:

1. Reproduzierbare Zufallszahlengenerierung durch Seed-Setzung
2. Funktionen zur Stichprobenentnahme aus spezifischen Wahrscheinlichkeitsverteilungen
3. Effiziente Generierung großer Arrays von Zufallszahlen
4. Unterstützung für sowohl skalare als auch array-basierte Zufallszahlengenerierung

Durch die Nutzung dieser Fähigkeiten können Machine-Learning-Praktiker kontrollierte Zufälligkeit in ihre Workflows einführen und damit die Robustheit und Generalisierung der Modelle verbessern.

Beispiel: Generierung von Zufallszahlen

```
# Generate 10 random numbers between 0 and 1
random_numbers = np.random.rand(10)

# Generate random integers between 1 and 10
random_integers = np.random.randint(1, 11, size=10)

print("Random Numbers:", random_numbers)
print("Random Integers:", random_integers)
```

Dieses Beispiel zeigt, wie man Zufallszahlen mit dem NumPy-Random-Modul generiert. Hier ist eine Aufschlüsselung:

- np.random.rand(10): Dies generiert 10 Zufallszahlen zwischen 0 und 1 aus einer Gleichverteilung.
- np.random.randint(1, 11, size=10): Dies generiert 10 Zufallsganzzahlen zwischen 1 und 10 (einschließlich).

Der Code gibt dann beide Sätze von Zufallszahlen aus. Diese Funktionalität ist entscheidend für maschinelles Lernen bei Aufgaben wie:

- Erstellung randomisierter Datensätze
- Mischen von Daten
- Festlegen von Anfangsbedingungen für Modelle

Diese Möglichkeiten zur Zufallszahlengenerierung sind wichtig, um kontrollierte Zufälligkeit in Machine-Learning-Workflows einzuführen, was die Robustheit und Generalisierung der Modelle verbessern kann.

Diese Funktionen sind unverzichtbar im maschinellen Lernen für die Erstellung randomisierter Datensätze, das Mischen von Daten oder das Setzen von Anfangsbedingungen für Modelle.

NumPy ist eine grundlegende Bibliothek für jedes Machine-Learning-Projekt und bietet hochperformante Operationen auf Arrays und Matrizen, Werkzeuge für statistische Analysen und Unterstützung für effiziente numerische Berechnungen. Ob Sie nun Matrixmultiplikation in einem neuronalen Netzwerk durchführen oder Zufallszahlen für die Aufteilung von Datensätzen generieren, NumPys Geschwindigkeit und Effizienz machen es zu einem essentiellen Werkzeug in Ihrem Arsenal.

2.3 Pandas für fortgeschrittene Datenmanipulation

Im maschinellen Lernen wird ein Großteil der Zeit beim Aufbau von Modellen für das Bereinigen, Transformieren und Vorbereiten von Daten aufgewendet, bevor diese zur Analyse oder Eingabe in Algorithmen bereit sind. Dieser Prozess ist als **Datenmanipulation** bekannt. Während NumPy bei numerischen Berechnungen brilliert, reicht es oft nicht aus, wenn es um tabellarische oder strukturierte Daten geht. Hier wird **Pandas** zum Game-Changer.

Pandas ist eine leistungsstarke, flexible Bibliothek, die speziell für die Arbeit mit strukturierten Daten wie Tabellen, CSV-Dateien, Excel-Tabellen und SQL-Datenbanken entwickelt wurde. Sie vereinfacht viele der üblichen Aufgaben der Datenanalyse wie Filtern, Gruppieren und Zusammenführen von Datensätzen und macht sie zu einem unverzichtbaren Werkzeug für jeden Data Scientist oder Machine-Learning-Praktiker.

In diesem Abschnitt werden wir die fortgeschrittenen Funktionen von Pandas erkunden, die es Ihnen ermöglichen, Daten effizient zu manipulieren und zu analysieren, und wir werden viele Beispiele bereitstellen, damit Sie verstehen, wie Sie diese Konzepte in Ihren eigenen Projekten anwenden können.

2.3.1 Einführung in Pandas-Datenstrukturen

Pandas führt zwei primäre Datenstrukturen ein, die zentral für seine Funktionalität sind und das Rückgrat der Datenmanipulation in Python bilden:

Series

Ein vielseitiges eindimensionales beschriftetes Array, das verschiedene Datentypen (Ganzzahlen, Zeichenketten, Fließkommazahlen etc.) aufnehmen kann. Diese grundlegende Struktur in Pandas ähnelt einer Spalte in einer Tabellenkalkulation oder einer einzelnen Spalte einer Datenbanktabelle. Series eignen sich hervorragend für die Verarbeitung von Zeitreihendaten, die Darstellung einzelner Merkmale innerhalb eines Datensatzes oder die Speicherung beschrifteter Informationen.

Ihre Flexibilität und Effizienz machen sie unverzichtbar für Aufgaben wie Finanzanalyse, Sensordatenverarbeitung und Feature Engineering in Machine-Learning-Pipelines.

Beispiel: Erstellen einer Pandas Series

```
import pandas as pd

# Create a Series from a list
data = [10, 20, 30, 40, 50]
s = pd.Series(data, index=['a', 'b', 'c', 'd', 'e'])

print(s)

# Accessing elements
print("\\nValue at index 'c':", s['c'])

# Basic statistics
print("\\nMean:", s.mean())
print("Max:", s.max())
```

Lassen Sie uns diesen Code-Beispiel aufschlüsseln:

1. Zuerst importieren wir die Pandas-Bibliothek und geben ihr den Alias 'pd':import pandas as pd
2. Wir erstellen eine Liste von Daten:data = [10, 20, 30, 40, 50]
3. Wir erstellen eine Pandas Series mit diesen Daten und weisen benutzerdefinierte Index-Labels zu:s = pd.Series(data, index=['a', 'b', 'c', 'd', 'e'])
4. Wir geben die gesamte Series aus:print(s)
5. Wir greifen auf ein bestimmtes Element zu und geben es über sein Index-Label aus:print("\\nValue at index 'c':", s['c'])
6. Schließlich demonstrieren wir einige grundlegende statistische Operationen auf der Series:print("\\nMean:", s.mean()) print("Max:", s.max())

Dieser Code zeigt die Erstellung und grundlegende Manipulation einer Pandas Series, die ein eindimensionales beschriftetes Array ist, das verschiedene Datentypen aufnehmen kann. Er demonstriert, wie man eine Series erstellt, auf ihre Elemente zugreift und einfache statistische Operationen durchführt, was häufige Aufgaben in der Datenanalyse und -vorverarbeitung für maschinelles Lernen sind.

In diesem Beispiel erstellen wir eine Pandas Series aus einer Liste von Zahlen, weisen benutzerdefinierte Index-Labels zu und demonstrieren grundlegende Operationen wie den Zugriff auf Elemente und die Berechnung von Statistiken. Series sind besonders nützlich für die Darstellung von Zeitreihendaten oder einzelnen Merkmalen in einem Datensatz.

DataFrame

Eine zweidimensionale Datentabelle mit beschrifteten Zeilen und Spalten, ähnlich einer Tabellenkalkulation oder SQL-Tabelle. Dies ist die Kernstruktur in Pandas und diejenige, die Sie am häufigsten im maschinellen Lernen verwenden werden. DataFrames können als eine Sammlung von Series-Objekten betrachtet werden, wobei jede Spalte eine Series ist. Sie ermöglichen eine einfache Handhabung verschiedener Datentypen über verschiedene Spalten hinweg, was sie ideal für komplexe Datenanalyse- und Manipulationsaufgaben macht.

Diese Datenstrukturen sind darauf ausgelegt, die Komplexität von realen Daten effizient zu bewältigen. Sie bieten eine breite Palette an integrierten Methoden für Datenbereinigung, -transformation und -analyse, was sie zu unverzichtbaren Werkzeugen in Data Science- und Machine-Learning-Workflows macht.

Beginnen wir mit der Erstellung eines einfachen Pandas DataFrame aus einem Dictionary, um zu veranschaulichen, wie diese Strukturen in der Praxis funktionieren. Dieses Beispiel wird zeigen, wie einfach es ist, strukturierte Daten mit Pandas zu erstellen und zu manipulieren, und bereitet den Weg für fortgeschrittenere Operationen, die wir später erkunden werden.**Beispiel: Erstellen eines Pandas DataFrame**

```
import pandas as pd

# Create a dictionary of data
data = {
    'Name': ['Alice', 'Bob', 'Charlie', 'David'],
    'Age': [25, 30, 35, 40],
    'Salary': [50000, 60000, 70000, 80000]
}

# Convert the dictionary to a DataFrame
df = pd.DataFrame(data)

# Display the DataFrame
print(df)
```

Dieses Code-Beispiel zeigt, wie man einen einfachen Pandas DataFrame erstellt.

Hier ist eine Aufschlüsselung dessen, was er macht:

- Zunächst wird die Pandas-Bibliothek als 'pd' importiert
- Dann wird ein Dictionary namens 'data' mit drei Schlüsseln erstellt: 'Name', 'Age' und 'Salary'. Jeder Schlüssel hat eine Liste von Werten
- Anschließend wird dieses Dictionary mit pd.DataFrame(data) in einen Pandas DataFrame umgewandelt
- Schließlich wird der DataFrame ausgegeben, um seinen Inhalt anzuzeigen

Der resultierende DataFrame wird drei Spalten (Name, Alter und Gehalt) und vier Zeilen haben, eine für jede Person im Datensatz. Diese Struktur ähnelt einer Tabellenkalkulation oder Datenbanktabelle und macht es einfach, Daten in Python zu manipulieren und zu analysieren

Dieses Beispiel dient als Grundlage für das Verständnis, wie man DataFrames in Pandas erstellt und mit ihnen arbeitet, was für die Datenmanipulation und -analyse in Machine-Learning-Projekten entscheidend ist

2.3.2 Lesen und Schreiben von Daten mit Pandas

Eine der grundlegendsten und wichtigsten Aufgaben im maschinellen Lernen ist die Fähigkeit, Daten aus verschiedenen externen Quellen zu lesen. Diese Quellen können von einfachen CSV-Dateien (Comma-Separated Values) bis hin zu komplexeren Strukturen wie Datenbanken oder Excel-Tabellen reichen. Dieser Schritt ist entscheidend, da er das Fundament für jedes Datenanalyse- oder Machine-Learning-Projekt bildet.

Pandas, eine leistungsstarke Datenmanipulationsbibliothek in Python, überzeugt in diesem Bereich durch eine nahtlose Schnittstelle für den Datenimport und -export. Sie bietet eine breite Palette von Funktionen, die verschiedene Dateiformate und Datenstrukturen problemlos verarbeiten können. Zum Beispiel kann die read_csv()-Funktion mühelos Daten aus CSV-Dateien laden, während read_sql() Daten direkt aus SQL-Datenbanken abrufen kann.

Darüber hinaus beschränkt sich Pandas nicht nur auf den Datenimport. Es bietet auch ebenso robuste Möglichkeiten für den Export von Daten in verschiedene Formate, nachdem Sie Ihre Analyse oder Datenmanipulationen abgeschlossen haben. Dieser bidirektionale Datenfluss ist entscheidend in Machine-Learning-Workflows, bei denen Sie häufig Zwischenergebnisse speichern oder endgültige Vorhersagen exportieren müssen.

Die Flexibilität und Effizienz von Pandas bei der Handhabung von Daten-I/O-Operationen vereinfacht die Datenvorbereitungsphase von Machine-Learning-Projekten erheblich. Dies ermöglicht es Data Scientists und Machine-Learning-Ingenieuren, sich mehr auf die Modellentwicklung und weniger auf die Feinheiten der Datenhandhabung zu konzentrieren, was letztendlich die gesamte Machine-Learning-Pipeline beschleunigt.

Lesen von Daten aus einer CSV-Datei

Die read_csv()-Funktion in Pandas ist ein leistungsstarkes und vielseitiges Werkzeug zum Laden von Daten aus CSV-Dateien in einen DataFrame. Diese Funktion bietet eine breite Palette von Optionen und Möglichkeiten:

1. Dateiquellen: Sie kann aus verschiedenen Quellen lesen, einschließlich:
    - Lokale Dateipfade auf Ihrem Computer
    - URLs, die auf CSV-Dateien im Internet verweisen
    - Dateiähnliche Objekte wie StringIO oder BytesIO
    - Komprimierte Dateien (z.B. gzip, bz2, zip) ohne vorherige Dekomprimierung
2. Anpassung: Die Funktion bietet zahlreiche Parameter zur Anpassung des CSV-Lesevorgangs:

    - Festlegen verschiedener Trennzeichen (z.B. tabgetrennte Dateien)
    - Umgang mit verschiedenen Arten von Anführungszeichen
    - Überspringen von Zeilen oder Verwendung bestimmter Zeilen als Spaltenüberschriften
    - Festlegen von Datentypen für Spalten
    - Umgang mit fehlenden Werten oder automatisches Parsen von Datumsangaben

3. Leistung: Für große Dateien bietet read_csv() Optionen wie chunksize oder iterator zum Lesen der Datei in kleineren Portionen, was für das Speichermanagement bei großen Datensätzen nützlich ist.
4. Flexibilität: Sie kann verschiedene CSV-Formate verarbeiten, einschließlich solcher mit oder ohne Kopfzeilen, unterschiedlichen Kodierungen und sogar etwas unordentlichen oder nicht standardmäßigen CSV-Dateien.

Die Flexibilität und der robuste Funktionsumfang dieser Funktion machen sie zu einem unverzichtbaren Werkzeug für Data Scientists und Analysten, die mit strukturierten Daten in Python arbeiten, insbesondere im Kontext der Datenvorbereitung für Machine-Learning-Projekte.

Beispiel: Lesen von Daten aus einer CSV

```
# Load a CSV file into a DataFrame
df = pd.read_csv('data.csv')

# Display the first few rows of the DataFrame
print(df.head())
```

Dieser Beispielcode zeigt, wie man Daten aus einer CSV-Datei mit Pandas einliest, einer beliebten Python-Bibliothek für Datenmanipulation.

Hier ist eine Aufschlüsselung dessen, was der Code macht:

- df = pd.read_csv('data.csv'): Diese Zeile verwendet die read_csv()-Funktion von Pandas, um Daten aus einer Datei namens 'data.csv' in einen DataFrame namens 'df' zu laden. Der DataFrame ist eine zweidimensionale Datenstruktur, die verschiedene Arten von Daten aufnehmen kann.
- print(df.head()): Diese Zeile gibt die ersten Zeilen des DataFrames aus. Die head()-Funktion zeigt standardmäßig die ersten 5 Zeilen an und gibt damit einen schnellen Überblick über Ihre Daten.

Dieser Code ist ein grundlegender Schritt in der Datenanalyse und in Machine-Learning-Workflows, da er es ermöglicht, strukturierte Daten aus CSV-Dateien einfach in ein Format zu importieren, das für die weitere Verarbeitung und Analyse geeignet ist.

Sobald die Daten in einen DataFrame geladen sind, können Sie damit arbeiten wie mit jeder anderen Tabelle.

Daten in eine CSV-Datei schreiben

Nach der Manipulation Ihrer Daten können Sie diese einfach mit der to_csv()-Methode wieder in eine CSV-Datei exportieren. Diese Funktion ist äußerst vielseitig und ermöglicht es Ihnen, Ihren DataFrame auf verschiedene Arten zu speichern:

- Sie können den Dateipfad angeben, unter dem die CSV-Datei gespeichert werden soll.
- Sie haben die Kontrolle darüber, ob der Index in der Ausgabedatei enthalten sein soll.
- Sie können das Trennzeichen wählen (standardmäßig Komma, aber Sie können auch Tabulatoren oder andere Zeichen verwenden).
- Es gibt Optionen für die Behandlung von Anführungszeichen und das Escapen von Sonderzeichen.
- Sie können die Kodierung der Ausgabedatei festlegen, was für die Behandlung verschiedener Zeichensätze nützlich ist.

Diese Methode ist besonders nützlich in Machine-Learning-Workflows, bei denen Sie möglicherweise Zwischenergebnisse, verarbeitete Datensätze oder Modellvorhersagen für weitere Analysen oder den Austausch mit Teammitgliedern speichern müssen.

Beispiel: Daten in eine CSV-Datei speichern

```
# Save the DataFrame to a CSV file
df.to_csv('output.csv', index=False)
```

Hier ist, was dieser Code bewirkt:

- df ist ein Pandas DataFrame, der die zu speichernden Daten enthält.
- Die to_csv()-Methode wird auf dem DataFrame aufgerufen, um dessen Inhalt in eine CSV-Datei zu exportieren.
- Das erste Argument, 'output.csv', legt den Namen der zu erstellenden Datei fest.
- Der Parameter index=False weist Pandas an, den Index des DataFrames nicht als Spalte in der CSV-Datei zu speichern.

Dies ist eine häufige Operation in der Datenverarbeitung und in Machine-Learning-Workflows, die es ermöglicht, verarbeitete Daten oder Ergebnisse für weitere Analysen oder den Austausch mit anderen zu speichern.

2.3.3 Datenauswahl und Filterung

Sobald Sie Ihre Daten erfolgreich in einen Pandas DataFrame geladen haben, werden Sie häufig auf Szenarien stoßen, in denen Sie bestimmte Teile dieser Daten manipulieren und extrahieren müssen. Dies umfasst meist drei grundlegende Operationen: das Filtern von Zeilen, das Auswählen bestimmter Spalten und das Erstellen von Teilmengen basierend auf speziellen Bedingungen. Diese Aufgaben sind fundamental für die Datenvorverarbeitung und -analyse in Machine-Learning-Workflows.

Das Filtern von Zeilen ermöglicht es Ihnen, sich auf bestimmte Teilmengen Ihrer Daten zu konzentrieren, die bestimmte Kriterien erfüllen. Zum Beispiel möchten Sie vielleicht nur die Kunden analysieren, die Einkäufe über einem bestimmten Schwellenwert getätigt haben, oder sich auf Transaktionen konzentrieren, die innerhalb eines bestimmten Zeitraums stattfanden.

Die Auswahl bestimmter Spalten ist entscheidend, wenn Sie mit speziellen Merkmalen oder Attributen Ihres Datensatzes arbeiten möchten. Dies ist besonders wichtig bei der Merkmalsauswahl, bei der Sie die relevantesten Variablen für Ihr Machine-Learning-Modell identifizieren.

Die Bildung von Teilmengen basierend auf Bedingungen kombiniert sowohl die Zeilenfilterung als auch die Spaltenauswahl und ermöglicht es Ihnen, hochspezifische Datensätze zu erstellen, die auf Ihre Analysebedürfnisse zugeschnitten sind. Zum Beispiel möchten Sie vielleicht das Kaufverhalten eines bestimmten Kundensegments über ausgewählte Produktkategorien hinweg untersuchen.

Pandas überzeugt durch die unkomplizierte und effiziente Gestaltung dieser Datenmanipulationsaufgaben. Seine leistungsstarken Indexierungs- und Filterungsfunktionen bieten eine breite Palette von Methoden und Syntaxen, die es Ihnen ermöglichen, diese Operationen mühelos durchzuführen. Ob Sie boolesches Indexieren, labelbasierte Auswahl mit .loc[] oder indexbasierte Auswahl mit .iloc[] verwenden, Pandas bietet flexible und intuitive Möglichkeiten, auf Ihre Daten zuzugreifen und sie zu manipulieren.

Diese Fähigkeiten vereinfachen nicht nur Ihren Datenvorbereitungsprozess, sondern steigern auch die Gesamteffizienz Ihrer Machine-Learning-Pipeline. Durch die Beherrschung dieser Pandas-Funktionalitäten können Sie schnell durch große Datensätze navigieren, relevante Informationen extrahieren und Ihre Daten präzise und einfach für nachfolgende Modellierungsphasen vorbereiten.

Spaltenauswahl

Sie können eine Spalte aus einem DataFrame mithilfe ihres Namens auswählen. Diese Operation gibt eine Pandas **Series** zurück, ein eindimensionales beschriftetes Array, das Daten jeglichen Typs aufnehmen kann (Integer, String, Float, Python-Objekte, etc.). Eine Series ist im Wesentlichen eine einzelne Spalte eines DataFrames mit einem Index für jede Zeile.

Wenn Sie zum Beispiel einen DataFrame 'df' mit einer Spalte namens 'Name' haben, können Sie diese Spalte wie folgt auswählen:

names = df['Name']

Dies erstellt ein neues Series-Objekt 'names', das nur die Daten aus der Spalte 'Name' enthält. Die Series behält denselben Index wie der ursprüngliche DataFrame bei, was eine einfache Ausrichtung mit anderen Daten ermöglicht.

Das Verständnis der Spaltenauswahl ist entscheidend für die Datenmanipulation, da es Ihnen ermöglicht, sich auf bestimmte Merkmale oder Attribute Ihres Datensatzes zu konzentrieren, was oft in den Phasen der Datenvorverarbeitung und Merkmalsauswahl von Machine-Learning-Workflows erforderlich ist.

Beispiel: Auswahl einer einzelnen Spalte

```
# Select the 'Name' column
names = df['Name']
print(names)
```

Hier ist, was dieser Code macht:

- df['Name'] wählt die Spalte 'Name' aus dem DataFrame df aus. Dies erstellt eine Pandas Series, die nur die Daten aus der Spalte 'Name' enthält
- Die ausgewählte Spalte wird einer neuen Variable namens names zugewiesen
- print(names) zeigt den Inhalt der names Series an

Diese Operation ist entscheidend für die Datenmanipulation, da sie es Ihnen ermöglicht, sich auf bestimmte Merkmale oder Attribute Ihres Datensatzes zu konzentrieren. Dies ist besonders nützlich in den Phasen der Datenvorverarbeitung und Merkmalsauswahl von Machine-Learning-Workflows

Wenn Sie mehrere Spalten auswählen möchten, können Sie eine Liste von Spaltennamen übergeben.

Beispiel: Auswahl mehrerer Spalten

```
# Select the 'Name' and 'Salary' columns
selected_columns = df[['Name', 'Salary']]
print(selected_columns)
```

Dieser Beispielcode zeigt, wie man mehrere Spalten aus einem Pandas DataFrame auswählt:

Hier ist eine Aufschlüsselung dessen, was dieser Code macht:

- df[['Name', 'Salary']]: Dies wählt zwei Spalten, 'Name' und 'Salary', aus dem DataFrame df aus. Die doppelten eckigen Klammern [[]] werden verwendet, um mehrere Spalten anzugeben.

- Die ausgewählten Spalten werden einer neuen Variable namens selected_columns zugewiesen. Dies erstellt einen neuen DataFrame, der nur die Spalten 'Name' und 'Salary' aus dem ursprünglichen DataFrame enthält.
- print(selected_columns): Diese Zeile zeigt den Inhalt des selected_columns DataFrames an und zeigt nur die ausgewählten Spalten.

Diese Operation ist nützlich, wenn Sie sich auf bestimmte Merkmale oder Attribute Ihres Datensatzes konzentrieren möchten, was bei der Datenvorverarbeitung und Merkmalsauswahl in Machine-Learning-Workflows häufig vorkommt.

Zeilen nach Bedingungen filtern

Das Filtern von Zeilen basierend auf Bedingungen ist eine grundlegende Operation in der Datenmanipulation, besonders wenn Sie mit großen Datensätzen arbeiten, bei denen Sie sich auf bestimmte Teilmengen konzentrieren müssen. Dieser Prozess wird in Pandas durch boolesches Indexieren ermöglicht, eine leistungsstarke Technik, die es Ihnen erlaubt, Daten basierend auf logischen Bedingungen auszuwählen.

So funktioniert boolesches Indexieren:

- Sie definieren eine Bedingung oder eine Reihe von Bedingungen, die für jede Zeile in Ihrem DataFrame zu entweder Wahr oder Falsch ausgewertet werden.
- Pandas wendet diese Bedingung auf jede Zeile an und erstellt eine boolesche Maske - eine Reihe von Wahr- und Falsch-Werten, die jeder Zeile entsprechen.
- Der DataFrame wird dann gefiltert, um nur die Zeilen einzuschließen, bei denen die Bedingung zu Wahr ausgewertet wird.

Diese Methode ist unglaublich flexibel und ermöglicht es Ihnen, komplexe Filter unter Verwendung logischer Operatoren (und, oder, nicht) und Vergleichsoperatoren (<, >, ==, etc.) zu erstellen. Zum Beispiel können Sie einfach alle Zeilen auswählen, bei denen eine numerische Spalte größer als ein bestimmter Wert ist, oder wo eine String-Spalte einen bestimmten Teilstring enthält.

Boolesches Indexieren ist nicht nur leistungsstark, sondern auch effizient, da Pandas diese Operationen optimiert, um auch bei großen Datensätzen schnell zu arbeiten. Dies macht es zu einem essentiellen Werkzeug in der Datenvorverarbeitung für maschinelles Lernen, wo Sie häufig irrelevante Daten herausfiltern oder sich auf bestimmte Teilmengen für Analyse oder Modelltraining konzentrieren müssen.

Beispiel: Zeilen basierend auf einer Bedingung filtern

```
# Filter rows where Age is greater than 30
filtered_df = df[df['Age'] > 30]
print(filtered_df)
```

Dieser Code zeigt, wie man Zeilen in einem Pandas DataFrame basierend auf einer Bedingung filtert. Hier ist eine Erklärung, wie er funktioniert:

- df[df['Age'] > 30]: Diese Zeile erstellt eine boolesche Maske, bei der jede Zeile in der Spalte 'Age' mit dem Wert 30 verglichen wird. Sie gibt True für Zeilen zurück, bei denen das Alter größer als 30 ist, und False für alle anderen.
- Die boolesche Maske wird dann verwendet, um den ursprünglichen DataFrame df zu indexieren, wodurch effektiv nur die Zeilen ausgewählt werden, bei denen die Bedingung True ist.
- Das Ergebnis wird einem neuen DataFrame namens filtered_df zugewiesen, der nur die Zeilen aus dem ursprünglichen DataFrame enthält, bei denen das Alter größer als 30 ist.
- Schließlich zeigt print(filtered_df) den gefilterten DataFrame an.

Diese Art von Operation ist entscheidend bei der Datenvorverarbeitung für maschinelles Lernen, da sie es ermöglicht, sich auf bestimmte Teilmengen Ihrer Daten basierend auf bestimmten Kriterien zu konzentrieren. Sie können dies beispielsweise verwenden, um irrelevante Daten herauszufiltern oder ein bestimmtes Segment Ihres Datensatzes zu analysieren.

Sie können auch mehrere Bedingungen mit logischen Operatoren wie & (und) oder | (oder) kombinieren.

Beispiel: Kombination mehrerer Bedingungen

```
# Filter rows where Age is greater than 30 and Salary is less than 75000
filtered_df = df[(df['Age'] > 30) & (df['Salary'] < 75000)]
print(filtered_df)
```

Dieser Beispielcode zeigt, wie man Zeilen in einem Pandas DataFrame basierend auf mehreren Bedingungen filtert:

Hier ist eine Aufschlüsselung dessen, was dieser Code macht:

- Er erstellt eine boolesche Maske mit zwei Bedingungen: df['Age'] > 30 und df['Salary'] < 75000. Das bedeutet, es werden Zeilen geprüft, bei denen das Alter größer als 30 UND das Gehalt kleiner als 75000 ist.
- Die Bedingungen werden mit dem & Operator kombiniert, der das logische UND darstellt.
- Die resultierende boolesche Maske wird verwendet, um den ursprünglichen DataFrame df zu indexieren, wodurch nur die Zeilen ausgewählt werden, die beide Bedingungen erfüllen.

- Das gefilterte Ergebnis wird einem neuen DataFrame namens filtered_df zugewiesen.
- Schließlich druckt der Code den filtered_df, der nur die Zeilen enthält, die beide Bedingungen erfüllen.

Diese Art der Filterung ist entscheidend bei der Datenvorverarbeitung für maschinelles Lernen, da sie es ermöglicht, sich auf bestimmte Teilmengen Ihrer Daten basierend auf mehreren Kriterien zu konzentrieren. Dies ist besonders nützlich beim Umgang mit Ausreißern, fehlenden Werten oder wenn Sie ein bestimmtes Segment Ihres Datensatzes analysieren müssen.

Die Filterung von Daten ist ein wichtiger Teil der Datensatzvorbereitung für maschinelles Lernen, insbesondere beim Umgang mit Ausreißern, fehlenden Werten oder spezifischen Teilmengen von Daten.

2.3.4 Umgang mit fehlenden Daten

In realen Datensätzen ist es üblich, auf fehlende Daten zu stoßen, die die Qualität und Zuverlässigkeit von Machine-Learning-Modellen erheblich beeinflussen können. Fehlende Daten können aus verschiedenen Quellen stammen, wie Datenerfassungsfehlern, Systemstörungen oder einfach weil die Information zum Zeitpunkt der Aufzeichnung nicht verfügbar war. Pandas erkennt die Häufigkeit und Bedeutung dieses Problems und bietet eine umfassende Suite robuster Werkzeuge zur Behandlung fehlender Daten.

Diese Werkzeuge können in drei Hauptfunktionen kategorisiert werden:

Erkennung fehlender Daten

Pandas bietet eine Reihe leistungsfähiger Methoden zur Identifizierung und Lokalisierung fehlender Werte in Ihrem Datensatz. Diese Werkzeuge ermöglichen es Ihnen, das Ausmaß und Muster fehlender Daten umfassend zu bewerten, was für das Verständnis der Qualität und Vollständigkeit Ihres Datensatzes entscheidend ist.

Die primäre Funktion für diesen Zweck ist isnull(), die einen booleschen DataFrame zurückgibt, wobei True einen fehlenden Wert und False einen nicht fehlenden Wert anzeigt. Diese Funktion kann auf den gesamten DataFrame oder bestimmte Spalten angewendet werden und bietet eine detaillierte Übersicht darüber, wo fehlende Werte auftreten.

Zusätzlich bietet Pandas komplementäre Funktionen wie notnull() (das Gegenteil von isnull()), isna() (ein Alias für isnull()) und notna() (ein Alias für notnull()). Diese Funktionen können mit anderen Pandas-Operationen wie sum() oder mean() kombiniert werden, um die Menge fehlender Daten in jeder Spalte oder Zeile zu quantifizieren. Durch die Nutzung dieser Werkzeuge können Data Scientists wertvolle Einblicke in die Verteilung und Auswirkung fehlender Werte gewinnen und nachfolgende Entscheidungen über Strategien zur Datenbereinigung und -vorverarbeitung treffen.

Beispiel: Erkennung fehlender Daten mit Pandas

```
import pandas as pd
```

```
import numpy as np

# Create a sample DataFrame with missing values
df = pd.DataFrame({
    'A': [1, 2, np.nan, 4],
    'B': [5, np.nan, np.nan, 8],
    'C': [9, 10, 11, 12]
})

# Detect missing values
missing_values = df.isnull()

# Count missing values in each column
missing_count = df.isnull().sum()

print("DataFrame with missing values:")
print(df)
print("\\nBoolean mask of missing values:")
print(missing_values)
print("\\nCount of missing values in each column:")
print(missing_count)
```

Dieses Beispiel zeigt, wie man fehlende Daten mit Pandas erkennt und quantifiziert:

- Wir beginnen mit dem Import von Pandas als pd und NumPy als np.
- Wir erstellen einen Beispiel-DataFrame df mit einigen fehlenden Werten (dargestellt durch np.nan).
- Die Pandas-Methode isnull() wird verwendet, um eine boolesche Maske für fehlende Werte zu erstellen.
- Dann verwenden wir isnull().sum(), eine weitere Pandas-Operation, um die Anzahl der fehlenden Werte in jeder Spalte zu zählen.
- Die Ausgabe zeigt den ursprünglichen DataFrame, die boolesche Maske der fehlenden Werte und die Anzahl der fehlenden Werte in jeder Spalte, alles unter Verwendung der Pandas-Funktionalität.

Dieser Ansatz ermöglicht es Ihnen, schnell zu erkennen, welche Spalten fehlende Daten aufweisen und wie viele Werte fehlen, was entscheidend ist für die Wahl geeigneter Strategien zum Umgang mit fehlenden Daten in Ihrer Machine-Learning-Pipeline. Mit Pandas können Sie diese Operationen effizient auf großen Datensätzen durchführen.

Umgang mit fehlenden Daten

Nach der Identifizierung bietet Pandas ein umfassendes Instrumentarium zur Behandlung fehlender Werte in Datensätzen. Diese Strategien reichen von einfachen Ansätzen wie dem

Entfernen von Zeilen oder Spalten mit fehlenden Daten bis hin zu fortgeschritteneren Imputationsmethoden.

Beispielsweise können Sie mit der Funktion dropna() komplette Zeilen entfernen, in denen Werte fehlen, oder Sie können Lücken durch spezifische Werte mit der Methode fillna() füllen. Darüber hinaus bietet Pandas Optionen für differenziertere Behandlungen, wie die Interpolation basierend auf umliegenden Datenpunkten oder die Verwendung von Vorwärts-/Rückwärts-Fülltechniken zur Fortschreibung des letzten bekannten Wertes.

Die Wahl der Methode hängt oft von der Beschaffenheit Ihrer Daten und den Anforderungen Ihres Machine-Learning-Modells ab, was einen flexiblen und maßgeschneiderten Ansatz zum Umgang mit fehlenden Daten in Ihrer Vorverarbeitungs-Pipeline ermöglicht.

Beispiel: Umgang mit fehlenden Daten

```
import pandas as pd
import numpy as np

# Create a sample DataFrame with missing values
df = pd.DataFrame({
    'A': [1, 2, np.nan, 4],
    'B': [5, np.nan, np.nan, 8],
    'C': [9, 10, 11, 12]
})

print("Original DataFrame:")
print(df)

# Drop rows with any missing values
df_dropped = df.dropna()
print("\\nDataFrame after dropping rows with missing values:")
print(df_dropped)

# Fill missing values with a specific value
df_filled = df.fillna(0)
print("\\nDataFrame after filling missing values with 0:")
print(df_filled)

# Fill missing values with the mean of each column
df_mean_filled = df.fillna(df.mean())
print("\\nDataFrame after filling missing values with column means:")
print(df_mean_filled)

# Interpolate missing values
df_interpolated = df.interpolate()
print("\\nDataFrame after interpolating missing values:")
print(df_interpolated)
```

Dieser Beispielcode demonstriert verschiedene Methoden zum Umgang mit fehlenden Daten in einem Pandas DataFrame. Hier ist eine Aufschlüsselung dessen, was der Code macht:

1. Er importiert die erforderlichen Bibliotheken: Pandas und NumPy
2. Erstellt einen Beispiel-DataFrame mit fehlenden Werten (dargestellt durch np.nan)
3. Gibt den ursprünglichen DataFrame aus
4. Demonstriert vier verschiedene Methoden zum Umgang mit fehlenden Daten:

- a. Verwendung von dropna() zum Entfernen von Zeilen mit fehlenden Werten
- b. Verwendung von fillna(0) zum Ersetzen aller fehlenden Werte durch 0
- c. Verwendung von fillna(df.mean()) zum Füllen fehlender Werte mit dem Mittelwert jeder Spalte
- d. Verwendung von interpolate() zum Füllen fehlender Werte durch Interpolation zwischen vorhandenen Werten

Jede Methode wird auf den DataFrame angewendet, und das Ergebnis wird ausgegeben, um zu zeigen, wie die Daten transformiert wurden. Dieser Code veranschaulicht die Flexibilität von Pandas im Umgang mit fehlenden Daten und ermöglicht es Ihnen, die am besten geeignete Methode für Ihren spezifischen Datensatz und Ihre Machine-Learning-Aufgabe zu wählen.

Imputation fehlender Werte

Für fortgeschrittenere Ansätze ermöglicht Pandas die Imputation fehlender Daten mittels statistischer Methoden oder Machine-Learning-Techniken. Diese erweiterte Funktionalität ermöglicht es Data Scientists, nuanciertere Strategien für den Umgang mit fehlenden Werten anzuwenden, was oft zu einer besseren Erhaltung der Datenintegrität und verbesserten Modellleistung führt.

Statistische Methoden zur Imputation in Pandas umfassen:

- Mittelwert-, Median- oder Modus-Imputation: Ersetzen fehlender Werte durch den Durchschnitt, den mittleren Wert oder den häufigsten Wert der Spalte.
- Zeitreihen-Imputation: Verwendung von Methoden wie Vorwärts- oder Rückwärtsfüllung zur Fortschreibung des letzten bekannten Wertes in zeitlich geordneten Daten.
- Interpolation: Schätzung fehlender Werte basierend auf umgebenden Datenpunkten, was besonders nützlich für numerische Daten mit einer logischen Ordnung sein kann.

Für fortgeschrittenere Imputation lässt sich Pandas gut mit Machine-Learning-Bibliotheken wie scikit-learn kombinieren, was Folgendes ermöglicht:

- K-Nearest Neighbors (KNN) Imputation: Schätzung fehlender Werte basierend auf den Werten ähnlicher Datenpunkte.

- Regressions-Imputation: Verwendung anderer Variablen zur Vorhersage und Ergänzung fehlender Werte.
- Multiple Imputation by Chained Equations (MICE): Eine iterative Methode, die multiple Imputationen für fehlende Daten erstellt.

Diese ausgefeilten Imputationstechniken können die Qualität Ihres Datensatzes erheblich verbessern und potenziell zu genaueren und robusteren Machine-Learning-Modellen führen. Allerdings ist es entscheidend, die Imputationsmethode sorgfältig auszuwählen, wobei die Beschaffenheit Ihrer Daten und die spezifischen Anforderungen Ihrer Analyse- oder Modellierungsaufgabe zu berücksichtigen sind.

Beispiel: Imputation fehlender Werte

```
import pandas as pd
import numpy as np
from sklearn.impute import SimpleImputer, KNNImputer

# Create a sample DataFrame with missing values
df = pd.DataFrame({
    'A': [1, 2, np.nan, 4, 5],
    'B': [5, np.nan, np.nan, 8, 10],
    'C': [9, 10, 11, 12, np.nan]
})

print("Original DataFrame:")
print(df)

# Simple imputation using mean strategy
mean_imputer = SimpleImputer(strategy='mean')
df_mean_imputed = pd.DataFrame(mean_imputer.fit_transform(df), columns=df.columns)
print("\\nDataFrame after mean imputation:")
print(df_mean_imputed)

# KNN imputation
knn_imputer = KNNImputer(n_neighbors=2)
df_knn_imputed = pd.DataFrame(knn_imputer.fit_transform(df), columns=df.columns)
print("\\nDataFrame after KNN imputation:")
print(df_knn_imputed)

# Multiple Imputation by Chained Equations (MICE)
from sklearn.experimental import enable_iterative_imputer
from sklearn.impute import IterativeImputer

mice_imputer = IterativeImputer(random_state=0)
df_mice_imputed = pd.DataFrame(mice_imputer.fit_transform(df), columns=df.columns)
print("\\nDataFrame after MICE imputation:")
print(df_mice_imputed)
```

Dieser Code demonstriert verschiedene Methoden zur Imputation fehlender Werte in einem Pandas DataFrame unter Verwendung verschiedener Techniken. Hier ist eine Aufschlüsselung dessen, was der Code macht:

- Zunächst werden die erforderlichen Bibliotheken importiert: Pandas, NumPy und Imputations-Tools aus scikit-learn.
- Es wird ein Beispiel-DataFrame mit fehlenden Werten (dargestellt durch np.nan) erstellt.
- Der Code wendet dann drei verschiedene Imputationsmethoden an:

1. Mittelwert-Imputation: Verwendet SimpleImputer, um fehlende Werte durch den Mittelwert jeder Spalte zu ersetzen.
2. K-Nearest Neighbors (KNN) Imputation: Verwendet KNNImputer, um fehlende Werte basierend auf den Werten ähnlicher Datenpunkte zu schätzen.
3. Multiple Imputation by Chained Equations (MICE): Verwendet IterativeImputer, um multiple Imputationen für fehlende Daten durchzuführen.

Für jede Methode erstellt der Code einen neuen DataFrame mit den imputierten Werten und gibt das Ergebnis aus, wodurch ein Vergleich der verschiedenen Imputationstechniken ermöglicht wird.

Dieses Beispiel veranschaulicht die Flexibilität von Pandas und scikit-learn im Umgang mit fehlenden Daten und zeigt verschiedene ausgereifte Ansätze zur Imputation, die in der Datenvorverarbeitung für Machine-Learning-Aufgaben verwendet werden können.

Durch die Nutzung dieser Werkzeuge können Data Scientists und Analysten ihre Datensätze effektiv bereinigen und sicherstellen, dass die Daten in einem optimalen Zustand für Machine-Learning-Algorithmen sind. Dieser Prozess ist entscheidend, da viele Machine-Learning-Modelle fehlende Werte nicht direkt verarbeiten können und das Vorhandensein solcher Lücken zu verzerrten oder ungenauen Ergebnissen führen kann.

Darüber hinaus ermöglicht die Flexibilität der Werkzeuge von Pandas für fehlende Daten maßgeschneiderte Ansätze für verschiedene Arten von Datensätzen und Machine-Learning-Aufgaben. Ob Sie an einem Klassifizierungsproblem, einer Regressionsanalyse oder einer Clustering-Aufgabe arbeiten, Pandas bietet die notwendige Funktionalität, um Ihre Daten angemessen vorzubereiten und trägt letztendlich zu zuverlässigeren und robusteren Machine-Learning-Modellen bei.

2.3.5 Datentransformation

Im maschinellen Lernen müssen Rohdaten oft transformiert werden, um für das Modelltraining und die Analyse geeignet zu sein. Dieser entscheidende Schritt in der Datenvorverarbeitung stellt sicher, dass die Informationen im am besten geeigneten Format und in der richtigen Skalierung für die gewählten Algorithmen vorliegen.

Pandas, eine leistungsstarke Datenmanipulationsbibliothek für Python, bietet eine umfassende Suite von Funktionen und Methoden, die diese wesentlichen Datentransformationen erleichtern. Von einfachen arithmetischen Operationen bis hin zu komplexen statistischen Transformationen stellt Pandas Data Scientists die notwendigen Werkzeuge zur Verfügung, um ihre Datensätze für optimale Modellleistung vorzubereiten.

Die Vielseitigkeit von Pandas bei der Datentransformation erstreckt sich auf verschiedene Operationen, darunter:

- Skalierung numerischer Merkmale auf einen Standardbereich
- Kodierung kategorischer Variablen in numerische Darstellungen
- Behandlung fehlender Werte durch Imputation oder Entfernung
- Erstellung neuer Merkmale durch mathematische Operationen auf bestehenden Spalten
- Anwendung benutzerdefinierter Funktionen zur Datenmodifikation basierend auf spezifischen Kriterien

Durch die Nutzung dieser Fähigkeiten können Data Scientists ihre Daten effizient vorverarbeiten und sicherstellen, dass sie die Anforderungen ihrer gewählten Machine-Learning-Algorithmen erfüllen und potenziell die Gesamtgenauigkeit und Zuverlässigkeit ihrer Modelle verbessern.

Anwenden von Funktionen auf Spalten

Sie können benutzerdefinierte Funktionen auf Spalten oder Zeilen in einem DataFrame mithilfe der apply()-Funktion anwenden. Diese leistungsstarke Methode ermöglicht es Ihnen, komplexe Transformationen an Ihren Daten durchzuführen, indem Sie eine Funktion übergeben, die auf jedes Element oder jede Gruppe von Elementen in der angegebenen Achse angewendet wird.

Die apply()-Funktion ist äußerst vielseitig und kann für verschiedene Zwecke verwendet werden, wie zum Beispiel:

- Datenbereinigung: Standardisierung von Text, Entfernen unerwünschter Zeichen oder Formatierung von Datumsangaben
- Feature Engineering: Erstellen neuer Spalten basierend auf vorhandenen Daten
- Datentransformation: Skalierung numerischer Werte oder Kodierung kategorischer Variablen
- Bedingte Operationen: Anwenden verschiedener Operationen basierend auf bestimmten Bedingungen

Bei der Verwendung von apply() können Sie festlegen, ob auf Spalten (axis=0) oder Zeilen (axis=1) operiert werden soll. Diese Flexibilität ermöglicht es Ihnen, Operationen durchzuführen, die sich über mehrere Spalten erstrecken oder Informationen aus einer gesamten Zeile benötigen.

Darüber hinaus kann apply() sowohl eingebaute Python-Funktionen als auch benutzerdefinierte Funktionen verarbeiten und gibt Ihnen die Freiheit, maßgeschneiderte Logik für Ihre spezifischen Datenverarbeitungsanforderungen zu implementieren.

Beispiel: Anwenden einer Funktion auf eine Spalte

```
import pandas as pd

# Create a sample DataFrame
df = pd.DataFrame({
    'Name': ['Alice', 'Bob', 'Charlie', 'David'],
    'Age': [25, 30, 35, 28],
    'Salary': [50000, 60000, 75000, 55000]
})

print("Original DataFrame:")
print(df)

# Define a function to categorize age
def categorize_age(age):
    if age < 30:
        return 'Young'
    elif age < 40:
        return 'Middle'
    else:
        return 'Senior'

# Apply the function to create a new 'Age_Category' column
df['Age_Category'] = df['Age'].apply(categorize_age)

print("\\nDataFrame after applying the function:")
print(df)
```

Dieser Code demonstriert, wie man eine benutzerdefinierte Funktion auf eine Spalte in einem Pandas DataFrame anwendet. Hier ist eine Aufschlüsselung dessen, was der Code macht:

- Zunächst importiert er die Pandas-Bibliothek und erstellt einen Beispiel-DataFrame mit drei Spalten: 'Name', 'Age' und 'Salary'
- Dann wird eine benutzerdefinierte Funktion namens categorize_age() definiert, die ein Alter als Eingabe nimmt und eine Kategorie zurückgibt: 'Young' für Alter unter 30, 'Middle' für Alter zwischen 30 und 39 und 'Senior' für Alter ab 40
- Mithilfe der apply()-Methode erstellt der Code eine neue Spalte 'Age_Category', indem die categorize_age()-Funktion auf jeden Wert in der 'Age'-Spalte angewendet wird

- Schließlich werden der ursprüngliche DataFrame und der modifizierte DataFrame mit der neuen 'Age_Category'-Spalte ausgegeben

Dieses Beispiel veranschaulicht, wie man Pandas' apply()-Funktion verwendet, um benutzerdefinierte Transformationen auf DataFrame-Spalten durchzuführen, was eine häufige Aufgabe bei der Datenvorverarbeitung und Feature-Engineering für maschinelles Lernen ist

Mapping und Ersetzen von Werten

Pandas bietet leistungsfähige Methoden zum Mapping und Ersetzen von Werten in einem DataFrame, die für die Datentransformation und -bereinigung essentiell sind. Diese Techniken können verwendet werden, um bestimmte Werte in neue umzuwandeln oder Werte im gesamten Datensatz zu ersetzen. Diese Funktionalität ist besonders nützlich beim Umgang mit kategorischen Daten, der Standardisierung von Werten oder der Kodierung von Variablen für Machine-Learning-Modelle.

Die map()-Funktion ermöglicht es, ein Mapping auf eine Series oder eine Spalte in einem DataFrame anzuwenden. Dieses Mapping kann mithilfe eines Wörterbuchs, einer Funktion oder einer Series definiert werden. Zum Beispiel können Sie Mapping verwenden, um kategorische Variablen in numerische Codes umzuwandeln oder um Texteinträge zu standardisieren.

Die replace()-Methode wird dagegen verwendet, um bestimmte Werte in einem DataFrame durch neue Werte zu ersetzen. Dies kann entweder auf einzelne Spalten oder den gesamten DataFrame angewendet werden. Sie ist besonders nützlich für die Behandlung fehlender Daten, die Korrektur von Fehlern oder die Standardisierung inkonsistenter Einträge in Ihrem Datensatz.

Beide Methoden bieten flexible und effiziente Möglichkeiten zur Transformation Ihrer Daten und stellen sicher, dass diese im am besten geeigneten Format für Analyse oder Modelltraining vorliegen.

Beispiel: Mapping von Werten

```
import pandas as pd

# Create a sample DataFrame
df = pd.DataFrame({
    'Color': ['Red', 'Blue', 'Green', 'Red', 'Blue'],
    'Value': [10, 20, 30, 40, 50]
})

print("Original DataFrame:")
print(df)

# Create a mapping dictionary
color_map = {'Red': 1, 'Blue': 2, 'Green': 3}

# Apply the mapping to the 'Color' column
df['Color_Code'] = df['Color'].map(color_map)
```

```
print("\\nDataFrame after mapping:")
print(df)

# Using replace method
df['Color'] = df['Color'].replace({'Red': 'Crimson', 'Blue': 'Navy', 'Green':
'Emerald'})

print("\\nDataFrame after replacing values:")
print(df)
```

Dieser Beispielcode zeigt, wie man Pandas für die Datentransformation nutzt, insbesondere für das Mapping und Ersetzen von Werten in einem DataFrame. Hier ist eine Aufschlüsselung dessen, was der Code macht:

1. Er importiert die Pandas-Bibliothek und erstellt einen Beispiel-DataFrame mit den Spalten 'Color' und 'Value'
2. Er erstellt ein Mapping-Wörterbuch namens 'color_map', das Farben numerische Codes zuweist
3. Mithilfe der map()-Methode erstellt er eine neue Spalte 'Color_Code', indem er das color_map auf die 'Color'-Spalte anwendet
4. Anschließend verwendet er die replace()-Methode, um die Farbnamen in der ursprünglichen 'Color'-Spalte in spezifischere Farbtöne zu ändern

Dieses Beispiel veranschaulicht zwei wichtige Datentransformationstechniken:

1. map(): Wird verwendet, um ein Mapping (in diesem Fall von Farbnamen zu numerischen Codes) auf eine Spalte anzuwenden
2. replace(): Wird verwendet, um bestimmte Werte in einem DataFrame durch neue Werte zu ersetzen

Diese Techniken sind besonders nützlich bei der Datenvorverarbeitung für maschinelles Lernen, insbesondere beim Umgang mit kategorischen Daten, die für die Modelleingabe in numerisches Format umgewandelt werden müssen.

2.3.6. Gruppierung und Aggregation von Daten

Im Bereich des maschinellen Lernens spielt die Datenaggregation eine entscheidende Rolle bei der Gewinnung aussagekräftiger Erkenntnisse aus großen Datensätzen. Dieser Prozess beinhaltet die Verdichtung komplexer Daten zu zusammenfassenden Statistiken wie Mittelwerte, Summen oder Zählungen, die wertvolle Informationen über die zugrundeliegenden Muster und Trends in den Merkmalen Ihres Datensatzes liefern können. Diese statistischen Zusammenfassungen sind für verschiedene Machine-Learning-Aufgaben unerlässlich, einschließlich Feature Engineering, Modellbewertung und Datenvisualisierung.

Pandas, eine leistungsstarke Datenmanipulationsbibliothek für Python, vereinfacht diese komplexe Aufgabe durch seine robusten Gruppierungsoperationen. Diese Operationen ermöglichen es Ihnen, Ihre Daten effizient nach bestimmten Kriterien zu segmentieren und dann Aggregationsfunktionen auf jede Gruppe anzuwenden. Diese Funktionalität ist besonders nützlich beim Umgang mit großen Datensätzen, die mehrere Kategorien enthalten, oder wenn Sie Daten auf verschiedenen Granularitätsebenen analysieren müssen.

Bei einem Kundendatensatz möchten Sie beispielsweise den durchschnittlichen Kaufbetrag für jedes Kundensegment berechnen, oder bei einem Zeitreihendatensatz müssen Sie möglicherweise tägliche, wöchentliche oder monatliche Trends berechnen. Pandas' Gruppierungsoperationen machen diese Aufgaben nicht nur einfach, sondern auch rechnerisch effizient und ermöglichen die Verarbeitung großer Datenmengen mit Leichtigkeit.

Darüber hinaus bedeutet die Flexibilität von Pandas bei der Definition benutzerdefinierter Aggregationsfunktionen, dass Sie sich nicht nur auf grundlegende statistische Maße beschränken müssen. Sie können komplexe, domänenspezifische Aggregationen erstellen, die auf Ihr spezifisches Machine-Learning-Problem zugeschnitten sind, was die Leistungsfähigkeit und Nützlichkeit dieser Operationen in Ihrer Datenvorverarbeitungspipeline weiter erhöht.

Gruppierung von Daten nach Kategorien

Die groupby()-Funktion ist ein leistungsstarkes Werkzeug in Pandas, das zur Segmentierung von Daten basierend auf den Werten einer oder mehrerer Spalten verwendet wird. Diese Operation erstellt ein GroupBy-Objekt, das eine effiziente und flexible Datenanalyse ermöglicht. Hier ist eine detailliertere Erklärung:

1. Gruppierung: Wenn Sie groupby() verwenden, teilt Pandas den DataFrame in Teilmengen basierend auf eindeutigen Werten in der/den angegebenen Spalte(n) auf. Wenn Sie beispielsweise nach 'Category' gruppieren, werden alle Zeilen mit derselben Kategorie zusammengefasst.
2. Aggregation: Sobald die Daten gruppiert sind, können Sie verschiedene Aggregationsfunktionen auf jede Gruppe anwenden. Diese Funktionen können Standardoperationen wie Mittelwert, Summe, Anzahl oder benutzerdefinierte Funktionen sein. Dies ermöglicht die Berechnung von zusammenfassenden Statistiken für jede Gruppe separat.
3. Mehrere Spalten: Sie können nach mehreren Spalten gruppieren und dabei eine hierarchische Gruppenstruktur erstellen. Dies ist nützlich für komplexere Analysen, wie beispielsweise die Berechnung von Verkäufen nach Produktkategorie und Region.
4. Flexibilität: Die groupby()-Funktion ist sehr flexibel. Sie können sie mit verschiedenen Datentypen (numerisch, kategorisch, datetime) verwenden und verschiedene Aggregationsfunktionen auf verschiedene Spalten innerhalb derselben Operation anwenden.

5. Effizienz: groupby() ist für Leistung optimiert und damit auch bei großen Datensätzen effizient. Es ermöglicht Operationen, die sonst komplexe Schleifen und Bedingungen erfordern würden, in einem einzigen, optimierten Befehl auszuführen.

Nach der Gruppierung können Sie verschiedene Aggregationsfunktionen wie mean(), sum(), count(), max(), min() und viele andere anwenden. Diese Kombination aus Gruppierung und Aggregation ist ein Grundpfeiler der Datenanalyse und des Feature Engineering in Machine-Learning-Pipelines.

Beispiel: Gruppierung von Daten nach Kategorien

```
import pandas as pd
import numpy as np

# Create a sample DataFrame
df = pd.DataFrame({
    'Category': ['A', 'B', 'A', 'C', 'B', 'C', 'A', 'B'],
    'Value': [10, 15, 20, 25, 30, 35, 40, 45],
    'Date': pd.date_range(start='2024-01-01', periods=8, freq='D')
})

print("Original DataFrame:")
print(df)

# Group by 'Category' and calculate basic statistics
grouped = df.groupby('Category')
print("\\nBasic statistics for each category:")
print(grouped['Value'].describe())

# Calculate mean value for each category
mean_values = grouped['Value'].mean()
print("\\nMean values for each category:")
print(mean_values)

# Group by 'Category' and 'Date', then calculate sum
grouped_date = df.groupby(['Category', df['Date'].dt.date])
sum_values = grouped_date['Value'].sum()
print("\\nSum of values for each category and date:")
print(sum_values)

# Apply a custom function to grouped data
def custom_metric(x):
    return np.sum(x) / np.max(x)

custom_result = grouped['Value'].agg(custom_metric)
print("\\nCustom metric for each category:")
print(custom_result)

# Multiple aggregations
multi_agg = grouped['Value'].agg(['mean', 'sum', 'count', custom_metric])
print("\\nMultiple aggregations for each category:")
```

```
print(multi_agg)
```

Dieser Code demonstriert verschiedene Techniken zur Gruppierung und Aggregation von Daten mit Pandas, einer leistungsstarken Datenmanipulationsbibliothek in Python.

Hier ist eine Aufschlüsselung dessen, was der Code macht:

- Er importiert die erforderlichen Bibliotheken (Pandas und NumPy) und erstellt einen Beispiel-DataFrame mit den Spalten 'Category', 'Value' und 'Date'
- Er gruppiert die Daten nach 'Category' und berechnet grundlegende Statistiken mithilfe der describe()-Methode
- Er berechnet den Mittelwert für jede Kategorie
- Er gruppiert die Daten sowohl nach 'Category' als auch nach 'Date' und berechnet dann die Summe der Werte für jede Gruppe
- Er definiert und wendet eine benutzerdefinierte Funktion (custom_metric) auf die gruppierten Daten an
- Schließlich führt er mehrere Aggregationen (Mittelwert, Summe, Anzahl und die benutzerdefinierte Metrik) auf den gruppierten Daten durch

Dieses Beispiel zeigt die Flexibilität der Gruppierungsoperationen von Pandas, die für die Datenanalyse und Feature-Engineering in Machine-Learning-Pipelines essentiell sind. Es demonstriert, wie verschiedene Aggregationen, einschließlich benutzerdefinierter Funktionen, auf gruppierten Daten durchgeführt werden können, was für die Gewinnung aussagekräftiger Erkenntnisse aus großen Datensätzen entscheidend ist.

Mehrfache Aggregationsfunktionen

Sie können auch mehrere Aggregationsfunktionen auf einen gruppierten Datensatz anwenden. Diese leistungsstarke Funktion ermöglicht es Ihnen, verschiedene Berechnungen auf Ihren gruppierten Daten gleichzeitig durchzuführen und bietet einen umfassenden Überblick über die Eigenschaften Ihrer Daten.

Beispielsweise möchten Sie vielleicht den Mittelwert, die Summe, die Anzahl und die Standardabweichung einer bestimmten Spalte für jede Gruppe in einer einzigen Operation berechnen. Diese Funktionalität ist besonders nützlich bei der Datenanalyse und beim Feature-Engineering für maschinelles Lernen, da sie es ermöglicht, mehrere zusammenfassende Statistiken effizient zu extrahieren.

Bei der Anwendung mehrerer Aggregationen können Sie eine Liste von Funktionsnamen, ein Wörterbuch, das Spaltennamen Funktionen zuordnet, oder sogar benutzerdefinierte Funktionen verwenden. Diese Flexibilität ermöglicht es Ihnen, Ihre Aggregationen auf Ihre spezifischen Bedürfnisse zuzuschneiden, unabhängig davon, ob Sie mit Finanzdaten, Kundeninformationen oder anderen Arten von Datensätzen arbeiten.

Durch die Nutzung mehrerer Aggregationen können Sie komplexe Muster und Beziehungen in Ihren Daten aufdecken, was für die Entwicklung robuster Machine-Learning-Modelle entscheidend sein kann.

Beispiel: Mehrfache Aggregationsfunktionen

```
import pandas as pd
import numpy as np

# Create a sample DataFrame
df = pd.DataFrame({
    'Category': ['A', 'B', 'A', 'C', 'B', 'C', 'A', 'B'],
    'Value': [10, 15, 20, 25, 30, 35, 40, 45]
})

# Define a custom function
def range_func(x):
    return x.max() - x.min()

# Group by 'Category' and apply multiple aggregations
result = df.groupby('Category')['Value'].agg([
    ('Mean', 'mean'),
    ('Sum', 'sum'),
    ('Count', 'count'),
    ('Std Dev', 'std'),
    ('Range', range_func)
])

print("Multiple aggregations for each category:")
print(result)
```

Dieses Beispiel zeigt, wie man Pandas verwendet, um Daten zu gruppieren und mehrere Aggregationsfunktionen anzuwenden.

Hier ist eine Aufschlüsselung dessen, was der Code macht:

- Er importiert die erforderlichen Bibliotheken: Pandas und NumPy
- Er erstellt einen Beispiel-DataFrame mit zwei Spalten: 'Category' und 'Value'
- Er definiert eine benutzerdefinierte Funktion namens range_func, die die Spannweite (Maximalwert minus Minimalwert) einer gegebenen Zahlenreihe berechnet
- Der Code verwendet dann die groupby()-Funktion, um die Daten nach der Spalte 'Category' zu gruppieren
- Er wendet mehrere Aggregationsfunktionen auf die Spalte 'Value' für jede Gruppe mithilfe der agg()-Methode an. Die Aggregationen umfassen:
    - Mittelwert (Durchschnitt)

  - Summe
  - Anzahl
  - Standardabweichung
  - Die benutzerdefinierte Spannweiten-Funktion

Das Ergebnis ist ein neuer DataFrame, der diese verschiedenen Statistiken für jede Kategorie in den ursprünglichen Daten anzeigt

Dieses Beispiel demonstriert die Leistungsfähigkeit von Pandas bei der effizienten Durchführung komplexer Datenaggregationen, was für die Datenanalyse und das Feature Engineering in Machine-Learning-Pipelines entscheidend ist

2.3.7 Zusammenführen und Verbinden von DataFrames

Im Bereich des maschinellen Lernens ist es gängige Praxis, mit Daten aus verschiedenen Quellen zu arbeiten. Diese unterschiedlichen Datensätze müssen oft in einen einzigen, umfassenden Datensatz für Analyse und Modelltraining zusammengeführt werden. Dieser Prozess der Datenkombination ist entscheidend für die Erstellung reichhaltiger, Feature-vollständiger Datensätze, die zu robusteren und genaueren Machine-Learning-Modellen führen können.

Pandas, eine leistungsstarke Datenmanipulationsbibliothek in Python, bietet eine Reihe von Funktionen, die speziell für das Zusammenführen und Verbinden von DataFrames entwickelt wurden. Diese Funktionen bieten eine Funktionalität ähnlich der von SQL-Joins und ermöglichen es Data Scientists und Analysten, Datensätze basierend auf gemeinsamen Spalten oder Indizes zu kombinieren. Die Möglichkeit, Daten zusammenzuführen und zu verbinden, ist besonders wertvoll in Szenarien wie:

- Kombination von Kundendemografiedaten mit Transaktionshistorie
- Zusammenführung von Produktinformationen mit Verkaufsdaten
- Integration von Zeitreihendaten aus verschiedenen Quellen
- Kombination von Features aus mehreren Datensätzen für das Modelltraining

Pandas bietet mehrere Methoden zur Datenkombination, darunter:

- merge(): Kombiniert DataFrames basierend auf einer oder mehreren Schlüsselspalten, ähnlich wie SQL-Joins
- join(): Kombiniert DataFrames basierend auf ihrem Index
- concat(): Verkettet DataFrames entlang einer bestimmten Achse

Diese Funktionen bieten verschiedene Verbindungstypen (inner, outer, left, right) und flexible Optionen für den Umgang mit überlappenden oder fehlenden Daten, was Pandas zu einem unverzichtbaren Werkzeug für die Datenvorbereitung in Machine-Learning-Workflows macht.

Zusammenführen von DataFrames

Die merge()-Funktion ist ein leistungsfähiges Werkzeug zur Kombination zweier DataFrames basierend auf gemeinsamen Spalten. Diese Funktion ist besonders nützlich, wenn Sie Daten über mehrere DataFrames verteilt haben und diese in einen einzigen, umfassenden Datensatz konsolidieren müssen. Hier ist eine detailliertere Erklärung:

1. Funktionalität: merge() ermöglicht es, DataFrames durch Ausrichtung an einer oder mehreren Spalten mit gemeinsamen Werten zu kombinieren. Dies ähnelt SQL-JOIN-Operationen.
2. Schlüsselspalte(n): Die für die Zusammenführung verwendeten Spalten werden als Schlüsselspalten bezeichnet. Dies können eine einzelne Spalte oder mehrere Spalten sein, die Zeilen in jedem DataFrame eindeutig identifizieren.
3. Verbindungstypen: merge() unterstützt verschiedene Arten von Verbindungen:
    - Inner Join: Gibt nur die Zeilen zurück, die in beiden DataFrames übereinstimmende Werte haben.
    - Outer Join: Gibt alle Zeilen aus beiden DataFrames zurück und füllt fehlende Werte mit NaN.
    - Left Join: Gibt alle Zeilen aus dem linken DataFrame und die übereinstimmenden Zeilen aus dem rechten DataFrame zurück.
    - Right Join: Gibt alle Zeilen aus dem rechten DataFrame und die übereinstimmenden Zeilen aus dem linken DataFrame zurück.
4. Umgang mit Duplikaten: Wenn es doppelte Werte in den Schlüsselspalten gibt, kann merge() alle möglichen Kombinationen von Übereinstimmungen erstellen, was zu einer Datenmultiplikation führen kann.
5. Suffix-Optionen: Wenn Spalten in beiden DataFrames den gleichen Namen haben (abgesehen von den Schlüsselspalten), können Sie Suffixe festlegen, um sie im zusammengeführten Ergebnis zu unterscheiden.

Durch die effektive Nutzung der merge()-Funktion können Sie reichhaltige, Feature-vollständige Datensätze erstellen, die für umfassende Datenanalysen und den Aufbau robuster Machine-Learning-Modelle entscheidend sind.

Beispiel: Zusammenführen von DataFrames

```
import pandas as pd

# Create two sample DataFrames
```

```
df1 = pd.DataFrame({
    'ID': [1, 2, 3, 4],
    'Name': ['Alice', 'Bob', 'Charlie', 'David']
})

df2 = pd.DataFrame({
    'ID': [1, 2, 3, 5],
    'Salary': [50000, 60000, 55000, 65000]
})

# Perform an inner merge on 'ID'
merged_inner = pd.merge(df1, df2, on='ID', how='inner')
print("Inner Merge Result:")
print(merged_inner)

# Perform a left merge on 'ID'
merged_left = pd.merge(df1, df2, on='ID', how='left')
print("\\nLeft Merge Result:")
print(merged_left)

# Perform an outer merge on 'ID'
merged_outer = pd.merge(df1, df2, on='ID', how='outer')
print("\\nOuter Merge Result:")
print(merged_outer)
```

Dieser Beispielcode zeigt, wie man DataFrames mit Pandas, einer beliebten Datenmanipulationsbibliothek in Python, zusammenführt.

Hier ist eine Aufschlüsselung dessen, was der Code macht:

- Zunächst importiert er die Pandas-Bibliothek und erstellt zwei Beispiel-DataFrames: df1 und df2. Beide DataFrames haben eine 'ID'-Spalte, die als Schlüssel für die Zusammenführung verwendet wird.
- Der Code führt dann drei Arten von Zusammenführungen durch:

1. Inner Merge: Dies gibt nur die Zeilen zurück, bei denen die 'ID'-Werte in beiden DataFrames übereinstimmen.
2. Left Merge: Dies gibt alle Zeilen aus df1 (dem linken DataFrame) und die übereinstimmenden Zeilen aus df2 zurück. Wenn es keine Übereinstimmung gibt, wird mit NaN aufgefüllt.
3. Outer Merge: Dies gibt alle Zeilen aus beiden DataFrames zurück. Wo es keine Übereinstimmungen gibt, wird mit NaN aufgefüllt.

Jede Zusammenführung wird mit der pd.merge()-Funktion durchgeführt, wobei die zu verbindenden DataFrames, die Spalte für die Zusammenführung ('ID') und die Art der Zusammenführung (inner, left oder outer) angegeben werden.

Dieses Beispiel veranschaulicht verschiedene Möglichkeiten, Daten aus mehreren Quellen zu kombinieren, was eine häufige Aufgabe bei der Datenvorverarbeitung für Machine-Learning-Projekte ist.

Diese Zusammenführungsoperationen sind entscheidend für die Kombination von Daten aus verschiedenen Quellen in Machine-Learning-Projekten und ermöglichen die Erstellung umfassender Datensätze für Analyse und Modelltraining.

DataFrames verbinden

Die join()-Methode bietet einen alternativen Ansatz zur Kombination von DataFrames, der besonders nützlich und unkompliziert ist, wenn man mit DataFrames arbeitet, die einen gemeinsamen Index teilen. Im Gegensatz zur merge()-Funktion, die DataFrames hauptsächlich basierend auf Spaltenwerten kombiniert, richtet join() die DataFrames standardmäßig am Index aus.

Hier ist eine detailliertere Erklärung der join()-Methode:

- Index-basierte Verbindung: Standardmäßig verwendet join() den Index des DataFrames, um die Verbindungsoperation durchzuführen. Dies kann besonders praktisch sein, wenn Ihre Daten bereits auf sinnvolle Weise indiziert sind.
- Einfachheit: Für Szenarien, in denen Sie DataFrames basierend auf ihrem Index kombinieren möchten, erfordert join() oft weniger Code und kann intuitiver sein als die Verwendung von merge().
- Flexibilität: Während standardmäßig index-basiert verbunden wird, kann join() auch mit spezifischen Spalten durch Setzen des 'on'-Parameters verwendet werden, ähnlich wie merge().
- Verbindungstypen: Wie merge() unterstützt join() verschiedene Arten von Verbindungen (left, right, inner, outer) über den 'how'-Parameter.

Die join()-Methode ist besonders nützlich in Szenarien, in denen Sie mehrere DataFrames mit einer gemeinsamen Indexstruktur haben, wie etwa Zeitreihendaten oder beim Arbeiten mit hierarchischen Indizes. Sie ermöglicht eine natürlichere Kombination solcher Datensätze ohne die Notwendigkeit expliziter Schlüsselspaltenspezifikationen.

Beispiel: DataFrames verbinden

```
import pandas as pd

# Create two sample DataFrames with a shared index
df1 = pd.DataFrame({'A': ['A0', 'A1', 'A2'],
                    'B': ['B0', 'B1', 'B2']},
                   index=['K0', 'K1', 'K2'])

df2 = pd.DataFrame({'C': ['C0', 'C2', 'C3'],
                    'D': ['D0', 'D2', 'D3']},
```

```
                    index=['K0', 'K2', 'K3'])

# Perform a left join
result_left = df1.join(df2, how='left')
print("Left Join Result:")
print(result_left)

# Perform an inner join
result_inner = df1.join(df2, how='inner')
print("\\nInner Join Result:")
print(result_inner)

# Perform an outer join
result_outer = df1.join(df2, how='outer')
print("\\nOuter Join Result:")
print(result_outer)
```

Dieses Codebeispiel zeigt, wie man die join()-Methode in Pandas verwendet, um DataFrames zu kombinieren.

Hier ist eine Aufschlüsselung dessen, was der Code macht:

- Zunächst erstellt er zwei Beispiel-DataFrames, df1 und df2, mit einem gemeinsamen Index ('K0', 'K1', 'K2', 'K3').
- Dann führt er drei Arten von Verbindungen durch:

1. Left Join: Dies behält alle Zeilen aus df1 und fügt die passenden Zeilen aus df2 hinzu. Nicht übereinstimmende Einträge werden mit NaN gefüllt.
2. Inner Join: Dies behält nur die Zeilen, bei denen der Index in beiden DataFrames vorhanden ist.
3. Outer Join: Dies behält alle Zeilen aus beiden DataFrames und füllt nicht übereinstimmende Einträge mit NaN.

Jede Verbindung wird mit der join()-Methode durchgeführt, wobei die Art der Verbindung mit dem how-Parameter angegeben wird.

Dieses Beispiel zeigt, wie join() DataFrames einfach anhand ihres Index kombinieren kann, was besonders nützlich ist beim Arbeiten mit Zeitreihendaten oder Datensätzen, die einen gemeinsamen Identifikator teilen.

DataFrames mit concat() verketten

concat() ist eine leistungsstarke und vielseitige Funktion in Pandas, die die Kombination mehrerer DataFrames oder Series-Objekte entlang einer bestimmten Achse ermöglicht. Dieses flexible Werkzeug ist besonders nützlich, wenn Sie Datensätze vertikal (Zeilen stapeln) oder horizontal (Spalten hinzufügen) zusammenführen müssen. Die Anpassungsfähigkeit der

Funktion macht sie zu einer wesentlichen Komponente bei der Datenvorverarbeitung und Feature-Engineering für Machine-Learning-Aufgaben.

Lassen Sie uns die wichtigsten Funktionen von concat() genauer betrachten:

- Achsenspezifikation:
  - axis=0 (Standard): Verkettet vertikal, fügt Zeilen hinzu. Dies ist nützlich für die Kombination von Daten aus verschiedenen Zeiträumen oder Quellen, die die gleichen Spalten teilen.
  - axis=1: Verkettet horizontal, fügt Spalten hinzu. Dies ist vorteilhaft, wenn Sie Features aus verschiedenen Datensätzen für die gleichen Beobachtungen kombinieren möchten.
- Flexible Eingabe:
  - Die Funktion kann eine Liste von DataFrame- oder Series-Objekten verarbeiten und ermöglicht es, mehrere Datensätze in einer einzigen Operation zu kombinieren.
  - Sie kann auch ein Wörterbuch von DataFrames oder Series akzeptieren, wobei die Wörterbuchschlüssel zu den Schlüsseln eines resultierenden hierarchischen Index werden.
- Index-Handhabung:
  - ignore_index=True: Ignoriert den Index der Eingabeobjekte und erstellt einen neuen ganzzahligen Index für das Ergebnis.
  - keys-Parameter: Ermöglicht die Erstellung eines hierarchischen Index, nützlich zur Nachverfolgung der Quelle jeder Zeile im verketteten Ergebnis.
  - verify_integrity=True: Prüft auf doppelte Indizes und löst einen Fehler aus, wenn welche gefunden werden, um die Datenintegrität sicherzustellen.
- Umgang mit fehlenden Daten:
  - join='outer' (Standard): Enthält alle Zeilen/Spalten und füllt fehlende Werte mit NaN.
  - join='inner': Enthält nur Zeilen/Spalten, die in allen Eingabeobjekten vorhanden sind.
  - Der fill_value-Parameter ermöglicht es, einen Wert anzugeben, der anstelle von NaN für fehlende Daten verwendet werden soll.

Die concat()-Funktion erweist sich in verschiedenen Data Science- und Machine-Learning-Szenarien als wertvoll:

- Zeitreihenanalyse: Kombination von Daten aus verschiedenen Zeiträumen oder Frequenzen.
- Feature-Engineering: Zusammenführen von Features aus mehreren Quellen zur Erstellung eines umfassenden Datensatzes für das Modelltraining.
- Datenerweiterung: Erweitern von Datensätzen durch Kombination ähnlicher Daten aus verschiedenen Quellen.
- Cross-Validation: Erstellen von Train-Test-Splits oder k-Fold-Cross-Validation-Datensätzen.
- Ensemble-Methoden: Kombinieren von Vorhersagen aus mehreren Modellen in einem einzigen DataFrame für weitere Analysen oder Meta-Modellierung.

Durch die Beherrschung der concat()-Funktion können Data Scientists und Machine-Learning-Praktiker komplexe Datenintegrationaufgaben effizient bewältigen, ihren Workflow optimieren und die Qualität ihrer Eingabedaten für die Modellierung verbessern.

Beispiel: DataFrames mit concat() verketten

```
import pandas as pd
import numpy as np

# Create sample DataFrames
df1 = pd.DataFrame({'A': ['A0', 'A1', 'A2'],
                    'B': ['B0', 'B1', 'B2']},
                   index=['K0', 'K1', 'K2'])

df2 = pd.DataFrame({'C': ['C0', 'C2', 'C3'],
                    'D': ['D0', 'D2', 'D3']},
                   index=['K0', 'K2', 'K3'])

df3 = pd.DataFrame({'E': ['E1', 'E2', 'E3'],
                    'F': ['F1', 'F2', 'F3']},
                   index=['K1', 'K2', 'K3'])

# Vertical concatenation (axis=0)
result_vertical = pd.concat([df1, df2, df3], axis=0)
print("Vertical Concatenation Result:")
print(result_vertical)

# Horizontal concatenation (axis=1)
result_horizontal = pd.concat([df1, df2, df3], axis=1)
print("\\nHorizontal Concatenation Result:")
print(result_horizontal)

# Concatenation with keys
result_keys = pd.concat([df1, df2, df3], keys=['X', 'Y', 'Z'])
print("\\nConcatenation with Keys Result:")
print(result_keys)
```

```
# Inner join concatenation
result_inner = pd.concat([df1, df2, df3], axis=1, join='inner')
print("\\nInner Join Concatenation Result:")
print(result_inner)
```

Dieses Beispiel zeigt verschiedene Möglichkeiten zur Verwendung der concat()-Funktion in Pandas. Hier ist eine umfassende Aufschlüsselung des Codes und seiner Ausgabe:

1. Erstellung von Beispiel-DataFrames:
    - Drei DataFrames (df1, df2, df3) werden mit unterschiedlichen Spalten und teilweise überlappenden Indizes erstellt.
2. Vertikale Verkettung (axis=0):
    - Kombiniert DataFrames durch vertikales Stapeln.
    - Ergebnis enthält alle Zeilen aus allen DataFrames.
    - Spalten werden vereinheitlicht, mit NaN für fehlende Werte.
3. Horizontale Verkettung (axis=1):
    - Kombiniert DataFrames nebeneinander.
    - Ergebnis enthält alle Spalten aus allen DataFrames.
    - Zeilen werden basierend auf dem Index ausgerichtet, mit NaN für fehlende Werte.
4. Verkettung mit Schlüsseln:
    - Ähnlich wie vertikale Verkettung, fügt aber eine zusätzliche Ebene zum Index hinzu.
    - Schlüssel ('X', 'Y', 'Z') werden verwendet, um die Quelle jeder Zeile im Ergebnis zu identifizieren.
5. Inner Join Verkettung:
    - Kombiniert DataFrames horizontal, behält aber nur Zeilen, die in allen DataFrames vorhanden sind.
    - Nützlich, wenn Sie die Datenausrichtung über alle Quellen hinweg sicherstellen möchten.

Dieses Beispiel zeigt die Flexibilität von concat() im Umgang mit verschiedenen Datenkombinationsszenarien. Es ist besonders nützlich in Machine-Learning-Workflows für Aufgaben wie Feature Engineering, Datensatzerweiterung und das Kombinieren von Modellvorhersagen.

Pandas ist eine äußerst vielseitige Bibliothek, die fortgeschrittene Datenmanipulationsaufgaben vereinfacht und sie zu einem essentiellen Werkzeug in der Machine-Learning-Pipeline macht. Von der Erfassung und dem Schreiben von Daten bis hin zur Transformation, Filterung und Aggregation von Datensätzen ermöglicht Pandas eine effiziente Handhabung Ihrer Daten und bereitet sie für das Modellieren vor. Durch die Beherrschung von Pandas werden Sie in der Lage sein, Ihre Daten für jede Machine-Learning-Aufgabe zu bereinigen, zu verarbeiten und zu strukturieren.

2.4 Matplotlib, Seaborn und Plotly für die Datenvisualisierung

Effektive Datenvisualisierung ist ein Eckpfeiler des maschinellen Lernens und dient als leistungsstarkes Werkzeug zur Gewinnung von Erkenntnissen und zur Kommunikation von Ergebnissen. Sie ermöglicht es Anwendern, verborgene Muster zu entdecken, Anomalien zu identifizieren und komplexe Beziehungen innerhalb von Datensätzen zu verstehen. Darüber hinaus spielen Visualisierungstechniken eine entscheidende Rolle bei der Bewertung der Modellleistung und der Interpretation von Ergebnissen während des gesamten Machine-Learning-Prozesses.

Python, bekannt für sein reichhaltiges Ökosystem an Data-Science-Bibliotheken, bietet eine Reihe von Visualisierungswerkzeugen für verschiedene Bedürfnisse. In diesem umfassenden Abschnitt werden wir uns mit drei wichtigen Bibliotheken befassen, die im Werkzeugkasten des Data Scientists unverzichtbar geworden sind: **Matplotlib**, **Seaborn** und **Plotly**.

Jede dieser Bibliotheken bringt ihre eigenen Stärken mit:

- **Matplotlib**: Die grundlegende Bibliothek für die Erstellung statischer Plots in Publikationsqualität mit feinkörniger Kontrolle über jeden Aspekt der Visualisierung.
- **Seaborn**: Aufbauend auf Matplotlib vereinfacht es die Erstellung komplexer statistischer Grafiken und verbessert die ästhetische Anmutung von Visualisierungen.
- **Plotly**: Spezialisiert sich auf interaktive und dynamische Visualisierungen und ermöglicht die Erstellung webfähiger, reaktionsfähiger Diagramme und Grafiken.

Durch die Beherrschung dieser Bibliotheken werden Sie in der Lage sein, ein breites Spektrum an Visualisierungen zu erstellen, von einfachen statischen Plots bis hin zu ausgefeilten interaktiven Dashboards, wodurch Sie Ihre Fähigkeit verbessern, aussagekräftige Erkenntnisse aus Daten zu gewinnen und Ihre Ergebnisse im Bereich des maschinellen Lernens effektiv zu kommunizieren.

2.4.1 Matplotlib: Die Grundlage der Visualisierung in Python

Matplotlib steht als Grundpfeiler der Datenvisualisierung in Python und bietet eine umfassende Grundlage für die Erstellung einer breiten Palette visueller Darstellungen. Als grundlegendste Plotting-Bibliothek stellt Matplotlib Entwicklern einen robusten Satz von Werkzeugen zur Verfügung, um statische, interaktive und animierte Visualisierungen zu erstellen, die verschiedenen Anforderungen der Datenanalyse gerecht werden.

Im Kern liegt Matplotlib's Stärke in seiner Vielseitigkeit und der granularen Kontrolle über Plot-Elemente. Während es im Vergleich zu höherwertigen Bibliotheken wie Seaborn oder Plotly möglicherweise umständlicher und wortreicher erscheint, ist genau diese Eigenschaft das, was Matplotlib seine Kraft verleiht. Es ermöglicht Benutzern, jeden Aspekt ihrer Plots fein abzustimmen, von den kleinsten Details bis zur Gesamtstruktur, und bietet so unübertroffene Flexibilität im visuellen Design.

Die Architektur der Bibliothek basiert auf einem zweischichtigen Ansatz: der pyplot-Schnittstelle für schnelle, MATLAB-ähnliche Ploterstellung und der objektorientierten Schnittstelle für komplexere, anpassbare Visualisierungen. Dieses zweischichtige System macht Matplotlib für Anfänger zugänglich, während es fortgeschrittenen Benutzern erweiterte Möglichkeiten bietet.

Einige Hauptmerkmale, die Matplotlib's Flexibilität demonstrieren, sind:

- Anpassbare Achsen, Beschriftungen, Titel und Legenden
- Unterstützung für verschiedene Plottypen: Linienplots, Streudiagramme, Balkendiagramme, Histogramme, 3D-Plots und mehr
- Feinkörnige Kontrolle über Farben, Linienstile, Marker und andere visuelle Elemente
- Möglichkeit, mehrere Subplots innerhalb einer einzelnen Figur zu erstellen
- Unterstützung für mathematische Ausdrücke und LaTeX-Rendering

Während Matplotlib möglicherweise mehr Code für komplexe Visualisierungen im Vergleich zu höherwertigen Bibliotheken erfordert, führt diese Ausführlichkeit zu unübertroffener Kontrolle und Anpassungsfähigkeit. Dies macht es zu einem unverzichtbaren Werkzeug für Data Scientists und Forscher, die publikationsreife Abbildungen erstellen oder ihre Visualisierungen an spezifische Anforderungen anpassen müssen.

Im Kontext des maschinellen Lernens ist Matplotlib's Flexibilität besonders nützlich für die Erstellung benutzerdefinierter Visualisierungen von Modellleistung, Feature-Wichtigkeit und Datenverteilungen. Seine Fähigkeit, sich nahtlos in numerische Berechnungsbibliotheken wie NumPy zu integrieren, festigt weiter seine Position als essentielles Werkzeug im Data Science- und Machine-Learning-Ökosystem.

Grundlegender Linienplot mit Matplotlib

Ein **Linienplot** ist eines der grundlegendsten und vielseitigsten Werkzeuge in der Datenvisualisierung, besonders nützlich für die Darstellung von Trends, Mustern und Beziehungen in Daten über Zeit oder kontinuierliche Variablen hinweg. Diese Art von Graph verbindet einzelne Datenpunkte mit geraden Linien und erstellt eine visuelle Darstellung, die es

Betrachtern ermöglicht, allgemeine Trends, Schwankungen und potenzielle Ausreißer im Datensatz leicht zu erkennen.

Linienplots sind besonders wertvoll in verschiedenen Kontexten:

- Zeitreihenanalyse: Sie eignen sich hervorragend zur Darstellung, wie sich eine Variable im Laufe der Zeit verändert, was sie ideal für die Visualisierung von Aktienkursen, Temperaturschwankungen oder Bevölkerungswachstum macht.
- Vergleichende Analyse: Mehrere Linien können im selben Diagramm dargestellt werden, wodurch ein einfacher Vergleich zwischen verschiedenen Datensätzen oder Kategorien möglich ist.
- Beziehungen zwischen kontinuierlichen Variablen: Sie können effektiv die Beziehung zwischen zwei kontinuierlichen Variablen darstellen, wie etwa Größe und Gewicht oder Entfernung und Zeit.

Im Bereich des maschinellen Lernens spielen Linienplots eine entscheidende Rolle bei der Modellbewertung und -optimierung. Sie werden häufig verwendet, um Lernkurven zu visualisieren und zu zeigen, wie sich Modellleistungsmetriken (wie Genauigkeit oder Verlust) über Trainingsepochen oder bei verschiedenen Hyperparametern verändern. Dieses visuelle Feedback ist unschätzbar wertvoll für die Feinabstimmung von Modellen und das Verständnis ihres Lernverhaltens.

Beispiel:

Lassen Sie uns einen grundlegenden Linienplot mit Matplotlib erstellen, um einen einfachen Datensatz zu visualisieren. Dieses Beispiel wird zeigen, wie man einen Linienplot erstellt, sein Aussehen anpasst und wesentliche Elemente wie Beschriftungen und eine Legende hinzufügt.

```
import matplotlib.pyplot as plt
import numpy as np

# Generate sample data
x = np.linspace(0, 10, 100)
y1 = np.sin(x)
y2 = np.cos(x)

# Create the plot
plt.figure(figsize=(10, 6))
plt.plot(x, y1, label='sin(x)', color='blue', linewidth=2)
plt.plot(x, y2, label='cos(x)', color='red', linestyle='--', linewidth=2)

# Customize the plot
plt.title('Sine and Cosine Functions', fontsize=16)
plt.xlabel('x', fontsize=12)
plt.ylabel('y', fontsize=12)
plt.legend(fontsize=10)
plt.grid(True, linestyle=':')
```

```
# Add some annotations
plt.annotate('Peak', xy=(1.5, 1), xytext=(3, 1.3),
             arrowprops=dict(facecolor='black', shrink=0.05))

# Display the plot
plt.show()
```

Code-Aufschlüsselung:

1. Bibliotheken importieren:
   - Wir importieren matplotlib.pyplot für das Plotten und numpy für die Datengenerierung.
2. Beispieldaten generieren:
   - np.linspace(0, 10, 100) erstellt 100 gleichmäßig verteilte Punkte zwischen 0 und 10.
   - Wir berechnen Sinus- und Kosinuswerte für diese Punkte.
3. Plot erstellen:
   - plt.figure(figsize=(10, 6)) legt die Figurengröße auf 10x6 Zoll fest.
   - plt.plot() wird zweimal verwendet, um zwei Linienplots auf derselben Achse zu erstellen.
   - Wir definieren Beschriftungen, Farben und Linienstile für jeden Plot.
4. Plot anpassen:
   - plt.title() fügt einen Titel zum Plot hinzu.
   - plt.xlabel() und plt.ylabel() beschriften die x- und y-Achsen.
   - plt.legend() fügt eine Legende hinzu, um zwischen den beiden Linien zu unterscheiden.
   - plt.grid() fügt ein Raster für bessere Lesbarkeit hinzu.
5. Anmerkungen hinzufügen:
   - plt.annotate() fügt einen Pfeil hinzu, der auf einen bestimmten Punkt im Plot zeigt, mit erklärendem Text.
6. Plot anzeigen:
   - plt.show() rendert den Plot und zeigt ihn an.

Dieses Beispiel demonstriert mehrere wichtige Funktionen von Matplotlib:

- Erstellung mehrerer Plots auf derselben Achse

- Anpassung von Linienfarben, -stilen und -stärken
- Hinzufügen und Formatieren von Titeln, Beschriftungen und Legenden
- Einfügen eines Rasters für bessere Dateninterpretation
- Verwendung von Anmerkungen zur Hervorhebung bestimmter interessanter Punkte

Durch das Verständnis und die Nutzung dieser Funktionen können Sie informative und optisch ansprechende Plots für verschiedene Machine-Learning-Aufgaben erstellen, wie zum Beispiel den Vergleich von Modellleistungen, die Visualisierung von Datenverteilungen oder die Darstellung von Trends in Zeitreihendaten.

Balkendiagramme und Histogramme

Balkendiagramme und Histogramme sind zwei grundlegende Werkzeuge der Datenvisualisierung, die jeweils unterschiedlichen Zwecken bei der Datenanalyse dienen:

Balkendiagramme werden hauptsächlich zum Vergleich kategorischer Daten verwendet. Sie eignen sich hervorragend zur Darstellung der relativen Größen oder Häufigkeiten verschiedener Kategorien und machen es einfach, Muster, Trends oder Unterschiede zwischen diskreten Gruppen zu erkennen. Im maschinellen Lernen werden Balkendiagramme häufig eingesetzt, um Feature-Wichtigkeit, Modellleistung über verschiedene Kategorien hinweg oder die Verteilung kategorischer Variablen in einem Datensatz zu visualisieren.

Histogramme hingegen sind dafür konzipiert, die Verteilung numerischer Daten zu visualisieren. Sie teilen den Wertebereich in Intervalle ein und zeigen die Häufigkeit der Datenpunkte, die in jedes Intervall fallen. Dies macht Histogramme besonders nützlich für das Verständnis der Form, zentralen Tendenz und Streuung eines Datensatzes. Im Kontext des maschinellen Lernens werden Histogramme häufig verwendet, um die Verteilung von Features zu untersuchen, Ausreißer zu erkennen oder die Normalität von Daten zu beurteilen, was Aufschluss über Vorverarbeitungsschritte oder Modellauswahl geben kann.

Beispiel: Balkendiagramm

```
import matplotlib.pyplot as plt
import numpy as np

# Sample data for bar chart
categories = ['Category A', 'Category B', 'Category C', 'Category D', 'Category E']
values = [23, 17, 35, 29, 12]

# Create a figure and axis
fig, ax = plt.subplots(figsize=(10, 6))

# Create a bar chart with custom colors and edge colors
bars = ax.bar(categories, values, color=['#1f77b4', '#ff7f0e', '#2ca02c', '#d62728', 
'#9467bd'],
              edgecolor='black', linewidth=1.2)
```

```
# Customize the plot
ax.set_xlabel('Categories', fontsize=12)
ax.set_ylabel('Values', fontsize=12)
ax.set_title('Comprehensive Bar Chart Example', fontsize=16, fontweight='bold')
ax.tick_params(axis='both', which='major', labelsize=10)

# Add value labels on top of each bar
for bar in bars:
    height = bar.get_height()
    ax.text(bar.get_x() + bar.get_width()/2., height,
            f'{height}',
            ha='center', va='bottom', fontsize=10)

# Add a grid for better readability
ax.grid(axis='y', linestyle='--', alpha=0.7)

# Adjust layout and display the plot
plt.tight_layout()
plt.show()
```

Code-Aufschlüsselung:

1. Bibliotheken importieren:
   - Wir importieren matplotlib.pyplot für das Plotten und numpy für potenzielle Datenmanipulation (obwohl in diesem konkreten Beispiel nicht verwendet).
2. Datenvorbereitung:
   - Wir definieren zwei Listen: 'categories' für die x-Achsen-Beschriftungen und 'values' für die Höhe der Balken.
   - Dieses Beispiel verwendet aussagekräftigere Kategorienamen und einen größeren Wertebereich im Vergleich zum Original.
3. Erstellen der Figur und Achse:
   - plt.subplots() erstellt eine Figur und eine einzelne Achse, was mehr Anpassungsmöglichkeiten erlaubt.
   - figsize=(10, 6) legt die Figurengröße auf 10x6 Zoll für bessere Sichtbarkeit fest.
4. Erstellen des Balkendiagramms:
   - ax.bar() erstellt das Balkendiagramm auf der von uns erstellten Achse.
   - Wir verwenden individuelle Farben für jeden Balken und fügen schwarze Ränder für bessere Definition hinzu.
5. Anpassen des Plots:

   - Wir setzen Beschriftungen für x-Achse, y-Achse und den Titel mit benutzerdefinierten Schriftgrößen.
   - ax.tick_params() wird verwendet, um die Größe der Achsenbeschriftungen anzupassen.
6. Hinzufügen von Wertebeschriftungen:
   - Wir iterieren durch die Balken und fügen Textbeschriftungen über jedem Balken hinzu, die seinen Wert anzeigen.
   - Die Position jeder Beschriftung wird so berechnet, dass sie auf dem entsprechenden Balken zentriert ist.
7. Hinzufügen eines Rasters:
   - ax.grid() fügt ein y-Achsen-Raster mit gestrichelten Linien für bessere Lesbarkeit hinzu.
8. Finalisierung und Anzeige:
   - plt.tight_layout() passt den Plot an den Figurbereich an.
   - plt.show() rendert den Plot und zeigt ihn an.

Dieses Code-Beispiel demonstriert mehrere fortgeschrittene Funktionen von Matplotlib, einschließlich individueller Farben, Wertebeschriftungen und Rasterlinien. Diese Ergänzungen machen das Diagramm informativer und visuell ansprechender, was bei der Präsentation von Daten in Machine-Learning-Projekten oder Datenanalyseberichten entscheidend ist.

Beispiel: Histogramm

```
import matplotlib.pyplot as plt
import numpy as np
import seaborn as sns

# Set a seed for reproducibility
np.random.seed(42)

# Generate random data from different distributions
normal_data = np.random.normal(loc=0, scale=1, size=1000)
skewed_data = np.random.exponential(scale=2, size=1000)

# Create a figure with two subplots
fig, (ax1, ax2) = plt.subplots(1, 2, figsize=(15, 6))

# Histogram for normal distribution
ax1.hist(normal_data, bins=30, color='skyblue', edgecolor='black', alpha=0.7)
ax1.set_title('Histogram of Normal Distribution', fontsize=14)
ax1.set_xlabel('Values', fontsize=12)
ax1.set_ylabel('Frequency', fontsize=12)
```

```
# Add mean and median lines
ax1.axvline(normal_data.mean(), color='red', linestyle='dashed', linewidth=2, label='Mean')
ax1.axvline(np.median(normal_data), color='green', linestyle='dashed', linewidth=2, label='Median')
ax1.legend()

# Histogram with KDE for skewed distribution
sns.histplot(skewed_data, bins=30, kde=True, color='lightgreen', edgecolor='black', alpha=0.7, ax=ax2)
ax2.set_title('Histogram with KDE of Skewed Distribution', fontsize=14)
ax2.set_xlabel('Values', fontsize=12)
ax2.set_ylabel('Frequency', fontsize=12)

# Add mean and median lines
ax2.axvline(skewed_data.mean(), color='red', linestyle='dashed', linewidth=2, label='Mean')
ax2.axvline(np.median(skewed_data), color='green', linestyle='dashed', linewidth=2, label='Median')
ax2.legend()

# Adjust layout and display the plot
plt.tight_layout()
plt.show()
```

Code-Aufschlüsselung:

1. Bibliotheken importieren:
   - Wir importieren matplotlib.pyplot für das Plotten, numpy für die Generierung von Zufallsdaten und seaborn für erweiterte Plotfunktionen.
2. Datengenerierung:
   - Wir setzen einen Zufallsseed für Reproduzierbarkeit.
   - Wir generieren zwei Datensätze: einen aus einer Normalverteilung und einen aus einer Exponentialverteilung, um verschiedene Datenformen zu demonstrieren.
3. Erstellen der Figur:
   - plt.subplots(1, 2, figsize=(15, 6)) erstellt eine Figur mit zwei nebeneinander liegenden Subplots, jeweils 15x6 Zoll groß.
4. Plotten der Normalverteilung:
   - Wir verwenden ax1.hist() zur Erstellung eines Histogramms der normalverteilten Daten.

   - Wir passen Farben an, fügen Randfarben hinzu und setzen Alpha für Transparenz.
   - Wir fügen einen Titel und Achsenbeschriftungen hinzu.
   - Wir zeichnen vertikale Linien für Mittelwert und Median mit ax1.axvline().

5. Plotten der schiefen Verteilung:
   - Wir verwenden sns.histplot() zur Erstellung eines Histogramms mit Kerndichteschätzung (KDE) für die schiefen Daten.
   - Wir passen wieder Farben an, fügen Randfarben hinzu und setzen Alpha für Transparenz.
   - Wir fügen einen Titel und Achsenbeschriftungen hinzu.
   - Wir zeichnen vertikale Linien für Mittelwert und Median.

6. Finalisierung und Anzeige:
   - plt.tight_layout() passt den Plot an den Figurbereich an, ohne Überlappungen.
   - plt.show() rendert und zeigt den Plot an.

Dieses Code-Beispiel demonstriert mehrere fortgeschrittene Konzepte:

- Vergleich verschiedener Verteilungen nebeneinander
- Verwendung von sowohl Matplotlib als auch Seaborn für verschiedene Plotstile
- Hinzufügen statistischer Maße (Mittelwert und Median) zu den Plots
- Anpassung der Plot-Ästhetik für Klarheit und visuelle Attraktivität

Diese Techniken sind wertvoll im maschinellen Lernen für explorative Datenanalyse, das Verständnis von Feature-Verteilungen und den Vergleich von Datensätzen oder Modellergebnissen.

Histogramme sind besonders nützlich im maschinellen Lernen, wenn Sie die Verteilung eines Features visualisieren möchten, um Schiefe, Ausreißer oder Normalität zu erkennen.

Streudiagramme

Streudiagramme sind essentielle Werkzeuge zur Visualisierung der Beziehung zwischen zwei numerischen Variablen in Data Science und maschinellem Lernen. Diese Plots zeigen jeden Datenpunkt als Punkt in einem zweidimensionalen Graphen, wobei die Position jedes Punktes seinen Werten für die beiden verglichenen Variablen entspricht. Diese visuelle Darstellung ermöglicht es Data Scientists und Machine-Learning-Praktikern, schnell Muster, Trends oder Anomalien in ihren Datensätzen zu identifizieren.

Im Kontext des maschinellen Lernens dienen Streudiagramme mehreren wichtigen Zwecken:

- Korrelationserkennung: Sie helfen bei der Identifizierung der Stärke und Richtung von Beziehungen zwischen Variablen. Ein deutliches lineares Muster in einem Streudiagramm könnte auf eine starke Korrelation hinweisen, während eine zufällige Verteilung der Punkte auf wenig oder keine Korrelation hindeutet.
- Ausreißererkennung: Streudiagramme machen es einfach, Datenpunkte zu erkennen, die signifikant vom allgemeinen Muster abweichen und Ausreißer oder Fehler im Datensatz sein könnten.
- Cluster-Analyse: Sie können natürliche Gruppierungen oder Cluster in den Daten aufzeigen, die auf das Vorhandensein verschiedener Untergruppen oder Kategorien im Datensatz hinweisen könnten.
- Feature-Auswahl: Durch die Visualisierung von Beziehungen zwischen verschiedenen Features und der Zielvariable können Streudiagramme bei der Auswahl relevanter Features für das Modelltraining helfen.
- Modellbewertung: Nach dem Training eines Modells können Streudiagramme verwendet werden, um vorhergesagte versus tatsächliche Werte zu visualisieren und dabei helfen, die Modellleistung zu bewerten und Bereiche zu identifizieren, in denen es möglicherweise Schwierigkeiten gibt.

Durch die effektive Nutzung von Streudiagrammen können Machine-Learning-Praktiker wertvolle Einblicke in ihre Daten gewinnen, ihre Modellierungsentscheidungen informieren und letztendlich die Leistung und Interpretierbarkeit ihrer Machine-Learning-Modelle verbessern.

Beispiel: Streudiagramm

```
import matplotlib.pyplot as plt
import numpy as np

# Generate sample data
np.random.seed(42)
x = np.random.rand(50) * 100
y = 2 * x + 10 + np.random.randn(50) * 10

# Create a scatter plot
plt.figure(figsize=(10, 6))
scatter = plt.scatter(x, y, c=y, cmap='viridis', s=50, alpha=0.7)

# Add a trend line
z = np.polyfit(x, y, 1)
p = np.poly1d(z)
plt.plot(x, p(x), "r--", alpha=0.8, label="Trend line")

# Customize the plot
plt.xlabel('X-axis', fontsize=12)
plt.ylabel('Y-axis', fontsize=12)
plt.title('Comprehensive Scatter Plot Example', fontsize=14, fontweight='bold')
```

```
plt.colorbar(scatter, label='Y values')
plt.legend()
plt.grid(True, linestyle='--', alpha=0.7)

# Add text annotation
plt.annotate('Interesting point', xy=(80, 170), xytext=(60, 200),
             arrowprops=dict(facecolor='black', shrink=0.05))

# Show the plot
plt.tight_layout()
plt.show()
```

Code-Aufschlüsselung:

1. Bibliotheken importieren:
    - Wir importieren matplotlib.pyplot für das Plotten und numpy für die Generierung und Manipulation von Daten.
2. Datengenerierung:
    - Wir setzen einen Zufallsseed für Reproduzierbarkeit.
    - Wir generieren 50 zufällige x-Werte zwischen 0 und 100.
    - Wir erstellen y-Werte mit einer linearen Beziehung zu x, plus zufälligem Rauschen.
3. Erstellen des Streudiagramms:
    - plt.figure(figsize=(10, 6)) legt die Figurengröße auf 10x6 Zoll fest.
    - plt.scatter() erstellt das Streudiagramm mit Punktfarben basierend auf y-Werten (cmap='viridis'), benutzerdefinierter Größe (s=50) und Transparenz (alpha=0.7).
4. Hinzufügen einer Trendlinie:
    - Wir verwenden np.polyfit() zur Berechnung einer linearen Anpassung an die Daten.
    - plt.plot() fügt die Trendlinie als gestrichelte rote Linie hinzu.
5. Anpassen des Plots:
    - Wir fügen Beschriftungen für die Achsen und einen Titel mit benutzerdefinierten Schriftgrößen hinzu.
    - plt.colorbar() fügt eine Farbskalenlegende hinzu.
    - plt.legend() fügt eine Legende für die Trendlinie hinzu.

   - plt.grid() fügt ein Raster für bessere Lesbarkeit hinzu.

6. Hinzufügen einer Annotation:
   - plt.annotate() fügt eine Textannotation mit einem Pfeil hinzu, der auf einen bestimmten Punkt im Plot zeigt.

7. Finalisierung und Anzeige:
   - plt.tight_layout() passt den Plot an den Figurbereich an.
   - plt.show() rendert und zeigt den Plot an.

Dieses Code-Beispiel demonstriert mehrere fortgeschrittene Funktionen von Matplotlib, einschließlich Farbkartierung, Trendlinienanpassung, Annotationen und Anpassungsoptionen. Diese Techniken sind wertvoll im maschinellen Lernen zur Visualisierung von Beziehungen zwischen Variablen, zur Identifizierung von Trends und zur Präsentation von Daten in einer informativen und visuell ansprechenden Weise.

Streudiagramme sind nützlich, um zu verstehen, wie zwei Variablen miteinander in Beziehung stehen, was die Feature-Auswahl oder Feature-Engineering in Machine-Learning-Projekten unterstützen kann.

2.4.2 Seaborn: Statistische Datenvisualisierung leicht gemacht

Während Matplotlib eine solide Grundlage für Visualisierungen bietet, baut **Seaborn** auf dieser Grundlage auf, um die Erstellung komplexer statistischer Plots zu vereinfachen. Seaborn ist darauf ausgelegt, den Prozess der Erstellung visuell ansprechender und informativer Visualisierungen zu optimieren und ermöglicht Benutzern, anspruchsvolle Plots mit minimalem Code zu generieren.

Eine der Hauptstärken von Seaborn liegt in seiner Fähigkeit, Datensätze mit mehreren Dimensionen mühelos zu verarbeiten. Dies ist besonders wertvoll im Kontext des maschinellen Lernens, wo Datensätze oft zahlreiche Features oder Variablen enthalten, die gleichzeitig analysiert werden müssen. Seaborn bietet eine Reihe spezialisierter Plottypen wie Paarplots, Heatmaps und Joint Plots, die speziell darauf ausgerichtet sind, Beziehungen zwischen mehreren Variablen effizient zu visualisieren.

Darüber hinaus kommt Seaborn mit integrierten Themes und Farbpaletten, die die ästhetische Anmutung der Plots von Haus aus verbessern. Diese Funktion spart nicht nur Zeit, sondern gewährleistet auch ein einheitliches und professionelles Erscheinungsbild über verschiedene Visualisierungen hinweg. Die Bibliothek fügt automatisch statistische Annotationen zu Plots hinzu, wie Regressionslinien oder Konfidenzintervalle, die für die Interpretation von Daten in Machine-Learning-Projekten entscheidend sein können.

Indem Seaborn viele der Low-Level-Details abstrahiert, die in Matplotlib erforderlich sind, können sich Data Scientists und Machine-Learning-Praktiker mehr auf die aus den Daten gewonnenen Erkenntnisse konzentrieren als auf die Feinheiten der Plot-Erstellung. Diese

Effizienz ist besonders vorteilhaft bei der Erforschung großer Datensätze oder beim Durchlaufen mehrerer Visualisierungsoptionen während der explorativen Datenanalysephase eines Machine-Learning-Projekts.

Verteilungen mit Seaborn visualisieren

Seaborn bietet fortgeschrittene Werkzeuge zur Visualisierung von Verteilungen und ermöglicht einen anspruchsvollen Ansatz zur Erstellung von Histogrammen und Kerndichteplots. Diese Visualisierungstechniken sind essentiell für das Verständnis der zugrundeliegenden Muster und Charakteristiken von Datenverteilungen in Machine-Learning-Projekten.

Histogramme in Seaborn ermöglichen eine klare Darstellung der Datenhäufigkeit über verschiedene Bins hinweg und bieten Einblicke in Form, zentrale Tendenz und Streuung der Daten. Sie sind besonders nützlich für die Identifizierung von Ausreißern, Schiefe und Multimodalität in Feature-Verteilungen.

Kernel-Density-Estimation (KDE) Plots hingegen bieten eine glatte, kontinuierliche Schätzung der Wahrscheinlichkeitsdichtefunktion der Daten. Diese nicht-parametrische Methode ist wertvoll für die Visualisierung der Verteilungsform ohne die Diskretisierung, die Histogrammen innewohnt, und ermöglicht ein nuancierteres Verständnis der zugrundeliegenden Datenstruktur.

Durch die Kombination von Histogrammen und KDE-Plots ermöglicht Seaborn Data Scientists einen umfassenden Überblick über ihre Datenverteilungen. Dieser duale Ansatz ist besonders vorteilhaft bei Machine-Learning-Aufgaben wie Feature-Engineering, Ausreißererkennung und Modelldiagnostik, bei denen das Verständnis der Nuancen von Datenverteilungen die Modellleistung und -interpretation erheblich beeinflussen kann.

Beispiel: Verteilungsplot (Histogramm + KDE)

```
import seaborn as sns
import matplotlib.pyplot as plt
import numpy as np
import pandas as pd

# Set the style and color palette
sns.set_style("whitegrid")
sns.set_palette("deep")

# Generate random data from different distributions
np.random.seed(42)
normal_data = np.random.normal(loc=0, scale=1, size=1000)
skewed_data = np.random.exponential(scale=1, size=1000)

# Create a DataFrame
df = pd.DataFrame({
    'Normal': normal_data,
    'Skewed': skewed_data
})
```

```
# Create a figure with subplots
fig, (ax1, ax2) = plt.subplots(1, 2, figsize=(16, 6))

# Plot 1: Distribution plot with both histogram and KDE for normal data
sns.histplot(data=df, x='Normal', kde=True, color='blue', ax=ax1)
ax1.set_title('Normal Distribution', fontsize=14)
ax1.set_xlabel('Value', fontsize=12)
ax1.set_ylabel('Frequency', fontsize=12)

# Add mean and median lines
mean_normal = df['Normal'].mean()
median_normal = df['Normal'].median()
ax1.axvline(mean_normal,     color='red',     linestyle='--',     label=f'Mean:
{mean_normal:.2f}')
ax1.axvline(median_normal,    color='green',    linestyle=':',    label=f'Median:
{median_normal:.2f}')
ax1.legend()

# Plot 2: Distribution plot with both histogram and KDE for skewed data
sns.histplot(data=df, x='Skewed', kde=True, color='orange', ax=ax2)
ax2.set_title('Skewed Distribution', fontsize=14)
ax2.set_xlabel('Value', fontsize=12)
ax2.set_ylabel('Frequency', fontsize=12)

# Add mean and median lines
mean_skewed = df['Skewed'].mean()
median_skewed = df['Skewed'].median()
ax2.axvline(mean_skewed,     color='red',     linestyle='--',     label=f'Mean:
{mean_skewed:.2f}')
ax2.axvline(median_skewed,    color='green',    linestyle=':',    label=f'Median:
{median_skewed:.2f}')
ax2.legend()

# Adjust layout and display the plot
plt.tight_layout()
plt.show()

# Create a box plot to compare the distributions
plt.figure(figsize=(10, 6))
sns.boxplot(data=df)
plt.title('Comparison of Normal and Skewed Distributions', fontsize=14)
plt.ylabel('Value', fontsize=12)
plt.show()
```

Code-Aufschlüsselung:

1. Bibliotheken importieren:
    - Wir importieren seaborn, matplotlib.pyplot, numpy und pandas für fortgeschrittene Datenmanipulation und -visualisierung.

2. Stil und Farbpalette festlegen:
   - sns.set_style("whitegrid") legt ein sauberes, professionelles Aussehen für die Plots fest.
   - sns.set_palette("deep") wählt eine Farbpalette, die gut für verschiedene Plot-Typen geeignet ist.
3. Daten generieren:
   - Wir erstellen zwei Datensätze: einen aus einer Normalverteilung und einen aus einer Exponentialverteilung (schief).
   - np.random.seed(42) gewährleistet die Reproduzierbarkeit der Zufallsdaten.
4. DataFrame erstellen:
   - Wir verwenden pandas, um einen DataFrame zu erstellen, der eine leistungsfähige Datenstruktur für die Verarbeitung tabellarischer Daten ist.
5. Subplots einrichten:
   - plt.subplots(1, 2, figsize=(16, 6)) erstellt eine Figur mit zwei nebeneinander liegenden Subplots.
6. Verteilungsplots erstellen:
   - Wir verwenden sns.histplot(), um Verteilungsplots für sowohl normale als auch schiefe Daten zu erstellen.
   - Der Parameter kde=True fügt dem Histogramm eine Kerndichteschätzungslinie hinzu.
   - Wir passen Titel, Beschriftungen und Farben für jeden Plot an.
7. Statistische Maße hinzufügen:
   - Wir berechnen und plotten den Mittelwert und Median für jede Verteilung mit axvline().
   - Dies hilft zu visualisieren, wie sich Schiefe auf diese Maße auswirkt.
8. Box Plot erstellen:
   - Wir fügen einen Box Plot hinzu, um die beiden Verteilungen nebeneinander zu vergleichen.
   - Dies bietet eine weitere Perspektive auf die Streuung und zentralen Tendenzen der Daten.
9. Finalisierung und Anzeige:
   - plt.tight_layout() passt die Plots für eine optimale Anordnung in der Figur an.

- plt.show() rendert und zeigt die Plots an.

Dieses Beispiel demonstriert mehrere fortgeschrittene Konzepte der Datenvisualisierung:

- Vergleich verschiedener Verteilungen nebeneinander
- Verwendung von sowohl Histogrammen als auch KDE für eine umfassendere Sicht auf die Daten
- Hinzufügen statistischer Maße (Mittelwert und Median) zu den Plots
- Verwendung von Box Plots für eine alternative Darstellung der Daten
- Anpassung der Plot-Ästhetik für Klarheit und visuelle Attraktivität

Diese Techniken sind wertvoll im maschinellen Lernen für explorative Datenanalyse, das Verständnis von Feature-Verteilungen und den Vergleich von Datensätzen oder Modellergebnissen. Sie helfen bei der Identifizierung von Schiefe, Ausreißern und Unterschieden zwischen Verteilungen, was Entscheidungen beim Feature-Engineering und der Modellauswahl beeinflussen kann.

In diesem Beispiel haben wir ein Histogramm und eine **Kerndichteschätzung (KDE)** kombiniert, um sowohl die Verteilung als auch die Wahrscheinlichkeitsdichte der Daten zu zeigen. Dies ist nützlich bei der Analyse von Feature-Verteilungen in einem Datensatz.

Box Plots und Violin Plots

Box Plots und Violin Plots sind leistungsfähige Visualisierungswerkzeuge zur Darstellung der Datenverteilung über verschiedene Kategorien hinweg, besonders beim Vergleich mehrerer Gruppen. Diese Plots bieten einen umfassenden Überblick über die zentralen Tendenzen, Streuung und mögliche Ausreißer der Daten, was sie unerlässlich für explorative Datenanalyse und Feature-Engineering in Machine-Learning-Projekten macht.

Box Plots, auch bekannt als Box-Whisker-Plots, liefern eine prägnante Zusammenfassung der Datenverteilung. Sie zeigen den Median, Quartile und potenzielle Ausreißer und ermöglichen schnelle Vergleiche zwischen Gruppen. Die "Box" repräsentiert den Interquartilsabstand (IQR), wobei der Median als Linie innerhalb der Box dargestellt wird. Die "Whisker" erstrecken sich, um den Rest der Verteilung zu zeigen, ausgenommen Ausreißer, die als einzelne Punkte dargestellt werden.

Violin Plots hingegen kombinieren die Eigenschaften von Box Plots mit Kerndichteschätzung. Sie zeigen die vollständige Verteilung der Daten, wobei breitere Abschnitte eine höhere Wahrscheinlichkeit für das Auftreten von Beobachtungen bei diesen Werten darstellen. Dies macht Violin Plots besonders nützlich für die Visualisierung multimodaler Verteilungen oder subtiler Unterschiede in der Verteilungsform, die in einem Box Plot möglicherweise nicht erkennbar wären.

Beide Arten von Plots sind besonders wertvoll beim Umgang mit kategorischen Variablen in Machine-Learning-Aufgaben. Sie können beispielsweise helfen, Unterschiede in Feature-

Verteilungen über verschiedene Zielklassen hinweg zu identifizieren, den Feature-Auswahlprozess zu leiten oder bei der Erkennung von Datenqualitätsproblemen wie Klassenungleichgewicht oder dem Vorhandensein von Ausreißern zu unterstützen, die die Modellleistung beeinflussen könnten.

Beispiel: Box Plot

```
import seaborn as sns
import matplotlib.pyplot as plt
import pandas as pd

# Load the tips dataset
tips = sns.load_dataset("tips")

# Set the style for the plot
sns.set_style("whitegrid")

# Create a figure with two subplots
fig, (ax1, ax2) = plt.subplots(1, 2, figsize=(16, 6))

# Create a box plot of total bill amounts by day
sns.boxplot(x='day', y='total_bill', data=tips, ax=ax1)
ax1.set_title('Box Plot of Total Bill by Day', fontsize=14)
ax1.set_xlabel('Day of the Week', fontsize=12)
ax1.set_ylabel('Total Bill ($)', fontsize=12)

# Create a violin plot of total bill amounts by day
sns.violinplot(x='day', y='total_bill', data=tips, ax=ax2)
ax2.set_title('Violin Plot of Total Bill by Day', fontsize=14)
ax2.set_xlabel('Day of the Week', fontsize=12)
ax2.set_ylabel('Total Bill ($)', fontsize=12)

# Add a horizontal line for the overall median
median_total_bill = tips['total_bill'].median()
ax1.axhline(median_total_bill, color='red', linestyle='--', label=f'Overall Median:
${median_total_bill:.2f}')
ax2.axhline(median_total_bill, color='red', linestyle='--', label=f'Overall Median:
${median_total_bill:.2f}')

# Add legends
ax1.legend()
ax2.legend()

# Adjust the layout and display the plot
plt.tight_layout()
plt.show()

# Calculate and print summary statistics
summary_stats = tips.groupby('day')['total_bill'].agg(['mean', 'median', 'std',
'min', 'max'])
print("\\nSummary Statistics of Total Bill by Day:")
```

```
print(summary_stats)

# Perform and print ANOVA test
from scipy import stats

day_groups = [group for _, group in tips.groupby('day')['total_bill']]
f_statistic, p_value = stats.f_oneway(*day_groups)
print("\\nANOVA Test Results:")
print(f"F-statistic: {f_statistic:.4f}")
print(f"p-value: {p_value:.4f}")
```

Code-Aufschlüsselung:

1. Bibliotheken importieren:
   - Wir importieren seaborn, matplotlib.pyplot und pandas für Datenmanipulation und -visualisierung.
   - Wir importieren außerdem scipy.stats für statistische Tests.
2. Daten laden und vorbereiten:
   - Wir verwenden sns.load_dataset("tips"), um den integrierten Tips-Datensatz von Seaborn zu laden.
   - Dieser Datensatz enthält Informationen über Restaurantrechnungen, einschließlich des Wochentags.
3. Plot einrichten:
   - sns.set_style("whitegrid") legt ein sauberes, professionelles Aussehen für die Plots fest.
   - Wir erstellen eine Figur mit zwei nebeneinander liegenden Subplots mittels plt.subplots(1, 2, figsize=(16, 6)).
4. Visualisierungen erstellen:
   - Wir erstellen einen Box Plot mit sns.boxplot() im ersten Subplot.
   - Wir erstellen einen Violin Plot mit sns.violinplot() im zweiten Subplot.
   - Beide Plots zeigen die Verteilung der Gesamtrechnungsbeträge für jeden Wochentag.
5. Plots verbessern:
   - Wir fügen beiden Plots Titel und Beschriftungen zur besseren Verständlichkeit hinzu.
   - Wir berechnen den Gesamtmedian der Rechnungsbeträge und fügen ihn als horizontale Linie in beide Plots ein.

   - Legenden werden hinzugefügt, um die Bedeutung der Medianlinie zu erklären.
6. Plots anzeigen:
   - plt.tight_layout() passt das Plot-Layout für bessere Abstände an.
   - plt.show() rendert und zeigt die Plots an.
7. Zusammenfassende Statistiken berechnen:
   - Wir verwenden pandas' groupby- und agg-Funktionen, um Mittelwert, Median, Standardabweichung, Minimum und Maximum der Rechnungsbeträge für jeden Tag zu berechnen.
   - Diese Statistiken werden ausgegeben, um eine numerische Zusammenfassung neben der visuellen Darstellung zu bieten.
8. Statistischen Test durchführen:
   - Wir führen einen einfaktoriellen ANOVA-Test mit scipy.stats.f_oneway() durch.
   - Dieser Test hilft festzustellen, ob es statistisch signifikante Unterschiede in den Rechnungsbeträgen zwischen den Tagen gibt.
   - Die F-Statistik und der p-Wert werden berechnet und ausgegeben.

Beispiel: Violin Plot

```
import seaborn as sns
import matplotlib.pyplot as plt
import pandas as pd
import numpy as np
from scipy import stats

# Load the tips dataset
tips = sns.load_dataset("tips")

# Set the style and color palette
sns.set_style("whitegrid")
sns.set_palette("deep")

# Create a figure with two subplots
fig, (ax1, ax2) = plt.subplots(1, 2, figsize=(16, 6))

# Create a violin plot of total bill amounts by day
sns.violinplot(x='day', y='total_bill', data=tips, ax=ax1)
ax1.set_title('Violin Plot of Total Bill by Day', fontsize=14)
ax1.set_xlabel('Day of the Week', fontsize=12)
ax1.set_ylabel('Total Bill ($)', fontsize=12)

# Create a box plot of total bill amounts by day for comparison
sns.boxplot(x='day', y='total_bill', data=tips, ax=ax2)
ax2.set_title('Box Plot of Total Bill by Day', fontsize=14)
```

```
ax2.set_xlabel('Day of the Week', fontsize=12)
ax2.set_ylabel('Total Bill ($)', fontsize=12)

# Add mean lines to both plots
for ax in [ax1, ax2]:
    means = tips.groupby('day')['total_bill'].mean()
    ax.hlines(means, xmin=np.arange(len(means))-0.4, xmax=np.arange(len(means))+0.4,
color='red', linestyle='--', label='Mean')
    ax.legend()

# Adjust layout and display the plot
plt.tight_layout()
plt.show()

# Calculate and print summary statistics
summary_stats = tips.groupby('day')['total_bill'].agg(['count', 'mean', 'median',
'std', 'min', 'max'])
print("\\nSummary Statistics of Total Bill by Day:")
print(summary_stats)

# Perform and print ANOVA test
day_groups = [group for _, group in tips.groupby('day')['total_bill']]
f_statistic, p_value = stats.f_oneway(*day_groups)
print("\\nANOVA Test Results:")
print(f"F-statistic: {f_statistic:.4f}")
print(f"p-value: {p_value:.4f}")
```

Code-Aufschlüsselung:

1. Bibliotheken importieren:
   - Wir importieren seaborn, matplotlib.pyplot, pandas, numpy und scipy.stats für Datenmanipulation, Visualisierung und statistische Analyse.
2. Daten laden und vorbereiten:
   - Wir verwenden sns.load_dataset("tips"), um den integrierten Tips-Datensatz von Seaborn zu laden.
   - Dieser Datensatz enthält Informationen über Restaurantrechnungen, einschließlich des Wochentags.
3. Plot einrichten:
   - sns.set_style("whitegrid") legt ein sauberes, professionelles Aussehen für die Plots fest.
   - sns.set_palette("deep") wählt eine Farbpalette, die gut für verschiedene Plot-Typen geeignet ist.

    - Wir erstellen eine Figur mit zwei nebeneinander liegenden Subplots mittels plt.subplots(1, 2, figsize=(16, 6)).

4. Visualisierungen erstellen:
    - Wir erstellen einen Violin Plot mit sns.violinplot() im ersten Subplot.
    - Wir erstellen einen Box Plot mit sns.boxplot() im zweiten Subplot zum Vergleich.
    - Beide Plots zeigen die Verteilung der Gesamtrechnungsbeträge für jeden Wochentag.
5. Plots verbessern:
    - Wir fügen beiden Plots Titel und Beschriftungen zur besseren Verständlichkeit hinzu.
    - Wir berechnen und fügen Mittelwertlinien zu beiden Plots mittels ax.hlines() hinzu.
    - Legenden werden hinzugefügt, um die Bedeutung der Mittelwertlinien zu erklären.
6. Plots anzeigen:
    - plt.tight_layout() passt das Plot-Layout für bessere Abstände an.
    - plt.show() rendert und zeigt die Plots an.
7. Zusammenfassende Statistiken berechnen:
    - Wir verwenden pandas' groupby- und agg-Funktionen, um Anzahl, Mittelwert, Median, Standardabweichung, Minimum und Maximum der Rechnungsbeträge für jeden Tag zu berechnen.
    - Diese Statistiken werden ausgegeben, um eine numerische Zusammenfassung neben der visuellen Darstellung zu bieten.
8. Statistischen Test durchführen:
    - Wir führen einen einfaktoriellen ANOVA-Test mit scipy.stats.f_oneway() durch.
    - Dieser Test hilft festzustellen, ob es statistisch signifikante Unterschiede in den Rechnungsbeträgen zwischen den Tagen gibt.
    - Die F-Statistik und der p-Wert werden berechnet und ausgegeben.

Dieses Code-Beispiel bietet eine umfassendere Sicht auf die Daten durch:

1. Vergleich von Violin Plots mit Box Plots nebeneinander.
2. Hinzufügen von Mittelwertlinien zu beiden Plots für einfachen Vergleich.

3. Einbeziehung von zusammenfassenden Statistiken für eine numerische Perspektive.
4. Durchführung eines ANOVA-Tests zur Überprüfung signifikanter Unterschiede zwischen den Tagen.

Diese Ergänzungen machen die Analyse robuster und informativer, was für das maschinelle Lernen beim Verständnis von Merkmalsverteilungen und Beziehungen entscheidend ist.

Box Plots und Violin Plots sind nützlich für das Verständnis der Streuung und Schiefe von Daten sowie zur Identifizierung von Ausreißern, was bei der Bereinigung und Vorbereitung von Daten für maschinelle Lernmodelle wichtig ist.

Pair Plots für mehrdimensionale Beziehungen

Eine der leistungsstärksten Funktionen von Seaborn ist der **Pair Plot**, der ein Raster von Streudiagrammen für jedes Merkmalspaar in einem Datensatz erstellt. Diese Visualisierungstechnik ist besonders nützlich zur Erkundung von Beziehungen zwischen mehreren Variablen gleichzeitig. Hier ist eine detailliertere Erklärung:

1. Rasterstruktur: Ein Pair Plot erstellt eine umfassende Matrix von Streudiagrammen, wobei jede Variable im Datensatz gegen jede andere Variable aufgetragen wird und so eine ganzheitliche Sicht auf die Beziehungen zwischen den Merkmalen bietet.
2. Diagonalelemente: Entlang der Diagonale des Rasters wird typischerweise die Verteilung jeder einzelnen Variable angezeigt, oft unter Verwendung von Histogrammen oder Kerndichteschätzungen, um Einblicke in die zugrundeliegenden Datenverteilungen zu geben.
3. Nicht-diagonale Elemente: Diese bestehen aus Streudiagrammen, die die Beziehung zwischen Paaren verschiedener Variablen visualisieren und die Identifizierung möglicher Korrelationen, Muster oder Cluster innerhalb der Daten ermöglichen.
4. Farbkodierung: Pair Plots verwenden häufig Farbkodierung zur Darstellung verschiedener Kategorien oder Klassen im Datensatz, wodurch die Fähigkeit verbessert wird, Muster, Cluster oder Trennungen zwischen verschiedenen Gruppen zu erkennen.
5. Korrelationsvisualisierung: Durch die gleichzeitige Darstellung aller paarweisen Beziehungen erleichtern Pair Plots die Identifizierung von Korrelationen zwischen Variablen, seien sie positiv, negativ oder nichtlinear, was bei der Merkmalsauswahl und dem Verständnis von Datenabhängigkeiten hilft.
6. Ausreißererkennung: Die mehrfachen Streudiagramme in einer Pair Plot-Konfiguration machen sie besonders effektiv bei der Identifizierung von Ausreißern über verschiedene Merkmalskombinationen hinweg, was hilft, Anomalien zu erkennen, die in Einzelvariablenanalysen möglicherweise nicht erkennbar sind.

7. Erkenntnisse zur Merkmalsauswahl: Pair Plots können die Merkmalsauswahl unterstützen, indem sie aufzeigen, welche Variablen starke Beziehungen zu Zielvariablen oder zueinander haben.

Diese umfassende Sicht auf den Datensatz ist im maschinellen Lernen von unschätzbarem Wert für das Verständnis von Merkmalsinteraktionen, die Anleitung der Merkmalstechnik und die Unterstützung von Modellauswahlentscheidungen.

Beispiel: Pair Plot

```
import seaborn as sns
import matplotlib.pyplot as plt
import pandas as pd
from sklearn.preprocessing import StandardScaler

# Load the Iris dataset
iris = sns.load_dataset("iris")

# Standardize the features
scaler = StandardScaler()
iris_scaled = iris.copy()
iris_scaled[['sepal_length',  'sepal_width',  'petal_length',  'petal_width']]  =
scaler.fit_transform(iris[['sepal_length',     'sepal_width',      'petal_length',
'petal_width']])

# Create a pair plot with additional customization
g = sns.pairplot(iris_scaled, hue='species', height=2.5, aspect=1.2,
                 plot_kws={'alpha': 0.7},
                 diag_kws={'bins': 15, 'alpha': 0.6, 'edgecolor': 'black'},
                 corner=True)

# Customize the plot
g.fig.suptitle("Iris Dataset Pair Plot", fontsize=16, y=1.02)
g.fig.tight_layout()

# Add correlation coefficients
for i, j in zip(*np.triu_indices_from(g.axes, 1)):
    corr = iris_scaled.iloc[:, [i, j]].corr().iloc[0, 1]
    g.axes[i, j].annotate(f'r = {corr:.2f}', xy=(0.5, 0.95), xycoords='axes fraction',
                          ha='center', va='top', fontsize=10)

# Show the plot
plt.show()

# Calculate and print summary statistics
summary_stats = iris.groupby('species').agg(['mean', 'median', 'std'])
print("\\nSummary Statistics by Species:")
print(summary_stats)
```

Code-Aufschlüsselung:

- Bibliotheken importieren:
    - Wir importieren seaborn, matplotlib.pyplot und pandas für Datenmanipulation und Visualisierung.
    - Wir importieren auch StandardScaler aus sklearn.preprocessing für die Merkmalsskalierung.
- Daten laden und vorbereiten:
    - Wir verwenden sns.load_dataset("iris"), um den eingebauten Iris-Datensatz von Seaborn zu laden.
    - Wir erstellen eine Kopie des Datensatzes und standardisieren die numerischen Merkmale mit StandardScaler. Dieser Schritt ist wichtig im maschinellen Lernen, um sicherzustellen, dass alle Merkmale auf der gleichen Skala sind.
- Pair Plot erstellen:
    - Wir verwenden sns.pairplot(), um ein Raster von Streudiagrammen für jedes Merkmalspaar zu erstellen.
    - Der 'hue'-Parameter färbt die Punkte nach Spezies ein, wodurch visualisiert wird, wie gut die Merkmale die verschiedenen Klassen trennen.
    - Wir setzen 'corner=True', um nur das untere Dreieck der Plot-Matrix anzuzeigen und Redundanz zu reduzieren.
    - Wir passen das Erscheinungsbild mit 'plot_kws' und 'diag_kws' an, um Transparenz und Histogrammeigenschaften anzupassen.
- Plot verbessern:
    - Wir fügen einen Haupttitel zur gesamten Abbildung mit fig.suptitle() hinzu.
    - Wir verwenden tight_layout(), um den Abstand zwischen Teilplots zu verbessern.
    - Wir fügen Korrelationskoeffizienten zu jedem Streudiagramm hinzu, was entscheidend für das Verständnis von Merkmalsbeziehungen im maschinellen Lernen ist.
- Plot anzeigen:
    - plt.show() rendert und zeigt den Pair Plot an.
- Zusammenfassende Statistiken berechnen:

  - Wir verwenden pandas' groupby- und agg-Funktionen, um Mittelwert, Median und Standardabweichung für jedes Merkmal, gruppiert nach Spezies, zu berechnen.
  - Diese Statistiken werden ausgegeben, um eine numerische Zusammenfassung neben der visuellen Darstellung bereitzustellen.

Dieses Beispiel bietet eine umfassendere Sicht auf den Iris-Datensatz durch:

- Standardisierung der Merkmale, was ein üblicher Vorverarbeitungsschritt im maschinellen Lernen ist.
- Erstellung eines informativeren Pair Plots mit angepasster Ästhetik und Korrelationskoeffizienten.
- Einbeziehung von zusammenfassenden Statistiken für eine numerische Perspektive auf die Daten.

Der Pair Plot ist besonders nützlich für die Visualisierung, wie verschiedene Merkmale zu Klassifikationsaufgaben beitragen können und für die Identifizierung möglicher Korrelationen zwischen Merkmalen, was die Merkmalsauswahl und -entwicklung in Machine-Learning-Workflows unterstützen kann.

2.4.3 Plotly: Interaktive Datenvisualisierung

Während Matplotlib und Seaborn in der Erstellung statischer Visualisierungen hervorragend sind, hebt **Plotly** die Datenvisualisierung auf ein neues Niveau, indem es interaktive und dynamische Plots anbietet. Diese interaktiven Visualisierungen können nahtlos in verschiedene Plattformen integriert werden, einschließlich Websites, Dashboards und Jupyter Notebooks, was sie für unterschiedliche Präsentationskontexte äußerst vielseitig macht.

Plotlys interaktive Funktionen bieten eine Vielzahl von Vorteilen, die die Datenexploration und -analyse erheblich verbessern:

- Echtzeit-Exploration: Benutzer können dynamisch mit Datenvisualisierungen interagieren, was die sofortige Entdeckung von Mustern, Trends und Ausreißern ermöglicht. Dieser praktische Ansatz erleichtert ein tieferes Verständnis komplexer Datensätze und fördert effizientere datengesteuerte Entscheidungsfindung.
- Zoom-Funktionalität: Die Möglichkeit, auf bestimmte Datenpunkte oder Regionen zu zoomen, ermöglicht eine detaillierte Untersuchung bestimmter Interessensbereiche. Diese Funktion ist besonders wertvoll beim Umgang mit dichten Datensätzen oder beim Versuch, subtile Muster zu identifizieren, die in einer breiteren Ansicht möglicherweise verborgen bleiben.
- Schwenk-Fähigkeiten: Benutzer können mühelos durch umfangreiche Datensätze navigieren. Diese Funktionalität ist besonders vorteilhaft bei der Arbeit mit

großskaligen oder mehrdimensionalen Daten und ermöglicht die nahtlose Erkundung verschiedener Datensegmente ohne den Kontext zu verlieren.

- Hover-Informationen: Detaillierte Informationen über einzelne Datenpunkte können beim Überfahren angezeigt werden, wodurch zusätzlicher Kontext und spezifische Werte ohne Überfrachtung der Hauptvisualisierung bereitgestellt werden. Diese Funktion ermöglicht schnellen Zugriff auf präzise Daten bei gleichzeitiger Beibehaltung einer übersichtlichen und intuitiven Oberfläche.
- Anpassbare Interaktivität: Plotly ermöglicht Entwicklern, interaktive Funktionen an spezifische analytische Bedürfnisse und Benutzerpräferenzen anzupassen. Diese Flexibilität ermöglicht die Erstellung hochspezialisierter und benutzerfreundlicher Visualisierungen, die für bestimmte Datensätze oder analytische Ziele optimiert werden können.
- Multi-Chart-Interaktivität: Plotly unterstützt verknüpfte Ansichten über mehrere Diagramme hinweg, was synchronisierte Interaktionen ermöglicht. Diese Funktion ist besonders nützlich für die Erforschung von Beziehungen zwischen verschiedenen Variablen oder Datensätzen und verbessert die gesamten analytischen Fähigkeiten.

Diese interaktiven Funktionen verwandeln gemeinsam statische Visualisierungen in dynamische Explorationswerkzeuge und verbessern erheblich die Tiefe und Effizienz von Datenanalyseprozessen in verschiedenen Bereichen, einschließlich maschinellem Lernen und Data Science.

Diese Funktionen machen Plotly zu einem unschätzbaren Werkzeug für Data Scientists und Analysten, die mit großen, komplexen Datensätzen in Machine-Learning-Projekten arbeiten. Die Möglichkeit, in Echtzeit mit Visualisierungen zu interagieren, kann zu schnellerem Datenverständnis, effizienterer explorativer Datenanalyse und verbesserter Kommunikation von Ergebnissen an Stakeholder führen.

Interaktiver Linienplot mit Plotly

Plotly revolutioniert die Datenvisualisierung, indem es eine intuitive Möglichkeit bietet, interaktive Versionen traditioneller Plots wie Liniendiagramme, Balkendiagramme und Streudiagramme zu erstellen. Diese Interaktivität fügt der Datenexploration und -präsentation eine neue Dimension hinzu, die es Benutzern ermöglicht, in Echtzeit mit den Daten zu arbeiten. Hier ist, wie Plotly diese traditionellen Plottypen verbessert:

1. Liniendiagramme: Plotly verwandelt statische Liniendiagramme in dynamische Visualisierungen. Benutzer können auf bestimmte Zeiträume zoomen, durch den gesamten Datensatz schwenken und über einzelne Datenpunkte fahren, um präzise Werte zu sehen. Dies ist besonders nützlich für Zeitreihenanalysen im maschinellen Lernen, wo die Identifizierung von Trends und Anomalien entscheidend ist.
2. Balkendiagramme: Interaktive Balkendiagramme in Plotly ermöglichen es Benutzern, Daten zu sortieren, Kategorien zu filtern und sogar in Unterkategorien einzutauchen.

Diese Funktionalität ist unschätzbar beim Umgang mit kategorischen Daten in Machine-Learning-Aufgaben, wie der Visualisierung von Merkmalswichtigkeit oder dem Vergleich von Modellleistung über verschiedene Kategorien hinweg.

3. Streudiagramme: Plotly erweitert Streudiagramme, indem es Benutzern ermöglicht, bestimmte Datenpunkte oder Cluster auszuwählen und hervorzuheben. Diese Interaktivität ist besonders vorteilhaft in der explorativen Datenanalyse für maschinelles Lernen, wo die Identifizierung von Mustern, Ausreißern und Beziehungen zwischen Variablen wesentlich für die Merkmalsauswahl und Modellentwicklung ist.

Indem diese traditionellen Plots interaktiv gemacht werden, befähigt Plotly Data Scientists und Machine-Learning-Praktiker, tiefere Einblicke zu gewinnen, Erkenntnisse effektiver zu kommunizieren und datengesteuerte Entscheidungen mit größerer Zuversicht zu treffen.

Beispiel: Interaktiver Linienplot

```
import plotly.graph_objects as go
import numpy as np

# Create more complex sample data
x = np.linspace(0, 10, 100)
y1 = np.sin(x)
y2 = np.cos(x)

# Create a figure with subplots
fig = go.Figure()

# Add first line plot
fig.add_trace(go.Scatter(x=x, y=y1, mode='lines+markers', name='Sine Wave',
                         line=dict(color='blue', width=2),
                         marker=dict(size=8, symbol='circle')))

# Add second line plot
fig.add_trace(go.Scatter(x=x, y=y2, mode='lines+markers', name='Cosine Wave',
                         line=dict(color='red', width=2, dash='dash'),
                         marker=dict(size=8, symbol='square')))

# Customize layout
fig.update_layout(
    title='Interactive Trigonometric Functions Plot',
    xaxis_title='X-axis',
    yaxis_title='Y-axis',
    legend_title='Functions',
    hovermode='closest',
    plot_bgcolor='rgba(0,0,0,0)',
    width=800,
    height=500
)

# Add range slider and selector
```

```
fig.update_xaxes(
    rangeslider_visible=True,
    rangeselector=dict(
        buttons=list([
            dict(count=1, label="1π", step="all", stepmode="backward"),
            dict(count=2, label="2π", step="all", stepmode="backward"),
            dict(step="all")
        ])
    )
)

# Show the plot
fig.show()
```

Code-Aufschlüsselung:

- Bibliotheken importieren:
    - Wir importieren plotly.graph_objects zur Erstellung interaktiver Plots.
    - numpy wird für die Generierung komplexerer Beispieldaten importiert.
- Datengenerierung:
    - Wir verwenden np.linspace(), um ein Array von 100 gleichmäßig verteilten Punkten zwischen 0 und 10 zu erstellen.
    - Wir generieren Sinus- und Kosinuswellen mit diesen Punkten, um die Arbeit mit mathematischen Funktionen zu demonstrieren.
- Erstellen der Figur:
    - go.Figure() initialisiert ein neues Figur-Objekt.
- Traces hinzufügen:
    - Wir fügen zwei Traces mit fig.add_trace() hinzu, einen für Sinus und einen für Kosinus.
    - Jeder Trace ist ein Scatter-Objekt im 'lines+markers'-Modus, der sowohl Linien als auch Datenpunkte ermöglicht.
    - Wir passen das Erscheinungsbild jedes Traces mit verschiedenen Farben, Linienstilen und Markersymbolen an.
- Layout anpassen:
    - fig.update_layout() wird verwendet, um verschiedene Plot-Eigenschaften festzulegen:
        - Titel, Achsenbeschriftungen und Legendentitel werden gesetzt.

    - hovermode='closest' stellt sicher, dass Hover-Informationen für den nächstgelegenen Datenpunkt erscheinen.
    - plot_bgcolor legt einen transparenten Hintergrund fest.
    - Breite und Höhe des Plots werden spezifiziert.

- Interaktive Funktionen hinzufügen:
    - Ein Bereichsschieberegler wird mit fig.update_xaxes(rangeslider_visible=True) hinzugefügt.
    - Bereichsauswahl-Schaltflächen werden hinzugefügt, die eine schnelle Auswahl verschiedener x-Achsen-Bereiche ermöglichen (1π, 2π oder alle Daten).
- Plot anzeigen:
    - fig.show() rendert den interaktiven Plot in der Ausgabe.

Dieses Code-Beispiel demonstriert mehrere fortgeschrittene Funktionen von Plotly:

1. Arbeiten mit mathematischen Funktionen und numpy-Arrays.
2. Erstellen mehrerer Traces in einem einzelnen Plot zum Vergleich.
3. Umfangreiche Anpassung des Plot-Erscheinungsbilds.
4. Hinzufügen interaktiver Elemente wie Bereichsschieberegler und -auswahl.

Diese Funktionen sind besonders nützlich im Machine-Learning-Kontext, wie zum Beispiel beim Vergleich von Modellvorhersagen mit tatsächlichen Daten, der Visualisierung komplexer Beziehungen oder der Erforschung von Zeitreihendaten mit verschiedenen Zeitskalen.

Interaktiver Streuplot mit Plotly

Interaktive Streudiagramme dienen als leistungsstarkes und vielseitiges Werkzeug für die Datenexploration und -präsentation im Machine-Learning-Kontext. Diese dynamischen Visualisierungen ermöglichen die Echtzeit-Untersuchung von Variablenbeziehungen und befähigen Data Scientists, Muster, Korrelationen und Ausreißer mit beispielloser Leichtigkeit und Effizienz aufzudecken. Indem Benutzer die Datenansicht im laufenden Betrieb manipulieren können, ermöglichen interaktive Streudiagramme ein intuitiveres und umfassenderes Verständnis komplexer Datensätze.

Die Möglichkeit, in bestimmte Interessenregionen zu zoomen, über den gesamten Datensatz zu schwenken und detaillierte Informationen durch Hover-Tooltips zu erhalten, transformiert den Datenexplorationsprozess. Diese Interaktivität ist besonders wertvoll beim Umgang mit den komplexen, hochdimensionalen Datensätzen, die in Machine-Learning-Projekten üblich sind. Bei einer Klassifizierungsaufgabe kann beispielsweise ein interaktives Streudiagramm helfen, die Entscheidungsgrenzen zwischen verschiedenen Klassen zu visualisieren und es Forschern ermöglichen, fehlklassifizierte Punkte und potenzielle Bereiche für Modellverbesserungen zu identifizieren.

Darüber hinaus dienen diese interaktiven Plots als ansprechendes Medium zur Kommunikation von Erkenntnissen an Stakeholder und überbrücken die Kluft zwischen technischer Analyse und praktischen Einsichten. Indem nicht-technischen Teammitgliedern ermöglicht wird, die Daten selbst zu erkunden, erleichtern interaktive Streudiagramme ein intuitiveres Verständnis von Datentrends und Modell-Insights. Dies kann besonders nützlich in kollaborativen Umgebungen sein, wo Data Scientists komplexe Beziehungen an Produktmanager, Führungskräfte oder Kunden vermitteln müssen, die möglicherweise keinen tiefgehenden statistischen Hintergrund haben.

Die dynamische Natur interaktiver Streudiagramme steigert auch die Effizienz der explorativen Datenanalyse (EDA) in Machine-Learning-Workflows. Traditionelle statische Plots erfordern oft die Generierung mehrerer Visualisierungen, um verschiedene Aspekte der Daten zu erfassen. Im Gegensatz dazu kann ein einzelnes interaktives Streudiagramm mehrere statische Plots ersetzen, indem es Benutzern ermöglicht, zwischen verschiedenen Variablen zu wechseln, Filter anzuwenden oder die Skala im laufenden Betrieb anzupassen. Dies spart nicht nur Zeit, sondern bietet auch eine ganzheitlichere Sicht auf die Daten, wodurch möglicherweise Erkenntnisse aufgedeckt werden, die bei der Betrachtung statischer Plots isoliert übersehen werden könnten.

Darüber hinaus können interaktive Streudiagramme besonders vorteilhaft bei Feature Engineering und Auswahlprozessen sein. Indem Benutzer die Beziehungen zwischen mehreren Features gleichzeitig visualisieren und die Ansicht dynamisch anpassen können, können diese Plots helfen, redundante Features zu identifizieren, nicht-lineare Beziehungen aufzudecken und die Erstellung neuer, aussagekräftigerer Features zu leiten. Dieser interaktive Ansatz zur Feature-Analyse kann zu robusteren und effektiveren Machine-Learning-Modellen führen.

Zusammenfassend lässt sich sagen, dass interaktive Streudiagramme durch die Möglichkeit zu zoomen, zu schwenken, über Datenpunkte zu hovern und die Visualisierung dynamisch anzupassen, statische Visualisierungen in leistungsstarke, dynamische Explorationswerkzeuge verwandeln. Diese interaktiven Fähigkeiten verbessern erheblich die Tiefe und Effizienz von Datenanalyseprozessen in verschiedenen Machine-Learning-Anwendungen, von der ersten Datenexploration bis zur Modellauswertung und Ergebnispräsentation. Mit zunehmender Komplexität und Größe von Machine-Learning-Projekten wird die Rolle interaktiver Visualisierungen wie Streudiagramme immer wichtiger für die Extraktion aussagekräftiger Erkenntnisse und die Förderung datengestützter Entscheidungsfindung.

Beispiel: Interaktiver Streuplot

```
import plotly.graph_objects as go
import numpy as np

# Create more complex sample data
np.random.seed(42)
n = 100
```

```
x = np.random.randn(n)
y = 2*x + np.random.randn(n)
sizes = np.random.randint(5, 25, n)
colors = np.random.randint(0, 100, n)

# Create an interactive scatter plot
fig = go.Figure()

# Add scatter plot
fig.add_trace(go.Scatter(
    x=x,
    y=y,
    mode='markers',
    marker=dict(
        size=sizes,
        color=colors,
        colorscale='Viridis',
        showscale=True,
        colorbar=dict(title='Color Scale')
    ),
    text=[f'Point {i+1}' for i in range(n)],
    hoverinfo='text+x+y'
))

# Add a trend line
z = np.polyfit(x, y, 1)
p = np.poly1d(z)
fig.add_trace(go.Scatter(
    x=[x.min(), x.max()],
    y=[p(x.min()), p(x.max())],
    mode='lines',
    name='Trend Line',
    line=dict(color='red', dash='dash')
))

# Customize layout
fig.update_layout(
    title='Interactive Scatter Plot with Trend Line',
    xaxis_title='X-axis',
    yaxis_title='Y-axis',
    hovermode='closest',
    showlegend=True
)

# Add range slider and buttons
fig.update_xaxes(
    rangeslider_visible=True,
    rangeselector=dict(
        buttons=list([
            dict(count=1, label="25%", step="all", stepmode="backward"),
            dict(count=2, label="50%", step="all", stepmode="backward"),
            dict(count=3, label="75%", step="all", stepmode="backward"),
```

```
                dict(step="all", label="100%")
            ])
        )
)

# Show the plot
fig.show()
```

Code-Aufschlüsselung:

1. Bibliotheken importieren:

- Wir importieren plotly.graph_objects für die Erstellung interaktiver Plots.
- numpy wird für die Generierung komplexerer Beispieldaten und die Durchführung von Berechnungen importiert.

2. Datengenerierung:

- Wir verwenden np.random.seed(42), um die Reproduzierbarkeit der Zufallszahlen sicherzustellen.
- Wir generieren 100 zufällige Punkte für x und y, wobei y eine lineare Beziehung zu x plus Rauschen aufweist.
- Wir erstellen auch zufällige Größen und Farben für jeden Punkt, um weitere Dimensionen zu unserer Visualisierung hinzuzufügen.

3. Erstellen der Abbildung:

- go.Figure() initialisiert ein neues Abbildungsobjekt.

4. Hinzufügen des Streudiagramms:

- Wir verwenden fig.add_trace(), um ein Streudiagramm hinzuzufügen.
- Der marker-Parameter wird verwendet, um das Erscheinungsbild der Punkte anzupassen:
    - size wird auf unser Array zufälliger Größen gesetzt.
    - color wird auf unser Array zufälliger Farben gesetzt.
    - colorscale='Viridis' legt einen Farbverlauf fest.
    - showscale=True fügt eine Farbskala zum Plot hinzu.
- Wir fügen benutzerdefinierten Text für jeden Punkt hinzu und stellen hoverinfo so ein, dass dieser Text zusammen mit x- und y-Koordinaten angezeigt wird.

5. Hinzufügen einer Trendlinie:

- Wir verwenden np.polyfit() und np.poly1d(), um eine lineare Trendlinie zu berechnen.
- Eine weitere Trace wird der Abbildung hinzugefügt, um diese Trendlinie anzuzeigen.

6. Layout anpassen:

- fig.update_layout() wird verwendet, um verschiedene Plot-Eigenschaften festzulegen:
    - Titel und Achsenbeschriftungen werden gesetzt.
    - hovermode='closest' stellt sicher, dass Hover-Informationen für den nächstgelegenen Datenpunkt erscheinen.
    - showlegend=True zeigt die Legende an.

7. Interaktive Funktionen hinzufügen:

- Ein Bereichsschieberegler wird mit fig.update_xaxes(rangeslider_visible=True) hinzugefügt.
- Bereichsauswahlschaltflächen werden hinzugefügt, die eine schnelle Auswahl verschiedener x-Achsenbereiche ermöglichen (25%, 50%, 75% oder alle Daten).

8. Plot anzeigen:

- fig.show() rendert den interaktiven Plot in der Ausgabe.

Dieses Code-Beispiel demonstriert mehrere fortgeschrittene Funktionen von Plotly, die besonders im Machine-Learning-Kontext nützlich sind:

- Visualisierung mehrdimensionaler Daten (x, y, Größe, Farbe) in einem einzigen Plot.
- Hinzufügen einer Trendlinie zur Darstellung der allgemeinen Beziehung zwischen Variablen.
- Verwendung interaktiver Elemente wie Hover-Informationen, Bereichsschieberegler und -auswahl für die Datenexploration.
- Anpassung des Plot-Erscheinungsbilds für bessere Datenrepräsentation und Benutzererfahrung.

Diese Funktionen können bei der Untersuchung von Beziehungen zwischen Variablen, der Identifizierung von Ausreißern oder der Präsentation komplexer Datenmuster in Machine-Learning-Projekten von unschätzbarem Wert sein.

Interaktive Plots wie dieser können im maschinellen Lernen verwendet werden, wenn große Datensätze erkundet oder Erkenntnisse einem Publikum präsentiert werden sollen, das mit den Daten interagieren möchte.

2.4.4 Kombination mehrerer Plots

In Data-Science- und Machine-Learning-Projekten ist es oft notwendig, mehrere Plots innerhalb einer einzigen Abbildung zu erstellen, um verschiedene Aspekte der Daten zu vergleichen oder eine umfassende Ansicht Ihrer Analyse zu präsentieren. Dieser Ansatz ermöglicht Seite-an-Seite-Vergleiche, Trendanalysen über mehrere Variablen hinweg oder die Visualisierung verschiedener Stufen in einer Machine-Learning-Pipeline. Sowohl Matplotlib als auch Plotly bieten leistungsfähige Möglichkeiten zur effektiven Kombination mehrerer Plots.

Matplotlib bietet ein flexibles Subplot-System, das es ermöglicht, Plots in einer rasterartigen Struktur anzuordnen. Dies ist besonders nützlich, wenn Sie verschiedene Features vergleichen, die Leistung mehrerer Modelle visualisieren oder den Fortschritt der Daten durch verschiedene Vorverarbeitungsschritte zeigen möchten. Beispielsweise könnten Sie eine Abbildung mit vier Subplots erstellen: einer zeigt die Rohdatenverteilung, ein anderer die Daten nach der Normalisierung, ein dritter die Feature-Wichtigkeit und ein vierter die Modellvorhersagen im Vergleich zu den tatsächlichen Werten.

Plotly hingegen bietet interaktive Multi-Plot-Layouts, die besonders bei der Präsentation von Ergebnissen für Stakeholder oder in interaktiven Dashboards von Vorteil sein können. Mit Plotly können Sie komplexe Layouts erstellen, die verschiedene Arten von Diagrammen (z.B. Streudiagramme, Histogramme und Heatmaps) in einer einzigen Abbildung enthalten. Diese Interaktivität ermöglicht es Benutzern, verschiedene Aspekte der Daten dynamisch zu erkunden, in interessante Bereiche zu zoomen und zwischen verschiedenen Ansichten zu wechseln, was die gesamte Datenexploration und Präsentationserfahrung verbessert.

Durch die Nutzung der Möglichkeit, mehrere Plots zu kombinieren, können Data Scientists und Machine-Learning-Praktiker informativere und aufschlussreichere Visualisierungen erstellen. Dieser Ansatz unterstützt nicht nur den Analyseprozess, sondern verbessert auch die Kommunikation komplexer Erkenntnisse an technische und nicht-technische Zielgruppen. Ob Sie Matplotlib für seine präzise Kontrolle oder Plotly für seine interaktiven Funktionen verwenden, die Fähigkeit, Multi-Plot-Abbildungen zu erstellen, ist eine wesentliche Fertigkeit im modernen Data-Science-Toolkit.

Beispiel: Subplots mit Matplotlib

```
import matplotlib.pyplot as plt
import numpy as np

# Create sample data
x = np.linspace(0, 10, 100)
y1 = np.sin(x)
y2 = np.cos(x)
y3 = np.exp(-x/10)
y4 = x**2 / 20

# Create a figure with subplots
fig, axs = plt.subplots(2, 2, figsize=(12, 10))
```

```
# Plot 1: Sine wave
axs[0, 0].plot(x, y1, 'b-', label='Sine')
axs[0, 0].set_title('Sine Wave')
axs[0, 0].set_xlabel('X-axis')
axs[0, 0].set_ylabel('Y-axis')
axs[0, 0].legend()
axs[0, 0].grid(True)

# Plot 2: Cosine wave
axs[0, 1].plot(x, y2, 'r--', label='Cosine')
axs[0, 1].set_title('Cosine Wave')
axs[0, 1].set_xlabel('X-axis')
axs[0, 1].set_ylabel('Y-axis')
axs[0, 1].legend()
axs[0, 1].grid(True)

# Plot 3: Exponential decay
axs[1, 0].plot(x, y3, 'g-.', label='Exp Decay')
axs[1, 0].set_title('Exponential Decay')
axs[1, 0].set_xlabel('X-axis')
axs[1, 0].set_ylabel('Y-axis')
axs[1, 0].legend()
axs[1, 0].grid(True)

# Plot 4: Quadratic function
axs[1, 1].plot(x, y4, 'm:', label='Quadratic')
axs[1, 1].set_title('Quadratic Function')
axs[1, 1].set_xlabel('X-axis')
axs[1, 1].set_ylabel('Y-axis')
axs[1, 1].legend()
axs[1, 1].grid(True)

# Adjust layout and show the plot
plt.tight_layout()
plt.show()
```

Code-Aufschlüsselung:

- Bibliotheken importieren:
  - matplotlib.pyplot wird für die Erstellung von Plots importiert.
  - numpy wird für die Generierung komplexerer Beispieldaten und mathematische Operationen importiert.
- Datengenerierung:
  - np.linspace() erstellt ein Array von 100 gleichmäßig verteilten Punkten zwischen 0 und 10.

    - Vier verschiedene Funktionen werden zur Datengenerierung verwendet: Sinus, Kosinus, exponentieller Zerfall und quadratisch.
- Erstellen der Abbildung:
    - plt.subplots(2, 2, figsize=(12, 10)) erstellt eine Abbildung mit einem 2x2-Raster von Subplots und legt die Gesamtgröße der Abbildung fest.
- Daten plotten:
    - Auf jeden Subplot wird über axs[Zeile, Spalte]-Notation zugegriffen.
    - Verschiedene Linienstile und Farben werden für jeden Plot verwendet (z.B. 'b-' für blaue durchgezogene Linie, 'r--' für rote gestrichelte Linie).
    - Beschriftungen werden für die Legende zu jeder Linie hinzugefügt.
- Subplots anpassen:
    - set_title() fügt jedem Subplot einen Titel hinzu.
    - set_xlabel() und set_ylabel() beschriften die Achsen.
    - legend() fügt jedem Subplot eine Legende hinzu.
    - grid(True) fügt jedem Subplot ein Raster für bessere Lesbarkeit hinzu.
- Plot finalisieren:
    - plt.tight_layout() passt die Subplot-Parameter automatisch für optimales Layout an.
    - plt.show() zeigt die finale Abbildung mit allen Subplots an.

Dieses Beispiel demonstriert mehrere fortgeschrittene Funktionen von Matplotlib:

1. Erstellen eines Rasters von Subplots zum Vergleich mehrerer Datensätze oder Funktionen.
2. Verwendung verschiedener Linienstile und Farben zur Unterscheidung zwischen Plots.
3. Hinzufügen von Titeln, Beschriftungen, Legenden und Rastern zur Verbesserung der Lesbarkeit.
4. Arbeiten mit komplexeren mathematischen Funktionen unter Verwendung von NumPy.

Diese Funktionen sind besonders nützlich im maschinellen Lernen, zum Beispiel für:

- Vergleich verschiedener Modellvorhersagen oder Fehlermetriken.
- Visualisierung verschiedener Datentransformationen oder Feature-Engineering-Schritte.

- Untersuchung von Beziehungen zwischen verschiedenen Variablen oder Datensätzen.
- Präsentation mehrerer Aspekte einer Analyse in einer einzigen, umfassenden Abbildung.

Die Kombination mehrerer Plots ermöglicht die Analyse von Daten aus verschiedenen Perspektiven, was für eine umfassende Datenanalyse im maschinellen Lernen essentiell ist.

Datenvisualisierung ist ein entscheidender Teil jedes Machine-Learning-Workflows. Ob Sie Daten erkunden, Ergebnisse präsentieren oder Modellleistung bewerten, **Matplotlib**, **Seaborn** und **Plotly** bieten die notwendigen Werkzeuge dafür. Jede Bibliothek bietet einzigartige Stärken—Matplotlib bietet Flexibilität und Anpassungsmöglichkeiten, Seaborn vereinfacht statistisches Plotten und Plotly ermöglicht interaktive Visualisierungen. Durch die Beherrschung dieser Werkzeuge sind Sie bestens ausgerüstet, um Ihre Daten zu visualisieren, Erkenntnisse zu kommunizieren und fundierte Entscheidungen zu treffen.

2.5 Scikit-learn und essentielle Machine-Learning-Bibliotheken

Maschinelles Lernen ermöglicht es Computern, aus Daten zu lernen und intelligente Entscheidungen zu treffen, ohne für jedes Szenario explizit programmiert werden zu müssen. An der Spitze dieser Revolution steht Pythons **Scikit-learn**, eine leistungsstarke Bibliothek, die für ihre benutzerfreundliche Schnittstelle, rechnerische Effizienz und umfangreiche Sammlung modernster Algorithmen bekannt ist. Dieses vielseitige Toolkit hat sich zur ersten Wahl für Data Scientists und Machine-Learning-Praktiker weltweit entwickelt.

Scikit-learns umfassende Werkzeugsammlung deckt die gesamte Machine-Learning-Pipeline ab, von der anfänglichen Datenvorverarbeitung und Feature-Engineering bis hin zur Modellkonstruktion, Training und gründlicher Evaluierung. Ihr modulares Design ermöglicht die nahtlose Integration verschiedener Komponenten und ermöglicht es Forschern und Entwicklern, komplexe Machine-Learning-Lösungen mit bemerkenswerter Leichtigkeit und Flexibilität zu erstellen.

In dieser eingehenden Untersuchung werden wir in die inneren Abläufe von Scikit-learn eintauchen, seine Kernfunktionalitäten entschlüsseln und untersuchen, wie es sich nahtlos mit anderen essentiellen Bibliotheken im Python-Ökosystem integriert. Wir werden seine synergetischen Beziehungen zu Schwergewichten wie **NumPy** für numerische Berechnungen, **Pandas** für Datenmanipulation und **Matplotlib** für Datenvisualisierung untersuchen. Zusammen bilden diese Bibliotheken ein robustes Framework, das Data Scientists befähigt, End-to-End-Machine-Learning-Pipelines zu konstruieren, von der Rohwdatenaufnahme bis zur Bereitstellung fein abgestimmter prädiktiver Modelle.

2.5.1 Einführung in Scikit-learn

Scikit-learn, eine leistungsstarke Machine-Learning-Bibliothek, basiert auf den robusten Grundlagen von NumPy, SciPy und Matplotlib. Diese Integration führt zu einem hocheffizienten Framework für numerische und statistische Berechnungen, die für fortgeschrittene Machine-Learning-Aufgaben unerlässlich sind. Die Eleganz der Bibliothek liegt in ihrem konsistenten API-Design, das es Data Scientists und Machine-Learning-Praktikern ermöglicht, einheitliche Prozesse nahtlos über eine Vielzahl von Algorithmen hinweg anzuwenden, von Regression über Klassifikation bis hin zu Clustering- und Dimensionsreduktionsverfahren.

Eine der größten Stärken von Scikit-learn ist seine umfassende Unterstützung sowohl für **überwachtes** als auch **unüberwachtes Lernen**. Diese Vielseitigkeit geht über die grundlegende Modellimplementierung hinaus und umfasst wichtige Aspekte der Machine-Learning-Pipeline wie **Modellevaluierung** und **Hyperparameter-Optimierung**. Diese Funktionen ermöglichen es Anwendern nicht nur, Modelle zu erstellen, sondern auch deren Leistung rigoros zu bewerten und zu optimieren, um die Entwicklung robuster und präziser Machine-Learning-Lösungen sicherzustellen.

Um die Leistungsfähigkeit und Flexibilität von Scikit-learn zu veranschaulichen, betrachten wir einen typischen Workflow, der seine End-to-End-Fähigkeiten aufzeigt:

1. Datenvorverarbeitung: Dieser entscheidende erste Schritt umfasst Techniken wie Feature-Skalierung, Normalisierung und den Umgang mit fehlenden Werten. Scikit-learn bietet eine umfangreiche Sammlung von Vorverarbeitungswerkzeugen, um sicherzustellen, dass Ihre Daten im optimalen Format für das Modelltraining vorliegen.
2. Datenaufteilung: Die Bibliothek bietet Funktionen zur strategischen Aufteilung Ihres Datensatzes in Trainings- und Testmengen. Diese Trennung ist entscheidend für die Bewertung der Modellgeneralisierung und die Vermeidung von Überanpassung.
3. Modellauswahl: Scikit-learn verfügt über eine umfangreiche Sammlung von Machine-Learning-Algorithmen. Benutzer können aus einer breiten Palette von Modellen wählen, die auf ihre spezifische Problemdomäne und Dateneigenschaften zugeschnitten sind.
4. Modelltraining: Mit seiner intuitiven API vereinfacht Scikit-learn den Prozess des Anpassens von Modellen an Trainingsdaten. Dieser Schritt nutzt die optimierten Implementierungen der Bibliothek, um effizient Muster aus den Eingabemerkmalen zu lernen.
5. Modellevaluierung: Die Bibliothek bietet eine umfassende Suite von Metriken und Validierungstechniken zur Bewertung der Modellleistung auf zurückgehaltenen Testdaten, um zuverlässige Schätzungen der realen Effektivität sicherzustellen.
6. Hyperparameter-Optimierung: Scikit-learn bietet fortgeschrittene Werkzeuge zur Feinabstimmung von Modellparametern, einschließlich Rastersuche und

randomisierter Suchmethoden. Diese Techniken helfen dabei, die optimale Konfiguration zur Maximierung der Modellleistung zu identifizieren.

In den folgenden Abschnitten werden wir jeden dieser Schritte eingehender untersuchen und praktische Beispiele sowie bewährte Vorgehensweisen aufzeigen, um das volle Potenzial von Scikit-learn in Ihren Machine-Learning-Projekten auszuschöpfen.

2.5.2 Datenvorverarbeitung mit Scikit-learn

Bevor Daten in ein Machine-Learning-Modell eingespeist werden, ist es entscheidend, sie vorzuverarbeiten, um optimale Leistung und Genauigkeit zu gewährleisten. Die Datenvorverarbeitung ist ein grundlegender Schritt, der Rohdaten in ein Format umwandelt, das Machine-Learning-Algorithmen effektiv interpretieren und nutzen können. Dieser Prozess umfasst mehrere wichtige Schritte:

1. Feature-Skalierung: Viele Algorithmen reagieren empfindlich auf die Skalierung von Eingabemerkmalen. Techniken wie Standardisierung (Skalierung auf Mittelwert null und Standardabweichung eins) oder Normalisierung (Skalierung auf einen festen Bereich, oft [0,1]) stellen sicher, dass alle Merkmale gleichmäßig zum Lernprozess des Modells beitragen.

2. Kodierung kategorischer Variablen: Machine-Learning-Modelle arbeiten typischerweise mit numerischen Daten. Kategorische Variablen, wie Farben oder Textbezeichnungen, müssen in ein numerisches Format umgewandelt werden. Dies kann durch Techniken wie One-Hot-Encoding oder Label-Encoding erfolgen.

3. Umgang mit fehlenden Werten: Reale Datensätze enthalten oft fehlende oder unvollständige Informationen. Strategien zum Umgang damit umfassen Imputation (Auffüllen fehlender Werte mit Schätzungen) oder das Entfernen unvollständiger Proben, je nach Art und Umfang der fehlenden Daten.

4. Feature-Auswahl oder -Extraktion: Dies beinhaltet die Identifizierung der relevantesten Merkmale für das Modell, was die Leistung verbessern und die Berechnungskomplexität reduzieren kann.

5. Ausreißererkennung und -behandlung: Extreme Werte können die Modellleistung erheblich beeinflussen. Die Identifizierung und angemessene Behandlung von Ausreißern ist oft ein entscheidender Vorverarbeitungsschritt.

Scikit-learn bietet eine umfassende Suite von Werkzeugen zur effizienten und effektiven Durchführung dieser Vorverarbeitungsaufgaben. Das Vorverarbeitungsmodul bietet eine breite Palette von Funktionen und Klassen, die sich nahtlos in Machine-Learning-Pipelines integrieren lassen und eine konsistente und reproduzierbare Datentransformation über Trainings- und Testphasen hinweg gewährleisten.

Standardisierung von Daten

Im maschinellen Lernen ist die Standardisierung numerischer Daten ein kritischer Vorverarbeitungsschritt, der sicherstellt, dass alle Merkmale gleichmäßig zum Lernprozess des Modells beitragen. Diese Technik, bekannt als Feature-Skalierung, transformiert die Daten so, dass alle Merkmale einen Mittelwert von 0 und eine Standardabweichung von 1 aufweisen. Dadurch schaffen wir gleiche Ausgangsbedingungen für alle Eingabevariablen, unabhängig von ihren ursprünglichen Skalen oder Maßeinheiten.

Die Bedeutung der Standardisierung wird besonders deutlich bei der Arbeit mit distanzbasierten Algorithmen wie **Support Vector Machines (SVMs)** und **K-nearest neighbors (KNN)**. Diese Algorithmen reagieren von Natur aus empfindlich auf die Skalierung von Eingabemerkmalen, da sie auf der Berechnung von Abständen zwischen Datenpunkten im Merkmalsraum basieren.

Bei einer SVM beispielsweise versucht der Algorithmus, die optimale Hyperebene zu finden, die verschiedene Klassen trennt. Wenn ein Merkmal eine viel größere Skala hat als andere, wird es die Abstandsberechnungen dominieren und möglicherweise die Position der Hyperebene verzerren. Ähnlich verhält es sich bei KNN, das Datenpunkte basierend auf der Mehrheitsklasse ihrer nächsten Nachbarn klassifiziert - Merkmale mit größeren Skalen werden einen unverhältnismäßigen Einfluss darauf haben, welche Punkte als "am nächsten" betrachtet werden.

Die Standardisierung löst diese Probleme, indem sie sicherstellt, dass alle Merkmale proportional zu den Abstandsberechnungen beitragen. Dies verbessert nicht nur die Leistung dieser Algorithmen, sondern beschleunigt auch die Konvergenz vieler Optimierungsalgorithmen, die in Machine-Learning-Modellen verwendet werden.

Darüber hinaus erleichtert die Standardisierung die Interpretation von Merkmalswichtigkeiten und Modellkoeffizienten, da sie alle auf der gleichen Skala liegen. Es ist jedoch erwähnenswert, dass, während die Standardisierung für viele Algorithmen entscheidend ist, einige, wie Entscheidungsbäume und Random Forests, von Natur aus immun gegen Feature-Skalierung sind und diesen Vorverarbeitungsschritt möglicherweise nicht benötigen.

Beispiel: Standardisierung von Merkmalen mit Scikit-learn

```
import numpy as np
from sklearn.preprocessing import StandardScaler
import matplotlib.pyplot as plt

# Sample data: three features with different scales
data = np.array([
    [1.0, 100.0, 1000.0],
    [2.0, 150.0, 2000.0],
    [3.0, 200.0, 3000.0],
    [4.0, 250.0, 4000.0],
    [5.0, 300.0, 5000.0]
])

# Initialize a StandardScaler
```

```
scaler = StandardScaler()

# Fit the scaler to the data and transform it
scaled_data = scaler.fit_transform(data)

# Print original and scaled data
print("Original Data:\\n", data)
print("\\nScaled Data:\\n", scaled_data)

# Print mean and standard deviation of original and scaled data
print("\\nOriginal Data Statistics:")
print("Mean:", np.mean(data, axis=0))
print("Standard Deviation:", np.std(data, axis=0))

print("\\nScaled Data Statistics:")
print("Mean:", np.mean(scaled_data, axis=0))
print("Standard Deviation:", np.std(scaled_data, axis=0))

# Visualize the data before and after scaling
fig, (ax1, ax2) = plt.subplots(1, 2, figsize=(12, 5))

# Plot original data
ax1.plot(data)
ax1.set_title("Original Data")
ax1.set_xlabel("Sample")
ax1.set_ylabel("Value")
ax1.legend(['Feature 1', 'Feature 2', 'Feature 3'])

# Plot scaled data
ax2.plot(scaled_data)
ax2.set_title("Scaled Data")
ax2.set_xlabel("Sample")
ax2.set_ylabel("Standardized Value")
ax2.legend(['Feature 1', 'Feature 2', 'Feature 3'])

plt.tight_layout()
plt.show()
```

Dieses Codebeispiel demonstriert den Prozess der Datenstandardisierung mit Scikit-learns StandardScaler. Schauen wir uns das Schritt für Schritt an:

1. Bibliotheken importieren:
   - Wir importieren numpy für numerische Operationen, StandardScaler aus sklearn.preprocessing für die Datenstandardisierung und matplotlib.pyplot für die Datenvisualisierung.
2. Beispieldaten erstellen:
   - Wir erstellen ein numpy-Array mit 5 Proben und 3 Merkmalen, jeweils mit unterschiedlichen Skalen (1-5, 100-300, 1000-5000).

3. Daten standardisieren:
    - Wir initialisieren ein StandardScaler-Objekt.
    - Wir verwenden fit_transform(), um den Scaler in einem Schritt sowohl an die Daten anzupassen als auch zu transformieren.
4. Ergebnisse ausgeben:
    - Wir geben sowohl die ursprünglichen als auch die skalierten Daten zum Vergleich aus.
    - Wir berechnen und geben den Mittelwert und die Standardabweichung beider Datensätze aus, um die Standardisierung zu überprüfen.
5. Daten visualisieren:
    - Wir erstellen eine Abbildung mit zwei Teilgrafiken, um die ursprünglichen und skalierten Daten nebeneinander zu visualisieren.
    - Für jede Teilgrafik plotten wir die Daten, setzen Titel und Beschriftungen und fügen eine Legende hinzu.
    - Abschließend passen wir das Layout an und zeigen den Plot an.

Wichtige Beobachtungen:

- Die ursprünglichen Daten haben Merkmale auf sehr unterschiedlichen Skalen, was im ersten Plot deutlich wird.
- Nach der Standardisierung haben alle Merkmale einen Mittelwert von ungefähr 0 und eine Standardabweichung von 1, wie in den ausgegebenen Statistiken zu sehen ist.
- Der Plot der skalierten Daten zeigt alle Merkmale auf derselben Skala, zentriert um 0.

Dieses umfassende Beispiel zeigt nicht nur, wie man StandardScaler verwendet, sondern auch, wie man seine Auswirkungen durch statistische Analyse und Visualisierung überprüft. Dieser Ansatz ist entscheidend in der Vorverarbeitung des maschinellen Lernens, um sicherzustellen, dass alle Merkmale unabhängig von ihren ursprünglichen Skalen gleichwertig zum Modelltraining beitragen.

Kodierung kategorischer Variablen

Die meisten Algorithmen des maschinellen Lernens sind für die Arbeit mit numerischen Daten konzipiert, was eine Herausforderung bei der Verarbeitung kategorischer Merkmale darstellt. Kategorische Variablen sind solche, die diskrete Kategorien oder Gruppen repräsentieren, wie "Ja" oder "Nein" Antworten oder Farboptionen wie "Rot", "Grün" und "Blau". Diese nicht-numerischen Datenpunkte müssen in ein numerisches Format umgewandelt werden, das Algorithmen effektiv verarbeiten können.

Dieser Umwandlungsprozess wird als Kodierung bezeichnet und ist ein entscheidender Schritt bei der Datenvorbereitung für Machine-Learning-Modelle. Es gibt verschiedene Methoden zur Kodierung kategorischer Variablen, jede mit eigenen Vor- und Einsatzgebieten. Scikit-learn, eine beliebte Machine-Learning-Bibliothek in Python, bietet dafür zwei hauptsächliche Werkzeuge: den **OneHotEncoder** und den **LabelEncoder**.

Der **OneHotEncoder** ist besonders nützlich für nominale kategorische Variablen (solche ohne inhärente Ordnung). Er erstellt binäre Spalten für jede Kategorie, wobei eine 1 das Vorhandensein dieser Kategorie und 0 deren Abwesenheit anzeigt. Bei der Kodierung von Farben könnte dies beispielsweise zu drei neuen Spalten führen: "Ist_Rot", "Ist_Grün" und "Ist_Blau", wobei für jeden Datenpunkt nur eine Spalte eine 1 enthält.

Der **LabelEncoder** hingegen eignet sich besser für ordinale kategorische Variablen (solche mit einer bedeutungsvollen Reihenfolge). Er weist jeder Kategorie eine eindeutige Ganzzahl zu. Zum Beispiel könnte er "Niedrig", "Mittel" und "Hoch" als 0, 1 und 2 kodieren. Allerdings ist bei der Verwendung des LabelEncoders Vorsicht geboten, da einige Algorithmen diese Zahlen als inhärente Ordnung oder Größenordnung interpretieren könnten, was nicht immer angemessen ist.

Die Wahl der richtigen Kodierungsmethode ist entscheidend, da sie die Leistung und Interpretierbarkeit Ihres Machine-Learning-Modells erheblich beeinflussen kann. Durch die Bereitstellung dieser Kodierungswerkzeuge vereinfacht Scikit-learn den Prozess der Vorbereitung kategorischer Daten für die Analyse und ermöglicht es Data Scientists, sich mehr auf die Modellentwicklung und weniger auf die technischen Details der Datenvorverarbeitung zu konzentrieren.

Beispiel: Kodierung kategorischer Variablen

```python
import numpy as np
from sklearn.preprocessing import OneHotEncoder, LabelEncoder
import pandas as pd

# Sample categorical data
categories = np.array([['Male'], ['Female'], ['Female'], ['Male'], ['Other']])
ordinal_categories = np.array(['Low', 'Medium', 'High', 'Medium', 'Low'])

# Initialize OneHotEncoder
onehot_encoder = OneHotEncoder(sparse=False)

# Fit and transform the categorical data
encoded_data = onehot_encoder.fit_transform(categories)

# Initialize LabelEncoder
label_encoder = LabelEncoder()

# Fit and transform the ordinal data
encoded_ordinal = label_encoder.fit_transform(ordinal_categories)
```

```
# Create a DataFrame for better visualization
df = pd.DataFrame(encoded_data, columns=onehot_encoder.get_feature_names(['Gender']))
df['Ordinal Category'] = encoded_ordinal

print("Original Categorical Data:\\n", categories.flatten())
print("\\nOne-Hot                          Encoded                          Data:\\n",
df[onehot_encoder.get_feature_names(['Gender'])])
print("\\nOriginal Ordinal Data:\\n", ordinal_categories)
print("\\nLabel Encoded Ordinal Data:\\n", encoded_ordinal)
print("\\nComplete DataFrame:\\n", df)

# Demonstrate inverse transform
original_categories = onehot_encoder.inverse_transform(encoded_data)
original_ordinal = label_encoder.inverse_transform(encoded_ordinal)

print("\\nInverse Transformed Categorical Data:\\n", original_categories.flatten())
print("Inverse Transformed Ordinal Data:\\n", original_ordinal)
```

Code-Aufschlüsselung:

1. Bibliotheken importieren:
   - Wir importieren numpy für numerische Operationen, OneHotEncoder und LabelEncoder aus sklearn.preprocessing für die Kodierung kategorischer Variablen und pandas für Datenmanipulation und Visualisierung.
2. Beispieldaten erstellen:
   - Wir erstellen zwei Arrays: 'categories' für nominale kategorische Daten (Geschlecht) und 'ordinal_categories' für ordinale kategorische Daten (niedrig/mittel/hoch).
3. One-Hot-Kodierung:
   - Wir initialisieren einen OneHotEncoder mit sparse=False, um eine dichte Array-Ausgabe zu erhalten.
   - Wir verwenden fit_transform(), um den Encoder in einem Schritt sowohl an die Daten anzupassen als auch zu transformieren.
   - Dies erstellt binäre Spalten für jede eindeutige Kategorie im 'categories' Array.
4. Label-Kodierung:
   - Wir initialisieren einen LabelEncoder für die ordinalen Daten.
   - Wir verwenden fit_transform(), um die ordinalen Kategorien in ganzzahlige Labels zu kodieren.
5. Datenvisualisierung:

   - Wir erstellen einen pandas DataFrame, um die kodierten Daten übersichtlicher darzustellen.
   - Wir verwenden get_feature_names(), um aussagekräftige Spaltennamen für die one-hot-kodierten Daten zu erhalten.
   - Wir fügen die label-kodierten ordinalen Daten als separate Spalte zum DataFrame hinzu.
6. Ergebnisse ausgeben:
   - Wir geben die ursprünglichen kategorischen und ordinalen Daten sowie ihre kodierten Versionen aus.
   - Wir zeigen den vollständigen DataFrame an, um zu demonstrieren, wie beide Kodierungsmethoden kombiniert werden können.
7. Inverse Transformation:
   - Wir zeigen, wie man den Kodierungsprozess mit inverse_transform() sowohl für OneHotEncoder als auch LabelEncoder rückgängig macht.
   - Dies ist nützlich, wenn Sie Ihre kodierten Daten für Interpretation oder Präsentation wieder in ihre ursprüngliche Form zurückführen müssen.

Dieses Beispiel zeigt sowohl die One-Hot-Kodierung für nominale Kategorien als auch die Label-Kodierung für ordinale Kategorien. Es demonstriert auch, wie man verschiedene Kodierungsmethoden in einem einzigen DataFrame kombiniert und wie man den Kodierungsprozess rückgängig macht. Dieser umfassende Ansatz bietet einen vollständigeren Überblick über die Kodierung kategorischer Daten in der Vorverarbeitung des maschinellen Lernens.

2.5.3 Aufteilung der Daten in Training und Test

Um ein maschinelles Lernmodell angemessen zu evaluieren, ist es entscheidend, den Datensatz in zwei verschiedene Teile aufzuteilen: einen Trainingsdatensatz und einen Testdatensatz. Diese Trennung ist grundlegend für die Bewertung der Modellleistung und seiner Fähigkeit, auf ungesehene Daten zu generalisieren. Hier ist eine detailliertere Erklärung, warum diese Aufteilung wesentlich ist:

1. Trainingsdatensatz: Dieser größere Teil der Daten (typischerweise 70-80%) wird verwendet, um das Modell zu trainieren. Das Modell lernt die Muster, Beziehungen und zugrundeliegende Struktur der Daten aus diesem Datensatz. Anhand dieser Daten passt das Modell seine Parameter an, um Vorhersagefehler zu minimieren.
2. Testdatensatz: Der verbleibende Teil der Daten (typischerweise 20-30%) wird beiseite gelegt und während des Trainingsprozesses nicht verwendet. Dieser Datensatz dient als Stellvertreter für neue, ungesehene Daten. Nach dem Training wird die Leistung des

Modells an diesem Datensatz evaluiert, um abzuschätzen, wie gut es auf realen, noch nicht gesehenen Daten funktionieren wird.

Die wichtigsten Vorteile dieser Aufteilung sind:

- Vermeidung von Überanpassung: Durch die Evaluierung an einem separaten Testdatensatz können wir erkennen, ob das Modell die Trainingsdaten auswendig gelernt hat, anstatt generalisierbare Muster zu lernen.
- Unvoreingenommene Leistungseinschätzung: Der Testdatensatz liefert eine unvoreingenommene Schätzung der Modellleistung auf neuen Daten.
- Modellauswahl: Beim Vergleich verschiedener Modelle oder Hyperparameter hilft die Testdatensatz-Leistung bei der Auswahl der besten Option.

Scikit-learns **train_test_split()** Funktion vereinfacht diesen wichtigen Prozess der Datensatzaufteilung. Sie bietet mehrere Vorteile:

- Zufällige Aufteilung: Sie stellt sicher, dass die Aufteilung zufällig erfolgt und die Gesamtverteilung der Daten in beiden Datensätzen erhalten bleibt.
- Stratifizierung: Bei Klassifikationsproblemen kann sie den gleichen Anteil an Proben für jede Klasse in beiden Datensätzen beibehalten.
- Reproduzierbarkeit: Durch das Setzen eines Zufallszustands können Sie sicherstellen, dass dieselbe Aufteilung über verschiedene Durchläufe hinweg reproduziert wird, was für die Reproduzierbarkeit der Ergebnisse entscheidend ist.

Durch die Nutzung dieser Funktion können Data Scientists diese Best Practice einfach implementieren und so eine robustere und zuverlässigere Modellevaluierung in ihren Machine-Learning-Workflows sicherstellen.

Beispiel: Aufteilung der Daten in Trainings- und Testdatensätze

```
import numpy as np
from sklearn.model_selection import train_test_split
from sklearn.preprocessing import StandardScaler
from sklearn.linear_model import LogisticRegression
from sklearn.metrics import accuracy_score, classification_report

# Create a sample dataset
np.random.seed(42)
X = np.random.rand(100, 2) * 10
y = (X[:, 0] + X[:, 1] > 10).astype(int)

# Split data into training and testing sets
X_train, X_test, y_train, y_test = train_test_split(X, y, test_size=0.2,
random_state=42)

# Scale the features
```

```
scaler = StandardScaler()
X_train_scaled = scaler.fit_transform(X_train)
X_test_scaled = scaler.transform(X_test)

# Train a logistic regression model
model = LogisticRegression(random_state=42)
model.fit(X_train_scaled, y_train)

# Make predictions
y_pred = model.predict(X_test_scaled)

# Evaluate the model
accuracy = accuracy_score(y_test, y_pred)
print(f"Accuracy: {accuracy:.2f}")

# Print classification report
print("\\nClassification Report:")
print(classification_report(y_test, y_pred))

# Print sample of original and scaled data
print("\\nSample of original training data:")
print(X_train[:5])
print("\\nSample of scaled training data:")
print(X_train_scaled[:5])
```

Code-Erläuterung:

1. Bibliotheken importieren:
   - Wir importieren numpy für numerische Operationen, train_test_split für die Datenaufteilung, StandardScaler für die Merkmalskalierung, LogisticRegression für unser Modell sowie accuracy_score und classification_report für die Modellauswertung.
2. Beispieldaten erstellen:
   - Wir verwenden numpy, um einen zufälligen Datensatz mit 100 Proben und 2 Merkmalen zu generieren.
   - Wir erstellen eine binäre Zielvariable basierend darauf, ob die Summe der beiden Merkmale größer als 10 ist.
3. Daten aufteilen:
   - Wir verwenden train_test_split, um unsere Daten in Trainings- (80%) und Test-Sets (20%) zu unterteilen.
   - Der random_state gewährleistet die Reproduzierbarkeit der Aufteilung.
4. Merkmale skalieren:

- Wir initialisieren ein StandardScaler-Objekt zur Normalisierung unserer Merkmale.
- Wir passen den Scaler an die Trainingsdaten an und transformieren sowohl Trainings- als auch Testdaten.
- Dieser Schritt ist entscheidend für viele maschinelle Lernalgorithmen, einschließlich logistischer Regression.

5. Modell trainieren:
   - Wir erstellen ein LogisticRegression-Modell und trainieren es mit den skalierten Trainingsdaten.
6. Vorhersagen treffen:
   - Wir verwenden das trainierte Modell, um Vorhersagen für die skalierten Testdaten zu treffen.
7. Modell auswerten:
   - Wir berechnen den Genauigkeitswert, um zu sehen, wie gut unser Modell funktioniert.
   - Wir erstellen einen Klassifikationsbericht, der Präzision, Recall und F1-Score für jede Klasse enthält.
8. Datenbeispiele anzeigen:
   - Wir geben Beispiele der ursprünglichen und skalierten Trainingsdaten aus, um den Effekt der Skalierung zu veranschaulichen.

Dieses Beispiel demonstriert einen vollständigen maschinellen Lern-Workflow, von der Datenvorbereitung bis zur Modellauswertung. Es beinhaltet die Merkmalskalierung, die oft entscheidend für eine optimale Modellleistung ist, und bietet eine umfassendere Bewertung der Modellleistung mithilfe des Klassifikationsberichts.

Dies ist ein entscheidender Schritt in maschinellen Lern-Workflows, um sicherzustellen, dass Modelle an ungesehenen Daten evaluiert werden und eine unvoreingenommene Leistungsschätzung liefern.

2.5.4 Auswahl und Training eines maschinellen Lernmodells

Scikit-learn bietet eine umfassende Suite von maschinellen Lernmodellen, die ein breites Spektrum von Datenanalyseaufgaben abdeckt. Diese umfangreiche Sammlung umfasst sowohl überwachte als auch unüberwachte Lernalgorithmen und bietet Forschern und Praktikern ein vielseitiges Instrumentarium für verschiedene maschinelle Lernanwendungen.

Überwachte Lernalgorithmen, die einen wesentlichen Teil des Scikit-learn-Angebots ausmachen, sind darauf ausgelegt, aus gekennzeichneten Daten zu lernen. Diese Algorithmen können weiter in Klassifikations- und Regressionsmodelle unterteilt werden. Klassifikationsmodelle werden verwendet, wenn die Zielvariable kategorisch ist, während Regressionsmodelle für kontinuierliche Zielvariablen eingesetzt werden.

Unüberwachte Lernalgorithmen hingegen sind darauf ausgelegt, Muster oder Strukturen in nicht gekennzeichneten Daten zu finden. Dazu gehören Clustering-Algorithmen, Dimensionsreduktionsverfahren und Anomalieerkennungsmethoden.

Schauen wir uns einen häufig verwendeten überwachten Lernalgorithmus an: **Logistische Regression**, der weithin für Klassifikationsaufgaben eingesetzt wird. Die logistische Regression ist trotz ihres Namens ein Klassifikationsalgorithmus und kein Regressionsalgorithmus. Sie ist besonders nützlich für binäre Klassifikationsprobleme, kann aber auch auf Mehrklassen-Klassifikation erweitert werden.

Die logistische Regression funktioniert, indem sie die Wahrscheinlichkeit schätzt, dass eine Instanz zu einer bestimmten Klasse gehört. Sie verwendet die logistische Funktion (auch Sigmoid-Funktion genannt), um ihre Ausgabe in einen Wert zwischen 0 und 1 zu transformieren, der als Wahrscheinlichkeit interpretiert werden kann. Diese Wahrscheinlichkeit wird dann für die endgültige Klassifikationsentscheidung verwendet, typischerweise mit einem Schwellenwert von 0,5.

Einer der wichtigsten Vorteile der logistischen Regression ist ihre Einfachheit und Interpretierbarkeit. Die Koeffizienten des Modells können leicht als Änderung der Log-Odds des Ergebnisses für eine Einheitsänderung im entsprechenden Merkmal interpretiert werden. Dies macht sie zu einer beliebten Wahl in Bereichen wie Medizin und Sozialwissenschaften, wo die Interpretierbarkeit des Modells entscheidend ist.

Logistische Regression für die Klassifikation

Die logistische Regression ist ein leistungsfähiger und weit verbreiteter Klassifikationsalgorithmus im maschinellen Lernen. Sie ist besonders effektiv bei der Vorhersage binärer Ergebnisse, wie zum Beispiel bei der Bestimmung, ob eine E-Mail "Spam" ist oder nicht, oder ob ein Kunde einen Kauf tätigen wird oder nicht. Trotz ihres Namens wird die logistische Regression für Klassifikations- und nicht für Regressionsaufgaben verwendet.

Im Kern modelliert die logistische Regression die Wahrscheinlichkeit, dass eine Instanz zu einer bestimmten Kategorie gehört. Dies geschieht durch die Schätzung der Wahrscheinlichkeit eines kategorischen Ergebnisses basierend auf einem oder mehreren Eingangsmerkmalen. Der Algorithmus verwendet die logistische Funktion (auch Sigmoid-Funktion genannt), um seine Ausgabe in einen Wahrscheinlichkeitswert zwischen 0 und 1 zu transformieren.

Wichtige Aspekte der logistischen Regression sind:

- Binäre Klassifikation: Die logistische Regression eignet sich hervorragend für Probleme mit zwei verschiedenen Ergebnissen, wie zum Beispiel die Bestimmung, ob eine E-Mail Spam ist oder nicht. Während sie primär für die binäre Klassifikation konzipiert ist, kann sie durch Techniken wie One-vs-Rest oder Softmax-Regression für Mehrklassen-Probleme angepasst werden.

- Wahrscheinlichkeitsschätzung: Anstatt direkt ein Klassenlabel zuzuweisen, berechnet die logistische Regression die Wahrscheinlichkeit, dass eine Instanz zu einer bestimmten Klasse gehört. Dieser probabilistische Ansatz bietet differenziertere Einblicke und ermöglicht Schwellenwertanpassungen basierend auf spezifischen Anwendungsanforderungen.
- Lineare Entscheidungsgrenze: In ihrer Grundform etabliert die logistische Regression eine lineare Entscheidungsgrenze zur Trennung der Klassen im Merkmalsraum. Diese lineare Natur trägt zur Interpretierbarkeit des Modells bei, kann aber eine Einschränkung für komplexe, nicht linear trennbare Daten darstellen. Allerdings können Kernel-Tricks oder Feature Engineering eingesetzt werden, um nicht-lineare Beziehungen zu behandeln.
- Analyse der Merkmalswichtigkeit: Die Koeffizienten des logistischen Regressionsmodells bieten wertvolle Einblicke in die Merkmalswichtigkeit. Durch die Untersuchung dieser Koeffizienten können Data Scientists verstehen, welche Merkmale den größten Einfluss auf die Vorhersagen haben, was die Merkmalsauswahl erleichtert und handlungsrelevante Erkenntnisse für Domänenexperten liefert.

Die logistische Regression wird für ihre Einfachheit, Interpretierbarkeit und Effizienz geschätzt, was sie zu einer bevorzugten Wahl für viele Klassifikationsaufgaben in verschiedenen Bereichen wie Medizin, Marketing und Finanzen macht.

Beispiel: Training eines logistischen Regressionsmodells

```
import numpy as np
import matplotlib.pyplot as plt
from sklearn.datasets import load_iris
from sklearn.linear_model import LogisticRegression
from sklearn.model_selection import train_test_split
from sklearn.metrics import accuracy_score, classification_report, confusion_matrix
from sklearn.preprocessing import StandardScaler

# Load the Iris dataset
iris = load_iris()
X = iris.data
y = iris.target

# Split the dataset into training and testing sets
X_train, X_test, y_train, y_test = train_test_split(X, y, test_size=0.2,
random_state=42)

# Scale the features
scaler = StandardScaler()
X_train_scaled = scaler.fit_transform(X_train)
X_test_scaled = scaler.transform(X_test)
```

```
# Initialize and train the Logistic Regression model on all features
model = LogisticRegression(max_iter=1000, multi_class='ovr')
model.fit(X_train_scaled, y_train)

# Make predictions on the test data
y_pred = model.predict(X_test_scaled)

# Evaluate the model
accuracy = accuracy_score(y_test, y_pred)
print(f"Accuracy: {accuracy:.2f}")
print("\\nClassification Report:")
print(classification_report(y_test, y_pred, target_names=iris.target_names))

# Visualize the confusion matrix
cm = confusion_matrix(y_test, y_pred)
plt.figure(figsize=(8, 6))
plt.imshow(cm, interpolation='nearest', cmap=plt.cm.Blues)
plt.title('Confusion Matrix')
plt.colorbar()
tick_marks = np.arange(len(iris.target_names))
plt.xticks(tick_marks, iris.target_names, rotation=45)
plt.yticks(tick_marks, iris.target_names)
plt.tight_layout()
plt.ylabel('True label')
plt.xlabel('Predicted label')
plt.show()

# Train separate models for decision boundary visualization
model_sepal = LogisticRegression(max_iter=1000, multi_class='ovr')
model_sepal.fit(X_train_scaled[:, [0, 1]], y_train)

model_petal = LogisticRegression(max_iter=1000, multi_class='ovr')
model_petal.fit(X_train_scaled[:, [2, 3]], y_train)

# Function to plot decision boundaries
def plot_decision_boundary(X, y, model, ax=None):
    h = .02  # step size in the mesh
    x_min, x_max = X[:, 0].min() - 1, X[:, 0].max() + 1
    y_min, y_max = X[:, 1].min() - 1, X[:, 1].max() + 1
    xx, yy = np.meshgrid(np.arange(x_min, x_max, h), np.arange(y_min, y_max, h))
    Z = model.predict(np.c_[xx.ravel(), yy.ravel()])
    Z = Z.reshape(xx.shape)
    out = ax or plt
    out.contourf(xx, yy, Z, cmap=plt.cm.RdYlBu, alpha=0.8)
    out.scatter(X[:, 0], X[:, 1], c=y, cmap=plt.cm.RdYlBu, edgecolors='black')
    out.xlabel('Feature 1')
    out.ylabel('Feature 2')
    return out

# Plot decision boundaries
plt.figure(figsize=(12, 5))
```

```
plt.subplot(121)
plot_decision_boundary(X_train_scaled[:, [0, 1]], y_train, model_sepal)
plt.title('Decision Boundary (Sepal)')
plt.subplot(122)
plot_decision_boundary(X_train_scaled[:, [2, 3]], y_train, model_petal)
plt.title('Decision Boundary (Petal)')
plt.tight_layout()
plt.show()
```

Code-Aufschlüsselung:

1. Bibliotheken importieren:
   - Wir importieren numpy für numerische Operationen, matplotlib für die Visualisierung und verschiedene Module aus scikit-learn für Machine-Learning-Aufgaben.
2. Datensatz laden und aufteilen:
   - Wir laden den Iris-Datensatz mit load_iris() und teilen ihn mit train_test_split() in Trainings- und Testdaten auf. Der Testdatensatz umfasst 20% der Gesamtdaten.
3. Feature-Skalierung:
   - Wir verwenden StandardScaler() zur Normalisierung der Features. Dies ist wichtig für die logistische Regression, da sie empfindlich auf die Skalierung der Eingabe-Features reagiert.
4. Modell-Training:
   - Wir initialisieren ein LogisticRegression-Modell mit max_iter=1000 zur Sicherstellung der Konvergenz und multi_class='ovr' für die One-vs-Rest-Strategie bei Mehrklassen-Klassifikation.
   - Das Modell wird mit den skalierten Trainingsdaten trainiert.
5. Vorhersagen treffen:
   - Wir verwenden das trainierte Modell, um Vorhersagen für die skalierten Testdaten zu treffen.
6. Modell-Evaluierung:
   - Wir berechnen die Genauigkeit und erstellen einen detaillierten Klassifikationsbericht, der Präzision, Recall und F1-Score für jede Klasse enthält.
7. Konfusionsmatrix visualisieren:

   - Wir erstellen und plotten eine Konfusionsmatrix zur Visualisierung der Modellleistung über verschiedene Klassen hinweg.

8. Entscheidungsgrenzen visualisieren:
   - Wir definieren eine Funktion plot_decision_boundary() zur Visualisierung der Entscheidungsgrenzen des Modells.
   - Wir erstellen zwei Plots: einen für Kelchblattlänge vs. Kelchblattbreite und einen für Blütenblattlänge vs. Blütenblattbreite.
   - Diese Plots helfen zu veranschaulichen, wie das Modell verschiedene Iris-Arten basierend auf ihren Merkmalen klassifiziert.

Dieses Beispiel bietet einen umfassenderen Ansatz zur logistischen Regressionsklassifikation. Es beinhaltet Feature-Skalierung, die oft entscheidend für eine optimale Modellleistung ist, und liefert eine gründlichere Bewertung der Modellleistung mittels verschiedener Metriken und Visualisierungen. Die Entscheidungsgrenzplots bieten Einblicke, wie das Modell verschiedene Iris-Arten anhand ihrer Merkmale klassifiziert.

Entscheidungsbäume für die Klassifikation

Ein weiterer beliebter Klassifikationsalgorithmus ist der **Entscheidungsbaum**, der einen einzigartigen Ansatz zur Datenklassifikation bietet. Entscheidungsbäume funktionieren, indem sie den Datensatz rekursiv basierend auf Feature-Werten in Teilmengen aufteilen und dabei eine baumartige Struktur von Entscheidungen und deren möglichen Konsequenzen erstellen.

Hier folgt eine detailliertere Erklärung, wie Entscheidungsbäume funktionieren:

- Baumstruktur: Der Algorithmus beginnt mit dem gesamten Datensatz am Wurzelknoten und teilt ihn dann rekursiv in kleinere Teilmengen auf, wobei interne Knoten (Entscheidungspunkte) und Blattknoten (finale Klassifikationen) entstehen.
- Feature-Auswahl: An jedem internen Knoten wählt der Algorithmus das informativste Feature für die Aufteilung aus, typischerweise unter Verwendung von Metriken wie Gini-Unreinheit oder Informationsgewinn.
- Aufteilungsprozess: Der Datensatz wird basierend auf den Werten des ausgewählten Features aufgeteilt, wodurch Verzweigungen entstehen, die zu neuen Knoten führen. Dieser Prozess wird fortgesetzt, bis ein Abbruchkriterium erreicht ist (z.B. maximale Baumtiefe oder minimale Anzahl von Samples pro Blatt).
- Klassifikation: Um einen neuen Datenpunkt zu klassifizieren, wird er durch den Baum geleitet, wobei er den entsprechenden Verzweigungen basierend auf seinen Feature-Werten folgt, bis er einen Blattknoten erreicht, der die endgültige Klassifikation liefert.

Entscheidungsbäume bieten mehrere Vorteile:

- Interpretierbarkeit: Sie sind leicht zu visualisieren und zu erklären, was sie wertvoll für Bereiche macht, in denen Entscheidungsprozesse transparent sein müssen.
- Vielseitigkeit: Entscheidungsbäume können sowohl numerische als auch kategorische Daten verarbeiten, ohne umfangreiche Datenvorverarbeitung zu benötigen.
- Feature-Wichtigkeit: Sie führen inhärent Feature-Selektion durch und geben Einblicke, welche Features den größten Einfluss auf den Klassifikationsprozess haben.
- Nichtlineare Beziehungen: Im Gegensatz zu manchen Algorithmen können Entscheidungsbäume komplexe, nichtlineare Beziehungen zwischen Features und Zielvariablen erfassen.

Allerdings ist es wichtig zu beachten, dass Entscheidungsbäume zu Überanpassung neigen können, besonders wenn sie zu tief wachsen dürfen. Diese Einschränkung wird oft durch Ensemble-Methoden wie Random Forests oder durch Pruning-Techniken adressiert.

Beispiel: Training eines Entscheidungsbaum-Klassifikators

```
import numpy as np
import matplotlib.pyplot as plt
from sklearn.tree import DecisionTreeClassifier, plot_tree
from sklearn.metrics import accuracy_score, classification_report, confusion_matrix
from sklearn.model_selection import train_test_split, cross_val_score
from sklearn.datasets import load_iris
from sklearn.preprocessing import StandardScaler

# Load the Iris dataset
iris = load_iris()
X, y = iris.data, iris.target

# Split the dataset into training and testing sets
X_train, X_test, y_train, y_test = train_test_split(X, y, test_size=0.2,
random_state=42)

# Scale the features
scaler = StandardScaler()
X_train_scaled = scaler.fit_transform(X_train)
X_test_scaled = scaler.transform(X_test)

# Initialize and train the Decision Tree classifier
tree_model = DecisionTreeClassifier(random_state=42)
tree_model.fit(X_train_scaled, y_train)

# Make predictions on the test data
y_pred_tree = tree_model.predict(X_test_scaled)

# Evaluate the model's accuracy
accuracy = accuracy_score(y_test, y_pred_tree)
print(f"Decision Tree Accuracy: {accuracy:.2f}")
```

```
# Print classification report
print("\\nClassification Report:")
print(classification_report(y_test, y_pred_tree, target_names=iris.target_names))

# Perform cross-validation
cv_scores = cross_val_score(tree_model, X, y, cv=5)
print(f"\\nCross-validation scores: {cv_scores}")
print(f"Mean CV score: {cv_scores.mean():.2f}")

# Visualize the decision tree
plt.figure(figsize=(20,10))
plot_tree(tree_model,                                    feature_names=iris.feature_names,
class_names=iris.target_names, filled=True, rounded=True)
plt.title("Decision Tree Visualization")
plt.show()

# Visualize the confusion matrix
cm = confusion_matrix(y_test, y_pred_tree)
plt.figure(figsize=(10,7))
plt.imshow(cm, interpolation='nearest', cmap=plt.cm.Blues)
plt.title('Confusion Matrix')
plt.colorbar()
tick_marks = np.arange(len(iris.target_names))
plt.xticks(tick_marks, iris.target_names, rotation=45)
plt.yticks(tick_marks, iris.target_names)
plt.tight_layout()
plt.ylabel('True label')
plt.xlabel('Predicted label')
plt.show()

# Feature importance
feature_importance = tree_model.feature_importances_
sorted_idx = np.argsort(feature_importance)
pos = np.arange(sorted_idx.shape[0]) + .5
plt.figure(figsize=(12,6))
plt.barh(pos, feature_importance[sorted_idx], align='center')
plt.yticks(pos, np.array(iris.feature_names)[sorted_idx])
plt.xlabel('Feature Importance')
plt.title('Feature Importance for Iris Classification')
plt.show()
```

Ausführliche Aufschlüsselung der Erklärung:

1. Bibliotheken importieren:
    - Wir importieren die erforderlichen Bibliotheken, darunter numpy für numerische Operationen, matplotlib für die Visualisierung und verschiedene Module aus scikit-learn für Machine-Learning-Aufgaben.
2. Daten laden und vorverarbeiten:

- Wir laden den Iris-Datensatz mit load_iris().
- Der Datensatz wird mit train_test_split() in Trainings- und Testsets aufgeteilt.
- Die Merkmale werden mit StandardScaler() skaliert, um die Eingabedaten zu normalisieren.

3. Modelltraining:
   - Wir initialisieren einen DecisionTreeClassifier mit einem festen Random State für Reproduzierbarkeit.
   - Das Modell wird mit den skalierten Trainingsdaten trainiert.
4. Vorhersagen treffen:
   - Wir verwenden das trainierte Modell, um Vorhersagen für die skalierten Testdaten zu erstellen.
5. Modellevaluation:
   - Wir berechnen und geben die Genauigkeit aus.
   - Ein detaillierter Klassifikationsbericht wird erstellt, der Präzision, Recall und F1-Score für jede Klasse enthält.
6. Kreuzvalidierung:
   - Wir führen eine 5-fache Kreuzvalidierung mit cross_val_score() durch, um eine robustere Einschätzung der Modellleistung zu erhalten.
7. Entscheidungsbaum-Visualisierung:
   - Wir nutzen plot_tree(), um die Struktur des Entscheidungsbaums zu visualisieren, was hilft, die Entscheidungsfindung des Modells zu verstehen.
8. Konfusionsmatrix-Visualisierung:
   - Wir erstellen und plotten eine Konfusionsmatrix, um die Modellleistung über verschiedene Klassen hinweg zu visualisieren.
9. Feature-Wichtigkeit:
   - Wir extrahieren und visualisieren Feature-Wichtigkeiten, was zeigt, welche Merkmale der Entscheidungsbaum als am wichtigsten für die Klassifikation erachtet.

Dieses Codebeispiel bietet einen umfassenderen Ansatz zur Entscheidungsbaum-Klassifikation. Es beinhaltet Datenvorverarbeitung, Modelltraining, verschiedene Evaluationsmetriken, Kreuzvalidierung und Visualisierungen, die Einblicke in den Entscheidungsprozess und die Leistung des Modells geben. Die Feature-Wichtigkeits-Visualisierung ist besonders nützlich, um zu verstehen, welche Attribute der Iris-Blumen nach dem Modell am wichtigsten für die Klassifikation sind.

2.5.5 Modellevaluation und Kreuzvalidierung

Nach dem Training eines maschinellen Lernmodells ist es entscheidend, seine Leistung umfassend zu bewerten. Dieser Evaluationsprozess umfasst mehrere wichtige Schritte und Metriken:

1. Genauigkeit: Dies ist die grundlegendste Metrik, die den Anteil korrekter Vorhersagen (sowohl wahre Positive als auch wahre Negative) unter allen untersuchten Fällen darstellt. Obwohl nützlich, kann die Genauigkeit allein irreführend sein, besonders bei unausgewogenen Datensätzen.
2. Präzision: Diese Metrik misst den Anteil der wahren positiven Vorhersagen unter allen positiven Vorhersagen. Sie ist besonders wichtig, wenn die Kosten falscher Positive hoch sind.
3. Recall (Sensitivität): Dies repräsentiert den Anteil der tatsächlichen positiven Fälle, die korrekt identifiziert wurden. Dies ist entscheidend, wenn die Kosten falscher Negative hoch sind.
4. F1-Score: Dies ist das harmonische Mittel aus Präzision und Recall, das eine einzelne Kennzahl liefert, die beide Metriken ausgleicht. Dies ist besonders nützlich bei einer ungleichmäßigen Klassenverteilung.
5. Konfusionsmatrix: Diese tabellarische Darstellung ermöglicht die Visualisierung der Leistung eines Algorithmus, typischerweise eines überwachten Lernalgorithmus. Sie präsentiert eine Zusammenfassung der Vorhersageergebnisse bei einem Klassifikationsproblem.

Scikit-learn bietet eine umfangreiche Sammlung von Funktionen zur effizienten Berechnung dieser Metriken. Zum Beispiel generiert die Funktion classification_report() einen umfassenden Bericht mit Präzision, Recall und F1-Score für jede Klasse.

Um darüber hinaus eine zuverlässigere Einschätzung der Modellleistung auf ungesehenen Daten zu erhalten, wird die **Kreuzvalidierung** eingesetzt. Diese Technik beinhaltet:

1. Aufteilung des Datensatzes in mehrere Teilmengen (oft als Folds bezeichnet).
2. Training des Modells auf einer Kombination dieser Teilmengen.
3. Testen auf den verbleibenden Teilmengen.
4. Wiederholung dieses Prozesses mehrmals mit verschiedenen Kombinationen von Trainings- und Test-Teilmengen.

Kreuzvalidierung hilft bei:

- Reduzierung von Überanpassung: Durch das Testen des Modells auf verschiedenen Datenteilmengen wird sichergestellt, dass das Modell gut generalisiert und nicht nur die Trainingsdaten auswendig lernt.
- Bereitstellung einer robusteren Leistungseinschätzung: Sie liefert mehrere Leistungswerte, die die Berechnung von Mittelwert und Standardabweichung ermöglichen.
- Nutzung aller Daten sowohl für Training als auch für Validierung: Dies ist besonders nützlich bei kleinen Datensätzen.

Scikit-learns cross_val_score() Funktion vereinfacht diesen Prozess und ermöglicht eine einfache Implementierung der k-fachen Kreuzvalidierung. Durch die Verwendung dieser Evaluationstechniken können Data Scientists ein umfassendes Verständnis der Stärken und Schwächen ihres Modells gewinnen, was zu fundierteren Entscheidungen bei der Modellauswahl und -verfeinerung führt.

Evaluation der Modellgenauigkeit

Die Genauigkeit dient als fundamentale Metrik in der Modellevaluation und repräsentiert den Anteil korrekter Vorhersagen über alle Instanzen im Datensatz. Sie wird berechnet, indem die Summe der wahren Positiven und wahren Negativen durch die Gesamtzahl der Beobachtungen geteilt wird.

Während die Genauigkeit ein schnelles und intuitives Maß für die Modellleistung bietet, ist es wichtig zu beachten, dass sie nicht immer die am besten geeignete Metrik ist, besonders bei unausgewogenen Datensätzen oder wenn die Kosten verschiedener Fehlerarten stark variieren.

Beispiel: Evaluation der Genauigkeit

```
import numpy as np
from sklearn.model_selection import train_test_split
from sklearn.linear_model import LogisticRegression
from sklearn.metrics import accuracy_score, classification_report, confusion_matrix
import matplotlib.pyplot as plt
import seaborn as sns

# Generate sample data
np.random.seed(42)
X = np.random.randn(1000, 2)
y = (X[:, 0] + X[:, 1] > 0).astype(int)

# Split the data into training and testing sets
X_train, X_test, y_train, y_test = train_test_split(X, y, test_size=0.2,
random_state=42)

# Initialize and train the logistic regression model
model = LogisticRegression()
model.fit(X_train, y_train)
```

```
# Make predictions on the test set
y_pred = model.predict(X_test)

# Evaluate the accuracy of the logistic regression model
accuracy = accuracy_score(y_test, y_pred)
print(f"Logistic Regression Accuracy: {accuracy:.2f}")

# Generate a classification report
print("\\nClassification Report:")
print(classification_report(y_test, y_pred))

# Create and plot a confusion matrix
cm = confusion_matrix(y_test, y_pred)
plt.figure(figsize=(8, 6))
sns.heatmap(cm, annot=True, fmt='d', cmap='Blues')
plt.title('Confusion Matrix')
plt.ylabel('True Label')
plt.xlabel('Predicted Label')
plt.show()

# Visualize the decision boundary
plt.figure(figsize=(10, 8))
x_min, x_max = X[:, 0].min() - 0.5, X[:, 0].max() + 0.5
y_min, y_max = X[:, 1].min() - 0.5, X[:, 1].max() + 0.5
xx, yy = np.meshgrid(np.arange(x_min, x_max, 0.02),
                     np.arange(y_min, y_max, 0.02))
Z = model.predict(np.c_[xx.ravel(), yy.ravel()])
Z = Z.reshape(xx.shape)
plt.contourf(xx, yy, Z, alpha=0.4)
plt.scatter(X[:, 0], X[:, 1], c=y, alpha=0.8)
plt.title('Logistic Regression Decision Boundary')
plt.xlabel('Feature 1')
plt.ylabel('Feature 2')
plt.show()
```

Umfassende Aufschlüsselung der Erklärung:

1. Datengenerierung und -vorbereitung:
    - Wir verwenden NumPy zur Generierung von Zufallsstichproben (1000 Punkte mit 2 Merkmalen).
    - Die Zielvariable wird basierend auf einer einfachen Bedingung erstellt (Summe der Merkmale > 0).
    - Die Daten werden mit train_test_split in Trainings- (80%) und Test-Datensätze (20%) aufgeteilt.
2. Modelltraining:

   - Ein LogisticRegression-Modell wird initialisiert und mit den Trainingsdaten trainiert.

3. Vorhersage:
   - Das trainierte Modell trifft Vorhersagen für den Testdatensatz.
4. Genauigkeitsbewertung:
   - accuracy_score berechnet den Anteil korrekter Vorhersagen.
   - Das Ergebnis wird ausgegeben und liefert eine Gesamtleistungsmetrik.
5. Detaillierte Leistungsanalyse:
   - classification_report liefert eine detaillierte Aufschlüsselung von Präzision, Recall und F1-Score für jede Klasse.
   - Dies bietet Einblicke in die Leistung des Modells über verschiedene Klassen hinweg.
6. Konfusionsmatrix-Visualisierung:
   - Eine Konfusionsmatrix wird erstellt und mittels seaborn's Heatmap visualisiert.
   - Diese zeigt die Anzahl der richtig positiven, richtig negativen, falsch positiven und falsch negativen Vorhersagen.
7. Entscheidungsgrenze-Visualisierung:
   - Der Code erstellt ein Gitter über den Merkmalsraum.
   - Es verwendet das trainierte Modell, um Klassen für jeden Punkt in diesem Gitter vorherzusagen.
   - Die resultierende Entscheidungsgrenze wird zusammen mit den ursprünglichen Datenpunkten dargestellt.
   - Diese Visualisierung hilft beim Verständnis, wie das Modell die Klassen im Merkmalsraum trennt.

Dieses Codebeispiel bietet eine umfassendere Auswertung des logistischen Regressionsmodells, einschließlich visueller Darstellungen, die bei der Interpretation der Modellleistung und des Entscheidungsprozesses helfen.

Kreuzvalidierung für zuverlässigere Evaluation

Kreuzvalidierung ist eine robuste statistische Technik zur Bewertung der Leistung und Generalisierbarkeit eines Modells. Bei dieser Methode wird der Datensatz systematisch in k gleich große Teilmengen, auch als Folds bezeichnet, unterteilt. Das Modell durchläuft einen iterativen Trainings- und Evaluierungsprozess, bei dem es auf k-1 Folds trainiert und anschließend auf dem verbleibenden Fold getestet wird.

Dieser Vorgang wird sorgfältig k Mal wiederholt, wobei sichergestellt wird, dass jeder Fold genau einmal als Testset dient. Die Leistungsmetriken des Modells werden dann über alle Iterationen hinweg aggregiert, typischerweise durch Berechnung des Mittelwerts und der Standardabweichung, um eine umfassende und statistisch fundierte Bewertung der Effektivität und Konsistenz des Modells über verschiedene Teilmengen der Daten hinweg zu liefern.

Beispiel: Kreuzvalidierung mit Scikit-learn

```
import numpy as np
from sklearn.model_selection import cross_val_score, KFold
from sklearn.linear_model import LogisticRegression
from sklearn.preprocessing import StandardScaler
from sklearn.pipeline import make_pipeline
import matplotlib.pyplot as plt

# Generate sample data
np.random.seed(42)
X = np.random.randn(1000, 2)
y = (X[:, 0] + X[:, 1] > 0).astype(int)

# Create a pipeline with StandardScaler and LogisticRegression
model = make_pipeline(StandardScaler(), LogisticRegression())

# Perform 5-fold cross-validation
kf = KFold(n_splits=5, shuffle=True, random_state=42)
cross_val_scores = cross_val_score(model, X, y, cv=kf)

# Print individual fold scores and average cross-validation score
print("Individual fold scores:", cross_val_scores)
print(f"Average Cross-Validation Accuracy: {cross_val_scores.mean():.2f}")
print(f"Standard Deviation: {cross_val_scores.std():.2f}")

# Visualize cross-validation scores
plt.figure(figsize=(10, 6))
plt.bar(range(1, 6), cross_val_scores, alpha=0.8, color='skyblue')
plt.axhline(y=cross_val_scores.mean(), color='red', linestyle='--', label='Mean CV
Score')
plt.xlabel('Fold')
plt.ylabel('Accuracy')
plt.title('Cross-Validation Scores')
plt.legend()
plt.show()
```

Code-Aufschlüsselung:

- Import-Anweisungen:

  - Wir importieren die erforderlichen Module aus scikit-learn, numpy und matplotlib für Datenmanipulation, Modellerstellung, Kreuzvalidierung und Visualisierung.
- Datengenerierung:
  - Wir erstellen einen synthetischen Datensatz mit 1000 Stichproben und 2 Merkmalen mithilfe von numpys Zufallszahlengenerator.
  - Die Zielvariable ist binär und wird bestimmt durch die Summe der beiden Merkmale größer als Null.
- Modell-Pipeline:
  - Wir erstellen eine Pipeline, die StandardScaler (für die Merkmalsskalierung) und LogisticRegression kombiniert.
  - Dies gewährleistet eine konsistente Skalierung über alle Folds der Kreuzvalidierung hinweg.
- Kreuzvalidierungs-Setup:
  - Wir verwenden KFold, um 5 Folds zu erstellen, mit aktiviertem Shuffling für Zufälligkeit.
  - Der random_state wird für Reproduzierbarkeit festgelegt.
- Durchführung der Kreuzvalidierung:
  - cross_val_score wird verwendet, um eine 5-fache Kreuzvalidierung unserer Pipeline durchzuführen.
  - Es liefert ein Array von Scores, einen für jeden Fold.
- Ergebnisausgabe:
  - Wir geben einzelne Fold-Scores aus für einen detaillierten Einblick in die Leistung über die Folds hinweg.
  - Die durchschnittliche Genauigkeit über alle Folds wird berechnet und ausgegeben.
  - Wir berechnen und geben auch die Standardabweichung der Scores aus, um die Konsistenz zu bewerten.
- Visualisierung:
  - Ein Balkendiagramm wird erstellt, um die Genauigkeit jedes Folds zu visualisieren.
  - Eine horizontale Linie repräsentiert den mittleren Kreuzvalidierungs-Score.

   - Diese Visualisierung hilft dabei, signifikante Schwankungen zwischen den Folds zu identifizieren.

Dieses Beispiel bietet einen umfassenderen Ansatz zur Kreuzvalidierung. Es beinhaltet Datenvorverarbeitung durch eine Pipeline, detaillierte Ergebnisberichte und eine Visualisierung der Kreuzvalidierungs-Scores. Dieser Ansatz vermittelt ein klareres Bild der Modellleistung und ihrer Konsistenz über verschiedene Teilmengen der Daten hinweg.

2.5.6 Hyperparameter-Optimierung

Jedes maschinelle Lernmodell verfügt über eine Reihe von Hyperparametern, die verschiedene Aspekte des Modelltrainings und -verhaltens steuern. Diese Hyperparameter werden nicht aus den Daten gelernt, sondern vor dem Trainingsprozess festgelegt. Sie können die Leistung des Modells, seine Generalisierungsfähigkeit und die Recheneffizienz erheblich beeinflussen. Beispiele für Hyperparameter sind die Lernrate, die Anzahl der versteckten Schichten in einem neuronalen Netzwerk, die Regularisierungsstärke und die maximale Baumtiefe bei Entscheidungsbäumen.

Die Findung der optimalen Hyperparameter ist entscheidend für die Maximierung der Modellleistung. Dieser Prozess, bekannt als Hyperparameter-Tuning oder -Optimierung, beinhaltet die systematische Suche durch verschiedene Kombinationen von Hyperparameter-Werten, um die Kombination zu finden, die die beste Modellleistung auf einem Validierungsdatensatz liefert. Effektives Hyperparameter-Tuning kann zu erheblichen Verbesserungen der Modellgenauigkeit führen, Overfitting reduzieren und die Fähigkeit des Modells verbessern, auf neue, ungesehene Daten zu generalisieren.

Scikit-learn, eine beliebte Machine-Learning-Bibliothek in Python, bietet mehrere Werkzeuge für das Hyperparameter-Tuning. Eine der am häufigsten verwendeten Methoden ist GridSearchCV (Grid Search Cross-Validation). Dieses leistungsstarke Werkzeug automatisiert den Prozess des Testens verschiedener Hyperparameter-Kombinationen:

- GridSearchCV arbeitet systematisch durch multiple Kombinationen von Parameter-Einstellungen und führt dabei Kreuzvalidierung durch, um zu bestimmen, welche Einstellung die beste Leistung erbringt.
- Es führt eine erschöpfende Suche über spezifizierte Parameterwerte für einen Schätzer durch und probiert alle möglichen Kombinationen aus, um die beste zu finden.
- Der Kreuzvalidierungsaspekt hilft bei der Bewertung, wie gut jede Kombination von Hyperparametern auf ungesehene Daten generalisiert, wodurch das Risiko von Overfitting reduziert wird.
- GridSearchCV findet nicht nur die besten Parameter, sondern liefert auch detaillierte Ergebnisse und Statistiken für alle getesteten Kombinationen, was eine umfassende Analyse des Hyperparameter-Raums ermöglicht.

Beispiel: Hyperparameter-Tuning mit GridSearchCV

```
import numpy as np
from sklearn.model_selection import GridSearchCV, train_test_split
from sklearn.linear_model import LogisticRegression
from sklearn.preprocessing import StandardScaler
from sklearn.pipeline import make_pipeline
from sklearn.metrics import classification_report, confusion_matrix
import matplotlib.pyplot as plt
import seaborn as sns

# Generate sample data
np.random.seed(42)
X = np.random.randn(1000, 2)
y = (X[:, 0] + X[:, 1] > 0).astype(int)

# Split the data into training and testing sets
X_train, X_test, y_train, y_test = train_test_split(X, y, test_size=0.2,
random_state=42)

# Create a pipeline with StandardScaler and LogisticRegression
pipeline = make_pipeline(StandardScaler(), LogisticRegression(max_iter=1000))

# Define the parameter grid for Logistic Regression
param_grid = {
    'logisticregression__C': [0.1, 1, 10],
    'logisticregression__solver': ['liblinear', 'lbfgs'],  # Compatible solvers
    'logisticregression__penalty': ['l2']  # 'l2' is compatible with both solvers
}

# Initialize GridSearchCV
grid_search = GridSearchCV(pipeline, param_grid, cv=5, scoring='accuracy', n_jobs=-1,
verbose=1)

# Fit GridSearchCV to the training data
grid_search.fit(X_train, y_train)

# Print the best parameters and score
print("Best Parameters:", grid_search.best_params_)
print("Best Cross-validation Score:", grid_search.best_score_)

# Use the best model to make predictions on the test set
best_model = grid_search.best_estimator_
y_pred = best_model.predict(X_test)

# Print the classification report
print("\\nClassification Report:")
print(classification_report(y_test, y_pred))

# Create and plot a confusion matrix
cm = confusion_matrix(y_test, y_pred)
plt.figure(figsize=(8, 6))
sns.heatmap(cm, annot=True, fmt='d', cmap='Blues')
plt.title('Confusion Matrix')
```

```
plt.ylabel('True Label')
plt.xlabel('Predicted Label')
plt.show()

# Plot the decision boundary
x_min, x_max = X[:, 0].min() - .5, X[:, 0].max() + .5
y_min, y_max = X[:, 1].min() - .5, X[:, 1].max() + .5
xx, yy = np.meshgrid(np.linspace(x_min, x_max, 100),
                     np.linspace(y_min, y_max, 100))
Z = best_model.predict(np.c_[xx.ravel(), yy.ravel()])
Z = Z.reshape(xx.shape)

plt.figure(figsize=(10, 8))
plt.contourf(xx, yy, Z, alpha=0.4)
plt.scatter(X[:, 0], X[:, 1], c=y, alpha=0.8, edgecolor='k')
plt.xlabel('Feature 1')
plt.ylabel('Feature 2')
plt.title('Decision Boundary of Best Model')
plt.show()
```

Code-Aufschlüsselung:

1. **Daten generieren**:

- Erstellt zufällige 2D-Daten (X) und eine binäre Zielvariable (y), basierend darauf, ob die Summe der Merkmale größer als 0 ist.

1. **Train-Test-Aufteilung**:
   - Teilt die Daten in 80% Training und 20% Test auf.
2. **Pipeline erstellen**:
   - Verbindet StandardScaler (für die Merkmalsskalierung) und LogisticRegression in einer einzigen Pipeline.
3. **Hyperparameter-Optimierung**:
   - Verwendet GridSearchCV, um verschiedene Kombinationen von Regularisierung (C), Lösern und Straftermen mit 5-facher Kreuzvalidierung zu testen.
4. **Modell evaluieren**:
   - Findet die besten Hyperparameter, evaluiert das Modell auf Testdaten und gibt Genauigkeit und Klassifikationsbericht aus.
5. **Visualisierungen**:
   - **Konfusionsmatrix**: Zeigt korrekte und falsche Vorhersagen an.

- **Entscheidungsgrenze**: Zeigt, wie das Modell die Klassen im Merkmalsraum trennt.

Dieses Beispiel bietet einen umfassenderen Ansatz zur Hyperparameter-Optimierung und Modellbewertung. Es beinhaltet Datenvorverarbeitung, eine breitere Auswahl an Hyperparametern zum Optimieren, detaillierte Leistungsanalyse und Visualisierungen, die bei der Interpretation des Modellverhaltens und der Leistung helfen.

Scikit-learn ist der Grundpfeiler des maschinellen Lernens in Python und bietet benutzerfreundliche Werkzeuge für Datenvorverarbeitung, Modellauswahl, Training, Evaluation und Optimierung. Seine Einfachheit, kombiniert mit einer breiten Palette von Algorithmen und Hilfsmitteln, macht es zu einer essentiellen Bibliothek für Anfänger und erfahrene Praktiker gleichermaßen. Durch die Integration mit anderen Bibliotheken wie NumPy, Pandas und Matplotlib bietet Scikit-learn eine vollständige End-to-End-Lösung zum Erstellen, Trainieren und Bereitstellen von Machine-Learning-Modellen.

2.6 Einführung in Jupyter und Google Colab Notebooks

Beim Entwickeln von Machine-Learning-Modellen benötigen Sie häufig eine Umgebung, die interaktives Programmieren, Datenvisualisierung und Experimentverfolgung ermöglicht. Zwei der beliebtesten Werkzeuge dafür sind **Jupyter Notebooks** und **Google Colab**. Beide bieten eine interaktive Oberfläche, in der Sie Code schreiben, Daten visualisieren und Ihre Experimente in einem nahtlosen Arbeitsablauf dokumentieren können. Ob Sie auf einem lokalen Rechner oder mit Cloud-Ressourcen arbeiten, diese Notebooks machen den Machine-Learning-Prozess reibungsloser und ermöglichen es Ihnen, sich auf das Lösen von Problemen zu konzentrieren, ohne sich um die Einrichtung sorgen zu müssen.

In diesem Abschnitt werden wir diese Werkzeuge genauer betrachten, erkunden, wie man sie verwendet, und verstehen, warum sie in der Data-Science- und Machine-Learning-Community so weit verbreitet sind.

2.6.1 Jupyter Notebooks: Ihr interaktiver Spielplatz für Data Science

Jupyter Notebooks revolutionieren unsere Herangehensweise an Data Science, indem sie eine intuitive, interaktive Umgebung bieten. Dieses leistungsstarke Werkzeug integriert nahtlos Codeausführung, Datenvisualisierung und erklärenden Text in einem einzigen, zusammenhängenden Dokument.

Im Zentrum der Funktionalität von Jupyter stehen **Zellen** - vielseitige Bausteine, die es Ihnen ermöglichen, Code zu schreiben, auszuführen und die Ausgabe sofort zu sehen. Diese zellenbasierte Struktur macht Jupyter zu einer idealen Plattform für iteratives Experimentieren, effizientes Debugging und immersive Lernerfahrungen im Bereich Data Science und maschinelles Lernen.

Einrichtung von Jupyter Notebooks

Um Jupyter auf Ihrem lokalen Rechner zu nutzen, müssen Sie es zunächst installieren. Der einfachste Weg ist die Installation über **Anaconda**, eine beliebte Distribution, die mit vielen Data-Science-Werkzeugen, einschließlich Jupyter, vorinstalliert kommt.

Installation:

1. Laden Sie Anaconda von https://www.anaconda.com/ herunter und installieren Sie es.
2. Nach der Installation öffnen Sie Anaconda Navigator und starten Sie Jupyter Notebooks.

Alternativ können Sie Jupyter über pip installieren:

```
pip install notebook
```

Nach der Installation starten Sie Jupyter mit folgendem Befehl in Ihrem Terminal:

```
jupyter notebook
```

Dies öffnet eine Jupyter-Sitzung in Ihrem Standard-Webbrowser. Sie können ein neues Notebook erstellen, Python-Code schreiben und diesen interaktiv ausführen.

Grundlegende Funktionen von Jupyter Notebooks

In einem Jupyter Notebook sehen Sie ein Raster aus Zellen. Zellen in Jupyter können entweder Code oder **Markdown** (formatierten Text) enthalten. Dies ermöglicht es, Code mit Erklärungen, Gleichungen und Visualisierungen an einem Ort zu vereinen.

Beispiel: Code in Jupyter schreiben und ausführen

```
# Python code in a cell
x = 10
y = 20
z = x + y
print(f"The sum of {x} and {y} is {z}")
```

Sie können diesen Code durch Drücken von **Shift + Enter** ausführen. Die Ausgabe wird direkt unter der Zelle angezeigt, sodass Sie die Ergebnisse sofort sehen können.

Markdown-Zellen ermöglichen es Ihnen, Überschriften, formatierten Text und sogar LaTeX für mathematische Gleichungen einzufügen. Zum Beispiel:

```
# This is a heading
You can write **bold** or *italic* text in Markdown.
```

Die Möglichkeit, Code und Markdown zu kombinieren, macht Jupyter ideal für die Erstellung von **Data-Science-Berichten**, **Machine-Learning-Experimenten** und sogar **Lehrmaterialien**.

Daten in Jupyter visualisieren

Jupyter lässt sich nahtlos mit Visualisierungsbibliotheken wie **Matplotlib**, **Seaborn** und **Plotly** integrieren und ermöglicht es, Daten direkt im Notebook zu visualisieren.

Beispiel: Einen Graph in Jupyter erstellen

```
import matplotlib.pyplot as plt

# Sample data
x = [1, 2, 3, 4, 5]
y = [2, 4, 6, 8, 10]

# Plot the data
plt.plot(x, y, marker='o', color='b')

# Add title and labels
plt.title("Simple Line Plot")
plt.xlabel("X-axis")
plt.ylabel("Y-axis")

# Display the plot inside the notebook
plt.show()
```

Dieser Code zeigt, wie man mithilfe von Matplotlib eine einfache Liniendiagramm in einer Jupyter-Notebook-Umgebung erstellt. Hier ist eine Aufschlüsselung des Codes:

1. Matplotlib-Bibliothek importieren
2. Beispieldaten definieren:
   - x-Achsenwerte: [1, 2, 3, 4, 5]
   - y-Achsenwerte: [2, 4, 6, 8, 10]
3. Diagramm erstellen:
   - plt.plot() verwenden, um die Linie zu zeichnen
   - marker='o' setzen, um kreisförmige Markierungen an jedem Datenpunkt hinzuzufügen
   - color='b' setzen für eine blaue Linie
4. Titel und Beschriftungen hinzufügen:
   - plt.title() legt den Diagrammtitel fest
   - plt.xlabel() und plt.ylabel() beschriften die x- und y-Achsen
5. Diagramm mit plt.show() anzeigen

Dieser Code generiert ein einfaches Liniendiagramm direkt im Jupyter-Notebook und ermöglicht so eine einfache Visualisierung und Analyse der Daten.

2.6.2 Google Colab: Cloud-basierte Notebooks kostenlos nutzen

Google Colab (Colaboratory) revolutioniert die Jupyter-Notebook-Erfahrung, indem es eine cloudbasierte Plattform für das Schreiben und Ausführen von Python-Code direkt in Ihrem Webbrowser anbietet. Dieses innovative Werkzeug macht lokale Installationen überflüssig und bietet eine nahtlose und zugängliche Programmierumgebung.

Eines der herausragenden Merkmale von Colab ist der kostenlose Zugang zu Hochleistungs-Rechenressourcen, einschließlich leistungsstarker **GPUs** (Graphics Processing Units) und **TPUs** (Tensor Processing Units). Diese fortschrittlichen Hardware-Beschleuniger sind besonders wertvoll für Data Scientists und Machine-Learning-Experten, da sie den Trainingsprozess für komplexe und große Machine-Learning-Modelle erheblich beschleunigen.

Durch die Nutzung dieser Ressourcen können Anwender rechenintensive Aufgaben bewältigen und mit modernsten Algorithmen experimentieren, ohne durch die Beschränkungen lokaler Hardware limitiert zu sein.

Erste Schritte mit Google Colab

So beginnen Sie mit Google Colab:

1. Gehen Sie zu https://colab.research.google.com/.
2. Melden Sie sich mit Ihrem Google-Konto an.
3. Erstellen Sie ein neues Notebook oder laden Sie ein bestehendes Jupyter-Notebook hoch.

Colab verwendet Google Drive zur Speicherung von Notebooks, sodass Ihre Dateien automatisch in der Cloud gespeichert werden und Sie sie einfach mit anderen teilen können.

Code in Google Colab ausführen

Google Colab funktioniert ähnlich wie Jupyter, mit Code-Zellen und Markdown-Zellen. Sie können Python-Code genauso ausführen wie in einem Jupyter-Notebook.

Beispiel: Einfacher Python-Code in Colab

```
# Basic Python operation in Google Colab
a = 5
b = 10
print(f"The product of {a} and {b} is {a * b}")
```

Nach Ausführung der Zelle sehen Sie das Ergebnis direkt unter dem Code, genau wie in Jupyter.

Zugriff auf GPUs und TPUs in Colab

Eines der leistungsstärksten Merkmale von Google Colab ist die Unterstützung von **Hardware-Beschleunigern** wie GPUs und TPUs. Diese Beschleuniger können Machine-Learning-Aufgaben wie das Training von Deep-Learning-Modellen drastisch beschleunigen.

So aktivieren Sie eine GPU oder TPU in Ihrem Colab-Notebook:

1. Klicken Sie im oberen Menü auf **Runtime**.
2. Wählen Sie **Change runtime type**.
3. Wählen Sie im Dropdown-Menü **Hardware accelerator** entweder **GPU** oder **TPU**.

Sie können diese Beschleuniger dann für Aufgaben wie das Training neuronaler Netze nutzen.

Beispiel: Verwendung von TensorFlow mit einer GPU in Colab

```
import tensorflow as tf

# Check if GPU is available
print("Num GPUs Available: ", len(tf.config.list_physical_devices('GPU')))

# Create a simple TensorFlow computation
a = tf.constant([[1.0, 2.0], [3.0, 4.0]])
b = tf.constant([[1.0, 1.0], [0.0, 1.0]])
result = tf.matmul(a, b)

print("Result of matrix multiplication:\\\\n", result)
```

Dieser Code zeigt, wie man TensorFlow mit GPU-Beschleunigung in Google Colab verwendet. Hier ist eine Aufschlüsselung der Funktionsweise:

1. TensorFlow-Bibliothek importieren
2. GPU-Verfügbarkeit überprüfen: len(tf.config.list_physical_devices('GPU')) Diese Zeile gibt die Anzahl der verfügbaren GPUs aus.
3. Einfache TensorFlow-Berechnungen erstellen:
   - Definiere zwei 2x2 Matrizen 'a' und 'b' als TensorFlow-Konstanten
   - Führe Matrixmultiplikation mit tf.matmul(a, b) durch
4. Gib das Ergebnis der Matrixmultiplikation aus

Dieser Code demonstriert, wie Colab die GPU automatisch erkennen und für TensorFlow-Operationen nutzen kann, wenn diese in den Laufzeiteinstellungen aktiviert ist. Dies ist besonders nützlich für Deep-Learning-Aufgaben, die erhebliche Rechenleistung erfordern.

In diesem Beispiel erkennt und nutzt Colab automatisch die GPU, wenn Sie diese in den Laufzeiteinstellungen aktiviert haben. Dies ist besonders hilfreich für Deep-Learning-Aufgaben mit großen Datensätzen und Modellen.

2.6.3 Hauptfunktionen und Vorteile von Jupyter und Colab

Interaktives Programmieren und Experimentieren

Sowohl Jupyter als auch Colab bieten durch ihre interaktive Natur einen besonderen Vorteil, indem sie eine dynamische Umgebung für Codeausführung und Analyse bereitstellen. Diese Plattformen ermöglichen es Benutzern, Code zu schreiben, Ergebnisse sofort zu visualisieren und Anpassungen in Echtzeit vorzunehmen, was ein flüssiges und reaktionsschnelles Programmiererlebnis fördert.

Diese unmittelbare Feedback-Schleife ist besonders vorteilhaft für Machine-Learning-Experimente, bei denen schnelle Iteration für die Modellentwicklung und -optimierung entscheidend ist. Die Möglichkeit, Hypothesen schnell zu testen, Algorithmen zu verfeinern und Ergebnisse zu visualisieren, macht diese Notebooks zu unverzichtbaren Werkzeugen für Data Scientists und Machine-Learning-Praktiker.

Durch die Ermöglichung schneller Experimente und die Förderung unmittelbarer Erkenntnisse steigern Jupyter und Colab erheblich die Effizienz und Effektivität des Machine-Learning-Entwicklungsprozesses und ermöglichen es Forschern und Entwicklern, komplexe Ideen zu erkunden und Lösungen mit beispielloser Geschwindigkeit und Flexibilität zu iterieren.

Beispiel: Interaktives Modelltraining in Jupyter oder Colab

```
from sklearn.linear_model import LogisticRegression
from sklearn.datasets import load_iris
from sklearn.model_selection import train_test_split
from sklearn.metrics import accuracy_score

# Load the Iris dataset
iris = load_iris()
X_train, X_test, y_train, y_test = train_test_split(iris.data, iris.target,
test_size=0.2, random_state=42)

# Train a logistic regression model
model = LogisticRegression(max_iter=200)
model.fit(X_train, y_train)

# Predict and evaluate
y_pred = model.predict(X_test)
accuracy = accuracy_score(y_test, y_pred)
print(f"Model Accuracy: {accuracy:.2f}")
```

Dieser Code zeigt, wie man ein einfaches maschinelles Lernmodell mit dem Iris-Datensatz in einer Jupyter- oder Google Colab-Notebook-Umgebung trainiert und auswertet. Hier ist eine Aufschlüsselung des Codes:

- Importieren der notwendigen Bibliotheken: scikit-learn-Module für logistische Regression, Datensatzladung, Trainings-Test-Aufteilung und Genauigkeitsbewertung

- Laden des Iris-Datensatzes und Aufteilung in Trainings- und Testdaten
- Erstellen und Trainieren eines logistischen Regressionsmodells mit den Trainingsdaten
- Verwendung des trainierten Modells für Vorhersagen auf den Testdaten
- Berechnung und Ausgabe der Modellgenauigkeit

Dieses Beispiel demonstriert die interaktive Natur von Jupyter- und Colab-Notebooks, die ein schnelles Modelltraining, Auswertung und Ergebnisvisualisierung ermöglichen.

Teilen und Zusammenarbeit

Eines der wertvollsten Merkmale sowohl von Jupyter als auch von Google Colab ist ihre außergewöhnliche Fähigkeit, das nahtlose Teilen und die Zusammenarbeit an Notebooks zu ermöglichen. Diese Plattformen haben die Art und Weise revolutioniert, wie Data Scientists und Machine-Learning-Praktiker zusammenarbeiten, indem sie Barrieren für gemeinsames Problemlösen und Wissensvermittlung abbauen:

- **Jupyter Notebooks** bieten bemerkenswerte Vielseitigkeit in Bezug auf Freigabeoptionen. Benutzer können ihre Arbeit mühelos als .ipynb-Dateien exportieren, wobei der gesamte Code, Markdown und Output in einem einzigen, portablen Dokument erhalten bleiben. Für eine breitere Zugänglichkeit können diese Notebooks in universell lesbare Formate wie HTML oder PDF konvertiert werden. Diese Flexibilität gewährleistet, dass Ihre Arbeit einfach an Kollegen, Stakeholder oder die breitere wissenschaftliche Gemeinschaft verteilt werden kann, unabhängig von deren technischer Ausstattung.
- **Google Colab** hebt die Zusammenarbeit auf die nächste Stufe, indem es ein Echtzeit-Mehrbenutzer-Bearbeitungserlebnis bietet, das an Google Docs erinnert. Diese Funktion ermöglicht es Teammitgliedern, gleichzeitig am selben Notebook zu arbeiten und fördert so eine wirklich interaktive und dynamische kollaborative Umgebung. Mehrere Data Scientists können gemeinsam programmieren, debuggen und Daten analysieren, auch wenn sie räumlich getrennt sind, was zu schnellerer Problemlösung und robusteren Lösungen führt.

Die kollaborativen Fähigkeiten dieser Plattformen haben die Landschaft von Machine-Learning-Projekten und Forschungsverbreitung verändert. Sie ermöglichen eine nahtlose Teamarbeit bei komplexen Datenanalyseaufgaben, erleichtern sofortige Feedback-Schleifen zwischen Mitarbeitern und optimieren den Prozess der Weitergabe von Erkenntnissen an ein breiteres Publikum. Ob Sie nun an einem hochmodernen Machine-Learning-Algorithmus mit einem verteilten Team arbeiten oder Ihre Forschung nicht-technischen Stakeholdern präsentieren, Jupyter und Google Colab bieten die Werkzeuge, um Ihre Arbeit zugänglich, verständlich und wirkungsvoll zu gestalten.

2.6.4 Vergleich von Jupyter und Google Colab

Funktion	Jupyter	Google Colab
Einrichtung	Erfordert lokale Installation (Anaconda oder pip)	Keine Einrichtung erforderlich; vollständig cloudbasiert
Speicherung	Lokaler Speicher	Cloud-Speicher (Google Drive)
Hardware	Lokale CPU/GPU (je nach Gerät)	Kostenloser Zugang zu GPUs und TPUs in der Cloud
Zusammenarbeit	Manuelles Teilen von.ipynb-Dateien	Echtzeit-Zusammenarbeit über Google Drive
Erweiterungen	Unterstützt eine große Auswahl an Erweiterungen und Plugins	Weniger Erweiterungen, aber integrierter Zugriff auf Cloud-Dienste

Jupyter Notebooks und Google Colab haben sich zu essentiellen Werkzeugen im Arsenal moderner Machine-Learning-Praktiker entwickelt, wobei jedes einzigartige Vorteile bietet, die verschiedene Aspekte des Entwicklungsprozesses abdecken. Jupyter Notebooks überzeugen durch ihre unübertroffene Flexibilität für lokale Entwicklung, die es Benutzern ermöglicht, ihre Umgebung an spezifische Projektanforderungen anzupassen und lokale Rechenressourcen zu nutzen. Dies macht Jupyter zur idealen Wahl für Projekte, die eine präzise Kontrolle über die Entwicklungsumgebung erfordern oder sensible Daten beinhalten, die nicht in Cloud-Plattformen hochgeladen werden können.

Google Colab hingegen glänzt durch den beträchtlichen Vorteil leistungsfähiger Cloud-Computing-Ressourcen, was besonders vorteilhaft für Forscher, Studenten oder Fachleute ist, die möglicherweise keinen Zugang zu High-End-Hardware haben. Diese Demokratisierung der Rechenleistung ermöglicht es Benutzern, komplexe Modelle zu trainieren und große Datensätze zu verarbeiten, ohne erhebliche persönliche Investitionen in Hardware-Infrastruktur tätigen zu müssen.

Beide Umgebungen teilen gemeinsame Stärken, die sie für jeden Data-Science- oder Machine-Learning-Workflow unverzichtbar machen. Sie fördern schnelles Prototyping, indem sie es Benutzern ermöglichen, schnell Ideen zu iterieren und Hypothesen in einer interaktiven Weise zu testen. Die Möglichkeit, Codeausführung mit aussagekräftigen Texterklärungen und Visualisierungen zu kombinieren, ermöglicht einen intuitiveren und umfassenderen Ansatz zur Datenanalyse. Darüber hinaus zeichnen sich diese Plattformen durch die Förderung nahtloser Zusammenarbeit aus, wodurch Teammitglieder Notebooks teilen, in Echtzeit zusammenarbeiten und Ergebnisse einfach an Stakeholder oder die breitere wissenschaftliche Gemeinschaft weitergeben können.

Praktische Übungen: Kapitel 2

Übung 1: Arbeiten mit NumPy Arrays

Aufgabe: Erstellen Sie ein NumPy-Array mit den Werten [10, 20, 30, 40, 50]. Formen Sie es in ein 2x3-Array um und berechnen Sie die Summe aller Elemente.

Lösung:

```
import numpy as np

# Create a NumPy array
array = np.array([10, 20, 30, 40, 50, 60])

# Reshape the array into 2x3
reshaped_array = array.reshape(2, 3)

# Calculate the sum of all elements
total_sum = np.sum(reshaped_array)

print("Reshaped Array:\\\\n", reshaped_array)
print("Total Sum:", total_sum)
```

Übung 2: Grundlegende Datenmanipulation mit Pandas

Aufgabe: Erstellen Sie einen Pandas DataFrame mit den folgenden Daten:

Name	Alter	Gehalt
Alice	25	50000
Bob	30	60000
Charlie	35	70000
David	40	80000

Dann:

- Wählen Sie die Spalten Name und Salary aus.
- Filtern Sie die Zeilen, bei denen das Age größer als 30 ist.

Lösung:

```
import pandas as pd

# Create a DataFrame
data = {
    'Name': ['Alice', 'Bob', 'Charlie', 'David'],
    'Age': [25, 30, 35, 40],
    'Salary': [50000, 60000, 70000, 80000]
}
df = pd.DataFrame(data)

# Select Name and Salary columns
selected_columns = df[['Name', 'Salary']]
print("Selected Columns:\\\\n", selected_columns)

# Filter rows where Age is greater than 30
filtered_df = df[df['Age'] > 30]
print("\\\\nFiltered DataFrame (Age > 30):\\\\n", filtered_df)
```

Übung 3: Datenvisualisierung mit Matplotlib

Aufgabe: Erstellen Sie einen Liniendiagramm mit den x-Werten [1, 2, 3, 4, 5] und y-Werten [10, 20, 25, 40, 50]. Fügen Sie Beschriftungen für die x-Achse, y-Achse und einen Titel für das Diagramm hinzu.

Lösung:

```
import matplotlib.pyplot as plt

# Data
x = [1, 2, 3, 4, 5]
y = [10, 20, 25, 40, 50]

# Create a line plot
plt.plot(x, y, marker='o', color='b')

# Add labels and title
plt.xlabel("X-axis")
plt.ylabel("Y-axis")
plt.title("Line Graph Example")

# Show the plot
plt.show()
```

Übung 4: Datenvisualisierung mit Seaborn

Aufgabe: Laden Sie den **Iris**-Datensatz mit Seaborn und erstellen Sie einen Pair Plot, der die Beziehungen zwischen den Merkmalen zeigt. Verwenden Sie die species-Spalte als Farbcodierung, um zwischen den Arten zu unterscheiden.

Lösung:

```
import seaborn as sns
import matplotlib.pyplot as plt

# Load the Iris dataset
iris = sns.load_dataset('iris')

# Create a pair plot
sns.pairplot(iris, hue='species')

# Show the plot
plt.show()
```

Übung 5: Scikit-learn für Klassifikation verwenden

Aufgabe: Verwenden Sie den **Iris-Datensatz** von Scikit-learn und trainieren Sie ein **Logistisches Regressionsmodell**. Teilen Sie den Datensatz in Trainings- und Testdaten auf (80% Training, 20% Test), trainieren Sie das Modell und bewerten Sie dessen Genauigkeit auf dem Testdatensatz.

Lösung:

```
from sklearn.datasets import load_iris
from sklearn.model_selection import train_test_split
from sklearn.linear_model import LogisticRegression
from sklearn.metrics import accuracy_score

# Load the Iris dataset
iris = load_iris()
X = iris.data
y = iris.target

# Split the data into training and test sets
X_train, X_test, y_train, y_test = train_test_split(X, y, test_size=0.2,
random_state=42)

# Train the logistic regression model
model = LogisticRegression(max_iter=200)
model.fit(X_train, y_train)

# Make predictions on the test set
y_pred = model.predict(X_test)

# Calculate the accuracy
accuracy = accuracy_score(y_test, y_pred)
print(f"Model Accuracy: {accuracy:.2f}")
```

Übung 6: Arbeiten mit Google Colab

Aufgabe: Erstellen Sie in **Google Colab** ein neues Notebook und schreiben Sie ein einfaches TensorFlow-Programm, das überprüft, ob eine GPU verfügbar ist. Wenn eine GPU gefunden wird, führen Sie eine einfache Matrixmultiplikation mit TensorFlow durch.

Lösung:

```
import tensorflow as tf

# Check if a GPU is available
print("Num GPUs Available: ", len(tf.config.list_physical_devices('GPU')))

# Create two matrices and perform matrix multiplication
a = tf.constant([[1.0, 2.0], [3.0, 4.0]])
b = tf.constant([[1.0, 0.0], [0.0, 1.0]])

# Multiply the matrices
result = tf.matmul(a, b)

# Print the result
print("Result of matrix multiplication:\\\\n", result)
```

Diese praktischen Übungen festigen Ihr Verständnis der wichtigsten Konzepte aus Kapitel 2. Von der Arbeit mit **NumPy Arrays** und **Pandas DataFrames** über die Datenvisualisierung mit **Matplotlib** und **Seaborn** bis hin zum Training eines maschinellen Lernmodells mit **Scikit-learn** haben Sie praktische Erfahrung mit essentiellen Werkzeugen der Data Science gesammelt. Darüber hinaus haben Sie gelernt, wie Sie **Google Colab** nutzen können, um Cloud-Ressourcen für Machine-Learning-Experimente einzusetzen.

Zusammenfassung Kapitel 2

In diesem Kapitel haben wir die wichtigsten Werkzeuge und Bibliotheken erkundet, die Python zu einer unverzichtbaren Sprache für maschinelles Lernen und Data Science machen. Wir begannen mit einer Wiederholung der Kernfunktionalitäten von Python, wobei wir uns auf die Grundlagen wie Variablen, Datenstrukturen und Kontrollfluss konzentrierten. Diese fundamentalen Konzepte sind entscheidend für die effiziente Arbeit mit fortgeschritteneren Bibliotheken in der Datenanalyse und im maschinellen Lernen.

Anschließend wendeten wir uns **NumPy** zu, einer Bibliothek, die fundamental für hochleistungsfähige numerische Berechnungen ist. Wir diskutierten, wie NumPys **ndarrays** effizienter als Python-Listen sind und demonstrierten wichtige Operationen wie Array-Arithmetik, Array-Umformung und Broadcasting. Zusätzlich behandelten wir essentielle mathematische und lineare Algebra-Operationen mit NumPy, wie Matrixmultiplikation und statistische Funktionen, die das Rückgrat vieler Machine-Learning-Algorithmen bilden.

Als Nächstes stellten wir **Pandas** vor, eine Bibliothek für Datenmanipulation und -analyse. Wir erforschten, wie Pandas **DataFrames** das Laden, Filtern und Manipulieren strukturierter Datensätze erleichtern. Aufgaben wie der Umgang mit fehlenden Daten, das Filtern von Zeilen und das Anwenden von Transformationen wurden detailliert behandelt, was zeigt, wie Pandas den Datenbereinigungsprozess optimiert. Wir betrachteten auch das Gruppieren und Aggregieren von Daten, was für Feature Engineering und die Vorbereitung von Daten für Machine-Learning-Modelle essentiell ist.

Von dort aus vertieften wir uns in die **Datenvisualisierung** mit drei leistungsstarken Bibliotheken: **Matplotlib**, **Seaborn** und **Plotly**. Wir lernten, wie man grundlegende Plots wie Liniendiagramme, Balkendiagramme und Histogramme mit Matplotlib erstellt. Seaborn vereinfachte die Erstellung statistischer Plots wie Box-Plots, Violin-Plots und Pair-Plots, die uns helfen, komplexe Beziehungen in Datensätzen zu visualisieren. Schließlich stellten wir Plotly vor, ein Werkzeug für interaktives Plotten, das Echtzeit-Datenexploration ermöglicht – eine wertvolle Funktion bei der Arbeit mit großen Datensätzen.

Das Kapitel schloss mit einer Einführung in **Scikit-learn**, die bevorzugte Bibliothek für maschinelles Lernen in Python. Wir behandelten wesentliche Arbeitsabläufe wie Datenvorverarbeitung, Modelltraining und Evaluation. Durch praktische Beispiele demonstrierten wir, wie man Scikit-learn verwendet, um Modelle wie **Logistische Regression** und **Entscheidungsbäume** zu trainieren und wie man die Modellleistung mittels Kreuzvalidierung und Genauigkeitsmetriken evaluiert. Scikit-learns Konsistenz und Benutzerfreundlichkeit machen es zu einem unverzichtbaren Werkzeug für sowohl unerfahrene als auch erfahrene Data Scientists.

Zuletzt diskutierten wir die Bedeutung von **Jupyter Notebooks** und **Google Colab** – zwei Plattformen, die interaktives Programmieren und Experimentieren ermöglichen. Diese Werkzeuge sind besonders wertvoll für maschinelles Lernen, da sie Echtzeit-Feedback bieten und es ermöglichen, Code zusammen mit den Ergebnissen zu dokumentieren. Google Colabs Zugang zu cloud-basierten GPUs und TPUs macht es zu einer ausgezeichneten Option für das Training komplexer Modelle ohne die Notwendigkeit lokaler Rechenressourcen.

Dieses Kapitel hat ein solides Fundament für die Nutzung von Pythons umfangreichem Ökosystem an Bibliotheken im maschinellen Lernen gelegt. Durch die Beherrschung dieser Werkzeuge werden Sie gut ausgerüstet sein, um ein breites Spektrum an Data-Science-Aufgaben zu bewältigen, von der Datenvorverarbeitung bis zum Modell-Deployment.

Quiz Teil 1: Grundlagen des maschinellen Lernens und Python

Kapitel 1: Einführung in maschinelles Lernen

Frage 1:

Was ist der Hauptunterschied zwischen traditioneller Programmierung und maschinellem Lernen?

a) Traditionelle Programmierung basiert auf expliziten Regeln, während Machine-Learning-Modelle Muster aus Daten lernen.

b) Traditionelle Programmierung verwendet Daten zur Vorhersage von Ergebnissen, während maschinelles Lernen Regeln aus Vorhersagen erstellt.

c) Maschinelles Lernen kann nur kleine Datensätze verarbeiten, während traditionelle Programmierung besser für große Datensätze geeignet ist.

d) Traditionelle Programmierung ist für alle Aufgaben schneller als maschinelles Lernen.

Frage 2:

Welches der folgenden Beispiele ist **überwachtes Lernen**?

a) Clustering von Kunden basierend auf Kaufverhalten

b) Vorhersage von Hauspreisen basierend auf Merkmalen wie Standort und Größe

c) Ein Roboter, der durch Feedback laufen lernt

d) Reduzierung der Dimensionen eines Datensatzes mittels PCA

Frage 3:

Welcher Machine-Learning-Trend konzentriert sich 2024 auf das Training von Modellen ohne große Mengen an beschrifteten Daten?

a) Föderiertes Lernen

b) Erklärbare KI

c) Selbstüberwachtes Lernen

d) Verstärkendes Lernen

Frage 4:

Welches der folgenden Tools ermöglicht verteiltes Modelltraining ohne Austausch von Rohdaten zwischen Geräten?

a) Transformers

b) Föderiertes Lernen

c) Vision Transformers

d) Transfer Learning

Kapitel 2: Python und wesentliche Bibliotheken für Data Science

Frage 5:

Was ist der Hauptvorteil von **NumPy-Arrays** gegenüber Python-Listen im maschinellen Lernen?

a) NumPy-Arrays können gemischte Datentypen speichern, Listen hingegen nicht.

b) NumPy-Arrays sind speichereffizienter und unterstützen schnellere numerische Berechnungen.

c) Python-Listen sind schneller als NumPy-Arrays bei mathematischen Operationen.

d) NumPy-Arrays sind auf zwei Dimensionen beschränkt, während Listen mehrdimensionale Daten speichern können.

Frage 6:

Wie formt man ein 1D NumPy-Array in ein 2D-Array mit 3 Zeilen und 2 Spalten um?

a) array.reshape((2, 3))

b) array.reshape((3, 2))

c) array.reshape((3))

d) array.reshape((2, 1, 3))

Frage 7:

Welche Pandas-Funktion wird verwendet, um fehlende Werte in einem DataFrame zu erkennen?

a) fillna()

b) dropna()

c) isnull()

d) apply()

Frage 8:

Welche Funktion wird in Matplotlib verwendet, um ein Streudiagramm zu erstellen?

a) plt.plot()

b) plt.bar()

c) plt.scatter()

d) plt.hist()

Frage 9:

Was ist der Zweck von **OneHotEncoder** in Scikit-learn?

a) Es skaliert numerische Merkmale auf einen Mittelwert von 0 und eine Standardabweichung von 1.

b) Es kodiert kategorische Merkmale als binäre Vektoren.

c) Es imputiert fehlende Daten.

d) Es reduziert die Dimensionen eines Datensatzes.

Frage 10:

Welche Python-Bibliothek eignet sich am besten für die Erstellung von **interaktiven Visualisierungen**?

a) Matplotlib

b) Seaborn

c) Plotly

d) NumPy

Frage 11:

Welche Funktion in Scikit-learn wird verwendet, um einen Datensatz in Trainings- und Testsets aufzuteilen?

a) train_test_split()

b) fit()

c) StandardScaler()

d) GridSearchCV()

Frage 12:

Welche Cloud-basierte Plattform ermöglicht die kostenlose Nutzung von GPUs und TPUs für maschinelles Lernen?

a) Jupyter Notebooks

b) Anaconda

c) Google Colab

d) PyCharm

Bonusfrage:

Frage 13:

Was ist ein **Pair Plot** in Seaborn und wann ist er im maschinellen Lernen nützlich?

a) Ein Pair Plot visualisiert Beziehungen zwischen allen Merkmalspaaren in einem Datensatz und ist nützlich für die Identifizierung von Mustern, Korrelationen und potenziellen Merkmalinteraktionen.

b) Ein Pair Plot zeigt die Verteilung eines einzelnen Merkmals und wird zur Erkennung von Ausreißern verwendet.

c) Ein Pair Plot vergleicht nur zwei Merkmale in einem Datensatz.

d) Ein Pair Plot wird für die Visualisierung von Zeitreihendaten verwendet.

Antworten:

1. a) Traditionelle Programmierung basiert auf expliziten Regeln, während Machine-Learning-Modelle Muster aus Daten lernen.

2. b) Vorhersage von Hauspreisen basierend auf Merkmalen wie Standort und Größe

3. c) Selbstüberwachtes Lernen

4. b) Föderiertes Lernen

5. b) NumPy-Arrays sind speichereffizienter und unterstützen schnellere numerische Berechnungen.

6. b) array.reshape((3, 2))

7. c) isnull()

8. c) plt.scatter()

9. b) Es kodiert kategorische Merkmale als binäre Vektoren.

10. c) Plotly

11. a) train_test_split()

12. c) Google Colab

13. a) Ein Pair Plot visualisiert Beziehungen zwischen allen Merkmalspaaren in einem Datensatz und ist nützlich für die Identifizierung von Mustern, Korrelationen und potenziellen Merkmalinteraktionen.

Teil 2: Datenvorverarbeitung und klassisches maschinelles Lernen

Kapitel 3: Datenvorverarbeitung und Feature-Engineering

Die Datenvorverarbeitung bildet den Grundstein jeder robusten Machine-Learning-Pipeline und ist der entscheidende erste Schritt, der über Erfolg oder Misserfolg Ihres Modells bestimmen kann. In der komplexen Landschaft der praktischen Datenwissenschaft stoßen Experten häufig auf Rohdaten, die weit von ideal entfernt sind - sie können von Inkonsistenzen durchzogen sein, unter fehlenden Werten leiden oder ihnen fehlt die für eine unmittelbare Analyse erforderliche Struktur.

Der Versuch, solche unbearbeiteten Daten direkt in einen Machine-Learning-Algorithmus einzuspeisen, führt zwangsläufig zu suboptimaler Leistung und unzuverlässigen Ergebnissen. Genau hier kommen die beiden Säulen der **Datenvorverarbeitung** und des **Feature-Engineerings** ins Spiel, die einen systematischen Ansatz zur Datenverfeinerung bieten.

Diese wesentlichen Prozesse umfassen ein breites Spektrum an Techniken zur Bereinigung, Transformation und Optimierung Ihres Datensatzes. Durch die sorgfältige Aufbereitung Ihrer Daten schaffen Sie eine solide Grundlage, die es Machine-Learning-Algorithmen ermöglicht, aussagekräftige Muster zu erkennen und genaue Vorhersagen zu generieren. Ziel ist es, Ihrem Modell einen Datensatz zu präsentieren, der nicht nur sauber und vollständig ist, sondern auch so strukturiert ist, dass er die relevantesten Merkmale und Beziehungen innerhalb der Daten hervorhebt.

In diesem Kapitel werden wir uns eingehend mit den entscheidenden Schritten einer effektiven Datenvorverarbeitung befassen. Wir untersuchen die Feinheiten der **Datenbereinigung**, einen grundlegenden Prozess zur Identifizierung und Behebung von Fehlern, Inkonsistenzen und Anomalien in Ihrem Datensatz. Wir werden uns der Herausforderung des **Umgangs mit fehlenden Daten** stellen und verschiedene Strategien diskutieren, um Lücken in Ihren Informationen zu schließen, ohne die Integrität Ihrer Analyse zu gefährden. Das Kapitel behandelt auch **Skalierungs- und Normalisierungstechniken**, die unerlässlich sind, um sicherzustellen, dass alle Merkmale proportional zum Entscheidungsprozess des Modells beitragen.

Darüber hinaus untersuchen wir Methoden zur **Kodierung kategorischer Variablen**, um nicht-numerische Daten in ein Format zu überführen, das Machine-Learning-Algorithmen effektiv interpretieren und nutzen können. Schließlich tauchen wir ein in die Kunst und Wissenschaft des **Feature-Engineerings**, wo Domänenwissen und Kreativität zusammenfließen, um neue, aussagekräftige Merkmale zu entwickeln, die die Vorhersagekraft Ihres Modells erheblich steigern können.

Durch die Beherrschung dieser Vorverarbeitungsschritte werden Sie in der Lage sein, ein solides Fundament für Ihre Machine-Learning-Projekte zu schaffen. Diese sorgfältige Datenvorbereitung ist es, die mittelmäßige Modelle von wirklich exzellenten unterscheidet, die Leistung maximiert und sicherstellt, dass Ihre Algorithmen die wertvollsten Erkenntnisse aus den vorhandenen Informationen gewinnen können.

Wir beginnen unsere Reise in die Datenvorverarbeitung mit einer eingehenden Betrachtung der **Datenbereinigung**. Dieser kritische Prozess dient als erste Verteidigungslinie gegen die unzähligen Probleme, die Rohdatensätze plagen können. Indem Sie sicherstellen, dass Ihre Daten genau, vollständig und für die Analyse optimiert sind, bereitet die Datenbereinigung den Weg für alle nachfolgenden Vorverarbeitungsschritte und trägt letztendlich zum Gesamterfolg Ihrer Machine-Learning-Vorhaben bei.

3.1 Datenbereinigung und Umgang mit fehlenden Daten

Die Datenbereinigung ist ein entscheidender Schritt in der Datenvorverarbeitungspipeline und umfasst die systematische Identifizierung und Behebung von Problemen in Datensätzen. Dieser Prozess umfasst eine Vielzahl von Aktivitäten, darunter:

Erkennung beschädigter Daten

Dieser entscheidende Schritt beinhaltet eine umfassende und sorgfältige Untersuchung des Datensatzes, um Datenpunkte zu identifizieren, die während verschiedener Phasen des Datenlebenszyklus kompromittiert oder verändert wurden. Dies umfasst unter anderem die Erfassungsphase, in der Fehler durch defekte Sensoren oder menschliche Eingabefehler auftreten können; die Übertragungsphase, in der Datenbeschädigungen durch Netzwerkprobleme oder Störungen entstehen können; und die Speicherphase, in der Daten durch Hardware-Ausfälle oder Software-Fehler beschädigt werden können.

Der Prozess zur Erkennung beschädigter Daten umfasst mehrere Techniken:

- Statistische Analyse: Verwendung statistischer Methoden zur Identifizierung von Ausreißern oder Werten, die erheblich von erwarteten Mustern abweichen.
- Datenvalidierungsregeln: Implementierung spezifischer Regeln basierend auf Domänenwissen zur Kennzeichnung potenziell beschädigter Einträge.
- Konsistenzprüfungen: Vergleich von Daten über verschiedene Felder oder Zeiträume hinweg, um logische Konsistenz sicherzustellen.
- Formatüberprüfung: Sicherstellung, dass Daten den erwarteten Formaten entsprechen, wie beispielsweise Datumsstrukturen oder numerische Bereiche.

Durch die präzise Identifizierung dieser beschädigten Elemente mittels solch rigoroser Methoden können Datenwissenschaftler geeignete Maßnahmen ergreifen, wie das Entfernen, Korrigieren oder Markieren der beschädigten Daten. Dieser Prozess ist grundlegend für die Gewährleistung der Integrität und Zuverlässigkeit des Datensatzes, was für jede nachfolgende Analyse oder Entwicklung von Machine-Learning-Modellen entscheidend ist. Ohne diesen Schritt könnten beschädigte Daten zu verzerrten Ergebnissen, falschen Schlussfolgerungen oder schlecht funktionierenden Modellen führen und möglicherweise das gesamte Data-Science-Projekt gefährden.

Beispiel: Erkennung beschädigter Daten

```
import pandas as pd
import numpy as np

# Create a sample DataFrame with potentially corrupt data
data = {
    'ID': [1, 2, 3, 4, 5],
    'Value': [10, 20, 'error', 40, 50],
    'Date': ['2023-01-01', '2023-02-30', '2023-03-15', '2023-04-01', '2023-05-01']
}
df = pd.DataFrame(data)

# Function to detect corrupt data
def detect_corrupt_data(df):
    corrupt_rows = []

    # Check for non-numeric values in 'Value' column
    numeric_errors = pd.to_numeric(df['Value'], errors='coerce').isna()
    corrupt_rows.extend(df[numeric_errors].index.tolist())

    # Check for invalid dates
    df['Date'] = pd.to_datetime(df['Date'], errors='coerce')
    date_errors = df['Date'].isna()
    corrupt_rows.extend(df[date_errors].index.tolist())

    return list(set(corrupt_rows))  # Remove duplicates

# Detect corrupt data
corrupt_indices = detect_corrupt_data(df)

print("Corrupt data found at indices:", corrupt_indices)
print("\\nCorrupt rows:")
print(df.iloc[corrupt_indices])
```

Dieser Code zeigt, wie man beschädigte Daten in einem pandas DataFrame erkennt. Hier ist eine Aufschlüsselung seiner Funktionalität:

- Er erstellt einen Beispiel-DataFrame mit potenziell beschädigten Daten, einschließlich nicht-numerischer Werte in der Spalte 'Value' und ungültiger Datumsangaben in der Spalte 'Date'.
- Die Funktion detect_corrupt_data() wird definiert, um beschädigte Zeilen zu identifizieren. Sie überprüft:
- Nicht-numerische Werte in der Spalte 'Value' mittels pd.to_numeric() mit errors='coerce'.
- Ungültige Datumsangaben in der Spalte 'Date' mittels pd.to_datetime() mit errors='coerce'.
- Die Funktion gibt eine Liste eindeutiger Indizes zurück, wo beschädigte Daten gefunden wurden.
- Abschließend werden die Indizes der beschädigten Zeilen ausgegeben und die beschädigten Daten angezeigt.

Dieser Code ist ein Beispiel für die Implementierung von Datenbereinigungstechniken, speziell für die Erkennung beschädigter Daten, was einen entscheidenden Schritt in der Datenvorverarbeitungspipeline darstellt.

Korrektur unvollständiger Daten

Dieser Prozess beinhaltet eine umfassende und sorgfältige Untersuchung des Datensatzes, um sämtliche Fälle von unvollständigen oder fehlenden Informationen zu identifizieren und zu behandeln. Die Herangehensweise an solche Lücken hängt von mehreren Faktoren ab, einschließlich der Art der Daten, des Ausmaßes der Unvollständigkeit und der möglichen Auswirkungen auf nachfolgende Analysen.

Bei der Behandlung fehlender Daten setzen Datenwissenschaftler eine Reihe ausgefeilter Techniken ein:

- Imputationsmethoden: Diese beinhalten die Schätzung und Ergänzung fehlender Werte basierend auf Mustern in den vorhandenen Daten. Die Techniken reichen von einfacher Mittelwert- oder Medianimputation bis hin zu fortgeschritteneren Methoden wie Regressionsimputation oder multiple Imputation.
- Machine-Learning-basierte Ansätze: Algorithmen wie K-Nearest Neighbors (KNN) oder Random Forest können verwendet werden, um fehlende Werte basierend auf den Beziehungen zwischen Variablen im Datensatz vorherzusagen.
- Zeitreihenspezifische Methoden: Für temporale Daten können Techniken wie Interpolation oder Vorhersagemodelle eingesetzt werden, um fehlende Werte basierend auf Trends und Saisonalität zu schätzen.

In Fällen, in denen die Lücken in den Daten zu bedeutend sind oder die fehlenden Informationen als entscheidend erachtet werden, muss die Entfernung unvollständiger Datensätze sorgfältig abgewogen werden. Diese Entscheidung wird nicht leichtfertig getroffen, da sie ein Gleichgewicht zwischen der Notwendigkeit der Datenqualität und dem potenziellen Verlust wertvoller Informationen erfordert.

Faktoren, die die Entscheidung zur Entfernung unvollständiger Datensätze beeinflussen, sind:

- Der Anteil fehlender Daten: Wenn ein großer Prozentsatz eines Datensatzes oder einer Variable fehlt, könnte die Entfernung angemessener sein als die Imputation.
- Der Mechanismus des Fehlens: Das Verständnis, ob Daten vollständig zufällig fehlen (MCAR), zufällig fehlen (MAR) oder nicht zufällig fehlen (MNAR), kann den Entscheidungsprozess beeinflussen.
- Die Bedeutung der fehlenden Information: Wenn die fehlenden Daten für die Analyse oder das Modell kritisch sind, könnte eine Entfernung notwendig sein, um die Integrität der Ergebnisse zu wahren.

Letztendlich ist das Ziel, ein Gleichgewicht zwischen der Bewahrung möglichst vieler wertvoller Informationen und der Sicherstellung der allgemeinen Qualität und Zuverlässigkeit des Datensatzes für nachfolgende Analysen und Modellierungsaufgaben zu finden.

Beispiel: Korrektur unvollständiger Daten

```
import pandas as pd
import numpy as np
from sklearn.impute import SimpleImputer
from sklearn.experimental import enable_iterative_imputer
from sklearn.impute import IterativeImputer

# Create a sample DataFrame with incomplete data
data = {
    'Age': [25, np.nan, 30, np.nan, 40],
    'Income': [50000, 60000, np.nan, 75000, 80000],
    'Education': ['Bachelor', 'Master', np.nan, 'PhD', 'Bachelor']
}
df = pd.DataFrame(data)

print("Original DataFrame:")
print(df)

# Method 1: Simple Imputation (Mean for numerical, Most frequent for categorical)
imputer_mean = SimpleImputer(strategy='mean')
imputer_most_frequent = SimpleImputer(strategy='most_frequent')

df_imputed_simple = df.copy()
df_imputed_simple[['Age',    'Income']]    =    imputer_mean.fit_transform(df[['Age',
'Income']])
```

```
df_imputed_simple[['Education']] =
imputer_most_frequent.fit_transform(df[['Education']])

print("\\nDataFrame after Simple Imputation:")
print(df_imputed_simple)

# Method 2: Iterative Imputation (uses the IterativeImputer, aka MICE)
imputer_iterative = IterativeImputer(random_state=0)
df_imputed_iterative = df.copy()
df_imputed_iterative.iloc[:, :] = imputer_iterative.fit_transform(df)

print("\\nDataFrame after Iterative Imputation:")
print(df_imputed_iterative)

# Method 3: Custom logic (e.g., filling Age based on median of similar Education
levels)
df_custom = df.copy()
df_custom['Age'] = df_custom.groupby('Education')['Age'].transform(lambda x:
x.fillna(x.median()))
df_custom['Income'].fillna(df_custom['Income'].mean(), inplace=True)
df_custom['Education'].fillna(df_custom['Education'].mode()[0], inplace=True)

print("\\nDataFrame after Custom Imputation:")
print(df_custom)
```

Dieses Beispiel demonstriert drei verschiedene Methoden zur Korrektur unvollständiger Daten:

1. Einfache Imputation: Verwendet Scikit-learns SimpleImputer, um fehlende Werte mit dem Mittelwert für numerische Spalten (Alter und Einkommen) und dem häufigsten Wert für kategorische Spalten (Bildung) zu füllen.
2. Iterative Imputation: Setzt Scikit-learns IterativeImputer (auch bekannt als MICE - Multivariate Imputation by Chained Equations) ein, um fehlende Werte basierend auf den Beziehungen zwischen Variablen zu schätzen.
3. Benutzerdefinierte Logik: Implementiert einen maßgeschneiderten Ansatz, bei dem das Alter basierend auf dem Medianalter ähnlicher Bildungsniveaus imputiert wird, das Einkommen mit dem Mittelwert gefüllt wird und bei der Bildung der Modus (häufigster Wert) verwendet wird.

Aufschlüsselung des Codes:

1. Wir beginnen mit dem Import der erforderlichen Bibliotheken und erstellen einen Beispiel-DataFrame mit fehlenden Werten.
2. Für die einfache Imputation verwenden wir SimpleImputer mit verschiedenen Strategien für numerische und kategorische Daten.
3. Die iterative Imputation verwendet den IterativeImputer, der jedes Merkmal iterativ aus allen anderen schätzt.

4. Die benutzerdefinierte Logik zeigt, wie Domänenwissen angewendet werden kann, um Daten genauer zu imputieren, beispielsweise durch Verwendung des Bildungsniveaus zur Schätzung des Alters.

Dieses Beispiel demonstriert die Flexibilität und Leistungsfähigkeit verschiedener Imputationstechniken. Die Wahl der Methode hängt von der Art Ihrer Daten und den spezifischen Anforderungen Ihrer Analyse ab. Einfache Imputation ist schnell und einfach, erfasst aber möglicherweise keine komplexen Beziehungen in den Daten. Iterative Imputation kann genauer sein, ist aber rechenintensiv. Benutzerdefinierte Logik ermöglicht die Einbindung von Fachwissen, erfordert aber mehr manuellen Aufwand und Verständnis der Daten.

Umgang mit ungenauen Daten

Dieser entscheidende Schritt im Datenbereinigungsprozess umfasst einen umfassenden und sorgfältigen Ansatz zur Identifizierung und Korrektur von Fehlern, die während verschiedener Phasen der Datenerfassung und -verwaltung in den Datensatz eingedrungen sein könnten. Diese Fehler können aus mehreren Quellen stammen:

- Dateneingabefehler: Menschliche Fehler bei der manuellen Dateneingabe, wie Tippfehler, vertauschte Ziffern oder falsche Kategorisierungen.
- Messfehler: Ungenauigkeiten durch fehlerhafte Geräte, falsch kalibrierte Instrumente oder inkonsistente Messtechniken.
- Aufzeichnungsfehler: Probleme, die während des Datenaufzeichnungsprozesses auftreten, einschließlich Systemfehler, Softwarebugs oder Datenübertragungsfehler.

Um diese Herausforderungen zu bewältigen, setzen Datenwissenschaftler eine Reihe ausgefeilter Validierungstechniken ein:

- Statistische Ausreißererkennung: Nutzung statistischer Methoden zur Identifizierung von Datenpunkten, die signifikant von den erwarteten Mustern oder Verteilungen abweichen.
- Domänenspezifische Regelvalidierung: Implementierung von Prüfungen basierend auf Expertenwissen des Fachgebiets, um logisch inkonsistente oder unmögliche Werte zu kennzeichnen.
- Kreuzreferenzierung: Vergleich der Daten mit zuverlässigen externen Quellen oder internen Datenbanken zur Überprüfung von Genauigkeit und Konsistenz.
- Maschinelles Lernen-basierte Anomalieerkennung: Einsatz fortgeschrittener Algorithmen zur Erkennung subtiler Ungenauigkeitsmuster, die traditionellen Validierungsmethoden entgehen könnten.

Durch die rigorose Anwendung dieser Validierungstechniken und sorgfältige Kreuzreferenzierung mit vertrauenswürdigen Quellen können Datenwissenschaftler die Genauigkeit und Zuverlässigkeit ihrer Datensätze erheblich verbessern. Dieser akribische

Prozess verbessert nicht nur die Qualität der Daten, sondern stärkt auch die Glaubwürdigkeit nachfolgender Analysen und maschineller Lernmodelle, die auf dieser Grundlage aufbauen. Letztendlich ist der Umgang mit ungenauen Daten eine kritische Investition in die Gewährleistung der Integrität und Vertrauenswürdigkeit datengestützter Erkenntnisse und Entscheidungsprozesse.

Beispiel: Umgang mit ungenauen Daten

```
import pandas as pd
import numpy as np
from scipy import stats

# Create a sample DataFrame with potentially inaccurate data
data = {
    'ID': range(1, 11),
    'Age': [25, 30, 35, 40, 45, 50, 55, 60, 65, 1000],
    'Income': [50000, 60000, 70000, 80000, 90000, 100000, 110000, 120000, 130000,
10000000],
    'Height': [170, 175, 180, 185, 190, 195, 200, 205, 210, 150]
}
df = pd.DataFrame(data)

print("Original DataFrame:")
print(df)

def detect_and_correct_outliers(df, column, method='zscore', threshold=3):
    if method == 'zscore':
        z_scores = np.abs(stats.zscore(df[column]))
        outliers = df[z_scores > threshold]
        df.loc[z_scores > threshold, column] = df[column].median()
    elif method == 'iqr':
        Q1 = df[column].quantile(0.25)
        Q3 = df[column].quantile(0.75)
        IQR = Q3 - Q1
        lower_bound = Q1 - 1.5 * IQR
        upper_bound = Q3 + 1.5 * IQR
        outliers = df[(df[column] < lower_bound) | (df[column] > upper_bound)]
        df.loc[(df[column] < lower_bound) | (df[column] > upper_bound), column] =
df[column].median()
    return outliers

# Detect and correct outliers in 'Age' column using Z-score method
age_outliers = detect_and_correct_outliers(df, 'Age', method='zscore')

# Detect and correct outliers in 'Income' column using IQR method
income_outliers = detect_and_correct_outliers(df, 'Income', method='iqr')

# Custom logic for 'Height' column
height_outliers = df[(df['Height'] < 150) | (df['Height'] > 220)]
df.loc[(df['Height'] < 150) | (df['Height'] > 220), 'Height'] = df['Height'].median()
```

```
print("\\nOutliers detected:")
print("Age outliers:", age_outliers['Age'].tolist())
print("Income outliers:", income_outliers['Income'].tolist())
print("Height outliers:", height_outliers['Height'].tolist())

print("\\nCorrected DataFrame:")
print(df)
```

Dieses Beispiel zeigt einen umfassenden Ansatz zum Umgang mit ungenauen Daten, der sich speziell auf die Erkennung und Korrektur von Ausreißern konzentriert.

Hier ist eine Aufschlüsselung des Codes und seiner Funktionalität:

1. Datenerstellung: Wir beginnen mit der Erstellung eines Beispiel-DataFrames mit potenziell ungenauen Daten, einschließlich extremer Werte in den Spalten 'Age', 'Income' und 'Height'.
2. Ausreißererkennung und Korrekturfunktion: Die detect_and_correct_outliers() Funktion wird definiert, um Ausreißer mit zwei gängigen Methoden zu behandeln:
   - Z-Score-Methode: Identifiziert Ausreißer basierend auf der Anzahl der Standardabweichungen vom Mittelwert.
   - IQR-Methode (Interquartilsabstand): Erkennt Ausreißer mithilfe des Quartilkonzepts.
3. Anwendung der Ausreißererkennung:
   - Für die Spalte 'Age' verwenden wir die Z-Score-Methode mit einem Schwellenwert von 3 Standardabweichungen.
   - Für die Spalte 'Income' wenden wir die IQR-Methode an, um mögliche Schiefheit in der Einkommensverteilung zu berücksichtigen.
   - Für die Spalte 'Height' implementieren wir eine benutzerdefinierte Logik, die Werte unter 150 cm oder über 220 cm als Ausreißer kennzeichnet.
4. Ausreißerkorrektur: Sobald Ausreißer erkannt wurden, werden sie durch den Medianwert der jeweiligen Spalte ersetzt. Dieser Ansatz hilft, die Datenintegrität zu wahren und gleichzeitig den Einfluss extremer Werte zu reduzieren.
5. Berichterstattung: Der Code gibt die erkannten Ausreißer für jede Spalte aus und zeigt den korrigierten DataFrame an.

Dieses Beispiel zeigt verschiedene Strategien zum Umgang mit ungenauen Daten:

- Statistische Methoden (Z-Score und IQR) zur automatisierten Ausreißererkennung
- Benutzerdefinierte Logik für domänenspezifische Ausreißeridentifikation

- Median-Imputation zur Korrektur von Ausreißern, die robuster gegenüber extremen Werten ist als die Mittelwert-Imputation

Durch den Einsatz dieser Techniken können Data Scientists die Qualität ihrer Datensätze erheblich verbessern, was zu zuverlässigeren Analysen und maschinellen Lernmodellen führt. Es ist wichtig zu beachten, dass dieses Beispiel der Einfachheit halber die Median-Imputation verwendet, in der Praxis sollte die Wahl der Korrekturmethode jedoch sorgfältig auf Basis der spezifischen Eigenschaften der Daten und der Anforderungen der Analyse getroffen werden.

Entfernung irrelevanter Daten

Dieser letzte Schritt im Datenbereinigungsprozess, bekannt als Datenrelevanz-Bewertung, beinhaltet eine sorgfältige Evaluierung jedes Datenpunkts, um dessen Bedeutung und Anwendbarkeit für die spezifische Analyse oder das vorliegende Problem zu bestimmen. Diese entscheidende Phase erfordert von Data Scientists, den Datensatz durch mehrere Perspektiven kritisch zu untersuchen:

1. Kontextuelle Relevanz: Bewertung, ob jede Variable oder jedes Merkmal direkt zur Beantwortung der Forschungsfragen oder zur Erreichung der Projektziele beiträgt.
2. Zeitliche Relevanz: Feststellung, ob die Daten aktuell genug sind, um für die Analyse bedeutsam zu sein, besonders in sich schnell verändernden Bereichen.
3. Granularität: Beurteilung, ob der Detailgrad der Daten für die beabsichtigte Analyse angemessen ist, weder zu breit noch zu spezifisch.
4. Redundanz: Identifizierung und Entfernung von doppelten oder stark korrelierten Variablen, die keinen zusätzlichen Informationswert bieten.
5. Signal-Rausch-Verhältnis: Unterscheidung zwischen Daten, die bedeutsame Informationen tragen (Signal), und Daten, die unnötige Komplexität oder Variabilität einbringen (Rauschen).

Durch die sorgfältige Eliminierung überflüssiger oder irrelevanter Informationen in diesem Prozess können Data Scientists die Qualität und den Fokus ihres Datensatzes erheblich verbessern. Diese Verfeinerung bringt mehrere entscheidende Vorteile:

- Verbesserte Modellleistung: Ein optimierter Datensatz mit nur relevanten Merkmalen führt oft zu genaueren und robusteren maschinellen Lernmodellen.
- Erhöhte Recheneffizienz: Die Reduzierung der Datensatzdimensionalität kann die Verarbeitungszeit und den Ressourcenbedarf drastisch senken, was besonders bei der Verarbeitung großer Datenmengen wichtig ist.
- Klarere Erkenntnisse: Durch die Entfernung von Rauschen und die Konzentration auf relevante Daten können Analysten aussagekräftigere und handlungsorientierte Einblicke aus ihren Analysen gewinnen.

- Reduziertes Overfitting-Risiko: Die Eliminierung irrelevanter Merkmale hilft, zu verhindern, dass Modelle Scheinmuster lernen, und verbessert so die Generalisierung auf neue, ungesehene Daten.
- Vereinfachte Interpretierbarkeit: Ein fokussierterer Datensatz führt oft zu Modellen und Analysen, die leichter zu interpretieren und Stakeholdern zu erklären sind.

Im Wesentlichen dient diese sorgfältige Kuratierung relevanter Daten als kritisches Fundament, das die Effizienz, Effektivität und Zuverlässigkeit nachfolgender Analysen und maschineller Lernmodelle deutlich verbessert. Sie stellt sicher, dass die endgültigen Erkenntnisse und Entscheidungen auf den relevantesten und qualitativ hochwertigsten verfügbaren Informationen basieren.

Beispiel: Entfernung irrelevanter Daten

```
import pandas as pd
import numpy as np
from sklearn.feature_selection import VarianceThreshold
from sklearn.feature_selection import mutual_info_regression

# Create a sample DataFrame with potentially irrelevant features
np.random.seed(42)
data = {
    'ID': range(1, 101),
    'Age': np.random.randint(18, 80, 100),
    'Income': np.random.randint(20000, 150000, 100),
    'Education': np.random.choice(['High School', 'Bachelor', 'Master', 'PhD'], 100),
    'Constant_Feature': [5] * 100,
    'Random_Feature': np.random.random(100),
    'Target': np.random.randint(0, 2, 100)
}
df = pd.DataFrame(data)

print("Original DataFrame shape:", df.shape)

# Step 1: Remove constant features
constant_filter = VarianceThreshold(threshold=0)
constant_filter.fit(df.select_dtypes(include=[np.number]))
constant_columns = df.columns[~constant_filter.get_support()]
df = df.drop(columns=constant_columns)
print("After removing constant features:", df.shape)

# Step 2: Remove features with low variance
variance_filter = VarianceThreshold(threshold=0.1)
variance_filter.fit(df.select_dtypes(include=[np.number]))
low_variance_columns                                                              =
df.select_dtypes(include=[np.number]).columns[~variance_filter.get_support()]
df = df.drop(columns=low_variance_columns)
print("After removing low variance features:", df.shape)

# Step 3: Feature importance based on mutual information
```

```
numerical_features = df.select_dtypes(include=[np.number]).columns.drop('Target')
mi_scores = mutual_info_regression(df[numerical_features], df['Target'])
mi_scores = pd.Series(mi_scores, index=numerical_features)
important_features = mi_scores[mi_scores > 0.01].index
df = df[important_features.tolist() + ['Education', 'Target']]
print("After removing less important features:", df.shape)

print("\\nFinal DataFrame columns:", df.columns.tolist())
```

Dieses Code-Beispiel demonstriert verschiedene Techniken zur Entfernung irrelevanter Daten aus einem Datensatz.

Lassen Sie uns den Code Schritt für Schritt analysieren:

1. Datenerstellung: Wir beginnen mit der Erstellung eines Beispiel-DataFrames mit potenziell irrelevanten Merkmalen, einschließlich eines konstanten Merkmals und eines zufälligen Merkmals.
2. Entfernung konstanter Merkmale:
    - Wir verwenden VarianceThreshold mit einem Schwellenwert von 0, um Merkmale zu identifizieren und zu entfernen, die in allen Stichproben denselben Wert aufweisen.
    - Dieser Schritt eliminiert Merkmale, die keine diskriminierenden Informationen für das Modell liefern.
3. Entfernung von Merkmalen mit geringer Varianz:
    - Wir wenden VarianceThreshold erneut an, diesmal mit einem Schwellenwert von 0,1, um Merkmale mit sehr geringer Varianz zu entfernen.
    - Merkmale mit geringer Varianz enthalten oft wenig Information und tragen möglicherweise nicht wesentlich zur Vorhersagekraft des Modells bei.
4. Merkmalsbedeutung basierend auf gegenseitiger Information:
    - Wir verwenden mutual_info_regression, um die gegenseitige Information zwischen jedem Merkmal und der Zielvariable zu berechnen.
    - Merkmale mit Werten für gegenseitige Information unter einem bestimmten Schwellenwert (0,01 in diesem Beispiel) werden als weniger wichtig eingestuft und entfernt.
    - Dieser Schritt hilft bei der Identifizierung von Merkmalen, die eine starke Beziehung zur Zielvariable aufweisen.
5. Beibehaltung kategorischer Merkmale: Wir fügen die Spalte 'Education' manuell hinzu, um zu demonstrieren, wie wichtige kategorische Merkmale beibehalten werden können, die nicht Teil der numerischen Analyse waren.

Dieses Beispiel zeigt einen vielseitigen Ansatz zur Entfernung irrelevanter Daten:

- Es behandelt konstante Merkmale, die keine diskriminierenden Informationen liefern.
- Es entfernt Merkmale mit sehr geringer Varianz, die oft wenig zur Modellleistung beitragen.
- Es verwendet ein statistisches Maß (gegenseitige Information), um die relevantesten Merkmale für die Zielvariable zu identifizieren.

Durch die Anwendung dieser Techniken reduzieren wir die Dimensionalität des Datensatzes erheblich und konzentrieren uns auf die relevantesten Merkmale. Dies kann zu verbesserter Modellleistung, reduziertem Overfitting und erhöhter Recheneffizienz führen. Allerdings ist es wichtig, die Auswirkungen der Merkmalsentfernung auf Ihr spezifisches Problem zu validieren und die Schwellenwerte entsprechend anzupassen.

Die Bedeutung der Datenbereinigung kann nicht genug betont werden, da sie die Qualität und Zuverlässigkeit von maschinellen Lernmodellen direkt beeinflusst. Saubere, hochwertige Daten sind für präzise Vorhersagen und aussagekräftige Erkenntnisse unerlässlich.

Fehlende Werte sind eine häufige Herausforderung in realen Datensätzen und entstehen oft aus verschiedenen Quellen wie Geräteausfällen, menschlichen Fehlern oder beabsichtigten Nichtantworten. Der angemessene Umgang mit diesen fehlenden Werten ist entscheidend, da sie die Modellleistung erheblich beeinflussen und zu verzerrten oder falschen Schlussfolgerungen führen können, wenn sie nicht richtig behandelt werden.

Der Ansatz zum Umgang mit fehlenden Daten ist nicht universell und hängt von mehreren Faktoren ab:

1. **Die Art und Eigenschaften Ihres Datensatzes:** Die spezifische Art der Daten, mit denen Sie arbeiten (wie numerische, kategorische oder Zeitreihendaten) und ihre zugrundeliegenden Verteilungsmuster spielen eine entscheidende Rolle bei der Bestimmung der am besten geeigneten Technik für den Umgang mit fehlenden Daten. Beispielsweise können bestimmte Imputationsmethoden besser für kontinuierliche numerische Daten geeignet sein, während andere sich besser für kategorische Variablen oder zeitabhängige Informationen eignen.
2. **Die Menge und das Verteilungsmuster fehlender Daten:** Das Ausmaß der fehlenden Informationen und der zugrundeliegende Mechanismus, der die Datenlücken verursacht, beeinflussen maßgeblich die Wahl der Handhabungsstrategie. Es ist wichtig, zwischen Daten zu unterscheiden, die vollständig zufällig fehlen (MCAR), zufällig fehlen (MAR) oder nicht zufällig fehlen (MNAR), da jedes Szenario einen anderen Ansatz erfordern kann, um die Integrität und Repräsentativität Ihres Datensatzes zu wahren.
3. **Der ausgewählte maschinelle Lernalgorithmus und seine inhärenten Eigenschaften:** Verschiedene maschinelle Lernmodelle zeigen unterschiedliche Grade

der Sensitivität gegenüber fehlenden Daten, was ihre Leistung und die Zuverlässigkeit ihrer Vorhersagen erheblich beeinflussen kann. Einige Algorithmen, wie Entscheidungsbäume, können von Natur aus mit fehlenden Werten umgehen, während andere, wie Support Vector Machines, möglicherweise eine umfangreichere Vorverarbeitung benötigen, um Datenlücken effektiv zu behandeln. Das Verständnis dieser modellspezifischen Eigenschaften ist entscheidend bei der Auswahl einer geeigneten Technik zur Behandlung fehlender Daten, die zu Ihrem gewählten Algorithmus passt.

Durch das Verständnis dieser Konzepte und Techniken können Data Scientists fundierte Entscheidungen über die effektive Vorverarbeitung ihrer Daten treffen und so die Entwicklung robuster und präziser maschineller Lernmodelle sicherstellen.

3.1.1 Arten fehlender Daten

Bevor wir uns näher mit den Feinheiten der Handhabung fehlender Daten befassen, ist es entscheidend, die drei Hauptkategorien fehlender Daten zu verstehen, von denen jede ihre eigenen einzigartigen Merkmale und Auswirkungen auf die Datenanalyse hat:

1. Vollständig zufällig fehlende Daten (MCAR)

Diese Art fehlender Daten beschreibt ein Szenario, bei dem das Fehlen von Informationen keinem erkennbaren Muster folgt und in keiner Beziehung zu Variablen im Datensatz steht, weder zu beobachteten noch zu unbeobachteten. MCAR zeichnet sich durch eine gleiche Wahrscheinlichkeit des Fehlens von Daten über alle Fälle hinweg aus und erzeugt damit effektiv eine unverzerrte Teilmenge des vollständigen Datensatzes.

Die wichtigsten Merkmale von MCAR sind:

- Zufälligkeit: Das Fehlen ist völlig zufällig und wird von keinen Faktoren innerhalb oder außerhalb des Datensatzes beeinflusst.
- Unverzerrte Repräsentation: Die verbleibenden Daten können als zufällige Stichprobe des vollständigen Datensatzes betrachtet werden und behalten deren statistische Eigenschaften bei.
- Statistische Auswirkungen: Analysen, die mit den vollständigen Fällen durchgeführt werden (nach Entfernung fehlender Daten), bleiben unverzerrt, auch wenn es durch die reduzierte Stichprobengröße zu einem Verlust an statistischer Power kommen kann.

Zur Veranschaulichung von MCAR betrachten wir folgendes Umfrageszenario:

Stellen Sie sich eine großangelegte Gesundheitsumfrage vor, bei der die Teilnehmer einen umfangreichen Fragebogen ausfüllen müssen. Einige Befragte könnten bestimmte Fragen unbeabsichtigt überspringen, aus Gründen, die völlig unabhängig vom Inhalt der Umfrage oder ihren persönlichen Eigenschaften sind. Zum Beispiel:

- Ein Befragter könnte durch ein externes Geräusch kurzzeitig abgelenkt sein und versehentlich eine Frage überspringen.
- Technische Störungen in der Umfrageplattform könnten zufällig einige Antworten nicht erfassen.
- Ein Teilnehmer könnte versehentlich zwei Seiten auf einmal umblättern und dabei eine Reihe von Fragen überspringen.

In diesen Fällen würden die fehlenden Daten als MCAR betrachtet, da die Wahrscheinlichkeit einer fehlenden Antwort weder mit der Frage selbst, noch mit den Eigenschaften des Befragten oder anderen Variablen in der Studie zusammenhängt. Diese Zufälligkeit gewährleistet, dass die verbleibenden Daten weiterhin eine unverzerrte, wenn auch kleinere, Darstellung der untersuchten Population liefern.

Während MCAR oft als das "Best-Case-Szenario" für fehlende Daten gilt, ist es wichtig zu beachten, dass es in realen Datensätzen relativ selten vorkommt. Forscher und Data Scientists müssen ihre Daten und den Datenerhebungsprozess sorgfältig prüfen, um festzustellen, ob die MCAR-Annahme tatsächlich zutrifft, bevor sie mit Analysen oder Imputationsmethoden fortfahren, die auf dieser Annahme basieren.

2. Zufällig fehlende Daten (MAR):

In diesem Szenario, bekannt als Missing at Random (MAR), zeigen die fehlenden Daten eine systematische Beziehung zu den beobachteten Daten, aber entscheidenderweise nicht zu den fehlenden Daten selbst. Dies bedeutet, dass die Wahrscheinlichkeit des Fehlens von Daten durch andere beobachtete Variablen im Datensatz erklärt werden kann, aber nicht direkt mit den unbeobachteten Werten zusammenhängt.

Um MAR besser zu verstehen, betrachten wir folgende Aspekte:

- Systematische Beziehung: Das Muster des Fehlens ist nicht völlig zufällig, sondern folgt einem erkennbaren Muster basierend auf anderen beobachteten Variablen.
- Abhängigkeit von beobachteten Daten: Die Wahrscheinlichkeit, dass ein Wert fehlt, hängt von anderen Variablen ab, die wir im Datensatz beobachten und messen können.
- Unabhängigkeit von unbeobachteten Werten: Wichtig ist, dass die Wahrscheinlichkeit des Fehlens nicht mit dem tatsächlichen Wert zusammenhängt, der beobachtet worden wäre, wenn er nicht gefehlt hätte.

Betrachten wir ein erweitertes Beispiel zur Verdeutlichung dieses Konzepts:

Stellen Sie sich eine umfassende Gesundheitsumfrage vor, bei der die Teilnehmer nach ihrem Alter, ihren Bewegungsgewohnheiten und ihrer allgemeinen Gesundheitszufriedenheit gefragt werden. In diesem Szenario:

- Jüngere Teilnehmer (18-30 Jahre) könnten weniger geneigt sein, Fragen zu ihren Bewegungsgewohnheiten zu beantworten, unabhängig davon, wie viel sie tatsächlich trainieren.
- Diese niedrigere Antwortrate unter jüngeren Teilnehmern ist beobachtbar und kann in der Analyse berücksichtigt werden.
- Entscheidend ist, dass ihre Tendenz, nicht zu antworten, nicht direkt mit ihren tatsächlichen Bewegungsgewohnheiten (den fehlenden Daten) zusammenhängt, sondern mit ihrer Altersgruppe (die beobachtet wird).

In diesem MAR-Szenario können wir die beobachteten Daten (Alter) nutzen, um fundierte Entscheidungen über den Umgang mit den fehlenden Daten (Bewegungsgewohnheiten) zu treffen. Diese Eigenschaft von MAR ermöglicht es, fortgeschrittenere Imputationsmethoden einzusetzen, die die Beziehungen zwischen Variablen nutzen können, um fehlende Werte genauer zu schätzen.

Das Verständnis, dass Daten MAR sind, ist entscheidend für die Wahl geeigneter Techniken zur Behandlung fehlender Daten. Im Gegensatz zu vollständig zufällig fehlenden Daten (MCAR), wo einfache Techniken wie listenweiser Ausschluss ausreichen können, erfordert MAR oft fortgeschrittenere Methoden wie multiple Imputation oder Maximum-Likelihood-Schätzung, um Verzerrungen in den Analysen zu vermeiden.

3. Nicht zufällig fehlende Daten (MNAR)

Diese Kategorie stellt die komplexeste Art fehlender Daten dar, bei der das Fehlen direkt mit den unbeobachteten Werten selbst zusammenhängt. In MNAR-Situationen ist der Grund für das Fehlen der Daten intrinsisch mit den Informationen verbunden, die hätten erhoben werden sollen. Dies stellt eine erhebliche Herausforderung für Datenanalyse- und Imputationsmethoden dar, da der Mechanismus des Fehlens nicht ignoriert werden kann, ohne möglicherweise Verzerrungen einzuführen.

Um MNAR besser zu verstehen, betrachten wir folgende Aspekte:

- Direkte Beziehung: Die Wahrscheinlichkeit, dass ein Wert fehlt, hängt vom Wert selbst ab, der unbeobachtet ist.
- Systematische Verzerrung: Das Fehlen erzeugt eine systematische Verzerrung im Datensatz, die nicht allein mit den beobachteten Daten ausgeglichen werden kann.
- Komplexität in der Analyse: MNAR-Szenarien erfordern oft spezialisierte statistische Techniken für eine angemessene Behandlung, da einfache Imputationsmethoden zu falschen Schlussfolgerungen führen können.

Ein prägnantes Beispiel für MNAR ist, wenn Patienten mit schweren Gesundheitszuständen weniger geneigt sind, ihren Gesundheitszustand offenzulegen. Dies führt zu systematischen

Lücken in gesundheitsbezogenen Daten, die direkt mit dem Schweregrad ihrer Erkrankungen korrelieren. Lassen Sie uns dieses Beispiel näher betrachten:

- Selbstselektions-Bias: Patienten mit schwereren Erkrankungen könnten die Teilnahme an Gesundheitsumfragen oder medizinischen Studien aufgrund körperlicher Einschränkungen oder psychologischer Faktoren vermeiden.
- Datenschutzbedenken: Menschen mit schwerwiegenden Gesundheitsproblemen könnten zögerlicher sein, ihre medizinischen Informationen zu teilen, aus Angst vor Stigmatisierung oder Diskriminierung.
- Unvollständige Krankenakten: Patienten mit komplexen Gesundheitszuständen könnten unvollständige Krankenakten haben, wenn sie häufig den Gesundheitsdienstleister wechseln oder bestimmte Arten der Versorgung vermeiden.

Die Auswirkungen von MNAR-Daten in diesem gesundheitsbezogenen Szenario sind bedeutend:

- Unterschätzung der Krankheitsprävalenz: Wenn Personen mit schweren Erkrankungen systematisch in den Daten fehlen, könnte die tatsächliche Prävalenz der Krankheit unterschätzt werden.
- Verzerrte Bewertungen der Behandlungseffektivität: In klinischen Studien könnte, wenn Patienten mit schweren Nebenwirkungen eher ausscheiden, die verbleibenden Daten die Wirksamkeit der Behandlung überschätzen.
- Verzerrte gesundheitspolitische Entscheidungen: Politische Entscheidungsträger, die sich auf diese Daten stützen, könnten Ressourcen basierend auf einem unvollständigen Bild der öffentlichen Gesundheitsbedürfnisse zuweisen.

Der Umgang mit MNAR-Daten erfordert sorgfältige Überlegungen und beinhaltet oft fortgeschrittene statistische Methoden wie Selektionsmodelle oder Pattern-Mixture-Modelle. Diese Ansätze versuchen, den Mechanismus der fehlenden Daten explizit zu modellieren und ermöglichen so genauere Schlussfolgerungen aus unvollständigen Datensätzen. Allerdings basieren sie oft auf nicht überprüfbaren Annahmen über die Art des Fehlens, was die Komplexität und Herausforderungen im Zusammenhang mit MNAR-Szenarien in der Datenanalyse unterstreicht.

Das Verständnis dieser verschiedenen Arten fehlender Daten ist von größter Bedeutung, da jede Kategorie einen einzigartigen Ansatz in der Datenhandhabung und -analyse erfordert. Die Wahl der Methode zum Umgang mit fehlenden Daten – sei es durch Imputation, Löschung oder fortgeschrittenere Techniken – sollte sorgfältig auf die spezifische Art des Fehlens im Datensatz abgestimmt werden.

Dieses nuancierte Verständnis stellt sicher, dass die nachfolgenden Datenanalyse- und Modellierungsbemühungen auf einem Fundament aufbauen, das die zugrundeliegende

Datenstruktur genau widerspiegelt und potenzielle Verzerrungen durch fehlende Informationen minimiert.

3.1.2 Erkennung und Visualisierung fehlender Daten

Der erste Schritt beim Umgang mit fehlenden Daten ist die Erkennung, wo sich die fehlenden Werte in Ihrem Datensatz befinden. Diese entscheidende Anfangsphase bildet die Grundlage für alle nachfolgenden Datenvorverarbeitungs- und Analyseaufgaben. Pandas, eine leistungsstarke Datenmanipulationsbibliothek in Python, bietet eine effiziente und benutzerfreundliche Möglichkeit, fehlende Werte in einem Datensatz zu überprüfen.

Um diesen Prozess zu beginnen, laden Sie Ihre Daten typischerweise in einen Pandas DataFrame, eine zweidimensionale beschriftete Datenstruktur. Sobald Ihre Daten in diesem Format vorliegen, bietet Pandas mehrere eingebaute Funktionen zur Identifizierung fehlender Werte:

- Die isnull() oder isna() Methoden: Diese Funktionen geben eine boolesche Maske in der gleichen Form wie Ihr DataFrame zurück, wobei True einen fehlenden Wert und False einen nicht fehlenden Wert anzeigt.
- Die notnull() Methode: Dies ist die Umkehrung von isnull() und gibt True für nicht fehlende Werte zurück.
- Die info() Methode: Diese liefert eine prägnante Zusammenfassung Ihres DataFrames, einschließlich der Anzahl der nicht-null Werte in jeder Spalte.

Durch die Kombination dieser Funktionen mit anderen Pandas-Operationen können Sie ein umfassendes Verständnis der fehlenden Daten in Ihrem Datensatz gewinnen. Zum Beispiel können Sie df.isnull().sum() verwenden, um die Anzahl der fehlenden Werte in jeder Spalte zu zählen, oder df.isnull().any(), um zu überprüfen, ob eine Spalte fehlende Werte enthält.

Das Verständnis des Musters und des Ausmaßes fehlender Daten ist entscheidend, da es Ihre Strategie für den Umgang mit diesen Lücken bestimmt. Es hilft Ihnen bei der Entscheidung, ob Sie Zeilen oder Spalten mit fehlenden Daten entfernen, die fehlenden Werte imputieren oder fortgeschrittenere Techniken wie multiple Imputation oder maschinelle Lernmodelle einsetzen sollten, die für den Umgang mit fehlenden Daten konzipiert sind.

Beispiel: Erkennung fehlender Daten mit Pandas

```
import pandas as pd
import numpy as np
import seaborn as sns
import matplotlib.pyplot as plt
from sklearn.impute import SimpleImputer, KNNImputer
from sklearn.experimental import enable_iterative_imputer
from sklearn.impute import IterativeImputer

# Create a sample DataFrame with missing data
data = {
```

```
    'Name': ['Alice', 'Bob', 'Charlie', 'David', 'Eve', 'Frank'],
    'Age': [25, None, 35, 40, None, 50],
    'Salary': [50000, 60000, None, 80000, 55000, None],
    'Department': ['HR', 'IT', 'Finance', 'IT', None, 'HR']
}
df = pd.DataFrame(data)

# Display the original DataFrame
print("Original DataFrame:")
print(df)
print("\\n")

# Check for missing data
print("Missing Data in Each Column:")
print(df.isnull().sum())
print("\\n")

# Calculate percentage of missing data
print("Percentage of Missing Data in Each Column:")
print(df.isnull().sum() / len(df) * 100)
print("\\n")

# Visualize missing data with a heatmap
plt.figure(figsize=(10, 6))
sns.heatmap(df.isnull(), cbar=False, cmap='viridis', yticklabels=False)
plt.title("Missing Data Heatmap")
plt.show()

# Handling missing data

# 1. Removing rows with missing data
df_dropna = df.dropna()
print("DataFrame after dropping rows with missing data:")
print(df_dropna)
print("\\n")

# 2. Simple imputation methods
# Mean imputation for numerical columns
df_mean_imputed = df.copy()
df_mean_imputed['Age'].fillna(df_mean_imputed['Age'].mean(), inplace=True)
df_mean_imputed['Salary'].fillna(df_mean_imputed['Salary'].mean(), inplace=True)

# Mode imputation for categorical column
df_mean_imputed['Department'].fillna(df_mean_imputed['Department'].mode()[0],
inplace=True)

print("DataFrame after mean/mode imputation:")
print(df_mean_imputed)
print("\\n")

# 3. KNN Imputation
# Exclude non-numeric columns for KNN
```

```
numeric_df = df.drop(['Name', 'Department'], axis=1)

imputer_knn = KNNImputer(n_neighbors=2)
numeric_knn_imputed = pd.DataFrame(imputer_knn.fit_transform(numeric_df),
                                   columns=numeric_df.columns)

# Add back the non-numeric columns
numeric_knn_imputed.insert(0, 'Name', df['Name'])
numeric_knn_imputed['Department'] = df['Department']

print("Corrected DataFrame after KNN imputation:")
print(numeric_knn_imputed)
print("\\n")

# 4. Multiple Imputation by Chained Equations (MICE)
# Exclude non-numeric columns for MICE
imputer_mice = IterativeImputer(random_state=0)
numeric_mice_imputed = pd.DataFrame(imputer_mice.fit_transform(numeric_df),
                                    columns=numeric_df.columns)

# Add back the non-numeric columns
numeric_mice_imputed.insert(0, 'Name', df['Name'])
numeric_mice_imputed['Department'] = df['Department']

print("DataFrame after MICE imputation:")
print(numeric_mice_imputed)
```

Dieses Codebeispiel bietet eine umfassende Demonstration zur Erkennung, Visualisierung und Behandlung fehlender Daten in Python unter Verwendung von pandas, numpy, seaborn, matplotlib und scikit-learn.

Lassen Sie uns den Code Abschnitt für Abschnitt durchgehen:

1. **DataFrame erstellen**:

- Ein DataFrame wird mit fehlenden Werten in Age, Salary und Department erstellt.

1. **Fehlende Daten analysieren**:
    - Anzeige der Anzahl und des prozentualen Anteils fehlender Werte für jede Spalte.
    - Visualisierung der fehlenden Daten mittels einer Heatmap.
2. **Fehlende Daten behandeln**:
    - **Methode 1: Zeilen entfernen**:
        - Zeilen mit fehlenden Werten werden mittels dropna() entfernt.
    - **Methode 2: Einfache Imputation**:

        - Verwendung des **Mittelwerts** zum Füllen fehlender Werte in Age und Salary.
        - Verwendung des **Modus** zum Füllen fehlender Werte in Department.
    - **Methode 3: KNN-Imputation**:
        - Verwendung des KNNImputer zum Füllen fehlender Werte in numerischen Spalten (Age und Salary).
        - Ausschluss nicht-numerischer Spalten während der Imputation und anschließendes Wiedereinfügen.
    - **Methode 4: MICE-Imputation**:
        - Verwendung des IterativeImputer (MICE) für fortgeschrittene Imputation numerischer Spalten.
        - Ausschluss nicht-numerischer Spalten während der Imputation und anschließendes Wiedereinfügen.
3. **Ergebnisse anzeigen**:
    - Die aktualisierten DataFrames werden nach jeder Methode zum Vergleich angezeigt.

Dieses Beispiel zeigt verschiedene Imputationstechniken, bietet eine schrittweise Aufschlüsselung und gibt einen umfassenden Einblick in die Behandlung fehlender Daten in Python. Es demonstriert die Entwicklung von einfachen Techniken (wie Löschung und Mittelwert-Imputation) bis hin zu fortgeschrittenen Methoden (KNN und MICE). Dieser Ansatz ermöglicht es Benutzern, verschiedene Strategien für die Imputation fehlender Daten zu verstehen und zu vergleichen.

Die isnull()-Funktion in Pandas erkennt fehlende Werte (dargestellt als NaN), und durch die Verwendung von .sum() erhält man die Gesamtzahl der fehlenden Werte in jeder Spalte. Zusätzlich bietet die Seaborn-Heatmap eine schnelle visuelle Darstellung der Position der fehlenden Daten.

3.1.3 Techniken zur Behandlung fehlender Daten

Nach der Identifizierung fehlender Werte in Ihrem Datensatz besteht der entscheidende nächste Schritt darin, die am besten geeignete Strategie zur Behandlung dieser Lücken zu bestimmen. Die von Ihnen gewählte Vorgehensweise kann erhebliche Auswirkungen auf Ihre Analyse und Modellleistung haben. Es gibt mehrere Techniken zur Behandlung fehlender Daten, jede mit eigenen Stärken und Einschränkungen.

Die Auswahl der am besten geeigneten Methode hängt von verschiedenen Faktoren ab, einschließlich des Umfangs der fehlenden Daten, des Musters des Fehlens (ob die Daten vollständig zufällig fehlen, zufällig fehlen oder nicht zufällig fehlen) und der relativen Bedeutung der Merkmale mit fehlenden Werten. Es ist wichtig, diese Aspekte sorgfältig zu berücksichtigen, um sicherzustellen, dass die gewählte Methode mit Ihren spezifischen Datenmerkmalen und Analysezielen übereinstimmt.

1. Entfernen fehlender Daten

Wenn die Menge der fehlenden Daten gering ist (typischerweise weniger als 5% des gesamten Datensatzes) und das Muster des Fehlens zufällig ist (MCAR - Missing Completely At Random), können Sie das Entfernen von Zeilen oder Spalten mit fehlenden Werten in Betracht ziehen. Diese Methode, bekannt als listenweises Löschen oder vollständige Fallanalyse, ist unkompliziert und einfach zu implementieren.

Allerdings sollte dieser Ansatz aus mehreren Gründen mit Vorsicht verwendet werden:

- Informationsverlust: Das Entfernen ganzer Zeilen oder Spalten kann zu einem erheblichen Verlust potenziell wertvoller Informationen führen, besonders wenn die fehlenden Daten in verschiedenen Zeilen über mehrere Spalten verteilt sind.
- Reduzierte statistische Aussagekraft: Eine kleinere Stichprobengröße aufgrund der Datenentfernung kann die statistische Aussagekraft Ihrer Analysen verringern und es möglicherweise erschweren, signifikante Effekte zu erkennen.
- Einführung von Verzerrungen: Wenn die Daten nicht MCAR sind, kann das Entfernen von Zeilen mit fehlenden Werten Verzerrungen in Ihren Datensatz einführen, was möglicherweise Ihre Ergebnisse verfälscht und zu falschen Schlussfolgerungen führt.
- Ineffizienz: In Fällen, in denen mehrere Variablen fehlende Werte aufweisen, könnte ein großer Teil Ihres Datensatzes verworfen werden, was ineffizient ist und zu instabilen Schätzungen führen kann.

Bevor Sie sich für diese Methode entscheiden, ist es wichtig, das Muster und das Ausmaß der fehlenden Daten in Ihrem Datensatz gründlich zu analysieren. Ziehen Sie alternative Ansätze wie verschiedene Imputationstechniken in Betracht, wenn der Anteil der fehlenden Daten erheblich ist oder wenn das Muster des Fehlens darauf hindeutet, dass die Daten nicht MCAR sind.

Beispiel: Entfernen von Zeilen mit fehlenden Daten

```
import pandas as pd
import numpy as np
import matplotlib.pyplot as plt

# Create a sample DataFrame with missing values
data = {
    'Name': ['Alice', 'Bob', 'Charlie', 'David', 'Eve'],
    'Age': [25, np.nan, 35, 40, np.nan],
    'Salary': [50000, 60000, np.nan, 80000, 55000],
    'Department': ['HR', 'IT', 'Finance', 'IT', np.nan]
}
```

```
df = pd.DataFrame(data)

# Display the original DataFrame
print("Original DataFrame:")
print(df)
print("\\n")

# Check for missing values
print("Missing values in each column:")
print(df.isnull().sum())
print("\\n")

# Remove rows with any missing values
df_clean = df.dropna()
print("DataFrame after removing rows with missing data:")
print(df_clean)
print("\\n")

# Remove rows with missing values in specific columns
df_clean_specific = df.dropna(subset=['Age', 'Salary'])
print("DataFrame after removing rows with missing data in 'Age' and 'Salary':")
print(df_clean_specific)
print("\\n")

# Remove columns with missing values
df_clean_columns = df.dropna(axis=1)
print("DataFrame after removing columns with missing data:")
print(df_clean_columns)
print("\\n")

# Visualize the impact of removing missing data
plt.figure(figsize=(10, 6))
plt.bar(['Original', 'After row removal', 'After column removal'],
        [len(df), len(df_clean), len(df_clean_columns)],
        color=['blue', 'green', 'red'])
plt.title('Impact of Removing Missing Data')
plt.ylabel('Number of rows')
plt.show()
```

Dieses Codebeispiel zeigt verschiedene Aspekte der Behandlung fehlender Daten mithilfe der dropna()-Methode in pandas.

Hier ist eine umfassende Aufschlüsselung des Codes:

1. Datenerstellung:
    - Wir beginnen mit der Erstellung eines Beispiel-DataFrames mit fehlenden Werten (dargestellt als np.nan) in verschiedenen Spalten.
    - Dies simuliert ein reales Szenario, in dem Daten unvollständig sein können.

2. Anzeigen der Originaldaten:
    - Der ursprüngliche DataFrame wird angezeigt, um den Ausgangszustand der Daten einschließlich der fehlenden Werte darzustellen.
3. Überprüfen auf fehlende Werte:
    - Wir verwenden df.isnull().sum(), um die Anzahl der fehlenden Werte in jeder Spalte zu zählen.
    - Dieser Schritt ist entscheidend, um das Ausmaß fehlender Daten zu verstehen, bevor eine Entfernungsstrategie gewählt wird.
4. Entfernen von Zeilen mit fehlenden Werten:
    - df.dropna() wird ohne Parameter verwendet, um alle Zeilen zu entfernen, die fehlende Werte enthalten.
    - Dies ist der strengste Ansatz und kann zu erheblichem Datenverlust führen, wenn viele Zeilen fehlende Werte aufweisen.
5. Entfernen von Zeilen mit fehlenden Werten in bestimmten Spalten:
    - df.dropna(subset=['Age', 'Salary']) entfernt Zeilen nur dann, wenn in den Spalten 'Age' oder 'Salary' Werte fehlen.
    - Dieser Ansatz ist gezielter und bewahrt mehr Daten im Vergleich zur Entfernung aller Zeilen mit fehlenden Werten.
6. Entfernen von Spalten mit fehlenden Werten:
    - df.dropna(axis=1) entfernt alle Spalten, die fehlende Werte enthalten.
    - Dieser Ansatz ist nützlich, wenn bestimmte Merkmale aufgrund fehlender Daten als unzuverlässig eingestuft werden.
7. Visualisierung der Auswirkungen:
    - Ein Balkendiagramm wird erstellt, um die Anzahl der Zeilen im ursprünglichen DataFrame mit den DataFrames nach Zeilen- und Spaltenentfernung visuell zu vergleichen.
    - Diese Visualisierung hilft beim Verständnis des Kompromisses zwischen Datenvollständigkeit und Datenverlust.

Dieses umfassende Beispiel veranschaulicht verschiedene Strategien zum Umgang mit fehlenden Daten durch Entfernung und ermöglicht einen Vergleich ihrer Auswirkungen auf den Datensatz. Es ist wichtig, die geeignete Methode basierend auf den spezifischen Anforderungen Ihrer Analyse und der Beschaffenheit Ihrer Daten zu wählen.

In diesem Beispiel entfernt die dropna()-Funktion alle Zeilen, die fehlende Werte enthalten. Je nach Anwendungsfall können Sie auch festlegen, ob Zeilen oder Spalten entfernt werden sollen.

2. Fehlende Daten imputieren

Wenn Sie eine erhebliche Menge fehlender Daten haben, ist das Entfernen von Zeilen möglicherweise keine praktikable Option, da dies zu einem erheblichen Verlust an Informationen führen könnte. In solchen Fällen wird die **Imputation** zu einer entscheidenden Technik. Imputation bedeutet das Auffüllen der fehlenden Werte mit geschätzten Daten, wodurch die Gesamtstruktur und der Umfang Ihres Datensatzes erhalten bleiben.

Es gibt mehrere gängige Imputationsmethoden, jede mit eigenen Stärken und Anwendungsfällen:

a. Mittelwert-Imputation

Die Mittelwert-Imputation ist eine weit verbreitete Methode zur Behandlung fehlender numerischer Daten. Diese Technik beinhaltet das Ersetzen fehlender Werte in einer Spalte durch das arithmetische Mittel (Durchschnitt) aller nicht fehlenden Werte in derselben Spalte. Wenn beispielsweise ein Datensatz fehlende Alterswerte aufweist, würde das Durchschnittsalter aller Personen mit erfassten Altersangaben berechnet und zur Auffüllung der Lücken verwendet.

Die Beliebtheit der Mittelwert-Imputation beruht auf ihrer Einfachheit und leichten Implementierung. Sie erfordert minimale Rechenressourcen und kann schnell auf große Datensätze angewendet werden. Dies macht sie zu einer attraktiven Option für Datenwissenschaftler und Analysten, die unter Zeitdruck oder mit begrenzter Rechenleistung arbeiten.

Allerdings bringt die Mittelwert-Imputation, obwohl sie unkompliziert ist, mehrere wichtige Einschränkungen mit sich:

1. Verteilungsverzerrung: Durch das Ersetzen fehlender Werte mit dem Mittelwert kann diese Methode die Gesamtverteilung der Daten verändern. Sie erhöht künstlich die Häufigkeit des Mittelwerts und erzeugt möglicherweise einen Spitzenwert in der Verteilung um diesen Punkt. Dies kann zu einer Reduzierung der Varianz und Standardabweichung der Daten führen, was statistische Analysen beeinflussen kann, die auf diesen Maßen basieren.

2. Beziehungsveränderung: Die Mittelwert-Imputation berücksichtigt keine Beziehungen zwischen Variablen. In der Realität könnten fehlende Werte mit anderen Merkmalen im Datensatz korrelieren. Durch die Verwendung des Gesamtmittelwerts werden diese potenziellen Beziehungen ignoriert, was zu verzerrten Ergebnissen in nachfolgenden Analysen führen könnte.

3. Unsicherheitsfehldarstellung: Diese Methode erfasst nicht die mit den fehlenden Daten verbundene Unsicherheit. Sie behandelt imputierte Werte mit der gleichen Sicherheit

wie beobachtete Werte, was möglicherweise nicht angemessen ist, besonders wenn der Anteil fehlender Daten erheblich ist.

4. Auswirkungen auf statistische Tests: Die künstlich reduzierte Variabilität kann zu engeren Konfidenzintervallen und möglicherweise überhöhten t-Statistiken führen, was falsch positive Ergebnisse bei Hypothesentests zur Folge haben könnte.

5. Verzerrung in multivariaten Analysen: Bei Analysen mit mehreren Variablen, wie Regression oder Clustering, kann die Mittelwert-Imputation Verzerrungen einführen, indem sie die Beziehungen zwischen Variablen schwächt.

Angesichts dieser Einschränkungen ist es, obwohl die Mittelwert-Imputation in bestimmten Szenarien ein nützliches Werkzeug bleibt, für Datenwissenschaftler entscheidend, ihre Eignung für ihren spezifischen Datensatz und ihre Analyseziele sorgfältig abzuwägen. In vielen Fällen könnten fortgeschrittenere Imputationsmethoden, die die statistischen Eigenschaften und Beziehungen der Daten bewahren, vorzuziehen sein, besonders bei komplexen Analysen oder beim Umgang mit einer erheblichen Menge fehlender Daten.

Beispiel: Fehlende Daten mit dem Mittelwert imputieren

```
import pandas as pd
import numpy as np
import matplotlib.pyplot as plt
from sklearn.impute import SimpleImputer

# Create a sample DataFrame with missing values
data = {
    'Name': ['Alice', 'Bob', 'Charlie', 'David', 'Eve'],
    'Age': [25, np.nan, 35, 40, np.nan],
    'Salary': [50000, 60000, np.nan, 80000, 55000],
    'Department': ['HR', 'IT', 'Finance', 'IT', np.nan]
}
df = pd.DataFrame(data)

# Display the original DataFrame
print("Original DataFrame:")
print(df)
print("\\nMissing values in each column:")
print(df.isnull().sum())

# Impute missing values in the 'Age' and 'Salary' columns with the mean
df['Age'] = df['Age'].fillna(df['Age'].mean())
df['Salary'] = df['Salary'].fillna(df['Salary'].mean())

print("\\nDataFrame After Mean Imputation:")
print(df)

# Using SimpleImputer for comparison
imputer = SimpleImputer(strategy='mean')
df_imputed = pd.DataFrame(imputer.fit_transform(df), columns=df.columns)
```

```
print("\\nDataFrame After SimpleImputer Mean Imputation:")
print(df_imputed)

# Visualize the impact of imputation
fig, (ax1, ax2) = plt.subplots(1, 2, figsize=(12, 5))

ax1.bar(df['Name'], df['Age'], color='blue', alpha=0.7)
ax1.set_title('Age Distribution After Imputation')
ax1.set_ylabel('Age')
ax1.tick_params(axis='x', rotation=45)

ax2.bar(df['Name'], df['Salary'], color='green', alpha=0.7)
ax2.set_title('Salary Distribution After Imputation')
ax2.set_ylabel('Salary')
ax2.tick_params(axis='x', rotation=45)

plt.tight_layout()
plt.show()

# Calculate and print statistics
print("\\nStatistics After Imputation:")
print(df[['Age', 'Salary']].describe())
```

Dieses Codebeispiel bietet einen umfassenderen Ansatz zur Mittelwert-Imputation und enthält Visualisierung und statistische Analyse.

Hier ist eine Aufschlüsselung des Codes:

- Datenerstellung und Inspektion:
  - Wir erstellen einen Beispiel-DataFrame mit fehlenden Werten in verschiedenen Spalten.
  - Der ursprüngliche DataFrame wird zusammen mit einer Zählung der fehlenden Werte in jeder Spalte angezeigt.
- Mittelwert-Imputation:
  - Wir verwenden die fillna()-Methode mit df['column'].mean(), um fehlende Werte in den Spalten 'Age' und 'Salary' zu imputieren.
  - Der DataFrame nach der Imputation wird angezeigt, um die Änderungen zu zeigen.
- SimpleImputer-Vergleich:
  - Wir verwenden sklearn's SimpleImputer mit der 'mean'-Strategie zur Durchführung der Imputation.

    - Dies demonstriert eine alternative Methode für die Mittelwert-Imputation, die für größere Datensätze oder bei der Arbeit mit scikit-learn-Pipelines nützlich sein kann.

- Visualisierung:
    - Zwei Balkendiagramme werden erstellt, um die Alters- und Gehaltsverteilungen nach der Imputation zu visualisieren.
    - Dies hilft beim Verständnis der Auswirkungen der Imputation auf die Datenverteilung.

- Statistische Analyse:
    - Wir berechnen und zeigen deskriptive Statistiken für die Spalten 'Age' und 'Salary' nach der Imputation.
    - Dies liefert Einblicke, wie die Imputation die zentralen Tendenzen und die Streuung der Daten beeinflusst hat.

Dieses Codebeispiel zeigt nicht nur, wie man eine Mittelwert-Imputation durchführt, sondern auch, wie man deren Auswirkungen durch Visualisierung und statistische Analyse beurteilt. Es ist wichtig zu beachten, dass die Mittelwert-Imputation zwar einfach und oft effektiv ist, sie aber die Varianz in Ihren Daten reduzieren kann und möglicherweise nicht für alle Situationen geeignet ist, besonders wenn Daten nicht zufällig fehlen.

b. Median-Imputation

Die Median-Imputation ist eine robuste Alternative zur Mittelwert-Imputation für die Behandlung fehlender Daten. Diese Methode verwendet den Medianwert der nicht fehlenden Daten zum Auffüllen von Lücken. Der Median ist der mittlere Wert, wenn ein Datensatz von klein nach groß geordnet wird, und teilt effektiv die obere von der unteren Hälfte einer Datenstichprobe.

Die Median-Imputation ist besonders wertvoll bei schiefen Verteilungen oder Datensätzen mit Ausreißern. In diesen Szenarien erweist sich der Median als widerstandsfähiger und repräsentativer als der Mittelwert. Dies liegt daran, dass Ausreißer den Mittelwert stark in Richtung extremer Werte ziehen können, während der Median stabil bleibt.

Betrachten Sie beispielsweise einen Datensatz von Gehältern, bei dem die meisten Mitarbeiter zwischen 40.000 und 60.000 Dollar verdienen, aber einige wenige Führungskräfte Gehälter über 1.000.000 Dollar beziehen. Das durchschnittliche Gehalt würde stark von diesen Großverdienern beeinflusst werden, was möglicherweise zu einer Überschätzung bei der Imputation fehlender Werte führen würde. Der Median würde jedoch eine genauere Darstellung des typischen Gehalts liefern.

Darüber hinaus hilft die Median-Imputation bei schiefen Daten besser dabei, die Gesamtform der Datenverteilung zu erhalten als die Mittelwert-Imputation. Dies ist entscheidend für die

Bewahrung wichtiger Merkmale des Datensatzes, die für nachfolgende Analysen oder Modellierungsaufgaben wesentlich sein können.

Es ist erwähnenswert, dass die Median-Imputation, obwohl sie bei schiefen Daten oft der Mittelwert-Imputation überlegen ist, immer noch Einschränkungen hat. Wie die Mittelwert-Imputation berücksichtigt sie keine Beziehungen zwischen Variablen und ist möglicherweise nicht für Datensätze geeignet, bei denen fehlende Werte nicht zufällig verteilt sind. In solchen Fällen könnten fortgeschrittenere Imputationstechniken erforderlich sein.

Beispiel: Median-Imputation

```
import pandas as pd
import numpy as np
import matplotlib.pyplot as plt
from sklearn.impute import SimpleImputer

# Create a sample DataFrame with missing values and outliers
np.random.seed(42)
data = {
    'Name': ['Alice', 'Bob', 'Charlie', 'David', 'Eve', 'Frank', 'Grace', 'Henry',
'Ivy', 'Jack'],
    'Age': [25, np.nan, 35, 40, np.nan, 55, 30, np.nan, 45, 50],
    'Salary': [50000, 60000, np.nan, 80000, 55000, 75000, np.nan, 70000, 1000000,
np.nan]
}
df = pd.DataFrame(data)

# Display the original DataFrame
print("Original DataFrame:")
print(df)
print("\\nMissing values in each column:")
print(df.isnull().sum())

# Perform median imputation
df_median_imputed = df.copy()
df_median_imputed['Age']                                                          =
df_median_imputed['Age'].fillna(df_median_imputed['Age'].median())
df_median_imputed['Salary']                                                       =
df_median_imputed['Salary'].fillna(df_median_imputed['Salary'].median())

print("\\nDataFrame After Median Imputation:")
print(df_median_imputed)

# Using SimpleImputer for comparison
imputer = SimpleImputer(strategy='median')
df_imputed = pd.DataFrame(imputer.fit_transform(df), columns=df.columns)

print("\\nDataFrame After SimpleImputer Median Imputation:")
print(df_imputed)

# Visualize the impact of imputation
```

```
fig, (ax1, ax2) = plt.subplots(1, 2, figsize=(15, 6))

ax1.boxplot([df['Salary'].dropna(), df_median_imputed['Salary']], labels=['Original',
'Imputed'])
ax1.set_title('Salary Distribution: Original vs Imputed')
ax1.set_ylabel('Salary')

ax2.scatter(df['Age'], df['Salary'], label='Original', alpha=0.7)
ax2.scatter(df_median_imputed['Age'], df_median_imputed['Salary'], label='Imputed',
alpha=0.7)
ax2.set_xlabel('Age')
ax2.set_ylabel('Salary')
ax2.set_title('Age vs Salary: Original and Imputed Data')
ax2.legend()

plt.tight_layout()
plt.show()

# Calculate and print statistics
print("\\nStatistics After Imputation:")
print(df_median_imputed[['Age', 'Salary']].describe())
```

Dieses umfassende Beispiel demonstriert die Median-Imputation und beinhaltet Visualisierung und statistische Analyse. Hier ist eine Aufschlüsselung des Codes:

1. Datenerstellung und Inspektion:
    - Wir erstellen einen Beispiel-DataFrame mit fehlenden Werten in den Spalten 'Age' und 'Salary', einschließlich eines Ausreißers in der 'Salary'-Spalte.
    - Der ursprüngliche DataFrame wird zusammen mit einer Zählung der fehlenden Werte in jeder Spalte angezeigt.
2. Median-Imputation:
    - Wir verwenden die fillna()-Methode mit df['column'].median(), um fehlende Werte in den Spalten 'Age' und 'Salary' zu imputieren.
    - Der DataFrame nach der Imputation wird angezeigt, um die Änderungen zu zeigen.
3. SimpleImputer-Vergleich:
    - Wir verwenden sklearn's SimpleImputer mit der 'median'-Strategie zur Durchführung der Imputation.
    - Dies demonstriert eine alternative Methode für die Median-Imputation, die für größere Datensätze oder bei der Arbeit mit scikit-learn-Pipelines nützlich sein kann.
4. Visualisierung:

- Ein Boxplot wird erstellt, um die ursprünglichen und imputierten Gehaltsverteilungen zu vergleichen und die Auswirkung der Median-Imputation auf den Ausreißer zu verdeutlichen.
- Ein Streudiagramm zeigt die Beziehung zwischen Alter und Gehalt und vergleicht die ursprünglichen und imputierten Daten.

5. Statistische Analyse:
   - Wir berechnen und zeigen deskriptive Statistiken für die Spalten 'Age' und 'Salary' nach der Imputation.
   - Dies liefert Einblicke, wie die Imputation die zentralen Tendenzen und die Streuung der Daten beeinflusst hat.

Dieses Beispiel veranschaulicht, wie die Median-Imputation besser mit Ausreißern umgeht als die Mittelwert-Imputation. Der Gehalts-Ausreißer von 1.000.000 beeinflusst die imputierten Werte nicht wesentlich, wie es bei der Mittelwert-Imputation der Fall wäre. Die Visualisierung hilft dabei, die Auswirkungen der Imputation auf die Datenverteilung und die Beziehungen zwischen Variablen zu verstehen.

Die Median-Imputation ist besonders nützlich bei der Arbeit mit schiefen Daten oder Datensätzen mit Ausreißern, da sie im Vergleich zum Mittelwert ein robusteres Maß der zentralen Tendenz liefert. Allerdings berücksichtigt sie, wie andere einfache Imputationsmethoden auch, keine Beziehungen zwischen Variablen und ist möglicherweise nicht für alle Arten von fehlenden Datenmechanismen geeignet.

c. Modus-Imputation

Die Modus-Imputation ist eine Technik zur Behandlung fehlender Daten, bei der fehlende Werte durch den am häufigsten vorkommenden Wert (Modus) in der Spalte ersetzt werden. Diese Methode ist besonders nützlich für kategoriale Daten, bei denen numerische Konzepte wie Mittelwert oder Median nicht anwendbar sind.

Hier ist eine detailliertere Erklärung:

Anwendung bei kategorialen Daten: Die Modus-Imputation wird hauptsächlich für kategoriale Variablen wie 'Farbe', 'Geschlecht' oder 'Produkttyp' verwendet. Wenn zum Beispiel in einer Spalte 'Lieblingsfarbe' die meisten Antworten 'blau' sind, würden fehlende Werte mit 'blau' gefüllt werden.

Effektivität bei nominalen Variablen: Die Modus-Imputation kann bei nominalen kategorialen Variablen sehr effektiv sein, bei denen die Kategorien keine inhärente Reihenfolge haben. Beispiele sind Variablen wie 'Blutgruppe' oder 'Herkunftsland'. In diesen Fällen ist die Verwendung der häufigsten Kategorie als Ersatz oft eine vernünftige Annahme.

Einschränkungen bei ordinalen Daten: Allerdings ist die Modus-Imputation möglicherweise nicht für ordinale Daten geeignet, bei denen die Reihenfolge der Kategorien wichtig ist. Bei einer

Variable wie 'Bildungsniveau' (Hauptschule, Bachelor, Master, Promotion) könnte die einfache Verwendung der häufigsten Kategorie die inhärente Ordnung stören und möglicherweise Verzerrungen in nachfolgenden Analysen einführen.

Erhaltung der Datenverteilung: Ein Vorteil der Modus-Imputation ist, dass sie die ursprüngliche Verteilung der Daten besser erhält als Methoden wie die Mittelwert-Imputation, besonders bei kategorialen Variablen mit einer klaren Mehrheitskategorie.

Potenzielle Nachteile: Es ist wichtig zu beachten, dass die Modus-Imputation die Daten übermäßig vereinfachen kann, besonders wenn es keinen eindeutigen Modus gibt oder wenn die Variable mehrere Modi hat. Sie berücksichtigt auch keine Beziehungen zwischen Variablen, was zum Verlust wichtiger Informationen oder zur Einführung von Verzerrungen führen könnte.

Alternative Ansätze: Für komplexere Szenarien, besonders bei ordinalen Daten oder wenn die Erhaltung von Beziehungen zwischen Variablen wichtig ist, könnten fortgeschrittenere Methoden wie multiple Imputation oder maschinelle Lernverfahren zur Imputation geeigneter sein.

Beispiel: Modus-Imputation

```
import pandas as pd
import numpy as np
import matplotlib.pyplot as plt
from sklearn.impute import SimpleImputer

# Create a sample DataFrame with missing values
np.random.seed(42)
data = {
    'Name': ['Alice', 'Bob', 'Charlie', 'David', 'Eve', 'Frank', 'Grace', 'Henry',
'Ivy', 'Jack'],
    'Age': [25, np.nan, 35, 40, np.nan, 55, 30, np.nan, 45, 50],
    'Category': ['A', 'B', np.nan, 'A', 'C', 'B', np.nan, 'A', 'C', np.nan]
}
df = pd.DataFrame(data)

# Display the original DataFrame
print("Original DataFrame:")
print(df)
print("\\nMissing values in each column:")
print(df.isnull().sum())

# Perform mode imputation
df_mode_imputed = df.copy()
df_mode_imputed['Category']                                                      =
df_mode_imputed['Category'].fillna(df_mode_imputed['Category'].mode()[0])

print("\\nDataFrame After Mode Imputation:")
print(df_mode_imputed)

# Using SimpleImputer for comparison
```

```
imputer = SimpleImputer(strategy='most_frequent')
df_imputed = pd.DataFrame(imputer.fit_transform(df), columns=df.columns)

print("\\nDataFrame After SimpleImputer Mode Imputation:")
print(df_imputed)

# Visualize the impact of imputation
fig, ax = plt.subplots(figsize=(10, 6))
category_counts = df_mode_imputed['Category'].value_counts()
ax.bar(category_counts.index, category_counts.values)
ax.set_title('Category Distribution After Mode Imputation')
ax.set_xlabel('Category')
ax.set_ylabel('Count')

plt.tight_layout()
plt.show()

# Calculate and print statistics
print("\\nCategory Distribution After Imputation:")
print(df_mode_imputed['Category'].value_counts(normalize=True))
```

Dieses umfassende Beispiel demonstriert die Modus-Imputation und beinhaltet Visualisierung sowie statistische Analyse. Hier ist eine Aufschlüsselung des Codes:

1. Datenerstellung und Inspektion:
    - Wir erstellen einen Beispiel-DataFrame mit fehlenden Werten in den Spalten 'Age' und 'Category'.
    - Der ursprüngliche DataFrame wird zusammen mit einer Zählung der fehlenden Werte in jeder Spalte angezeigt.
2. Modus-Imputation:
    - Wir verwenden die fillna()-Methode mit df['column'].mode()[0], um fehlende Werte in der Spalte 'Category' zu imputieren.
    - Der DataFrame nach der Imputation wird angezeigt, um die Änderungen zu zeigen.
3. SimpleImputer-Vergleich:
    - Wir verwenden sklearn's SimpleImputer mit der 'most_frequent'-Strategie zur Durchführung der Imputation.
    - Dies demonstriert eine alternative Methode für die Modus-Imputation, die für größere Datensätze oder bei der Arbeit mit scikit-learn-Pipelines nützlich sein kann.
4. Visualisierung:

- Ein Balkendiagramm wird erstellt, um die Verteilung der Kategorien nach der Imputation zu zeigen.
- Dies hilft beim Verständnis der Auswirkungen der Modus-Imputation auf die kategoriale Datenverteilung.

5. Statistische Analyse:
   - Wir berechnen und zeigen die Anteile jeder Kategorie nach der Imputation.
   - Dies liefert Einblicke, wie die Imputation die Verteilung der kategorialen Variable beeinflusst hat.

Dieses Beispiel veranschaulicht, wie die Modus-Imputation für kategoriale Daten funktioniert. Sie füllt fehlende Werte mit der häufigsten Kategorie, die in diesem Fall 'A' ist. Die Visualisierung hilft dabei, die Auswirkungen der Imputation auf die Verteilung der Kategorien zu verstehen.

Die Modus-Imputation ist besonders nützlich für nominale kategoriale Daten, bei denen Konzepte wie Mittelwert oder Median nicht anwendbar sind. Allerdings ist zu beachten, dass diese Methode potenziell die Verzerrung in Richtung der häufigsten Kategorie verstärken kann, insbesondere wenn es ein signifikantes Ungleichgewicht in den ursprünglichen Daten gibt.

Während die Modus-Imputation einfach und oft effektiv für kategoriale Daten ist, berücksichtigt sie keine Beziehungen zwischen Variablen und ist möglicherweise nicht für ordinale kategoriale Daten oder Fälle geeignet, in denen der Mechanismus der fehlenden Werte nicht vollständig zufällig ist. In solchen Fällen könnten fortgeschrittenere Techniken wie multiple Imputation oder maschinelle Lernansätze geeigneter sein.

Während diese Methoden aufgrund ihrer Einfachheit und leichten Implementierung häufig verwendet werden, ist es wichtig, ihre Einschränkungen zu berücksichtigen. Sie berücksichtigen keine Beziehungen zwischen Variablen und können Verzerrungen einführen, wenn die Daten nicht vollständig zufällig fehlen. Fortgeschrittenere Techniken wie multiple Imputation oder maschinelle Lernverfahren zur Imputation können für komplexe Datensätze oder wenn der Mechanismus der fehlenden Werte nicht zufällig ist, erforderlich sein.

d. Fortgeschrittene Imputationsmethoden

In manchen Fällen reichen einfache Mittelwert- oder Median-Imputationen möglicherweise nicht aus, um fehlende Daten effektiv zu behandeln. Ausgereiftere Methoden wie **K-Nearest-Neighbors (KNN) Imputation** oder **Regressions-Imputation** können angewendet werden, um bessere Ergebnisse zu erzielen. Diese fortgeschrittenen Techniken gehen über einfache statistische Maße hinaus und berücksichtigen die komplexen Beziehungen zwischen Variablen, um fehlende Werte genauer vorherzusagen.

Die **K-Nearest-Neighbors (KNN) Imputation** funktioniert, indem sie die K ähnlichsten Datenpunkte (Nachbarn) zu dem mit fehlenden Werten identifiziert, basierend auf anderen verfügbaren Merkmalen. Sie verwendet dann die Werte dieser Nachbarn, um den fehlenden

Wert zu schätzen, oft durch Mittelwertbildung. Diese Methode ist besonders nützlich, wenn es starke Korrelationen zwischen Merkmalen im Datensatz gibt.

Die **Regressions-Imputation** hingegen beinhaltet den Aufbau eines Regressionsmodells unter Verwendung der verfügbaren Daten, um die fehlenden Werte vorherzusagen. Diese Methode kann komplexere Beziehungen zwischen Variablen erfassen und ist besonders effektiv, wenn es klare Muster oder Trends in den Daten gibt, die für die Vorhersage genutzt werden können.

Diese fortgeschrittenen Imputationsmethoden bieten mehrere Vorteile gegenüber einfacher Imputation:

- Sie bewahren die Beziehungen zwischen Variablen, was für die Aufrechterhaltung der Datenintegrität entscheidend sein kann.
- Sie können sowohl numerische als auch kategoriale Daten effektiver behandeln.
- Sie liefern oft genauere Schätzungen fehlender Werte, was zu besserer Modellleistung in nachgelagerten Prozessen führt.

Glücklicherweise bieten beliebte Machine-Learning-Bibliotheken wie Scikit-learn benutzerfreundliche Implementierungen dieser fortgeschrittenen Imputationstechniken. Diese Zugänglichkeit ermöglicht es Data Scientists und Analysten, schnell mit diesen ausgefeilten Methoden zu experimentieren und sie in ihren Vorverarbeitungs-Pipelines anzuwenden, was potenziell die Gesamtqualität ihrer Daten und die Leistung ihrer Modelle verbessert.

Beispiel: K-Nearest-Neighbors (KNN) Imputation

```
import pandas as pd
import numpy as np
import matplotlib.pyplot as plt
from sklearn.impute import KNNImputer
from sklearn.model_selection import train_test_split
from sklearn.linear_model import LinearRegression
from sklearn.metrics import mean_squared_error

# Create a sample DataFrame with missing values
np.random.seed(42)
data = {
    'Age': [25, np.nan, 35, 40, np.nan, 55, 30, np.nan, 45, 50],
    'Salary': [50000, 60000, np.nan, 75000, 65000, np.nan, 70000, 80000, np.nan,
90000],
    'Experience': [2, 3, 5, np.nan, 4, 8, np.nan, 7, 6, 10]
}
df = pd.DataFrame(data)

print("Original DataFrame:")
print(df)
print("\\nMissing values in each column:")
print(df.isnull().sum())
```

```
# Initialize the KNN Imputer
imputer = KNNImputer(n_neighbors=2)

# Fit and transform the data
df_imputed = pd.DataFrame(imputer.fit_transform(df), columns=df.columns)

print("\\nDataFrame After KNN Imputation:")
print(df_imputed)

# Visualize the imputation results
fig, axes = plt.subplots(1, 3, figsize=(15, 5))
for i, column in enumerate(df.columns):
    axes[i].scatter(df.index, df[column], label='Original', alpha=0.5)
    axes[i].scatter(df_imputed.index, df_imputed[column], label='Imputed', alpha=0.5)
    axes[i].set_title(f'{column} - Before and After Imputation')
    axes[i].set_xlabel('Index')
    axes[i].set_ylabel('Value')
    axes[i].legend()
plt.tight_layout()
plt.show()

# Evaluate the impact of imputation on a simple model
X = df_imputed[['Age', 'Experience']]
y = df_imputed['Salary']

X_train, X_test, y_train, y_test = train_test_split(X, y, test_size=0.2,
random_state=42)

model = LinearRegression()
model.fit(X_train, y_train)

y_pred = model.predict(X_test)
mse = mean_squared_error(y_test, y_pred)

print(f"\\nMean Squared Error after imputation: {mse:.2f}")
```

Dieses Code-Beispiel demonstriert einen umfassenderen Ansatz zur KNN-Imputation und deren Auswertung.

Hier ist eine Aufschlüsselung des Codes:

- Datenvorbereitung:
  - Wir erstellen einen Beispiel-DataFrame mit fehlenden Werten in den Spalten 'Age', 'Salary' und 'Experience'.
  - Der ursprüngliche DataFrame und die Anzahl der fehlenden Werte werden angezeigt.
- KNN-Imputation:

- Wir initialisieren einen KNNImputer mit 2 Nachbarn.
- Der Imputer wird auf den DataFrame angewendet und füllt fehlende Werte basierend auf den K-nächsten Nachbarn.

- Visualisierung:
  - Wir erstellen Streudiagramme für jede Spalte und vergleichen die ursprünglichen Daten mit fehlenden Werten mit den imputierten Daten.
  - Diese visuelle Darstellung hilft beim Verständnis, wie sich die KNN-Imputation auf die Datenverteilung auswirkt.
- Modellauswertung:
  - Wir verwenden die imputierten Daten, um ein einfaches lineares Regressionsmodell zu trainieren.
  - Das Modell sagt das 'Salary' basierend auf 'Age' und 'Experience' voraus.
  - Wir berechnen den mittleren quadratischen Fehler, um die Modellleistung nach der Imputation zu bewerten.

Dieses umfassende Beispiel zeigt nicht nur, wie man KNN-Imputation durchführt, sondern auch, wie man ihre Auswirkungen visualisiert und ihren Einfluss auf eine nachfolgende Machine-Learning-Aufgabe auswertet. Es bietet einen ganzheitlicheren Blick auf den Imputationsprozess und seine Konsequenzen in einem Data-Science-Workflow.

In diesem Beispiel füllt der **KNN Imputer** fehlende Werte, indem er die nächsten Nachbarn im Datensatz findet und deren Werte zur Schätzung der fehlenden verwendet. Diese Methode ist oft genauer als eine einfache Mittelwert-Imputation, wenn die Daten starke Beziehungen zwischen den Merkmalen aufweisen.

3.1.4 Bewertung der Auswirkungen fehlender Daten

Der Umgang mit fehlenden Daten beschränkt sich nicht nur darauf, Lücken zu füllen – es ist entscheidend, gründlich zu evaluieren, wie sich fehlende Daten auf die Modellleistung auswirken. Dieser Evaluierungsprozess ist vielschichtig und erfordert sorgfältige Überlegung. Wenn bestimmte Merkmale in Ihrem Datensatz eine übermäßige Anzahl fehlender Werte aufweisen, können sie sich als unzuverlässige Prädiktoren erweisen. In solchen Fällen könnte es vorteilhafter sein, diese Merkmale vollständig zu entfernen, anstatt zu versuchen, die fehlenden Werte zu imputieren.

Darüber hinaus ist es wichtig, imputierte Daten rigoros zu testen, um ihre Gültigkeit und Zuverlässigkeit sicherzustellen. Dieser Testprozess sollte sich auf zwei Schlüsselaspekte konzentrieren: erstens die Überprüfung, dass die Imputationsmethode nicht versehentlich die zugrundeliegenden Beziehungen innerhalb der Daten verzerrt hat, und zweitens die Bestätigung, dass sie keine Verzerrung in das Modell eingeführt hat. Beide Faktoren können die Genauigkeit und Generalisierbarkeit Ihres Machine-Learning-Modells erheblich beeinflussen.

Um ein umfassendes Verständnis dafür zu entwickeln, wie sich Ihre gewählte Methode zum Umgang mit fehlenden Daten auf Ihr Modell auswirkt, ist es ratsam, die Modellleistung sowohl vor als auch nach der Implementierung Ihrer Strategie für fehlende Daten zu bewerten. Diese vergleichende Analyse kann mithilfe robuster Validierungstechniken wie Kreuzvalidierung oder Holdout-Validierung durchgeführt werden.

Diese Methoden liefern wertvolle Einblicke darüber, wie die Vorhersagefähigkeiten Ihres Modells durch Ihren Ansatz zum Umgang mit fehlenden Daten beeinflusst wurden, und ermöglichen es Ihnen, fundierte Entscheidungen über die effektivsten Vorverarbeitungsstrategien für Ihren spezifischen Datensatz und Ihre Modellierungsziele zu treffen.

Beispiel: Modellauswertung vor und nach der Behandlung fehlender Daten

```
import pandas as pd
import numpy as np
from sklearn.model_selection import train_test_split
from sklearn.linear_model import LinearRegression
from sklearn.metrics import mean_squared_error, r2_score
from sklearn.impute import SimpleImputer
from sklearn.ensemble import RandomForestRegressor
from sklearn.svm import SVR

# Create a DataFrame with missing values
np.random.seed(42)
data = {
    'Age': [25, np.nan, 35, 40, np.nan, 55, 30, np.nan, 45, 50],
    'Salary': [50000, 60000, np.nan, 75000, 65000, np.nan, 70000, 80000, np.nan, 
90000],
    'Experience': [2, 3, 5, np.nan, 4, 8, np.nan, 7, 6, 10]
}
df = pd.DataFrame(data)

print("Original DataFrame:")
print(df)
print("\\nMissing values in each column:")
print(df.isnull().sum())

# Function to evaluate model performance
def evaluate_model(X, y, model_name):
    X_train, X_test, y_train, y_test = train_test_split(X, y, test_size=0.2, 
random_state=42)
    if len(y_test) > 1:  # Validate sufficient data in the test set
        model = LinearRegression()
        model.fit(X_train, y_train)
        y_pred = model.predict(X_test)
        mse = mean_squared_error(y_test, y_pred)
        r2 = r2_score(y_test, y_pred)
        print(f"\\n{model_name} - Mean Squared Error: {mse:.2f}")
        print(f"{model_name} - R-squared Score: {r2:.2f}")
```

```
    else:
        print(f"\\n{model_name} - Insufficient test data for evaluation (less than 2 samples).")

# Evaluate the model by dropping rows with missing values
df_missing_dropped = df.dropna()
X_missing = df_missing_dropped[['Age', 'Experience']]
y_missing = df_missing_dropped['Salary']
evaluate_model(X_missing, y_missing, "Model with Missing Data")

# Impute missing values with the mean
imputer = SimpleImputer(strategy='mean')
df_imputed = pd.DataFrame(imputer.fit_transform(df), columns=df.columns)

print("\\nDataFrame After Mean Imputation:")
print(df_imputed)

# Evaluate the model after imputation
X_imputed = df_imputed[['Age', 'Experience']]
y_imputed = df_imputed['Salary']
evaluate_model(X_imputed, y_imputed, "Model After Imputation")

# Compare multiple models
models = {
    'Linear Regression': LinearRegression(),
    'Random Forest': RandomForestRegressor(n_estimators=100, random_state=42),
    'Support Vector Regression': SVR()
}

for name, model in models.items():
    X_train, X_test, y_train, y_test = train_test_split(X_imputed, y_imputed, test_size=0.2, random_state=42)
    if len(y_test) > 1:  # Validate sufficient data in the test set
        model.fit(X_train, y_train)
        y_pred = model.predict(X_test)
        mse = mean_squared_error(y_test, y_pred)
        r2 = r2_score(y_test, y_pred)
        print(f"\\n{name} - Mean Squared Error: {mse:.2f}")
        print(f"{name} - R-squared Score: {r2:.2f}")
    else:
        print(f"\\n{name} - Insufficient test data for evaluation (less than 2 samples).")
```

Dieses Codebeispiel bietet einen umfassenden Ansatz zur Bewertung der Auswirkungen fehlender Daten und deren Imputation auf die Modellleistung.

Hier ist eine detaillierte Aufschlüsselung des Codes:

- **Bibliotheken importieren**: Der Code verwendet Python-Bibliotheken wie pandas und numpy für die Datenverarbeitung und sklearn für das Auffüllen fehlender Werte, das Training von Modellen und die Leistungsbewertung.
- **Daten erstellen**: Ein kleiner Datensatz wird mit den Spalten Age, Salary und Experience erstellt. Einige Werte fehlen, um reale Daten zu simulieren.
- **Fehlende Daten prüfen**: Der Code zählt, wie viele Werte in jeder Spalte fehlen, um das Ausmaß des Problems zu verstehen.
- **Fehlende Daten behandeln**:
  - Zunächst werden Zeilen mit fehlenden Werten entfernt, um zu sehen, wie das Modell mit unvollständigen Daten umgeht.
  - Anschließend werden fehlende Werte mit dem Durchschnitt (Mittelwert) jeder Spalte aufgefüllt, um alle Zeilen zu erhalten.
- **Modelle trainieren**: Nach der Behandlung der fehlenden Daten:
  - Werden Linear Regression, Random Forest und Support Vector Regression (SVR) Modelle mit dem bereinigten Datensatz trainiert.
  - Jedes Modell erstellt Vorhersagen, und die Leistung wird anhand von Metriken wie Fehler und Genauigkeit gemessen.
- **Ergebnisse vergleichen**: Der Code zeigt, welche Methode (Löschen oder Auffüllen fehlender Werte) und welches Modell für diesen Datensatz am besten funktioniert. Dies hilft, die Auswirkungen der Behandlung fehlender Daten auf die Modellleistung zu verstehen.

Dieses Beispiel zeigt, wie man fehlende Daten behandelt, Imputation durchführt und deren Auswirkungen auf verschiedene Modelle bewertet. Es liefert Einblicke in:

- Die Auswirkung fehlender Daten auf die Modellleistung
- Den Einfluss der Mittelwert-Imputation auf die Datenverteilung und Modellgenauigkeit
- Wie verschiedene Modelle mit den imputierten Daten umgehen

Durch den Vergleich der Ergebnisse können Data Scientists fundierte Entscheidungen über die am besten geeignete Imputationsmethode und Modellauswahl für ihren spezifischen Datensatz und ihre Modellierungsziele treffen.

Die Behandlung fehlender Daten ist einer der wichtigsten Schritte in der Datenvorverarbeitung. Ob Sie sich für das Entfernen oder Imputieren fehlender Werte entscheiden, das Verständnis der Art der fehlenden Daten und die Auswahl der geeigneten Methode ist essentiell für den Aufbau eines zuverlässigen Machine-Learning-Modells. In diesem Abschnitt haben wir verschiedene Strategien behandelt, von der einfachen Mittelwert-Imputation bis hin zu fortgeschritteneren Techniken wie der KNN-Imputation, und gezeigt, wie man deren Auswirkungen auf die Modellleistung bewertet.

3.2 Fortgeschrittenes Feature-Engineering

Feature-Engineering ist ein entscheidender Prozess im maschinellen Lernen, bei dem Rohdaten in aussagekräftige Merkmale umgewandelt werden, um die Modellleistung zu verbessern. Diese Phase ist in jedem Machine-Learning-Projekt von höchster Bedeutung, da die Qualität der entwickelten Features oft einen größeren Einfluss haben kann als die Wahl des Algorithmus selbst. Selbst die ausgeklügeltsten Modelle können mit schlecht entwickelten Features Schwierigkeiten haben, während gut gestaltete Features verschiedene Leistungsmetriken, einschließlich Genauigkeit und Trefferquote, dramatisch verbessern können.

Die Kunst des Feature-Engineering liegt in seiner Fähigkeit, verborgene Muster und Beziehungen in den Daten aufzudecken und es Machine-Learning-Algorithmen dadurch zu erleichtern, zu lernen und genaue Vorhersagen zu treffen. Durch das Erstellen, Kombinieren oder Transformieren bestehender Features können Data Scientists Modellen informativere Eingaben zur Verfügung stellen, was zu besseren Verallgemeinerungen und robusteren Vorhersagen führt.

In diesem umfassenden Abschnitt werden wir uns mit fortgeschrittenen Techniken zur Erstellung und Verfeinerung von Features befassen. Wir werden eine breite Palette von Methodologien erkunden, darunter:

- **Interaktionsterme:** Erfassen von Beziehungen zwischen mehreren Features
- **Polynomiale Features:** Modellierung nicht-linearer Beziehungen in den Daten
- **Logarithmische Transformationen:** Behandlung schiefer Verteilungen und Reduzierung des Einflusses von Ausreißern
- **Binning:** Diskretisierung kontinuierlicher Variablen zur Erfassung breiterer Trends
- **Kodierung kategorischer Daten:** Umwandlung kategorischer Variablen in numerische Darstellungen
- **Feature-Selektionsmethoden:** Identifizierung der relevantesten Features für Ihr Modell

Am Ende dieses Abschnitts werden Sie ein tiefes Verständnis dafür entwickelt haben, wie man Features effektiv erstellt, manipuliert und auswählt. Dieses Wissen wird Sie befähigen, das volle Vorhersagepotenzial Ihrer Daten zu erschließen und zu genaueren und zuverlässigeren Machine-Learning-Modellen für ein breites Spektrum von Anwendungen zu führen.

3.2.1 Interaktionsterme

Interaktionsterme sind eine leistungsstarke Feature-Engineering-Technik, die die Beziehung zwischen zwei oder mehr Features in einem Datensatz erfasst. Diese Terme gehen über einfache lineare Beziehungen hinaus und untersuchen, wie verschiedene Variablen miteinander interagieren, um die Zielvariable zu beeinflussen. In vielen realen Szenarien kann der kombinierte Effekt mehrerer Features eine deutlich höhere Vorhersagekraft bieten als die Betrachtung jedes Features für sich.

Das Konzept der Interaktionsterme basiert auf dem Verständnis, dass Variablen oft nicht isoliert wirken. Stattdessen kann ihr Einfluss auf das Ergebnis durch andere Variablen moduliert oder verstärkt werden. Durch die Erstellung von Interaktionstermen ermöglichen wir unseren Modellen, diese komplexen, nicht-linearen Beziehungen zu erfassen, die sonst möglicherweise übersehen würden.

Betrachten wir zum Beispiel einen Datensatz mit den Variablen "Alter" und "Gehalt" in einer Studie zum Konsumverhalten. Während jedes dieser Features allein eine gewisse Vorhersagekraft haben könnte, könnte ihre Interaktion viel nuanciertere Einblicke offenbaren:

- Junge Menschen mit hohem Gehalt könnten im Vergleich zu älteren Menschen mit ähnlichem Gehalt andere Kaufmuster aufweisen, etwa eine Vorliebe für Luxusgüter oder Erlebnisse.
- Ältere Menschen mit niedrigerem Gehalt könnten im Vergleich zu jüngeren Menschen in der gleichen Gehaltsklasse andere Arten von Käufen priorisieren, möglicherweise mit Fokus auf Gesundheitsvorsorge oder Altersvorsorge.
- Die Auswirkung einer Gehaltserhöhung auf das Kaufverhalten könnte bei jüngeren Menschen ausgeprägter sein als bei älteren oder umgekehrt.

Durch die Einbeziehung eines Interaktionsterms zwischen "Alter" und "Gehalt" ermöglichen wir unserem Modell, diese nuancierten Beziehungen zu erfassen. Dies kann zu genaueren Vorhersagen und tieferen Einblicken in die Faktoren führen, die das Konsumverhalten beeinflussen.

Es ist wichtig zu beachten, dass Interaktionsterme zwar leistungsstark sein können, aber mit Bedacht eingesetzt werden sollten. Die Einbeziehung zu vieler Interaktionsterme kann besonders bei kleineren Datensätzen zu Überanpassung führen. Daher ist es entscheidend, die potenziellen Vorteile von Interaktionstermen mit dem Prinzip der Modellsimplizität und Interpretierbarkeit in Einklang zu bringen.

Erstellung von Interaktionstermen

Sie können Interaktionsterme mit zwei Hauptmethoden erstellen: manuelle Erstellung oder automatisierte Generierung durch Bibliotheken wie Scikit-learn. Die manuelle Erstellung beinhaltet das explizite Definieren und Berechnen der Interaktionsterme basierend auf Domänenwissen und Hypothesen über Feature-Beziehungen. Dieser Ansatz ermöglicht eine präzise Kontrolle darüber, welche Interaktionen einbezogen werden sollen, kann aber bei großen Datensätzen mit vielen Features zeitaufwändig sein.

Alternativ bieten Bibliotheken wie Scikit-learn effiziente Werkzeuge zur Automatisierung dieses Prozesses. Die PolynomialFeatures-Klasse von Scikit-learn kann zum Beispiel systematisch Interaktionsterme für alle oder ausgewählte Features generieren. Dieser automatisierte Ansatz ist besonders nützlich beim Umgang mit hochdimensionalen Daten oder wenn Sie eine breite Palette potenzieller Interaktionen erkunden möchten.

Beide Methoden haben ihre Vorzüge, und die Wahl zwischen manueller und automatisierter Erstellung hängt oft von den spezifischen Anforderungen Ihres Projekts, der Größe Ihres Datensatzes und Ihrem Verständnis der zugrundeliegenden Beziehungen zwischen den Features ab. In der Praxis kann eine Kombination beider Ansätze effektiv sein, wobei automatisierte Methoden für die erste Erkundung und manuelle Erstellung für die Feinabstimmung basierend auf Domänenexpertise verwendet werden.

Beispiel: Erstellung von Interaktionstermen mit Scikit-learn

```
import pandas as pd
import numpy as np
from sklearn.preprocessing import PolynomialFeatures
from sklearn.model_selection import train_test_split
from sklearn.linear_model import LinearRegression
from sklearn.metrics import mean_squared_error, r2_score

# Sample data
np.random.seed(42)
data = {
    'Age': np.random.randint(25, 65, 100),
    'Experience': np.random.randint(0, 40, 100),
    'Salary': np.random.randint(30000, 150000, 100)
}
df = pd.DataFrame(data)

# Function to evaluate model performance
def evaluate_model(X, y, model_name):
    X_train, X_test, y_train, y_test = train_test_split(X, y, test_size=0.2, random_state=42)
    model = LinearRegression()
    model.fit(X_train, y_train)
    y_pred = model.predict(X_test)
    mse = mean_squared_error(y_test, y_pred)
    r2 = r2_score(y_test, y_pred)
    print(f"\\n{model_name} - Mean Squared Error: {mse:.2f}")
    print(f"{model_name} - R-squared Score: {r2:.2f}")

# Evaluate model without interaction terms
X = df[['Age', 'Experience']]
y = df['Salary']
evaluate_model(X, y, "Model without Interaction Terms")
```

```
# Initialize the PolynomialFeatures object with degree 2 for interaction terms
poly = PolynomialFeatures(degree=2, interaction_only=True, include_bias=False)

# Fit and transform the data
interaction_features = poly.fit_transform(df[['Age', 'Experience']])

# Convert back to a DataFrame for readability
feature_names = ['Age', 'Experience', 'Age*Experience']
interaction_df = pd.DataFrame(interaction_features, columns=feature_names)

# Combine with original target variable
interaction_df['Salary'] = df['Salary']

print("\\nDataFrame with Interaction Terms:")
print(interaction_df.head())

# Evaluate model with interaction terms
X_interaction = interaction_df[['Age', 'Experience', 'Age*Experience']]
y_interaction = interaction_df['Salary']
evaluate_model(X_interaction, y_interaction, "Model with Interaction Terms")

# Visualize the impact of interaction terms
import matplotlib.pyplot as plt
from mpl_toolkits.mplot3d import Axes3D

fig = plt.figure(figsize=(12, 5))

# Plot without interaction terms
ax1 = fig.add_subplot(121, projection='3d')
ax1.scatter(df['Age'], df['Experience'], df['Salary'])
ax1.set_xlabel('Age')
ax1.set_ylabel('Experience')
ax1.set_zlabel('Salary')
ax1.set_title('Without Interaction Terms')

# Plot with interaction terms
ax2 = fig.add_subplot(122, projection='3d')
ax2.scatter(df['Age'],          df['Experience'],          df['Salary'],
c=interaction_df['Age*Experience'], cmap='viridis')
ax2.set_xlabel('Age')
ax2.set_ylabel('Experience')
ax2.set_zlabel('Salary')
ax2.set_title('With Interaction Terms (Color: Age*Experience)')

plt.tight_layout()
plt.show()
```

Dieses Codebeispiel bietet eine umfassende Demonstration der Erstellung und Verwendung von Interaktionstermen im Kontext des maschinellen Lernens.

Hier ist eine detaillierte Aufschlüsselung des Codes und seiner Funktionalität:

1. Datenvorbereitung:

- Wir erstellen einen größeren, realitätsnäheren Datensatz mit 100 Stichproben.
- Die Daten umfassen die Merkmale 'Age', 'Experience' und 'Salary', was ein reales Szenario simuliert.

2. Modellbewertungsfunktion:

- Eine Funktion evaluate_model() wird definiert, um die Modellleistung zu bewerten.
- Sie verwendet Mean Squared Error (MSE) und R-squared Score als Bewertungsmetriken.
- Diese Funktion ermöglicht den Vergleich von Modellen mit und ohne Interaktionsterme.

3. Basismodell:

- Zunächst bewerten wir ein Modell ohne Interaktionsterme, das nur 'Age' und 'Experience' als Merkmale verwendet.
- Dies dient als Vergleichsgrundlage.

4. Erstellung von Interaktionstermen:

- Wir verwenden PolynomialFeatures zur Erstellung von Interaktionstermen.
- Der Parameter interaction_only=True stellt sicher, dass wir nur Interaktionsterme und keine Polynomterme erhalten.
- Wir erstellen einen Interaktionsterm 'Age*Experience'.

5. Modell mit Interaktionstermen:

- Wir evaluieren ein neues Modell, das den Interaktionsterm 'Age*Experience' enthält.
- Dies ermöglicht den Vergleich mit dem Basismodell.

6. Visualisierung:

- Wir erstellen 3D-Streudiagramme zur Visualisierung der Daten und der Auswirkungen der Interaktionsterme.
- Der erste Plot zeigt die ursprünglichen Daten.
- Der zweite Plot verwendet Farben zur Darstellung des Interaktionsterms und bietet ein visuelles Verständnis seiner Wirkung.

Dieses umfassende Beispiel zeigt, wie man Interaktionsterme erstellt, sie in ein Modell einbaut und ihre Auswirkungen auf die Modellleistung bewertet. Es bietet auch eine visuelle Darstellung, die hilft, die Wirkung von Interaktionstermen auf die Daten zu verstehen.

Durch den Vergleich der Bewertungsmetriken der Modelle mit und ohne Interaktionsterme können Sie beurteilen, ob die Einbeziehung von Interaktionstermen die Vorhersagekraft des Modells für diesen speziellen Datensatz verbessert.

3.2.2 Polynomiale Merkmale

Manchmal reichen lineare Beziehungen zwischen Merkmalen nicht aus, um die Komplexität der Daten zu erfassen. In vielen realen Szenarien sind die Beziehungen zwischen Variablen oft nicht-linear, was bedeutet, dass die Wirkung einer Variable auf eine andere nicht konstant oder proportional ist. Hier kommen **polynomiale Merkmale** ins Spiel und bieten ein leistungsfähiges Werkzeug zur Modellierung dieser komplexen, nicht-linearen Beziehungen.

Polynomiale Merkmale ermöglichen es, Ihren Merkmalssatz durch Hinzufügen von Potenzen bestehender Merkmale zu erweitern, wie zum Beispiel quadratische oder kubische Terme. Wenn Sie beispielsweise ein Merkmal 'x' haben, würden polynomiale Merkmale 'x^2', 'x^3' und so weiter umfassen. Diese Erweiterung des Merkmalsraums ermöglicht es Ihrem Modell, komplexere Muster in den Daten zu erfassen.

Das Konzept der polynomialen Merkmale basiert auf dem mathematischen Prinzip der polynomialen Regression. Durch die Einbeziehung dieser höhergradigen Terme passen Sie im Wesentlichen eine Kurve an Ihre Daten an, anstatt einer geraden Linie. Diese Kurve kann die zugrundeliegenden Beziehungen in Ihrem Datensatz genauer darstellen.

Hier sind einige wichtige Punkte zum Verständnis polynomialer Merkmale:

- Flexibilität: Polynomiale Merkmale bieten größere Flexibilität bei der Modellierung. Sie können verschiedene nicht-lineare Muster wie quadratische (x^2), kubische (x^3) oder höhergradige Beziehungen erfassen.
- Überanpassungsrisiko: Während polynomiale Merkmale die Modellleistung verbessern können, erhöhen sie auch das Risiko der Überanpassung, besonders bei Polynomen höheren Grades. Es ist wichtig, Techniken wie Regularisierung oder Kreuzvalidierung zu verwenden, um diesem Risiko entgegenzuwirken.
- Merkmalsinteraktion: Polynomiale Merkmale können auch Interaktionen zwischen verschiedenen Merkmalen erfassen. Wenn Sie beispielsweise die Merkmale 'x' und 'y' haben, können polynomiale Merkmale 'xy' einschließen, was die Interaktion zwischen diesen Variablen darstellt.
- Interpretierbarkeit: Polynomiale Merkmale niedrigeren Grades (wie quadratische Terme) können oft noch interpretiert werden, aber Terme höheren Grades können das Modell komplexer und schwieriger zu interpretieren machen.

Polynomiale Merkmale sind besonders nützlich in Regressionsmodellen, bei denen Sie eine nicht-lineare Beziehung zwischen dem Ziel und den Merkmalen vermuten. In der Wirtschaft ist beispielsweise die Beziehung zwischen Preis und Nachfrage oft nicht-linear. In der Physik folgen viele Phänomene quadratischen oder höhergradigen Beziehungen. Durch die Einbeziehung polynomialer Merkmale kann sich Ihr Modell an diese komplexen Beziehungen anpassen und potenziell zu genaueren Vorhersagen und Erkenntnissen führen.

Allerdings ist es wichtig, polynomiale Merkmale mit Bedacht einzusetzen. Beginnen Sie mit Polynomen niedrigeren Grades und erhöhen Sie die Komplexität bei Bedarf schrittweise, wobei Sie die Modellleistung stets an ungesehenen Daten validieren sollten, um sicherzustellen, dass keine Überanpassung vorliegt. Das Ziel ist es, das richtige Gleichgewicht zwischen Modellkomplexität und Generalisierungsfähigkeit zu finden.

Generierung polynomialer Merkmale

Scikit-learns PolynomialFeatures-Klasse ist ein leistungsfähiges Werkzeug zur Generierung polynomialer Terme, das die Komplexität und Ausdruckskraft Ihres Merkmalssatzes deutlich erhöhen kann. Diese Klasse ermöglicht es, neue Merkmale zu erstellen, die polynomiale Kombinationen der ursprünglichen Merkmale bis zu einem bestimmten Grad sind.

So funktioniert es:

- Die Klasse nimmt einen Eingabeparameter 'degree' an, der den maximalen Grad der zu generierenden polynomialen Merkmale bestimmt.
- Sie erstellt alle möglichen Merkmalskombinationen bis zu diesem Grad. Wenn Sie beispielsweise die Merkmale 'x' und 'y' haben und degree=2 setzen, werden 'x', 'y', 'x^2', 'xy' und 'y^2' generiert.
- Sie können auch steuern, ob ein Bias-Term (konstantes Merkmal) einbezogen werden soll und ob nur Interaktionsterme berücksichtigt werden sollen.

Die Verwendung von PolynomialFeatures kann helfen, nicht-lineare Beziehungen in Ihren Daten zu erfassen und potenziell die Leistung linearer Modelle bei komplexen Datensätzen zu verbessern. Allerdings ist es wichtig, diese Technik mit Bedacht einzusetzen, da sie die Anzahl der Merkmale erheblich erhöhen und bei nicht sachgemäßer Regularisierung zu Überanpassung führen kann.

Beispiel: Polynomiale Merkmale mit Scikit-learn

```
import pandas as pd
import numpy as np
from sklearn.preprocessing import PolynomialFeatures
from sklearn.model_selection import train_test_split
from sklearn.linear_model import LinearRegression
from sklearn.metrics import mean_squared_error, r2_score
import matplotlib.pyplot as plt

# Create sample data
```

```
np.random.seed(42)
data = {
    'Age': np.random.randint(20, 60, 100),
    'Salary': np.random.randint(30000, 120000, 100)
}
df = pd.DataFrame(data)

# Function to evaluate model performance
def evaluate_model(X, y, model_name):
    X_train, X_test, y_train, y_test = train_test_split(X, y, test_size=0.2,
random_state=42)
    model = LinearRegression()
    model.fit(X_train, y_train)
    y_pred = model.predict(X_test)
    mse = mean_squared_error(y_test, y_pred)
    r2 = r2_score(y_test, y_pred)
    print(f"\\n{model_name} - Mean Squared Error: {mse:.2f}")
    print(f"{model_name} - R-squared Score: {r2:.2f}")
    return model, X_test, y_test, y_pred

# Evaluate model without polynomial features
X = df[['Age']]
y = df['Salary']
model_linear, X_test_linear, y_test_linear, y_pred_linear = evaluate_model(X, y,
"Linear Model")

# Generate polynomial features of degree 2
poly = PolynomialFeatures(degree=2, include_bias=False)
polynomial_features = poly.fit_transform(df[['Age']])

# Convert back to DataFrame
feature_names = ['Age', 'Age^2']
polynomial_df = pd.DataFrame(polynomial_features, columns=feature_names)
polynomial_df['Salary'] = df['Salary']

print("\\nFirst few rows of DataFrame with Polynomial Features:")
print(polynomial_df.head())

# Evaluate model with polynomial features
X_poly = polynomial_df[['Age', 'Age^2']]
y_poly = polynomial_df['Salary']
model_poly, X_test_poly, y_test_poly, y_pred_poly = evaluate_model(X_poly, y_poly,
"Polynomial Model")

# Visualize the results
plt.figure(figsize=(12, 6))
plt.scatter(df['Age'], df['Salary'], color='blue', alpha=0.5, label='Data points')
plt.plot(X_test_linear, y_pred_linear, color='red', label='Linear Model')

# Sort X_test_poly for smooth curve plotting
X_test_poly_sorted = np.sort(X_test_poly, axis=0)
y_pred_poly_sorted = model_poly.predict(X_test_poly_sorted)
```

```
plt.plot(X_test_poly_sorted[:,        0],        y_pred_poly_sorted,        color='green',
label='Polynomial Model')

plt.xlabel('Age')
plt.ylabel('Salary')
plt.title('Comparison of Linear and Polynomial Models')
plt.legend()
plt.show()
```

Dieses Codebeispiel demonstriert die Verwendung polynomialer Merkmale auf umfassendere Weise.

Hier ist eine Aufschlüsselung des Codes und seiner Funktionalität:

1. Datenvorbereitung:

- Wir erstellen einen Beispieldatensatz mit den Merkmalen 'Alter' und 'Gehalt'.
- Dies simuliert ein realistisches Szenario, bei dem wir das Gehalt basierend auf dem Alter vorhersagen möchten.

2. Modellauswertungsfunktion:

- Die evaluate_model()-Funktion wird definiert, um die Modellleistung zu bewerten.
- Sie verwendet den mittleren quadratischen Fehler (MSE) und den R-Quadrat-Wert als Bewertungsmetriken.
- Diese Funktion ermöglicht den Vergleich von Modellen mit und ohne polynomiale Merkmale.

3. Lineares Modell:

- Zunächst evaluieren wir ein einfaches lineares Modell, das nur 'Alter' als Merkmal verwendet.
- Dies dient als Vergleichsgrundlage.

4. Generierung polynomialer Merkmale:

- Wir verwenden PolynomialFeatures, um polynomiale Terme vom Grad 2 zu erstellen.
- Dies fügt unserem Datensatz ein 'Alter^2'-Merkmal hinzu.

5. Polynomiales Modell:

- Wir evaluieren ein neues Modell, das sowohl 'Alter' als auch 'Alter^2' als Merkmale enthält.
- Dies ermöglicht es uns, nicht-lineare Beziehungen zwischen Alter und Gehalt zu erfassen.

6. Visualisierung:

- Wir erstellen ein Streudiagramm der ursprünglichen Datenpunkte.
- Wir überlagern die Vorhersagen sowohl des linearen als auch des polynomialen Modells.
- Dieser visuelle Vergleich hilft zu verstehen, wie das polynomiale Modell nicht-lineare Muster in den Daten erfassen kann.

7. Interpretation:

- Durch den Vergleich der Bewertungsmetriken und die Visualisierung der Ergebnisse können wir beurteilen, ob die Einbeziehung polynomialer Merkmale die Vorhersagekraft des Modells für diesen speziellen Datensatz verbessert.
- Das polynomiale Modell kann eine bessere Anpassung an die Daten zeigen, wenn eine nicht-lineare Beziehung zwischen Alter und Gehalt besteht.

Dieses Beispiel zeigt, wie man polynomiale Merkmale generiert, sie in ein Modell einbaut und ihre Auswirkungen auf die Modellleistung bewertet. Es bietet auch eine visuelle Darstellung, um die Wirkung polynomialer Merkmale auf die Daten und Modellvorhersagen zu verstehen.

3.2.3 Logarithmische Transformationen

In vielen realen Datensätzen weisen bestimmte Merkmale schiefe Verteilungen auf, die erhebliche Herausforderungen für maschinelle Lernmodelle darstellen können. Diese Schiefe ist besonders problematisch für lineare Modelle und distanzbasierte Algorithmen wie **k-nearest neighbors**, da diese Modelle oft eine ausgewogenere Datenverteilung voraussetzen.

Schiefe Verteilungen zeichnen sich durch einen Mangel an Symmetrie aus, wobei sich die Mehrheit der Datenpunkte auf einer Seite des Mittelwerts häuft und sich ein langer Schwanz zur anderen Seite erstreckt. Diese Asymmetrie kann zu mehreren Problemen bei der Modellleistung führen:

- Verzerrte Vorhersagen: Modelle können die Bedeutung extremer Werte überbetonen, was zu ungenauen Vorhersagen führt.
- Verletzung von Annahmen: Viele statistische Techniken setzen normalverteilte Daten voraus, was schiefe Merkmale verletzen.
- Schwierigkeiten bei der Interpretation: Schiefe Daten können die genaue Interpretation von Koeffizienten und Merkmalswichtigkeiten erschweren.

Um diese Herausforderungen zu bewältigen, setzen Datenwissenschaftler häufig **logarithmische Transformationen** ein. Diese Technik beinhaltet die Anwendung der Logarithmusfunktion auf das schiefe Merkmal, was den Effekt hat, den Bereich großer Werte zu komprimieren und kleinere Werte zu spreizen. Das Ergebnis ist eine normalisiertere Verteilung, die für Modelle leichter zu handhaben ist.

Logarithmische Transformationen sind besonders effektiv bei Variablen, die sich über mehrere Größenordnungen erstrecken, wie zum Beispiel:

- Einkommensdaten: Von Tausenden bis zu Millionen von Euro
- Immobilienpreise: Stark variierend je nach Lage und Größe
- Bevölkerungsstatistiken: Von Kleinstädten bis zu Großstädten
- Biologische Messungen: Wie Enzymkonzentrationen oder Genexpressionsniveaus

Durch die Anwendung logarithmischer Transformationen auf diese Arten von Variablen können wir mehrere Vorteile erzielen:

- Verbesserte Modellleistung: Viele Algorithmen funktionieren besser mit normalverteilten Merkmalen.
- Reduzierter Einfluss von Ausreißern: Extreme Werte werden näher an die übrigen Daten herangeführt.
- Verbesserte Interpretierbarkeit: Beziehungen zwischen Variablen werden nach der logarithmischen Transformation oft linearer.

Es ist wichtig zu beachten, dass logarithmische Transformationen zwar leistungsfähig sind, aber mit Bedacht eingesetzt werden sollten. Nicht alle schiefen Verteilungen erfordern zwangsläufig eine Transformation, und in manchen Fällen kann die ursprüngliche Skala der Daten für die Interpretation bedeutsam sein. Wie bei allen Feature-Engineering-Techniken sollte die Entscheidung für eine logarithmische Transformation auf einem gründlichen Verständnis der Daten und den spezifischen Anforderungen der Modellierungsaufgabe basieren.

Anwendung logarithmischer Transformationen

Eine logarithmische Transformation ist eine leistungsfähige Technik, die auf Merkmale angewendet wird, die einen großen Wertebereich aufweisen oder in ihrer Verteilung rechtsschief sind. Diese mathematische Operation beinhaltet die Anwendung der Logarithmusfunktion auf die Merkmalswerte, was mehrere vorteilhafte Auswirkungen auf die Daten hat:

- Reduzierung des Einflusses extremer Ausreißer: Durch die Komprimierung der Skala großer Werte machen logarithmische Transformationen Ausreißer weniger einflussreich und verhindern, dass sie die Modellleistung unverhältnismäßig stark beeinflussen.
- Stabilisierung der Varianz: In vielen Fällen nimmt die Variabilität eines Merkmals mit seiner Größe zu. Logarithmische Transformationen können helfen, eine konsistentere Varianz über den gesamten Merkmalsbereich zu schaffen, was eine Annahme vieler statistischer Methoden ist.

- Normalisierung von Verteilungen: Rechtsschiefe Verteilungen werden nach einer logarithmischen Transformation oft symmetrischer und nähern sich einer Normalverteilung an. Dies kann besonders nützlich für Modelle sein, die Normalität in den Daten voraussetzen.
- Linearisierung von Beziehungen: In manchen Fällen können logarithmische Transformationen exponentielle Beziehungen zwischen Variablen in lineare umwandeln, wodurch sie für lineare Modelle leichter zu erfassen sind.

Es ist wichtig zu beachten, dass logarithmische Transformationen zwar für viele Datentypen sehr effektiv sind, aber mit Bedacht eingesetzt werden sollten. Merkmale mit Null- oder negativen Werten erfordern besondere Berücksichtigung, und die Interpretierbarkeit der transformierten Daten sollte immer im Kontext des spezifischen Problems berücksichtigt werden.

Beispiel: Logarithmische Transformation in Pandas

```
import numpy as np
import pandas as pd
import matplotlib.pyplot as plt
import seaborn as sns

# Create a sample dataset with skewed income distribution
np.random.seed(42)
df = pd.DataFrame({
    'Income': np.random.lognormal(mean=10.5, sigma=0.5, size=1000)
})

# Apply log transformation
df['Log_Income'] = np.log(df['Income'])

# Print summary statistics
print("Original Income Summary:")
print(df['Income'].describe())
print("\\nLog-transformed Income Summary:")
print(df['Log_Income'].describe())

# Visualize the distributions
fig, (ax1, ax2) = plt.subplots(1, 2, figsize=(12, 5))

# Original distribution
sns.histplot(df['Income'], kde=True, ax=ax1)
ax1.set_title('Original Income Distribution')
ax1.set_xlabel('Income')

# Log-transformed distribution
sns.histplot(df['Log_Income'], kde=True, ax=ax2)
ax2.set_title('Log-transformed Income Distribution')
ax2.set_xlabel('Log(Income)')
```

```
plt.tight_layout()
plt.show()

# Demonstrate effect on correlation
df['Age'] = np.random.randint(18, 65, size=1000)
df['Experience'] = df['Age'] - 18 + np.random.randint(0, 5, size=1000)

print("\\nCorrelation with Age:")
print("Original Income:", df['Income'].corr(df['Age']))
print("Log Income:", df['Log_Income'].corr(df['Age']))

print("\\nCorrelation with Experience:")
print("Original Income:", df['Income'].corr(df['Experience']))
print("Log Income:", df['Log_Income'].corr(df['Experience']))
```

Code-Aufschlüsselung und Erklärung:

1. Datengenerierung:
   - Wir verwenden die Lognormalverteilung von NumPy, um eine realistische, rechtsschiefe Einkommensverteilung zu erstellen.
   - Die Lognormalverteilung wird häufig zur Modellierung von Einkommensdaten verwendet, da sie die typische rechtsschiefe Natur von Einkommensverteilungen erfasst.
2. Log-Transformation:
   - Wir wenden den natürlichen Logarithmus (Basis e) auf die 'Income'-Spalte an.
   - Diese Transformation hilft dabei, den Bereich großer Werte zu komprimieren und den Bereich kleinerer Werte zu spreizen.
3. Zusammenfassende Statistiken:
   - Wir geben zusammenfassende Statistiken sowohl für das ursprüngliche als auch für das log-transformierte Einkommen aus.
   - Dies ermöglicht uns, zu vergleichen, wie sich die Verteilungsmerkmale nach der Transformation ändern.
4. Visualisierung:
   - Wir erstellen nebeneinanderliegende Histogramme mit Kerndichteschätzungen für beide Verteilungen.
   - Dieser visuelle Vergleich zeigt deutlich, wie die Log-Transformation die Form der Verteilung beeinflusst.
5. Auswirkung auf Korrelationen:

   - Wir generieren 'Alter'- und 'Erfahrungs'-Variablen, um zu demonstrieren, wie sich die Log-Transformation auf Korrelationen auswirken kann.
   - Wir berechnen und vergleichen Korrelationen zwischen diesen Variablen und sowohl dem ursprünglichen als auch dem log-transformierten Einkommen.
   - Dies zeigt, wie die Log-Transformation manchmal Beziehungen aufdecken oder verstärken kann, die in den Originaldaten möglicherweise verborgen sind.

6. Wichtige Erkenntnisse:
   - Die Log-Transformation führt oft zu einer symmetrischeren, annähernd normalen Verteilung.
   - Sie kann dabei helfen, die Voraussetzungen vieler statistischer Methoden zu erfüllen, die Normalverteilung voraussetzen.
   - Die Transformation kann manchmal Beziehungen aufdecken, die in der ursprünglichen Skala nicht erkennbar sind.
   - Es ist jedoch wichtig zu beachten, dass die Log-Transformation zwar vorteilhaft sein kann, aber auch die Interpretation der Daten verändert. Prüfen Sie immer, ob diese Transformation für Ihre spezifische Analyse und Domäne angemessen ist.

Dieses Beispiel bietet einen umfassenden Einblick in Log-Transformationen, einschließlich ihrer Auswirkungen auf die Verteilungsform, zusammenfassende Statistiken und Korrelationen mit anderen Variablen. Es enthält auch Visualisierungen, die helfen, die Auswirkungen der Transformation zu verstehen.

3.2.4 Binning (Diskretisierung)

Manchmal ist es vorteilhaft, kontinuierliche Variablen in diskrete Kategorien zu **binnen**. Diese Technik, bekannt als **Binning** oder **Diskretisierung**, beinhaltet die Gruppierung kontinuierlicher Daten in eine Reihe von Intervallen oder "Bins". Zum Beispiel könnten Sie statt roher Altersangaben als kontinuierliche Variable diese in Altersbereiche gruppieren: "20-30", "31-40" usw.

Binning kann mehrere Vorteile in der Datenanalyse und im maschinellen Lernen bieten:

- Rauschreduzierung: Durch die Gruppierung ähnlicher Werte kann Binning helfen, kleine Schwankungen oder Messfehler in den Daten zu glätten und möglicherweise klarere Muster aufzudecken.
- Erfassung nicht-linearer Beziehungen: Manchmal ist die Beziehung zwischen einer kontinuierlichen Variable und der Zielvariable nicht-linear. Binning kann helfen, diese nicht-linearen Effekte zu erfassen, ohne komplexere Modellarchitekturen zu erfordern.

- Umgang mit Ausreißern: Extreme Werte können in die höchsten oder niedrigsten Bins gruppiert werden, wodurch ihr Einfluss auf die Analyse reduziert wird, ohne sie vollständig aus dem Datensatz zu entfernen.
- Verbesserte Interpretierbarkeit: Gebinnte Variablen können leichter zu interpretieren und zu erklären sein, besonders bei der Kommunikation von Ergebnissen an nicht-technische Stakeholder.

Es ist jedoch wichtig zu beachten, dass Binning auch potenzielle Nachteile mit sich bringt:

- Informationsverlust: Durch die Gruppierung kontinuierlicher Werte in Kategorien geht zwangsläufig etwas Granularität in den Daten verloren.
- Willkürliche Grenzen: Die Wahl der Bin-Grenzen kann die Ergebnisse erheblich beeinflussen, und es gibt oft keine universell "richtige" Art, diese Grenzen zu definieren.
- Erhöhte Modellkomplexität: Binning kann die Anzahl der Features in Ihrem Datensatz erhöhen, was möglicherweise zu längeren Trainingszeiten und einem erhöhten Risiko von Überanpassung führt.

Bei der Implementierung von Binning sollte sorgfältig die Anzahl der Bins und die Methode zur Definition der Bin-Grenzen (z.B. gleiche Breite, gleiche Häufigkeit oder benutzerdefinierte Bins basierend auf Domänenwissen) berücksichtigt werden. Die Wahl hängt oft von den spezifischen Eigenschaften Ihrer Daten und den Zielen Ihrer Analyse ab.

Binning mit Pandas

Sie können die cut()-Funktion in Pandas verwenden, um kontinuierliche Daten in diskrete Kategorien zu binnen. Diese leistungsfähige Funktion ermöglicht es Ihnen, eine kontinuierliche Variable in Intervalle oder "Bins" zu unterteilen und sie effektiv in eine kategoriale Variable zu transformieren. So funktioniert es:

1. Die cut()-Funktion nimmt mehrere Schlüsselparameter:
    - Die Datenserie, die Sie binnen möchten
    - Die Bin-Grenzen (entweder als Anzahl von Bins oder als spezifische Schnittpunkte)
    - Optionale Bezeichnungen für die resultierenden Kategorien
2. Sie weist dann jeden Wert in Ihren Daten einem dieser Bins zu und erstellt eine neue kategoriale Variable.
3. Dieser Prozess ist besonders nützlich für:
    - Vereinfachung komplexer kontinuierlicher Daten
    - Reduzierung des Einflusses kleiner Messfehler

  - Erstellung aussagekräftiger Gruppen für die Analyse (z.B. Altersgruppen, Einkommensklassen)
  - Mögliche Aufdeckung nicht-linearer Beziehungen in Ihren Daten

Bei der Verwendung von cut() ist es wichtig zu überlegen, wie Sie Ihre Bins definieren. Sie können Bins mit gleicher Breite, quantilbasierte Bins oder benutzerdefinierte Bin-Grenzen basierend auf Domänenwissen verwenden. Die Wahl kann Ihre Analyse erheblich beeinflussen, daher lohnt es sich oft, mit verschiedenen Binning-Strategien zu experimentieren.

Beispiel: Binning von Daten in Altersgruppen

```
import pandas as pd
import matplotlib.pyplot as plt
import seaborn as sns

# Create a sample dataset
data = {
    'Age': [22, 25, 28, 32, 35, 38, 42, 45, 48, 52, 55, 58, 62, 65, 68],
    'Income': [30000, 35000, 40000, 45000, 50000, 55000, 60000, 65000,
               70000, 75000, 80000, 85000, 90000, 95000, 100000]
}
df = pd.DataFrame(data)

# Define the bins and corresponding labels for Age
age_bins = [20, 30, 40, 50, 60, 70]
age_labels = ['20-29', '30-39', '40-49', '50-59', '60-69']

# Apply binning to Age
df['Age_Group'] = pd.cut(df['Age'], bins=age_bins, labels=age_labels, right=False)

# Define the bins and corresponding labels for Income
income_bins = [0, 40000, 60000, 80000, 100000, float('inf')]
income_labels = ['Low', 'Medium-Low', 'Medium', 'Medium-High', 'High']

# Apply binning to Income
df['Income_Group'] = pd.cut(df['Income'], bins=income_bins, labels=income_labels)

# Print the resulting DataFrame
print(df)

# Visualize the distribution of Age Groups
plt.figure(figsize=(10, 5))
sns.countplot(x='Age_Group', data=df)
plt.title('Distribution of Age Groups')
plt.show()

# Visualize the relationship between Age Groups and Income
plt.figure(figsize=(10, 5))
sns.boxplot(x='Age_Group', y='Income', data=df)
plt.title('Income Distribution by Age Group')
```

```
plt.show()

# Calculate and print average income by age group
avg_income_by_age = df.groupby('Age_Group')['Income'].mean().round(2)
print("\\nAverage Income by Age Group:")
print(avg_income_by_age)
```

Code-Aufschlüsselung und Erklärung:

1. Datenvorbereitung:
   - Wir erstellen einen Beispieldatensatz mit 'Age'- und 'Income'-Spalten mithilfe eines Wörterbuchs und konvertieren ihn in einen pandas DataFrame.
   - Dies simuliert ein realistisches Szenario, in dem wir kontinuierliche Daten für Alter und Einkommen haben.
2. Alters-Binning:
   - Wir definieren Altersgruppen (20-29, 30-39, etc.) und entsprechende Bezeichnungen.
   - Mit pd.cut() erstellen wir eine neue 'Age_Group'-Spalte, die jedes Alter in seine entsprechende Gruppe einordnet.
   - Der Parameter 'right=False' stellt sicher, dass die rechte Grenze jeder Gruppe exklusiv ist.
3. Einkommens-Binning:
   - Wir definieren Einkommensgruppen und Bezeichnungen zur Kategorisierung der Einkommensniveaus.
   - Wir verwenden erneut pd.cut(), um eine 'Income_Group'-Spalte basierend auf diesen Gruppen zu erstellen.
4. Datenvisualisierung:
   - Wir verwenden seaborn (sns) zur Erstellung zweier Visualisierungen:
   - Ein Häufigkeitsdiagramm, das die Verteilung der Altersgruppen zeigt.
   - Ein Boxplot, der die Beziehung zwischen Altersgruppen und Einkommen darstellt.
   - Diese Visualisierungen helfen beim Verständnis der Datenverteilung und möglicher Beziehungen zwischen Variablen.
5. Datenanalyse:

  - Wir berechnen und geben das durchschnittliche Einkommen für jede Altersgruppe mittels groupby() und mean() aus.
  - Dies liefert Einblicke darüber, wie das Einkommen über verschiedene Alterskategorien variiert.

Dieses Beispiel demonstriert nicht nur den grundlegenden Binning-Prozess, sondern auch, wie man ihn auf mehrere Variablen anwendet, die Ergebnisse visualisiert und einfache Analysen der gruppierten Daten durchführt. Es bietet einen umfassenderen Einblick, wie Binning in einem Datenanalyse-Workflow eingesetzt werden kann.

In diesem Beispiel werden die kontinuierlichen Alterswerte in breitere Altersbereiche gruppiert, was nützlich sein kann, wenn das genaue Alter weniger wichtig ist als die Altersgruppe.

3.2.5 Kodierung kategorischer Variablen

Machine-Learning-Algorithmen sind darauf ausgelegt, mit numerischen Daten zu arbeiten, was eine Herausforderung bei der Verarbeitung kategorischer Merkmale darstellt. Kategorische Daten wie Farben, Typen oder Namen müssen in ein numerisches Format umgewandelt werden, das Algorithmen verarbeiten können. Diese Transformation ist entscheidend, damit Machine-Learning-Modelle kategorische Informationen effektiv für ihre Vorhersagen oder Klassifikationen nutzen können.

Es gibt verschiedene Methoden zur Kodierung kategorischer Daten, jede mit eigenen Stärken und Anwendungsfällen. Zwei der am häufigsten verwendeten Techniken sind **One-Hot-Encoding** und **Label-Encoding**:

- **One-Hot-Encoding:** Diese Methode erstellt für jede eindeutige Kategorie im ursprünglichen Merkmal eine neue binäre Spalte. Jede Zeile erhält eine 1 in der Spalte, die ihrer Kategorie entspricht, und 0en in allen anderen Spalten. Dieser Ansatz ist besonders nützlich, wenn es keine inhärente Ordnung oder Hierarchie zwischen den Kategorien gibt.
- **Label-Encoding:** Bei dieser Technik wird jeder eindeutigen Kategorie ein eindeutiger ganzzahliger Wert zugewiesen. Diese Methode eignet sich besser für ordinale kategorische Variablen, bei denen es eine klare Ordnung oder Rangfolge zwischen den Kategorien gibt.

Die Wahl zwischen diesen Kodierungsmethoden hängt von der Art der kategorischen Variable und den spezifischen Anforderungen des verwendeten Machine-Learning-Algorithmus ab. Es ist wichtig zu beachten, dass eine ungeeignete Kodierung zu Fehlinterpretationen der Daten durch das Modell führen kann, was möglicherweise seine Leistung und Genauigkeit beeinträchtigt.

a. One-Hot-Encoding

One-Hot-Encoding ist eine leistungsfähige Technik zur Transformation kategorischer Variablen in ein Format, das für Machine-Learning-Algorithmen geeignet ist. Diese Methode erstellt binäre

Spalten für jede eindeutige Kategorie innerhalb eines kategorischen Merkmals. So funktioniert es:

1. Für jede eindeutige Kategorie im ursprünglichen Merkmal wird eine neue Spalte erstellt.
2. In jeder Zeile wird eine '1' in die Spalte eingetragen, die der in dieser Zeile vorhandenen Kategorie entspricht.
3. Alle anderen Kategorie-Spalten für diese Zeile werden mit '0'en gefüllt.

Dieser Ansatz ist besonders nützlich bei nominalen kategorischen Daten, bei denen es keine inhärente Ordnung oder Hierarchie zwischen den Kategorien gibt. Zum Beispiel stellt das One-Hot-Encoding bei der Kodierung von 'Farbe' (rot, blau, grün) sicher, dass das Modell keine numerische Beziehung zwischen den Kategorien fälschlicherweise interpretiert.

One-Hot-Encoding wird bevorzugt in Szenarien, wo:

- Die kategorische Variable keine ordinale Beziehung aufweist
- Sie die Unabhängigkeit jeder Kategorie bewahren möchten
- Die Anzahl der eindeutigen Kategorien überschaubar ist (um den "Fluch der Dimensionalität" zu vermeiden)

Es ist jedoch wichtig zu beachten, dass bei kategorischen Variablen mit vielen eindeutigen Werten das One-Hot-Encoding zu einer erheblichen Zunahme der Merkmale führen kann, was möglicherweise rechnerische Herausforderungen oder Überanpassung in einigen Modellen verursacht.

Beispiel: One-Hot-Encoding mit Pandas

```
import pandas as pd
import matplotlib.pyplot as plt
import seaborn as sns

# Sample categorical data
data = {
    'City': ['New York', 'Paris', 'London', 'Paris', 'Tokyo', 'London', 'New York',
'Tokyo'],
    'Population': [8419000, 2161000, 8982000, 2161000, 13960000, 8982000, 8419000,
13960000],
    'Is_Capital': [False, True, True, True, True, True, False, True]
}
df = pd.DataFrame(data)

print("Original DataFrame:")
print(df)
print("\\n")

# One-hot encode the 'City' column
```

```
one_hot_encoded = pd.get_dummies(df['City'], prefix='City')

# Combine the one-hot encoded columns with the original DataFrame
df_encoded = pd.concat([df, one_hot_encoded], axis=1)

print("DataFrame with One-Hot Encoded 'City':")
print(df_encoded)
print("\\n")

# Visualize the distribution of cities
plt.figure(figsize=(10, 5))
sns.countplot(x='City', data=df)
plt.title('Distribution of Cities')
plt.show()

# Analyze the relationship between city and population
plt.figure(figsize=(10, 5))
sns.boxplot(x='City', y='Population', data=df)
plt.title('Population Distribution by City')
plt.show()

# Calculate and print average population by city
avg_population = df.groupby('City')['Population'].mean().sort_values(descending=True)
print("Average Population by City:")
print(avg_population)
```

Dieses Codebeispiel zeigt einen umfassenderen Ansatz für One-Hot-Encoding und Datenanalyse.

Hier ist eine Aufschlüsselung des Codes und seiner Funktionalität:

1. Datenvorbereitung:
    - Wir erstellen einen vielfältigeren Beispieldatensatz mit den Spalten 'City', 'Population' und 'Is_Capital'.
    - Die Daten werden zur einfachen Verarbeitung in einen pandas DataFrame umgewandelt.
2. One-Hot-Encoding:
    - Wir verwenden pd.get_dummies() für das One-Hot-Encoding der Spalte 'City'.
    - Der Parameter prefix='City' fügt zur besseren Übersichtlichkeit 'City_' am Anfang jedes neuen Spaltennamens hinzu.
3. Datenkombination:
    - Die One-Hot-codierten Spalten werden mittels pd.concat() mit dem ursprünglichen DataFrame verbunden.

   - Dies bewahrt die ursprünglichen Daten und fügt gleichzeitig die codierten Merkmale hinzu.

4. Datenvisualisierung:
   - Ein Häufigkeitsdiagramm wird erstellt, um die Verteilung der Städte im Datensatz zu zeigen.
   - Ein Boxplot wird verwendet, um die Beziehung zwischen Städten und ihren Einwohnerzahlen zu visualisieren.
5. Datenanalyse:
   - Wir berechnen und geben die durchschnittliche Bevölkerung für jede Stadt mittels groupby() und mean() aus.
   - Die Ergebnisse werden zur einfachen Interpretation in absteigender Reihenfolge sortiert.

Dieses Beispiel demonstriert nicht nur One-Hot-Encoding, sondern zeigt auch, wie man es mit anderen Datenanalysetechniken verbinden kann. Es bietet Einblicke in die Datenverteilung, Beziehungen zwischen Variablen und zusammenfassende Statistiken und bietet damit einen ganzheitlicheren Ansatz für die Arbeit mit kategorischen Daten in pandas.

b. Label-Encoding

Für ordinale kategorische Daten, bei denen die Reihenfolge der Kategorien eine Rolle spielt, weist das **Label-Encoding** jeder Kategorie eine eindeutige Ganzzahl zu. Diese Methode ist besonders nützlich, wenn die kategorische Variable eine inhärente Rangfolge oder Hierarchie aufweist, wie etwa bei Bildungsniveau oder Produktbewertungen.

Label-Encoding funktioniert durch die Umwandlung jeder Kategorie in einen numerischen Wert, typischerweise beginnend bei 0 und aufsteigend für jede folgende Kategorie. Zum Beispiel bei einer Variable für das Bildungsniveau:

- Abitur könnte als 0 codiert werden
- Bachelor-Abschluss als 1
- Master-Abschluss als 2
- Promotion als 3

Diese numerische Darstellung bewahrt die ordinale Beziehung zwischen den Kategorien und ermöglicht es Machine-Learning-Algorithmen, die inhärente Ordnung in den Daten zu interpretieren und zu nutzen. Es ist wichtig zu beachten, dass Label-Encoding gleiche Abstände zwischen den Kategorien voraussetzt, was in realen Szenarien nicht immer der Fall sein muss.

Während Label-Encoding für ordinale Daten effektiv ist, sollte es bei nominalen kategorischen Variablen (solchen ohne natürliche Ordnung) mit Vorsicht eingesetzt werden, da es eine künstliche Rangfolge einführen könnte, die das Modell in die Irre führen kann. In solchen Fällen könnten One-Hot-Encoding oder andere Techniken geeigneter sein.

Beispiel: Label-Encoding mit Scikit-learn

```
import pandas as pd
import matplotlib.pyplot as plt
import seaborn as sns
from sklearn.preprocessing import LabelEncoder

# Create a sample dataset
data = {
    'Name': ['Alice', 'Bob', 'Charlie', 'David', 'Eve'],
    'Age': [28, 35, 42, 31, 39],
    'Education': ['Bachelor', 'Master', 'High School', 'PhD', 'Bachelor'],
    'Salary': [50000, 75000, 40000, 90000, 55000]
}
df = pd.DataFrame(data)

print("Original DataFrame:")
print(df)
print("\\n")

# Initialize the LabelEncoder
encoder = LabelEncoder()

# Apply label encoding to the 'Education' column
df['Education_Encoded'] = encoder.fit_transform(df['Education'])

print("DataFrame with Encoded 'Education':")
print(df)
print("\\n")

# Display the encoding mapping
print("Education Encoding Mapping:")
for i, category in enumerate(encoder.classes_):
    print(f"{category}: {i}")
print("\\n")

# Visualize the distribution of education levels
plt.figure(figsize=(10, 5))
sns.countplot(x='Education', data=df, order=encoder.classes_)
plt.title('Distribution of Education Levels')
plt.show()

# Analyze the relationship between education and salary
plt.figure(figsize=(10, 5))
sns.boxplot(x='Education', y='Salary', data=df, order=encoder.classes_)
plt.title('Salary Distribution by Education Level')
plt.show()

# Calculate and print average salary by education level
```

```
avg_salary = df.groupby('Education')['Salary'].mean().sort_values(descending=True)
print("Average Salary by Education Level:")
print(avg_salary)
```

Dieses Beispiel zeigt einen umfassenderen Ansatz für Label-Encoding und anschließende Datenanalyse.

Hier ist eine detaillierte Aufschlüsselung des Codes und seiner Funktionalität:

1. Datenvorbereitung:
    - Wir erstellen einen Beispieldatensatz mit den Spalten 'Name', 'Alter', 'Bildung' und 'Gehalt'.
    - Die Daten werden zur einfachen Verarbeitung in einen pandas DataFrame umgewandelt.
2. Label-Encoding:
    - Wir importieren LabelEncoder aus sklearn.preprocessing.
    - Eine Instanz von LabelEncoder wird erstellt und auf die Spalte 'Bildung' angewendet.
    - Die fit_transform()-Methode wird verwendet, um den Encoder in einem Schritt an die Daten anzupassen und sie zu transformieren.
3. Datenvisualisierung:
    - Ein Häufigkeitsdiagramm wird erstellt, um die Verteilung der Bildungsniveaus im Datensatz zu zeigen.
    - Ein Boxplot wird verwendet, um die Beziehung zwischen Bildungsniveaus und Gehältern zu visualisieren.
    - Der order-Parameter in beiden Plots stellt sicher, dass die Kategorien in der Reihenfolge ihrer codierten Werte angezeigt werden.
4. Datenanalyse:
    - Wir berechnen und geben das durchschnittliche Gehalt für jedes Bildungsniveau mittels groupby() und mean() aus.
    - Die Ergebnisse werden zur einfachen Interpretation in absteigender Reihenfolge sortiert.

Dieses Beispiel demonstriert nicht nur Label-Encoding, sondern zeigt auch, wie man es mit Datenvisualisierungs- und Analysetechniken verbinden kann. Es bietet Einblicke in die Datenverteilung, Beziehungen zwischen Variablen und zusammenfassende Statistiken und bietet damit einen ganzheitlicheren Ansatz für die Arbeit mit ordinalen kategorischen Daten.

Wichtige Punkte:

- Der LabelEncoder weist automatisch ganzzahlige Werte basierend auf der alphabetischen Reihenfolge zu.
- Die Codierungszuordnung wird angezeigt und zeigt, welche Ganzzahl welchem Bildungsniveau entspricht.
- Die Visualisierungen helfen beim Verständnis der Verteilung der Bildungsniveaus und deren Beziehung zum Gehalt.
- Die Berechnung der Durchschnittsgehälter gibt einen schnellen Einblick, wie Bildungsniveaus die Verdienste in diesem Datensatz beeinflussen können.

Dieses umfassende Beispiel zeigt nicht nur die Mechanik des Label-Encodings, sondern auch, wie man die codierten Daten für aussagekräftige Analysen und Visualisierungen nutzen kann.

In diesem Beispiel wird jedes Bildungsniveau in eine entsprechende Ganzzahl umgewandelt, wobei die ordinale Natur des Merkmals erhalten bleibt.

3.2.6. Methoden der Merkmalsauswahl

Feature Engineering ist ein entscheidender Schritt in der Machine-Learning-Pipeline, der oft zur Erstellung zahlreicher Merkmale führt. Allerdings ist es wichtig zu erkennen, dass nicht alle diese konstruierten Merkmale gleichermaßen zur Vorhersagekraft eines Modells beitragen. Hier kommt die **Merkmalsauswahl** ins Spiel.

Die Merkmalsauswahl ist ein Prozess, der hilft, die relevantesten und informativsten Merkmale aus der größeren Menge verfügbarer Merkmale zu identifizieren.

Dieser Schritt ist aus mehreren Gründen wichtig:

- Verbesserte Modellleistung: Durch Fokussierung auf die wichtigsten Merkmale können Modelle oft eine bessere Vorhersagegenauigkeit erzielen.
- Reduziertes Overfitting: Weniger Merkmale können zu einfacheren Modellen führen, die weniger anfällig für Überanpassung an die Trainingsdaten sind und besser auf neue, ungesehene Daten generalisieren.
- Verbesserte Interpretierbarkeit: Modelle mit weniger Merkmalen sind oft einfacher zu interpretieren und zu erklären, was in vielen realen Anwendungen entscheidend ist.
- Rechnerische Effizienz: Die Reduzierung der Merkmalsanzahl kann den für Modelltraining und Vorhersage erforderlichen Rechenaufwand erheblich verringern.

Es gibt verschiedene Techniken zur Merkmalsauswahl, von einfachen statistischen Methoden bis hin zu komplexeren algorithmischen Ansätzen. Diese Methoden können grob in Filter-Methoden (die statistische Maße zur Merkmalsbewertung nutzen), Wrapper-Methoden (die die

Modellleistung zur Bewertung von Merkmalsuntergruppen nutzen) und eingebettete Methoden (die die Merkmalsauswahl als Teil des Modelltrainings durchführen) kategorisiert werden.

Durch sorgfältige Anwendung von Merkmalsauswahltechniken können Data Scientists robustere und effizientere Modelle erstellen, die nicht nur mit den Trainingsdaten gut funktionieren, sondern auch effektiv auf neue, ungesehene Daten generalisieren. Dieser Prozess ist ein wesentlicher Bestandteil der Erstellung hochwertiger Machine-Learning-Lösungen, die zuverlässig in realen Szenarien eingesetzt werden können.

a. Univariate Merkmalsauswahl

Scikit-learn bietet ein leistungsfähiges Werkzeug zur Merkmalsauswahl namens **SelectKBest**. Diese Methode wählt die besten K Merkmale basierend auf statistischen Tests aus und bietet einen unkomplizierten Ansatz zur Dimensionsreduktion. Hier ist eine detailliertere Erklärung:

So funktioniert SelectKBest:

1. Es wendet einen spezifizierten statistischen Test auf jedes Merkmal unabhängig an.
2. Die Merkmale werden dann basierend auf den Testergebnissen eingestuft.
3. Die K Merkmale mit den höchsten Bewertungen werden ausgewählt.

Diese Methode ist vielseitig und kann sowohl für Regressions- als auch Klassifikationsprobleme verwendet werden, indem eine geeignete Bewertungsfunktion gewählt wird:

- Für Klassifikation: f_classif (ANOVA F-Wert) oder chi2 (Chi-Quadrat-Statistiken)
- Für Regression: f_regression oder mutual_info_regression

Die Flexibilität von SelectKBest ermöglicht die Anpassung an verschiedene Arten von Daten und Modellierungsziele. Durch die Auswahl nur der statistisch signifikantesten Merkmale kann es die Modellleistung verbessern, Overfitting reduzieren und die Recheneffizienz steigern.

Allerdings ist zu beachten, dass SelectKBest, obwohl leistungsfähig, jedes Merkmal unabhängig bewertet. Das bedeutet, dass es möglicherweise komplexe Wechselwirkungen zwischen Merkmalen nicht erfasst, die in manchen Szenarien wichtig sein könnten. In solchen Fällen ist es oft vorteilhaft, SelectKBest mit anderen Merkmalsauswahl- oder Engineering-Techniken für optimale Ergebnisse zu kombinieren.

Beispiel: Univariate Merkmalsauswahl mit Scikit-learn

```
import numpy as np
import pandas as pd
import matplotlib.pyplot as plt
from sklearn.feature_selection import SelectKBest, f_classif
from sklearn.datasets import load_iris
from sklearn.model_selection import train_test_split
from sklearn.linear_model import LogisticRegression
from sklearn.metrics import accuracy_score
```

```
# Load the Iris dataset
iris = load_iris()
X, y = iris.data, iris.target

# Create a DataFrame for better visualization
df = pd.DataFrame(X, columns=iris.feature_names)
df['target'] = y

# Display the first few rows of the dataset
print("First few rows of the Iris dataset:")
print(df.head())
print("\\nDataset shape:", df.shape)

# Perform feature selection
selector = SelectKBest(score_func=f_classif, k=2)
X_selected = selector.fit_transform(X, y)

# Get the indices of selected features
selected_feature_indices = selector.get_support(indices=True)
selected_feature_names = [iris.feature_names[i] for i in selected_feature_indices]

print("\\nSelected features:", selected_feature_names)
print("Selected features shape:", X_selected.shape)

# Display feature scores
feature_scores = pd.DataFrame({
    'Feature': iris.feature_names,
    'Score': selector.scores_
})
print("\\nFeature scores:")
print(feature_scores.sort_values('Score', ascending=False))

# Visualize feature importance
plt.figure(figsize=(10, 6))
plt.bar(feature_scores['Feature'], feature_scores['Score'])
plt.title('Feature Importance Scores')
plt.xlabel('Features')
plt.ylabel('Score')
plt.xticks(rotation=45)
plt.tight_layout()
plt.show()

# Split the data into training and testing sets
X_train, X_test, y_train, y_test = train_test_split(X_selected, y, test_size=0.3,
random_state=42)

# Train a logistic regression model
model = LogisticRegression(max_iter=200)
model.fit(X_train, y_train)

# Make predictions
y_pred = model.predict(X_test)
```

```
# Calculate accuracy
accuracy = accuracy_score(y_test, y_pred)
print(f"\\nModel accuracy with selected features: {accuracy:.2f}")
```

Dieses Codebeispiel demonstriert einen umfassenderen Ansatz zur univariaten Merkmalsauswahl mit SelectKBest.

Hier ist eine detaillierte Aufschlüsselung des Codes und seiner Funktionalität:

1. Datenladen und -vorbereitung:
    - Wir importieren erforderliche Bibliotheken einschließlich numpy, pandas, matplotlib und verschiedene scikit-learn-Module.
    - Der Iris-Datensatz wird mittels load_iris() aus scikit-learn geladen.
    - Wir erstellen einen pandas DataFrame für eine bessere Visualisierung der Daten.
2. Merkmalsauswahl:
    - SelectKBest wird mit f_classif (ANOVA F-Wert) als Bewertungsfunktion und k=2 zur Auswahl der zwei wichtigsten Merkmale initialisiert.
    - Die fit_transform()-Methode wird angewendet, um die besten Merkmale auszuwählen.
    - Wir extrahieren die Namen der ausgewählten Merkmale für eine bessere Interpretierbarkeit.
3. Visualisierung der Merkmalswichtigkeit:
    - Ein DataFrame wird erstellt, um Merkmalsnamen und ihre entsprechenden Bewertungen zu speichern.
    - Wir verwenden matplotlib, um ein Balkendiagramm der Merkmalswichtigkeits-Bewertungen zu erstellen.
4. Modelltraining und -evaluierung:
    - Die Daten werden mit train_test_split() in Trainings- und Testsets aufgeteilt.
    - Ein logistisches Regressionsmodell wird mit den ausgewählten Merkmalen trainiert.
    - Vorhersagen werden auf dem Testset durchgeführt und die Modellgenauigkeit wird berechnet.

Dieses umfassende Beispiel demonstriert nicht nur die Durchführung der Merkmalsauswahl, sondern beinhaltet auch Schritte zur Datenvisualisierung, zum Modelltraining und zur

Evaluierung. Es bietet Einblicke in die relative Wichtigkeit von Merkmalen und zeigt, wie die ausgewählten Merkmale in einer einfachen Klassifikationsaufgabe abschneiden.

Wichtige Punkte:

- Die SelectKBest-Methode ermöglicht es uns, die Dimensionalität des Datensatzes zu reduzieren und dabei die informativsten Merkmale beizubehalten.
- Die Visualisierung der Merkmalswichtigkeits-Bewertungen hilft beim Verständnis, welche Merkmale am meisten zur Klassifikationsaufgabe beitragen.
- Durch das Training eines Modells mit den ausgewählten Merkmalen können wir die Effektivität unseres Merkmalsauswahlprozesses evaluieren.

Dieses Beispiel bietet einen ganzheitlicheren Blick auf den Merkmalsauswahlprozess und seine Integration in eine Machine-Learning-Pipeline.

b. Rekursive Merkmalseliminierung (RFE)

RFE ist eine ausgefeilte Merkmalsauswahltechnik, die iterativ die am wenigsten wichtigen Merkmale eines Datensatzes identifiziert und entfernt. Diese Methode funktioniert, indem sie wiederholt ein maschinelles Lernmodell trainiert und die schwächsten Merkmale eliminiert, bis eine festgelegte Anzahl von Merkmalen übrig bleibt. So funktioniert es:

1. Zunächst trainiert RFE ein Modell unter Verwendung aller verfügbaren Merkmale.
2. Dann werden die Merkmale basierend auf ihrer Wichtigkeit für die Modellleistung eingestuft. Diese Wichtigkeit wird typischerweise durch die internen Merkmalswichtigkeitsmetriken des Modells bestimmt (z.B. Koeffizienten für lineare Modelle oder Feature Importances für baumbasierte Modelle).
3. Die am wenigsten wichtigen Merkmale werden aus dem Datensatz entfernt.
4. Die Schritte 1-3 werden mit dem reduzierten Merkmalssatz wiederholt, bis die gewünschte Anzahl von Merkmalen erreicht ist.

Dieser rekursive Prozess ermöglicht es RFE, komplexe Wechselwirkungen zwischen Merkmalen zu erfassen, die einfachere Methoden möglicherweise übersehen. Dies ist besonders nützlich bei Datensätzen mit einer großen Anzahl potenziell relevanter Merkmale, da es effektiv eine Teilmenge von Merkmalen identifizieren kann, die am signifikantesten zur Vorhersagekraft des Modells beitragen.

Die Effektivität von RFE beruht auf seiner Fähigkeit, die kollektive Auswirkung von Merkmalen auf die Modellleistung zu berücksichtigen, anstatt jedes Merkmal isoliert zu bewerten. Dies macht es zu einem leistungsfähigen Werkzeug für die Erstellung effizienterer und interpretierbarer Modelle in verschiedenen Machine-Learning-Anwendungen.

Beispiel: Rekursive Merkmalseliminierung mit Scikit-learn

```
import numpy as np
```

```
import pandas as pd
import matplotlib.pyplot as plt
from sklearn.feature_selection import RFE
from sklearn.linear_model import LogisticRegression
from sklearn.datasets import load_iris
from sklearn.model_selection import train_test_split
from sklearn.metrics import accuracy_score

# Load the Iris dataset
iris = load_iris()
X, y = iris.data, iris.target

# Create a DataFrame for better visualization
df = pd.DataFrame(X, columns=iris.feature_names)
df['target'] = y

# Display the first few rows of the dataset
print("First few rows of the Iris dataset:")
print(df.head())
print("\\nDataset shape:", df.shape)

# Initialize the model and RFE
model = LogisticRegression(max_iter=200)
rfe = RFE(estimator=model, n_features_to_select=2)

# Fit RFE to the data
rfe.fit(X, y)

# Get the selected features
selected_features = np.array(iris.feature_names)[rfe.support_]
print("\\nSelected Features:", selected_features)

# Display feature ranking
feature_ranking = pd.DataFrame({
    'Feature': iris.feature_names,
    'Ranking': rfe.ranking_
})
print("\\nFeature Ranking:")
print(feature_ranking.sort_values('Ranking'))

# Visualize feature importance
plt.figure(figsize=(10, 6))
plt.bar(feature_ranking['Feature'], feature_ranking['Ranking'])
plt.title('Feature Importance Ranking')
plt.xlabel('Features')
plt.ylabel('Ranking (lower is better)')
plt.xticks(rotation=45)
plt.tight_layout()
plt.show()

# Use selected features for modeling
X_selected = X[:, rfe.support_]
```

```
# Split the data into training and testing sets
X_train, X_test, y_train, y_test = train_test_split(X_selected, y, test_size=0.3,
random_state=42)

# Train a logistic regression model
model.fit(X_train, y_train)

# Make predictions
y_pred = model.predict(X_test)

# Calculate accuracy
accuracy = accuracy_score(y_test, y_pred)
print(f"\\nModel accuracy with selected features: {accuracy:.2f}")
```

Dieses Beispiel demonstriert einen umfassenden Ansatz zur rekursiven Merkmalseliminierung (RFE) mit scikit-learn.

Hier ist eine detaillierte Aufschlüsselung des Codes und seiner Funktionalität:

1. Datenladen und -vorbereitung:
    - Wir importieren erforderliche Bibliotheken einschließlich numpy, pandas, matplotlib und verschiedene scikit-learn-Module.
    - Der Iris-Datensatz wird mittels load_iris() aus scikit-learn geladen.
    - Wir erstellen einen pandas DataFrame für eine bessere Visualisierung der Daten.
2. Rekursive Merkmalseliminierung:
    - LogisticRegression wird als Basisschätzer für RFE initialisiert.
    - RFE wird so konfiguriert, dass die zwei wichtigsten Merkmale ausgewählt werden (n_features_to_select=2).
    - Die fit()-Methode wird zur Durchführung der Merkmalsauswahl angewendet.
3. Visualisierung der Merkmalswichtigkeit:
    - Wir erstellen einen DataFrame zur Speicherung der Merkmalsnamen und ihrer entsprechenden Rangfolge.
    - Ein Balkendiagramm wird erstellt, um die Rangfolge der Merkmalswichtigkeit zu visualisieren.
4. Modelltraining und -evaluierung:
    - Die Daten werden mit train_test_split() in Trainings- und Testsets aufgeteilt.

- Ein logistisches Regressionsmodell wird mit den ausgewählten Merkmalen trainiert.
- Vorhersagen werden auf dem Testset durchgeführt und die Modellgenauigkeit wird berechnet.

Wichtige Punkte:

- RFE ermöglicht uns die Auswahl der wichtigsten Merkmale basierend auf der Modellleistung.
- Die Merkmalsrangfolge liefert Einblicke in die relative Wichtigkeit jedes Merkmals.
- Die Visualisierung der Merkmalsrangfolge hilft beim Verständnis, welche Merkmale am meisten zur Klassifikationsaufgabe beitragen.
- Durch das Training eines Modells mit den ausgewählten Merkmalen können wir die Effektivität unseres Merkmalsauswahlprozesses evaluieren.

Dieses umfassende Beispiel zeigt den gesamten Prozess der Merkmalsauswahl mittels RFE, von der Datenvorbereitung bis zur Modellevaluierung, und bietet einen ganzheitlichen Überblick darüber, wie RFE in eine Machine-Learning-Pipeline integriert werden kann.

3.3 Kodierung und Handhabung kategorischer Daten

Im Bereich realer Datensätze sind kategorische Daten ein häufiges Phänomen. Diese Merkmale repräsentieren verschiedene Kategorien oder Bezeichnungen, im Gegensatz zu kontinuierlichen numerischen Werten. Die korrekte Handhabung kategorischer Daten ist von größter Bedeutung, da die überwiegende Mehrheit der Machine-Learning-Algorithmen für numerische Eingaben konzipiert ist. Eine unsachgemäße Kodierung kategorischer Variablen kann schwerwiegende Folgen haben und möglicherweise zu suboptimaler Modellleistung oder sogar zu Fehlern während des Trainingsprozesses führen.

Dieser Abschnitt befasst sich mit verschiedenen Techniken zur Kodierung und Verwaltung kategorischer Daten. Wir werden grundlegende Methoden wie One-Hot-Encoding und Label-Encoding sowie differenziertere Ansätze wie ordinale Kodierung untersuchen.

Darüber hinaus werden wir uns mit fortgeschrittenen Techniken befassen, einschließlich Target-Encoding, das in bestimmten Szenarien besonders nützlich sein kann. Zusätzlich werden wir die Herausforderungen hochkardinaler kategorischer Variablen behandeln und effektive Strategien zu deren Bewältigung diskutieren. Durch die Beherrschung dieser Techniken werden Sie bestens ausgerüstet sein, um eine breite Palette von Szenarien mit kategorischen Daten in Ihren Machine-Learning-Projekten zu bewältigen.

3.3.1 Kategorische Daten verstehen

Kategorische Merkmale sind ein grundlegendes Konzept in der Datenwissenschaft und im maschinellen Lernen und repräsentieren Variablen, die eine begrenzte Anzahl verschiedener Werte oder Kategorien annehmen können. Im Gegensatz zu kontinuierlichen Variablen, die jeden numerischen Wert innerhalb eines Bereichs annehmen können, sind kategorische Variablen diskret und oft qualitativer Natur. Das Verständnis dieser Merkmale ist entscheidend für eine effektive Datenvorverarbeitung und Modellentwicklung.

Kategorische Merkmale können in zwei Haupttypen eingeteilt werden:

- **Nominal (Ungeordnet)**: Diese Kategorien haben keine inhärente Ordnung oder Rangfolge. Jede Kategorie ist eigenständig und unabhängig von den anderen. Zum Beispiel:
    - Farben: "Rot", "Grün", "Blau"
    - Blutgruppen: "A", "B", "AB", "O"
    - Musikgenres: "Rock", "Jazz", "Klassik", "Hip-Hop"

In diesen Fällen gibt es keine sinnvolle Möglichkeit zu sagen, dass eine Kategorie "größer" oder "kleiner" als eine andere ist.

- **Ordinal (Geordnet)**: Diese Kategorien haben eine klare, bedeutungsvolle Ordnung oder Rangfolge, auch wenn die Abstände zwischen den Kategorien nicht einheitlich oder messbar sind. Beispiele sind:
    - Bildungsniveaus: "Abitur", "Bachelor", "Master", "Promotion"
    - Kundenzufriedenheit: "Sehr unzufrieden", "Unzufrieden", "Neutral", "Zufrieden", "Sehr zufrieden"
    - T-Shirt-Größen: "XS", "S", "M", "L", "XL"

Hier gibt es eine klare Progression von einer Kategorie zur anderen, auch wenn der "Abstand" zwischen den Kategorien nicht quantifizierbar ist.

Die Unterscheidung zwischen nominalen und ordinalen Kategorien ist entscheidend, da sie bestimmt, wie wir diese Merkmale für Machine-Learning-Algorithmen handhaben und kodieren sollten. Die meisten Algorithmen erwarten numerische Eingaben, sodass wir kategorische Daten in ein numerisches Format umwandeln müssen. Die gewählte Kodierungsmethode kann jedoch erheblichen Einfluss auf die Modellleistung und -interpretation haben.

Für nominale Kategorien werden häufig Techniken wie One-Hot-Encoding oder Label-Encoding verwendet. One-Hot-Encoding erstellt binäre Spalten für jede Kategorie, während Label-Encoding jeder Kategorie eine eindeutige Ganzzahl zuweist. Für ordinale Kategorien können wir ordinale Kodierung verwenden, um die Ordnungsinformation zu erhalten, oder fortgeschrittenere Techniken wie Target-Encoding einsetzen.

In den folgenden Abschnitten werden wir diese Kodierungsmethoden eingehender untersuchen und ihre Stärken, Schwächen und geeigneten Anwendungsfälle erforschen. Das Verständnis dieser Techniken ist wesentlich für die effektive Vorverarbeitung kategorischer Daten und den Aufbau robuster Machine-Learning-Modelle.

3.3.2 One-Hot-Encoding

One-Hot-Encoding ist eine grundlegende und weit verbreitete Methode zur Umwandlung nominaler kategorischer Variablen in ein numerisches Format, das von Machine-Learning-Algorithmen direkt verwendet werden kann. Diese Technik ist besonders wertvoll, da die meisten Machine-Learning-Modelle für numerische und nicht für kategorische Eingaben konzipiert sind.

So funktioniert One-Hot-Encoding:

- Für jede eindeutige Kategorie im ursprünglichen Merkmal wird eine neue binäre Spalte erstellt.
- In diesen neuen Spalten zeigt ein Wert von 1 das Vorhandensein der entsprechenden Kategorie für einen bestimmten Datenpunkt an, während ein Wert von 0 deren Abwesenheit anzeigt.
- Dieser Prozess erzeugt effektiv einen Satz binärer Merkmale, die gemeinsam die ursprüngliche kategorische Variable repräsentieren.

Wenn wir zum Beispiel ein "Farbe"-Merkmal mit den Kategorien "Rot", "Blau" und "Grün" haben, würde One-Hot-Encoding drei neue Spalten erstellen: "Farbe_Rot", "Farbe_Blau" und "Farbe_Grün". Jede Zeile im Datensatz hätte eine 1 in einer dieser Spalten und 0en in den anderen, abhängig vom ursprünglichen Farbwert.

One-Hot-Encoding eignet sich besonders gut für nominale Variablen, also kategorische Variablen ohne inhärente Ordnung oder Rangfolge. Beispiele für solche Variablen sind:

- Städtenamen (z.B. New York, London, Tokio)
- Produkttypen (z.B. Elektronik, Kleidung, Bücher)
- Tierarten (z.B. Hund, Katze, Vogel)

Der Hauptvorteil von One-Hot-Encoding ist, dass es keine künstliche Ordnung zwischen den Kategorien erzwingt, was für nominale Variablen entscheidend ist. Jede Kategorie wird als separates, unabhängiges Merkmal behandelt, wodurch Machine-Learning-Modelle die Bedeutung jeder Kategorie separat lernen können.

Allerdings ist zu beachten, dass One-Hot-Encoding bei kategorischen Variablen mit vielen eindeutigen Kategorien zu hochdimensionalen Daten führen kann. Dies kann potenziell zum "Fluch der Dimensionalität" führen und in manchen Fällen zusätzliche Merkmalsauswahl oder Dimensionsreduktionsmethoden erfordern.

a. One-Hot-Encoding mit Pandas

Pandas, eine leistungsfähige Datenmanipulationsbibliothek für Python, bietet eine einfache und effiziente Methode zur Anwendung von One-Hot-Encoding mittels der get_dummies()-Funktion. Diese Funktion ist besonders nützlich für die Umwandlung kategorischer Variablen in ein Format, das für Machine-Learning-Algorithmen geeignet ist.

So funktioniert get_dummies():

- Die Funktion erkennt automatisch kategorische Spalten in Ihrem DataFrame.
- Für jede eindeutige Kategorie in einer Spalte wird eine neue binäre Spalte erstellt.
- In diesen neuen Spalten wird eine 1 gesetzt, wo die Kategorie vorhanden ist, und eine 0, wo sie nicht vorhanden ist.
- Die ursprüngliche kategorische Spalte wird entfernt und durch diese neuen binären Spalten ersetzt.

Die get_dummies()-Funktion bietet mehrere Vorteile:

- Einfachheit: Sie erfordert minimalen Code und ist damit auch für Anfänger leicht zu verwenden.
- Flexibilität: Sie kann mehrere kategorische Spalten gleichzeitig verarbeiten.
- Anpassungsfähigkeit: Sie bietet Optionen zur Anpassung des Kodierungsprozesses, wie das Festlegen von Spalten-Präfixen oder den Umgang mit unbekannten Kategorien.

Mit get_dummies() können Sie kategorische Daten schnell in ein numerisches Format umwandeln, das für verschiedene Machine-Learning-Modelle geeignet ist, und damit Ihren Datenvorverarbeitungsworkflow optimieren.

Beispiel: One-Hot-Encoding mit Pandas

```
import pandas as pd
import numpy as np

# Create a more comprehensive sample dataset
data = {
    'City': ['New York', 'London', 'Paris', 'Tokyo', 'Berlin', 'New York', 'London', 
'Paris'],
    'Population': [8419000, 8982000, 2141000, 13960000, 3645000, 8419000, 8982000, 
2141000],
    'Continent': ['North America', 'Europe', 'Europe', 'Asia', 'Europe', 'North 
America', 'Europe', 'Europe']
}
df = pd.DataFrame(data)

print("Original DataFrame:")
print(df)
```

```
print("\\n")

# Apply one-hot encoding to the 'City' column
city_encoded = pd.get_dummies(df['City'], prefix='City')

# Apply one-hot encoding to the 'Continent' column
continent_encoded = pd.get_dummies(df['Continent'], prefix='Continent')

# Concatenate the encoded columns with the original DataFrame
df_encoded = pd.concat([df, city_encoded, continent_encoded], axis=1)

print("DataFrame after one-hot encoding:")
print(df_encoded)
print("\\n")

# Demonstrate handling of high-cardinality columns
df['UniqueID'] = np.arange(len(df))
high_cardinality_encoded = pd.get_dummies(df['UniqueID'], prefix='ID')
df_high_cardinality = pd.concat([df, high_cardinality_encoded], axis=1)

print("DataFrame with high-cardinality column encoded:")
print(df_high_cardinality.head())
print("\\n")

# Demonstrate handling of missing values
df_missing = df.copy()
df_missing.loc[1, 'City'] = np.nan
df_missing.loc[3, 'Continent'] = np.nan

print("DataFrame with missing values:")
print(df_missing)
print("\\n")

# Handle missing values before encoding
df_missing['City'] = df_missing['City'].fillna('Unknown')
df_missing['Continent'] = df_missing['Continent'].fillna('Unknown')

# Apply one-hot encoding to the DataFrame with handled missing values
df_missing_encoded = pd.get_dummies(df_missing, columns=['City', 'Continent'],
prefix=['City', 'Continent'])

print("DataFrame with missing values handled and encoded:")
print(df_missing_encoded)
```

Dieses Codebeispiel zeigt einen umfassenden Ansatz für One-Hot-Encoding mit pandas.

Hier ist eine detaillierte Aufschlüsselung des Codes und seiner Funktionalität:

1. Datenvorbereitung:

- Wir erstellen einen umfangreicheren Datensatz mit mehreren Spalten: 'City', 'Population' und 'Continent'.
- Dies ermöglicht uns die Demonstration der Kodierung für verschiedene Arten von kategorischen Variablen.

2. Grundlegendes One-Hot-Encoding:
   - Wir verwenden pd.get_dummies() um die Spalten 'City' und 'Continent' separat zu kodieren.
   - Der Prefix-Parameter wird verwendet, um die kodierten Spalten zu unterscheiden (z.B. 'City_New York', 'Continent_Europe').
   - Anschließend verknüpfen wir diese kodierten Spalten mit dem ursprünglichen DataFrame.
3. Umgang mit hochkardinalen Spalten:
   - Wir erstellen eine 'UniqueID'-Spalte, um ein hochkardinales Merkmal zu simulieren.
   - Wir zeigen, wie One-Hot-Encoding bei hochkardinalen Merkmalen zu einer großen Anzahl von Spalten führen kann.
   - Dies verdeutlicht die potenziellen Probleme mit Speichernutzung und Recheneffizienz in solchen Fällen.
4. Umgang mit fehlenden Werten:
   - Wir fügen fehlende Werte in den Spalten 'City' und 'Continent' ein.
   - Vor der Kodierung füllen wir fehlende Werte mit 'Unknown' unter Verwendung der fillna()-Methode.
   - Dies stellt sicher, dass fehlende Werte während der Kodierung als separate Kategorie behandelt werden.
   - Anschließend wenden wir One-Hot-Encoding auf den DataFrame mit den behandelten fehlenden Werten an.
5. Visualisierung der Ergebnisse:
   - Bei jedem Schritt geben wir den DataFrame aus, um zu zeigen, wie er sich nach jeder Operation verändert.
   - Dies hilft beim Verständnis der Auswirkungen jedes Kodierungsschritts auf die Datenstruktur.

Dieses umfassende Beispiel behandelt verschiedene Aspekte des One-Hot-Encodings, einschließlich der Handhabung mehrerer kategorischer Spalten, dem Umgang mit hochkardinalen Merkmalen und der Verwaltung fehlender Werte. Es bietet eine praktische Demonstration, wie pandas für diese Aufgaben in einem realen Szenario verwendet werden kann.

Die get_dummies()-Funktion wandelt die "City"-Spalte in separate binäre Spalten um—City_New York, City_London und City_Paris—die jeweils eine Stadt repräsentieren. Dies ermöglicht es dem maschinellen Lernmodell, das kategorische Merkmal numerisch zu interpretieren.

b. One-Hot-Encoding mit Scikit-learn

Scikit-learn bietet eine robuste Implementierung des One-Hot-Encodings durch die OneHotEncoder-Klasse. Diese Klasse bietet einen flexibleren und leistungsfähigeren Ansatz zur Kodierung kategorischer Variablen, der besonders nützlich in komplexen Machine-Learning-Pipelines ist oder wenn eine feingranulare Kontrolle über den Kodierungsprozess erforderlich ist.

Die OneHotEncoder-Klasse zeichnet sich durch mehrere Aspekte aus:

- Flexibilität: Sie kann mehrere kategorische Spalten gleichzeitig verarbeiten, was sie effizient für Datensätze mit zahlreichen kategorischen Merkmalen macht.
- Sparse-Matrix-Ausgabe: Standardmäßig gibt sie eine sparse Matrix zurück, die speichereffizient für Datensätze mit vielen Kategorien ist.
- Umgang mit unbekannten Kategorien: Sie bietet Optionen für den Umgang mit Kategorien, die während des Fitting-Prozesses nicht vorhanden waren, was entscheidend für reale Anwendungen ist, bei denen neue Kategorien in Testdaten auftauchen können.
- Integration mit Scikit-learn Pipelines: Sie lässt sich nahtlos in Scikit-learns Pipeline-Klasse integrieren und ermöglicht so eine einfache Kombination mit anderen Vorverarbeitungsschritten und Modellen.

Bei der Arbeit mit Machine-Learning-Pipelines kann der OneHotEncoder besonders wertvoll sein. Er ermöglicht es, ein konsistentes Kodierungsschema zu definieren, das einheitlich auf Trainings- und Testdatensätze angewendet werden kann, wodurch sichergestellt wird, dass Ihr Modell konsistent formatierte Eingabedaten erhält.

Für Szenarien, die mehr Kontrolle erfordern, bietet der OneHotEncoder verschiedene Parameter zur Anpassung seines Verhaltens. Zum Beispiel können Sie festlegen, wie mit unbekannten Kategorien umgegangen werden soll, ob ein sparse oder dense Ausgabeformat verwendet werden soll und sogar eine benutzerdefinierte Kodierung für bestimmte Merkmale definieren.

Beispiel: One-Hot-Encoding mit Scikit-learn

```
from sklearn.preprocessing import OneHotEncoder
from sklearn.compose import ColumnTransformer
```

```
from sklearn.pipeline import Pipeline
from sklearn.impute import SimpleImputer
import pandas as pd
import numpy as np

# Sample data
data = {
    'City': ['New York', 'London', 'Paris', 'Tokyo', 'Berlin', np.nan],
    'Country': ['USA', 'UK', 'France', 'Japan', 'Germany', 'USA'],
    'Population': [8419000, 8982000, 2141000, 13960000, 3645000, np.nan]
}
df = pd.DataFrame(data)

print("Original DataFrame:")
print(df)
print("\\n")

# Define transformers for categorical and numerical data
categorical_transformer = Pipeline(steps=[
    ('imputer', SimpleImputer(strategy='most_frequent')),
    ('onehot', OneHotEncoder(sparse=False, handle_unknown='ignore'))
])

numerical_transformer = Pipeline(steps=[
    ('imputer', SimpleImputer(strategy='mean'))
])

# Combine transformers into a ColumnTransformer
preprocessor = ColumnTransformer(
    transformers=[
        ('cat', categorical_transformer, ['City', 'Country']),
        ('num', numerical_transformer, ['Population'])
    ]
)

# Apply the preprocessing pipeline
transformed_data = preprocessor.fit_transform(df)

# Get feature names
onehot_features_city                                                          =
preprocessor.named_transformers_['cat'].named_steps['onehot'].get_feature_names_out(
['City', 'Country'])
numerical_features = ['Population']
feature_names = np.concatenate([onehot_features_city, numerical_features])

# Create a new DataFrame with transformed data
df_encoded = pd.DataFrame(transformed_data, columns=feature_names)

print("Transformed DataFrame:")
print(df_encoded)
```

Code-Aufschlüsselung und Erklärung:

- **Umgang mit fehlenden Werten**:
  - Kategorische Spalten (City und Country) werden mit dem häufigsten Wert gefüllt.
  - Numerische Spalte (Population) wird mit dem Mittelwert gefüllt.
- **One-Hot-Kodierung**:
  - Kategorische Spalten (City, Country) werden mittels One-Hot-Encoding in binäre Spalten umgewandelt.
- **Pipeline mit ColumnTransformer**:
  - Kombiniert kategorische und numerische Vorverarbeitungsschritte in einer einzigen Pipeline.
- **Merkmalsnamen**:
  - Ruft automatisch aussagekräftige Spaltennamen für kodierte Merkmale ab.
- **Endausgabe**:
  - Ein bereinigter, vollständig vorverarbeiteter DataFrame (df_encoded) wird erstellt, bereit für Analyse oder Modellierung.

Dieses Beispiel zeigt mehrere Schlüsselfunktionen der Vorverarbeitungsmöglichkeiten von Scikit-learn:

- Behandlung fehlender Daten mit SimpleImputer
- One-Hot-Kodierung nominaler Kategorien ('City')
- Label-Kodierung ordinaler Kategorien ('Country')
- Verwendung von ColumnTransformer zur Anwendung verschiedener Transformationen auf verschiedene Spalten
- Pipeline zur Verkettung mehrerer Vorverarbeitungsschritte
- Extraktion von Merkmalsnamen nach der Transformation
- Inverse Transformation zur Wiederherstellung ursprünglicher Kategorien aus kodierten Daten

Dieser Ansatz bietet eine robuste, skalierbare Methode zur Vorverarbeitung gemischter Datentypen, zur Behandlung fehlender Werte und zur Vorbereitung von Daten für maschinelle Lernmodelle.

In diesem Fall wandelt OneHotEncoder die kategorischen Daten in ein dichtes Array binärer Werte um, das direkt an maschinelle Lernmodelle übergeben werden kann.

3.3.3 Label-Kodierung

Label-Kodierung ist eine Technik, die jeder Kategorie in einem kategorischen Merkmal eine eindeutige Ganzzahl zuweist. Diese Methode ist besonders nützlich für ordinale kategorische Variablen, bei denen es eine bedeutungsvolle Ordnung oder Hierarchie zwischen den Kategorien gibt. Durch die Umwandlung von Kategorien in numerische Werte ermöglicht die Label-Kodierung maschinellen Lernalgorithmen, kategorische Daten effektiver zu interpretieren und zu verarbeiten.

Der Hauptvorteil der Label-Kodierung liegt in ihrer Fähigkeit, die ordinale Beziehung zwischen Kategorien zu bewahren. Betrachten wir beispielsweise einen Datensatz mit Bildungsabschlüssen wie "Hochschulreife", "Bachelor", "Master" und "Promotion". Durch die Kodierung dieser Abschlüsse mit Zahlen wie 0, 1, 2 und 3 behalten wir die inhärente Ordnung der Bildungsstufen bei. Diese numerische Darstellung ermöglicht es Algorithmen zu verstehen, dass eine Promotion (3) ein höheres Bildungsniveau darstellt als ein Bachelor-Abschluss (1).

Hier ist eine detailliertere Aufschlüsselung der Funktionsweise der Label-Kodierung:

- Identifikation: Der Algorithmus identifiziert alle eindeutigen Kategorien innerhalb des Merkmals.
- Sortierung: Bei ordinalen Daten werden die Kategorien typischerweise basierend auf ihrer natürlichen Reihenfolge sortiert. Bei nominalen Daten ohne klare Ordnung erfolgt die Sortierung möglicherweise alphabetisch oder basierend auf der Reihenfolge des Auftretens im Datensatz.
- Zuweisung: Jeder Kategorie wird eine eindeutige Ganzzahl zugewiesen, üblicherweise beginnend bei 0 und mit einer Erhöhung um 1 für jede folgende Kategorie.
- Transformation: Die ursprünglichen kategorischen Werte im Datensatz werden durch ihre entsprechenden Ganzzahl-Kodierungen ersetzt.

Es ist wichtig zu beachten, dass die Label-Kodierung zwar hervorragend für ordinale Daten geeignet ist, aber bei nominalen kategorischen Variablen (bei denen es keine inhärente Ordnung gibt) mit Vorsicht verwendet werden sollte. In solchen Fällen könnten die zugewiesenen Zahlen unbeabsichtigt eine Ordnung oder Größenordnung implizieren, die nicht existiert, und das maschinelle Lernmodell möglicherweise in die Irre führen.

Darüber hinaus kann die Label-Kodierung bei bestimmten Algorithmen besonders vorteilhaft sein, wie etwa bei Entscheidungsbäumen und Random Forests, die gut mit ordinalen Beziehungen umgehen können. Für Algorithmen, die empfindlich auf die Größenordnung von Eingabemerkmalen reagieren (wie lineare Regression oder neuronale Netze), können nach der Label-Kodierung jedoch zusätzliche Vorverarbeitungstechniken wie Skalierung erforderlich sein.

Label-Kodierung mit Scikit-learn

Scikit-learns LabelEncoder ist ein leistungsfähiges Werkzeug zur Umwandlung ordinaler kategorischer Daten in Ganzzahlen. Dieser Prozess, bekannt als Label-Kodierung, weist jeder Kategorie in einer kategorischen Variable einen eindeutigen numerischen Wert zu. Hier ist eine detailliertere Erklärung:

1. Funktionalität: Der LabelEncoder erkennt automatisch alle eindeutigen Kategorien in einem gegebenen Merkmal und weist jeder eine eindeutige Ganzzahl zu, typischerweise beginnend bei 0.
2. Ordinale Daten: Er ist besonders nützlich für ordinale Daten, bei denen es eine klare Ordnung oder Hierarchie zwischen den Kategorien gibt. Zum Beispiel könnten Bildungsabschlüsse wie 'Hochschulreife', 'Bachelor', 'Master', 'Promotion' als 0, 1, 2, 3 kodiert werden.
3. Bewahrung der Ordnung: Der Encoder behält die ordinale Beziehung zwischen den Kategorien bei, was für viele maschinelle Lernalgorithmen entscheidend ist, um die Daten korrekt zu interpretieren.
4. Numerische Darstellung: Durch die Umwandlung von Kategorien in Ganzzahlen ermöglicht er maschinellen Lernmodellen, die numerische Eingaben benötigen, kategorische Daten effektiv zu verarbeiten.
5. Reversibilität: Der LabelEncoder bietet auch eine inverse_transform-Methode, die es ermöglicht, die kodierten Ganzzahlen bei Bedarf wieder in ihre ursprünglichen kategorischen Bezeichnungen umzuwandeln.
6. Vorsicht bei nominalen Daten: Während er für ordinale Daten leistungsstark ist, sollte er bei nominalen kategorischen Variablen (bei denen es keine inhärente Ordnung gibt) mit Vorsicht verwendet werden, da die zugewiesenen Zahlen eine nicht existierende Ordnung oder Größenordnung implizieren könnten.

Das Verständnis dieser Aspekte des LabelEncoder ist wesentlich für die effektive Vorverarbeitung ordinaler kategorischer Daten in maschinellen Lern-Pipelines. Die richtige Anwendung dieses Werkzeugs kann die Qualität und Interpretierbarkeit Ihrer kodierten Merkmale erheblich verbessern.

Beispiel: Label-Kodierung mit Scikit-learn

```
from sklearn.preprocessing import LabelEncoder
import numpy as np
import pandas as pd

# Sample data
education_levels = ['High School', 'Bachelor', 'Master', 'PhD', 'Bachelor', 'High School', 'PhD']

# Initialize the LabelEncoder
```

```
label_encoder = LabelEncoder()

# Fit and transform the data
education_encoded = label_encoder.fit_transform(education_levels)

# Display the encoded labels
print(f"Original labels: {education_levels}")
print(f"Encoded labels: {education_encoded}")

# Create a dictionary mapping original labels to encoded values
label_mapping                    =                    dict(zip(label_encoder.classes_,
label_encoder.transform(label_encoder.classes_)))
print(f"\\nLabel mapping: {label_mapping}")

# Demonstrate inverse transform
decoded_labels = label_encoder.inverse_transform(education_encoded)
print(f"\\nDecoded labels: {decoded_labels}")

# Create a DataFrame for better visualization
df = pd.DataFrame({'Original': education_levels, 'Encoded': education_encoded})
print("\\nDataFrame representation:")
print(df)

# Handling unseen categories
new_education_levels = ['High School', 'Bachelor', 'Master', 'PhD', 'Associate']
try:
    new_encoded = label_encoder.transform(new_education_levels)
except ValueError as e:
    print(f"\\nError: {e}")
    print("Note: LabelEncoder cannot handle unseen categories directly.")
```

Code-Aufschlüsselung und Erklärung:

1. Importieren der erforderlichen Bibliotheken:
    - Wir importieren LabelEncoder aus scikit-learn, das unser Hauptwerkzeug für die Kodierung sein wird.
    - Wir importieren außerdem numpy und pandas für zusätzliche Datenmanipulation und Visualisierung.
2. Erstellung der Beispieldaten:
    - Wir erstellen eine Liste von Bildungsabschlüssen, einschließlich einiger Wiederholungen, um zu zeigen, wie der Encoder mit Duplikaten umgeht.
3. Initialisierung des LabelEncoders:
    - Wir erstellen eine Instanz von LabelEncoder namens label_encoder.
4. Anpassen und Transformieren der Daten:

   - Wir verwenden die fit_transform()-Methode, um den Encoder sowohl an unsere Daten anzupassen als auch sie in einem Schritt zu transformieren.
   - Diese Methode erkennt die eindeutigen Kategorien und weist jeder eine eindeutige Ganzzahl zu.
5. Anzeigen der Ergebnisse:
   - Wir geben sowohl die ursprünglichen als auch die kodierten Labels aus, um die Transformation zu zeigen.
6. Erstellung einer Label-Zuordnung:
   - Wir erstellen ein Wörterbuch, das jede ursprüngliche Kategorie ihrer kodierten Zahl zuordnet.
   - Dies ist nützlich, um zu verstehen, wie der Encoder die Werte den einzelnen Kategorien zugewiesen hat.
7. Demonstration der Rücktransformation:
   - Wir verwenden die inverse_transform()-Methode, um die kodierten Werte wieder in ihre ursprünglichen Kategorien umzuwandeln.
   - Dies zeigt, dass die Kodierung umkehrbar ist, was für die spätere Interpretation der Ergebnisse wichtig ist.
8. Erstellung eines DataFrames:
   - Wir verwenden pandas, um einen DataFrame zu erstellen, der sowohl die ursprünglichen als auch die kodierten Werte nebeneinander zeigt.
   - Dies bietet eine klare Visualisierung, wie jede Kategorie kodiert wurde.
9. Umgang mit unbekannten Kategorien:
   - Wir versuchen, eine Liste zu kodieren, die eine neue Kategorie ('Associate') enthält, die nicht in den ursprünglichen Daten vorhanden war.
   - Dies zeigt, dass LabelEncoder nicht direkt mit unbekannten Kategorien umgehen kann, was eine wichtige Einschränkung ist, die man kennen sollte.
   - Wir verwenden einen try-except-Block, um den Fehler abzufangen und anzuzeigen, der beim Versuch auftritt, eine unbekannte Kategorie zu kodieren.

Dieses Beispiel zeigt mehrere wichtige Funktionen und Überlegungen bei der Verwendung von LabelEncoder:

- Wie mit Duplikaten umgegangen wird (sie erhalten die gleiche Kodierung)
- Die Fähigkeit, zwischen ursprünglichen und kodierten Werten in beide Richtungen zu mappen

- Die Erstellung einer klaren Zuordnung zwischen Kategorien und ihren kodierten Werten
- Die Einschränkung, dass unbekannte Kategorien nicht verarbeitet werden können, was beim Arbeiten mit neuen Daten wichtig zu verstehen ist

3.3.4 Ordinale Kodierung

Bei der Arbeit mit **ordinalen kategorialen Variablen**, also Variablen mit Kategorien, die eine natürliche Ordnung oder Rangfolge aufweisen, können Sie den **OrdinalEncoder** von scikit-learn verwenden. Dieses leistungsstarke Werkzeug wurde speziell für die effektive Verarbeitung ordinaler Daten entwickelt.

Der OrdinalEncoder funktioniert, indem er jeder Kategorie eine eindeutige Ganzzahl zuweist und dabei die inhärente Reihenfolge der Kategorien beibehält. Dies ist entscheidend, da es maschinellen Lernalgorithmen ermöglicht, die bedeutungsvollen Beziehungen zwischen verschiedenen Kategorien zu verstehen und zu nutzen.

Betrachten wir zum Beispiel eine Variable, die Bildungsabschlüsse darstellt: 'Hochschulreife', 'Bachelor', 'Master' und 'Promotion'. Der OrdinalEncoder könnte diesen Werten entsprechend 0, 1, 2 und 3 zuweisen. Diese Kodierung behält die natürliche Progression der Bildungsstufen bei, was für viele maschinelle Lernmodelle wertvolle Information darstellt.

Im Gegensatz zur One-Hot-Kodierung, die für jede Kategorie binäre Spalten erstellt, führt die ordinale Kodierung zu einer einzigen Spalte mit Ganzzahlen. Dies kann besonders vorteilhaft sein bei Datensätzen mit einer großen Anzahl ordinaler Variablen, da es hilft, den Feature-Raum kompakter zu halten.

Es ist jedoch wichtig zu beachten, dass der OrdinalEncoder zwar hervorragend für wirklich ordinale Daten geeignet ist, aber bei nominalen kategorialen Variablen (bei denen es keine inhärente Ordnung gibt) mit Vorsicht verwendet werden sollte. In solchen Fällen könnten die zugewiesenen Zahlen unbeabsichtigt eine nicht existierende Ordnung implizieren und das maschinelle Lernmodell möglicherweise in die Irre führen.

Ordinale Kodierung mit Scikit-learn

Der OrdinalEncoder von Scikit-learn ist ein leistungsfähiges Werkzeug, das speziell für die Kodierung ordinaler kategorialer Variablen unter Beibehaltung ihrer inhärenten Ordnung entwickelt wurde. Dieser Encoder ist besonders nützlich bei Variablen, die eine natürliche Hierarchie oder Rangfolge aufweisen.

Der OrdinalEncoder ist ein vielseitiges Werkzeug für die Verarbeitung ordinaler kategorialer Variablen. Er funktioniert, indem er jeder Kategorie in der ordinalen Variable Ganzzahlwerte zuweist und dabei sicherstellt, dass die Reihenfolge dieser Ganzzahlen der natürlichen Reihenfolge der Kategorien entspricht. Im Gegensatz zu anderen Kodierungsmethoden behält der OrdinalEncoder die relativen Beziehungen zwischen Kategorien bei. Beispielsweise könnte bei der Kodierung von Bildungsabschlüssen ('Hochschulreife', 'Bachelor', 'Master', 'Promotion') die Werte 0, 1, 2, 3 zugewiesen werden, was die Progression in der Bildung widerspiegelt.

Durch die Umwandlung von Kategorien in Ganzzahlen ermöglicht der OrdinalEncoder maschinellen Lernalgorithmen, die numerische Eingaben benötigen, ordinale Daten effektiv zu verarbeiten und dabei die ordinale Information beizubehalten. Er bietet Flexibilität, indem Benutzer eine benutzerdefinierte Reihenfolge der Kategorien festlegen können, wodurch sie Kontrolle darüber haben, wie die ordinale Beziehung dargestellt wird.

Der Encoder ist außerdem skalierbar und kann mehrere ordinale Merkmale gleichzeitig verarbeiten, was ihn effizient für Datensätze mit mehreren ordinalen Variablen macht. Zusätzlich bietet der OrdinalEncoder, wie andere scikit-learn-Encoder, eine inverse_transform-Methode, die es ermöglicht, kodierte Werte bei Bedarf wieder in ihre ursprünglichen Kategorien umzuwandeln.

Beispiel: Ordinale Kodierung mit Scikit-learn

```
from sklearn.preprocessing import OrdinalEncoder
import numpy as np
import pandas as pd

# Sample data with ordinal values
education_levels = [['High School'], ['Bachelor'], ['Master'], ['PhD'], ['High School'], ['Bachelor'], ['Master']]

# Initialize the OrdinalEncoder
ordinal_encoder = OrdinalEncoder(categories=[['High School', 'Bachelor', 'Master', 'PhD']])

# Fit and transform the data
education_encoded = ordinal_encoder.fit_transform(education_levels)

# Print the encoded values
print("Encoded education levels:")
print(education_encoded)

# Create a DataFrame for better visualization
df = pd.DataFrame({'Original': [level[0] for level in education_levels], 'Encoded': education_encoded.flatten()})
print("\\nDataFrame representation:")
print(df)

# Demonstrate inverse transform
decoded_levels = ordinal_encoder.inverse_transform(education_encoded)
print("\\nDecoded education levels:")
print(decoded_levels)

# Get the category order
category_order = ordinal_encoder.categories_[0]
print("\\nCategory order:")
```

```
print(category_order)

# Handling unseen categories
new_education_levels = [['High School'], ['Bachelor'], ['Associate']]
try:
    new_encoded = ordinal_encoder.transform(new_education_levels)
    print("\\nEncoded new education levels:")
    print(new_encoded)
except ValueError as e:
    print(f"\\nError: {e}")
    print("Note: OrdinalEncoder cannot handle unseen categories directly.")
```

Code-Analyse Erklärung:

1. Importieren der erforderlichen Bibliotheken:
   - Wir importieren OrdinalEncoder aus scikit-learn, das Hauptwerkzeug für unsere Kodierung.
   - Zusätzlich importieren wir numpy und pandas für weitere Datenmanipulation und Visualisierung.
2. Erstellung der Beispieldaten:
   - Wir erstellen eine Liste von Bildungsabschlüssen, einschließlich einiger Wiederholungen, um zu zeigen, wie der Encoder mit Duplikaten umgeht.
3. Initialisierung des OrdinalEncoder:
   - Wir erstellen eine Instanz von OrdinalEncoder namens ordinal_encoder.
   - Wir legen die Kategorienreihenfolge explizit mit dem categories-Parameter fest. Dies stellt sicher, dass die Kodierung die natürliche Reihenfolge der Bildungsabschlüsse widerspiegelt.
4. Anpassen und Transformieren der Daten:
   - Wir verwenden die fit_transform()-Methode, um den Encoder sowohl anzupassen als auch die Daten in einem Schritt zu transformieren.
   - Diese Methode lernt die eindeutigen Kategorien und weist jeder eine eindeutige Ganzzahl basierend auf der festgelegten Reihenfolge zu.
5. Anzeigen der Ergebnisse:
   - Wir geben die kodierten Werte aus, um die Transformation zu zeigen.
6. Erstellen eines DataFrames:
   - Wir verwenden pandas, um einen DataFrame zu erstellen, der sowohl die ursprünglichen als auch die kodierten Werte nebeneinander zeigt.

  - Dies bietet eine klare Visualisierung, wie jede Kategorie kodiert wurde.

7. Demonstration der inversen Transformation:
   - Wir verwenden die inverse_transform()-Methode, um die kodierten Werte zurück in ihre ursprünglichen Kategorien umzuwandeln.
   - Dies zeigt, dass die Kodierung umkehrbar ist, was für die spätere Interpretation der Ergebnisse wichtig ist.
8. Abrufen der Kategorienreihenfolge:
   - Wir greifen auf das categories_-Attribut des Encoders zu, um die für die Kodierung verwendete Reihenfolge der Kategorien zu sehen.
9. Umgang mit unbekannten Kategorien:
   - Wir versuchen, eine Liste zu kodieren, die eine neue Kategorie ('Associate') enthält, die nicht in den ursprünglichen Daten vorhanden war.
   - Dies zeigt, dass OrdinalEncoder unbekannte Kategorien nicht direkt verarbeiten kann, was eine wichtige Einschränkung ist.
   - Wir verwenden einen try-except-Block, um den Fehler abzufangen und anzuzeigen, der beim Versuch auftritt, eine unbekannte Kategorie zu kodieren.

Dieses erweiterte Beispiel zeigt mehrere wichtige Funktionen und Überlegungen bei der Verwendung von OrdinalEncoder:

- Wie mit Duplikaten umgegangen wird (sie erhalten die gleiche Kodierung)
- Die Fähigkeit, eine benutzerdefinierte Reihenfolge für Kategorien festzulegen
- Die Erstellung einer klaren Zuordnung zwischen Kategorien und ihren kodierten Werten
- Die Möglichkeit, kodierte Werte zurück in ursprüngliche Kategorien umzuwandeln
- Die Einschränkung, dass unbekannte Kategorien nicht verarbeitet werden können, was beim Arbeiten mit neuen Daten wichtig zu verstehen ist

Durch die ausschließliche Verwendung von Scikit-learns OrdinalEncoder haben wir einen umfassenden Ansatz zur ordinalen Kodierung demonstriert, einschließlich des Umgangs mit verschiedenen Szenarien und potenziellen Fallstricken.

3.3.5 Umgang mit kategorialen Variablen hoher Kardinalität

Merkmale hoher Kardinalität sind solche, die eine große Anzahl eindeutiger Kategorien oder Werte aufweisen. Dieses Konzept ist besonders wichtig im Kontext von maschinellem Lernen und Datenvorverarbeitung. Lassen Sie uns dies näher betrachten:

Definition: Hohe Kardinalität bezieht sich auf Spalten oder Merkmale in einem Datensatz, die im Verhältnis zur Anzahl der Zeilen im Datensatz eine sehr hohe Anzahl eindeutiger Werte aufweisen.

Beispiel: Ein typisches Beispiel für ein Merkmal hoher Kardinalität ist die Spalte "Stadt" in einem globalen Datensatz. Ein solches Merkmal könnte Hunderte oder Tausende eindeutiger Städtenamen enthalten, die jeweils eine eigene Kategorie darstellen.

Herausforderungen bei One-Hot-Kodierung: Bei der Arbeit mit Merkmalen hoher Kardinalität können traditionelle Kodierungsmethoden wie One-Hot-Kodierung zu erheblichen Problemen führen:

- **Dünnbesetzte Matrizen:** One-Hot-Kodierung erstellt für jede eindeutige Kategorie eine neue Spalte. Bei Merkmalen hoher Kardinalität führt dies zu einer **dünnbesetzten** Matrix - einer Matrix mit vielen Nullwerten.
- **Dimensionalitätsexplosion:** Die Anzahl der Spalten im Datensatz steigt dramatisch an, was potenziell zum "Fluch der Dimensionalität" führt.
- **Rechnerische Ineffizienz:** Die Verarbeitung und Speicherung dünnbesetzter Matrizen erfordert mehr Rechenressourcen, was das Training von Modellen erheblich verlangsamen kann.
- **Overfitting-Risiko:** Mit so vielen Merkmalen können Modelle beginnen, Rauschen in den Daten anstelle echter Muster zu erfassen, was das Risiko von Overfitting erhöht.

Auswirkungen auf die Modellleistung: Diese Herausforderungen können sich negativ auf die Modellleistung, Interpretierbarkeit und Generalisierungsfähigkeit auswirken.

Angesichts dieser Probleme ist es bei der Arbeit mit Merkmalen hoher Kardinalität oft notwendig, alternative Kodierungstechniken oder Feature-Engineering-Methoden zu verwenden, um die Dimensionalität zu reduzieren und gleichzeitig wichtige Informationen zu bewahren.

a. Frequenzkodierung

Frequenzkodierung ist eine leistungsfähige Technik für den Umgang mit kategorialen Merkmalen hoher Kardinalität im maschinellen Lernen. Für jede eindeutige Kategorie in einem Merkmal wird berechnet, wie häufig diese Kategorie im Datensatz vorkommt, und dann wird der Kategoriename durch diesen Häufigkeitswert ersetzt. Im Gegensatz zur One-Hot-Kodierung, die für jede Kategorie eine neue Spalte erstellt, behält die Frequenzkodierung eine einzige Spalte bei und reduziert damit die Dimensionalität des Datensatzes erheblich, insbesondere bei Merkmalen mit vielen eindeutigen Kategorien.

Während die Dimensionalität reduziert wird, behält die Frequenzkodierung dennoch wichtige Informationen über die Kategorien bei. Häufigere Kategorien erhalten höhere Werte, was für viele maschinelle Lernalgorithmen informativ sein kann. Sie behandelt auch seltene Kategorien auf natürliche Weise, indem sie ihnen sehr niedrige Werte zuweist, was dazu beitragen kann,

Overfitting bei seltenen Kategorien zu verhindern, die möglicherweise nicht repräsentativ für die Gesamtverteilung der Daten sind.

Durch die Umwandlung von Kategorien in numerische Werte ermöglicht die Frequenzkodierung Modellen, die numerische Eingaben benötigen (wie viele neuronale Netze), kategoriale Daten einfacher zu verarbeiten. Es ist jedoch wichtig zu beachten, dass diese Methode davon ausgeht, dass die Häufigkeit einer Kategorie direkt mit ihrer Bedeutung oder ihrem Einfluss auf die Zielvariable zusammenhängt, was nicht immer der Fall sein muss. Diese potenzielle Einschränkung sollte bei der Entscheidung berücksichtigt werden, ob Frequenzkodierung für einen bestimmten Datensatz oder ein bestimmtes Problem verwendet werden soll.

Insgesamt ist die Frequenzkodierung tatsächlich eine einfache, aber effektive Technik zur Reduzierung der Dimensionalität von kategorialen Merkmalen hoher Kardinalität, die ein gutes Gleichgewicht zwischen Informationserhaltung und Dimensionalitätsreduktion bietet.

Beispiel: Frequenzkodierung in Pandas

```
# Import necessary libraries
import pandas as pd
import matplotlib.pyplot as plt

# Sample data with high-cardinality categorical feature
df = pd.DataFrame({
    'City': ['New York', 'London', 'Paris', 'New York', 'Paris', 'London', 'Paris',
'Tokyo', 'Berlin', 'Madrid'],
    'Population': [8419000, 8982000, 2141000, 8419000, 2141000, 8982000, 2141000,
13960000, 3645000, 3223000]
})

# Calculate frequency of each category
city_frequency = df['City'].value_counts(normalize=True)

# Map the frequencies to the original data
df['City_Frequency'] = df['City'].map(city_frequency)

# Calculate mean population for each city
city_population = df.groupby('City')['Population'].mean()

# Map the mean population to the original data
df['City_Mean_Population'] = df['City'].map(city_population)

# Print the resulting DataFrame
print("Resulting DataFrame:")
print(df)

# Print frequency distribution
print("\\nFrequency Distribution:")
print(city_frequency)

# Visualize frequency distribution
```

```
plt.figure(figsize=(10, 6))
city_frequency.plot(kind='bar')
plt.title('Frequency Distribution of Cities')
plt.xlabel('City')
plt.ylabel('Frequency')
plt.xticks(rotation=45)
plt.tight_layout()
plt.show()

# Visualize mean population by city
plt.figure(figsize=(10, 6))
city_population.plot(kind='bar')
plt.title('Mean Population by City')
plt.xlabel('City')
plt.ylabel('Mean Population')
plt.xticks(rotation=45)
plt.tight_layout()
plt.show()

# Demonstrate handling of new categories
new_df = pd.DataFrame({'City': ['New York', 'London', 'Sydney']})
new_df['City_Frequency'] = new_df['City'].map(city_frequency).fillna(0)
print("\\nHandling new categories:")
print(new_df)
```

Code-Erläuterung:

1. Bibliotheken importieren:
   - Wir importieren pandas für die Datenmanipulation und matplotlib für die Visualisierung.
2. Beispieldaten erstellen:
   - Wir erstellen einen DataFrame mit einer 'City'-Spalte (Merkmal hoher Kardinalität) und einer 'Population'-Spalte für zusätzliche Analysen.
3. Frequenzkodierung:
   - Wir berechnen die Häufigkeit jeder Stadt mit value_counts(normalize=True).
   - Anschließend übertragen wir diese Häufigkeiten mit map() zurück in den ursprünglichen DataFrame.
4. Zusätzliches Feature-Engineering:
   - Wir berechnen die durchschnittliche Bevölkerung für jede Stadt mit groupby() und mean().
   - Wir übertragen diese Durchschnittswerte zurück in den ursprünglichen DataFrame.

5. Ergebnisse anzeigen:
   - Wir geben den resultierenden DataFrame aus, um die Originaldaten zusammen mit den neu kodierten Merkmalen anzuzeigen.
   - Außerdem geben wir die Häufigkeitsverteilung der Städte aus.
6. Visualisierung:
   - Wir erstellen zwei Balkendiagramme mit matplotlib: a. Ein Diagramm zur Darstellung der Häufigkeitsverteilung der Städte. b. Ein Diagramm zur Darstellung der durchschnittlichen Bevölkerung pro Stadt.
   - Diese Visualisierungen helfen beim Verständnis der Verteilung unserer kategorialen Daten und ihrer Beziehung zu anderen Variablen.
7. Umgang mit neuen Kategorien:
   - Wir zeigen, wie man mit neuen Kategorien umgeht, die nicht im ursprünglichen Datensatz vorhanden waren.
   - Wir erstellen einen neuen DataFrame mit einer Stadt ('Sydney'), die nicht in den Originaldaten enthalten war.
   - Wir verwenden map() mit fillna(0), um Häufigkeiten zuzuweisen, wobei die neue Kategorie den Wert 0 erhält.

Dieses Beispiel zeigt mehrere wichtige Aspekte der Arbeit mit kategorialen Daten hoher Kardinalität in pandas:

- Frequenzkodierung
- Zusätzliches Feature-Engineering (durchschnittliche Bevölkerung pro Kategorie)
- Visualisierung kategorialer Daten
- Umgang mit neuen Kategorien

Diese Techniken bieten einen umfassenden Ansatz für den Umgang mit Merkmalen hoher Kardinalität, der sowohl Dimensionalitätsreduktion als auch aussagekräftige Merkmalserstellung ermöglicht.

b. Target-Encoding

Target-Encoding ist eine ausgefeilte Technik im Feature-Engineering für kategoriale Variablen. Dabei wird jede Kategorie durch einen numerischen Wert ersetzt, der sich aus dem Mittelwert der Zielvariable für diese spezifische Kategorie ergibt. Diese Methode ist besonders wertvoll für überwachte Lernaufgaben aus mehreren Gründen:

1. Erfassung von Beziehungen: Sie erfasst effektiv die Beziehung zwischen dem kategorialen Merkmal und der Zielvariable und liefert dem Modell aussagekräftigere Eingaben.
2. Dimensionalitätsreduktion: Im Gegensatz zur One-Hot-Kodierung erhöht Target-Encoding nicht die Anzahl der Merkmale, was es besonders geeignet für kategoriale Variablen hoher Kardinalität macht.
3. Vorhersagekraft: Die kodierten Werte spiegeln direkt wider, wie jede Kategorie mit dem Ziel zusammenhängt, was die Vorhersagefähigkeiten des Modells potenziell verbessert.
4. Umgang mit seltenen Kategorien: Die Methode kann effektiv mit seltenen Kategorien umgehen, indem sie ihnen Werte basierend auf der Zielvariable zuweist, anstatt dünn besetzte Merkmale zu erzeugen.
5. Kontinuierliche Ausgabe: Das resultierende kodierte Merkmal ist kontinuierlich, was für bestimmte Algorithmen vorteilhaft sein kann, die besser mit numerischen Eingaben arbeiten.

Allerdings sollte Target-Encoding mit Vorsicht eingesetzt werden:

1. Overfitting-Gefahr: Es kann zu Overfitting führen, wenn keine ordnungsgemäße Kreuzvalidierung durchgeführt wird, da es Zielinformationen im Vorverarbeitungsschritt verwendet.
2. Data Leakage: Es muss sorgfältig darauf geachtet werden, Data Leakage zu vermeiden, indem sichergestellt wird, dass die Kodierung innerhalb der Kreuzvalidierungs-Folds erfolgt.
3. Interpretierbarkeit: Die kodierten Werte können weniger interpretierbar sein als die ursprünglichen Kategorien, was in Anwendungen, bei denen die Modellexplainability wichtig ist, ein Nachteil sein kann.

Insgesamt ist Target-Encoding ein leistungsfähiges Werkzeug, das bei angemessener Verwendung die Leistung von Machine-Learning-Modellen bei kategorialen Daten erheblich verbessern kann.

Beispiel: Target-Encoding mit Category Encoders

```
import category_encoders as ce
import pandas as pd
import numpy as np
from sklearn.model_selection import train_test_split
from sklearn.linear_model import LogisticRegression
from sklearn.metrics import accuracy_score
import matplotlib.pyplot as plt

# Create a larger sample dataset
```

```
np.random.seed(42)
cities = ['New York', 'London', 'Paris', 'Tokyo', 'Berlin']
n_samples = 1000
df = pd.DataFrame({
    'City': np.random.choice(cities, n_samples),
    'Target': np.random.randint(0, 2, n_samples)
})

# Split the data into training and testing sets
X_train, X_test, y_train, y_test = train_test_split(df['City'], df['Target'],
test_size=0.2, random_state=42)

# Initialize the TargetEncoder
target_encoder = ce.TargetEncoder()

# Fit and transform the training data
X_train_encoded = target_encoder.fit_transform(X_train, y_train)

# Transform the test data
X_test_encoded = target_encoder.transform(X_test)

# Train a logistic regression model
model = LogisticRegression(random_state=42)
model.fit(X_train_encoded, y_train)

# Make predictions on the test set
y_pred = model.predict(X_test_encoded)

# Calculate accuracy
accuracy = accuracy_score(y_test, y_pred)
print(f"Model Accuracy: {accuracy:.2f}")

# Display the encoding for each city
encoding_map = target_encoder.mapping[0]['mapping']
print("\\nTarget Encoding Map:")
for city, encoded_value in encoding_map.items():
    print(f"{city}: {encoded_value:.4f}")

# Visualize the target encoding
plt.figure(figsize=(10, 6))
plt.bar(encoding_map.keys(), encoding_map.values())
plt.title('Target Encoding of Cities')
plt.xlabel('City')
plt.ylabel('Encoded Value')
plt.xticks(rotation=45)
plt.tight_layout()
plt.show()

# Demonstrate handling of unseen categories
new_cities = pd.Series(['New York', 'London', 'San Francisco'])
encoded_new_cities = target_encoder.transform(new_cities)
print("\\nEncoding of New Cities (including unseen):")
```

```
print(encoded_new_cities)
```

Code-Erläuterung:

- Bibliotheken importieren:
  - Wir importieren zusätzliche Bibliotheken, darunter numpy für die Zufallszahlengenerierung, sklearn für das Modelltraining und die Evaluierung sowie matplotlib für die Visualisierung.
- Erstellen eines größeren Datensatzes:
  - Wir generieren einen größeren Beispieldatensatz mit 1000 Einträgen und 5 verschiedenen Städten, um den Target-Encoding-Prozess besser zu demonstrieren.
  - Die 'Target'-Variable wird zufällig als 0 oder 1 generiert, um ein binäres Klassifikationsproblem zu simulieren.
- Datenaufteilung:
  - Wir teilen die Daten in Trainings- und Testsets mittels train_test_split auf, um unser Encoding und Modell korrekt zu evaluieren.
- Target-Encoding:
  - Wir verwenden den TargetEncoder aus der category_encoders-Bibliothek, um das Target-Encoding durchzuführen.
  - Der Encoder wird auf den Trainingsdaten trainiert und dann verwendet, um sowohl Trainings- als auch Testdaten zu transformieren.
- Modelltraining und Evaluierung:
  - Wir trainieren ein logistisches Regressionsmodell auf den kodierten Daten.
  - Das Modell wird dann verwendet, um Vorhersagen für das Testset zu treffen, und wir berechnen seine Genauigkeit.
- Visualisierung des Encodings:
  - Wir extrahieren die Encoding-Zuordnung aus dem TargetEncoder, um zu sehen, wie jede Stadt kodiert wurde.
  - Ein Balkendiagramm wird erstellt, um die kodierten Werte für jede Stadt zu visualisieren.
- Umgang mit unbekannten Kategorien:
  - Wir demonstrieren, wie der TargetEncoder mit neuen Kategorien umgeht, die nicht in den Trainingsdaten vorhanden waren.

Dieses Beispiel bietet einen umfassenderen Einblick in das Target-Encoding, einschließlich:

- Arbeit mit einem größeren, realistischeren Datensatz
- Korrekte Trainings-Test-Aufteilung zur Vermeidung von Data Leakage
- Tatsächliches Modelltraining und -evaluierung mit den kodierten Merkmalen
- Visualisierung der Encoding-Ergebnisse
- Umgang mit unbekannten Kategorien

Dieser Ansatz vermittelt ein vollständigeres Bild davon, wie Target-Encoding in einer Machine-Learning-Pipeline angewendet werden kann und welche Auswirkungen es auf die Modellleistung hat.

3.3.6 Umgang mit fehlenden kategorialen Daten

Fehlende Werte in kategorialen Daten stellen eine erhebliche Herausforderung in der Datenvorverarbeitungsphase von Machine-Learning-Projekten dar. Diese Lücken im Datensatz können die Genauigkeit und Zuverlässigkeit Ihres Machine-Learning-Modells erheblich beeinträchtigen, wenn sie nicht angemessen behandelt werden. Das Vorhandensein fehlender Werte kann zu verzerrten Ergebnissen, verringerter statistischer Aussagekraft und möglicherweise falschen Schlussfolgerungen führen. Daher ist es wichtig, sie mit Sorgfalt und Bedacht zu behandeln.

Es gibt verschiedene Strategien für den Umgang mit fehlenden kategorialen Daten, jede mit eigenen Vor- und Nachteilen:

- Löschung: Dabei werden Zeilen oder Spalten mit fehlenden Werten entfernt. Diese einfache Methode kann jedoch zum Verlust wertvoller Informationen führen.
- Imputation: Diese Methode beinhaltet das Auffüllen fehlender Werte mit geschätzten Werten. Gängige Techniken umfassen Modus-Imputation, Vorhersagemodell-Imputation oder die Verwendung einer speziellen "Fehlend"-Kategorie.
- Fortgeschrittene Methoden: Dazu gehören Algorithmen, die fehlende Werte direkt verarbeiten können, oder multiple Imputationstechniken, die die Unsicherheit in den fehlenden Daten berücksichtigen.

Die Wahl der Strategie hängt von Faktoren ab wie der Menge der fehlenden Daten, dem Mechanismus des Fehlens (ob die Daten vollständig zufällig fehlen, zufällig fehlen oder nicht zufällig fehlen) und den spezifischen Anforderungen Ihrer Machine-Learning-Aufgabe. Es ist oft sinnvoll, mehrere Ansätze zu testen und deren Auswirkungen auf die Modellleistung zu evaluieren.

a. Imputation fehlender Werte mit dem Modus

Für nominale kategoriale Daten ist ein häufiger Ansatz, fehlende Werte durch die häufigste Kategorie (Modus) zu ersetzen.

Beispiel: Imputation fehlender kategorialer Werte

```
import pandas as pd
import matplotlib.pyplot as plt
from sklearn.impute import SimpleImputer

# Sample data with missing values
df = pd.DataFrame({
    'City': ['New York', 'London', None, 'Paris', 'Paris', 'London', None, 'Tokyo',
'Berlin', None],
    'Population': [8400000, 8900000, None, 2100000, 2100000, 8900000, None, 13900000,
3700000, None],
    'IsCapital': [False, True, None, True, True, True, None, True, True, None]
})

print("Original DataFrame:")
print(df)
print("\\nMissing values count:")
print(df.isnull().sum())

# Method 1: Fill missing values with the mode (most frequent value)
df['City_Mode'] = df['City'].fillna(df['City'].mode()[0])

# Method 2: Fill missing values with a new category 'Unknown'
df['City_Unknown'] = df['City'].fillna('Unknown')

# Method 3: Use SimpleImputer for numerical data (Population)
imputer = SimpleImputer(strategy='mean')
df['Population_Imputed'] = imputer.fit_transform(df[['Population']])

# Method 4: Forward fill for IsCapital (assuming temporal order)
df['IsCapital_Ffill'] = df['IsCapital'].ffill()

print("\\nDataFrame after handling missing values:")
print(df)

# Visualize missing data
plt.figure(figsize=(10, 6))
plt.imshow(df.isnull(), cmap='viridis', aspect='auto')
plt.title('Missing Value Heatmap')
plt.xlabel('Columns')
plt.ylabel('Rows')
plt.colorbar(label='Missing (Yellow)')
plt.tight_layout()
plt.show()

# Compare original and imputed data distributions
fig, (ax1, ax2) = plt.subplots(1, 2, figsize=(12, 5))
```

```
df['Population'].hist(ax=ax1, bins=10)
ax1.set_title('Original Population Distribution')
ax1.set_xlabel('Population')
ax1.set_ylabel('Frequency')

df['Population_Imputed'].hist(ax=ax2, bins=10)
ax2.set_title('Imputed Population Distribution')
ax2.set_xlabel('Population')
ax2.set_ylabel('Frequency')

plt.tight_layout()
plt.show()
```

Code-Erläuterung:

1. Bibliotheken importieren:
   - Wir importieren pandas für die Datenmanipulation, matplotlib für die Visualisierung und SimpleImputer aus sklearn für die numerische Imputation.
2. Beispieldaten erstellen:
   - Wir erstellen einen DataFrame mit drei Spalten: 'City' (kategorial), 'Population' (numerisch) und 'IsCapital' (boolesch), einschließlich fehlender Werte (None).
3. Originaldaten anzeigen:
   - Wir geben den ursprünglichen DataFrame und die Anzahl der fehlenden Werte in jeder Spalte aus.
4. Umgang mit fehlenden Werten:
   - Methode 1 (Modus-Imputation): Wir füllen fehlende Werte in der Spalte 'City' mit der am häufigsten vorkommenden Stadt.
   - Methode 2 (Neue Kategorie): Wir erstellen eine neue Spalte, in der fehlende Städte durch 'Unknown' ersetzt werden.
   - Methode 3 (Mittelwert-Imputation): Wir verwenden SimpleImputer, um fehlende Werte in der Spalte 'Population' mit dem mittleren Bevölkerungswert zu füllen.
   - Methode 4 (Vorwärtsfüllen): Wir verwenden Vorwärtsfüllen für die Spalte 'IsCapital' unter der Annahme einer zeitlichen Reihenfolge in den Daten.
5. Fehlende Daten visualisieren:
   - Wir erstellen eine Heatmap, um das Muster der fehlenden Daten im DataFrame zu visualisieren.
6. Verteilungen vergleichen:

- Wir erstellen Histogramme, um die Verteilung der ursprünglichen 'Population'-Daten mit den imputierten Daten zu vergleichen.

Dieses Beispiel demonstriert mehrere Techniken für den Umgang mit fehlenden kategorialen und numerischen Daten, darunter:

- Modus-Imputation für kategoriale Daten
- Erstellen einer neuen Kategorie für fehlende Werte
- Mittelwert-Imputation für numerische Daten mittels SimpleImputer
- Vorwärtsfüllen für potenziell geordnete Daten
- Visualisierung von Mustern fehlender Daten
- Vergleich der Verteilungen von Original- und imputierten Daten

Diese Techniken bieten einen umfassenden Ansatz für den Umgang mit fehlenden Daten und zeigen sowohl die Behandlungsmethoden als auch Möglichkeiten zur Analyse der Auswirkungen dieser Methoden auf Ihren Datensatz.

b. Verwendung einer separaten Kategorie für fehlende Daten

Ein weiterer Ansatz für den Umgang mit fehlenden Werten in kategorialen Daten ist die Erstellung einer separaten Kategorie, die oft als "Unbekannt" oder "Fehlend" bezeichnet wird. Diese Methode beinhaltet die Einführung einer neuen Kategorie speziell zur Darstellung fehlender Datenpunkte. Dadurch wird das Fehlen von Informationen explizit anerkannt und als eigenständige Kategorie behandelt.

Dieser Ansatz bietet mehrere Vorteile:

- Informationserhaltung: Die Tatsache, dass Daten fehlen, bleibt erhalten, was für bestimmte Analysen bedeutsam sein kann.
- Modellinterpretierbarkeit: Es ermöglicht Modellen, potenzielle Muster in Verbindung mit fehlenden Daten zu erkennen.
- Einfachheit: Die Methode ist unkompliziert in der Implementierung und leicht verständlich.
- Konsistenz: Sie bietet eine einheitliche Methode zur Behandlung fehlender Werte über verschiedene kategoriale Variablen hinweg.

Allerdings sind auch wichtige Nachteile zu beachten:

- Erhöhte Dimensionalität: Bei One-Hot-encodierten Daten wird eine zusätzliche Dimension hinzugefügt.
- Mögliche Verzerrung: Wenn Daten nicht zufällig fehlen, könnte diese Methode zu Verzerrungen führen.

- Verlust statistischer Aussagekraft: In manchen Analysen könnte die Behandlung fehlender Daten als separate Kategorie die statistische Aussagekraft reduzieren.

Bei der Entscheidung für diesen Ansatz sollten Sie die Art Ihrer Daten, den Grund für das Fehlen und die Anforderungen Ihrer spezifischen Analyse oder Machine-Learning-Aufgabe berücksichtigen.

Beispiel: Ersetzen fehlender Werte durch eine neue Kategorie

```
import pandas as pd
import matplotlib.pyplot as plt

# Create a sample dataset with missing values
data = {
    'City': ['New York', 'London', None, 'Paris', 'Tokyo', None, 'Berlin', 'Madrid', None, 'Rome'],
    'Population': [8.4, 9.0, None, 2.2, 13.9, None, 3.7, 3.2, None, 4.3],
    'IsCapital': [False, True, None, True, True, None, True, True, None, True]
}

df = pd.DataFrame(data)

print("Original DataFrame:")
print(df)
print("\\nMissing values count:")
print(df.isnull().sum())

# Replace missing values with a new category 'Unknown'
df['City_Unknown'] = df['City'].fillna('Unknown')

# For numerical data, we can use mean imputation
df['Population_Imputed'] = df['Population'].fillna(df['Population'].mean())

# For boolean data, we can use mode imputation
df['IsCapital_Imputed'] = df['IsCapital'].fillna(df['IsCapital'].mode()[0])

print("\\nDataFrame after handling missing values:")
print(df)

# Visualize the distribution of cities before and after imputation
fig, (ax1, ax2) = plt.subplots(1, 2, figsize=(12, 5))

df['City'].value_counts().plot(kind='bar', ax=ax1, title='City Distribution (Before)')
ax1.set_ylabel('Count')

df['City_Unknown'].value_counts().plot(kind='bar', ax=ax2, title='City Distribution (After)')
ax2.set_ylabel('Count')

plt.tight_layout()
```

```
plt.show()

# Analyze the impact of imputation on Population
print("\\nPopulation statistics before imputation:")
print(df['Population'].describe())

print("\\nPopulation statistics after imputation:")
print(df['Population_Imputed'].describe())
```

Code-Erklärung:

1. Bibliotheken importieren:
    - Wir importieren pandas für die Datenmanipulation und matplotlib für die Visualisierung.
2. Beispieldaten erstellen:
    - Wir erstellen einen DataFrame mit drei Spalten: 'City' (kategorial), 'Population' (numerisch) und 'IsCapital' (boolesch).
    - Der Datensatz enthält fehlende Werte (None), um verschiedene Imputationstechniken zu demonstrieren.
3. Originaldaten anzeigen:
    - Wir geben den ursprünglichen DataFrame und die Anzahl der fehlenden Werte in jeder Spalte aus.
4. Umgang mit fehlenden Werten:
    - Für die Spalte 'City' erstellen wir eine neue Spalte 'City_Unknown', in der fehlende Werte durch 'Unknown' ersetzt werden.
    - Für die Spalte 'Population' verwenden wir Mittelwert-Imputation zum Füllen fehlender Werte.
    - Für die Spalte 'IsCapital' verwenden wir Modus-Imputation zum Füllen fehlender Werte.
5. Daten visualisieren:
    - Wir erstellen Balkendiagramme, um die Verteilung der Städte vor und nach der Imputation zu vergleichen.
    - Dies hilft, die Auswirkungen der Hinzufügung der Kategorie 'Unknown' zu visualisieren.
6. Analyse der Imputationsauswirkungen:

- Wir geben deskriptive Statistiken für die Spalte 'Population' vor und nach der Imputation aus.
- Dies ermöglicht uns zu sehen, wie die Mittelwert-Imputation die Gesamtverteilung der Daten beeinflusst.

Dieses erweiterte Beispiel zeigt einen umfassenderen Ansatz zum Umgang mit fehlenden Daten, einschließlich:

- Verwendung einer neuen Kategorie ('Unknown') für fehlende kategoriale Daten
- Anwendung der Mittelwert-Imputation für numerische Daten
- Verwendung der Modus-Imputation für boolesche Daten
- Visualisierung der Auswirkungen der Imputation auf kategoriale Daten
- Analyse der statistischen Auswirkungen der Imputation auf die Daten

Dieser Ansatz bietet einen vollständigen Überblick darüber, wie verschiedene Imputationstechniken angewendet werden können und welche Auswirkungen sie auf den Datensatz haben, was für das Verständnis der potenziellen Auswirkungen auf nachfolgende Analysen oder maschinelle Lernmodelle entscheidend ist.

Dieser Ansatz kennzeichnet fehlende Daten explizit und kann manchmal Modellen dabei helfen zu erkennen, dass fehlende Daten bedeutsam sind.

Die Codierung und Behandlung kategorialer Daten ist ein entscheidender Schritt bei der Vorbereitung Ihrer Daten für maschinelle Lernmodelle. Ob Sie mit nominalen oder ordinalen Variablen arbeiten, die Wahl der richtigen Codierungstechnik – sei es One-Hot-Encoding, Label-Encoding oder fortgeschrittenere Methoden wie Target-Encoding – kann die Leistung Ihres Modells erheblich beeinflussen. Darüber hinaus stellt der angemessene Umgang mit hochkardinalen Merkmalen und fehlenden Daten sicher, dass Ihr Datensatz sowohl informativ als auch handhabbar ist.

3.4 Techniken zur Datenskalierung, -normalisierung und -transformation

Die Skala und Verteilung Ihres Datensatzes kann die Effektivität zahlreicher Modelle tiefgreifend beeinflussen, insbesondere solcher, die stark auf Distanzberechnungen basieren oder gradientenbasierte Optimierungstechniken einsetzen.

Viele maschinelle Lernalgorithmen arbeiten unter der Annahme, dass alle Merkmale auf einer einheitlichen Skala existieren, was potenziell zu verzerrten Modellen führen kann, wenn Merkmale mit größeren Wertebereichen jene mit kleineren Bereichen überschatten. Um diese Herausforderungen zu bewältigen und eine optimale Modellleistung sicherzustellen, setzen

Datenwissenschaftler verschiedene **Datenvorverarbeitungstechniken** ein, darunter **Skalierung**, **Normalisierung** und andere **transformative Methoden**.

Dieser Abschnitt befasst sich mit einer Reihe von Techniken zur Skalierung, Normalisierung und Transformation von Daten und bietet einen umfassenden Überblick über wesentliche Methoden wie **Min-Max-Skalierung**, **Standardisierung (Z-Score-Normalisierung)**, **robuste Skalierung** und **logarithmische Transformation** und weitere. Wir werden die Besonderheiten jeder Technik untersuchen und ihre spezifischen Anwendungen, Vorteile und potenziellen Nachteile diskutieren.

Darüber hinaus werden wir untersuchen, wie diese Methoden zur Verbesserung der Modellleistung beitragen, indem sie sicherstellen, dass alle Merkmale während des Trainingsprozesses einen ausgewogenen Einfluss ausüben und dadurch genauere und zuverlässigere Vorhersagen ermöglichen.

3.4.1 Warum Datenskalierung und -normalisierung wichtig sind

Maschinelle Lernmodelle, insbesondere solche, die auf Distanzberechnungen oder gradientenbasierter Optimierung basieren, reagieren äußerst empfindlich auf die Skala und den Wertebereich der Eingabemerkmale. Diese Empfindlichkeit kann zu erheblichen Problemen bei der Modellleistung und -interpretation führen, wenn sie nicht angemessen behandelt wird.

Lassen Sie uns genauer betrachten, warum dies entscheidend ist und wie es verschiedene Arten von Modellen beeinflusst:

1. K-Nearest Neighbors (KNN)

KNN ist ein grundlegender maschineller Lernalgorithmus, der stark auf Distanzberechnungen zwischen Datenpunkten angewiesen ist, um Vorhersagen oder Klassifizierungen zu treffen. Der Algorithmus funktioniert, indem er die 'k' nächsten Nachbarn eines gegebenen Datenpunkts findet und deren Eigenschaften nutzt, um Informationen über den fraglichen Punkt abzuleiten. Die Effektivität von KNN kann jedoch erheblich von der Skala verschiedener Merkmale im Datensatz beeinflusst werden.

Wenn Merkmale in einem Datensatz sehr unterschiedliche Skalen aufweisen, kann dies zu verzerrten und ungenauen Ergebnissen in KNN-Algorithmen führen. Dies liegt daran, dass Merkmale mit größeren numerischen Bereichen die Distanzberechnungen unverhältnismäßig stark beeinflussen und die Auswirkungen von Merkmalen mit kleineren Bereichen überdecken. Lassen Sie uns dies anhand eines konkreten Beispiels aufschlüsseln:

Betrachten wir einen Datensatz mit zwei Merkmalen: Jahreseinkommen und Alter. Das Jahreseinkommen kann von Tausenden bis Millionen reichen (z.B. 30.000 € bis 1.000.000 €), während das Alter typischerweise von 0 bis 100 reicht. In diesem Szenario:

- Das Einkommensmerkmal würde aufgrund seiner viel größeren Skala die Distanzberechnungen dominieren. Selbst ein kleiner Einkommensunterschied (etwa

10.000 €) würde eine viel größere Distanz erzeugen als ein signifikanter Altersunterschied (etwa 20 Jahre).

- Diese Dominanz bedeutet, dass der Algorithmus das Altersmerkmal praktisch ignorieren und seine Entscheidungen fast ausschließlich auf Einkommensunterschiede stützen würde.
- Infolgedessen könnten zwei Personen mit ähnlichen Einkommen aber stark unterschiedlichem Alter vom Algorithmus als "nahe Nachbarn" betrachtet werden, selbst wenn der Altersunterschied für die vorliegende Analyse entscheidend wäre.

Diese Verzerrung kann zu mehreren Problemen führen:

- Fehlklassifizierung: Der Algorithmus könnte Datenpunkte aufgrund des überbetonten Merkmals falsch klassifizieren.
- Informationsverlust: Wertvolle Erkenntnisse aus Merkmalen mit kleineren Skalen (wie Alter in unserem Beispiel) gehen effektiv verloren.
- Reduzierte Modellleistung: Die Gesamtgenauigkeit und Zuverlässigkeit des KNN-Modells kann erheblich beeinträchtigt werden.

Um diese Probleme zu minimieren, ist es entscheidend, geeignete Skalierungstechniken (wie Standardisierung oder Normalisierung) anzuwenden, um sicherzustellen, dass alle Merkmale proportional zu den Distanzberechnungen beitragen. Dieser Vorverarbeitungsschritt schafft gleiche Voraussetzungen für alle Merkmale und ermöglicht es dem KNN-Algorithmus, ausgewogenere und genauere Vorhersagen basierend auf wirklich relevanten Ähnlichkeiten zwischen Datenpunkten zu treffen.

2. Support Vector Machines (SVM)

Support Vector Machines sind leistungsfähige Algorithmen für Klassifizierungs- und Regressionsaufgaben. Sie funktionieren, indem sie die optimale Hyperebene finden, die verschiedene Klassen im Merkmalsraum am besten trennt. Wenn Merkmale jedoch unterschiedliche Skalen aufweisen, können SVMs auf erhebliche Herausforderungen stoßen:

- Hyperebenen-Bestimmung: Das Kernprinzip von SVMs besteht darin, den Abstand zwischen Klassen zu maximieren. Wenn Merkmale sehr unterschiedliche Skalen aufweisen, kann der Algorithmus Schwierigkeiten haben, diese optimale Hyperebene effizient zu finden. Dies liegt daran, dass das Merkmal mit der größten Skala die Distanzberechnungen dominiert, die zur Bestimmung des Abstands verwendet werden.
- Verzerrung der Merkmalsgewichtung: Merkmale mit größeren Wertebereichen könnten bei der Bestimmung der Entscheidungsgrenze übermäßig gewichtet werden. Wenn beispielsweise ein Merkmal von 0 bis 1 und ein anderes von 0 bis 1000 reicht,

wird letzteres einen viel stärkeren Einfluss auf den Entscheidungsprozess der SVM haben, auch wenn es für die Klassifizierungsaufgabe nicht inhärent wichtiger ist.

- Auswirkungen auf Kernel-Funktionen: Viele SVMs verwenden Kernel-Funktionen (wie den RBF-Kernel), um Daten in höherdimensionale Räume abzubilden. Diese Kernels basieren oft auf Distanzberechnungen zwischen Datenpunkten. Wenn Merkmale unterschiedliche Skalen aufweisen, können diese Distanzberechnungen verzerrt sein, was zu suboptimaler Leistung der Kernel-Funktion führt.
- Konvergenzprobleme: Der Optimierungsprozess in SVMs kann langsamer und weniger stabil sein, wenn Merkmale nicht einheitlich skaliert sind. Dies liegt daran, dass die Optimierungslandschaft komplexer und potenziell schwieriger zu navigieren wird, wenn Merkmale stark unterschiedliche Wertebereiche aufweisen.
- Interpretationsschwierigkeiten: Bei linearen SVMs können die Koeffizienten der Entscheidungsfunktion als Merkmalswichtigkeiten interpretiert werden. Wenn Merkmale jedoch unterschiedliche Skalen aufweisen, werden diese Koeffizienten schwer vergleichbar und schwierig zu interpretieren.

Um diese Probleme zu minimieren, ist es entscheidend, vor dem Training einer SVM geeignete Skalierungstechniken (wie Standardisierung oder Normalisierung) anzuwenden. Dies stellt sicher, dass alle Merkmale proportional zum Entscheidungsprozess des Modells beitragen, was zu genaueren und zuverlässigeren Ergebnissen führt.

3. Gradientenbasierte Algorithmen

Neuronale Netze und andere gradientenbasierte Methoden verwenden häufig Optimierungstechniken wie den Gradientenabstieg. Diese Algorithmen reagieren besonders empfindlich auf die Skala der Eingangsmerkmale, und wenn Merkmale sehr unterschiedliche Skalen aufweisen, können mehrere Probleme auftreten:

- Elongierte Optimierungslandschaft: Wenn Merkmale unterschiedliche Skalen aufweisen, wird die Optimierungslandschaft gestreckt und verzerrt. Dies bedeutet, dass die Konturlinien der Verlustfunktion in Richtung des Merkmals mit der größten Skala gedehnt werden. Infolgedessen kann der Gradientenabstiegsalgorithmus im engen Tal der gestreckten Fehleroberfläche hin und her pendeln, was eine effiziente Konvergenz zur optimalen Lösung erschwert.
- Empfindlichkeit der Lernrate: Die Lernrate, ein entscheidender Hyperparameter beim Gradientenabstieg, wird schwieriger angemessen einzustellen, wenn Merkmale unterschiedliche Skalen aufweisen. Eine Lernrate, die für ein Merkmal gut funktioniert, könnte für ein anderes zu groß oder zu klein sein, was entweder zum Überschießen des Minimums oder zu langsamer Konvergenz führt.
- Merkmalsdominanz: Merkmale mit größeren Skalen können den Lernprozess dominieren und dazu führen, dass das Modell überempfindlich auf Änderungen dieser

Merkmale reagiert, während der Einfluss von Merkmalen mit kleineren Skalen unterbewertet wird. Dies kann zu einem verzerrten Modell führen, das die wahren Beziehungen in den Daten nicht genau erfasst.

- Langsamere Konvergenz: Aufgrund der oben genannten Herausforderungen benötigt der Optimierungsprozess oft mehr Iterationen zur Konvergenz. Dies führt zu längeren Trainingszeiten, was besonders bei großen Datensätzen oder komplexen Modellen problematisch sein kann.
- Suboptimale Lösungen: In manchen Fällen können die Schwierigkeiten bei der Navigation durch die Optimierungslandschaft dazu führen, dass der Algorithmus in lokalen Minima oder Sattelpunkten stecken bleibt, was zu suboptimalen Lösungen führt. Dies bedeutet, dass das endgültige Modell möglicherweise nicht so gut abschneidet, wie es könnte, wenn die Merkmale richtig skaliert wären.
- Numerische Instabilität: Große Unterschiede in den Merkmalsskalen können manchmal zu numerischer Instabilität bei der Berechnung von Gradienten führen, insbesondere bei der Verwendung von Gleitkommaarithmetik. Dies kann zu Problemen wie explodierenden oder verschwindenden Gradienten führen, die besonders bei tiefen neuronalen Netzen problematisch sind.

Um diese Probleme zu minimieren, ist es entscheidend, vor dem Training gradientenbasierter Modelle geeignete Skalierungstechniken wie Standardisierung oder Normalisierung anzuwenden. Dies stellt sicher, dass alle Merkmale proportional zum Optimierungsprozess beitragen, was zu schnellerer Konvergenz, stabilerem Training und potenziell besserer Modellleistung führt.

4. Lineare Modelle

Bei linearer Regression oder logistischer Regression repräsentieren die Koeffizienten des Modells direkt den Einfluss oder die Wichtigkeit jedes Merkmals auf das vorhergesagte Ergebnis. Diese Interpretierbarkeit ist einer der wichtigsten Vorteile linearer Modelle. Wenn Merkmale jedoch sehr unterschiedliche Skalen aufweisen, wird der Vergleich dieser Koeffizienten problematisch und kann zu Fehlinterpretationen der Merkmalswichtigkeit führen.

Betrachten wir beispielsweise ein lineares Regressionsmodell zur Vorhersage von Hauspreisen basierend auf zwei Merkmalen: der Anzahl der Räume (typischerweise im Bereich von 1 bis 10) und der Wohnfläche (die von 500 bis 5000 reichen könnte). Ohne angemessene Skalierung:

- Wäre der Koeffizient für die Wohnfläche wahrscheinlich viel kleiner als der Koeffizient für die Anzahl der Räume, allein aufgrund des Skalenunterschieds.
- Dies könnte irreführenderweise suggerieren, dass die Anzahl der Räume einen größeren Einfluss auf den Hauspreis hat als die Wohnfläche, während in Wirklichkeit beide Merkmale gleich wichtig sein könnten oder die Wohnfläche sogar einflussreicher sein könnte.

Wenn Merkmale außerdem unterschiedliche Skalen aufweisen:

- Kann der Optimierungsprozess während des Modelltrainings negativ beeinflusst werden, was möglicherweise zu langsamerer Konvergenz oder suboptimalen Lösungen führt.
- Könnten einige Merkmale andere allein aufgrund ihrer größeren Skala dominieren, statt aufgrund ihrer tatsächlichen Vorhersagekraft.
- Wird das Modell empfindlicher gegenüber kleinen Änderungen bei Merkmalen mit größeren Skalen, was zu Instabilität bei den Vorhersagen führen kann.

Durch die Anwendung geeigneter Skalierungstechniken stellen wir sicher, dass alle Merkmale proportional zum Modell beitragen, basierend auf ihrer tatsächlichen Bedeutung und nicht auf ihrer numerischen Skala. Dies verbessert nicht nur die Modellleistung, sondern erhöht auch seine Interpretierbarkeit und ermöglicht genauere und aussagekräftigere Vergleiche der Merkmalswichtigkeit durch ihre jeweiligen Koeffizienten.

Zur Veranschaulichung betrachten wir einen Datensatz, bei dem ein Merkmal das Einkommen (von Tausenden bis Millionen) und ein anderes das Alter (von 0 bis 100) darstellt. Ohne angemessene Skalierung:

- Würde das Einkommensmerkmal die distanzbasierten Berechnungen in KNN dominieren.
- Könnten SVMs Schwierigkeiten haben, eine optimale Entscheidungsgrenze zu finden.
- Könnten neuronale Netze Probleme bei der Gewichtsoptimierung haben.
- Würden lineare Modelle Koeffizienten produzieren, die nicht direkt vergleichbar sind.

Um diese Probleme zu lösen, verwenden wir **Skalierungs-** und **Normalisierungstechniken**. Diese Methoden transformieren alle Merkmale auf eine gemeinsame Skala und stellen sicher, dass jedes Merkmal proportional zum Entscheidungsprozess des Modells beiträgt. Gängige Techniken umfassen:

- Min-Max-Skalierung: Skaliert Merkmale auf einen festen Bereich, typischerweise [0, 1].
- Standardisierung: Transformiert Merkmale so, dass sie einen Mittelwert von null und eine Standardabweichung von eins haben.
- Robuste Skalierung: Verwendet Statistiken, die robust gegenüber Ausreißern sind, wie Median und Interquartilsabstand.

Durch die Anwendung dieser Techniken schaffen wir gleiche Voraussetzungen für alle Merkmale, sodass Modelle aus jedem Merkmal gleichberechtigt lernen können. Dies verbessert nicht nur die Modellleistung, sondern erhöht auch die Interpretierbarkeit und Generalisierung auf neue, ungesehene Daten.

3.4.2 Min-Max-Skalierung

Min-Max-Skalierung, auch als **Normalisierung** bezeichnet, ist eine grundlegende Datenvorverarbeitungstechnik, die Merkmale in einen bestimmten Wertebereich transformiert, typischerweise zwischen 0 und 1. Diese Methode ist aus mehreren Gründen für maschinelles Lernen essentiell:

1. **Merkmalsskalierung**: Diese Technik stellt sicher, dass alle Merkmale auf einer vergleichbaren Skala liegen und verhindert, dass Merkmale mit größeren Größenordnungen jene mit kleineren Größenordnungen überschatten. Wenn beispielsweise ein Merkmal von 0 bis 100 reicht und ein anderes von 0 bis 1, würde die Min-Max-Skalierung beide auf einen Bereich von 0-1 normalisieren, wodurch sie gleichwertig zum Entscheidungsprozess des Modells beitragen können.
2. **Verbesserte Algorithmuseffizienz**: Zahlreiche Machine-Learning-Algorithmen, insbesondere solche, die auf Distanzberechnungen oder Gradientenabstiegsoptimierung basieren, zeigen eine verbesserte Leistung, wenn Merkmale ähnlich skaliert sind. Dies umfasst beliebte Algorithmen wie K-Nearest Neighbors (KNN), Support Vector Machines (SVM) und verschiedene neuronale Netzwerkarchitekturen. Durch die Angleichung der Merkmalsskalen schaffen wir einen ausgewogeneren Merkmalsraum für diese Algorithmen.
3. **Erhaltung von Nullwerten**: Im Gegensatz zu anderen Skalierungsmethoden wie der Standardisierung behält die Min-Max-Skalierung Nullwerte in dünn besetzten Datensätzen bei. Diese Eigenschaft ist besonders wichtig für bestimmte Arten von Daten oder Algorithmen, bei denen Nullwerte eine besondere Bedeutung haben, wie beispielsweise in der Textanalyse oder bei Empfehlungssystemen.
4. **Ausreißerbehandlung**: Obwohl die Min-Max-Skalierung empfindlich auf Ausreißer reagiert, kann sie in Szenarien vorteilhaft sein, in denen die relative Verteilung der Merkmalswerte erhalten bleiben soll, während der Gesamtbereich komprimiert wird. Dieser Ansatz kann dazu beitragen, den Einfluss extremer Werte zu mindern, ohne ihn vollständig zu eliminieren.
5. **Einfache Interpretation**: Die skalierten Werte aus der Min-Max-Normalisierung sind leicht zu interpretieren, da sie die relative Position des ursprünglichen Wertes innerhalb seines Bereichs darstellen. Diese Eigenschaft ermöglicht ein besseres Verständnis der Merkmalsbedeutung und relative Vergleiche zwischen verschiedenen Datenpunkten.

Allerdings ist zu beachten, dass die Min-Max-Skalierung auch Einschränkungen hat. Sie zentriert die Daten nicht um Null, was für einige Algorithmen problematisch sein kann. Außerdem geht sie nicht gut mit Ausreißern um, da extreme Werte den skalierten Bereich für die Mehrheit der Datenpunkte komprimieren können. Daher sollte die Entscheidung für die Min-Max-Skalierung auf Basis der spezifischen Anforderungen Ihrer Daten und der geplanten Algorithmen getroffen werden.

Die Formel für die Min-Max-Skalierung lautet:

$$X' = \frac{(X - X_{min})}{(X_{max} - X_{min})}$$

Wobei:

- X der ursprüngliche Merkmalswert ist,
- X' der skalierte Wert ist,
- X_{min} und X_{max} sind jeweils der minimale und maximale Wert des Merkmals.

Anwendung der Min-Max-Skalierung mit Scikit-learn

Scikit-learn bietet eine leistungsfähige und benutzerfreundliche MinMaxScaler-Klasse zur Implementierung der Min-Max-Skalierung. Dieses vielseitige Werkzeug vereinfacht den Prozess der Merkmalstransformation auf einen bestimmten Wertebereich, typischerweise zwischen 0 und 1, und stellt sicher, dass alle Variablen gleichwertig zum Entscheidungsprozess des Modells beitragen.

Durch die Nutzung dieses Scalers können Data Scientists ihre Datensätze effizient normalisieren und damit den Weg für genauere und robustere maschinelle Lernmodelle ebnen.

Beispiel: Min-Max-Skalierung mit Scikit-learn

```
from sklearn.preprocessing import MinMaxScaler
import pandas as pd

# Sample data
data = {'Age': [25, 30, 35, 40],
        'Income': [50000, 60000, 70000, 80000]}
df = pd.DataFrame(data)

# Initialize the MinMaxScaler
scaler = MinMaxScaler()

# Fit and transform the data
scaled_data = scaler.fit_transform(df)

# Convert the scaled data back to a DataFrame
df_scaled = pd.DataFrame(scaled_data, columns=['Age', 'Income'])
print(df_scaled)
```

3.4.3 Standardisierung (Z-Score-Normalisierung)

Standardisierung (auch bekannt als **Z-Score-Normalisierung**) transformiert die Daten so, dass sie einen Mittelwert von 0 und eine Standardabweichung von 1 aufweisen. Diese Technik ist besonders nützlich für Modelle, die von normalverteilten Daten ausgehen, wie **lineare Regression** und **logistische Regression**. Standardisierung wird weniger von Ausreißern beeinflusst als die Min-Max-Skalierung, da sie sich auf die Verteilung der Daten konzentriert und nicht auf deren Wertebereich.

Die Formel für die Standardisierung lautet:

$$Z = \frac{(X - \mu)}{\sigma}$$

Wobei:

- X der ursprüngliche Merkmalswert ist,
- μ der Mittelwert des Merkmals ist,
- σ die Standardabweichung des Merkmals ist.

Anwendung der Standardisierung mit Scikit-learn

Scikit-learn stellt einen StandardScaler zur Standardisierung von Merkmalen bereit.

Beispiel: Standardisierung mit Scikit-learn

```
from sklearn.preprocessing import StandardScaler

# Initialize the StandardScaler
scaler = StandardScaler()

# Fit and transform the data
standardized_data = scaler.fit_transform(df)

# Convert the standardized data back to a DataFrame
df_standardized = pd.DataFrame(standardized_data, columns=['Age', 'Income'])
print(df_standardized)
```

Hier werden "Alter" und "Einkommen" so transformiert, dass sie einen Mittelwert von 0 und eine Standardabweichung von 1 aufweisen. Dies stellt sicher, dass die Merkmale gleichwertig zum Modell beitragen, insbesondere bei Algorithmen wie logistischer Regression oder neuronalen Netzen.

3.4.4 Robuste Skalierung

Robuste Skalierung ist eine weitere Skalierungstechnik, die besonders effektiv ist bei Daten mit Ausreißern. Im Gegensatz zur Standardisierung und Min-Max-Skalierung, die stark von extremen Werten beeinflusst werden können, verwendet die robuste Skalierung den **Median** und den **Interquartilsabstand (IQR)**, wodurch sie resistenter gegen Ausreißer ist.

Die Formel für die robuste Skalierung lautet:

$$X' = \frac{(X - Q^2)}{IQR}$$

Wobei:

- Q_2 der Median der Daten ist,
- IQR der Interquartilsabstand ist, d.h. die Differenz zwischen dem 75. und 25. Perzentil.

Anwendung der robusten Skalierung mit Scikit-learn

Scikit-learn stellt eine leistungsfähige und vielseitige RobustScaler-Klasse zur Verfügung, die Merkmale effizient robust skaliert. Dieser Scaler ist besonders nützlich bei Datensätzen mit Ausreißern oder wenn sichergestellt werden soll, dass die Skalierungsmethode weniger empfindlich gegenüber extremen Werten ist.

Durch die Verwendung des Medians und des Interquartilsabstands (IQR) anstelle von Mittelwert und Standardabweichung bietet der RobustScaler einen robusteren Ansatz zur Merkmalsskalierung und bewahrt die Integrität der Datenverteilung auch bei vorhandenen Ausreißern.

Beispiel: Robuste Skalierung mit Scikit-learn

```
import numpy as np
import pandas as pd
from sklearn.preprocessing import RobustScaler
from sklearn.datasets import make_regression

# Generate sample data
X, y = make_regression(n_samples=100, n_features=2, noise=0.1, random_state=42)
df = pd.DataFrame(X, columns=['Feature1', 'Feature2'])

# Add some outliers
df.loc[0, 'Feature1'] = 1000
df.loc[1, 'Feature2'] = -1000

print("Original data:")
print(df.describe())

# Initialize the RobustScaler
scaler = RobustScaler()

# Fit and transform the data
robust_scaled_data = scaler.fit_transform(df)

# Convert the robust scaled data back to a DataFrame
df_robust_scaled = pd.DataFrame(robust_scaled_data, columns=['Feature1', 'Feature2'])

print("\\nRobust scaled data:")
print(df_robust_scaled.describe())
```

```
# Compare original and scaled data for a few samples
print("\\nComparison of original and scaled data:")
print(pd.concat([df.head(), df_robust_scaled.head()], axis=1))

# Inverse transform to get back original scale
df_inverse          =          pd.DataFrame(scaler.inverse_transform(robust_scaled_data),
columns=['Feature1', 'Feature2'])

print("\\nInverse transformed data:")
print(df_inverse.head())
```

Code-Aufschlüsselung:

1. Datengenerierung:
   - Wir verwenden Scikit-learns make_regression, um einen Beispieldatensatz mit 100 Proben und 2 Merkmalen zu erstellen.
   - Künstliche Ausreißer werden hinzugefügt, um die Robustheit der Skalierung zu demonstrieren.
2. RobustScaler-Initialisierung:
   - Wir erstellen eine Instanz des RobustScaler aus Scikit-learn.
   - Standardmäßig verwendet er den Interquartilsabstand (IQR) und Median zur Skalierung.
3. Anpassung und Transformation:
   - Die fit_transform()-Methode wird verwendet, um den Scaler sowohl an die Daten anzupassen als auch zu transformieren.
   - Diese Methode berechnet den Median und IQR für jedes Merkmal und wendet dann die Transformation an.
4. DataFrame erstellen:
   - Die skalierten Daten werden zur einfachen Visualisierung und zum Vergleich wieder in einen pandas DataFrame umgewandelt.
5. Ergebnisanalyse:
   - Wir geben beschreibende Statistiken sowohl für die ursprünglichen als auch für die skalierten Daten aus.
   - Die skalierten Daten sollten einen Median nahe 0 und einen IQR nahe 1 für jedes Merkmal aufweisen.
6. Vergleich:

  - Wir zeigen einige Proben der ursprünglichen und skalierten Daten nebeneinander an.
  - Dies hilft dabei zu visualisieren, wie die Skalierung einzelne Datenpunkte beeinflusst.

7. Inverse Transformation:
  - Wir zeigen, wie man die Skalierung mit inverse_transform() rückgängig macht.
  - Dies ist nützlich, wenn Vorhersagen oder transformierte Daten wieder in die ursprüngliche Skala umgewandelt werden müssen.

Dieses Code-Beispiel zeigt den vollständigen Arbeitsablauf der Verwendung von RobustScaler, von der Datenvorbereitung bis zur Skalierung und Rücktransformation. Es hebt die Fähigkeit des Scalers hervor, mit Ausreißern umzugehen, und bietet einen klaren Vergleich zwischen ursprünglichen und skalierten Daten.

In diesem Beispiel stellt die robuste Skalierung sicher, dass extreme Werte (Ausreißer) einen geringeren Einfluss auf den Skalierungsprozess haben. Dies ist besonders nützlich bei Datensätzen, in denen Ausreißer vorhanden sind, aber das Modelltraining nicht dominieren sollten.

3.4.5. Logarithmische Transformationen

In Fällen, in denen Merkmale eine stark schiefe Verteilung aufweisen, kann eine **logarithmische Transformation** ein wertvolles Werkzeug sein, um den Wertebereich zu komprimieren und die Schiefe zu reduzieren. Diese Technik ist besonders nützlich für Merkmale wie **Einkommen**, **Bevölkerung** oder **Aktienkurse**, bei denen die Werte mehrere Größenordnungen umfassen können.

Die logarithmische Transformation funktioniert, indem die Logarithmusfunktion auf jeden Wert im Datensatz angewendet wird. Dies hat mehrere vorteilhafte Effekte:

- Komprimierung großer Werte: Extrem große Werte werden näher an den Rest der Daten herangebracht, wodurch der Einfluss von Ausreißern reduziert wird.
- Spreizung kleiner Werte: Kleinere Werte werden auseinandergespreizt, was eine bessere Differenzierung zwischen ihnen ermöglicht.
- Normalisierung der Verteilung: Die Transformation führt oft zu einer normalähnlicheren Verteilung, was für viele statistische Methoden und Machine-Learning-Algorithmen vorteilhaft ist.

Betrachten wir zum Beispiel eine Einkommensverteilung mit Werten von 10.000 € bis 1.000.000 €. Nach Anwendung einer logarithmischen Transformation:

- 10.000 € wird zu log(10.000) ≈ 9,21

- 100.000 € wird zu log(100.000) ≈ 11,51
- 1.000.000 € wird zu log(1.000.000) ≈ 13,82

Wie Sie sehen können, wurde der große Unterschied zwischen den höchsten und niedrigsten Werten deutlich reduziert, wodurch die Daten für Modelle leichter zu interpretieren und zu verarbeiten sind. Dies kann zu einer verbesserten Modellleistung führen, besonders bei Algorithmen, die empfindlich auf die Skala der Eingabemerkmale reagieren.

Es ist jedoch wichtig zu beachten, dass logarithmische Transformationen mit Bedacht eingesetzt werden sollten. Sie sind am effektivsten, wenn die Daten positiv schief sind und sich über mehrere Größenordnungen erstrecken. Außerdem können logarithmische Transformationen nur auf positive Werte angewendet werden, da der Logarithmus von Null oder negativen Zahlen im reellen Zahlensystem nicht definiert ist.

Anwendung logarithmischer Transformationen

Logarithmische Transformationen werden häufig für Merkmale mit einer rechtsschiefen Verteilung verwendet, wie zum Beispiel Einkommen oder Immobilienpreise.

Beispiel: Logarithmische Transformation mit NumPy

```
import numpy as np
import pandas as pd
import matplotlib.pyplot as plt

# Create a sample dataset
np.random.seed(42)
income = np.random.lognormal(mean=10, sigma=1, size=1000)
df = pd.DataFrame({'Income': income})

# Apply log transformation
df['Log_Income'] = np.log(df['Income'])

# Print summary statistics
print("Original Income:")
print(df['Income'].describe())
print("\\nLog-transformed Income:")
print(df['Log_Income'].describe())

# Visualize the distributions
fig, (ax1, ax2) = plt.subplots(1, 2, figsize=(12, 5))

ax1.hist(df['Income'], bins=50, edgecolor='black')
ax1.set_title('Original Income Distribution')
ax1.set_xlabel('Income')
ax1.set_ylabel('Frequency')

ax2.hist(df['Log_Income'], bins=50, edgecolor='black')
ax2.set_title('Log-transformed Income Distribution')
ax2.set_xlabel('Log(Income)')
```

```
ax2.set_ylabel('Frequency')

plt.tight_layout()
plt.show()

# Calculate skewness
original_skewness = np.mean(((df['Income'] - df['Income'].mean()) / df['Income'].std())**3)
log_skewness = np.mean(((df['Log_Income'] - df['Log_Income'].mean()) / df['Log_Income'].std())**3)

print(f"\\nOriginal Income Skewness: {original_skewness:.2f}")
print(f"Log-transformed Income Skewness: {log_skewness:.2f}")

# Demonstrate inverse transformation
inverse_income = np.exp(df['Log_Income'])
print("\\nInverse Transformation (first 5 rows):")
print(pd.DataFrame({'Original': df['Income'][:5], 'Log': df['Log_Income'][:5], 'Inverse': inverse_income[:5]}))
```

Code-Aufschlüsselung:

1. Datengenerierung:
   - Wir verwenden NumPys random.lognormal(), um einen Beispieldatensatz von 1000 Einkommenswerten zu generieren.
   - Die logarithmische Normalverteilung wird häufig zur Modellierung von Einkommen verwendet, da sie naturgemäß eine rechtsschiefe Verteilung erzeugt.
   - Wir setzen einen Zufallssamen für die Reproduzierbarkeit.
2. Log-Transformation:
   - Wir wenden den natürlichen Logarithmus (Basis e) auf die 'Income'-Spalte mithilfe von NumPys log()-Funktion an.
   - Dies erstellt eine neue 'Log_Income'-Spalte in unserem DataFrame.
3. Zusammenfassende Statistiken:
   - Wir geben beschreibende Statistiken sowohl für das ursprüngliche als auch für das log-transformierte Einkommen mittels Pandas' describe()-Methode aus.
   - Dies ermöglicht uns den Vergleich der Verteilungscharakteristiken vor und nach der Transformation.
4. Visualisierung:

- Wir erstellen Histogramme sowohl der ursprünglichen als auch der log-transformierten Einkommensverteilungen.
- Diese visuelle Darstellung hilft dabei, den Effekt der Log-Transformation auf die Datenverteilung klar zu erkennen.

5. Schiefe-Berechnung:
   - Wir berechnen die Schiefe beider Verteilungen mithilfe von NumPy-Operationen.
   - Die Schiefe quantifiziert die Asymmetrie der Verteilung. Ein Wert nahe 0 deutet auf eine symmetrischere Verteilung hin.
6. Inverse Transformation:
   - Wir zeigen, wie man die Log-Transformation mithilfe von NumPys exp()-Funktion rückgängig macht.
   - Dies ist entscheidend, wenn Ergebnisse in der ursprünglichen Skala interpretiert werden müssen nach der Analyse von log-transformierten Daten.

Dieses Beispiel zeigt den gesamten Prozess der Log-Transformation, von der Datengenerierung bis zur Analyse und Visualisierung, unter hauptsächlicher Verwendung von NumPy-Operationen. Es demonstriert, wie die Log-Transformation eine rechtsschiefe Verteilung symmetrischer machen kann, was oft vorteilhaft für statistische Analysen und Machine-Learning-Algorithmen ist.

In diesem Beispiel reduziert die Log-Transformation den großen Wertebereich der Einkommenswerte und macht die Verteilung für Machine-Learning-Algorithmen besser handhabbar. Es ist wichtig zu beachten, dass Log-Transformationen nur auf **positive Werte** angewendet werden können, da der Logarithmus einer negativen Zahl im reellen Zahlensystem nicht definiert ist.

3.4.6 Power-Transformationen

Power-Transformationen sind fortgeschrittene statistische Techniken zur Modifikation der Datenverteilung. Zwei bedeutende Beispiele sind die **Box-Cox**- und **Yeo-Johnson**-Transformationen. Diese Methoden dienen zwei Hauptzwecken:

1. **Varianzstabilisierung**: Diese Transformationen helfen sicherzustellen, dass die Variabilität der Daten über ihren gesamten Wertebereich konsistent bleibt, was eine wichtige Voraussetzung für viele statistische Analysen ist. Durch die Anwendung von Power-Transformationen können Forscher häufig Probleme im Zusammenhang mit Heteroskedastizität mindern, bei der die Streuung der Residuen über den Wertebereich einer Prädiktorvariable variiert. Diese Stabilisierung der Varianz kann zu verlässlicheren statistischen Schlussfolgerungen und verbesserter Modellleistung führen.

2. **Normalisierung von Verteilungen**: Power-Transformationen zielen darauf ab, die Daten einer Normalverteilung (Gauß-Verteilung) anzunähern, was für viele statistische Tests und Machine-Learning-Algorithmen vorteilhaft ist. Durch die Umformung der Datenverteilung können diese Transformationen helfen, die Normalitätsannahme zu erfüllen, die von vielen parametrischen statistischen Methoden gefordert wird. Dieser Normalisierungsprozess kann verborgene Muster in den Daten aufdecken, die Interpretierbarkeit der Ergebnisse verbessern und potenziell die Vorhersagekraft verschiedener Machine-Learning-Modelle steigern, insbesondere solcher, die normalverteilte Eingaben voraussetzen.

Power-Transformationen sind besonders wertvoll beim Umgang mit Merkmalen, die nicht-normale Verteilungen aufweisen, wie solche mit signifikanter Schiefe oder Kurtosis. Durch die Anwendung dieser Transformationen können Data Scientists oft die Leistung und Zuverlässigkeit ihrer Modelle verbessern, besonders bei solchen, die normalverteilte Eingaben voraussetzen.

Die Box-Cox-Transformation, eingeführt von den Statistikern George Box und David Cox im Jahr 1964, ist nur auf positive Daten anwendbar. Sie beinhaltet das Finden eines optimalen Parameters λ (Lambda), der die spezifische Power-Transformation bestimmt. Die Yeo-Johnson-Transformation hingegen, entwickelt von In-Kwon Yeo und Richard Johnson im Jahr 2000, erweitert das Konzept auf positive und negative Werte, was sie in der Praxis vielseitiger einsetzbar macht.

Durch den Einsatz dieser Transformationen können Analysten oft Beziehungen in den Daten aufdecken, die sonst verborgen bleiben würden, was zu genaueren Vorhersagen und Erkenntnissen in verschiedenen Bereichen wie Finanzen, Biologie und Sozialwissenschaften führt.

a. Box-Cox-Transformation

Die Box-Cox-Transformation ist eine leistungsfähige statistische Technik, die nur auf positive Daten angewendet werden kann. Diese Methode ist besonders nützlich zur Behandlung von Nicht-Normalität in Datenverteilungen und zur Stabilisierung der Varianz. Hier ist eine detailliertere Erklärung:

1. Optimale Parameterwahl: Die Box-Cox-Transformation findet einen optimalen Transformationsparameter, bezeichnet als λ (Lambda). Dieser Parameter bestimmt die spezifische Power-Transformation, die auf die Daten angewendet wird.
2. Varianzstabilisierung: Eines der Hauptziele der Box-Cox-Transformation ist die Stabilisierung der Varianz über den gesamten Datenbereich. Dies ist entscheidend für viele statistische Analysen, die Homoskedastizität (konstante Varianz) voraussetzen.
3. Normalisierung: Die Transformation zielt darauf ab, die Daten einer Normalverteilung anzunähern. Dies ist vorteilhaft für viele statistische Tests und Machine-Learning-Algorithmen, die Normalverteilung voraussetzen.

4. Mathematische Form: Die Box-Cox-Transformation ist definiert als: y(λ) = (x^λ - 1) / λ, falls λ ≠ 0 y(λ) = log(x), falls λ = 0 Wobei x die ursprünglichen Daten und y(λ) die transformierten Daten sind.
5. Interpretation: Verschiedene Werte von λ führen zu unterschiedlichen Transformationen. Zum Beispiel bedeutet λ = 1 keine Transformation, λ = 0 entspricht einer Log-Transformation, und λ = 0,5 entspricht einer Quadratwurzel-Transformation.

Durch die Anwendung dieser Transformation können Analysten oft Beziehungen in den Daten aufdecken, die sonst verborgen bleiben würden, was zu genaueren Vorhersagen und Erkenntnissen in verschiedenen Bereichen wie Finanzen, Biologie und Sozialwissenschaften führt.

Beispiel: Box-Cox-Transformation mit Scikit-learn

```
import numpy as np
import pandas as pd
import matplotlib.pyplot as plt
from sklearn.preprocessing import PowerTransformer
from sklearn.model_selection import train_test_split
from sklearn.linear_model import LinearRegression
from sklearn.metrics import mean_squared_error, r2_score

# Create a sample dataset
np.random.seed(42)
income = np.random.lognormal(mean=10, sigma=1, size=1000)
age = np.random.normal(loc=40, scale=10, size=1000)
df = pd.DataFrame({'Income': income, 'Age': age})

# Split the data into training and testing sets
X_train, X_test, y_train, y_test = train_test_split(
    df[['Income', 'Age']], df['Income'], test_size=0.2, random_state=42)

# Initialize the PowerTransformer for Box-Cox (only for positive data)
boxcox_transformer = PowerTransformer(method='box-cox', standardize=True)

# Fit and transform the training data
X_train_transformed = boxcox_transformer.fit_transform(X_train)

# Transform the test data
X_test_transformed = boxcox_transformer.transform(X_test)

# Train a linear regression model on the original data
model_original = LinearRegression()
model_original.fit(X_train, y_train)

# Train a linear regression model on the transformed data
model_transformed = LinearRegression()
model_transformed.fit(X_train_transformed, y_train)

# Make predictions
```

```
y_pred_original = model_original.predict(X_test)
y_pred_transformed = model_transformed.predict(X_test_transformed)

# Calculate performance metrics
mse_original = mean_squared_error(y_test, y_pred_original)
r2_original = r2_score(y_test, y_pred_original)
mse_transformed = mean_squared_error(y_test, y_pred_transformed)
r2_transformed = r2_score(y_test, y_pred_transformed)

# Print results
print("Original Data Performance:")
print(f"Mean Squared Error: {mse_original:.2f}")
print(f"R-squared Score: {r2_original:.2f}")
print("\\nTransformed Data Performance:")
print(f"Mean Squared Error: {mse_transformed:.2f}")
print(f"R-squared Score: {r2_transformed:.2f}")

# Visualize the distributions
fig, (ax1, ax2) = plt.subplots(1, 2, figsize=(12, 5))

ax1.hist(X_train['Income'], bins=50, edgecolor='black')
ax1.set_title('Original Income Distribution')
ax1.set_xlabel('Income')
ax1.set_ylabel('Frequency')

ax2.hist(X_train_transformed[:, 0], bins=50, edgecolor='black')
ax2.set_title('Box-Cox Transformed Income Distribution')
ax2.set_xlabel('Transformed Income')
ax2.set_ylabel('Frequency')

plt.tight_layout()
plt.show()
```

Code-Erläuterung:

Erforderliche Bibliotheken importieren: Wir importieren NumPy, Pandas, Matplotlib und verschiedene Scikit-learn-Module für Datenverarbeitung, Visualisierung und Machine-Learning-Aufgaben.

Beispieldatensatz erstellen: Wir generieren einen synthetischen Datensatz mit 'Einkommen' (logarithmisch normalverteilt) und 'Alter' (normalverteilt) als Merkmale.

Daten aufteilen: Mit Scikit-learns train_test_split teilen wir unsere Daten in Trainings- und Testsets auf.

PowerTransformer initialisieren: Wir erstellen ein PowerTransformer-Objekt für die Box-Cox-Transformation und setzen standardize=True, um sicherzustellen, dass die Ausgabe einen Mittelwert von null und eine Einheitsvarianz hat.

Box-Cox-Transformation anwenden: Wir trainieren den Transformer mit den Trainingsdaten und transformieren damit sowohl die Trainings- als auch die Testdaten.

Lineare Regressionsmodelle trainieren: Wir erstellen zwei LinearRegression-Modelle - eines für die ursprünglichen Daten und eines für die transformierten Daten.

Vorhersagen treffen und auswerten: Wir verwenden beide Modelle, um Vorhersagen für das Testset zu treffen und berechnen den mittleren quadratischen Fehler (MSE) sowie R-Quadrat-Werte mit Scikit-learns Metriken.

Verteilungen visualisieren: Wir erstellen Histogramme, um die ursprünglichen und transformierten Einkommensverteilungen zu vergleichen.

Dieses umfassende Beispiel demonstriert den gesamten Prozess der Anwendung einer Box-Cox-Transformation mit Scikit-learn, von der Datenvorbereitung bis zur Modellauswertung. Es zeigt, wie die Transformation die Modellleistung und Datenverteilung beeinflussen kann und bietet einen praktischen Kontext zum Verständnis der Auswirkungen von Power-Transformationen in Machine-Learning-Workflows.

b. Yeo-Johnson-Transformation

Die Yeo-Johnson-Transformation ist eine Erweiterung der Box-Cox-Transformation, die größere Flexibilität bei der Datenvorverarbeitung bietet. Während Box-Cox auf streng positive Daten beschränkt ist, kann Yeo-Johnson sowohl positive als auch negative Werte verarbeiten, was sie für reale Datensätze vielseitiger einsetzbar macht. Diese Transformation wurde im Jahr 2000 von In-Kwon Yeo und Richard A. Johnson entwickelt, um die Einschränkungen von Box-Cox zu überwinden.

Wichtige Eigenschaften der Yeo-Johnson-Transformation sind:

- Anwendbarkeit auf alle reellen Zahlen: Im Gegensatz zu Box-Cox kann Yeo-Johnson auf Null- und negative Werte angewendet werden, wodurch eine Verschiebung der Daten überflüssig wird.
- Stetigkeit bei Null: Die Transformation ist stetig bei $\lambda = 0$, was sanfte Übergänge zwischen verschiedenen Power-Transformationen gewährleistet.
- Normalisierungseffekt: Ähnlich wie Box-Cox hilft sie bei der Normalisierung schiefer Daten und kann potenziell die Leistung von Machine-Learning-Algorithmen verbessern, die normalverteilte Eingaben voraussetzen.
- Varianzstabilisierung: Sie kann helfen, die Varianz über den gesamten Datenbereich zu stabilisieren und damit Heteroskedastizitätsprobleme in statistischen Analysen zu beheben.

Die mathematische Formulierung der Yeo-Johnson-Transformation ist etwas komplexer als Box-Cox, da sie sowohl positive als auch negative Werte durch verschiedene Gleichungen basierend auf dem Vorzeichen der Eingabe berücksichtigt. Diese zusätzliche Komplexität ermöglicht eine größere Anpassungsfähigkeit an verschiedene Datensätze und macht sie zu einem leistungsfähigen Werkzeug im Vorverarbeitungs-Arsenal des Data Scientists.

Beispiel: Yeo-Johnson-Transformation mit Scikit-learn

```
import numpy as np
import pandas as pd
import matplotlib.pyplot as plt
from sklearn.preprocessing import PowerTransformer
from sklearn.model_selection import train_test_split
from sklearn.linear_model import LinearRegression
from sklearn.metrics import mean_squared_error, r2_score

# Create a sample dataset with both positive and negative values
np.random.seed(42)
income = np.random.lognormal(mean=10, sigma=1, size=1000)
expenses = np.random.normal(loc=50000, scale=10000, size=1000)
net_income = income - expenses
df = pd.DataFrame({'Income': income, 'Expenses': expenses, 'NetIncome': net_income})

# Split the data into training and testing sets
X_train, X_test, y_train, y_test = train_test_split(
    df[['Income', 'Expenses']], df['NetIncome'], test_size=0.2, random_state=42)

# Initialize the PowerTransformer for Yeo-Johnson
yeojohnson_transformer = PowerTransformer(method='yeo-johnson', standardize=True)

# Fit and transform the training data
X_train_transformed = yeojohnson_transformer.fit_transform(X_train)

# Transform the test data
X_test_transformed = yeojohnson_transformer.transform(X_test)

# Train linear regression models on original and transformed data
model_original = LinearRegression().fit(X_train, y_train)
model_transformed = LinearRegression().fit(X_train_transformed, y_train)

# Make predictions
y_pred_original = model_original.predict(X_test)
y_pred_transformed = model_transformed.predict(X_test_transformed)

# Calculate performance metrics
mse_original = mean_squared_error(y_test, y_pred_original)
r2_original = r2_score(y_test, y_pred_original)
mse_transformed = mean_squared_error(y_test, y_pred_transformed)
r2_transformed = r2_score(y_test, y_pred_transformed)

# Print results
print("Original Data Performance:")
print(f"Mean Squared Error: {mse_original:.2f}")
print(f"R-squared Score: {r2_original:.2f}")
print("\\nTransformed Data Performance:")
```

```
print(f"Mean Squared Error: {mse_transformed:.2f}")
print(f"R-squared Score: {r2_transformed:.2f}")

# Visualize the distributions
fig, axs = plt.subplots(2, 2, figsize=(15, 15))

axs[0, 0].hist(X_train['Income'], bins=50, edgecolor='black')
axs[0, 0].set_title('Original Income Distribution')
axs[0, 0].set_xlabel('Income')
axs[0, 0].set_ylabel('Frequency')

axs[0, 1].hist(X_train_transformed[:, 0], bins=50, edgecolor='black')
axs[0, 1].set_title('Yeo-Johnson Transformed Income Distribution')
axs[0, 1].set_xlabel('Transformed Income')
axs[0, 1].set_ylabel('Frequency')

axs[1, 0].hist(X_train['Expenses'], bins=50, edgecolor='black')
axs[1, 0].set_title('Original Expenses Distribution')
axs[1, 0].set_xlabel('Expenses')
axs[1, 0].set_ylabel('Frequency')

axs[1, 1].hist(X_train_transformed[:, 1], bins=50, edgecolor='black')
axs[1, 1].set_title('Yeo-Johnson Transformed Expenses Distribution')
axs[1, 1].set_xlabel('Transformed Expenses')
axs[1, 1].set_ylabel('Frequency')

plt.tight_layout()
plt.show()

# Print the lambda values used for transformation
print("\\nLambda values used for Yeo-Johnson transformation:")
print(yeojohnson_transformer.lambdas_)
```

Code-Aufschlüsselung:

1. Datengenerierung: Wir erstellen einen synthetischen Datensatz mit 'Einkommen' (logarithmisch normalverteilt), 'Ausgaben' (normalverteilt) und 'Nettoeinkommen' (Differenz zwischen Einkommen und Ausgaben). Dieser Datensatz enthält sowohl positive als auch negative Werte und demonstriert die Fähigkeit der Yeo-Johnson-Transformation, solche Daten zu verarbeiten.

2. Datenaufteilung: Mit train_test_split von Scikit-learn teilen wir unsere Daten in Trainings- und Testsets auf. Dies ist entscheidend für die Bewertung der Modellleistung auf ungesehenen Daten.

3. Yeo-Johnson-Transformation: Wir initialisieren einen PowerTransformer mit method='yeo-johnson'. Der Parameter standardize=True stellt sicher, dass die transformierte Ausgabe einen Mittelwert von null und eine Einheitsvarianz hat.

4. Modelltraining: Wir trainieren zwei LinearRegression-Modelle - eines mit den ursprünglichen Daten und eines mit den Yeo-Johnson-transformierten Daten. Dies ermöglicht uns den Vergleich der Modellleistung mit und ohne Transformation.
5. Vorhersage und Auswertung: Wir verwenden beide Modelle, um Vorhersagen für das Testset zu treffen und berechnen den mittleren quadratischen Fehler (MSE) sowie R-Quadrat-Werte mit Scikit-learns Metriken. Dies hilft uns, die Auswirkung der Yeo-Johnson-Transformation auf die Modellleistung zu quantifizieren.
6. Visualisierung: Wir erstellen Histogramme, um die ursprünglichen und transformierten Verteilungen sowohl für Einkommen als auch für Ausgaben zu vergleichen. Diese visuelle Darstellung hilft beim Verständnis, wie die Yeo-Johnson-Transformation die Datenverteilung beeinflusst.
7. Lambda-Werte: Wir geben die Lambda-Werte aus, die für die Yeo-Johnson-Transformation verwendet wurden. Diese Werte zeigen die spezifische Potenzierungstransformation an, die auf jedes Merkmal angewendet wurde.

Dieses Beispiel demonstriert den gesamten Prozess der Anwendung einer Yeo-Johnson-Transformation mit Scikit-learn, von der Datenvorbereitung bis zur Modellauswertung und Visualisierung. Es zeigt, wie die Transformation die Modellleistung und Datenverteilung beeinflussen kann und bietet einen praktischen Kontext zum Verständnis der Auswirkungen von Power-Transformationen in Machine-Learning-Workflows, besonders beim Umgang mit Datensätzen, die sowohl positive als auch negative Werte enthalten.

3.4.7. Normalisierung (L1 und L2)

Normalisierung ist eine entscheidende Technik in der Datenvorverarbeitung, die verwendet wird, um Merkmale so zu skalieren, dass die **Norm** des Merkmalsvektors 1 beträgt. Dieser Prozess stellt sicher, dass alle Merkmale gleichmäßig zur Analyse beitragen und verhindert, dass Merkmale mit größeren Größenordnungen das Modell dominieren. Normalisierung ist besonders wertvoll bei Machine-Learning-Algorithmen, die auf Distanzberechnungen basieren, wie K-Nearest Neighbors (KNN) oder K-Means-Clustering.

Bei KNN beispielsweise hilft die Normalisierung zu verhindern, dass Merkmale mit größeren Skalen einen übermäßigen Einfluss auf Distanzberechnungen haben. Ebenso stellen normalisierte Merkmale beim K-Means-Clustering sicher, dass die Clusterbildung auf der relativen Bedeutung der Merkmale basiert und nicht auf deren absoluten Skalen.

Es gibt zwei Haupttypen der Normalisierung:

a. L1-Normalisierung (Manhattan-Norm)

L1-Normalisierung, auch bekannt als Manhattan-Norm, ist eine Methode, die sicherstellt, dass die Summe der absoluten Werte eines Merkmalsvektors 1 ergibt. Diese Technik ist besonders nützlich in der Datenvorverarbeitung für Machine-Learning-Algorithmen. Um die L1-Normalisierung zu verstehen, betrachten wir sie mathematisch:

Für einen Merkmalsvektor $x = (x_1, ..., x_n)$ wird die L1-Norm wie folgt berechnet:

$||x||_1 = |x_1| + |x_2| + ... + |x_n|$

wobei $|x_i|$ den Absolutwert jedes Merkmals darstellt.

Um die L1-Normalisierung zu erreichen, teilen wir jedes Merkmal durch die L1-Norm:

$x\_normalisiert = x / ||x||_1$

Dieser Prozess führt zu einem normalisierten Merkmalsvektor, bei dem die Summe der Absolutwerte 1 ergibt.

Ein bemerkenswerter Vorteil der L1-Normalisierung ist ihre geringere Empfindlichkeit gegenüber Ausreißern im Vergleich zur L2-Normalisierung. Diese Eigenschaft macht sie besonders nützlich in Szenarien, in denen extreme Werte die Modellleistung unverhältnismäßig beeinflussen könnten. Zusätzlich kann L1-Normalisierung zu dünn besetzten Merkmalsvektoren führen, was in bestimmten Machine-Learning-Anwendungen vorteilhaft sein kann, wie beispielsweise bei der Merkmalsauswahl oder Regularisierungstechniken wie der Lasso-Regression.

L1-Normalisierung Codebeispiel:

```
import numpy as np
import pandas as pd
from sklearn.preprocessing import Normalizer
from sklearn.model_selection import train_test_split
from sklearn.neighbors import KNeighborsClassifier
from sklearn.metrics import accuracy_score

# Create a sample dataset
np.random.seed(42)
X = np.random.rand(100, 3) * 100  # 100 samples, 3 features
y = np.random.randint(0, 2, 100)  # Binary classification

# Split the data
X_train, X_test, y_train, y_test = train_test_split(X, y, test_size=0.2, random_state=42)

# Initialize L1 normalizer
l1_normalizer = Normalizer(norm='l1')

# Fit and transform the training data
X_train_normalized = l1_normalizer.fit_transform(X_train)

# Transform the test data
X_test_normalized = l1_normalizer.transform(X_test)

# Train KNN classifier on original data
knn_original = KNeighborsClassifier(n_neighbors=3)
knn_original.fit(X_train, y_train)
```

```
y_pred_original = knn_original.predict(X_test)

# Train KNN classifier on normalized data
knn_normalized = KNeighborsClassifier(n_neighbors=3)
knn_normalized.fit(X_train_normalized, y_train)
y_pred_normalized = knn_normalized.predict(X_test_normalized)

# Calculate accuracies
accuracy_original = accuracy_score(y_test, y_pred_original)
accuracy_normalized = accuracy_score(y_test, y_pred_normalized)

print("Original Data Accuracy:", accuracy_original)
print("L1 Normalized Data Accuracy:", accuracy_normalized)

# Display a sample of original and normalized data
sample_original = X_train[:5]
sample_normalized = X_train_normalized[:5]

print("\\nOriginal Data Sample:")
print(pd.DataFrame(sample_original, columns=['Feature 1', 'Feature 2', 'Feature 3']))

print("\\nL1 Normalized Data Sample:")
print(pd.DataFrame(sample_normalized, columns=['Feature 1', 'Feature 2', 'Feature
3']))

# Verify L1 norm
print("\\nL1 Norm of normalized samples:")
print(np.sum(np.abs(sample_normalized), axis=1))
```

Code-Aufschlüsselung:

1. Datengenerierung: Wir erstellen einen synthetischen Datensatz mit 100 Proben und 3 Merkmalen sowie binären Klassifizierungslabels. Dies simuliert ein reales Szenario, bei dem Merkmale unterschiedliche Skalierungen aufweisen können.
2. Datenaufteilung: Mit train_test_split teilen wir unsere Daten in Trainings- und Testsets auf. Dies ist entscheidend für die Bewertung der Modellleistung auf ungesehenen Daten.
3. L1-Normalisierung: Wir initialisieren einen Normalizer mit norm='l1'. Dieser Normalisierer wird dann auf die Trainingsdaten angepasst und verwendet, um sowohl Trainings- als auch Testdaten zu transformieren.
4. Modelltraining: Wir trainieren zwei KNN-Klassifikatoren - einen mit den ursprünglichen Daten und einen mit den L1-normalisierten Daten. Dies ermöglicht uns den Vergleich der Modellleistung mit und ohne Normalisierung.

5. Vorhersage und Auswertung: Beide Modelle treffen Vorhersagen für ihre jeweiligen Testsets (original und normalisiert). Anschließend berechnen und vergleichen wir die Genauigkeitswerte, um die Auswirkung der L1-Normalisierung zu sehen.
6. Datenvisualisierung: Wir zeigen Beispiele der ursprünglichen und normalisierten Daten, um zu veranschaulichen, wie sich die L1-Normalisierung auf die Merkmalswerte auswirkt.
7. L1-Norm-Überprüfung: Wir berechnen die Summe der Absolutwerte für jede normalisierte Probe ****, um zu verifizieren, dass die L1-Norm nach der Normalisierung 1 beträgt.

Dieses Beispiel demonstriert den gesamten Prozess der Anwendung der L1-Normalisierung mit Scikit-learn, von der Datenvorbereitung bis zur Modellauswertung. Es zeigt, wie die Normalisierung die Modellleistung und Datenrepräsentation beeinflussen kann und bietet einen praktischen Kontext zum Verständnis der Auswirkungen der L1-Normalisierung in Machine-Learning-Workflows.

b. L2-Normalisierung (Euklidische Norm):

Die L2-Normalisierung, auch bekannt als Euklidische Norm, ist eine leistungsfähige Technik, die sicherstellt, dass die Summe der quadrierten Werte innerhalb eines Merkmalsvektors 1 ergibt. Diese Methode ist besonders effektiv für die Standardisierung von Daten über verschiedene Skalen und Dimensionen hinweg. Zur Veranschaulichung betrachten wir einen Merkmalsvektor $x = (x_1, ..., x_n)$. Die L2-Norm für diesen Vektor wird mit folgender Formel berechnet:

$||x||_2 = \sqrt{(x_1^2 + x_2^2 + ... + x_n^2)}$

Nachdem wir die L2-Norm berechnet haben, können wir mit dem Normalisierungsprozess fortfahren. Dies wird erreicht, indem jedes einzelne Merkmal durch die berechnete L2-Norm geteilt wird:

$x\_normalisiert = x / ||x||_2$

Der resultierende normalisierte Vektor behält die gleichen Richtungseigenschaften wie das Original bei, hat aber eine Einheitslänge. Diese Transformation bietet mehrere Vorteile in Machine-Learning-Anwendungen. Zum Beispiel hilft sie dabei, den Einfluss von Ausreißern zu minimieren und stellt sicher, dass alle Merkmale unabhängig von ihrer ursprünglichen Skala gleichmäßig zum Modell beitragen.

Die L2-Normalisierung wird in verschiedenen Machine-Learning-Algorithmen weithin eingesetzt und ist besonders vorteilhaft bei der Arbeit mit dünn besetzten Vektoren. Ihre Popularität beruht auf ihrer Fähigkeit, die relative Bedeutung von Merkmalen zu bewahren und gleichzeitig ihre Größenordnungen zu standardisieren. Diese Eigenschaft macht sie besonders nützlich in Szenarien wie Textklassifizierung, Bilderkennung und Empfehlungssystemen, wo die Merkmalsskalierung die Modellleistung erheblich beeinflussen kann.

L2-Normalisierung Codebeispiel:

```
import numpy as np
import pandas as pd
from sklearn.preprocessing import Normalizer
from sklearn.model_selection import train_test_split
from sklearn.neighbors import KNeighborsClassifier
from sklearn.metrics import accuracy_score

# Create a sample dataset
np.random.seed(42)
X = np.random.rand(100, 3) * 100  # 100 samples, 3 features
y = np.random.randint(0, 2, 100)  # Binary classification

# Split the data
X_train, X_test, y_train, y_test = train_test_split(X, y, test_size=0.2,
random_state=42)

# Initialize L2 normalizer
l2_normalizer = Normalizer(norm='l2')

# Fit and transform the training data
X_train_normalized = l2_normalizer.fit_transform(X_train)

# Transform the test data
X_test_normalized = l2_normalizer.transform(X_test)

# Train KNN classifier on original data
knn_original = KNeighborsClassifier(n_neighbors=3)
knn_original.fit(X_train, y_train)
y_pred_original = knn_original.predict(X_test)

# Train KNN classifier on normalized data
knn_normalized = KNeighborsClassifier(n_neighbors=3)
knn_normalized.fit(X_train_normalized, y_train)
y_pred_normalized = knn_normalized.predict(X_test_normalized)

# Calculate accuracies
accuracy_original = accuracy_score(y_test, y_pred_original)
accuracy_normalized = accuracy_score(y_test, y_pred_normalized)

print("Original Data Accuracy:", accuracy_original)
print("L2 Normalized Data Accuracy:", accuracy_normalized)

# Display a sample of original and normalized data
sample_original = X_train[:5]
sample_normalized = X_train_normalized[:5]

print("\\nOriginal Data Sample:")
print(pd.DataFrame(sample_original, columns=['Feature 1', 'Feature 2', 'Feature 3']))

print("\\nL2 Normalized Data Sample:")
print(pd.DataFrame(sample_normalized, columns=['Feature 1', 'Feature 2', 'Feature
3']))
```

```
# Verify L2 norm
print("\\nL2 Norm of normalized samples:")
print(np.sqrt(np.sum(np.square(sample_normalized), axis=1)))
```

Code-Aufgliederung:

1. Datengenerierung: Wir erstellen einen synthetischen Datensatz mit 100 Proben und 3 Merkmalen sowie binären Klassifizierungslabels. Dies simuliert ein reales Szenario, bei dem Merkmale unterschiedliche Skalierungen aufweisen können.
2. Datenaufteilung: Mit train_test_split teilen wir unsere Daten in Trainings- und Testsets auf. Dies ist entscheidend für die Bewertung der Modellleistung auf ungesehenen Daten.
3. L2-Normalisierung: Wir initialisieren einen Normalizer mit norm='l2'. Dieser Normalisierer wird dann auf die Trainingsdaten angepasst und verwendet, um sowohl Trainings- als auch Testdaten zu transformieren.
4. Modelltraining: Wir trainieren zwei KNN-Klassifikatoren - einen mit den ursprünglichen Daten und einen mit den L2-normalisierten Daten. Dies ermöglicht uns den Vergleich der Modellleistung mit und ohne Normalisierung.
5. Vorhersage und Auswertung: Beide Modelle treffen Vorhersagen für ihre jeweiligen Testsets (original und normalisiert). Anschließend berechnen und vergleichen wir die Genauigkeitswerte, um die Auswirkung der L2-Normalisierung zu sehen.
6. Datenvisualisierung: Wir zeigen Beispiele der ursprünglichen und normalisierten Daten, um zu veranschaulichen, wie L2-Normalisierung die Merkmalswerte beeinflusst.
7. L2-Norm-Überprüfung: Wir berechnen die L2-Norm für jede normalisierte Probe, um zu verifizieren, dass sie nach der Normalisierung 1 beträgt.

Dieses Beispiel demonstriert den gesamten Prozess der Anwendung der L2-Normalisierung mit Scikit-learn, von der Datenvorbereitung bis zur Modellauswertung. Es zeigt, wie die Normalisierung die Modellleistung und Datenrepräsentation beeinflussen kann und bietet einen praktischen Kontext zum Verständnis der Auswirkungen der L2-Normalisierung in Machine-Learning-Workflows. Der Vergleich zwischen ursprünglichen und normalisierten Datengenauigkeiten verdeutlicht die potenziellen Vorteile der L2-Normalisierung bei der Verbesserung der Modellleistung, insbesondere für distanzbasierte Algorithmen wie KNN.

Die Wahl zwischen L1- und L2-Normalisierung hängt von den spezifischen Anforderungen Ihrer Machine-Learning-Aufgabe und der Beschaffenheit Ihrer Daten ab. Beide Methoden haben ihre Stärken und sind wertvolle Werkzeuge im Instrumentarium des Data Scientists zur Vorbereitung von Merkmalen für Analyse und Modelltraining.

3.5 Trainings-Test-Aufteilung und Kreuzvalidierung

Im Bereich des maschinellen Lernens ist es von entscheidender Bedeutung, die Fähigkeit eines Modells zur Generalisierung auf neue, ungesehene Daten genau einzuschätzen. Dieser Evaluierungsprozess hilft dabei, eine der häufigsten Herausforderungen in diesem Bereich zu identifizieren und zu mindern: das **Overfitting**. Overfitting tritt auf, wenn ein Modell übermäßig auf die Trainingsdaten zugeschnitten wird, sodass es bei bekannten Beispielen außergewöhnlich gut abschneidet, aber Schwierigkeiten hat, diese Leistung bei neuen Fällen aufrechtzuerhalten. Um diesem Problem entgegenzuwirken und eine robuste Modellleistung sicherzustellen, setzen Data Scientists zwei Haupttechniken ein: **Trainings-Test-Aufteilung** und **Kreuzvalidierung**.

Diese Methoden dienen als Eckpfeiler bei der Bewertung der Modellleistung und liefern wertvolle Einblicke in die Fähigkeit eines Modells, über seine Trainingsdaten hinaus zu generalisieren. Durch die systematische Anwendung dieser Techniken können Praktiker ein umfassenderes und verlässlicheres Verständnis davon gewinnen, wie ihre Modelle in realen Szenarien voraussichtlich abschneiden werden.

In diesem Abschnitt werden wir uns eingehend mit folgenden Aspekten befassen:

- **Trainings-Test-Aufteilung**: Dieser grundlegende Ansatz beinhaltet die Aufteilung des Datensatzes in separate Trainings- und Testuntergruppen. Er dient als unkomplizierte, aber effektive Methode zur Bewertung der Modellleistung auf ungesehenen Daten.
- **Kreuzvalidierung**: Eine ausgefeiltere Technik, die mehrere Durchläufe von Training und Tests auf verschiedenen Teilmengen der Daten umfasst. Diese Methode bietet eine robustere Bewertung der Modellleistung, indem sie den Einfluss von Datenaufteilungsverzerrungen reduziert.

Durch die gründliche Erforschung dieser Evaluierungstechniken möchten wir Sie mit dem Wissen und den Werkzeugen ausstatten, die notwendig sind, um genauere und zuverlässigere Einschätzungen der realen Leistungsfähigkeit Ihres Modells zu erhalten. Diese Methoden helfen nicht nur bei der Bewertung aktueller Modellfähigkeiten, sondern spielen auch eine entscheidende Rolle im iterativen Prozess der Modellverfeinerung und -optimierung.

3.5.1 Trainings-Test-Aufteilung

Die **Trainings-Test-Aufteilung** ist eine grundlegende Technik im maschinellen Lernen zur Bewertung der Modellleistung. Diese Methode umfasst die Aufteilung des Datensatzes in zwei separate Teilmengen, die jeweils eine entscheidende Rolle im Modellentwicklungsprozess spielen:

- **Trainingsset**: Dieser wesentliche Teil des Datensatzes dient als Grundlage für das Modelllernen. Er umfasst eine vielfältige Auswahl an Beispielen, die es dem Algorithmus ermöglichen, komplexe Muster zu erkennen, Korrelationen zwischen Merkmalen herzustellen und ein fundiertes Verständnis der zugrundeliegenden

Datenstruktur aufzubauen. Durch die Konfrontation des Modells mit einem umfassenden Satz an Trainingsbeispielen zielen wir darauf ab, seine Fähigkeit zur effektiven Generalisierung auf ungesehene Daten zu entwickeln.

- **Testset**: Diese sorgfältig ausgewählte Teilmenge der Daten spielt eine entscheidende Rolle bei der Bewertung der Generalisierungsfähigkeiten des Modells. Indem wir diese Beispiele während der Trainingsphase zurückhalten, schaffen wir die Möglichkeit, die Leistung des Modells an völlig neuen, ungesehenen Fällen zu evaluieren. Dieser Prozess simuliert reale Szenarien, in denen das Modell Vorhersagen für neue Daten treffen muss, und liefert wertvolle Einblicke in seine praktische Anwendbarkeit und potenzielle Grenzen.

Im Trainingsset entwickelt das Modell sein Verständnis der zugrundeliegenden Beziehungen zwischen Merkmalen und der Zielvariable. Das Testset fungiert währenddessen als Stellvertreter für neue, ungesehene Daten und liefert eine unvoreingenommene Einschätzung der Fähigkeit des Modells, über seine Trainingsbeispiele hinaus zu generalisieren. Diese Trennung ist entscheidend für die Erkennung von potenziellem Overfitting, bei dem ein Modell zwar gute Leistungen mit Trainingsdaten erzielt, aber bei neuen Fällen versagt.

Während das häufigste Aufteilungsverhältnis 80% für das Training und 20% für das Testen beträgt, kann dies je nach Datensatzgröße und spezifischen Anforderungen variieren. Größere Datensätze können eine 90-10-Aufteilung verwenden, um die Trainingsdaten zu maximieren, während kleinere Datensätze möglicherweise eine 70-30-Aufteilung wählen, um ein robustes Testset zu gewährleisten. Der Schlüssel liegt darin, ein Gleichgewicht zu finden zwischen ausreichend Daten für effektives Modelllernen und der Reservierung genügender Daten für eine zuverlässige Leistungsbewertung.

a. Anwendung der Trainings-Test-Aufteilung mit Scikit-learn

Die train_test_split()-Funktion von Scikit-learn bietet eine praktische und effiziente Möglichkeit, Ihren Datensatz in separate Trainings- und Test-Teilmengen aufzuteilen. Dieses essenzielle Werkzeug vereinfacht den Prozess der Datenvorbereitung für die Entwicklung und Evaluierung von Machine-Learning-Modellen. Hier folgt eine detailliertere Erläuterung seiner Funktionalität und Vorteile:

1. Automatische Aufteilung: Die Funktion übernimmt automatisch die Aufteilung Ihrer Daten und eliminiert die Notwendigkeit manueller Trennung. Dies spart Zeit und reduziert das Risiko menschlicher Fehler bei der Datenvorbereitung.

2. Anpassbare Aufteilungsverhältnisse: Sie können einfach den Anteil der Daten festlegen, der dem Testset zugewiesen werden soll, indem Sie den test_size-Parameter verwenden. Diese Flexibilität ermöglicht es Ihnen, die Aufteilung basierend auf Ihren spezifischen Bedürfnissen und der Datensatzgröße anzupassen.

3. Zufallsstichproben: Standardmäßig verwendet train_test_split() Zufallsstichproben zur Erstellung der Teilmengen, was eine faire Repräsentation der Daten in beiden Sets

gewährleistet. Dies hilft dabei, potenzielle Verzerrungen zu minimieren, die durch geordnete oder gruppierte Daten entstehen könnten.

4. Stratifizierte Aufteilung: Für Klassifikationsaufgaben bietet die Funktion eine stratifizierte Option, die das gleiche Verhältnis von Proben für jede Klasse sowohl im Trainings- als auch im Testset beibehält. Dies ist besonders nützlich bei unausgewogenen Datensätzen.

5. Reproduzierbarkeit: Durch das Festlegen eines Zufallszustands können Sie sicherstellen, dass bei jedem Ausführen Ihres Codes die gleiche Aufteilung generiert wird, was für reproduzierbare Forschung und konsistente Modellentwicklung entscheidend ist.

Durch die Nutzung dieser Funktionen ermöglicht train_test_split() Datenwissenschaftlern und Machine-Learning-Praktikern, ihre Daten schnell und zuverlässig für Modelltraining und -evaluierung vorzubereiten, was den gesamten Workflow von Machine-Learning-Projekten optimiert.

Beispiel: Trainings-Test-Aufteilung mit Scikit-learn

```
# Importing necessary libraries
from sklearn.model_selection import train_test_split, cross_val_score
from sklearn.preprocessing import StandardScaler
from sklearn.linear_model import LogisticRegression
from sklearn.metrics import accuracy_score, classification_report, confusion_matrix
import pandas as pd
import numpy as np
import matplotlib.pyplot as plt
import seaborn as sns

# Create a more comprehensive sample dataset
np.random.seed(42)
data = {
    'Age': np.random.randint(20, 60, 100),
    'Salary': np.random.randint(30000, 120000, 100),
    'Experience': np.random.randint(0, 20, 100),
    'Purchased': np.random.randint(0, 2, 100)
}
df = pd.DataFrame(data)

# Features (X) and target (y)
X = df[['Age', 'Salary', 'Experience']]
y = df['Purchased']

# Split the data into training and test sets (80-20 split)
X_train, X_test, y_train, y_test = train_test_split(X, y, test_size=0.2,
random_state=42, stratify=y)

# Feature scaling
scaler = StandardScaler()
```

```
X_train_scaled = scaler.fit_transform(X_train)
X_test_scaled = scaler.transform(X_test)

# Initialize and train the model
model = LogisticRegression(random_state=42)
model.fit(X_train_scaled, y_train)

# Make predictions
y_pred = model.predict(X_test_scaled)

# Evaluate the model
accuracy = accuracy_score(y_test, y_pred)
conf_matrix = confusion_matrix(y_test, y_pred)
class_report = classification_report(y_test, y_pred)

# Cross-validation
cv_scores = cross_val_score(model, X_train_scaled, y_train, cv=5)

# Print results
print("Model Accuracy:", accuracy)
print("\\nConfusion Matrix:\\n", conf_matrix)
print("\\nClassification Report:\\n", class_report)
print("\\nCross-validation Scores:", cv_scores)
print("Mean CV Score:", cv_scores.mean())

# Visualize confusion matrix
plt.figure(figsize=(8, 6))
sns.heatmap(conf_matrix, annot=True, fmt='d', cmap='Blues')
plt.title('Confusion Matrix')
plt.xlabel('Predicted')
plt.ylabel('Actual')
plt.show()

# Feature importance
feature_importance = pd.DataFrame({'Feature': X.columns, 'Importance':
abs(model.coef_[0])})
feature_importance = feature_importance.sort_values('Importance', ascending=False)
print("\\nFeature Importance:\\n", feature_importance)

# Visualize feature importance
plt.figure(figsize=(10, 6))
sns.barplot(x='Importance', y='Feature', data=feature_importance)
plt.title('Feature Importance')
plt.show()
```

Code-Aufschlüsselung:

1. Bibliotheken importieren: Wir importieren die erforderlichen Scikit-learn-Module für Modellauswahl, Vorverarbeitung und Evaluierung. Außerdem importieren wir pandas

für Datenmanipulation, numpy für numerische Operationen sowie matplotlib und seaborn für Visualisierungen.

2. Datensatz erstellen: Wir generieren einen umfassenderen Datensatz mit 100 Stichproben und 4 Merkmalen (Alter, Gehalt, Erfahrung und Gekauft) mithilfe von numpy's Zufallsfunktionen.
3. Datenaufteilung: Wir verwenden train_test_split, um unsere Daten in Trainings- (80%) und Test-Sets (20%) aufzuteilen. Der Parameter stratify=y stellt sicher, dass die Proportionen der Klassen in der Zielvariable in beiden Sets erhalten bleiben.
4. Feature-Skalierung: Wir verwenden StandardScaler zur Normalisierung unserer Merkmale. Dies ist wichtig für viele Machine-Learning-Algorithmen, einschließlich logistischer Regression, da es sicherstellt, dass alle Merkmale auf einer ähnlichen Skala liegen.
5. Modelltraining: Wir initialisieren ein LogisticRegression-Modell und trainieren es mit unseren skalierten Trainingsdaten.
6. Vorhersage: Wir verwenden das trainierte Modell, um Vorhersagen für die skalierten Testdaten zu treffen.
7. Modellevaluierung: Wir evaluieren das Modell anhand mehrerer Metriken:
   - Genauigkeitswert: Gibt die Gesamtgenauigkeit des Modells an.
   - Konfusionsmatrix: Zeigt die richtig positiven, richtig negativen, falsch positiven und falsch negativen Vorhersagen.
   - Klassifikationsbericht: Liefert Präzision, Recall und F1-Score für jede Klasse.
8. Kreuzvalidierung: Wir führen eine 5-fache Kreuzvalidierung mit cross_val_score durch, um eine robustere Einschätzung der Modellleistung zu erhalten.
9. Visualisierung: Wir verwenden seaborn, um eine Heatmap der Konfusionsmatrix zu erstellen, die eine visuelle Darstellung der Modellleistung bietet.
10. Merkmalswichtigkeit: Wir extrahieren und visualisieren die Merkmalswichtigkeit aus dem logistischen Regressionsmodell. Dies hilft beim Verständnis, welche Merkmale den größten Einfluss auf die Vorhersagen haben.

Dieses Code-Beispiel demonstriert einen umfassenderen Ansatz für Modelltraining, -evaluierung und -interpretation mit Scikit-learn. Es beinhaltet zusätzliche Schritte wie Feature-Skalierung, Kreuzvalidierung und Ergebnisvisualisierung, die in realen Machine-Learning-Workflows entscheidend sind.

b. Bewertung der Modellleistung auf dem Testset

Sobald die Trainings-Test-Aufteilung abgeschlossen ist, können Sie mit den entscheidenden Schritten des Modelltrainings und der Evaluierung fortfahren. Dieser Prozess umfasst mehrere wichtige Phasen:

- **Modelltraining:** Mit dem Trainingsset füttern Sie Ihren ausgewählten Machine-Learning-Algorithmus. In dieser Phase lernt das Modell Muster und Zusammenhänge in den Daten und passt seine internen Parameter an, um Fehler zu minimieren.
- **Vorhersagen treffen:** Nach dem Training verwenden Sie das Modell, um Vorhersagen für das Testset zu treffen. Dieser Schritt ist entscheidend, da er simuliert, wie das Modell mit neuen, ungesehenen Daten umgeht.
- **Leistungsbewertung:** Durch den Vergleich der Modellvorhersagen auf dem Testset mit den tatsächlichen Werten können Sie seine Leistung bewerten. Diese Evaluierung umfasst typischerweise die Berechnung verschiedener Metriken wie Genauigkeit, Präzision, Recall oder mittlerer quadratischer Fehler, je nach Art des Problems (Klassifikation oder Regression).
- **Ergebnisinterpretation:** Die Leistung auf dem Testset liefert eine Einschätzung, wie gut das Modell wahrscheinlich auf neue, ungesehene Daten generalisieren wird. Diese Erkenntnis ist entscheidend, um zu bestimmen, ob das Modell einsatzbereit ist oder weitere Verfeinerung benötigt.

Dieser systematische Ansatz des Trainings auf einer Teilmenge der Daten und der Evaluierung auf einer anderen hilft dabei, Überanpassung zu erkennen und zu verhindern, wodurch sichergestellt wird, dass Ihr Modell nicht nur bei bekannten Daten, sondern auch bei neuen, ungesehenen Fällen gute Leistungen erbringt.

Beispiel: Training und Test eines logistischen Regressionsmodells

```
# Importing necessary libraries
from sklearn.model_selection import train_test_split
from sklearn.linear_model import LogisticRegression
from sklearn.metrics import accuracy_score, classification_report, confusion_matrix
from sklearn.preprocessing import StandardScaler
import numpy as np
import matplotlib.pyplot as plt
import seaborn as sns

# Generate sample data
np.random.seed(42)
X = np.random.rand(1000, 2)
y = (X[:, 0] + X[:, 1] > 1).astype(int)

# Split the data into training and testing sets
X_train, X_test, y_train, y_test = train_test_split(X, y, test_size=0.2, random_state=42)

# Scale the features
```

```
scaler = StandardScaler()
X_train_scaled = scaler.fit_transform(X_train)
X_test_scaled = scaler.transform(X_test)

# Initialize and train the model
model = LogisticRegression(random_state=42)
model.fit(X_train_scaled, y_train)

# Make predictions on the test data
y_pred = model.predict(X_test_scaled)

# Evaluate the model's performance
accuracy = accuracy_score(y_test, y_pred)
conf_matrix = confusion_matrix(y_test, y_pred)
class_report = classification_report(y_test, y_pred)

print(f"Test Accuracy: {accuracy:.2f}")
print("\\nConfusion Matrix:")
print(conf_matrix)
print("\\nClassification Report:")
print(class_report)

# Visualize the decision boundary
plt.figure(figsize=(10, 8))
x_min, x_max = X[:, 0].min() - .5, X[:, 0].max() + .5
y_min, y_max = X[:, 1].min() - .5, X[:, 1].max() + .5
xx, yy = np.meshgrid(np.arange(x_min, x_max, .02),
                     np.arange(y_min, y_max, .02))
Z = model.predict(scaler.transform(np.c_[xx.ravel(), yy.ravel()]))
Z = Z.reshape(xx.shape)
plt.contourf(xx, yy, Z, alpha=0.4)
plt.scatter(X[:, 0], X[:, 1], c=y, alpha=0.8)
plt.xlabel("Feature 1")
plt.ylabel("Feature 2")
plt.title("Logistic Regression Decision Boundary")
plt.show()
```

Code-Aufschlüsselung:

1. Bibliotheken importieren: Wir importieren die erforderlichen Module aus scikit-learn für Modelltraining, Evaluierung und Vorverarbeitung. Außerdem importieren wir numpy für numerische Operationen sowie matplotlib und seaborn für die Visualisierung.

2. Beispieldaten generieren: Wir erstellen einen synthetischen Datensatz mit 1000 Stichproben und 2 Merkmalen. Die Zielvariable ist binär und wird dadurch bestimmt, ob die Summe der beiden Merkmale größer als 1 ist.

3. Datenaufteilung: Wir verwenden train_test_split, um unsere Daten in Trainings- (80%) und Test-Sets (20%) aufzuteilen. Dies ermöglicht uns zu beurteilen, wie gut unser Modell auf ungesehene Daten generalisiert.
4. Feature-Skalierung: Wir wenden StandardScaler zur Normalisierung unserer Merkmale an. Dieser Schritt ist entscheidend für die logistische Regression, da er sicherstellt, dass alle Merkmale gleichwertig zum Modell beitragen und die Konvergenz des Optimierungsalgorithmus verbessert.
5. Modelltraining: Wir initialisieren ein LogisticRegression-Modell mit einem festen Zufallszustand für Reproduzierbarkeit und trainieren es mit unseren skalierten Trainingsdaten.
6. Vorhersage: Wir verwenden das trainierte Modell, um Vorhersagen für die skalierten Testdaten zu treffen.
7. Modellevaluierung: Wir evaluieren das Modell anhand mehrerer Metriken:
   - Genauigkeitswert: Gibt die Gesamtgenauigkeit des Modells an.
   - Konfusionsmatrix: Zeigt die richtig positiven, richtig negativen, falsch positiven und falsch negativen Vorhersagen.
   - Klassifikationsbericht: Liefert Präzision, Recall und F1-Score für jede Klasse.
8. Visualisierung: Wir erstellen eine Grafik zur Visualisierung der Entscheidungsgrenze unseres logistischen Regressionsmodells. Dies hilft beim Verständnis, wie das Modell die beiden Klassen im Feature-Raum trennt.

Dieses Beispiel zeigt einen umfassenderen Ansatz für Modelltraining, -evaluierung und -interpretation. Es beinhaltet zusätzliche Schritte wie Datengenerierung, Feature-Skalierung und Visualisierung der Entscheidungsgrenze, die in realen Machine-Learning-Workflows entscheidend sind. Besonders die Visualisierung bietet wertvolle Einblicke darin, wie das Modell seine Klassifikationen basierend auf den Eingabemerkmalen trifft.

3.5.2 Kreuzvalidierung

Während die Trainings-Test-Aufteilung eine gute erste Einschätzung der Modellleistung liefert, hat sie Einschränkungen, besonders bei kleineren Datensätzen. Das Hauptproblem liegt in der potenziell hohen Varianz der Leistungsmetriken, je nachdem wie die Daten aufgeteilt werden. Diese Variabilität kann zu unzuverlässigen oder irreführenden Ergebnissen führen, da die Modellleistung basierend auf einer einzelnen, möglicherweise nicht repräsentativen Aufteilung zu optimistisch oder pessimistisch ausfallen könnte.

Um diese Einschränkungen zu adressieren und eine robustere Evaluierung der Modellleistung zu erhalten, greifen Datenwissenschaftler auf **Kreuzvalidierung** zurück. Diese Technik bietet mehrere Vorteile:

- Reduzierte Varianz: Durch die Verwendung mehrerer Datenaufteilungen liefert die Kreuzvalidierung eine stabilere und zuverlässigere Schätzung der Modellleistung.
- Effiziente Datennutzung: Sie ermöglicht die Nutzung des gesamten Datensatzes sowohl für Training als auch für Tests, was besonders bei begrenzten Daten vorteilhaft ist.
- Erkennung von Überanpassung: Kreuzvalidierung hilft bei der Identifizierung von Überanpassung des Modells an die Trainingsdaten durch Evaluierung seiner Leistung auf mehreren Testsets.

Kreuzvalidierung erreicht diese Vorteile durch systematische Rotation der Rollen von Trainings- und Testsets über den gesamten Datensatz. Dieser Ansatz stellt sicher, dass jede Beobachtung die Gelegenheit erhält, Teil sowohl des Trainings- als auch des Testsets zu sein, was einen umfassenden Überblick über die Generalisierungsfähigkeiten des Modells bietet.

Unter den verschiedenen Kreuzvalidierungstechniken sticht die **k-fache Kreuzvalidierung** als die am häufigsten verwendete Methode hervor. Dieser Ansatz umfasst:

- Aufteilung des Datensatzes in 'k' gleich große Teilmengen oder Folds.
- Iterative Verwendung von k-1 Folds für das Training und des verbleibenden Folds für das Testen.
- Wiederholung dieses Prozesses k-mal, wobei sichergestellt wird, dass jeder Fold genau einmal als Testset dient.
- Mittelung der Leistungsmetriken über alle k Iterationen, um eine finale Schätzung der Modellleistung zu erhalten.

Durch den Einsatz der k-fachen Kreuzvalidierung können Forscher und Praktiker ein zuverlässigeres und umfassenderes Verständnis der Modellleistung gewinnen, was zu fundierteren Entscheidungen im Modellentwicklungsprozess führt.

a. k-fache Kreuzvalidierung

Bei der **k-fachen Kreuzvalidierung** durchläuft der Datensatz einen systematischen Partitionierungsprozess, der in k gleich große Teilmengen, auch als Folds bezeichnet, resultiert. Diese Methode verwendet einen iterativen Ansatz, bei dem das Modell auf k-1 Folds trainiert wird, während es gleichzeitig auf dem verbleibenden Fold evaluiert wird.

Diese umfassende Prozedur wird sorgfältig k-mal wiederholt, wobei sichergestellt wird, dass jeder Fold genau einmal während des gesamten Prozesses die Rolle des Testsets übernimmt. Der Höhepunkt dieser gründlichen Evaluierung besteht in der Berechnung der durchschnittlichen Leistung über alle k Iterationen, was eine robuste und unvoreingenommene Schätzung der Gesamtleistung des Modells liefert.

Um dieses Konzept weiter zu veranschaulichen, betrachten wir den Fall einer 5-fachen Kreuzvalidierung. In diesem Szenario wird der Datensatz strategisch in fünf verschiedene Folds aufgeteilt. Das Modell durchläuft dann eine Serie von fünf Trainings- und Testzyklen, wobei jede Iteration einen anderen Fold als designiertes Testset verwendet.

Dieser Ansatz gewährleistet eine gründliche Bewertung der Modellleistung über verschiedene Datenuntergruppen hinweg und liefert einen verlässlicheren Hinweis auf seine Generalisierungsfähigkeiten. Durch die Rotation des Testsets durch alle verfügbaren Folds mindert die 5-fache Kreuzvalidierung die potenzielle Verzerrung, die aus einer einzelnen, willkürlichen Trainings-Test-Aufteilung entstehen könnte, und bietet eine umfassendere Evaluierung der Vorhersagekraft des Modells.

Anwendung der k-fachen Kreuzvalidierung mit Scikit-learn

Scikit-learn bietet ein leistungsfähiges und praktisches Werkzeug zur Implementierung der k-fachen Kreuzvalidierung in Form der cross_val_score()-Funktion. Diese vielseitige Funktion vereinfacht den Prozess der Datensatzpartitionierung, des Modelltrainings auf mehreren Teilmengen und der Evaluierung seiner Leistung über verschiedene Folds hinweg.

Durch die Nutzung dieser Funktion können Datenwissenschaftler effizient die Generalisierungsfähigkeiten ihres Modells bewerten und eine robustere Schätzung seiner Vorhersagekraft erhalten.

Beispiel: k-fache Kreuzvalidierung mit Scikit-learn

```
import numpy as np
import pandas as pd
from sklearn.model_selection import cross_val_score, KFold
from sklearn.linear_model import LogisticRegression
from sklearn.preprocessing import StandardScaler
from sklearn.pipeline import make_pipeline
from sklearn.metrics import accuracy_score, precision_score, recall_score, f1_score
import matplotlib.pyplot as plt

# Generate sample data
np.random.seed(42)
X = np.random.rand(1000, 2)
y = (X[:, 0] + X[:, 1] > 1).astype(int)

# Convert to DataFrame for better handling
df = pd.DataFrame(X, columns=['Feature1', 'Feature2'])
df['Target'] = y

# Initialize the pipeline with scaling and model
pipeline = make_pipeline(StandardScaler(), LogisticRegression())

# Set up k-fold cross-validation
k_folds = 5
kf = KFold(n_splits=k_folds, shuffle=True, random_state=42)

# Perform k-fold cross-validation
```

```
cv_scores = cross_val_score(pipeline, df[['Feature1', 'Feature2']], df['Target'], cv=kf, scoring='accuracy')

# Calculate additional metrics
precision_scores = cross_val_score(pipeline, df[['Feature1', 'Feature2']], df['Target'], cv=kf, scoring='precision')
recall_scores = cross_val_score(pipeline, df[['Feature1', 'Feature2']], df['Target'], cv=kf, scoring='recall')
f1_scores = cross_val_score(pipeline, df[['Feature1', 'Feature2']], df['Target'], cv=kf, scoring='f1')

# Print the scores for each fold and the average
print("Cross-Validation Scores:")
for fold, (accuracy, precision, recall, f1) in enumerate(zip(cv_scores, precision_scores, recall_scores, f1_scores), 1):
    print(f"Fold {fold}:")
    print(f"  Accuracy: {accuracy:.4f}")
    print(f"  Precision: {precision:.4f}")
    print(f"  Recall: {recall:.4f}")
    print(f"  F1-Score: {f1:.4f}")
    print()

print(f"Average Cross-Validation Metrics:")
print(f"  Accuracy: {cv_scores.mean():.4f} (+/- {cv_scores.std() * 2:.4f})")
print(f"  Precision: {precision_scores.mean():.4f} (+/- {precision_scores.std() * 2:.4f})")
print(f"  Recall: {recall_scores.mean():.4f} (+/- {recall_scores.std() * 2:.4f})")
print(f"  F1-Score: {f1_scores.mean():.4f} (+/- {f1_scores.std() * 2:.4f})")

# Visualize the cross-validation results
plt.figure(figsize=(10, 6))
plt.boxplot([cv_scores, precision_scores, recall_scores, f1_scores],
            labels=['Accuracy', 'Precision', 'Recall', 'F1-Score'])
plt.title('Cross-Validation Metrics')
plt.ylabel('Score')
plt.show()
```

Code-Aufschlüsselung und Erläuterung:

1. Bibliotheken importieren: Wir importieren die erforderlichen Bibliotheken, darunter numpy für numerische Operationen, pandas für Datenmanipulation, verschiedene sklearn-Module für Machine-Learning-Aufgaben und matplotlib für die Visualisierung.
2. Datengenerierung: Wir erstellen einen synthetischen Datensatz mit 1000 Stichproben, 2 Merkmalen und einer binären Zielvariable. Die Daten werden dann in einen pandas DataFrame für eine einfachere Handhabung umgewandelt.
3. Pipeline-Einrichtung: Wir erstellen eine Pipeline, die StandardScaler für die Merkmalsskalierung und LogisticRegression als Modell enthält. Dies gewährleistet,

dass die Skalierung während der Kreuzvalidierung über alle Folds hinweg einheitlich angewendet wird.

4. Kreuzvalidierung-Einrichtung: Wir verwenden KFold, um eine 5-fache Kreuzvalidierung mit Durchmischung zur Randomisierung einzurichten.
5. Durchführung der Kreuzvalidierung: Wir verwenden cross_val_score, um die Kreuzvalidierung für mehrere Metriken durchzuführen: Genauigkeit, Präzision, Recall und F1-Score. Dies gibt uns einen umfassenderen Einblick in die Modellleistung.
6. Ergebnisse ausgeben: Wir geben detaillierte Ergebnisse für jeden Fold aus, einschließlich aller vier Metriken. Dies ermöglicht uns zu sehen, wie die Modellleistung über verschiedene Datenuntergruppen variiert.
7. Durchschnittliche Metriken: Wir berechnen und geben den Mittelwert und die Standardabweichung jeder Metrik über alle Folds hinweg aus. Die Standardabweichung gibt uns einen Einblick in die Stabilität des Modells über verschiedene Datenaufteilungen hinweg.
8. Visualisierung: Wir erstellen einen Box-Plot zur Visualisierung der Verteilung jeder Metrik über die Folds hinweg. Dies bietet eine schnelle, visuelle Möglichkeit, die Metriken zu vergleichen und ihre Variabilität zu sehen.

Dieses Code-Beispiel bietet einen umfassenden Ansatz zur Kreuzvalidierung durch:

- Verwendung einer Pipeline zur Gewährleistung einer konsistenten Vorverarbeitung über alle Folds hinweg
- Berechnung mehrerer Leistungsmetriken für eine ausgewogenere Bewertung
- Bereitstellung detaillierter Ergebnisse für jeden Fold
- Einbeziehung von Standardabweichungen zur Bewertung der Leistungsstabilität
- Visualisierung der Ergebnisse für eine einfachere Interpretation

Dieser Ansatz ermöglicht ein wesentlich umfassenderes Verständnis der Modellleistung und -stabilität über verschiedene Datenuntergruppen hinweg, was für eine zuverlässige Modellbewertung entscheidend ist.

3.5.3 Stratifizierte Kreuzvalidierung

Bei Klassifikationsproblemen, insbesondere beim Umgang mit **unbalancierten Datensätzen** (bei denen eine Klasse viel häufiger vorkommt als die andere), ist es wichtig sicherzustellen, dass jeder Fold in der Kreuzvalidierung eine ähnliche Klassenverteilung aufweist. Dies ist besonders wichtig, da die Standard-k-Fold-Kreuzvalidierung in solchen Fällen zu verzerrten Ergebnissen führen kann.

Betrachten wir zum Beispiel ein binäres Klassifikationsproblem, bei dem nur 10% der Stichproben zur positiven Klasse gehören. Wenn wir reguläre k-Fold-Kreuzvalidierung verwenden, könnten wir Folds mit deutlich unterschiedlichen Klassenverteilungen erhalten. Einige Folds könnten 15% positive Stichproben haben, während andere nur 5% haben. Diese Diskrepanz kann zu unzuverlässigen Schätzungen der Modellleistung führen.

Die **stratifizierte k-Fold-Kreuzvalidierung** adressiert dieses Problem, indem sie sicherstellt, dass die Proportion jeder Klasse über alle Folds hinweg beibehalten wird. Diese Methode funktioniert wie folgt:

- Sie berechnet zunächst die gesamte Klassenverteilung im kompletten Datensatz.
- Dann erstellt sie Folds so, dass jeder Fold ungefähr den gleichen Anteil an Stichproben für jede Klasse wie der gesamte Datensatz hat.
- Dieser Prozess stellt sicher, dass jeder Fold hinsichtlich der Klassenverteilung repräsentativ für den gesamten Datensatz ist.

Durch die Beibehaltung konstanter Klassenproportionen über alle Folds hinweg bietet die stratifizierte k-Fold-Kreuzvalidierung mehrere Vorteile:

- Sie reduziert Verzerrungen im Evaluierungsprozess, besonders bei unbalancierten Datensätzen.
- Sie liefert eine zuverlässigere Schätzung der Modellleistung über verschiedene Datenuntergruppen hinweg.
- Sie hilft bei der Erkennung von Überanpassung, da das Modell auf verschiedenen repräsentativen Teilmengen der Daten getestet wird.

Dieser Ansatz ist besonders wertvoll in realen Szenarien, in denen Klassenungleichgewicht häufig vorkommt, wie bei der Betrugserkennung, der Diagnose seltener Krankheiten oder der Anomalieerkennung in industriellen Prozessen. Durch die Verwendung stratifizierter k-Fold-Kreuzvalidierung können Data Scientists robustere und vertrauenswürdigere Bewertungen ihrer Klassifikationsmodelle erhalten, was zu besseren Entscheidungen bei der Modellauswahl und -implementierung führt.

Anwendung der stratifizierten k-Fold-Kreuzvalidierung mit Scikit-learn

Scikit-learn bietet ein leistungsfähiges Werkzeug zur Implementierung der stratifizierten Kreuzvalidierung durch seine StratifiedKFold-Klasse. Diese Methode stellt sicher, dass der Anteil der Stichproben für jede Klasse über alle Folds hinweg ungefähr gleich ist, was sie besonders nützlich für unbalancierte Datensätze macht.

Durch die Beibehaltung konsistenter Klassenverteilungen hilft StratifiedKFold dabei, zuverlässigere und repräsentativere Leistungsschätzungen für Klassifikationsmodelle zu erstellen.

Beispiel: Stratifizierte k-Fold-Kreuzvalidierung mit Scikit-learn

```
import numpy as np
import pandas as pd
from sklearn.model_selection import StratifiedKFold
from sklearn.linear_model import LogisticRegression
from sklearn.preprocessing import StandardScaler
from sklearn.pipeline import make_pipeline
from sklearn.metrics import accuracy_score, precision_score, recall_score, f1_score
import matplotlib.pyplot as plt

# Generate sample data
np.random.seed(42)
X = np.random.rand(1000, 2)
y = (X[:, 0] + X[:, 1] > 1).astype(int)

# Convert to DataFrame for better handling
df = pd.DataFrame(X, columns=['Feature1', 'Feature2'])
df['Target'] = y

# Initialize StratifiedKFold with 5 folds
strat_kfold = StratifiedKFold(n_splits=5, shuffle=True, random_state=42)

# Initialize the pipeline with scaling and model
pipeline = make_pipeline(StandardScaler(), LogisticRegression())

# Lists to store performance metrics
accuracies = []
precisions = []
recalls = []
f1_scores = []

# Perform stratified cross-validation manually
for fold, (train_index, test_index) in enumerate(strat_kfold.split(df[['Feature1',
'Feature2']], df['Target']), 1):
    X_train, X_test = df.iloc[train_index][['Feature1', 'Feature2']],
df.iloc[test_index][['Feature1', 'Feature2']]
    y_train, y_test = df.iloc[train_index]['Target'], df.iloc[test_index]['Target']

    # Train the model
    pipeline.fit(X_train, y_train)

    # Predict on the test set
    y_pred = pipeline.predict(X_test)

    # Calculate performance metrics
    accuracy = accuracy_score(y_test, y_pred)
    precision = precision_score(y_test, y_pred)
    recall = recall_score(y_test, y_pred)
    f1 = f1_score(y_test, y_pred)

    # Store metrics
    accuracies.append(accuracy)
    precisions.append(precision)
```

```
    recalls.append(recall)
    f1_scores.append(f1)

    print(f"Fold {fold}:")
    print(f"  Accuracy: {accuracy:.4f}")
    print(f"  Precision: {precision:.4f}")
    print(f"  Recall: {recall:.4f}")
    print(f"  F1-Score: {f1:.4f}")
    print()

# Calculate and print average metrics
print("Average Performance:")
print(f"  Accuracy: {np.mean(accuracies):.4f} (+/- {np.std(accuracies) * 2:.4f})")
print(f"  Precision: {np.mean(precisions):.4f} (+/- {np.std(precisions) * 2:.4f})")
print(f"  Recall: {np.mean(recalls):.4f} (+/- {np.std(recalls) * 2:.4f})")
print(f"  F1-Score: {np.mean(f1_scores):.4f} (+/- {np.std(f1_scores) * 2:.4f})")

# Visualize the cross-validation results
plt.figure(figsize=(10, 6))
plt.boxplot([accuracies, precisions, recalls, f1_scores],
            labels=['Accuracy', 'Precision', 'Recall', 'F1-Score'])
plt.title('Stratified Cross-Validation Metrics')
plt.ylabel('Score')
plt.show()
```

Code-Aufschlüsselung:

1. Bibliotheken importieren: Wir importieren die erforderlichen Scikit-learn-Module zusammen mit NumPy, Pandas und Matplotlib für die Datenmanipulation und -visualisierung.
2. Datengenerierung: Wir erstellen einen synthetischen Datensatz mit 1000 Stichproben, 2 Merkmalen und einer binären Zielvariable. Die Daten werden in ein Pandas DataFrame konvertiert, um sie einfacher zu verarbeiten.
3. StratifiedKFold-Einrichtung: Wir initialisieren StratifiedKFold mit 5 Folds und stellen sicher, dass der Anteil der Stichproben für jede Klasse über alle Folds hinweg ungefähr gleich ist. Der Parameter 'shuffle=True' mischt die Daten vor der Aufteilung zufällig.
4. Pipeline-Einrichtung: Wir erstellen eine Pipeline, die StandardScaler für die Merkmalsskalierung und LogisticRegression als Modell enthält. Dies gewährleistet eine einheitliche Vorverarbeitung über alle Folds hinweg.
5. Kreuzvalidierungs-Schleife: Wir implementieren den stratifizierten Kreuzvalidierungsprozess manuell. Für jeden Fold:
    - Teilen wir die Daten in Trainings- und Testsets auf, indem wir die von StratifiedKFold bereitgestellten Indizes verwenden.

    - Trainieren wir die Pipeline mit den Trainingsdaten und erstellen Vorhersagen für die Testdaten.
    - Berechnen und speichern wir mehrere Leistungsmetriken: Genauigkeit, Präzision, Recall und F1-Score.
6. Leistungsmetriken: Wir verwenden Scikit-learns Metrikfunktionen (accuracy_score, precision_score, recall_score, f1_score), um die Modellleistung für jeden Fold zu bewerten.
7. Ergebnisberichterstattung: Wir geben detaillierte Ergebnisse für jeden Fold aus, einschließlich aller vier Metriken. Dies ermöglicht uns zu sehen, wie die Modellleistung über verschiedene Teilmengen der Daten variiert.
8. Durchschnittliche Metriken: Wir berechnen und drucken den Mittelwert und die Standardabweichung jeder Metrik über alle Folds hinweg. Die Standardabweichung gibt uns einen Einblick in die Stabilität des Modells über verschiedene Datenaufteilungen hinweg.
9. Visualisierung: Wir erstellen einen Box-Plot mit Matplotlib, um die Verteilung jeder Metrik über die Folds zu visualisieren. Dies bietet eine schnelle, visuelle Möglichkeit, die Metriken zu vergleichen und ihre Variabilität zu sehen.

Dieses umfassende Beispiel demonstriert die Verwendung von Scikit-learns StratifiedKFold für eine robuste Kreuzvalidierung, die besonders nützlich für unbalancierte Datensätze ist. Es zeigt:

- Korrekte Datenaufteilung mittels Stratifizierung
- Verwendung einer Vorverarbeitungs- und Modell-Pipeline
- Berechnung mehrerer Leistungsmetriken
- Detaillierte Berichterstattung der Leistung pro Fold und im Durchschnitt
- Visualisierung der Ergebnisse für eine einfachere Interpretation

Durch die Verwendung dieses Ansatzes können Data Scientists eine gründlichere und zuverlässigere Bewertung der Modellleistung über verschiedene Teilmengen der Daten hinweg erhalten, was zu fundierteren Entscheidungen bei der Modellauswahl und -verfeinerung führt.

3.5.4 Verschachtelte Kreuzvalidierung für Hyperparameter-Tuning

Bei der Optimierung von Hyperparametern mittels Techniken wie **Grid Search** oder **Random Search** besteht die Möglichkeit, dass eine Überanpassung an das in der Kreuzvalidierung verwendete Validierungsset erfolgt. Dies geschieht, weil die Hyperparameter des Modells basierend auf der Leistung auf diesem Validierungsset optimiert werden, was potenziell zu einem Modell führen kann, das auf den Validierungsdaten gut, aber auf ungesehenen Daten schlecht abschneidet. Um dieses Problem zu mindern und eine robustere Schätzung der Modellleistung zu erhalten, können wir **verschachtelte Kreuzvalidierung** einsetzen.

Verschachtelte Kreuzvalidierung ist ein umfassenderer Ansatz, der zwei Ebenen der Kreuzvalidierung umfasst:

- Die äußere Schleife führt die Kreuzvalidierung durch, um die Gesamtleistung des Modells zu bewerten. Diese Schleife teilt die Daten mehrfach in Trainings- und Testsets auf und liefert eine unvoreingenommene Schätzung der Generalisierungsfähigkeit des Modells.
- Die innere Schleife führt das Hyperparameter-Tuning mittels Techniken wie Grid Search oder Random Search durch. Diese Schleife arbeitet mit den Trainingsdaten aus der äußeren Schleife und teilt diese weiter in Trainings- und Validierungssets auf, um die Hyperparameter des Modells zu optimieren.

Durch die Verwendung der verschachtelten Kreuzvalidierung können wir:

- Eine zuverlässigere Schätzung der Modellleistung auf ungesehenen Daten erhalten
- Das Risiko der Überanpassung an das Validierungsset reduzieren
- Die Stabilität des Hyperparameter-Tuning-Prozesses über verschiedene Datenaufteilungen hinweg bewerten
- Erkenntnisse darüber gewinnen, wie gut die gewählte Hyperparameter-Tuning-Methode auf verschiedene Teilmengen der Daten generalisiert

Dieser Ansatz ist besonders wertvoll bei der Arbeit mit kleinen bis mittleren Datensätzen oder wenn die Wahl der Hyperparameter die Modellleistung signifikant beeinflusst. Es ist jedoch wichtig zu beachten, dass verschachtelte Kreuzvalidierung rechenintensiv sein kann, besonders bei großen Datensätzen oder komplexen Modellen mit vielen zu optimierenden Hyperparametern.

Anwendung der verschachtelten Kreuzvalidierung mit Scikit-learn

Scikit-learn bietet leistungsfähige Werkzeuge zur Implementierung der verschachtelten Kreuzvalidierung, die die Robustheit der Kreuzvalidierung mit der Flexibilität des Hyperparameter-Tunings verbindet. Durch die Verwendung der GridSearchCV-Klasse in Verbindung mit der cross_val_score-Funktion können Data Scientists eine umfassende Bewertung ihrer Modelle durchführen und gleichzeitig Hyperparameter optimieren.

Dieser Ansatz stellt sicher, dass die Modellleistung auf wirklich ungesehenen Daten bewertet wird und liefert eine zuverlässigere Schätzung seiner Generalisierungsfähigkeiten.

Beispiel: Verschachtelte Kreuzvalidierung mit Scikit-learn

```
import numpy as np
import pandas as pd
from sklearn.model_selection import GridSearchCV, cross_val_score, train_test_split
from sklearn.linear_model import LogisticRegression
from sklearn.preprocessing import StandardScaler
```

```
from sklearn.pipeline import make_pipeline
from sklearn.metrics import accuracy_score, precision_score, recall_score, f1_score
import matplotlib.pyplot as plt

# Generate sample data
np.random.seed(42)
X = np.random.rand(1000, 2)
y = (X[:, 0] + X[:, 1] > 1).astype(int)

# Split data into training and testing sets
X_train, X_test, y_train, y_test = train_test_split(X, y, test_size=0.2,
random_state=42)

# Define the pipeline
pipeline = make_pipeline(StandardScaler(), LogisticRegression())

# Define the parameter grid for grid search
param_grid = {
    'logisticregression__C': [0.1, 1, 10],
    'logisticregression__solver': ['liblinear', 'lbfgs']
}

# Initialize GridSearchCV with 5-fold cross-validation
grid_search = GridSearchCV(pipeline, param_grid, cv=5, scoring='accuracy', n_jobs=-1)

# Perform nested cross-validation with 5 outer folds
nested_scores = cross_val_score(grid_search, X_train, y_train, cv=5,
scoring='accuracy')

# Fit the GridSearchCV on the entire training data
grid_search.fit(X_train, y_train)

# Make predictions on the test set
y_pred = grid_search.predict(X_test)

# Calculate performance metrics
accuracy = accuracy_score(y_test, y_pred)
precision = precision_score(y_test, y_pred)
recall = recall_score(y_test, y_pred)
f1 = f1_score(y_test, y_pred)

# Print results
print("Nested Cross-Validation Scores:", nested_scores)
print(f"Average Nested CV Accuracy: {nested_scores.mean():.4f} (+/-
{nested_scores.std() * 2:.4f})")
print(f"\\nBest parameters: {grid_search.best_params_}")
print(f"Best cross-validation score: {grid_search.best_score_:.4f}")
print(f"\\nTest set performance:")
print(f"Accuracy: {accuracy:.4f}")
print(f"Precision: {precision:.4f}")
print(f"Recall: {recall:.4f}")
print(f"F1-score: {f1:.4f}")
```

```
# Visualize nested cross-validation results
plt.figure(figsize=(10, 6))
plt.boxplot(nested_scores)
plt.title('Nested Cross-Validation Accuracy Scores')
plt.ylabel('Accuracy')
plt.show()
```

Code-Aufschlüsselung und Erläuterung:

1. Bibliotheken importieren: Wir importieren die erforderlichen Module aus Scikit-learn, NumPy, Pandas und Matplotlib für Datenmanipulation, Modellerstellung, Evaluation und Visualisierung.
2. Datengenerierung: Wir erstellen einen synthetischen Datensatz mit 1000 Proben und 2 Merkmalen. Die Zielvariable ist binär und wird dadurch bestimmt, ob die Summe der beiden Merkmale größer als 1 ist.
3. Datenaufteilung: Wir teilen die Daten mit train_test_split in Trainings- und Testsets auf, wobei 20% für Tests reserviert werden.
4. Pipeline-Einrichtung: Wir erstellen eine Pipeline, die StandardScaler für die Merkmalsskalierung und LogisticRegression als Modell enthält. Dies gewährleistet eine einheitliche Vorverarbeitung über alle Folds und während der finalen Evaluation.
5. Parameter-Grid: Wir definieren ein Parameter-Grid für die Rastersuche, einschließlich verschiedener Werte für den Regularisierungsparameter C und Solver-Typen für LogisticRegression.
6. GridSearchCV-Initialisierung: Wir richten GridSearchCV mit 5-facher Kreuzvalidierung ein und verwenden Genauigkeit als Bewertungsmetrik. Der Parameter n_jobs=-1 ermöglicht die Nutzung aller verfügbaren CPU-Kerne für schnellere Berechnungen.
7. Verschachtelte Kreuzvalidierung: Wir führen die verschachtelte Kreuzvalidierung mit cross_val_score mit 5 äußeren Folds durch. Dies gibt uns eine unvoreingenommene Schätzung der Modellleistung.
8. Modell-Fitting: Wir fitten das GridSearchCV-Objekt auf die gesamten Trainingsdaten, was Hyperparameter-Tuning durchführt und das beste Modell auswählt.
9. Vorhersage und Evaluation: Wir verwenden das beste Modell, um Vorhersagen für das Testset zu treffen und berechnen verschiedene Leistungsmetriken (Genauigkeit, Präzision, Recall, F1-Score).
10. Ergebnisberichterstattung: Wir geben detaillierte Ergebnisse aus, einschließlich:
    - Verschachtelte Kreuzvalidierungswerte und deren Mittelwert und Standardabweichung

- Beste durch Rastersuche gefundene Hyperparameter
- Bester während der Rastersuche erreichter Kreuzvalidierungswert
- Leistungsmetriken auf dem Testset

11. Visualisierung: Wir erstellen einen Box-Plot zur Visualisierung der Verteilung der verschachtelten Kreuzvalidierungs-Genauigkeitswerte, was eine grafische Darstellung der Modellleistungsstabilität bietet.

Dieses Code-Beispiel demonstriert, wie man verschachtelte Kreuzvalidierung mit Hyperparameter-Tuning unter Verwendung von Scikit-learn implementiert. Es zeigt:

- Korrekte Datenaufteilung und Vorverarbeitung
- Verwendung einer Pipeline für konsistente Datentransformation
- Verschachtelte Kreuzvalidierung für unvoreingenommene Leistungsschätzung
- Rastersuche für Hyperparameter-Tuning
- Evaluation auf einem zurückgehaltenen Testset
- Berechnung mehrerer Leistungsmetriken
- Visualisierung der Kreuzvalidierungsergebnisse

Durch die Verwendung dieses Ansatzes können Data Scientists eine gründlichere und zuverlässigere Bewertung der Modellleistung erhalten, wobei sowohl die Variabilität in den Datenaufteilungen als auch die Auswirkungen des Hyperparameter-Tunings berücksichtigt werden. Dies führt zu einer robusteren Modellauswahl und einem besseren Verständnis der Generalisierungsfähigkeiten des Modells.

3.6 Datenaugmentierung für Bild- und Textdaten

Datenaugmentierung ist eine leistungsfähige Technik, bei der durch Anwendung verschiedener Transformationen neue Trainingsbeispiele aus bestehenden Daten erstellt werden. Diese Methode wird häufig im Deep Learning eingesetzt, insbesondere für Aufgaben mit **Bildern** und **Text**, um die Größe des Trainingsdatensatzes künstlich zu erweitern. Dadurch hilft die Datenaugmentierung, die Modellgeneralisierung zu verbessern, Überanpassung zu reduzieren und die Gesamtleistung bei ungesehenen Daten zu steigern.

In diesem Abschnitt werden wir uns mit der Anwendung von Datenaugmentierungstechniken sowohl für **Bilddaten** als auch für **Textdaten** befassen, zwei grundlegende Bereiche des maschinellen Lernens. Für Bilddaten werden wir eine Reihe von Augmentierungsmethoden wie Rotation, Spiegelung, Skalierung und Farbanpassung untersuchen. Diese Techniken ermöglichen es Modellen, aus verschiedenen visuellen Perspektiven zu lernen und sie robuster gegenüber Variationen in realen Szenarien zu machen.

Im Bereich der Textdaten werden wir Augmentierungsstrategien wie Synonymersetzung, zufälliges Einfügen, Löschen und die anspruchsvolle Technik der Rückübersetzung untersuchen. Diese Methoden dienen dazu, den Wortschatz zu erweitern, syntaktische Vielfalt einzuführen und die Gesamtvariation im Datensatz zu erhöhen, was letztendlich zu vielseitigeren und leistungsfähigeren Modellen für die Verarbeitung natürlicher Sprache führt.

3.6.1 Datenerweiterung für Bilddaten

Bei bildbasierten maschinellen Lernaufgaben wie Klassifizierung, Objekterkennung oder Segmentierung benötigen Deep-Learning-Modelle oft große Mengen vielfältiger Trainingsdaten, um eine hohe Leistung zu erzielen. Diese Anforderung ergibt sich aus der Notwendigkeit, dass Modelle robuste Merkmale lernen müssen, die gut auf ungesehene Bilder generalisieren. Die Sammlung und manuelle Kennzeichnung großer Datensätze kann jedoch ein äußerst kostspieliger und zeitaufwändiger Prozess sein, der oft erhebliche personelle Ressourcen und Fachwissen erfordert.

Bilddatenerweiterung bietet eine leistungsstarke Lösung für diese Herausforderung, indem die Größe und Vielfalt des Trainingsdatensatzes künstlich erweitert wird. Diese Technik beinhaltet die Anwendung verschiedener Transformationen auf bestehende Bilder, um neue, leicht modifizierte Versionen zu erstellen. Diese Transformationen simulieren reale Variationen, denen das Modell während der Inferenz begegnen könnte, wie zum Beispiel:

- Verschiedene Ausrichtungen: Rotation oder Spiegelung von Bildern zur Nachahmung verschiedener Blickwinkel.
- Unterschiedliche Zoomstufen: Skalierung von Bildern zur Simulation von Objekten in verschiedenen Entfernungen.
- Veränderte Lichtbedingungen: Anpassung von Helligkeit, Kontrast oder Farbbalance zur Darstellung verschiedener Beleuchtungsszenarien.
- Geometrische Transformationen: Anwendung von Scherung, Perspektivänderungen oder elastischen Verformungen zur Einführung von Formvariationen.
- Rauscheinführung: Hinzufügen von zufälligem Rauschen zu Bildern zur Verbesserung der Modellrobustheit.

Durch die Anwendung dieser Erweiterungen kann ein einzelnes Originalbild mehrere einzigartige Trainingsbeispiele generieren. Dies erhöht nicht nur die effektive Größe des Datensatzes, sondern konfrontiert das Modell auch mit einer breiteren Palette möglicher Variationen, denen es in realen Anwendungen begegnen könnte. Infolgedessen hilft die Bilddatenerweiterung, die Modellgeneralisierung zu verbessern, Überanpassung zu reduzieren und die Gesamtleistung bei ungesehenen Daten zu steigern, während gleichzeitig der Bedarf an zusätzlicher Datenerfassung und Kennzeichnung minimiert wird.

a. Gängige Bildaugmentierungstechniken

Die Bilddatenaugmentierung umfasst verschiedene Techniken, die entwickelt wurden, um einen Datensatz künstlich zu erweitern und zu diversifizieren. Diese Methoden sind entscheidend für die Verbesserung der Modellrobustheit und Generalisierung. Hier ist ein detaillierter Einblick in einige gängige Augmentierungstechniken:

- **Rotation**: Hierbei wird das Bild um einen zufälligen Winkel gedreht. Die Rotation hilft dem Modell, Objekte unabhängig von ihrer Ausrichtung zu erkennen. Ein Modell, das beispielsweise mit rotierten Bildern von Autos trainiert wurde, kann ein Auto sowohl aufrecht als auch geneigt identifizieren.
- **Spiegelung**: Bilder können horizontal oder vertikal gespiegelt werden. Horizontale Spiegelung ist besonders nützlich für natürliche Szenen oder Objekte, die in beiden Ausrichtungen erscheinen können, wie Tiere oder Fahrzeuge. Vertikale Spiegelung ist weniger üblich, kann aber für bestimmte Datensätze wie medizinische Bildgebung nützlich sein.
- **Skalierung**: Diese Technik beinhaltet das Hinein- oder Herauszoomen des Bildes. Die Skalierung hilft dem Modell, Objekte in verschiedenen Größen oder Entfernungen zu identifizieren. Ein Modell, das mit skalierten Vogelbildern trainiert wurde, kann beispielsweise einen Vogel sowohl in Nahaufnahme als auch aus der Ferne im Bild erkennen.
- **Translation**: Dies bedeutet die Verschiebung des Bildes entlang der x- oder y-Achse. Die Translation hilft dem Modell zu lernen, dass die Position eines Objekts im Bildausschnitt seine Identität nicht beeinflusst. Dies ist besonders nützlich für Objekterkennungsaufgaben, bei denen Objekte überall im Bild erscheinen können.
- **Scherung**: Die Anwendung einer Schertransformation auf das Bild erzeugt einen Schrägeffekt. Dies kann Modellen helfen, Objekte aus leicht unterschiedlichen Perspektiven oder Winkeln zu erkennen und verbessert ihre Fähigkeit, reale Variationen im Erscheinungsbild von Objekten zu handhaben.
- **Helligkeitsanpassung**: Dies beinhaltet die Erhöhung oder Verringerung der Gesamthelligkeit des Bildes. Es hilft Modellen, robust gegenüber Variationen in den Lichtbedingungen zu werden, was für reale Anwendungen entscheidend ist, bei denen die Beleuchtung stark variieren kann.

Diese Transformationen setzen, wenn sie sorgfältig angewendet werden, das Modell einer breiten Palette möglicher Variationen desselben Objekts oder derselben Szene aus. Diese Exposition ist der Schlüssel zur Verbesserung der Generalisierungsfähigkeit des Modells. Ein Modell, das mit erweiterten Daten trainiert wurde, kann beispielsweise mit höherer Wahrscheinlichkeit eine Katze in einem Bild korrekt klassifizieren, unabhängig davon, ob die Katze auf dem Kopf steht, teilweise verdeckt ist oder bei schlechten Lichtverhältnissen fotografiert wurde.

Es ist wichtig zu beachten, dass die Wahl und der Grad der Augmentierungen auf das spezifische Problem und den Datensatz abgestimmt werden sollten. Extreme Rotationen könnten beispielsweise für Texterkennungsaufgaben nicht geeignet sein, während sie für die Analyse von Satellitenbildern sehr nützlich sein könnten. Das Ziel ist es, realistische Variationen zu erzeugen, denen das Modell in realen Szenarien begegnen könnte, um so seine Leistung und Zuverlässigkeit über verschiedene Eingabebedingungen hinweg zu verbessern.

b. Anwendung von Bildaugmentierung mit Keras

Keras bietet die leistungsstarke ImageDataGenerator-Klasse für dynamische Bildaugmentierung während des Trainingsprozesses. Dieses vielseitige Werkzeug ermöglicht die Echtzeit-Erstellung verschiedener Variationen von Eingangsbildern und stellt sicher, dass jeder Batch, der dem Modell präsentiert wird, einzigartig augmentierte Daten enthält. Durch die Nutzung dieser Funktionalität können Data Scientists die Generalisierungsfähigkeit ihres Modells deutlich verbessern und es an verschiedene Bildtransformationen anpassen, ohne den Datensatz manuell erweitern zu müssen.

Der ImageDataGenerator wendet eine Reihe vordefinierter oder benutzerdefinierter Augmentierungstechniken während der Laufzeit an, wie Rotation, Spiegelung, Skalierung und Farbanpassungen. Dieser Ansatz spart nicht nur Speicherplatz, indem die Notwendigkeit entfällt, augmentierte Bilder separat zu speichern, sondern führt auch ein Element der Zufälligkeit ein, das bei der Vermeidung von Überanpassung helfen kann. Infolgedessen zeigen Modelle, die mit dieser Methode trainiert wurden, oft eine verbesserte Robustheit und Leistung über eine breitere Palette von realen Szenarien.

Beispiel: Bildaugmentierung mit Keras

```
import numpy as np
from keras.preprocessing.image import ImageDataGenerator
import matplotlib.pyplot as plt
from keras.preprocessing import image
from keras.applications.vgg16 import VGG16, preprocess_input
from keras.models import Model

# Initialize the ImageDataGenerator with augmentation techniques
datagen = ImageDataGenerator(
    rotation_range=40,
    width_shift_range=0.2,
    height_shift_range=0.2,
    shear_range=0.2,
    zoom_range=0.2,
    horizontal_flip=True,
    vertical_flip=False,
    brightness_range=[0.8,1.2],
    channel_shift_range=50,
    fill_mode='nearest'
)

# Load and preprocess an example image
```

```
img_path = 'path_to_image.jpg'
img = image.load_img(img_path, target_size=(224, 224))
x = image.img_to_array(img)
x = np.expand_dims(x, axis=0)
x = preprocess_input(x)

# Load pre-trained VGG16 model
base_model = VGG16(weights='imagenet', include_top=False)
model                         =                          Model(inputs=base_model.input,
outputs=base_model.get_layer('block4_pool').output)

# Generate and visualize augmented images
plt.figure(figsize=(10,10))
for i, batch in enumerate(datagen.flow(x, batch_size=1)):
    ax = plt.subplot(3, 3, i + 1)
    plt.imshow(image.array_to_img(batch[0]))

    # Extract features from augmented image
    features = model.predict(batch)
    plt.title(f"Max activation: {np.max(features):.2f}")

    plt.axis('off')
    if i == 8:  # Display 9 augmented images
        break
plt.tight_layout()
plt.show()

# Demonstrate batch augmentation
x_batch = np.repeat(x, 32, axis=0)
augmented_batch = next(datagen.flow(x_batch, batch_size=32))

plt.figure(figsize=(10,10))
for i in range(9):
    ax = plt.subplot(3, 3, i + 1)
    plt.imshow(image.array_to_img(augmented_batch[i]))
    plt.axis('off')
plt.tight_layout()
plt.show()
```

Dieses Codebeispiel demonstriert umfassende Bildaugmentierungstechniken unter Verwendung des ImageDataGenerator von Keras.

Hier ist eine detaillierte Aufschlüsselung des Codes und seiner Funktionalität:

1. Erforderliche Bibliotheken importieren:
   - numpy für numerische Operationen
   - Keras-Module für Bildvorverarbeitung und -augmentierung
   - matplotlib für Visualisierung

   - VGG16-Modell für Feature-Extraktion
2. ImageDataGenerator initialisieren:
   - rotation_range: Zufällige Rotationen bis zu 40 Grad
   - width_shift_range und height_shift_range: Zufällige horizontale und vertikale Verschiebungen
   - shear_range: Zufällige Scherungstransformationen
   - zoom_range: Zufälliges Zoomen
   - horizontal_flip: Zufälliges horizontales Spiegeln
   - brightness_range: Zufällige Helligkeitsanpassungen
   - channel_shift_range: Zufällige Kanalverschiebungen für Farbvariationen
   - fill_mode: Strategie zum Auffüllen neu erstellter Pixel
3. Beispielbild laden und vorverarbeiten:
   - Bild laden und auf 224x224 skalieren (Standardeingabegröße für VGG16)
   - In Array konvertieren und Batch-Dimension hinzufügen
   - Eingabe für VGG16-Modell vorverarbeiten
4. Vortrainiertes VGG16-Modell laden:
   - ImageNet-Gewichte verwenden
   - Obere Schichten entfernen (vollständig verbundene Schichten)
   - Neues Modell erstellen, das Features aus einer Zwischenschicht ausgibt
5. Augmentierte Bilder generieren und visualisieren:
   - 3x3-Raster von Subplots erstellen
   - Für jedes augmentierte Bild:
   - Bild anzeigen
   - Features mit dem VGG16-Modell extrahieren
   - Maximale Aktivierung als Subplot-Titel anzeigen
6. Batch-Augmentierung demonstrieren:
   - Batch von 32 Kopien des Originalbildes erstellen
   - Augmentierung auf den gesamten Batch gleichzeitig anwenden
   - 9 Bilder aus dem augmentierten Batch anzeigen

Dieses umfassende Beispiel zeigt verschiedene Aspekte der Bildaugmentierung:

- Mehrere Augmentierungstechniken gleichzeitig angewendet
- Visualisierung augmentierter Bilder
- Integration mit einem vortrainierten Modell zur Feature-Extraktion
- Demonstration der Batch-Augmentierung für effiziente Verarbeitung

Durch die Anwendung dieser Augmentierungstechniken können Machine-Learning-Modelle lernen, robuster gegenüber Variationen in den Eingabedaten zu werden, was potenziell ihre Generalisierungsfähigkeiten und Gesamtleistung bei verschiedenen Bilddatensätzen verbessert.

c. Bedeutung der Datenaugmentierung bei Bildaufgaben

Die Bildaugmentierung spielt eine entscheidende Rolle bei der Verbesserung der Leistung von Machine-Learning-Modellen, insbesondere bei Aufgaben wie Objekterkennung und Klassifizierung. Diese Technik beinhaltet das Erstellen modifizierter Versionen vorhandener Bilder im Trainingsdatensatz und dient mehreren wichtigen Zwecken:

1. Verbesserte Invarianz: Durch die Anwendung verschiedener Transformationen auf die Bilder, wie Rotationen, Spiegelungen und Skalierungen, lernt das Modell, invarianter gegenüber Änderungen in Orientierung, Größe und anderen visuellen Variationen zu werden. Diese Invarianz ist entscheidend für reale Anwendungen, bei denen Objekte in verschiedenen Positionen oder unter verschiedenen Bedingungen erscheinen können.
2. Verbesserte Generalisierung: Augmentierung hilft, Überanpassung zu verhindern, indem das Modell einer größeren Bandbreite möglicher Bildvariationen ausgesetzt wird. Diese verbesserte Generalisierung ermöglicht es dem Modell, bessere Leistungen bei ungesehenen Daten zu erzielen, da es gelernt hat, sich auf die wesentlichen Merkmale des Objekts zu konzentrieren, anstatt spezifische Trainingsbeispiele zu memorieren.
3. Erweiterter Datensatz: In vielen Fällen kann das Sammeln eines großen, vielfältigen Datensatzes teuer und zeitaufwändig sein. Augmentierung erweitert effektiv die Größe des Trainingssatzes, ohne zusätzliche Datenerfassung zu erfordern, was sie zu einer effizienten Methode zur Verbesserung der Modellleistung macht, besonders bei begrenzten Daten.
4. Robustheit gegenüber realen Variationen: Durch die Simulation verschiedener realer Bedingungen durch Augmentierung (z.B. Änderungen in Beleuchtung, Perspektive oder Hintergrund) wird das Modell robuster und fähiger, verschiedene Szenarien zu bewältigen, denen es in praktischen Anwendungen begegnen könnte.

Betrachten wir beispielsweise einen Datensatz von Hundebildern, der für das Training eines Modells zur Klassifizierung von Hunderassen verwendet wird. Durch die Augmentierung dieses Datensatzes mit zufälligen Rotationen und Spiegelungen lernt das Modell, Hunde aus verschiedenen Winkeln und Perspektiven zu erkennen. Das bedeutet, dass das Modell bei der Präsentation eines neuen Hundebildes in einer ungewöhnlichen Pose oder aus einer ungewöhnlichen Perspektive die Rasse mit höherer Wahrscheinlichkeit korrekt identifizieren kann. Zusätzlich können Augmentierungen wie Farbanpassungen dem Modell helfen, weniger empfindlich gegenüber Variationen in den Lichtbedingungen zu werden, während zufälliges Zuschneiden seine Fähigkeit verbessern kann, Hunde in Teilansichten oder wenn sie nicht im Bildmittelpunkt stehen zu identifizieren.

Darüber hinaus kann Augmentierung helfen, Probleme mit Klassenungleichgewichten in Datensätzen anzugehen. Bei seltenen Rassen mit weniger Beispielen kann eine aggressivere Augmentierung angewendet werden, um zusätzliche synthetische Beispiele zu erstellen und so die Repräsentation verschiedener Klassen im Trainingsdatensatz auszugleichen.

Im Wesentlichen ist die Bildaugmentierung eine leistungsstarke Technik, die die Fähigkeit eines Modells, von Trainingsdaten auf reale Szenarien zu generalisieren, deutlich verbessert und zu einer robusteren und zuverlässigeren Leistung bei Computer-Vision-Aufgaben führt.

3.6.2 Datenaugmentierung für Textdaten

In der Verarbeitung natürlicher Sprache (NLP) stellt die Datenaugmentierung für Text aufgrund der komplexen Beschaffenheit der Sprache besondere Herausforderungen im Vergleich zur Bildaugmentierung dar. Das Hauptziel besteht darin, die Struktur, den Kontext und die semantische Bedeutung der Sätze zu bewahren und gleichzeitig Variationen einzuführen. Dieser Prozess umfasst die Generierung neuer Sätze oder Dokumente aus bestehenden durch subtile Änderungen, die die ursprüngliche Absicht beibehalten.

Textaugmentierungstechniken müssen sorgfältig angewendet werden, um sicherzustellen, dass die augmentierten Daten kohärent und bedeutungsvoll bleiben. Zum Beispiel kann das einfache Ersetzen von Wörtern durch Synonyme oder das Umstellen der Satzstruktur manchmal zu unsinnigen oder grammatikalisch falschen Ergebnissen führen. Daher werden oft ausgereiftere Methoden eingesetzt, wie etwa die Verwendung von Sprachmodellen zur Erzeugung kontextuell angemessener Variationen oder die Nutzung linguistischen Wissens zur Gewährleistung syntaktischer Korrektheit.

Die Vorteile der Textaugmentierung zeigen sich besonders deutlich bei der Arbeit mit kleinen Datensätzen, was eine häufige Herausforderung bei vielen NLP-Aufgaben darstellt. Durch die künstliche Erweiterung des Datensatzes können Modelle einer größeren Bandbreite von Sprachvariationen ausgesetzt werden, was ihnen hilft:

- Modellgeneralisierung zu verbessern: Durch die Konfrontation mit einer größeren Bandbreite von Sprachvariationen lernen die Modelle, sich auf wesentliche sprachliche Merkmale zu konzentrieren, anstatt spezifische Formulierungen oder Satzstrukturen auswendig zu lernen.

- Robustheit gegenüber sprachlichen Variationen zu steigern: Augmentierte Daten helfen Modellen, leichte Unterschiede in Wortwahl, Satzstruktur oder idiomatischen Ausdrücken besser zu bewältigen, wodurch sie sich besser an den realen Sprachgebrauch anpassen können.
- Überanpassung zu bekämpfen: Die erhöhte Vielfalt in den Trainingsdaten reduziert die Wahrscheinlichkeit, dass Modelle zu spezialisiert auf einen begrenzten Satz von Beispielen werden, was zu besserer Leistung bei ungesehenen Texten führt.
- Datenlimitierungen zu überwinden: In spezialisierten Domänen oder ressourcenarmen Sprachen, wo die Beschaffung großer Mengen markierter Textdaten schwierig oder kostspielig ist, können Augmentierungstechniken den Datensatz künstlich erweitern und bieten so eine praktische Lösung für Datenknappheit.
- Domänenanpassung zu verbessern: Durch die Einführung kontrollierter Variationen in domänenspezifischer Terminologie oder Formulierung können Modelle geschickter mit subtilen Unterschieden zwischen verwandten Domänen oder Teilbereichen umgehen.

Allerdings ist es entscheidend, ein Gleichgewicht zwischen Augmentierung und Datenqualität zu finden. Überaugmentierung oder schlecht ausgeführte Augmentierung kann Rauschen oder Verzerrungen in den Datensatz einführen und möglicherweise die Modellleistung beeinträchtigen. Daher sind sorgfältige Validierung und Überwachung der Augmentierungstechniken unerlässlich, um sicherzustellen, dass sie positiv zum Lernprozess des Modells beitragen.

Hier sind einige häufig verwendete Textaugmentierungstechniken, zusammen mit detaillierten Erklärungen ihrer Funktionsweise und Vorteile:

- **Synonym-Ersetzung**: Diese Technik beinhaltet das Ersetzen von Wörtern in einem Satz durch ihre Synonyme. Zum Beispiel könnte "Die Katze saß auf der Matte" zu "Die Mieze ruhte auf dem Teppich" werden. Diese Methode hilft dem Modell, verschiedene Möglichkeiten zum Ausdrücken desselben Konzepts zu lernen und verbessert seine Fähigkeit, unterschiedliches Vokabular und verschiedene Formulierungen zu verstehen.
- **Zufällige Einfügung**: Dieser Ansatz beinhaltet das Hinzufügen zufälliger Wörter an zufälligen Positionen in einem Satz. Zum Beispiel könnte "Ich liebe Pizza" zu "Ich liebe wirklich köstliche Pizza" werden. Diese Technik hilft dem Modell, robuster gegenüber zusätzlichen Wörtern oder Phrasen zu werden, die die Kernbedeutung eines Satzes nicht wesentlich verändern.
- **Zufällige Löschung**: Bei dieser Methode werden zufällig Wörter aus einem Satz entfernt. Zum Beispiel könnte "Der schnelle braune Fuchs springt über den faulen Hund" zu "Der schnelle Fuchs springt über faulen Hund" werden. Dies simuliert

Szenarien, in denen Informationen fehlen oder implizit sind, und trainiert das Modell darin, Bedeutung aus dem Kontext abzuleiten.

- **Rückübersetzung**: Dies beinhaltet die Übersetzung eines Satzes in eine andere Sprache und dann zurück in die Originalsprache. Zum Beispiel könnte "Hallo, wie geht es dir?" zu "Hi, wie geht es Ihnen?" werden, nachdem es ins Französische und zurück ins Deutsche übersetzt wurde. Diese Technik führt natürliche Variationen in Satzstruktur und Wortwahl ein, wie sie ein menschlicher Übersetzer verwenden würde.
- **Satzumstellung**: Diese Technik beinhaltet die Neuanordnung der Reihenfolge von Wörtern oder Phrasen innerhalb eines Satzes unter Beibehaltung der grammatikalischen Korrektheit. Zum Beispiel könnte "Ich ging gestern in den Laden" zu "Gestern ging ich in den Laden" werden. Dies hilft dem Modell zu verstehen, dass die Bedeutung auch bei veränderter Wortreihenfolge erhalten bleiben kann, was besonders für Sprachen mit flexibler Wortstellung nützlich ist.

Diese Techniken erzeugen vielfältige Variationen der ursprünglichen Textdaten und verbessern die Robustheit des Modells gegenüber leichten Änderungen in Formulierung und Satzstruktur. Indem das Modell während des Trainings diesen Variationen ausgesetzt wird, wird es besser darauf vorbereitet, mit der natürlichen Vielfalt der Sprache umzugehen, der es in realen Anwendungen begegnen könnte. Diese verbesserte Generalisierung kann zu besserer Leistung bei Aufgaben wie Textklassifizierung, Stimmungsanalyse und maschineller Übersetzung führen.

Anwendung von Textaugmentierung mit der NLTK-Bibliothek

Die **Natural Language Toolkit (NLTK)**-Bibliothek bietet eine umfassende Sammlung von Werkzeugen für die Arbeit mit Textdaten und die Implementierung verschiedener Textaugmentierungstechniken. Diese leistungsstarke Bibliothek ermöglicht nicht nur grundlegende Operationen wie Tokenisierung und Part-of-Speech-Tagging, sondern bietet auch fortgeschrittene Funktionalitäten für Synonym-Ersetzung, Lemmatisierung und semantische Analyse.

Durch die Nutzung des umfangreichen Korpus und der eingebauten Algorithmen von NLTK können Entwickler einfach ausgefeilte Textaugmentierungsstrategien implementieren, um ihre Modelle zur Verarbeitung natürlicher Sprache zu verbessern.

Beispiel: Synonym-Ersetzung mit NLTK

```
import random
import nltk
from nltk.corpus import wordnet
from nltk.tokenize import word_tokenize
from nltk.tag import pos_tag

# Download necessary NLTK data
nltk.download('punkt')
nltk.download('averaged_perceptron_tagger')
nltk.download('wordnet')
```

```
def get_synonyms(word, pos=None):
    synonyms = []
    for syn in wordnet.synsets(word, pos=pos):
        for lemma in syn.lemmas():
            if lemma.name() != word:
                synonyms.append(lemma.name())
    return list(set(synonyms))

def get_wordnet_pos(treebank_tag):
    if treebank_tag.startswith('J'):
        return wordnet.ADJ
    elif treebank_tag.startswith('V'):
        return wordnet.VERB
    elif treebank_tag.startswith('N'):
        return wordnet.NOUN
    elif treebank_tag.startswith('R'):
        return wordnet.ADV
    else:
        return None

def augment_sentence(sentence, replacement_prob=0.5):
    words = word_tokenize(sentence)
    tagged_words = pos_tag(words)

    augmented_words = []
    for word, tag in tagged_words:
        pos = get_wordnet_pos(tag)
        synonyms = get_synonyms(word, pos) if pos else []

        if synonyms and random.random() < replacement_prob:
            augmented_words.append(random.choice(synonyms))
        else:
            augmented_words.append(word)

    return ' '.join(augmented_words)

# Sample sentences
sentences = [
    "The quick brown fox jumps over the lazy dog",
    "I love to eat pizza and pasta for dinner",
    "The sun rises in the east and sets in the west"
]

# Augment sentences
for i, sentence in enumerate(sentences, 1):
    print(f"\\nSentence {i}:")
    print("Original:", sentence)
    print("Augmented:", augment_sentence(sentence))

# Demonstrate multiple augmentations
print("\\nMultiple augmentations of the same sentence:")
```

```
sentence = "The quick brown fox jumps over the lazy dog"
for i in range(3):
    print(f"Augmentation {i+1}:", augment_sentence(sentence))
```

Dieses Codebeispiel demonstriert einen umfassenderen Ansatz zur Textaugmentierung mittels Synonym-Ersetzung.

Hier ist eine Aufschlüsselung der wichtigsten Komponenten und Verbesserungen:

1. Import-Anweisungen: Wir importieren zusätzliche NLTK-Module für Tokenisierung und Part-of-Speech-Tagging.
2. NLTK-Daten-Download: Wir stellen sicher, dass die erforderlichen NLTK-Daten für Tokenisierung, POS-Tagging und WordNet-Zugriff heruntergeladen werden.
3. Erweiterte get_synonyms-Funktion:
    - Akzeptiert jetzt einen optionalen POS-Parameter zur Filterung von Synonymen nach Wortart.
    - Verwendet set() zur Entfernung von Duplikaten aus der Synonymliste.
4. get_wordnet_pos-Funktion: Ordnet NLTKs POS-Tags den WordNet-POS-Kategorien zu, was eine genauere Synonym-Abrufung ermöglicht.
5. augment_sentence-Funktion:
    - Tokenisiert den Eingabesatz und führt POS-Tagging durch.
    - Verwendet POS-Informationen beim Abrufen von Synonymen.
    - Ermöglicht eine anpassbare Ersetzungswahrscheinlichkeit.
6. Mehrere Beispielsätze: Demonstriert die Augmentierung an verschiedenen Sätzen, um ihre Vielseitigkeit zu zeigen.
7. Mehrfache Augmentierungen: Zeigt, wie derselbe Satz jedes Mal unterschiedlich augmentiert werden kann.

Diese verbesserte Version bietet mehrere Vorteile:

- Wortarten-Bewusstsein: Durch Berücksichtigung der Wortart jedes Wortes stellen wir sicher, dass Synonyme kontextuell passender sind (z.B. werden Verben durch Verben ersetzt, Nomen durch Nomen).
- Flexibilität: Die Ersetzungswahrscheinlichkeit kann angepasst werden, um den Grad der Augmentierung zu steuern.
- Robustheit: Der Code verarbeitet verschiedene Satzstrukturen und zeigt Konsistenz über mehrere Durchläufe hinweg.

- Lehrwert: Das Beispiel präsentiert mehrere NLTK-Funktionen und NLP-Konzepte und ist damit ein umfassendes Lernwerkzeug.

Dieses Beispiel bietet einen realistischen und anwendbaren Ansatz zur Textaugmentierung, der sich für verschiedene NLP-Aufgaben und Machine-Learning-Pipelines eignet.

Anwendung von Rückübersetzung zur Textaugmentierung

Rückübersetzung ist eine leistungsstarke und vielseitige Augmentierungstechnik, die die Vielfalt von Textdaten durch Nutzung der Nuancen verschiedener Sprachen erweitert. Diese Methode umfasst einen zweistufigen Übersetzungsprozess: zunächst die Übersetzung eines Satzes von seiner Originalsprache (z.B. Englisch) in eine Zielsprache (z.B. Französisch) und dann zurück in die Originalsprache. Diese Hin- und Rückübersetzung führt subtile Variationen in Satzstruktur, Wortwahl und Formulierung ein, während die Kernbedeutung des Textes erhalten bleibt.

Die Eleganz der Rückübersetzung liegt in ihrer Fähigkeit, linguistisch vielfältige Versionen desselben Inhalts zu generieren. Durch die Brechung durch das Prisma einer anderen Sprache durchläuft der Text Transformationen, die Folgendes umfassen können:

- Änderungen in der Wortreihenfolge
- Ersetzungen durch Synonyme oder verwandte Begriffe
- Änderungen in grammatikalischen Strukturen
- Variationen in idiomatischen Ausdrücken

Diese Änderungen erzeugen einen reichhaltigeren, vielfältigeren Datensatz, der die Fähigkeit eines Modells zur Generalisierung und zum Sprachverständnis in seinen vielen Formen deutlich verbessern kann.

Um Rückübersetzung effizient zu implementieren, greifen Entwickler oft auf robuste Übersetzungsbibliotheken zurück. Ein solches beliebtes Werkzeug ist **Googletrans**, eine kostenlose und benutzerfreundliche Python-Bibliothek, die Zugriff auf die Google Translate API bietet. Diese Bibliothek bietet eine unkomplizierte Möglichkeit zur Durchführung von Rückübersetzungen und ermöglicht eine nahtlose Integration in bestehende NLP-Pipelines und Datenaugmentierungs-Workflows.

Beispiel: Rückübersetzung mit Googletrans

```
import random
from googletrans import Translator

def backtranslate(sentence, src='en', intermediate_langs=['fr', 'de', 'es', 'it']):
    translator = Translator()

    # Randomly choose an intermediate language
    dest = random.choice(intermediate_langs)

    try:
```

```
        # Translate to intermediate language
        intermediate = translator.translate(sentence, src=src, dest=dest).text

        # Translate back to source language
        result = translator.translate(intermediate, src=dest, dest=src).text

        return result
    except Exception as e:
        print(f"Translation error: {e}")
        return sentence  # Return original sentence if translation fails

# Original sentences
sentences = [
    "The quick brown fox jumps over the lazy dog.",
    "I love to eat pizza and pasta for dinner.",
    "The sun rises in the east and sets in the west."
]

# Perform backtranslation on multiple sentences
for i, sentence in enumerate(sentences, 1):
    print(f"\\nSentence {i}:")
    print("Original:", sentence)
    print("Backtranslated:", backtranslate(sentence))

# Demonstrate multiple backtranslations of the same sentence
print("\\nMultiple backtranslations of the same sentence:")
sentence = "The quick brown fox jumps over the lazy dog."
for i in range(3):
    print(f"Backtranslation {i+1}:", backtranslate(sentence))
```

Dieses Codebeispiel demonstriert einen umfassenderen Ansatz zur Rückübersetzung für die Textaugmentierung.

Hier ist eine detaillierte Aufschlüsselung der Verbesserungen und ihrer Zwecke:

- Import-Anweisungen: Wir importieren das 'random'-Modul zusätzlich zu 'Translator' aus googletrans. Dies ermöglicht uns, Zufälligkeit in unseren Rückübersetzungsprozess einzubauen.
- Rückübersetzungsfunktion:
  - Diese Funktion kapselt die Rückübersetzungslogik und macht den Code modularer und wiederverwendbar.
  - Sie akzeptiert Parameter für die Ausgangssprache und eine Liste von Zwischensprachen, was Flexibilität im Übersetzungsprozess ermöglicht.
  - Die Funktion wählt zufällig eine Zwischensprache für jede Übersetzung aus, wodurch die Vielfalt der augmentierten Daten erhöht wird.

    - Eine Fehlerbehandlung ist implementiert, um Übersetzungsfehler elegant zu handhaben und gibt den Originalsatz zurück, falls eine Übersetzung fehlschlägt.

- Mehrere Beispielsätze: Anstelle eines einzelnen Satzes haben wir jetzt ein Array von Sätzen. Dies zeigt, wie die Rückübersetzung auf verschiedene Satzarten angewendet werden kann.
- Durchlaufen der Sätze: Wir iterieren durch jeden Satz in unserem Array und wenden die Rückübersetzung auf jeden an. Dies zeigt, wie die Technik auf einem Datensatz mit mehreren Sätzen verwendet werden kann.
- Mehrfache Rückübersetzungen: Wir demonstrieren, wie derselbe Satz mehrmals rückübersetzt werden kann und potenziell jedes Mal aufgrund der zufälligen Auswahl der Zwischensprache unterschiedliche Ergebnisse liefert.

Diese erweiterte Version bietet mehrere Vorteile:

- Vielseitigkeit: Durch die Möglichkeit mehrerer Zwischensprachen kann der Code vielfältigere Augmentierungen generieren.
- Robustheit: Die Fehlerbehandlung stellt sicher, dass das Programm auch dann weiterläuft, wenn eine Übersetzung für einen bestimmten Satz fehlschlägt.
- Skalierbarkeit: Das modulare Design der Rückübersetzungsfunktion macht es einfach, sie in größere Datenverarbeitungs-Pipelines zu integrieren.
- Demonstration der Variabilität: Durch das Zeigen mehrerer Rückübersetzungen desselben Satzes veranschaulichen wir, wie diese Technik verschiedene Variationen erzeugen kann, was für eine effektive Datenaugmentierung entscheidend ist.

3.6.3 Kombination von Datenaugmentierung für Text- und Bilddaten

Bei bestimmten Anwendungen, wie dem **multimodalen Lernen** (bei dem Text und Bilder zusammen verwendet werden), können sowohl Bild- als auch Textaugmentierungstechniken gleichzeitig angewendet werden, um einen robusteren und vielfältigeren Datensatz zu erstellen. Dieser Ansatz ist besonders wertvoll bei Aufgaben, die die gleichzeitige Verarbeitung von visuellen und textuellen Informationen erfordern.

Betrachten wir zum Beispiel eine Aufgabe, die sowohl Bildunterschriften als auch Bilder analysiert, wie etwa Bildbeschreibung oder visuelles Frage-Antworten. In diesen Szenarien können Sie eine Kombination von Bild- und Textaugmentierungstechniken einsetzen, um die Fähigkeit des Modells zur Generalisierung über verschiedene Datenvariationen hinweg zu verbessern:

- Bildaugmentierungen: Wenden Sie Transformationen wie Spiegelung, Rotation, Skalierung oder Farbanpassung auf die Bilder an. Diese Modifikationen helfen dem

Modell, invarianter gegenüber Änderungen in Perspektive, Ausrichtung und Beleuchtungsbedingungen zu werden.

- Textaugmentierungen: Wenden Sie gleichzeitig Techniken wie Synonymersetzung, zufälliges Einfügen/Löschen oder Rückübersetzung auf die zugehörigen Bildunterschriften oder Texte an. Dies hilft dem Modell, verschiedene Ausdrucksweisen desselben Konzepts zu verstehen.

Durch die Kombination dieser Augmentierungsstrategien schaffen Sie einen viel reichhaltigeren Datensatz, der das Modell einer breiten Palette von Variationen sowohl in visuellen als auch textuellen Domänen aussetzt. Dieser Ansatz bietet mehrere Vorteile:

- Verbesserte Modellvielseitigkeit: Durch die Exposition des Modells gegenüber einer vielfältigen Palette visueller und textueller Darstellungen entwickelt es ein umfassenderes Verständnis der Beziehungen zwischen Bildern und ihren Beschreibungen. Diese breitere Perspektive ermöglicht es dem Modell, effektiver mit bisher ungesehenen Daten umzugehen und sich an neue Szenarien mit größerer Flexibilität anzupassen.
- Minderung von Overfitting-Tendenzen: Die Einführung von Variabilität im Trainingsdatensatz dient als wirksamer Schutz gegen die Neigung des Modells, spezifische Bild-Text-Assoziationen zu memorieren. Stattdessen wird das Modell ermutigt, generalisierbare Muster und Konzepte zu lernen, was zu besserer Leistung über ein breiteres Spektrum von Eingaben führt.
- Erhöhte Widerstandsfähigkeit gegen Eingabevariationen: Durch die Exposition gegenüber verschiedenen Augmentierungen entwickelt das Modell eine robuste Toleranz für Rauschen und Variationen in sowohl visuellen als auch textuellen Eingaben. Diese erhöhte Anpassungsfähigkeit gewährleistet stabilere und zuverlässigere Leistung in realen Anwendungen, wo Eingabequalität und -eigenschaften schwanken können.
- Verstärkte multimodale Ausrichtung: Der kombinierte Augmentierungsansatz erleichtert die Fähigkeit des Modells, nuanciertere und genauere Verbindungen zwischen visuellen Elementen und ihren textuellen Beschreibungen herzustellen. Diese verfeinerte Ausrichtungsfähigkeit führt zu kohärenteren und kontextuell angemesseneren Ausgaben bei Aufgaben, die sowohl Bild- als auch Textverarbeitung beinhalten.

Zum Beispiel könnten Sie bei einer Bildbeschreibungsaufgabe ein Bild einer "Katze, die auf einem Sofa sitzt" rotieren und gleichzeitig ihre Bildunterschrift von "Eine Katze sitzt auf einem Sofa" zu "Eine Samtpfote ruht auf einer Couch" ändern. Diese kombinierte Augmentierung hilft dem Modell zu verstehen, dass das Kernkonzept trotz Änderungen in der visuellen Ausrichtung und dem textlichen Ausdruck gleich bleibt.

Durch die Nutzung dieser multimodalen Augmentierungstechniken können Forscher und Praktiker die Leistung und Zuverlässigkeit von Modellen, die an der Schnittstelle von Computer Vision und Natural Language Processing arbeiten, erheblich verbessern.

Hier ist ein Beispiel, das zeigt, wie man Datenaugmentierung für Text- und Bilddaten kombinieren kann:

```
import numpy as np
import tensorflow as tf
from tensorflow.keras.preprocessing.image import ImageDataGenerator
from tensorflow.keras.preprocessing.text import Tokenizer
from tensorflow.keras.preprocessing.sequence import pad_sequences
from nltk.corpus import wordnet
import random
import nltk
nltk.download('wordnet')

# Image augmentation function
def augment_image(image):
    image_generator = ImageDataGenerator(
        rotation_range=20,
        width_shift_range=0.2,
        height_shift_range=0.2,
        shear_range=0.2,
        zoom_range=0.2,
        horizontal_flip=True,
        fill_mode='nearest'
    )
    image = image.reshape((1,) + image.shape)
    aug_iter = image_generator.flow(image, batch_size=1)
    aug_image = next(aug_iter)[0].astype('uint8')
    return aug_image

# Text augmentation function
def augment_text(text, aug_percent=0.2):
    words = text.split()
    n_to_augment = max(1, int(len(words) * aug_percent))
    augmented_words = words.copy()

    for _ in range(n_to_augment):
        idx = random.randint(0, len(words) - 1)
        word = words[idx]
        synonyms = []
        for syn in wordnet.synsets(word):
            for lemma in syn.lemmas():
                synonyms.append(lemma.name())
        if synonyms:
            augmented_words[idx] = random.choice(synonyms)

    return ' '.join(augmented_words)
```

```
# Sample data
images = np.random.randint(0, 256, (100, 224, 224, 3), dtype=np.uint8)
captions = [
    "A cat sitting on a couch",
    "A dog playing in the park",
    "A bird flying in the sky",
    # ... more captions ...
]

# Augment images
augmented_images = [augment_image(img) for img in images]

# Augment text
augmented_captions = [augment_text(caption) for caption in captions]

# Tokenize and pad text
tokenizer = Tokenizer()
tokenizer.fit_on_texts(captions + augmented_captions)
sequences = tokenizer.texts_to_sequences(captions + augmented_captions)
padded_sequences = pad_sequences(sequences, maxlen=20, padding='post',
truncating='post')

# Combine original and augmented data
combined_images = np.concatenate([images, np.array(augmented_images)])
combined_sequences = padded_sequences

print("Original data shape:", images.shape, len(captions))
print("Augmented data shape:", combined_images.shape, len(combined_sequences))
print("Sample original caption:", captions[0])
print("Sample augmented caption:", augmented_captions[0])
```

Lassen Sie uns dieses umfassende Beispiel aufschlüsseln:

1. Importe und Einrichtung:
    - Wir importieren die erforderlichen Bibliotheken: NumPy für Array-Operationen, TensorFlow für Bildverarbeitung, NLTK für Textaugmentierung.
    - Wir laden das WordNet-Korpus von NLTK herunter, das wir für den Synonymersatz bei der Textaugmentierung verwenden werden.
2. Bildaugmentierungsfunktion (augment_image):
    - Wir verwenden Keras' ImageDataGenerator, um verschiedene Transformationen auf die Bilder anzuwenden.
    - Die Transformationen umfassen Rotation, Verschiebung, Scherung, Zoomen und horizontales Spiegeln.
    - Die Funktion nimmt ein Bild entgegen, wendet zufällige Augmentierungen an und gibt das augmentierte Bild zurück.

3. Textaugmentierungsfunktion (augment_text):
    - Diese Funktion führt Synonymersetzungen für einen bestimmten Prozentsatz der Wörter im Text durch.
    - Sie verwendet WordNet, um Synonyme für zufällig ausgewählte Wörter zu finden.
    - Der augmentierte Text behält die gleiche Struktur bei, wobei einige Wörter durch ihre Synonyme ersetzt werden.
4. Beispieldaten:
    - Wir erstellen einen Beispieldatensatz von 100 zufälligen Bildern (224x224 Pixel, 3 Farbkanäle).
    - Wir haben auch eine Liste entsprechender Bildunterschriften für diese Bilder.
5. Bildaugmentierung:
    - Wir wenden unsere Bildaugmentierungsfunktion auf jedes Bild im Datensatz an.
    - Dies verdoppelt effektiv unseren Bilddatensatz, wobei die neuen Bilder augmentierte Versionen der Originale sind.
6. Textaugmentierung:
    - Wir wenden unsere Textaugmentierungsfunktion auf jede Bildunterschrift an.
    - Dies erzeugt einen neuen Satz von Bildunterschriften, bei denen einige Wörter durch Synonyme ersetzt wurden.
7. Textvorverarbeitung:
    - Wir verwenden Keras' Tokenizer, um unsere Textdaten (sowohl Original als auch augmentiert) in Sequenzen von Ganzzahlen umzuwandeln.
    - Dann polstern wir diese Sequenzen auf, um sicherzustellen, dass sie alle die gleiche Länge haben (20 Wörter in diesem Fall).
8. Datenkombination:
    - Wir verbinden die originalen und augmentierten Bilder zu einem einzigen Array.
    - Die gepolsterten Sequenzen enthalten bereits sowohl die originalen als auch die augmentierten Textdaten.
9. Ausgabe:

- Wir geben die Dimensionen unserer originalen und augmentierten Datensätze aus, um zu zeigen, wie die Daten gewachsen sind.
- Wir geben auch eine Beispiel-Originalbildunterschrift und ihre augmentierte Version aus, um die Textaugmentierung zu demonstrieren.

Dieses Beispiel demonstriert einen leistungsfähigen Ansatz zur multimodalen Datenaugmentierung, der sich für Aufgaben wie Bildbeschreibung oder visuelles Frage-Antworten eignet. Durch die Augmentierung sowohl der Bild- als auch der Textdaten erstellen wir einen vielfältigeren und robusteren Datensatz, der die Leistung und Generalisierung von darauf trainierten Machine-Learning-Modellen verbessern kann.

Zusammenfassend lässt sich sagen, dass Datenaugmentierung eine unverzichtbare Technik zur Verbesserung der Modellleistung ist, indem sie die Größe und Vielfalt der Trainingsdaten künstlich erhöht. Bei bildbasierten Aufgaben erzeugen Transformationen wie Rotation, Spiegelung und Skalierung Variationen, die den Modellen helfen, robuster gegenüber Änderungen in Perspektive, Maßstab und Beleuchtung zu werden.

Bei NLP-Aufgaben ermöglichen Techniken wie Synonymersetzung und Rückübersetzung verschiedene Satzstrukturen, ohne die zugrundeliegende Bedeutung zu ändern, wodurch sichergestellt wird, dass Modelle gut auf verschiedene Formulierungen generalisieren.

Durch die Augmentierung sowohl von Bild- als auch von Textdaten können Sie die Generalisierungsfähigkeiten Ihrer Machine-Learning-Modelle deutlich verbessern, besonders in Fällen, in denen die verfügbaren Trainingsdaten begrenzt sind.

Praktische Übungen Kapitel 3

Übung 1: Umgang mit fehlenden Daten

Aufgabe: Sie haben den folgenden Datensatz:

Name	Alter	Gehalt
Alice	25	50000
Bob	None	60000
Charlie	35	None
David	40	80000

Ihre Aufgabe ist es:

- Fehlende Daten zu erkennen.

- Die fehlenden Werte in den Spalten "Alter" und "Gehalt" mit dem **Mittelwert** der jeweiligen Spalten zu ergänzen.

Lösung:

```
import pandas as pd

# Create the DataFrame
data = {'Name': ['Alice', 'Bob', 'Charlie', 'David'],
        'Age': [25, None, 35, 40],
        'Salary': [50000, 60000, None, 80000]}
df = pd.DataFrame(data)

# Detect missing data
print("Missing data:\\\\n", df.isnull().sum())

# Impute missing values with the mean of each column
df['Age'] = df['Age'].fillna(df['Age'].mean())
df['Salary'] = df['Salary'].fillna(df['Salary'].mean())

print("\\\\nDataFrame after imputation:\\\\n", df)
```

Übung 2: Kodierung kategorialer Variablen

Aufgabe: Sie haben den folgenden Datensatz:

Stadt	Temperatur
New York	30
London	25
Paris	28
London	26

Wenden Sie **One-Hot-Kodierung** auf die Spalte "Stadt" an.

Lösung:

```
# Sample DataFrame
data = {'City': ['New York', 'London', 'Paris', 'London'],
        'Temperature': [30, 25, 28, 26]}
df = pd.DataFrame(data)

# One-hot encode the "City" column
df_encoded = pd.get_dummies(df, columns=['City'])
```

```
print(df_encoded)
```

Übung 3: Feature-Engineering - Interaktionsterme

Aufgabe: Sie haben einen Datensatz mit zwei Merkmalen: "Alter" und "Gehalt". Erstellen Sie einen Interaktionsterm zwischen diesen beiden Merkmalen.

Lösung:

```
from sklearn.preprocessing import PolynomialFeatures
import pandas as pd

# Sample DataFrame
data = {'Age': [25, 30, 35, 40],
        'Salary': [50000, 60000, 70000, 80000]}
df = pd.DataFrame(data)

# Initialize PolynomialFeatures with interaction only
poly = PolynomialFeatures(degree=2, interaction_only=True, include_bias=False)

# Create interaction terms
interaction_features = poly.fit_transform(df)

# Convert back to DataFrame
df_interaction = pd.DataFrame(interaction_features, columns=['Age', 'Salary',
'Age*Salary'])
print(df_interaction)
```

Übung 4: Datenskalierung

Aufgabe: Sie haben einen Datensatz mit den folgenden Merkmalen: "Alter" und "Einkommen". Wenden Sie **Min-Max-Skalierung** auf beide Merkmale an, um sie auf einen Bereich zwischen 0 und 1 zu skalieren.

Lösung:

```
from sklearn.preprocessing import MinMaxScaler
import pandas as pd

# Sample DataFrame
data = {'Age': [25, 30, 35, 40],
        'Income': [50000, 60000, 70000, 80000]}
df = pd.DataFrame(data)

# Initialize MinMaxScaler
scaler = MinMaxScaler()

# Fit and transform the data
df_scaled = pd.DataFrame(scaler.fit_transform(df), columns=['Age', 'Income'])
print(df_scaled)
```

Übung 5: Trainings-Test-Aufteilung

Aufgabe: Gegeben ist der folgende Datensatz:

Alter	Gehalt	Gekauft
25	50000	0
30	60000	1
35	70000	0
40	80000	1
45	90000	1

Teilen Sie die Daten in **80% Trainingsdaten** und **20% Testdaten** auf.

Lösung:

```
from sklearn.model_selection import train_test_split
import pandas as pd

# Sample DataFrame
data = {'Age': [25, 30, 35, 40, 45],
        'Salary': [50000, 60000, 70000, 80000, 90000],
        'Purchased': [0, 1, 0, 1, 1]}
df = pd.DataFrame(data)

# Features (X) and target (y)
X = df[['Age', 'Salary']]
y = df['Purchased']

# Split into training and test sets (80% train, 20% test)
X_train, X_test, y_train, y_test = train_test_split(X, y, test_size=0.2,
random_state=42)

print("Training Features:\\\\n", X_train)
print("Test Features:\\\\n", X_test)
```

Übung 6: Kreuzvalidierung

Aufgabe: Verwenden Sie eine **5-fache Kreuzvalidierung**, um die Leistung eines logistischen Regressionsmodells auf dem folgenden Datensatz zu evaluieren:

Alter	Gehalt	Gekauft
25	50000	0
30	60000	1
35	70000	0
40	80000	1
45	90000	1

Lösung:

```
from sklearn.model_selection import cross_val_score
from sklearn.linear_model import LogisticRegression
import pandas as pd

# Sample DataFrame
data = {'Age': [25, 30, 35, 40, 45],
        'Salary': [50000, 60000, 70000, 80000, 90000],
        'Purchased': [0, 1, 0, 1, 1]}
df = pd.DataFrame(data)

# Features (X) and target (y)
X = df[['Age', 'Salary']]
y = df['Purchased']

# Initialize the model
model = LogisticRegression()

# Perform 5-fold cross-validation
scores = cross_val_score(model, X, y, cv=5)

print("Cross-Validation Scores:", scores)
print("Average Cross-Validation Accuracy:", scores.mean())
```

Übung 7: Datenerweiterung für Bilder

Aufgabe: Wenden Sie Bildaugmentierungstechniken wie Rotation, Zoomen und Spiegeln auf ein Bild mithilfe von Keras' **ImageDataGenerator** an.

Lösung:

```
from keras.preprocessing.image import ImageDataGenerator
from keras.preprocessing import image
import matplotlib.pyplot as plt
```

```
# Initialize the ImageDataGenerator
datagen = ImageDataGenerator(
    rotation_range=40,
    width_shift_range=0.2,
    height_shift_range=0.2,
    shear_range=0.2,
    zoom_range=0.2,
    horizontal_flip=True,
    fill_mode='nearest'
)

# Load an example image
img_path = 'path_to_image.jpg'
img = image.load_img(img_path, target_size=(150, 150))
x = image.img_to_array(img)
x = x.reshape((1,) + x.shape)

# Generate augmented images
i = 0
for batch in datagen.flow(x, batch_size=1):
    plt.figure(i)
    imgplot = plt.imshow(image.array_to_img(batch[0]))
    i += 1
    if i % 4 == 0:  # Display 4 augmented images
        break
plt.show()
```

Übung 8: Datenaugmentierung für Text

Aufgabe: Verwenden Sie **Synonymersetzung**, um den folgenden Satz zu erweitern: "Der schnelle braune Fuchs springt über den faulen Hund."

Lösung:

```
import random
from nltk.corpus import wordnet

# Function to get synonyms of a word
def get_synonyms(word):
    synonyms = []
    for syn in wordnet.synsets(word):
        for lemma in syn.lemmas():
            synonyms.append(lemma.name())
    return synonyms

# Sample sentence
sentence = "The quick brown fox jumps over the lazy dog"
words = sentence.split()

# Randomly replace some words with their synonyms
augmented_sentence = []
```

```
for word in words:
    synonyms = get_synonyms(word)
    if synonyms and random.random() > 0.5:  # Replace with a synonym 50% of the time
        augmented_sentence.append(random.choice(synonyms))
    else:
        augmented_sentence.append(word)

augmented_sentence = ' '.join(augmented_sentence)
print("Original sentence:", sentence)
print("Augmented sentence:", augmented_sentence)
```

Diese praktischen Übungen bieten eine solide Grundlage für den Aufbau und die Verbesserung von Machine-Learning-Modellen.

Kapitel 3 Zusammenfassung

In **Kapitel 3** haben wir uns mit den Kernaspekten der **Datenvorverarbeitung** und des **Feature-Engineerings** befasst, die für den Aufbau effektiver Machine-Learning-Modelle entscheidend sind. Dieses Kapitel legte den Grundstein für die Umwandlung von Rohdaten in aussagekräftige Eingaben, die die Modellleistung verbessern. Lassen Sie uns die wichtigsten behandelten Punkte zusammenfassen.

Wir begannen mit dem Konzept der **Datenbereinigung** und der Bedeutung des Umgangs mit fehlenden Daten. Reale Datensätze enthalten oft fehlende Werte, die sich, wenn sie unbehandelt bleiben, negativ auf die Modellleistung auswirken können. Wir untersuchten verschiedene Techniken zum Umgang mit fehlenden Daten, wie das Entfernen von Zeilen mit fehlenden Werten oder das Imputieren fehlender Daten mit statistischen Methoden wie Mittelwert- oder Median-Imputation. Wir behandelten auch fortgeschrittene Techniken wie die **K-Nearest-Neighbors (KNN) Imputation**, die die nächsten Nachbarn verwendet, um fehlende Werte basierend auf den umgebenden Daten zu schätzen.

Als Nächstes wandten wir uns dem **Feature-Engineering** zu, das die Erstellung neuer Features oder die Transformation bestehender Features umfasst, um die Vorhersagekraft des Datensatzes zu verbessern. Eine der wichtigsten behandelten Techniken war die Erstellung von **Interaktionstermen**, die die Beziehungen zwischen verschiedenen Features erfassen. Wir diskutierten auch die Generierung von **polynomialen Features** zur Modellierung nichtlinearer Beziehungen und die Verwendung von **Log-Transformationen** zur Behandlung schiefer Datenverteilungen, insbesondere bei Features wie Einkommen oder Umsatz, deren Werte sich über mehrere Größenordnungen erstrecken können.

Ein weiterer wesentlicher Teil der Vorverarbeitung ist die **Kodierung kategorischer Daten**. Machine-Learning-Algorithmen erfordern numerische Eingaben, daher müssen kategorische Features transformiert werden. Wir behandelten **One-Hot-Encoding** für nominale Daten und **Label-Encoding** für ordinale Daten, um sicherzustellen, dass Kategorien angemessen repräsentiert werden. Wir betrachteten auch den Umgang mit **hochkardinalen kategorischen Features** mit Techniken wie **Frequency-Encoding** und **Target-Encoding**.

Daten-**Skalierung** und **Normalisierung** wurden ausführlich diskutiert, wobei der Fokus auf der Notwendigkeit lag, Features auf eine gemeinsame Skala zu bringen. Techniken wie **Min-Max-Skalierung**, **Standardisierung** und **Robust-Skalierung** wurden vorgestellt, die je nach Daten und verwendetem Machine-Learning-Modell spezifische Zwecke erfüllen. Wir untersuchten auch **Power-Transformationen** wie **Box-Cox** und **Yeo-Johnson**, die die Varianz stabilisieren und Features normalverteilter machen.

Das Kapitel behandelte auch die Bedeutung der Aufteilung von Daten in Trainings- und Testsets zur Bewertung der Modellleistung. Wir führten das Konzept der **Train-Test-Aufteilung** ein und gingen weiter auf die **Kreuzvalidierung**, insbesondere die **k-fache Kreuzvalidierung** ein, um sicherzustellen, dass Modelle gut über verschiedene Teilmengen der Daten generalisieren. Wir untersuchten **stratifizierte Kreuzvalidierung** für unausgewogene Datensätze und diskutierten **verschachtelte Kreuzvalidierung** für die Hyperparameter-Optimierung.

Schließlich untersuchten wir **Datenaugmentierungstechniken** sowohl für **Bild-** als auch für **Textdaten**. Für Bilddaten wurden Techniken wie Rotation, Spiegelung und Skalierung eingeführt, um die Größe des Datensatzes künstlich zu erhöhen und die Modellgeneralisierung zu verbessern. Für Textdaten wurden Augmentierungstechniken wie **Synonym-Ersetzung** und **Rückübersetzung** diskutiert, die es Modellen ermöglichen, verschiedene Satzstrukturen und Vokabularvariationen zu verarbeiten.

Zusammenfassend lässt sich sagen, dass **Datenvorverarbeitung** und **Feature-Engineering** für die Verbesserung der Modellleistung von entscheidender Bedeutung sind. Indem Sie sicherstellen, dass Daten korrekt bereinigt, skaliert, kodiert und augmentiert werden, können Sie die Genauigkeit und Robustheit Ihrer Machine-Learning-Modelle erheblich verbessern.

Kapitel 4: Techniken des überwachten Lernens

Das überwachte Lernen stellt einen der wichtigsten und am häufigsten eingesetzten Zweige im umfangreichen Bereich des maschinellen Lernens dar. Dieser Ansatz beinhaltet das Training von Algorithmen mit gekennzeichneten Datensätzen, bei denen jedes Eingabebeispiel sorgfältig mit seiner entsprechenden Ausgabekennzeichnung gepaart ist.

Das Hauptziel des überwachten Lernens besteht darin, dem Modell zu ermöglichen, die komplexen Beziehungen zwischen Eingabemerkmalen und Zielvariablen zu erkennen und zu verinnerlichen. Dadurch wird das Modell in der Lage, genaue Vorhersagen für neue, bisher ungesehene Datenpunkte zu treffen.

Der Bereich des überwachten Lernens umfasst zwei Hauptkategorien, die jeweils auf spezifische Arten von Vorhersageaufgaben zugeschnitten sind:

- **Regression**: Diese Kategorie befasst sich mit kontinuierlichen Zielvariablen und ermöglicht präzise numerische Vorhersagen. Beispiele umfassen die Vorhersage von Hauspreisen basierend auf verschiedenen Merkmalen, die Schätzung von Temperaturänderungen im Zeitverlauf oder die Vorhersage zukünftiger Aktienkurse eines Unternehmens basierend auf historischen Daten und Marktindikatoren.
- **Klassifikation**: Im Gegensatz zur Regression konzentriert sich die Klassifikation auf kategorische Zielvariablen. Dabei geht es darum, Eingabedaten vordefinierten Klassen oder Kategorien zuzuordnen. Häufige Anwendungen umfassen die Bestimmung, ob eine E-Mail Spam oder legitim ist, die Diagnose von Krankheiten basierend auf medizinischen Testergebnissen oder die Identifizierung der Art einer Pflanze basierend auf ihren physischen Eigenschaften.

Dieses Kapitel befasst sich mit der Erforschung der wichtigsten und am häufigsten verwendeten Techniken des überwachten Lernens. Wir beginnen mit der Untersuchung der Grundlagen der **linearen und polynomialen Regression**, die als Grundstein für das Verständnis komplexerer Regressionsmodelle dienen.

Anschließend wenden wir uns dem Bereich der **Klassifikationsalgorithmen** zu, wo wir Schlüsselmethoden wie logistische Regression, Entscheidungsbäume und Support-Vector-Machines erläutern werden. Jede dieser Techniken bietet einzigartige Stärken und eignet sich für verschiedene Arten von Klassifikationsproblemen, wodurch ein umfassendes

Instrumentarium zur Bewältigung einer Vielzahl von realen Machine-Learning-Herausforderungen bereitgestellt wird.

4.1 Lineare und polynomiale Regression

Die lineare Regression ist die einfachste und grundlegendste Form der Regressionsanalyse im maschinellen Lernen. Diese Technik modelliert die Beziehung zwischen einem oder mehreren Eingabemerkmalen (unabhängige Variablen) und einer kontinuierlichen Zielvariablen (abhängige Variable), indem eine Gerade durch die Datenpunkte gelegt wird. Das Hauptziel der linearen Regression besteht darin, die am besten passende Gerade zu finden, die den Gesamtvorhersagefehler minimiert.

In ihrer einfachsten Form geht die lineare Regression von einer linearen Beziehung zwischen den Eingangs- und Ausgangsvariablen aus. Dies bedeutet, dass Änderungen in den Eingangsvariablen zu proportionalen Änderungen in der Ausgangsvariablen führen. Das Modell lernt aus gekennzeichneten Trainingsdaten, die optimalen Parameter (Steigung und Achsenabschnitt) der Geraden zu bestimmen, die dann für Vorhersagen auf neuen, ungesehenen Daten verwendet werden können.

Wesentliche Merkmale der linearen Regression sind:

- Einfachheit: Die lineare Regression bietet einen unkomplizierten und leicht implementierbaren Ansatz, der einen ausgezeichneten Ausgangspunkt für viele Regressionsprobleme darstellt. Ihre unkomplizierte Natur ermöglicht es auch Neulingen im maschinellen Lernen, ihre Konzepte schnell zu erfassen und effektiv anzuwenden.
- Interpretierbarkeit: Eine der wichtigsten Stärken der linearen Regression liegt in ihrer hohen Interpretierbarkeit. Die Koeffizienten des Modells repräsentieren direkt den Einfluss jedes Merkmals auf die Zielvariable und ermöglichen klare Einblicke in die Beziehungen zwischen den Variablen. Diese Transparenz ist besonders wertvoll in Bereichen, in denen das Verständnis der zugrundeliegenden Faktoren ebenso wichtig ist wie die Erstellung genauer Vorhersagen.
- Effizienz: Die lineare Regression zeigt beeindruckende Leistung mit begrenzten Rechenressourcen, insbesondere bei der Arbeit mit kleineren Datensätzen. Diese Effizienz macht sie zu einer idealen Wahl für schnelle Analysen oder in Umgebungen mit eingeschränkter Rechenleistung, ohne die Qualität der Ergebnisse zu beeinträchtigen.
- Vielseitigkeit: Trotz ihrer scheinbaren Einfachheit besitzt die lineare Regression bemerkenswerte Vielseitigkeit. Sie kann durch multiple lineare Regression auf mehrere Eingabemerkmale erweitert werden und ermöglicht so komplexere Analysen. Darüber hinaus kann sie durch Techniken wie polynomiale Regression zur Modellierung nicht-

linearer Beziehungen transformiert werden, wodurch ihre Anwendbarkeit auf ein breiteres Spektrum realer Szenarien erweitert wird.

Während die lineare Regression in ihrer Einfachheit leistungsfähig ist, ist es wichtig zu beachten, dass sie eine lineare Beziehung zwischen Variablen voraussetzt und möglicherweise komplexe, nicht-lineare Muster in den Daten nicht erfassen kann. In solchen Fällen können fortgeschrittenere Regressionstechniken oder Machine-Learning-Modelle geeigneter sein.

Die Gerade in der linearen Regression wird durch eine lineare Gleichung definiert, die die Grundlage für die Vorhersagen des Modells bildet:

$y = \beta_0 + \beta_1 x_1 + \beta_2 x_2 + ... + \beta_n x_n + \varepsilon$

Diese Gleichung repräsentiert, wie das Modell seine Vorhersagen berechnet und kann wie folgt aufgeschlüsselt werden:

- y ist der vorhergesagte Wert (Zielvariable)
- β_0 ist der y-Achsenabschnitt (Bias-Term), der den vorhergesagten Wert darstellt, wenn alle Merkmale null sind
- β_1, β_2, ..., β_n sind die Koeffizienten (Gewichte), die den Einfluss jedes Merkmals auf die Vorhersage bestimmen
- x_1, x_2, ..., x_n sind die Eingabemerkmale (unabhängige Variablen)
- ε ist der Fehlerterm, der die Differenz zwischen vorhergesagten und tatsächlichen Werten berücksichtigt

Das Verständnis dieser Gleichung ist entscheidend, da sie die Grundlage der linearen Regression bildet und hilft, das Verhalten und die Ergebnisse des Modells zu interpretieren.

4.1.1 Lineare Regression

Bei der linearen Regression besteht das Hauptziel darin, die optimalen Koeffizienten (Gewichte) zu bestimmen, die die Diskrepanz zwischen den vorhergesagten Werten und den tatsächlichen Werten minimieren. Dieser Prozess ist entscheidend für die Erstellung eines Modells, das die Beziehung zwischen den Eingabemerkmalen und der Zielvariablen genau repräsentiert.

Um dieses Ziel zu erreichen, verwendet die lineare Regression typischerweise eine Technik namens "Minimierung des **mittleren quadratischen Fehlers (MSE)**". Der MSE ist ein Maß für die durchschnittliche quadratische Differenz zwischen den vorhergesagten Werten und den tatsächlichen Werten. Hier ist eine detailliertere Erklärung dieses Prozesses:

1. Vorhersage: Das Modell trifft Vorhersagen basierend auf den aktuellen Koeffizienten.
2. Fehlerberechnung: Für jeden Datenpunkt wird die Differenz zwischen dem vorhergesagten Wert und dem tatsächlichen Wert berechnet. Diese Differenz wird als Fehler oder Residuum bezeichnet.

3. Quadrierung: Jeder Fehler wird quadriert. Dieser Schritt dient zwei Zwecken:
    - Er stellt sicher, dass alle Fehler positiv sind und verhindert, dass sich negative Fehler mit positiven aufheben.
    - Er bestraft größere Fehler stärker und ermutigt das Modell dazu, Ausreißer zu minimieren.
4. Mittelwertberechnung: Der Durchschnitt aller dieser quadrierten Fehler wird berechnet, was zum MSE führt.
5. Optimierung: Das Modell passt seine Koeffizienten an, um diesen MSE zu minimieren, typischerweise unter Verwendung von Techniken wie dem Gradientenabstieg.

Durch die iterative Anpassung der Koeffizienten zur Minimierung des MSE verbessert das lineare Regressionsmodell allmählich seine Vorhersagen und findet schließlich die bestmögliche Anpassungslinie, die die Beziehung in den Daten am genauesten repräsentiert. Dieser Prozess stellt sicher, dass die Vorhersagen des Modells über den gesamten Datensatz hinweg so nah wie möglich an den tatsächlichen Werten liegen.

a. Einfache lineare Regression

Bei der **einfachen linearen Regression** konzentriert sich das Modell auf die Beziehung zwischen einem einzelnen Eingabemerkmal (unabhängige Variable) und einer Zielvariable (abhängige Variable). Dieser unkomplizierte Ansatz ermöglicht eine einfache Analyse, wie Änderungen im Eingabemerkmal die Zielvariable direkt beeinflussen.

Die Einfachheit dieser Methode macht sie zu einem ausgezeichneten Ausgangspunkt für das Verständnis der Regressionsanalyse und bietet eine Grundlage für komplexere Regressionstechniken.

Die Gleichung für die einfache lineare Regression kann wie folgt ausgedrückt werden:

$y = \beta_0 + \beta_1 x + \varepsilon$

Wobei:

- y die Zielvariable (abhängige Variable) ist
- x das Eingabemerkmal (unabhängige Variable) ist
- β_0 der y-Achsenabschnitt ist (der Wert von y, wenn x 0 ist)
- β_1 die Steigung ist (die Änderung in y für eine Einheitsänderung in x)
- ε der Fehlerterm ist (berücksichtigt die Variabilität, die nicht durch die lineare Beziehung erklärt wird)

Beispiel: Einfache lineare Regression mit Scikit-learn

```
import numpy as np
```

```
import matplotlib.pyplot as plt
from sklearn.linear_model import LinearRegression
from sklearn.metrics import mean_squared_error, r2_score
from sklearn.model_selection import train_test_split

# Generate sample data (Hours studied vs. Exam score)
np.random.seed(42)
X = np.random.rand(100, 1) * 10  # 100 random values between 0 and 10
y = 2 * X + 1 + np.random.randn(100, 1) * 2  # Linear relationship with some noise

# Split the data into training and testing sets
X_train,  X_test,  y_train,  y_test  =  train_test_split(X,  y,  test_size=0.2,
random_state=42)

# Initialize and train the linear regression model
model = LinearRegression()
model.fit(X_train, y_train)

# Make predictions on the test set
y_pred = model.predict(X_test)

# Calculate performance metrics
mse = mean_squared_error(y_test, y_pred)
r2 = r2_score(y_test, y_pred)

# Predict for new values
X_new = np.array([[6], [7], [8]])
y_new_pred = model.predict(X_new)

# Plotting the data and the regression line
plt.figure(figsize=(10, 6))
plt.scatter(X_train, y_train, color='blue', label='Training data')
plt.scatter(X_test, y_test, color='green', label='Testing data')
plt.plot(X, model.predict(X), color='red', label='Regression line')
plt.xlabel("Hours Studied")
plt.ylabel("Exam Score")
plt.title("Linear Regression: Hours Studied vs. Exam Score")
plt.legend()
plt.grid(True)
plt.show()

# Print results
print(f"Model coefficients: {model.coef_[0][0]:.2f}")
print(f"Model intercept: {model.intercept_[0]:.2f}")
print(f"Mean squared error: {mse:.2f}")
print(f"R-squared score: {r2:.2f}")
print(f"Predicted exam scores for new values (6, 7, 8 hours):")
for hours, score in zip(X_new, y_new_pred):
    print(f"  {hours[0]} hours: {score[0]:.2f}")
```

Code-Aufschlüsselung und Erklärung:

1. Bibliotheken importieren:
   - Wir importieren numpy für numerische Operationen, matplotlib für die Visualisierung und verschiedene Funktionen aus sklearn für Machine-Learning-Aufgaben.
2. Datengenerierung:
   - Anstatt einen kleinen vordefinierten Datensatz zu verwenden, generieren wir einen größeren, realistischeren Datensatz mit 100 Proben.
   - Wir verwenden numpys Zufallsfunktionen, um Lernstunden (X) zwischen 0 und 10 sowie Prüfungsergebnisse (y) mit einer linearen Beziehung plus zufälligem Rauschen zu erstellen.
3. Datenaufteilung:
   - Wir teilen die Daten in Trainings- (80%) und Testdaten (20%) mittels train_test_split auf.
   - Dies ermöglicht uns, die Modellleistung an ungesehenen Daten zu evaluieren.
4. Modelltraining:
   - Wir erstellen ein LinearRegression-Modell und trainieren es mit den Trainingsdaten.
5. Modellevaluation:
   - Wir erstellen Vorhersagen für den Testdatensatz und berechnen zwei gängige Leistungsmetriken:
     - Mean Squared Error (MSE): Misst die durchschnittliche quadratische Abweichung zwischen vorhergesagten und tatsächlichen Werten.
     - R-Quadrat (R2) Score: Gibt den Anteil der Varianz in der abhängigen Variable an, der durch die unabhängige Variable vorhersagbar ist.
6. Neue Vorhersagen:
   - Wir sagen Prüfungsergebnisse für neue Werte (6, 7 und 8 Lernstunden) vorher.
7. Visualisierung:
   - Wir erstellen eine aussagekräftige Darstellung, die Folgendes zeigt:
     - Trainingsdatenpunkte (blau)
     - Testdatenpunkte (grün)
     - Die Regressionslinie (rot)

   - Die Grafik enthält einen Titel, eine Legende und ein Raster für bessere Lesbarkeit.

8. Ergebnisausgabe:
   - Wir geben die Modellkoeffizienten (Steigung) und den y-Achsenabschnitt aus, welche die Regressionslinie definieren.
   - Wir zeigen den MSE und R2-Score an, um die Modellleistung zu quantifizieren.
   - Abschließend präsentieren wir die vorhergesagten Ergebnisse für die neuen Werte.

Dieses Code-Beispiel bietet einen umfassenderen Einblick in den linearen Regressionsprozess, einschließlich Datengenerierung, Modellevaluation und Ergebnisinterpretation. Es demonstriert Best Practices wie Datenaufteilung und die Verwendung mehrerer Evaluationsmetriken, die in realen Machine-Learning-Anwendungen entscheidend sind.

b. Multiple lineare Regression

Die multiple lineare Regression ist eine fortgeschrittene Technik, die das Konzept der einfachen linearen Regression erweitert, um zwei oder mehr Eingabemerkmale (unabhängige Variablen) einzubeziehen. Diese Methode ermöglicht eine umfassendere Analyse komplexer Beziehungen in Daten.

Hier ein tieferer Einblick in die multiple lineare Regression:

1. Modellstruktur: In der multiplen linearen Regression versucht das Modell, eine lineare Beziehung zwischen mehreren unabhängigen Variablen und einer einzelnen abhängigen Variable (Zielvariable) herzustellen. Die allgemeine Form der Gleichung lautet:

$y = \beta_0 + \beta_1 x_1 + \beta_2 x_2 + \ldots + \beta_n x_n + \varepsilon$

Wobei y die Zielvariable ist, $x_1, x_2, \ldots, x_n$ die Eingabemerkmale sind, β_0 der y-Achsenabschnitt ist, $\beta_1, \beta_2, \ldots, \beta_n$ die Koeffizienten für jedes Merkmal sind und ε der Fehlerterm ist.

1. Merkmalinteraktion: Im Gegensatz zur einfachen linearen Regression kann die multiple lineare Regression erfassen, wie verschiedene Merkmale zusammenwirken, um die Zielvariable zu beeinflussen. Dies ermöglicht ein nuancierteres Verständnis der Daten.
2. Koeffizienteninterpretation: Jeder Koeffizient (β) repräsentiert die Änderung in der Zielvariable bei einer Einheitsänderung im entsprechenden Merkmal, unter der Annahme, dass alle anderen Merkmale konstant bleiben. Dies ermöglicht eine individuelle Bewertung des Einflusses jedes Merkmals.
3. Erhöhte Komplexität: Während sie mehr Erklärungskraft bietet, bringt die multiple lineare Regression auch größere Komplexität mit sich. Probleme wie Multikollinearität (hohe Korrelation zwischen Merkmalen) müssen sorgfältig gehandhabt werden.

4. Anwendungen: Diese Technik wird häufig in verschiedenen Bereichen wie Wirtschaft, Finanzen und Sozialwissenschaften eingesetzt, wo oft mehrere Faktoren ein Ergebnis beeinflussen.

Durch die Einbeziehung mehrerer Merkmale bietet dieses Modell einen umfassenderen Ansatz zum Verständnis und zur Vorhersage komplexer Beziehungen in Daten, was es zu einem leistungsfähigen Werkzeug im Bereich des überwachten Lernens macht.

Beispiel: Multiple lineare Regression mit Scikit-learn

```
import numpy as np
import pandas as pd
import matplotlib.pyplot as plt
from sklearn.linear_model import LinearRegression
from sklearn.model_selection import train_test_split
from sklearn.metrics import mean_squared_error, r2_score

# Sample data (Features: hours studied, number of practice tests, Target: exam score)
data = {
    'Hours_Studied': [1, 2, 3, 4, 5, 6, 7, 8, 9, 10],
    'Practice_Tests': [1, 2, 2, 3, 3, 4, 4, 5, 5, 6],
    'Exam_Score': [50, 60, 65, 70, 75, 80, 85, 90, 92, 95]
}
df = pd.DataFrame(data)

# Features (X) and target (y)
X = df[['Hours_Studied', 'Practice_Tests']]
y = df['Exam_Score']

# Split the data into training and testing sets
X_train, X_test, y_train, y_test = train_test_split(X, y, test_size=0.2,
random_state=42)

# Initialize and train the linear regression model
model = LinearRegression()
model.fit(X_train, y_train)

# Make predictions on the test set
y_pred = model.predict(X_test)

# Calculate performance metrics
mse = mean_squared_error(y_test, y_pred)
r2 = r2_score(y_test, y_pred)

# Print model coefficients and intercept
print("Model Coefficients:")
print(f"Hours Studied: {model.coef_[0]:.2f}")
print(f"Practice Tests: {model.coef_[1]:.2f}")
print(f"Intercept: {model.intercept_:.2f}")

# Print performance metrics
```

```
print(f"\\nMean Squared Error: {mse:.2f}")
print(f"R-squared Score: {r2:.2f}")

# Predict exam scores for new data
X_new = np.array([[6, 2], [7, 3], [8, 3]])
y_new_pred = model.predict(X_new)

print("\\nPredicted exam scores for new values:")
for i, (hours, tests) in enumerate(X_new):
    print(f"Hours Studied: {hours}, Practice Tests: {tests}, Predicted Score:
{y_new_pred[i]:.2f}")

# Visualize the results
fig = plt.figure(figsize=(12, 5))

# Plot for Hours Studied
ax1 = fig.add_subplot(121, projection='3d')
ax1.scatter(X['Hours_Studied'], X['Practice_Tests'], y, c='b', marker='o')
ax1.set_xlabel('Hours Studied')
ax1.set_ylabel('Practice Tests')
ax1.set_zlabel('Exam Score')
ax1.set_title('3D Scatter Plot of Data')

# Create a mesh grid for the prediction surface
xx, yy = np.meshgrid(np.linspace(X['Hours_Studied'].min(), X['Hours_Studied'].max(),
10),
                     np.linspace(X['Practice_Tests'].min(),
X['Practice_Tests'].max(), 10))
Z = model.predict(np.c_[xx.ravel(), yy.ravel()]).reshape(xx.shape)

# Plot the prediction surface
ax1.plot_surface(xx, yy, Z, alpha=0.5)

# Plot residuals
ax2 = fig.add_subplot(122)
ax2.scatter(y_pred, y_test - y_pred, c='r', marker='o')
ax2.set_xlabel('Predicted Values')
ax2.set_ylabel('Residuals')
ax2.set_title('Residual Plot')
ax2.axhline(y=0, color='k', linestyle='--')

plt.tight_layout()
plt.show()
```

Code-Aufschlüsselung:

1. Bibliotheken importieren:
   - Wir importieren numpy für numerische Operationen, pandas für Datenmanipulation, matplotlib für Visualisierung und verschiedene Funktionen aus sklearn für Machine-Learning-Aufgaben.

2. Datenvorbereitung:
   - Wir erstellen einen größeren Datensatz mit 10 Proben, einschließlich Lernstunden, Anzahl der Übungstests und Prüfungsergebnisse.
   - Die Daten werden in einem pandas DataFrame für einfache Handhabung gespeichert.
3. Datenaufteilung:
   - Wir teilen die Daten in Features (X) und Zielvariable (y) auf.
   - Die Daten werden weiter in Trainings- (80%) und Testdaten (20%) mittels train_test_split aufgeteilt.
4. Modelltraining:
   - Wir erstellen ein LinearRegression-Modell und trainieren es mit den Trainingsdaten.
5. Modellevaluation:
   - Wir erstellen Vorhersagen für den Testdatensatz und berechnen zwei gängige Leistungsmetriken:
   - Mean Squared Error (MSE): Misst die durchschnittliche quadratische Abweichung zwischen vorhergesagten und tatsächlichen Werten.
   - R-Quadrat (R2) Score: Gibt den Anteil der Varianz in der abhängigen Variable an, der durch die unabhängigen Variablen vorhersagbar ist.
6. Modellinterpretation:
   - Wir geben die Koeffizienten für jedes Feature und den y-Achsenabschnitt aus, was die Interpretation des Modellverhaltens ermöglicht.
7. Neue Vorhersagen:
   - Wir sagen Prüfungsergebnisse für neue Werte vorher (Kombinationen aus Lernstunden und Übungstests).
8. Visualisierung:
   - Wir erstellen zwei Plots zur Visualisierung der Ergebnisse:
   - Ein 3D-Streudiagramm, das die Beziehung zwischen Lernstunden, Übungstests und Prüfungsergebnissen sowie die Vorhersagefläche zeigt.
   - Ein Residuenplot zur Überprüfung von Mustern in den Modellfehlern.

Dieses Beispiel bietet einen umfassenderen Einblick in den Prozess der multiplen linearen Regression, einschließlich Datenvorbereitung, Modellevaluation, Interpretation und

Visualisierung. Es demonstriert Best Practices wie Datenaufteilung, Verwendung mehrerer Evaluationsmetriken und Ergebnisvisualisierung, die in realen Machine-Learning-Anwendungen entscheidend sind.

4.1.2 Polynomiale Regression

Die polynomiale Regression ist eine fortgeschrittene Erweiterung der linearen Regression, die es uns ermöglicht, komplexe, nicht-lineare Beziehungen zwischen Eingabemerkmalen und der Zielvariable zu modellieren. Dies wird durch die Einbeziehung polynomialer Terme in die Regressionsgleichung erreicht, wodurch eine flexiblere und nuanciertere Darstellung der Daten ermöglicht wird.

Im Wesentlichen transformiert die polynomiale Regression die ursprünglichen Merkmale durch Potenzierung, wodurch neue Merkmale entstehen, die nicht-lineare Muster erfassen. Zum Beispiel kann eine quadratische Beziehung wie folgt modelliert werden:

$y = \beta_0 + \beta_1 x + \beta_2 x^2 + \varepsilon$

Wobei:

- y die Zielvariable ist
- x das Eingabemerkmal ist
- β_0 der y-Achsenabschnitt ist
- β_1 und β_2 die Koeffizienten sind
- ε der Fehlerterm ist

Diese Gleichung ermöglicht gekrümmte Beziehungen zwischen x und y, im Gegensatz zur Geraden der einfachen linearen Regression.

Es ist wichtig zu beachten, dass die polynomiale Regression trotz ihres Namens im Kern immer noch ein lineares Modell verwendet. Der 'polynomiale' Aspekt kommt von der Transformation, die auf die Eingabemerkmale angewendet wird. Durch das Hinzufügen dieser transformierten Merkmale (z.B. x^2, x^3, etc.) erstellen wir ein Modell, das nicht-lineare Muster in den Daten erfassen kann.

Die Eleganz dieses Ansatzes liegt in seiner Fähigkeit, komplexe Beziehungen zu erfassen und dabei die Einfachheit und Interpretierbarkeit der linearen Regression beizubehalten. Das Modell bleibt linear in seinen Parametern (den β-Koeffizienten), was bedeutet, dass wir weiterhin die Methode der kleinsten Quadrate für die Schätzung verwenden und von den statistischen Eigenschaften linearer Modelle profitieren können.

Allerdings ist es wichtig, die polynomiale Regression mit Bedacht einzusetzen. Während sie nicht-lineare Muster erfassen kann, kann die Verwendung zu hoher Polynomgrade zu Überanpassung führen, bei der das Modell gut auf Trainingsdaten, aber schlecht auf neuen, ungesehenen Daten funktioniert. Daher ist die Auswahl des geeigneten Polynomgrades eine wichtige Überlegung bei dieser Technik.

Anwendung der polynomialen Regression mit Scikit-learn

Scikit-learn bietet ein leistungsfähiges Werkzeug namens PolynomialFeatures, das den Prozess der Einbindung polynomialer Terme in unsere Eingabemerkmale vereinfacht. Diese Klasse automatisiert die Erstellung von Polynommerkmalen höheren Grades und ermöglicht es uns, unser lineares Regressionsmodell mühelos in ein polynomiales zu transformieren.

Durch die Verwendung von PolynomialFeatures können wir nicht-lineare Beziehungen in unseren Daten erkunden und erfassen, ohne komplexe polynomiale Terme manuell berechnen zu müssen. Diese Funktion erweist sich als besonders nützlich bei Datensätzen, in denen die Beziehung zwischen Variablen nicht streng linear ist, und ermöglicht es uns, komplexere Muster zu modellieren und potenziell unsere Vorhersagegenauigkeit zu verbessern.

Beispiel: Polynomiale Regression mit Scikit-learn

```
import numpy as np
import pandas as pd
import matplotlib.pyplot as plt
from sklearn.preprocessing import PolynomialFeatures
from sklearn.linear_model import LinearRegression
from sklearn.model_selection import train_test_split
from sklearn.metrics import mean_squared_error, r2_score

# Generate sample data (Hours studied vs. Exam score with a non-linear relationship)
np.random.seed(42)
X = np.random.rand(100, 1) * 10
y = 3 * X**2 + 2 * X + 5 + np.random.randn(100, 1) * 5

# Split the data into training and testing sets
X_train, X_test, y_train, y_test = train_test_split(X, y, test_size=0.2,
random_state=42)

# Create polynomial features (degree 2)
poly = PolynomialFeatures(degree=2)
X_train_poly = poly.fit_transform(X_train)
X_test_poly = poly.transform(X_test)

# Train the polynomial regression model
model = LinearRegression()
model.fit(X_train_poly, y_train)

# Make predictions on the test set
y_pred = model.predict(X_test_poly)

# Calculate performance metrics
mse = mean_squared_error(y_test, y_pred)
r2 = r2_score(y_test, y_pred)
```

```
# Print model coefficients and performance metrics
print("Model Coefficients:")
for i, coef in enumerate(model.coef_[0]):
    print(f"Degree {i}: {coef:.4f}")
print(f"Intercept: {model.intercept_[0]:.4f}")
print(f"\\nMean Squared Error: {mse:.4f}")
print(f"R-squared Score: {r2:.4f}")

# Predict for new values
X_new = np.array([[6], [7], [8]])
X_new_poly = poly.transform(X_new)
y_new_pred = model.predict(X_new_poly)

print("\\nPredicted exam scores for new values:")
for hours, score in zip(X_new, y_new_pred):
    print(f"Hours Studied: {hours[0]:.1f}, Predicted Score: {score[0]:.2f}")

# Plot the data and the polynomial regression curve
plt.figure(figsize=(12, 6))

# Scatter plot of original data
plt.scatter(X, y, color='blue', alpha=0.5, label='Original data')

# Polynomial regression curve
X_plot = np.linspace(0, 10, 100).reshape(-1, 1)
X_plot_poly = poly.transform(X_plot)
y_plot = model.predict(X_plot_poly)
plt.plot(X_plot, y_plot, color='red', label='Polynomial regression curve')

# Scatter plot of test data
plt.scatter(X_test, y_test, color='green', alpha=0.7, label='Test data')

# Scatter plot of predictions on test data
plt.scatter(X_test, y_pred, color='orange', alpha=0.7, label='Predictions')

plt.xlabel("Hours Studied")
plt.ylabel("Exam Score")
plt.title("Polynomial Regression: Hours Studied vs. Exam Score")
plt.legend()
plt.grid(True, alpha=0.3)
plt.show()

# Residual plot
plt.figure(figsize=(10, 6))
residuals = y_test - y_pred
plt.scatter(y_pred, residuals, color='purple', alpha=0.7)
plt.xlabel("Predicted Values")
plt.ylabel("Residuals")
plt.title("Residual Plot")
plt.axhline(y=0, color='r', linestyle='--')
plt.grid(True, alpha=0.3)
plt.show()
```

Code-Erläuterung:

1. Bibliotheken importieren:
   - Wir importieren numpy für numerische Operationen, pandas für Datenmanipulation, matplotlib für Visualisierung und verschiedene Funktionen aus sklearn für Machine-Learning-Aufgaben.
2. Datengenerierung:
   - Wir erstellen einen synthetischen Datensatz mit 100 Proben, die Lernstunden (X) und Prüfungsergebnisse (y) darstellen.
   - Die Beziehung zwischen X und y ist nicht-linear und folgt einer quadratischen Funktion mit zusätzlichem Rauschen.
3. Datenaufteilung:
   - Wir teilen die Daten in Trainings- (80%) und Testdaten (20%) mittels train_test_split auf.
   - Dies ermöglicht uns, die Modellleistung an ungesehenen Daten zu evaluieren.
4. Feature Engineering:
   - Wir verwenden PolynomialFeatures, um polynomiale Terme bis zum Grad 2 zu erstellen.
   - Dies transformiert unsere Eingabemerkmale durch Hinzufügen von x^2-Termen, wodurch das Modell nicht-lineare Beziehungen erfassen kann.
5. Modelltraining:
   - Wir erstellen ein LinearRegression-Modell und trainieren es mit den polynomial-transformierten Trainingsdaten.
6. Modellevaluierung:
   - Wir erstellen Vorhersagen für den Testdatensatz und berechnen zwei gängige Leistungsmetriken:
   - Mean Squared Error (MSE): Misst die durchschnittliche quadratische Abweichung zwischen vorhergesagten und tatsächlichen Werten.
   - R-squared (R2) Score: Gibt den Anteil der Varianz in der abhängigen Variable an, der durch die unabhängigen Variablen vorhersagbar ist.
7. Modellinterpretation:
   - Wir geben die Koeffizienten für jeden polynomialen Term und den Achsenabschnitt aus, was hilft, das Modellverhalten zu interpretieren.

8. Neue Vorhersagen:
   - Wir sagen Prüfungsergebnisse für neue Lernzeitwerte (6, 7 und 8 Stunden) vorher.
9. Visualisierung:
   - Wir erstellen zwei Plots zur Visualisierung der Ergebnisse:
   - Ein Streudiagramm, das die Originaldaten, Testdaten, Vorhersagen und die polynomiale Regressionskurve zeigt.
   - Ein Residuenplot zur Überprüfung von Mustern in den Modellfehlern.

Dieses Beispiel bietet einen umfassenderen Einblick in den polynomialen Regressionsprozess, einschließlich Datengenerierung, Aufteilung, Modellevaluierung, Interpretation und Visualisierung. Es demonstriert Best Practices wie die Verwendung separater Trainings- und Testsets, Evaluierung mit mehreren Metriken und Visualisierung sowohl der Modellanpassung als auch der Residuen.

Diese Praktiken sind entscheidend in realen Machine-Learning-Anwendungen, um die Modellzuverlässigkeit zu gewährleisten und Einblicke in die Modellleistung zu gewinnen.

Zusammenfassend lässt sich sagen, dass lineare und polynomiale Regression grundlegende Techniken des überwachten Lernens zur Modellierung von Beziehungen zwischen Eingabemerkmalen und kontinuierlichen Zielvariablen sind.

Lineare Regression ist nützlich, wenn die Beziehung annähernd linear ist, während polynomiale Regression es uns ermöglicht, nicht-lineare Beziehungen durch Transformation der Merkmale zu erfassen. Diese Techniken bilden die Grundlage für fortgeschrittenere Regressionsmethoden und sind entscheidend für die Lösung einer breiten Palette von Vorhersagemodellierungsaufgaben.

4.2 Klassifizierungsalgorithmen

Klassifizierung ist eine grundlegende Art des überwachten Lernens, bei der die Zielvariable kategorisch ist, das heißt, sie gehört zu einer vordefinierten Menge von Klassen oder Kategorien. Bei Klassifizierungsproblemen besteht das Hauptziel darin, ein Modell zu entwickeln, das basierend auf seinen Merkmalen die korrekte Klasse oder Kategorie für jedes Eingabebeispiel genau vorhersagen kann. Dieser Prozess beinhaltet das Training des Modells an einem gekennzeichneten Datensatz, bei dem jedes Beispiel mit seiner entsprechenden Klassenbezeichnung verknüpft ist.

Zur Veranschaulichung betrachten wir ein E-Mail-Klassifizierungssystem. Anhand einer Reihe von Merkmalen einer E-Mail (wie Betreffzeile, Inhalt, Absenderinformationen und Metadaten) soll diese als **Spam** oder **kein Spam** klassifiziert werden. Diese binäre Klassifizierungsaufgabe ist nur ein Beispiel für die vielen Anwendungen von Klassifizierungsalgorithmen in realen Szenarien.

Klassifizierungsalgorithmen können verschiedene Arten von Klassifizierungsaufgaben bewältigen, darunter:

- Binäre Klassifizierung: Diese Art beinhaltet die Unterscheidung zwischen zwei verschiedenen Kategorien. Zum Beispiel ein E-Mail-Filtersystem, das Nachrichten entweder als Spam oder legitim klassifiziert.
- Multi-Klassen-Klassifizierung: In diesem Szenario muss der Algorithmus Daten in eine von mehreren möglichen Klassen einordnen. Ein anschauliches Beispiel ist ein Bilderkennungssystem, das verschiedene Tierarten auf Fotos identifizieren kann.
- Multi-Label-Klassifizierung: Diese fortgeschrittene Form ermöglicht es, jeder Instanz gleichzeitig mehrere Kategorien zuzuordnen. Zum Beispiel könnte ein Nachrichtenartikel-Tagging-System einen einzelnen Artikel mit mehreren relevanten Themen wie "Politik", "Wirtschaft" und "Internationale Angelegenheiten" kennzeichnen.

In diesem Abschnitt werden wir vier der am häufigsten verwendeten und leistungsfähigsten Klassifizierungsalgorithmen behandeln:

- **Support Vector Machines (SVM)**: Ein Algorithmus, der die optimale Hyperebene zur Trennung von Klassen im hochdimensionalen Raum findet
- **k-Nearest Neighbors (KNN)**: Ein einfacher, intuitiver Algorithmus, der basierend auf der Mehrheitsklasse nahegelegener Datenpunkte klassifiziert
- **Entscheidungsbäume**: Ein baumartiges Modell von Entscheidungen basierend auf Merkmalswerten, das zu Klassenvorhersagen führt
- **Random Forests**: Eine Ensemble-Methode, die mehrere Entscheidungsbäume kombiniert, um die Genauigkeit zu verbessern und Überanpassung zu reduzieren

Jeder dieser Algorithmen besitzt einzigartige Stärken und Eigenschaften, die sie für verschiedene Arten von Klassifizierungsproblemen geeignet machen. Ihre Vielseitigkeit und Effektivität haben zu ihrer weitverbreiteten Anwendung in verschiedenen Bereichen geführt, darunter:

- Finanzen: Diese Algorithmen spielen eine entscheidende Rolle bei der Bewertung der Kreditwürdigkeit, der Identifizierung potenziell betrügerischer Transaktionen und der Vorhersage von Markttrends. Zum Beispiel werden SVMs und Random Forests häufig in Kreditscoring-Modellen zur Bewertung von Kreditantragstellern eingesetzt, während Anomalieerkennungstechniken mit KNN verdächtige Finanzaktivitäten kennzeichnen können.

- Gesundheitswesen: Im medizinischen Bereich sind Klassifizierungsalgorithmen wichtig für die Verbesserung der Diagnosegenauigkeit, die Stratifizierung von Patienten basierend auf Risikofaktoren und die Analyse medizinischer Bilddaten. Zum Beispiel können Entscheidungsbäume zur Erstellung von Diagnoseflussdiagrammen verwendet werden, während Deep Learning-Modelle bei der Interpretation komplexer medizinischer Bilder wie MRTs oder CT-Scans unterstützen können.
- Verarbeitung natürlicher Sprache: Diese Techniken sind grundlegend für das Verstehen und Kategorisieren menschlicher Sprache. SVMs und Naive-Bayes-Klassifikatoren werden häufig für Stimmungsanalysen in der Social-Media-Überwachung verwendet, während fortgeschrittenere Modelle wie Transformers in Aufgaben wie Textkategorisierung und Sprachidentifikation hervorragen und Anwendungen wie automatisierte Inhaltsmoderation und mehrsprachige Unterstützungssysteme ermöglichen.
- Computer Vision: Klassifizierungsalgorithmen spielen eine wichtige Rolle bei verschiedenen Computer-Vision-Aufgaben, einschließlich Gesichtserkennung für Sicherheitssysteme, Objekterkennung in autonomen Fahrzeugen und Bildsegmentierung für medizinische Bildanalyse. Zum Beispiel haben Convolutional Neural Networks (CNNs) die Bildklassifizierung revolutioniert, während Region-based CNNs (R-CNNs) in der Objekterkennung und -lokalisierung hervorragen.
- Marketing und Kundenanalyse: In der Geschäftswelt sind Klassifizierungsalgorithmen wichtig für die Kundensegmentierung, die es Unternehmen ermöglicht, ihre Marketingstrategien auf spezifische Gruppen zuzuschneiden. Sie werden auch in Kündigungsprognosemodellen verwendet, um gefährdete Kunden zu identifizieren und proaktive Bindungsmaßnahmen zu ermöglichen. Zusätzlich betreiben diese Algorithmen Empfehlungssysteme, analysieren Nutzerverhalten und Präferenzen, um Produkte oder Inhalte vorzuschlagen und dadurch das Kundenengagement zu steigern und den Verkauf zu fördern.

Während wir jeden dieser Algorithmen im Detail erkunden, werden wir ihre zugrundeliegenden Prinzipien, Stärken, Einschränkungen und praktischen Anwendungen diskutieren und Ihnen ein umfassendes Verständnis dieser leistungsfähigen Werkzeuge im Machine-Learning-Toolkit vermitteln.

4.2.1 Support Vector Machines (SVM)

Support Vector Machines (SVM) ist ein ausgefeilter und leistungsfähiger Klassifizierungsalgorithmus, der durch die Identifizierung einer optimalen Hyperebene zur Trennung von Datenpunkten verschiedener Klassen arbeitet. Das grundlegende Prinzip hinter SVM besteht darin, die Hyperebene zu finden, die den **Margin** (Rand) maximiert, der als Abstand zwischen der Hyperebene und den nächstgelegenen Datenpunkten jeder Klasse definiert ist. Diese nächstgelegenen Punkte, die eine entscheidende Rolle bei der Bestimmung der Position der Hyperebene spielen, werden als **Support-Vektoren** bezeichnet.

Das Konzept der Randmaximierung ist der Schlüssel zur Effektivität von SVM. Durch die Maximierung dieses Randes zielt SVM darauf ab, eine Entscheidungsgrenze zu schaffen, die die Klassen nicht nur trennt, sondern dies mit dem größtmöglichen Puffer tut. Dieser Ansatz verbessert die Generalisierungsfähigkeit des Modells und ermöglicht gute Leistungen bei ungesehenen Daten.

Eine der Stärken von SVM liegt in seiner Vielseitigkeit. Es überzeugt sowohl bei linearen als auch bei nicht-linearen Klassifizierungsaufgaben. Bei linear trennbaren Daten kann SVM eine gerade Hyperebene zur Trennung der Klassen finden. Allerdings sind reale Daten oft komplexer und nicht linear trennbar. Um dies zu bewältigen, verwendet SVM eine Technik, die als **Kernel-Trick** bekannt ist.

Der Kernel-Trick ist eine leistungsstarke Methode, die es SVM ermöglicht, nicht-linear trennbare Daten effizient zu verarbeiten. Er funktioniert durch implizite Abbildung des ursprünglichen Merkmalsraums in einen höherdimensionalen Raum, in dem die Daten linear trennbar werden. Diese Abbildung wird durch Kernel-Funktionen erreicht, wie beispielsweise polynomiale oder radiale Basisfunktionen (RBF). Die Eleganz des Kernel-Tricks liegt in seiner Fähigkeit, diese hochdimensionale Abbildung durchzuführen, ohne die Koordinaten im neuen Raum explizit berechnen zu müssen, was rechnerisch aufwendig wäre.

Durch die Nutzung des Kernel-Tricks kann SVM komplexe, nicht-lineare Entscheidungsgrenzen im ursprünglichen Merkmalsraum erzeugen, was es hochgradig anpassungsfähig für ein breites Spektrum von Klassifizierungsproblemen macht. Diese Flexibilität, kombiniert mit seinen starken theoretischen Grundlagen und hervorragender Leistung in hochdimensionalen Räumen, macht SVM zu einer beliebten Wahl in vielen maschinellen Lernanwendungen, von Textklassifizierung bis zur Bilderkennung.

a. Lineares SVM

Bei der Behandlung linear trennbarer Daten strebt Support Vector Machines (SVM) danach, die optimale Entscheidungsgrenze zu identifizieren, die effektiv zwischen verschiedenen Klassen von Datenpunkten unterscheidet. Im zweidimensionalen Raum manifestiert sich diese Grenze als gerade Linie, während sie in höherdimensionalen Räumen die Form einer Hyperebene annimmt. Das grundlegende Prinzip, das SVM zugrunde liegt, ist die Maximierung des Randes, der als Abstand zwischen der Entscheidungsgrenze und den nächstgelegenen Datenpunkten jeder Klasse definiert ist, auch bekannt als Support-Vektoren.

Zur Veranschaulichung dieses Konzepts betrachten wir einen zweidimensionalen Raum mit zwei verschiedenen Klassen von Datenpunkten:

- Die Entscheidungsgrenze würde durch eine gerade Linie dargestellt werden, die die Ebene in zwei verschiedene Regionen teilt.
- Der Rand wird durch den senkrechten Abstand von dieser Linie zu den nächstgelegenen Datenpunkten auf beiden Seiten charakterisiert, welche die Support-Vektoren sind.

- Der SVM-Algorithmus positioniert diese Linie sorgfältig, um sicherzustellen, dass der Rand so groß wie möglich ist und damit die Trennung zwischen den Klassen optimiert wird.

Beim Übergang zu höheren Dimensionen bleibt das Kernkonzept unverändert, aber die Entscheidungsgrenze entwickelt sich zu einer Hyperebene. Das Hauptziel des SVM-Algorithmus ist es, die Hyperebene zu identifizieren, die den Rand zwischen den Klassen maximiert und damit die effektivste Trennung der Datenpunkte gewährleistet. Dieser Ansatz ist entscheidend für die Konstruktion eines robusten Klassifikators, der ausgezeichnete Generalisierungsfähigkeiten bei der Konfrontation mit neuen, ungesehenen Daten demonstriert.

Der Prozess der Randmaximierung ist entscheidend, da er die Fähigkeit des Modells verbessert, leichte Variationen in Datenpunkten zu bewältigen, ohne die Klassifizierungsgenauigkeit zu beeinträchtigen. Durch die Etablierung einer substanziellen Pufferzone zwischen den Klassen reduziert SVM das Risiko von Fehlklassifizierungen und verbessert die Gesamtleistung des Modells über verschiedene Datensätze hinweg.

Beispiel: Lineares SVM mit Scikit-learn

```
import numpy as np
import matplotlib.pyplot as plt
from sklearn import datasets
from sklearn.model_selection import train_test_split
from sklearn.svm import SVC
from sklearn.metrics import accuracy_score, classification_report
from sklearn.preprocessing import StandardScaler

# Load the Iris dataset
iris = datasets.load_iris()
X = iris.data[:, :2]  # Using only the first two features for visualization
y = iris.target

# Split the data into training and test sets
X_train, X_test, y_train, y_test = train_test_split(X, y, test_size=0.3,
random_state=42)

# Scale the features
scaler = StandardScaler()
X_train_scaled = scaler.fit_transform(X_train)
X_test_scaled = scaler.transform(X_test)

# Initialize and train the SVM model (linear kernel)
model = SVC(kernel='linear', C=1.0)
model.fit(X_train_scaled, y_train)

# Make predictions
y_pred = model.predict(X_test_scaled)

# Calculate accuracy
```

```
accuracy = accuracy_score(y_test, y_pred)
classification_rep = classification_report(y_test, y_pred,
target_names=iris.target_names)

# Print results
print(f"SVM Test Accuracy: {accuracy:.2f}")
print("\\nClassification Report:")
print(classification_rep)

# Function to plot the decision boundary
def plot_decision_boundary(X, y, model, scaler, class_labels):
    h = 0.02
    x_min, x_max = X[:, 0].min() - 1, X[:, 0].max() + 1
    y_min, y_max = X[:, 1].min() - 1, X[:, 1].max() + 1
    xx, yy = np.meshgrid(np.arange(x_min, x_max, h),
                         np.arange(y_min, y_max, h))

    # Scale the mesh grid
    mesh_scaled = scaler.transform(np.c_[xx.ravel(), yy.ravel()])

    Z = model.predict(mesh_scaled)
    Z = Z.reshape(xx.shape)

    plt.figure(figsize=(10, 8))
    plt.contourf(xx, yy, Z, alpha=0.8, cmap=plt.cm.RdYlBu)

    # Plot the training points
    scatter = plt.scatter(X[:, 0], X[:, 1], c=y, cmap=plt.cm.RdYlBu, edgecolor='k')

    plt.xlabel('Sepal Length')
    plt.ylabel('Sepal Width')
    plt.title('SVM Decision Boundary (Linear Kernel)')

    # Adjust legend mapping
    class_legend = {i: label for i, label in enumerate(class_labels)}
    handles, _ = scatter.legend_elements()
    plt.legend(handles, [class_legend[i] for i in range(len(class_labels))],
title="Classes")

    plt.show()

# Plot the decision boundary
plot_decision_boundary(X, y, model, scaler, iris.target_names)

# Visualize the support vectors
plt.figure(figsize=(10, 8))
plt.scatter(X[:, 0], X[:, 1], c=y, cmap=plt.cm.RdYlBu, edgecolor='k', label='Data
Points')
plt.scatter(model.support_vectors_[:, 0], model.support_vectors_[:, 1],
            s=100, linewidth=1, facecolors='none', edgecolors='r', label='Support
Vectors')
```

```
plt.xlabel('Sepal Length')
plt.ylabel('Sepal Width')
plt.title('Support Vectors Visualization')
plt.legend()
plt.show()
```

Dieses Codebeispiel bietet eine umfassendere Demonstration der Verwendung von Support Vector Machines (SVM) für die Klassifizierung anhand des Iris-Datensatzes.

Lassen Sie uns den Code und seine Komponenten näher betrachten:

1. Bibliotheken importieren

Der Code beginnt mit dem Import der wesentlichen Bibliotheken:

NumPy für numerische Operationen.

Matplotlib für die Datenvisualisierung.

Scikit-learn für das Laden des Datensatzes, die Vorverarbeitung, das Training des SVM-Modells und die Leistungsbewertung.

2. Daten laden und vorbereiten

Der **Iris-Datensatz** wird mit datasets.load_iris() geladen.

Die **ersten zwei Merkmale** (Kelchblattlänge und -breite) werden für die Visualisierung ausgewählt.

Der Datensatz wird dann in **Trainings- (70%) und Test-Sets (30%)** mittels train_test_split() aufgeteilt. Dies ermöglicht es, das Modell an einem Teil der Daten zu trainieren und an ungesehenen Daten zu evaluieren.

3. Merkmalsskalierung

Der **StandardScaler** wird zur Normalisierung der Merkmalswerte verwendet.

Der **Scaler wird** an den Trainingsdaten angepasst und zur Transformation sowohl der Trainings- als auch der Testsets verwendet.

Die Skalierung stellt sicher, dass alle Merkmale gleichmäßig zur SVM-Entscheidungsgrenze beitragen.

4. Training des SVM-Modells

Der SVM-Klassifikator wird mit einem **linearen Kernel** mittels SVC(kernel='linear', C=1.0) initialisiert.

Das Modell wird mit model.fit(X_train_scaled, y_train) **trainiert**, wobei:

- X_train_scaled die skalierten Trainingsdaten sind.

- y_train die entsprechenden Ziellabels sind.

5. Modellauswertung

Das trainierte Modell erstellt **Vorhersagen** für das **Testset**.

Die **Genauigkeit** wird mit accuracy_score(y_test, y_pred) berechnet.

Ein **Klassifikationsbericht** wird ausgegeben, der Folgendes zeigt:

- **Präzision** (wie viele der vorhergesagten Positive tatsächlich korrekt sind).
- **Recall** (wie viele der tatsächlichen Positive korrekt vorhergesagt wurden).
- **F1-Score** (harmonisches Mittel aus Präzision und Recall).

6. Visualisierung der Entscheidungsgrenze

Die Funktion plot_decision_boundary() wird definiert, um die **Entscheidungsgrenze zu visualisieren**.

Beteiligte Schritte:

1. Ein **Gitterraster** wird über den Merkmalsraum erstellt.
2. Das **Gitter wird transformiert** unter Verwendung desselben Scalers wie die Trainingsdaten.
3. Das **trainierte Modell sagt** die Klasse für jeden Punkt im Gitter vorher.
4. Die **Entscheidungsgrenze wird** mit verschiedenen Farben für jede Region geplottet.
5. Die **ursprünglichen Datenpunkte** werden zur Referenz darüber gestreut.

Legende-Anpassung:

- Die Funktion ordnet **Klassenindizes den Klassenlabels** korrekt zu (Iris setosa, versicolor, virginica).
- Die **Farbkarte (RdYlBu)** macht die Grenze **farbenblindgerecht**.

7. Visualisierung der Support-Vektoren

Support-Vektoren sind die **einflussreichsten Datenpunkte**, die die Entscheidungsgrenze definieren.

Auf die Support-Vektoren des Modells wird mit model.support_vectors_ zugegriffen.

Ein Streudiagramm wird erstellt, bei dem:

- **Alle Datenpunkte** geplottet werden.
- **Support-Vektoren** als **größere, hohle Kreise** hervorgehoben werden.

Dieses umfassende Beispiel demonstriert nicht nur die Implementierung von SVM für die Klassifizierung, sondern zeigt auch, wie man seine Leistung auswertet und seine Entscheidungsgrenze sowie Support-Vektoren visualisiert. Diese Visualisierungen sind entscheidend für das Verständnis, wie SVM funktioniert und wie es verschiedene Klassen im Merkmalsraum trennt.

b. Nichtlineare SVM mit Kernels

Bei der Behandlung von Daten, die nicht linear trennbar sind, setzen Support Vector Machines (SVMs) eine leistungsstarke Technik ein, den sogenannten **Kernel-Trick**. Diese Methode verwendet **Kernel-Funktionen**, um die Eingabedaten implizit in einen höherdimensionalen Merkmalsraum abzubilden, wo eine lineare Trennung möglich wird. Der Hauptvorteil des Kernel-Tricks liegt darin, dass er dem SVM ermöglicht, in diesem hochdimensionalen Raum zu operieren, ohne die Koordinaten der Daten in diesem Raum explizit berechnen zu müssen, was rechnerisch aufwendig wäre.

Die am häufigsten verwendete Kernel-Funktion ist die **Radiale Basisfunktion (RBF)**, auch bekannt als Gauß-Kernel. Der RBF-Kernel ist besonders effektiv, da er komplexe, nichtlineare Entscheidungsgrenzen modellieren kann. Er funktioniert, indem er die Ähnlichkeit zwischen zwei Punkten basierend auf ihrer euklidischen Distanz im ursprünglichen Merkmalsraum misst. Je weiter die Punkte voneinander entfernt sind, desto exponentiell stärker nimmt ihre Ähnlichkeit ab.

Weitere beliebte Kernel-Funktionen sind:

- **Linear-Kernel**: Dieser Kernel entspricht einer Anwendung ohne Transformation der Eingabedaten. Er ist besonders effektiv bei Datensätzen, die in ihrem ursprünglichen Merkmalsraum bereits linear trennbar sind. Der Linear-Kernel berechnet das innere Produkt zwischen zwei Datenpunkten im Eingaberaum, was ihn rechnerisch effizient für umfangreiche Probleme mit zahlreichen Merkmalen macht.
- **Polynomial-Kernel**: Dieser vielseitige Kernel kann komplexe, gekrümmte Entscheidungsgrenzen modellieren, indem er die Eingangsmerkmale implizit in einen höherdimensionalen Raum abbildet. Der Grad des Polynoms dient als entscheidender Hyperparameter, der die Flexibilität und Komplexität der resultierenden Entscheidungsgrenze bestimmt. Niedrigere Grade erzeugen glattere Grenzen, während höhere Grade komplexere Muster erfassen können, aber anfälliger für Überanpassung sein können.
- **Sigmoid-Kernel**: Inspiriert von neuronalen Netzwerk-Aktivierungsfunktionen ist der Sigmoid-Kernel besonders nützlich für bestimmte Arten von nicht-linearen Klassifikationsproblemen. Er bildet den Eingaberaum auf einen Merkmalsraum unendlicher Dimensionen ab und ermöglicht komplexe Entscheidungsgrenzen. Das Verhalten des Sigmoid-Kernels wird durch zwei Parameter beeinflusst: die Steigung und den Achsenabschnitt, die zur Optimierung der Leistung für spezifische Datensätze angepasst werden können.

Die Wahl der Kernel-Funktion hat einen erheblichen Einfluss auf die Leistung des SVM und sollte basierend auf der Beschaffenheit der Daten und der vorliegenden Problemstellung ausgewählt werden. Die richtige Kernel-Auswahl in Verbindung mit angemessener Hyperparameter-Optimierung ermöglicht es SVMs, Daten in verschiedenen komplexen Szenarien effektiv zu klassifizieren.

Beispiel: Nicht-linearer SVM mit RBF-Kernel

```
import numpy as np
import matplotlib.pyplot as plt
from sklearn import datasets
from sklearn.model_selection import train_test_split
from sklearn.svm import SVC
from sklearn.metrics import accuracy_score, classification_report
from sklearn.preprocessing import StandardScaler

# Load the Iris dataset
iris = datasets.load_iris()
X = iris.data[:, :2]  # We'll use only the first two features for visualization
y = iris.target

# Split the data into training and test sets
X_train, X_test, y_train, y_test = train_test_split(X, y, test_size=0.3,
random_state=42)

# Scale the features
scaler = StandardScaler()
X_train_scaled = scaler.fit_transform(X_train)
X_test_scaled = scaler.transform(X_test)

# Initialize and train the SVM model with RBF kernel
model = SVC(kernel='rbf', gamma='auto', C=1.0)
model.fit(X_train_scaled, y_train)

# Make predictions
y_pred = model.predict(X_test_scaled)

# Calculate accuracy
accuracy = accuracy_score(y_test, y_pred)
print(f"SVM Test Accuracy: {accuracy:.2f}")

# Print classification report
print("\\nClassification Report:")
print(classification_report(y_test, y_pred, target_names=iris.target_names))

# Function to plot decision boundary
def plot_decision_boundary(X, y, model, scaler):
    h = 0.02
    x_min, x_max = X[:, 0].min() - 1, X[:, 0].max() + 1
    y_min, y_max = X[:, 1].min() - 1, X[:, 1].max() + 1
    xx, yy = np.meshgrid(np.arange(x_min, x_max, h),
```

```
                         np.arange(y_min, y_max, h))

    # Scale the mesh
    mesh_scaled = scaler.transform(np.c_[xx.ravel(), yy.ravel()])

    Z = model.predict(mesh_scaled)
    Z = Z.reshape(xx.shape)

    plt.figure(figsize=(10, 8))
    plt.contourf(xx, yy, Z, alpha=0.8, cmap=plt.cm.RdYlBu)

    # Plot the training points
    scatter    =    plt.scatter(X[:,    0],    X[:,    1],    c=y,    cmap=plt.cm.RdYlBu,
edgecolor='black')

    plt.xlabel('Sepal length')
    plt.ylabel('Sepal width')
    plt.title('SVM Decision Boundary (RBF Kernel)')

    # Add a legend
    plt.legend(handles=scatter.legend_elements()[0],        labels=iris.target_names,
title="Classes")

    plt.show()

# Plot the decision boundary for non-linear SVM
plot_decision_boundary(X, y, model, scaler)
```

Dieses Codebeispiel demonstriert die Implementierung eines nichtlinearen Support Vector Machine (SVM) Klassifikators unter Verwendung der radialen Basisfunktion (RBF) als Kernel.

Lassen Sie uns den Code und seine Komponenten im Detail betrachten:

1. Bibliotheken importieren: Wir importieren die erforderlichen Bibliotheken, darunter NumPy für numerische Operationen, Matplotlib für die Visualisierung und verschiedene Module aus Scikit-learn für Machine-Learning-Aufgaben.

2. Daten laden und vorbereiten:

- Wir laden den Iris-Datensatz mit datasets.load_iris().
- Wir wählen nur die ersten zwei Merkmale (Kelchblattlänge und -breite) für eine einfachere Visualisierung aus.
- Die Daten werden mit train_test_split() in Trainings- und Testsets aufgeteilt.

3. Merkmalsskalierung:

- Wir verwenden StandardScaler zur Normalisierung der Merkmale. Dies ist entscheidend für SVM, da der Algorithmus empfindlich auf die Skalierung der Eingabemerkmale reagiert.

- Der Skalierer wird auf den Trainingsdaten trainiert und dann verwendet, um sowohl Trainings- als auch Testdaten zu transformieren.

4. SVM-Modell:

- Wir initialisieren einen SVM-Klassifikator mit RBF-Kernel mittels SVC(kernel='rbf', gamma='auto', C=1.0).
- Der 'gamma'-Parameter ist auf 'auto' gesetzt, was 1 / (n_features * X.var()) entspricht.
- Der 'C'-Parameter ist der Regularisierungsparameter. Ein kleinerer C-Wert erzeugt eine glattere Entscheidungsfläche.
- Das Modell wird auf den skalierten Trainingsdaten trainiert.

5. Modellauswertung:

- Wir erstellen Vorhersagen für das Testset und berechnen die Genauigkeit.
- Ein detaillierter Klassifikationsbericht wird ausgegeben, der Präzision, Recall und F1-Score für jede Klasse zeigt.

6. Visualisierung der Entscheidungsgrenze:

- Die Funktion plot_decision_boundary() wird definiert, um die nichtlineare Entscheidungsgrenze zu visualisieren.
- Sie erstellt ein Gitter über den Merkmalsraum und verwendet das trainierte Modell, um die Klasse für jeden Punkt im Gitter vorherzusagen.
- Die Entscheidungsregionen werden in verschiedenen Farben dargestellt, und die Trainingspunkte werden darüber gestreut.
- Die Darstellung enthält entsprechende Beschriftungen, einen Titel und eine Legende für bessere Interpretation.

7. RBF-Kernel: Der RBF-Kernel ermöglicht es der SVM, nichtlineare Entscheidungsgrenzen zu erstellen. Er funktioniert, indem er die Ähnlichkeit zwischen zwei Punkten basierend auf ihrer euklidischen Distanz im ursprünglichen Merkmalsraum misst. Je weiter die Punkte voneinander entfernt sind, desto exponentiell stärker nimmt ihre Ähnlichkeit ab.

Dieses Codebeispiel zeigt, wie man einen nichtlinearen SVM-Klassifikator mit RBF-Kernel implementiert, seine Leistung auswertet und seine komplexe Entscheidungsgrenze visualisiert. Die Visualisierung hilft beim Verständnis, wie der SVM mit RBF-Kernel flexible, nichtlineare Entscheidungsgrenzen erzeugen kann, um verschiedene Klassen im Merkmalsraum zu trennen.

4.2.2 k-Nächste-Nachbarn (KNN)

k-Nächste-Nachbarn (KNN) ist ein einfacher, aber leistungsfähiger Klassifikationsalgorithmus, der aufgrund seines intuitiven Ansatzes und seiner Effektivität in verschiedenen Machine-Learning-Aufgaben an Popularität gewonnen hat. Im Kern arbeitet KNN nach einem fundamentalen Prinzip: Es klassifiziert einen neuen Datenpunkt basierend auf der Mehrheitsklasse seiner **k nächsten Nachbarn** in den Trainingsdaten.

Hier folgt eine detailliertere Erklärung der Funktionsweise von KNN:

Distanzberechnung

Die Grundlage des KNN-Klassifikationsprozesses liegt in seiner Fähigkeit, die Ähnlichkeit oder Unähnlichkeit zwischen Datenpunkten zu messen. Wenn ein neuer, nicht klassifizierter Datenpunkt eingeführt wird, berechnet KNN die Distanz zwischen diesem Punkt und jedem einzelnen Punkt im Trainingsdatensatz. Dieser umfassende Vergleich ermöglicht es dem Algorithmus, die ähnlichsten Instanzen in den Trainingsdaten zu identifizieren.

Die Wahl des Distanzmaßes ist entscheidend und kann die Leistung des Algorithmus erheblich beeinflussen. Gängige Distanzmaße sind:

- Euklidische Distanz: Dies ist das am häufigsten verwendete Maß, das die Luftliniendistanz zwischen zwei Punkten im euklidischen Raum berechnet. Es ist besonders effektiv für kontinuierliche Variablen und wenn die Beziehung zwischen Merkmalen annähernd linear ist.
- Manhattan-Distanz: Auch bekannt als Cityblock-Distanz, berechnet dieses Maß die Summe der absoluten Differenzen der Koordinaten. Es wird häufig bei gitterartigen Wegproblemen oder wenn Merkmale unterschiedlich skaliert sind, verwendet.
- Minkowski-Distanz: Dies ist eine Verallgemeinerung sowohl der euklidischen als auch der Manhattan-Distanz. Sie ermöglicht Flexibilität in der Distanzberechnung durch Einführung eines Parameters p. Bei p=1 entspricht sie der Manhattan-Distanz; bei p=2 der euklidischen Distanz.

Die Auswahl eines geeigneten Distanzmaßes hängt von der Art der Daten und dem spezifischen Problem ab. Zum Beispiel könnte die euklidische Distanz für kontinuierliche numerische Daten bevorzugt werden, während die Manhattan-Distanz für kategorische oder binäre Daten geeigneter sein könnte. Das Verständnis dieser Distanzmaße und ihrer Auswirkungen ist entscheidend für die Optimierung der KNN-Algorithmusleistung in verschiedenen Szenarien.

Nachbarauswahl

Nach der Berechnung der Abstände wählt der Algorithmus die k nächstgelegenen Trainingspunkte zum neuen Datenpunkt aus. Dieser Schritt ist entscheidend, da er bestimmt, welche Instanzen die Klassifikationsentscheidung beeinflussen werden. Der Wert von k ist ein

Hyperparameter, der sorgfältig gewählt werden muss, da er die Leistung des Algorithmus erheblich beeinflussen kann.

Die Wahl von k beinhaltet einen Kompromiss zwischen Bias und Varianz:

- Ein kleines k (z.B. k=1 oder k=3) macht das Modell empfindlicher gegenüber einzelnen Datenpunkten, was potenziell zu Überanpassung führen kann. Es kann feine Details in der Entscheidungsgrenze erfassen, ist aber möglicherweise anfällig für Rauschen in den Trainingsdaten.
- Ein großes k glättet die Entscheidungsgrenze und macht sie weniger empfindlich gegenüber einzelnen Punkten, kann aber wichtige Muster in den Daten übersehen. Dies kann zu Unteranpassung führen, wenn k im Verhältnis zur Datensatzgröße zu groß ist.

Typischerweise wird k durch Kreuzvalidierung gewählt, wobei verschiedene Werte getestet werden, um denjenigen zu finden, der die beste Leistung auf einem Validierungsdatensatz erzielt. Übliche Praktiken sind:

- Verwendung ungerader k-Werte bei binärer Klassifikation, um Gleichstände zu vermeiden
- Festlegung von k auf die Quadratwurzel der Anzahl der Trainingsstichproben als Ausgangspunkt
- Berücksichtigung der Dimensionalität des Merkmalsraums und der Datenpunktdichte

Es ist wichtig zu beachten, dass der Einfluss von k je nach Art der Daten und der vorliegenden Aufgabe variieren kann. In manchen Fällen funktioniert ein kleines k am besten, während in anderen ein größeres k robustere Vorhersagen liefern könnte. Daher ist eine sorgfältige Abstimmung dieses Hyperparameters für die Optimierung der KNN-Algorithmusleistung unerlässlich.

Mehrheitsentscheidung

Der letzte Schritt im KNN-Klassifikationsprozess beinhaltet eine Mehrheitsentscheidung unter den k nächsten Nachbarn. Dieser demokratische Ansatz steht im Zentrum des KNN-Entscheidungsprozesses. Hier folgt eine detailliertere Erklärung der Funktionsweise:

1. Nachbarklassen: Sobald die k nächsten Nachbarn identifiziert sind, untersucht der Algorithmus die Klassenlabel dieser Nachbarn.
2. Häufigkeitszählung: Der Algorithmus zählt die Häufigkeit jeder Klasse unter den k Nachbarn. Dieser Schritt erstellt im Wesentlichen eine Aufstellung darüber, wie oft jede Klasse innerhalb der ausgewählten Nachbarn vorkommt.
3. Bestimmung der Mehrheit: Die Klasse mit der höchsten Häufigkeit (d.h. den meisten Stimmen) wird als Mehrheitsklasse betrachtet. Diese Klasse wird dann dem neuen zu klassifizierenden Datenpunkt zugewiesen.

4. Umgang mit Gleichständen: In Fällen, wo es einen Gleichstand zwischen zwei oder mehr Klassen gibt (was besonders bei einem geraden k auftreten kann), gibt es verschiedene mögliche Strategien:
   - Zufällige Auswahl: Zufälliges Auswählen einer der gleichstehenden Klassen.
   - Distanzgewichtete Abstimmung: Stärkere Gewichtung der Stimmen näherer Nachbarn.
   - Wahl der Klasse des nächsten Nachbarn: Zuweisung der Klasse des einzelnen nächstgelegenen Nachbarn.
5. Konfidenzmaß: Der Anteil der Stimmen für die Gewinnerklasse kann als Maß für die Konfidenz des Algorithmus in seine Klassifikation dienen. Wenn beispielsweise 4 von 5 Nachbarn für Klasse A stimmen, könnte der Algorithmus als zuversichtlicher gelten als wenn nur 3 von 5 Nachbarn für Klasse A gestimmt hätten.

Dieser Mehrheitsentscheidungsmechanismus ermöglicht es KNN, Entscheidungen basierend auf lokalen Mustern in den Daten zu treffen, was zu seiner Effektivität bei der Erfassung komplexer, nicht-linearer Entscheidungsgrenzen beiträgt.

KNN wird als nicht-parametrischer und instanzbasierter Algorithmus charakterisiert. Lassen Sie uns diese Begriffe näher erläutern:

Nicht-parametrisch

Diese Eigenschaft von KNN ist grundlegend für seine Flexibilität und Anpassungsfähigkeit. Im Gegensatz zu parametrischen Modellen, die eine feste Form der zugrundeliegenden Datenverteilung annehmen (wie linear oder Gauß-verteilt), macht KNN keine solchen Annahmen über die Struktur der Daten. Dies bedeutet:

- Flexibilität: KNN kann sich an jede Datenverteilung anpassen, sei sie linear, nicht-linear oder multimodal. Es versucht nicht, die Daten an ein vorbestimmtes Modell anzupassen.
- Lokale Entscheidungsfindung: KNN trifft Vorhersagen basierend auf der lokalen Nachbarschaft eines Datenpunkts, wodurch es komplexe Muster erfassen kann, die von globalen Modellen möglicherweise übersehen werden.
- Umgang mit komplexen Grenzen: Es kann Entscheidungsgrenzen jeder Form effektiv modellieren, was es besonders geeignet für Datensätze macht, bei denen die Trennung zwischen Klassen unregelmäßig oder komplex ist.
- Datengetriebener Ansatz: Der Algorithmus lässt die Daten für sich selbst sprechen und basiert seine Entscheidungen ausschließlich auf den beobachteten Mustern im Trainingsdatensatz, statt auf vorgefassten Annahmen über die Datenstruktur.

Diese nicht-parametrische Natur macht KNN besonders nützlich in der explorativen Datenanalyse und in Szenarien, wo die zugrundeliegende Datenverteilung unbekannt oder schwer parametrisch zu modellieren ist. Allerdings bedeutet dies auch, dass KNN einen ausreichend großen und repräsentativen Datensatz benötigt, um gut zu funktionieren, da es sich vollständig auf die verfügbaren Daten für Vorhersagen stützt.

Instanzbasiert

Auch bekannt als speicherbasiert, ist diese Eigenschaft ein fundamentaler Aspekt von KNN, der ihn von vielen anderen maschinellen Lernalgorithmen unterscheidet. Hier folgt eine detailliertere Erklärung:

1. Kein explizites Modelllernen: Im Gegensatz zu Algorithmen wie linearer Regression oder neuronalen Netzen durchläuft KNN keine separate Trainingsphase, in der er einen Satz von Parametern oder Gewichten lernt. Stattdessen speichert er einfach den gesamten Trainingsdatensatz im Speicher.
2. Träges Lernen: KNN wird oft als "träger Lerner" bezeichnet, weil er den Großteil seiner Berechnungen bis zur Vorhersagephase aufschiebt. Dies steht im Gegensatz zu "eifrigen Lernern", die während des Trainings Rechenaufwand investieren, um ein Modell zu erstellen.
3. Direkte Nutzung der Trainingsdaten: Wenn ein neuer Datenpunkt klassifiziert werden soll, verwendet KNN direkt die gespeicherten Trainingsinstanzen. Er berechnet den Abstand zwischen dem neuen Punkt und allen Trainingspunkten, wählt die k nächsten Nachbarn aus und trifft eine Vorhersage basierend auf diesen Nachbarn.
4. Flexibilität bei der Mustererkennung: Dieser Ansatz ermöglicht es KNN, komplexe, nicht-lineare Muster in den Daten zu erfassen, ohne eine bestimmte Form für die Entscheidungsgrenze anzunehmen. Er kann sich an lokale Muster in verschiedenen Regionen des Merkmalsraums anpassen.
5. Kompromisse: Während diese instanzbasierte Natur KNN flexibel macht und das Erfassen komplexer Muster ermöglicht, bringt sie auch Kompromisse mit sich:
   - Speicheranforderungen: Da der gesamte Trainingsdatensatz gespeichert werden muss, kann KNN bei großen Datensätzen speicherintensiv sein.
   - Vorhersagegeschwindigkeit: Das Treffen von Vorhersagen kann rechenintensiv sein, besonders bei großen Datensätzen, da Abstände zu allen Trainingspunkten berechnet werden müssen.
   - Empfindlichkeit gegenüber irrelevanten Merkmalen: Ohne Merkmalsauswahl oder -gewichtung behandelt KNN alle Merkmale gleich, was zu schlechter Leistung führen kann, wenn es viele irrelevante Merkmale gibt.
6. Vorteile in bestimmten Szenarien: Die instanzbasierte Natur von KNN kann besonders vorteilhaft sein in Szenarien, wo die Entscheidungsgrenze hochgradig unregelmäßig ist oder beim Umgang mit multimodalen Klassen (Klassen mit mehreren Clustern).

Das Verständnis dieser instanzbasierten Eigenschaft ist entscheidend für die effektive Implementierung und Optimierung von KNN-Algorithmen, da sie Aspekte wie Datenvorverarbeitung, Merkmalsauswahl und die für den Einsatz erforderlichen Rechenressourcen beeinflusst.

Einer der Hauptvorteile von KNN ist, dass er Entscheidungen basierend auf dem gesamten Trainingsdatensatz trifft, ohne Annahmen über die zugrundeliegende Datenverteilung zu machen. Diese Eigenschaft macht KNN besonders nützlich in Szenarien, wo die Entscheidungsgrenze unregelmäßig ist oder beim Umgang mit multimodalen Klassen (Klassen mit mehreren Clustern).

Allerdings ist es wichtig zu beachten, dass KNN, obwohl er konzeptionell einfach und oft effektiv ist, bei großen Datensätzen rechenintensiv werden kann, da er für jede Vorhersage Abstände zu allen Trainingspunkten berechnen muss. Zusätzlich kann seine Leistung empfindlich gegenüber irrelevanten Merkmalen und der Skalierung der Daten sein, was Merkmalsauswahl und Normalisierung zu wichtigen Vorverarbeitungsschritten bei der Verwendung dieses Algorithmus macht.

a. Wie KNN funktioniert

1. Wählen Sie die Anzahl der Nachbarn (**k**): Dies ist ein entscheidender Schritt im KNN-Algorithmus. Der Wert von k bestimmt, wie viele nahe gelegene Datenpunkte die Klassifikationsentscheidung beeinflussen werden. Die Auswahl eines geeigneten k erfordert einen Ausgleich zwischen Überanpassung (kleines k) und Unteranpassung (großes k). Er wird oft durch Kreuzvalidierung oder unter Verwendung von Domänenwissen bestimmt.

2. Finden Sie für jeden neuen Datenpunkt die **k nächstgelegenen Punkte** in den Trainingsdaten: Dieser Schritt beinhaltet die Berechnung des Abstands zwischen dem neuen Datenpunkt und allen Punkten im Trainingsdatensatz. Übliche Abstandsmaße sind der euklidische Abstand für kontinuierliche Variablen und der Hamming-Abstand für kategorische Variablen. Die k Punkte mit den kleinsten Abständen werden als nächste Nachbarn ausgewählt.

3. Weisen Sie das Klassenlabel zu, das unter diesen **k Nachbarn** am häufigsten vorkommt: Dies ist der finale Klassifikationsschritt. Der Algorithmus zählt das Auftreten jeder Klasse unter den k nächsten Nachbarn und weist dem neuen Datenpunkt die häufigste Klasse zu. Im Fall eines Gleichstands kann dieser durch Reduzierung von k oder durch Gewichtung der Stimmen basierend auf dem Abstand aufgelöst werden.

Dieser Prozess ermöglicht es KNN, Vorhersagen basierend auf lokalen Mustern in den Daten zu treffen, was ihn effektiv für komplexe, nicht-lineare Entscheidungsgrenzen macht. Allerdings ist es wichtig zu beachten, dass KNN bei großen Datensätzen rechenintensiv sein kann und empfindlich gegenüber irrelevanten Merkmalen ist.

Beispiel: k-Nächste-Nachbarn mit Scikit-learn

```
import numpy as np
from sklearn.datasets import load_iris
from sklearn.model_selection import train_test_split
from sklearn.neighbors import KNeighborsClassifier
from sklearn.metrics import accuracy_score, classification_report
from sklearn.preprocessing import StandardScaler

# Load the Iris dataset
iris = load_iris()
X, y = iris.data, iris.target

# Split the data into training and testing sets
X_train, X_test, y_train, y_test = train_test_split(X, y, test_size=0.3, random_state=42)

# Scale the features
scaler = StandardScaler()
X_train_scaled = scaler.fit_transform(X_train)
X_test_scaled = scaler.transform(X_test)

# Initialize the KNN model
model = KNeighborsClassifier(n_neighbors=5)

# Train the model
model.fit(X_train_scaled, y_train)

# Predict on the test set
y_pred = model.predict(X_test_scaled)

# Calculate accuracy
accuracy = accuracy_score(y_test, y_pred)
print(f"KNN Test Accuracy: {accuracy:.2f}")

# Print detailed classification report
print("\\nClassification Report:")
print(classification_report(y_test, y_pred, target_names=iris.target_names))

# Demonstrate prediction on new data
new_data = np.array([[5.1, 3.5, 1.4, 0.2]])  # Example: features of a new flower
new_data_scaled = scaler.transform(new_data)
prediction = model.predict(new_data_scaled)
print(f"\\nPredicted class for new data: {iris.target_names[prediction[0]]}")
```

Code-Aufschlüsselung und Erklärung:

1. Bibliotheken importieren:
    - Wir importieren die erforderlichen Bibliotheken, darunter NumPy für numerische Operationen und verschiedene Scikit-learn-Module zum Laden von Datensätzen, zur Modellerstellung, Auswertung und Vorverarbeitung.

2. Datensatz laden:
   - Wir verwenden den Iris-Datensatz, einen klassischen Datensatz im maschinellen Lernen, der mit Scikit-learns load_iris() Funktion geladen wird.
   - X enthält die Merkmalsdaten und y enthält die Zielwerte.
3. Datenaufteilung:
   - Der Datensatz wird mit train_test_split() in Trainings- (70%) und Test-Daten (30%) aufgeteilt.
   - random_state=42 gewährleistet die Reproduzierbarkeit der Aufteilung.
4. Merkmalsskalierung:
   - Wir verwenden StandardScaler() zur Standardisierung der Merkmale, was für KNN wichtig ist, da es auf Abständen zwischen Datenpunkten basiert.
   - Der Scaler wird auf den Trainingsdaten angepasst und dann sowohl auf Trainings- als auch Testdaten angewendet.
5. Modellinitialisierung:
   - Wir erstellen einen KNN-Klassifikator mit n_neighbors=5, was bedeutet, dass er die 5 nächsten Nachbarn für die Klassifikation berücksichtigt.
6. Modelltraining:
   - Das Modell wird mit der fit() Methode auf den skalierten Trainingsdaten trainiert.
7. Vorhersage:
   - Wir verwenden das trainierte Modell, um Vorhersagen für die skalierten Testdaten zu treffen.
8. Modellauswertung:
   - Wir berechnen und geben die Genauigkeit aus, die den Anteil der korrekten Vorhersagen angibt.
   - Ein detaillierterer Klassifikationsbericht wird ausgegeben, der Präzision, Recall und F1-Score für jede Klasse zeigt.
9. Vorhersage für neue Daten:
   - Wir zeigen, wie das Modell zur Vorhersage der Klasse eines neuen, ungesehenen Datenpunkts verwendet wird.
   - Die neuen Daten werden vor der Vorhersage mit demselben Scaler skaliert.
   - Der vorhergesagte Klassenname wird ausgegeben.

Dieses Code-Beispiel bietet einen umfassenderen Einblick in den KNN-Klassifikationsprozess, einschließlich Datenvorverarbeitung, detaillierter Auswertung und praktischer Anwendung für neue Vorhersagen. Es demonstriert bewährte Praktiken wie Merkmalsskalierung und bietet einen umfassenden Überblick über die Modellleistung anhand verschiedener Metriken.

4.2.3 Entscheidungsbäume

Entscheidungsbäume sind ein leistungsfähiger und intuitiver Klassifikationsalgorithmus, der Daten in einer hierarchischen, baumartigen Struktur organisiert. Diese Struktur wird durch rekursive Aufteilung der Daten in Teilmengen basierend auf Merkmalswerten erstellt. Hier folgt eine detailliertere Erklärung, wie Entscheidungsbäume funktionieren:

1. Wurzelknoten

Der Prozess beginnt am obersten Knoten des Baums, dem sogenannten Wurzelknoten. Dies ist der Ausgangspunkt des Entscheidungsprozesses und enthält den gesamten Datensatz. Der Wurzelknoten repräsentiert den Anfangszustand, bei dem noch keine Entscheidungen getroffen wurden. Er ist entscheidend, weil:

- Er als Eingangspunkt für alle Datenstichproben während der Trainings- und Vorhersagephase dient.
- Er den kompletten Satz an Merkmalen und Stichproben enthält und damit einen umfassenden Überblick über die Daten vor jeglicher Aufteilung bietet.
- Die erste Entscheidung an diesem Knoten oft die wichtigste ist, da sie die Grundlage für alle nachfolgenden Aufteilungen im Baum bildet.

2. Merkmalsauswahl

An jedem internen Knoten bewertet der Algorithmus alle verfügbaren Merkmale und wählt dasjenige aus, das die Daten am besten in verschiedene Klassen aufteilt. Dieser kritische Schritt bestimmt die Effektivität des Entscheidungsprozesses des Baums. Hier folgt eine detailliertere Erklärung des Merkmalsauswahlprozesses:

Bewertung aller Merkmale: Der Algorithmus berücksichtigt jedes Merkmal im Datensatz an jedem Knoten. Dieser umfassende Ansatz stellt sicher, dass das informativste Merkmal für die Aufteilung ausgewählt wird.

Trennungskriterien: Das Ziel ist es, das Merkmal zu finden, das die homogensten Teilmengen nach der Aufteilung erzeugt. Mit anderen Worten, wir möchten, dass die resultierenden Gruppen möglichst viele Stichproben derselben Klasse enthalten.

Metriken für die Auswahl: Verschiedene Metriken können verwendet werden, um die Qualität einer Aufteilung zu quantifizieren:

- Gini-Unreinheit: Misst die Wahrscheinlichkeit, ein zufällig gewähltes Element falsch zu klassifizieren, wenn es entsprechend der Verteilung der Bezeichnungen in der

Teilmenge zufällig gekennzeichnet würde. Eine niedrigere Gini-Unreinheit deutet auf eine bessere Klassentrennung hin.

- Informationsgewinn: Basierend auf dem Konzept der Entropie aus der Informationstheorie misst er die Reduzierung der Unsicherheit über die Klassenbezeichnung nach einer Aufteilung. Ein höherer Informationsgewinn deutet auf eine informativere Aufteilung hin.
- Chi-Quadrat-Test: Wird für kategorische Merkmale verwendet und misst die Unabhängigkeit zwischen dem Merkmal und der Klassenbezeichnung. Ein höherer Chi-Quadrat-Wert deutet auf eine stärkere Beziehung zwischen dem Merkmal und der Zielvariable hin.

Iterativer Prozess: Der Algorithmus berechnet diese Metriken für jede mögliche Aufteilung bei jedem Merkmal. Anschließend wählt er das Merkmal und den Teilungspunkt aus, der die gewählte Metrik optimiert.

Auswirkung auf die Baumstruktur: Der Merkmalsauswahlprozess beeinflusst direkt die Struktur des Entscheidungsbaums. Informativere Merkmale erscheinen näher an der Wurzel, während weniger informative Merkmale tiefer im Baum oder gar nicht erscheinen können.

Dieser Merkmalsauswahlprozess ist entscheidend, da er die Fähigkeit des Baums bestimmt, genaue Vorhersagen zu treffen und seine allgemeine Interpretierbarkeit. Durch die Auswahl der informativsten Merkmale in jedem Schritt können Entscheidungsbäume die zugrundeliegenden Muster in den Daten effektiv erfassen.

3. Aufteilung

Sobald ein Merkmal ausgewählt wurde, werden die Daten in zwei oder mehr Teilmengen aufgeteilt, wodurch neue Zweige im Baum entstehen. Dieser Prozess ist entscheidend für die Struktur des Baums und seine Entscheidungsfähigkeit. Hier folgt eine detailliertere Erklärung:

Binäre vs. Mehrfachverzweigungen: Während binäre Verzweigungen (zwei Äste) am häufigsten sind, erlauben einige Algorithmen auch Mehrfachverzweigungen. Binäre Verzweigungen werden oft wegen ihrer Einfachheit und rechnerischen Effizienz bevorzugt.

Aufteilungskriterien: Der Teilungspunkt wird so gewählt, dass die Trennung zwischen den Klassen maximiert wird. Bei numerischen Merkmalen bedeutet dies oft das Finden eines Schwellenwerts. Bei kategorischen Merkmalen kann es die Gruppierung von Kategorien beinhalten.

Beispiel: Wenn das ausgewählte Merkmal "Alter" ist, könnte die Aufteilung "Alter ≤ 30" und "Alter > 30" sein. Dies erzeugt zwei Zweige:

- Linker Zweig: Enthält alle Datenpunkte, bei denen das Alter 30 oder weniger ist
- Rechter Zweig: Enthält alle Datenpunkte, bei denen das Alter größer als 30 ist

Auswirkung auf die Datenverteilung: Jede Aufteilung zielt darauf ab, Teilmengen zu erstellen, die in Bezug auf die Zielvariable homogener sind als der Elternknoten. Dieser Prozess setzt sich rekursiv fort und verfeinert schrittweise die Klassifikation beim Abstieg im Baum.

Umgang mit fehlenden Werten: Einige Entscheidungsbaum-Algorithmen verfügen über eingebaute Methoden zum Umgang mit fehlenden Werten während des Aufteilungsprozesses, wie zum Beispiel Ersatzaufteilungen in CART (Classification and Regression Trees).

4. Rekursiver Prozess

Der Prozess der Merkmalsauswahl und Aufteilung setzt sich rekursiv für jede neue Teilmenge fort und erzeugt tiefere Ebenen im Baum. Diese rekursive Natur ist ein fundamentaler Aspekt von Entscheidungsbaum-Algorithmen und ist entscheidend für den Aufbau eines umfassenden Modells. Hier folgt eine detailliertere Erklärung:

Tiefensuche-Ansatz: Der Algorithmus folgt typischerweise einem Tiefensuche-Ansatz, was bedeutet, dass er einen Zweig des Baums vollständig bis zum Ende aufteilt, bevor er zu einem anderen Zweig übergeht. Dies ermöglicht es dem Baum, feinkörnige Muster in den Daten zu erfassen.

Teilmengenverfeinerung: Mit jeder Aufteilung werden die Teilmengen kleiner und potenziell homogener in Bezug auf die Zielvariable. Diese fortschreitende Verfeinerung ermöglicht es dem Baum, zunehmend spezifische Muster in den Daten zu erfassen.

Merkmals-Neubewertung: An jedem neuen Knoten werden alle Merkmale erneut auf ihre Fähigkeit hin bewertet, die Teilmenge effektiv aufzuteilen. Dies bedeutet, dass verschiedene Merkmale auf verschiedenen Ebenen des Baums ausgewählt werden können, wodurch das Modell komplexe, nicht-lineare Beziehungen in den Daten erfassen kann.

Abbruchkriterien: Der rekursive Prozess wird fortgesetzt, bis eines oder mehrere Abbruchkriterien erfüllt sind. Diese können umfassen:

- Maximale Tiefe: Eine vordefinierte Grenze, wie tief der Baum wachsen kann.
- Minimale Stichprobenanzahl: Ein Schwellenwert für die minimale Anzahl von Stichproben, die für die Aufteilung eines internen Knotens erforderlich sind.
- Homogenität: Wenn ein Knoten rein ist (alle Stichproben gehören zur selben Klasse).
- Informationsgewinn: Wenn weitere Aufteilungen keine signifikante Verbesserung der Klassifikation mehr bringen.

Dieser rekursive Prozess ermöglicht es Entscheidungsbäumen, automatisch die relevantesten Merkmale und ihre Wechselwirkungen zu identifizieren und eine hierarchische Struktur zu erstellen, die komplexe Entscheidungsgrenzen im Merkmalsraum modellieren kann.

5. Blattknoten

Der Aufteilungsprozess in einem Entscheidungsbaum erreicht schließlich einen Punkt, an dem eine weitere Teilung nicht mehr vorteilhaft oder möglich ist. Diese Endknoten werden als Blattknoten bezeichnet und spielen eine entscheidende Rolle im Klassifikationsprozess. Hier folgt eine detailliertere Erklärung der Blattknoten:

Abbruchbedingungen: Mehrere Faktoren können die Erstellung eines Blattknotens auslösen:

- Maximale Baumtiefe: Eine vordefinierte Grenze, wie tief der Baum wachsen kann. Dies hilft, Überanpassung durch Begrenzung der Baumkomplexität zu verhindern.
- Minimale Stichprobenanzahl: Ein Schwellenwert für die kleinste Anzahl von Stichproben, die für eine weitere Aufteilung eines Knotens erforderlich sind. Dies stellt sicher, dass Entscheidungen auf einer statistisch signifikanten Anzahl von Stichproben basieren.
- Klassenreinheit: Wenn alle Stichproben in einem Knoten zur selben Klasse gehören, ist eine weitere Aufteilung unnötig, da eine perfekte Klassifikation für diese Teilmenge erreicht wurde.
- Unzureichende Verbesserung: Wenn eine weitere Aufteilung die Klassifikationsgenauigkeit nicht signifikant verbessern würde, kann der Algorithmus entscheiden, einen Blattknoten zu erstellen.

Klassenzuweisung: Jedem Blattknoten wird eine Klassenbezeichnung basierend auf der Mehrheitsklasse der enthaltenen Stichproben zugewiesen. Diese Bezeichnung wird für die Klassifizierung neuer, ungesehener Datenpunkte verwendet, die diesen Knoten erreichen.

Bedeutung für die Klassifikation: Blattknoten sind der Ort, an dem die eigentlichen Klassifikationsentscheidungen getroffen werden. Wenn ein neuer Datenpunkt klassifiziert wird, durchläuft er den Baum basierend auf seinen Merkmalswerten, bis er einen Blattknoten erreicht. Die Klassenbezeichnung dieses Blattknotens wird zur vorhergesagten Klasse für den neuen Datenpunkt.

Umgang mit Unsicherheit: In manchen Implementierungen können Blattknoten auch Informationen über die Verteilung der Klassen innerhalb des Knotens speichern. Dies kann nützlich sein, um Wahrscheinlichkeitsschätzungen zusammen mit Klassifikationen bereitzustellen.

Beschneidungsüberlegungen: Bei Nachbeschneidungstechniken können einige Blattknoten mit ihren Elternknoten verschmolzen werden, wenn festgestellt wird, dass diese Vereinfachung die Generalisierungsfähigkeit des Baums verbessert.

Das Verständnis von Blattknoten ist entscheidend für die Interpretation von Entscheidungsbäumen und für die Feinabstimmung der Modellleistung durch Anpassung der Abbruchkriterien und Beschneidungsstrategien.

6. Vorhersageprozess

Die Vorhersagephase in einem Entscheidungsbaum ist ein entscheidender Schritt, bei dem das Modell seine gelernten Regeln anwendet, um neue, ungesehene Datenpunkte zu klassifizieren. Hier folgt eine detaillierte Erklärung, wie dieser Prozess funktioniert:

Durchlaufen des Baums: Wenn ein neuer Datenpunkt klassifiziert werden soll, beginnt er am Wurzelknoten des Baums. Von dort aus folgt er einem Pfad durch den Baum und trifft an jedem internen Knoten Entscheidungen basierend auf den Merkmalswerten des Datenpunkts.

Entscheidungsfindung an den Knoten: An jedem internen Knoten wertet der Baum das relevante Merkmal des Datenpunkts anhand der Teilungsbedingung dieses Knotens aus. Wenn ein Knoten beispielsweise bei "Alter ≤ 30" teilt, prüft der Baum, ob das Alter des Datenpunkts kleiner oder gleich 30 ist.

Zweigauswahl: Basierend auf der Auswertung an jedem Knoten wird der Datenpunkt entweder zum linken oder rechten Kindknoten weitergeleitet (in einem binären Baum). Dieser Prozess setzt sich fort, wobei der Datenpunkt tiefer in die Baumstruktur vordringt.

Erreichen eines Blattknotens: Die Traversierung wird fortgesetzt, bis der Datenpunkt einen Blattknoten erreicht. Blattknoten repräsentieren die endgültigen Klassifikationskategorien und haben keine weiteren Kindknoten.

Klassifikationszuweisung: Sobald der Datenpunkt einen Blattknoten erreicht, wird ihm die mit diesem Blattknoten verbundene Klassenbezeichnung zugewiesen. Diese Bezeichnung stellt die Vorhersage des Modells für den neuen Datenpunkt dar.

Umgang mit Unsicherheit: In einigen Implementierungen können Blattknoten Informationen über die Verteilung der Klassen innerhalb dieses Knotens enthalten. Dies kann genutzt werden, um zusammen mit der Klassifikation eine Wahrscheinlichkeitsschätzung zu liefern, die einen Hinweis auf die Konfidenz des Modells in seine Vorhersage gibt.

Effizienz: Dieser Vorhersageprozess ist typischerweise sehr schnell, da er nur eine Reihe einfacher Vergleiche zum Durchlaufen des Baums erfordert, anstatt komplexer Berechnungen.

Interpretierbarkeit: Einer der wichtigsten Vorteile von Entscheidungsbäumen ist, dass dieser Vorhersageprozess leicht verstanden und erklärt werden kann, was ihn wertvoll für Anwendungen macht, bei denen Transparenz in der Entscheidungsfindung wichtig ist.

Durch diesen strukturierten Ansatz können Entscheidungsbäume neue Datenpunkte effizient auf Basis der während des Trainingsprozesses gelernten Muster und Regeln klassifizieren.

Entscheidungsbäume werden für ihre Interpretierbarkeit geschätzt, da der Entscheidungsprozess leicht visualisiert und erklärt werden kann. Sie können sowohl numerische als auch kategorische Daten verarbeiten und komplexe, nicht-lineare Beziehungen zwischen Merkmalen erfassen. Allerdings neigen sie zu Überanpassung, wenn sie nicht angemessen beschnitten oder regularisiert werden.

a. Wie Entscheidungsbäume funktionieren

1. Man beginnt mit dem gesamten Datensatz am Wurzelknoten. Dieser anfängliche Knoten stellt den Ausgangspunkt des Entscheidungsprozesses dar und enthält alle Trainingsdaten.
2. Wähle das Merkmal aus, das die Daten am besten in verschiedene Klassen aufteilt, unter Verwendung von Kriterien wie **Gini-Unreinheit** oder **Informationsgewinn**.

- Gini-Unreinheit misst die Wahrscheinlichkeit, ein zufällig gewähltes Element falsch zu klassifizieren, wenn es zufällig gemäß der Verteilung der Bezeichnungen in der Teilmenge gekennzeichnet würde.
- Informationsgewinn berechnet die Reduzierung der Entropie (oder Unsicherheit) nachdem ein Datensatz nach einem bestimmten Attribut aufgeteilt wurde.

Der Algorithmus bewertet alle Merkmale und wählt dasjenige aus, das die effektivste Aufteilung bietet und homogenere Teilmengen erzeugt.

1. Wiederhole den Prozess rekursiv für jede Teilmenge von Daten. Das bedeutet, dass für jeden durch die Aufteilung neu entstandenen Knoten der Algorithmus erneut nach dem besten Merkmal zur Aufteilung sucht, wobei nur die Datenpunkte berücksichtigt werden, die diesen Knoten erreicht haben.
2. Stoppe, wenn ein Blattknoten rein ist (nur eine Klasse enthält) oder wenn weitere Aufteilungen die Klassifikation nicht verbessern. Andere Abbruchkriterien können sein:

- Erreichen einer maximalen Baumtiefe
- Weniger als eine minimale Anzahl von Stichproben für eine Aufteilung
- Erreichen eines minimalen Verbesserungsschwellenwerts für die Aufteilung

Diese Abbruchbedingungen helfen, Überanpassung zu verhindern und stellen sicher, dass der Baum interpretierbar bleibt.

Beispiel: Entscheidungsbäume mit Scikit-learn

```
import numpy as np
import matplotlib.pyplot as plt
from sklearn.datasets import load_iris
from sklearn.model_selection import train_test_split
from sklearn.tree import DecisionTreeClassifier
from sklearn import tree
from sklearn.metrics import accuracy_score, classification_report

# Load the Iris dataset
iris = load_iris()
X, y = iris.data, iris.target

# Split the data into training and testing sets
X_train, X_test, y_train, y_test = train_test_split(X, y, test_size=0.3, 
random_state=42)
```

```
# Initialize the decision tree model
model = DecisionTreeClassifier(max_depth=3, random_state=42)

# Train the model
model.fit(X_train, y_train)

# Make predictions on the test set
y_pred = model.predict(X_test)

# Calculate accuracy
accuracy = accuracy_score(y_test, y_pred)
print(f"Model Accuracy: {accuracy:.2f}")

# Print classification report
print("\\nClassification Report:")
print(classification_report(y_test, y_pred, target_names=iris.target_names))

# Plot the decision tree
plt.figure(figsize=(20, 10))
tree.plot_tree(model,          filled=True,          feature_names=iris.feature_names,
class_names=iris.target_names)
plt.title("Decision Tree for Iris Dataset")
plt.show()

# Feature importance
feature_importance = model.feature_importances_
for i, importance in enumerate(feature_importance):
    print(f"Feature '{iris.feature_names[i]}': {importance:.4f}")

# Visualize feature importance
plt.figure(figsize=(10, 6))
plt.bar(iris.feature_names, feature_importance)
plt.title("Feature Importance in Iris Dataset")
plt.xlabel("Features")
plt.ylabel("Importance")
plt.show()
```

Code-Erläuterung:

1. Bibliotheken importieren:
    - Wir importieren die erforderlichen Bibliotheken, darunter NumPy für numerische Operationen, Matplotlib für Visualisierungen und verschiedene Module aus Scikit-learn für Machine-Learning-Aufgaben.
2. Daten laden und vorbereiten:
    - Wir laden den Iris-Datensatz mit Scikit-learns load_iris() Funktion.

   - Der Datensatz wird mit train_test_split() in Trainings- und Testdaten aufgeteilt, wobei 70% zum Training und 30% zum Testen verwendet werden.

3. Modell-Initialisierung und Training:
   - Wir erstellen einen DecisionTreeClassifier mit einer maximalen Tiefe von 3, um Überanpassung zu vermeiden.
   - Das Modell wird mit der fit() Methode auf den Trainingsdaten trainiert.

4. Vorhersagen treffen und Leistung auswerten:
   - Wir nutzen das trainierte Modell, um Vorhersagen für den Testdatensatz zu treffen.
   - Die Genauigkeit des Modells wird berechnet und ausgegeben.
   - Ein detaillierter Klassifikationsbericht wird erstellt, der Präzision, Recall und F1-Score für jede Klasse zeigt.

5. Entscheidungsbaum visualisieren:
   - Wir verwenden tree.plot_tree(), um die Struktur des Entscheidungsbaums zu visualisieren.
   - Der Baum wird mit gefüllten Farben, Merkmalsnamen und Klassennamen für bessere Interpretierbarkeit dargestellt.

6. Merkmalswichtigkeit analysieren:
   - Wir extrahieren und drucken die Wichtigkeit jedes Merkmals im Entscheidungsprozess.
   - Ein Balkendiagramm wird erstellt, um die Wichtigkeit jedes Merkmals visuell darzustellen.

Dieses Beispiel bietet einen umfassenderen Ansatz zur Entscheidungsbaum-Klassifikation. Es umfasst Datenvorbereitung, Modelltraining, Evaluierung, Visualisierung der Baumstruktur und Analyse der Merkmalswichtigkeit. Dies ermöglicht ein tieferes Verständnis dafür, wie der Entscheidungsbaum seine Klassifikationen trifft und welche Merkmale den größten Einfluss auf den Prozess haben.

b. Vor- und Nachteile von Entscheidungsbäumen

Vorteile:

- Hochgradig intuitiv und leicht interpretierbar, was sie wertvoll für die Erklärung komplexer Entscheidungsprozesse gegenüber Stakeholdern macht.
- Vielseitig in der Handhabung sowohl numerischer als auch kategorischer Daten ohne aufwendige Vorverarbeitung oder Normalisierung.

- Fähig, komplexe nicht-lineare Beziehungen zwischen Merkmalen zu erfassen, wodurch komplexe Muster in den Daten genau modelliert werden können.
- Erfordern minimale Datenvorbereitung, da sie fehlende Werte und Ausreißer effektiv handhaben können.

Nachteile:

- Anfällig für Überanpassung, besonders wenn Bäume zu tief wachsen dürfen, was zu schlechter Generalisierung auf ungesehenen Daten führen kann.
- Zeigen Instabilität und Empfindlichkeit gegenüber kleinen Variationen in den Trainingsdaten, was zu deutlich unterschiedlichen Baumstrukturen führen kann.
- Können Schwierigkeiten mit stark unbalancierten Datensätzen haben und möglicherweise zur Mehrheitsklasse tendieren.
- Können für sehr große Datensätze rechenintensiv und zeitaufwändig werden, besonders beim Wachsen tiefer Bäume.

4.2.4. Zufallswälder

Random Forests ist eine leistungsstarke Ensemble-Learning-Methode, die die Stärke mehrerer Entscheidungsbäume nutzt, um ein robustes und genaues Vorhersagemodell zu erstellen. Dieser Algorithmus adressiert einige der Einschränkungen einzelner Entscheidungsbäume durch die Kombination ihrer Vorhersagen, was zu verbesserter Genauigkeit und reduzierter Überanpassung führt.

Hier folgt eine detailliertere Erklärung, wie Random Forests funktionieren:

1. Erstellung mehrerer Bäume

Random Forests generieren zahlreiche Entscheidungsbäume, typischerweise Hunderte oder Tausende, die jeweils auf einem anderen Teilsatz der Daten trainiert werden. Dieser Prozess, bekannt als Bagging (Bootstrap Aggregating), beinhaltet das zufällige Ziehen von Stichproben aus dem ursprünglichen Datensatz mit Zurücklegen, um verschiedene Trainingssets für jeden Baum zu erstellen. Für jeden Baum wird ein neuer Datensatz erstellt, indem Stichproben zufällig aus dem ursprünglichen Datensatz gezogen werden. Diese Stichprobenziehung erfolgt mit Zurücklegen, was bedeutet, dass einige Stichproben mehrfach ausgewählt werden können, während andere möglicherweise gar nicht ausgewählt werden. Dieser Prozess wird Bootstrap-Sampling genannt.

Die Größe jedes Bootstrap-Datensatzes ist typischerweise gleich dem ursprünglichen Datensatz, aber aufgrund des Zurücklegens sind etwa 63,2% der ursprünglichen Stichproben in jedem neuen Datensatz vertreten, einige davon mehrfach. Diese Sampling-Technik stellt sicher, dass jeder Entscheidungsbaum im Forest auf einem leicht unterschiedlichen Datensatz trainiert wird. Diese Diversität ist entscheidend für die Leistung des Ensembles, da sie hilft, Überanpassung zu reduzieren und die Generalisierung zu verbessern.

Die nicht für einen bestimmten Baum ausgewählten Stichproben (etwa 36,8% des ursprünglichen Datensatzes) werden als Out-of-Bag (OOB) Stichproben bezeichnet. Diese können für die interne Validierung und zur Schätzung der Modellleistung ohne separaten Testdatensatz verwendet werden. Da jeder Baum unabhängig auf seinem eigenen Bootstrap-Datensatz trainiert wird, kann der Prozess leicht parallelisiert werden, was Random Forests auch für große Datensätze effizient macht.

Durch die Erstellung mehrerer Bäume mit verschiedenen Trainingssets nutzen Random Forests die Stärke des Ensemble-Learnings, bei dem die kollektive Weisheit vieler leicht unterschiedlicher Modelle oft besser abschneidet als jedes einzelne Modell.

2. Merkmal-Randomisierung

Random Forests führen eine zusätzliche Ebene der Zufälligkeit ein, indem sie bei jeder Aufteilung in den Entscheidungsbäumen nur eine Teilmenge von Merkmalen berücksichtigen. Diese Merkmal-Randomisierung, auch bekannt als Feature-Bagging oder Attribut-Bagging, ist eine Schlüsselkomponente des Random-Forest-Algorithmus. Hier folgt eine detailliertere Erklärung:

- Teilmengenauswahl: An jedem Knoten eines Entscheidungsbaums wird anstelle aller verfügbaren Merkmale nur eine zufällige Teilmenge von Merkmalen für die beste Aufteilung evaluiert. Die Größe dieser Teilmenge entspricht typischerweise der Quadratwurzel der Gesamtanzahl der Merkmale für Klassifikationsaufgaben oder einem Drittel der Gesamtmerkmale für Regressionsaufgaben.

- Dekorrelationseffekt: Durch die Beschränkung der verfügbaren Merkmale bei jeder Aufteilung reduziert der Algorithmus die Korrelation zwischen den Bäumen im Wald. Dies ist entscheidend, da die Bäume sehr ähnlich werden könnten, wenn allen Bäumen erlaubt würde, alle Merkmale zu berücksichtigen, besonders wenn es einige sehr starke Prädiktoren im Datensatz gibt.

- Erhöhte Diversität: Die zufällige Merkmalsauswahl zwingt jeden Baum dazu, von verschiedenen Aspekten der Daten zu lernen, was zu einer vielfältigeren Menge von Bäumen führt. Diese Diversität ist wesentlich für die Gesamtleistung und Generalisierungsfähigkeit des Ensembles.

- Verbesserte Robustheit: Die Merkmal-Randomisierung hilft dem Wald, weniger empfindlich gegenüber einzelnen starken Prädiktoren zu sein. Sie ermöglicht es anderen, potenziell wichtigen, aber weniger dominanten Merkmalen, eine Rolle im Entscheidungsprozess zu spielen, was zu einer besseren Erfassung komplexer Muster in den Daten führen kann.

- Überanpassungsvermeidung: Indem nicht immer auf die stärksten Prädiktoren zurückgegriffen wird, hilft die Merkmal-Randomisierung, Überanpassung zu reduzieren. Sie verhindert, dass das Modell zu spezialisiert auf die Trainingsdaten wird und verbessert damit seine Leistung auf ungesehenen Daten.

Diese Merkmal-Randomisierung trägt zusammen mit dem Bootstrap-Sampling der Daten wesentlich dazu bei, die Bäume in ihren Vorhersagen unabhängiger und vielfältiger zu machen. Folglich kann der Random Forest, wenn die Vorhersagen aller Bäume aggregiert werden, eine höhere Genauigkeit und bessere Generalisierung erreichen als einzelne Entscheidungsbäume oder Ensembles ohne diesen Randomisierungsschritt.

3. Trainingsprozess

Jeder Entscheidungsbaum im Random Forest wird unabhängig auf seinem einzigartigen Teilsatz von Daten und Merkmalen trainiert. Dieser Prozess ist eine Schlüsselkomponente für die Stärke und Effizienz des Algorithmus:

- Einzigartige Datenteilmengen: Jeder Baum wird auf einer anderen Bootstrap-Stichprobe des ursprünglichen Datensatzes trainiert, was die Diversität in den Trainingsdaten sicherstellt.
- Merkmal-Randomisierung: Bei jeder Knotenaufteilung wird nur eine zufällige Teilmenge von Merkmalen berücksichtigt, was die Diversität zwischen den Bäumen weiter erhöht.
- Unabhängiges Training: Bäume werden isoliert voneinander trainiert, was parallele Verarbeitung ermöglicht.
- Effiziente Berechnung: Die parallele Natur des Trainingsprozesses macht ihn hochgradig skalierbar und effizient, besonders für große Datensätze.
- Verteiltes Rechnen: Das unabhängige Baumtraining kann leicht auf mehrere Prozessoren oder Maschinen verteilt werden, was die Rechenzeit für große Wälder erheblich reduziert.

Dieser parallele und randomisierte Trainingsprozess ist entscheidend für die Erstellung eines vielfältigen Ensembles von Entscheidungsbäumen, die gemeinsam ein robustes und präzises Random-Forest-Modell bilden. Die Unabhängigkeit des Trainings jedes Baums trägt zur Fähigkeit des Algorithmus bei, Überanpassung zu reduzieren und die Generalisierung auf neue Daten zu verbessern.

4. Vorhersageaggregation

Die Phase der Vorhersageaggregation ist ein entscheidender Schritt im Random-Forest-Algorithmus, bei dem die einzelnen Vorhersagen aller Bäume kombiniert werden, um ein endgültiges Ergebnis zu erzeugen. Dieser Prozess nutzt die kollektive Weisheit des Ensembles, um robustere und genauere Vorhersagen zu generieren. Hier folgt eine detaillierte Erklärung, wie die Vorhersageaggregation funktioniert:

Für Klassifikationsaufgaben:

- Jeder Baum im Wald klassifiziert den neuen Datenpunkt unabhängig in eine der vordefinierten Kategorien.

- Die endgültige Vorhersage wird durch eine Mehrheitsabstimmung unter allen Bäumen bestimmt. Das bedeutet, die Klasse mit den meisten Stimmen der einzelnen Bäume wird zur endgültigen vorhergesagten Klasse.
- Im Falle eines Gleichstands kann der Algorithmus verschiedene Entscheidungsstrategien verwenden, wie die Auswahl der Klasse mit der höchsten durchschnittlichen Wahrscheinlichkeit über alle Bäume.
- Dieser Abstimmungsmechanismus hilft dabei, einzelne Baumfehler und Verzerrungen auszugleichen, was zu zuverlässigeren Vorhersagen führt.

Für Regressionsaufgaben:

- Jeder Baum im Wald liefert seine eigene numerische Vorhersage für die Zielvariable.
- Die endgültige Vorhersage wird als Durchschnitt (Mittelwert) aller individuellen Baumvorhersagen berechnet.
- Dieser Mittelungsprozess hilft dabei, den Einfluss von Ausreißervorhersagen einzelner Bäume zu reduzieren und liefert eine stabilere und genauere Schätzung.
- Einige Implementierungen können einen gewichteten Durchschnitt verwenden, der Bäumen mit besserer Leistung bei Out-of-Bag-Stichproben mehr Bedeutung beimisst.

Vorteile der Aggregation:

- Reduzierte Varianz: Durch die Kombination mehrerer Vorhersagen reduzieren Random Forests die Varianz des Modells signifikant, was zu besserer Generalisierung führt.
- Robustheit gegenüber Ausreißern: Der Aggregationsprozess hilft dabei, den Einfluss einzelner Bäume zu mindern, die möglicherweise auf Rauschen in den Daten überangepasst haben.
- Konfidenzmaße: Der Anteil der Bäume, die für jede Klasse stimmen (bei Klassifikation) oder die Streuung der Vorhersagen (bei Regression) kann ein Maß für die Vorhersagesicherheit liefern.

Dieser Aggregationsschritt verwandelt eine Sammlung potenziell schwacher Lerner (einzelne Entscheidungsbäume) in ein leistungsfähiges Ensemble-Modell, das komplexe Muster in Daten verarbeiten kann.

5. Verbesserte Genauigkeit

Random Forests erreichen oft eine höhere Genauigkeit als einzelne Entscheidungsbäume durch die Kombination mehrerer verschiedener Bäume. Diese verbesserte Genauigkeit basiert auf mehreren Schlüsselfaktoren:

- Ensemble-Learning: Durch die Aggregation von Vorhersagen aus zahlreichen Bäumen nutzen Random Forests die Stärke des Ensemble-Learnings. Dieser Ansatz hilft dabei, die Fehler und Verzerrungen einzelner Bäume auszugleichen, was zu zuverlässigeren und stabileren Vorhersagen führt.

- Diversität im Training: Jeder Baum im Wald wird auf einer anderen Teilmenge der Daten trainiert und berücksichtigt bei jeder Aufteilung eine zufällige Teilmenge von Merkmalen. Diese Diversität ermöglicht es dem Wald, ein breiteres Spektrum von Mustern und Beziehungen innerhalb der Daten zu erfassen, was zu einem umfassenderen Modell führt.
- Reduzierte Überanpassung: Die in sowohl der Datenstichprobennahme als auch der Merkmalsauswahl eingeführte Zufälligkeit hilft, Überanpassung zu reduzieren. Während einzelne Bäume möglicherweise auf ihre spezifischen Trainingsteilmengen überanpassen könnten, tendiert die Aggregation vieler solcher Bäume dazu, diese überangepassten Muster auszugleichen, was zu besserer Generalisierung auf ungesehene Daten führt.
- Umgang mit nicht-linearen Beziehungen: Random Forests können effektiv komplexe, nicht-lineare Beziehungen in den Daten erfassen, die von einfacheren Modellen möglicherweise übersehen werden. Die Kombination mehrerer Entscheidungspfade ermöglicht die Modellierung komplexer Muster und Wechselwirkungen zwischen Merkmalen.
- Robustheit gegenüber Ausreißern und Rauschen: Durch die Aggregation von Vorhersagen sind Random Forests weniger empfindlich gegenüber Ausreißern und Rauschen in den Daten im Vergleich zu einzelnen Entscheidungsbäumen. Anomale Datenpunkte oder verrauschte Merkmale beeinflussen die Gesamtvorhersage des Waldes weniger stark.

Diese Faktoren tragen gemeinsam zur verbesserten Genauigkeit von Random Forests bei, was sie zu einer leistungsfähigen und zuverlässigen Wahl für viele Klassifikations- und Regressionsaufgaben im maschinellen Lernen macht.

6. Reduzierte Überanpassung

Random Forests sind deutlich weniger anfällig für Überanpassung im Vergleich zu einzelnen Entscheidungsbäumen. Diese verbesserte Generalisierungsfähigkeit basiert auf mehreren Schlüsselfaktoren:

- Ensemble-Ansatz: Durch die Aggregation von Vorhersagen aus mehreren Bäumen gleichen Random Forests individuelle Verzerrungen und Fehler aus, was zu einem robusteren Modell führt.
- Datenrandomisierung: Jeder Baum wird auf einer anderen Bootstrap-Stichprobe des ursprünglichen Datensatzes trainiert. Diese Variation in den Trainingsdaten hilft, die Sensitivität des Modells gegenüber spezifischen Datenpunkten zu reduzieren.

- Merkmal-Randomisierung: Bei jeder Knotenaufteilung wird nur eine Teilmenge von Merkmalen berücksichtigt. Dies verhindert, dass sich das Modell zu stark auf einzelne Merkmale verlässt und fördert eine vielfältigere Menge von Entscheidungspfaden.
- Mittelung der Vorhersagen: Die endgültige Vorhersage ist ein Aggregat aller individuellen Baumvorhersagen. Dieser Mittelungsprozess glättet extreme Vorhersagen, die aus der Überanpassung einzelner Bäume resultieren könnten.
- Out-of-Bag (OOB) Stichproben: Die nicht zum Training eines bestimmten Baums verwendeten Stichproben (etwa 37% der Daten) dienen als eingebauter Validierungsdatensatz und liefern eine unvoreingenommene Schätzung des Generalisierungsfehlers.

Diese Mechanismen ermöglichen es Random Forests gemeinsam, komplexe Muster in den Trainingsdaten zu erfassen und dabei eine gute Leistung auf ungesehenen Daten beizubehalten. Die Fähigkeit des Modells zur guten Generalisierung macht es besonders wertvoll in Szenarien, in denen die Vermeidung von Überanpassung entscheidend ist.

7. Merkmalswichtigkeit

Random Forests bieten ein wertvolles Maß für die Merkmalswichtigkeit und liefern Einblicke darüber, welche Variablen den größten Einfluss auf die Vorhersagen haben. Diese Fähigkeit ist ein bedeutender Vorteil des Random-Forest-Algorithmus, da sie hilft, die zugrundeliegenden Muster in den Daten zu verstehen und Prozesse der Merkmalsauswahl leiten kann. Hier folgt eine detailliertere Erklärung der Merkmalswichtigkeit in Random Forests:

- Berechnungsmethode: Die Merkmalswichtigkeit wird typischerweise berechnet, indem der Rückgang der Modellleistung gemessen wird, wenn ein bestimmtes Merkmal zufällig gemischt oder entfernt wird. Merkmale, die einen größeren Leistungsrückgang verursachen, werden als wichtiger eingestuft.
- Mittlere Abnahme der Unreinheit (MDI): Diese Methode berechnet die Merkmalswichtigkeit basierend auf der gesamten Abnahme der Knotenunreinheit (üblicherweise gemessen durch Gini-Unreinheit oder Entropie), gemittelt über alle Bäume im Wald. Merkmale, die zu größeren Abnahmen der Unreinheit führen, werden als wichtiger eingestuft.
- Mittlere Abnahme der Genauigkeit (MDA): Auch bekannt als Permutationswichtigkeit, misst diese Methode die Abnahme der Modellgenauigkeit, wenn die Werte eines Merkmals zufällig permutiert werden. Eine größere Abnahme der Genauigkeit zeigt eine höhere Merkmalswichtigkeit an.
- Anwendungen:
    - Merkmalsauswahl: Die Identifizierung der wichtigsten Merkmale kann helfen, die Modellkomplexität zu reduzieren, indem man sich auf die einflussreichsten Variablen konzentriert.

- Datenverständnis: Die Merkmalswichtigkeit liefert Einblicke darüber, welche Faktoren die Vorhersagen steuern und verbessert die Interpretierbarkeit des Modells.
- Domänenwissen: Die Wichtigkeitsrangfolge kann mit Fachexpertise verglichen werden, um das Lernen des Modells zu validieren oder unerwartete Muster aufzudecken.

- Interpretationsüberlegungen:
    - Korrelation: Bei stark korrelierten Merkmalen kann sich ihre Wichtigkeit aufteilen, was möglicherweise zu einer Unterschätzung ihrer wahren Bedeutung führt.
    - Skalierung: Die Merkmalswichtigkeit berücksichtigt nicht die Skalierung der Merkmale, sodass Vorverarbeitung (wie Standardisierung) die Rangfolge beeinflussen kann.
    - Stabilität: Die Wichtigkeitsrangfolge kann zwischen verschiedenen Durchläufen des Algorithmus variieren, besonders bei kleineren Datensätzen.

Durch die Nutzung der Merkmalswichtigkeit können Data Scientists und Analysten tiefere Einblicke in ihre Datensätze gewinnen, ihre Modelle optimieren und fundiertere Entscheidungen in verschiedenen Machine-Learning-Anwendungen treffen.

Durch den Einsatz dieser Techniken schaffen Random Forests einen leistungsstarken und vielseitigen Algorithmus, der bei einer breiten Palette von Klassifikations- und Regressionsaufgaben gute Ergebnisse erzielt und ihn damit zu einer beliebten Wahl in vielen Machine-Learning-Anwendungen macht.

Funktionsweise von Random Forests

1. Erzeuge mehrere Teilmengen der Trainingsdaten durch zufällige Stichprobenentnahme mit Zurücklegen (**Bootstrap-Sampling**).Dieser Schritt, bekannt als Bootstrap-Aggregation oder Bagging, erzeugt verschiedene Teilmengen der ursprünglichen Daten. Jede Teilmenge enthält typischerweise etwa 63% der ursprünglichen Stichproben, wobei einige Stichproben wiederholt und andere ausgelassen werden. Dieser Prozess führt Variabilität zwischen den Bäumen ein und hilft, Überanpassung zu reduzieren.
2. Trainiere einen Entscheidungsbaum auf jeder Teilmenge unter Verwendung einer zufälligen Teilmenge von Merkmalen bei jeder Aufteilung.Für jede Bootstrap-Stichprobe wird ein Entscheidungsbaum aufgebaut. Im Gegensatz zu Standard-Entscheidungsbäumen führen Random Forests jedoch eine zusätzliche Ebene der Zufälligkeit ein. An jedem Knoten des Baums wird statt aller Merkmale nur eine zufällige Teilmenge von Merkmalen für die beste Aufteilung evaluiert. Diese Merkmal-

Zufälligkeit erhöht zusätzlich die Diversität zwischen den Bäumen und hilft dabei, sie zu dekorrelieren, was zu einem robusteren Ensemble führt.

3. Aggregiere die Vorhersagen aller Bäume zur finalen Entscheidung.Sobald alle Bäume trainiert sind, trifft der Random Forest Vorhersagen durch Aggregation der Ausgaben der einzelnen Bäume. Bei Klassifikationsaufgaben geschieht dies typischerweise durch Mehrheitsentscheidung, wobei die von der Mehrheit der Bäume vorhergesagte Klasse zur finalen Vorhersage wird. Bei Regressionsaufgaben wird der Durchschnitt aller Baumvorhersagen verwendet. Dieser Aggregationsprozess nutzt die Weisheit der Masse und führt oft zu genaueren und stabileren Vorhersagen im Vergleich zu einzelnen Bäumen.

Beispiel: Random Forests mit Scikit-learn

```
import numpy as np
from sklearn.ensemble import RandomForestClassifier
from sklearn.model_selection import train_test_split
from sklearn.metrics import accuracy_score, classification_report
from sklearn.datasets import make_classification

# Generate a synthetic dataset
X, y = make_classification(n_samples=1000, n_features=20, n_classes=2,
random_state=42)

# Split the data into training and testing sets
X_train, X_test, y_train, y_test = train_test_split(X, y, test_size=0.2,
random_state=42)

# Initialize the Random Forest model
model = RandomForestClassifier(n_estimators=100, max_depth=10, min_samples_split=5,
random_state=42)

# Train the model
model.fit(X_train, y_train)

# Predict on the test set
y_pred = model.predict(X_test)

# Calculate accuracy
accuracy = accuracy_score(y_test, y_pred)
print(f"Random Forest Test Accuracy: {accuracy:.2f}")

# Print detailed classification report
print("\\nClassification Report:")
print(classification_report(y_test, y_pred))

# Feature importance
feature_importance = model.feature_importances_
sorted_idx = np.argsort(feature_importance)
print("\\nTop 5 important features:")
```

```
for idx in sorted_idx[-5:]:
    print(f"Feature {idx}: {feature_importance[idx]:.4f}")
```

Code-Aufschlüsselung:

1. Importe:
   - Wir importieren die erforderlichen Module aus scikit-learn und numpy.
2. Datengenerierung:
   - Wir verwenden make_classification, um einen synthetischen Datensatz zu Demonstrationszwecken zu erstellen.
   - Dies generiert 1000 Proben mit 20 Merkmalen für ein binäres Klassifikationsproblem.
3. Datenaufteilung:
   - Der Datensatz wird in Trainings- (80%) und Testdaten (20%) mittels train_test_split aufgeteilt.
4. Modellinitialisierung:
   - Wir erstellen einen RandomForestClassifier mit 100 Bäumen (n_estimators).
   - Zusätzliche Parameter wie max_depth und min_samples_split werden gesetzt, um das Baumwachstum zu steuern.
5. Modelltraining:
   - Die fit-Methode wird verwendet, um das Modell mit den Trainingsdaten zu trainieren.
6. Vorhersage:
   - Wir verwenden das trainierte Modell, um Vorhersagen für den Testdatensatz zu treffen.
7. Auswertung:
   - accuracy_score berechnet die Gesamtgenauigkeit des Modells.
   - classification_report liefert eine detaillierte Aufschlüsselung von Präzision, Recall und F1-Score für jede Klasse.
8. Merkmalswichtigkeit:
   - Wir extrahieren und sortieren die Merkmalswichtigkeiten aus dem Modell.

- Die 5 wichtigsten Merkmale werden ausgegeben und zeigen, welche Eingabevariablen den größten Einfluss auf die Entscheidungen des Modells haben.

Dieses umfassende Beispiel demonstriert nicht nur die grundlegende Verwendung von Random Forests, sondern beinhaltet auch Datenvorbereitung, detaillierte Evaluierungsmetriken und Merkmalswichtigkeitsanalyse, was einen umfassenderen Einblick in die Leistung und Eigenschaften des Modells ermöglicht.

4.3 Fortgeschrittene Evaluierungsmetriken (Präzision, Recall, AUC-ROC)

Im Bereich des maschinellen Lernens geht die Modellevaluierung weit über das simple Maß der Genauigkeit hinaus. Während **Genauigkeit** als wertvolle Metrik für ausgewogene Datensätze dient, kann sie bei unausgewogenen Klassenverteilungen ein trügerisches Bild zeichnen.

Betrachten wir ein Szenario, in dem 95% der Stichproben in eine einzige Klasse fallen; ein Modell, das konstant diese Mehrheitsklasse vorhersagt, würde eine hohe Genauigkeit aufweisen, trotz seiner Unfähigkeit, die Minderheitsklasse effektiv zu identifizieren. Um diese Einschränkung zu überwinden und ein umfassenderes Verständnis der Modellleistung zu erlangen, setzen Data Scientists anspruchsvolle Metriken wie **Präzision**, **Recall** und **AUC-ROC** ein.

Diese fortgeschrittenen Evaluierungstechniken bieten einen nuancierten Einblick in die Fähigkeiten eines Modells und liefern Erkenntnisse über seine Fähigkeit, positive Instanzen korrekt zu identifizieren, falsch-positive und falsch-negative Ergebnisse zu minimieren und zwischen Klassen über verschiedene Entscheidungsschwellen hinweg zu unterscheiden. Durch die Nutzung dieser Metriken können Forscher und Praktiker fundierte Entscheidungen über Modellauswahl und -optimierung treffen und sicherstellen, dass der gewählte Algorithmus nicht nur in kontrollierten Umgebungen gut funktioniert, sondern sich auch effektiv auf reale Anwendungen übertragen lässt, wo Klassenungleichgewichte und variierende Fehlklassifikationskosten häufig sind.

In den folgenden Abschnitten werden wir uns eingehend mit jeder dieser Metriken befassen, ihre mathematischen Grundlagen, praktischen Anwendungen und Interpretationen erläutern. Durch detaillierte Erklärungen und anschauliche Beispiele möchten wir Sie mit dem Wissen und den Werkzeugen ausstatten, die notwendig sind, um gründliche und aussagekräftige Evaluierungen Ihrer maschinellen Lernmodelle durchzuführen, sodass Sie datengestützte Entscheidungen treffen und robuste Lösungen für komplexe Klassifikationsprobleme entwickeln können.

4.3.1 Präzision und Recall

Präzision und **Recall** sind fundamentale Metriken im maschinellen Lernen, die entscheidende Einblicke in die Leistung von Klassifikationsmodellen liefern, insbesondere bei der Identifizierung der positiven Klasse. Diese Metriken sind besonders wertvoll bei der Arbeit mit **unausgewogenen Datensätzen**, bei denen die Verteilung der Klassen stark verzerrt ist.

Präzision konzentriert sich auf die Genauigkeit positiver Vorhersagen. Sie misst den Anteil korrekt identifizierter positiver Instanzen unter allen als positiv vorhergesagten Instanzen. Mit anderen Worten beantwortet Präzision die Frage: "Von allen Proben, die unser Modell als positiv gekennzeichnet hat, wie viele waren tatsächlich positiv?" Hohe Präzision zeigt an, dass wenn das Modell eine positive Instanz vorhersagt, diese wahrscheinlich korrekt ist.

Recall hingegen betont die Fähigkeit des Modells, alle positiven Instanzen zu finden. Er misst den Anteil korrekt identifizierter positiver Instanzen unter allen tatsächlichen positiven Instanzen im Datensatz. Recall beantwortet die Frage: "Von allen tatsächlich positiven Proben in unserem Datensatz, wie viele hat unser Modell korrekt identifiziert?" Hoher Recall deutet darauf hin, dass das Modell effektiv darin ist, einen großen Teil der positiven Instanzen zu erfassen.

Diese Metriken sind besonders wichtig beim Umgang mit **unausgewogenen Datensätzen**, bei denen eine Klasse (üblicherweise die Minderheitsklasse) im Vergleich zur anderen deutlich unterrepräsentiert ist. In solchen Szenarien kann die Genauigkeit allein irreführend sein. Beispielsweise würde in einem Datensatz, bei dem nur 5% der Proben zur positiven Klasse gehören, ein Modell, das immer die negative Klasse vorhersagt, eine Genauigkeit von 95% erreichen, wäre aber völlig nutzlos für die Identifizierung positiver Instanzen.

Durch die Verwendung von Präzision und Recall können wir ein nuancierteres Verständnis davon gewinnen, wie gut unser Modell bei der Minderheitsklasse abschneidet, die oft die interessierende Klasse in vielen realen Problemen wie Betrugserkennung, Krankheitsdiagnose oder Vorhersage seltener Ereignisse ist. Diese Metriken helfen Data Scientists und Praktikern des maschinellen Lernens dabei, ihre Modelle feinzutunen und fundierte Entscheidungen über Modellauswahl und -optimierung zu treffen, um sicherzustellen, dass der gewählte Algorithmus auch bei Klassenungleichgewichten effektiv arbeitet.

a. Präzision

Präzision ist eine entscheidende Metrik bei der Bewertung der Leistung von Klassifikationsmodellen, insbesondere in Szenarien, in denen die Kosten für falsch positive Ergebnisse hoch sind. Sie misst den Anteil der richtig positiven Vorhersagen an allen vom Modell getroffenen positiven Vorhersagen.

Anders ausgedrückt beantwortet Präzision die Frage: *Von allen als positiv vorhergesagten Proben, wie viele sind tatsächlich positiv?*

Um ein tieferes Verständnis von Präzision zu erlangen, lassen Sie uns ihre Komponenten aufschlüsseln und untersuchen, wie sie zu dieser wichtigen Metrik beitragen:

- Richtig Positive (TP): Diese repräsentieren die Fälle, in denen das Modell positive Proben korrekt identifiziert. Im Wesentlichen sind dies die "Treffer" - die Fälle, in denen die positive Vorhersage des Modells mit der Realität übereinstimmt.
- Falsch Positive (FP): Diese treten auf, wenn das Modell negative Proben fälschlicherweise als positiv kennzeichnet. Dies sind die "Fehlalarme" - Fälle, in denen das Modell etwas irrtümlich als positiv markiert, wenn es tatsächlich negativ ist.

Mit diesen Komponenten im Hinterkopf können wir Präzision mathematisch ausdrücken als:

Präzision = TP / (TP + FP)

Diese Formel erfasst elegant die Fähigkeit des Modells, falsch positive Ergebnisse zu vermeiden und gleichzeitig richtig positive zu identifizieren. Ein hoher Präzisionswert zeigt an, dass wenn das Modell ein positives Ergebnis vorhersagt, dieses wahrscheinlich korrekt ist, wodurch Fehlalarme minimiert und die Zuverlässigkeit positiver Vorhersagen erhöht wird.

Präzision spielt eine entscheidende Rolle in Szenarien, in denen die Konsequenzen falsch positiver Ergebnisse bedeutend sind. Diese Metrik ist besonders wertvoll in verschiedenen praktischen Anwendungen, darunter:

- E-Mail-Spam-Erkennung: Hohe Präzision ist wesentlich, um sicherzustellen, dass legitime E-Mails nicht fälschlicherweise als Spam gekennzeichnet werden, wodurch verhindert wird, dass wichtige Kommunikation übersehen oder verzögert wird.
- Medizinische Diagnose: Bei Screening-Tests hilft eine hohe Präzision dabei, unnötige Angst, invasive Folgeuntersuchungen und potenzielle Überbehandlung bei gesunden Personen zu minimieren und damit sowohl emotionale als auch finanzielle Kosten zu reduzieren.
- Betrugserkennung: Eine hohe Präzision in Betrugserkenungssystemen ist entscheidend, um zu vermeiden, dass unschuldige Kunden fälschlicherweise des Betrugs beschuldigt werden, was Kundenbeziehungen und Markenreputation schädigen und zu rechtlichen Komplikationen führen könnte.
- Inhaltsmoderations: In sozialen Medien und Online-Plattformen hilft eine hohe Präzision bei Inhaltsmoderationsalgorithmen, die fälschliche Entfernung legitimer Beiträge zu verhindern und damit die Meinungsfreiheit zu wahren, während gleichzeitig schädliche Inhalte effektiv gefiltert werden.
- Qualitätskontrolle in der Fertigung: Hohe Präzision in Fehlererkennungssystemen stellt sicher, dass nur wirklich fehlerhafte Produkte aussortiert werden, wodurch Verschwendung minimiert und die Produktionseffizienz ohne Qualitätseinbußen aufrechterhalten wird.

In diesen Kontexten und vielen anderen ist die Fähigkeit, falsch positive Ergebnisse durch hohe Präzision zu minimieren, nicht nur eine Frage der statistischen Genauigkeit, sondern hat oft bedeutende praktische, ethische und wirtschaftliche Auswirkungen.

Allerdings ist es wichtig zu beachten, dass eine ausschließliche Fokussierung auf Präzision manchmal zu einem Trade-off mit dem Recall führen kann. Ein Modell mit sehr hoher Präzision könnte dies durch übermäßig konservative positive Vorhersagen erreichen und dabei möglicherweise einige tatsächlich positive Fälle übersehen. Daher sollte Präzision oft in Verbindung mit anderen Metriken wie Recall und F1-Score für eine umfassende Bewertung der Modellleistung betrachtet werden.

$$Precision = \frac{True\ Positives(TP)}{\left(True\ Positives\ (TP) + \ False\ Positives\ (FP)\right)}$$

Ein hoher Präzisionswert bedeutet, dass das Modell eine niedrige Falsch-Positiv-Rate aufweist, was bedeutet, dass es gut darin ist, Fehlalarme zu vermeiden.

b. Recall

Recall (auch bekannt als Sensitivität oder Richtig-Positiv-Rate) ist eine entscheidende Metrik bei der Bewertung der Leistung von Klassifikationsmodellen, insbesondere in Szenarien, in denen die Identifizierung aller positiven Instanzen kritisch ist. Er misst den Anteil der richtig positiven Vorhersagen an allen tatsächlich positiven Proben im Datensatz.

Mathematisch wird Recall definiert als:

Recall = Richtig Positive / (Richtig Positive + Falsch Negative)

Diese Formel quantifiziert die Fähigkeit des Modells, alle positiven Instanzen im Datensatz zu finden. Ein hoher Recall zeigt an, dass das Modell geschickt darin ist, einen großen Teil der tatsächlichen positiven Fälle zu identifizieren.

Recall beantwortet die entscheidende Frage: *Von allen tatsächlich positiven Instanzen in unserem Datensatz, welchen Anteil konnte unser Modell erfolgreich identifizieren?* Diese Metrik hat immense Bedeutung in verschiedenen realen Szenarien, einschließlich, aber nicht beschränkt auf:

- Medizinische Diagnostik: Im Bereich der Krankheitserkennung ist eine hohe Recall-Rate von größter Bedeutung. Sie stellt sicher, dass die große Mehrheit der Patienten mit einer bestimmten Erkrankung präzise identifiziert wird, wodurch das Risiko übersehener Diagnosen erheblich reduziert wird. Dies ist besonders entscheidend in Fällen, bei denen eine frühe Erkennung den Behandlungserfolg dramatisch verbessern kann.
- Finanzsicherheit: Bei der Identifizierung betrügerischer Transaktionen im Finanzsektor ist eine hohe Recall-Rate unverzichtbar. Sie ermöglicht es dem System, einen

wesentlichen Anteil tatsächlicher Betrugsfälle zu erfassen, auch wenn dieser Ansatz gelegentlich zur Untersuchung einiger falsch positiver Fälle führt. Die potenziellen finanziellen Verluste und Sicherheitsverletzungen, die durch diesen Ansatz verhindert werden, überwiegen oft die Ressourcen, die für die Untersuchung von Fehlalarmen aufgewendet werden.

- Informationsabrufsysteme: Im Kontext von Suchmaschinen oder Empfehlungsalgorithmen ist die Aufrechterhaltung eines hohen Recalls für die Benutzerzufriedenheit essentiell. Es stellt sicher, dass das System die meisten, wenn nicht alle relevanten Elemente für den Benutzer abruft und präsentiert, wodurch ein umfassendes und vollständiges Ergebnisset bereitgestellt wird. Dieser Ansatz verbessert die Benutzererfahrung, indem die Wahrscheinlichkeit minimiert wird, potenziell wertvolle Informationen oder Empfehlungen zu übersehen.

In all diesen Szenarien spiegelt die Betonung des Recalls eine Priorisierung von Vollständigkeit und Gründlichkeit bei der Identifizierung positiver Instanzen wider, auch wenn dies möglicherweise zu erhöhten falsch positiven Ergebnissen führt. Dieser Kompromiss wird oft durch die hohen Risiken gerechtfertigt, die mit dem Übersehen echter positiver Fälle in diesen Bereichen verbunden sind.

Es ist wichtig zu beachten, dass ein hoher Recall, obwohl in vielen Szenarien wünschenswert, oft auf Kosten der Präzision geht. Ein Modell mit sehr hohem Recall könnte dies durch übermäßig großzügige positive Vorhersagen erreichen, was potenziell zu vermehrten falsch positiven Ergebnissen führt. Daher sollte Recall üblicherweise in Verbindung mit anderen Metriken wie Präzision und F1-Score für eine umfassende Bewertung der Modellleistung betrachtet werden.

$$Recall = \frac{True\ Positives(TP)}{\left(True\ Positives\ (TP) + \ False\ Negatives\ (FN)\right)}$$

Ein hoher Recall-Wert bedeutet, dass das Modell gut darin ist, positive Proben zu erkennen, auch wenn es manchmal falsch positive Ergebnisse erzeugt.

Beispiel: Präzision und Recall mit Scikit-learn

Lassen Sie uns demonstrieren, wie man Präzision und Recall mit Scikit-learn berechnet.

```
import numpy as np
import matplotlib.pyplot as plt
from sklearn.metrics import precision_score, recall_score, f1_score, confusion_matrix,
roc_curve, roc_auc_score
from sklearn.model_selection import train_test_split
from sklearn.linear_model import LogisticRegression
from sklearn.datasets import make_classification
```

```
# Generate a sample imbalanced dataset
X, y = make_classification(n_samples=1000, n_features=20, n_classes=2, weights=[0.9,
0.1], random_state=42)

# Split the data into training and test sets
X_train,  X_test,  y_train,  y_test  =  train_test_split(X,  y,  test_size=0.2,
random_state=42)

# Initialize and train a logistic regression model
model = LogisticRegression()
model.fit(X_train, y_train)

# Predict on the test set
y_pred = model.predict(X_test)
y_pred_proba = model.predict_proba(X_test)[:, 1]

# Calculate precision, recall, and F1 score
precision = precision_score(y_test, y_pred)
recall = recall_score(y_test, y_pred)
f1 = f1_score(y_test, y_pred)

print(f"Precision: {precision:.2f}")
print(f"Recall: {recall:.2f}")
print(f"F1 Score: {f1:.2f}")

# Generate confusion matrix
cm = confusion_matrix(y_test, y_pred)
print("\\nConfusion Matrix:")
print(cm)

# Calculate and plot ROC curve
fpr, tpr, _ = roc_curve(y_test, y_pred_proba)
roc_auc = roc_auc_score(y_test, y_pred_proba)

plt.figure()
plt.plot(fpr, tpr, color='darkorange', lw=2, label=f'ROC curve (AUC = {roc_auc:.2f})')
plt.plot([0, 1], [0, 1], color='navy', lw=2, linestyle='--')
plt.xlim([0.0, 1.0])
plt.ylim([0.0, 1.05])
plt.xlabel('False Positive Rate')
plt.ylabel('True Positive Rate')
plt.title('Receiver Operating Characteristic (ROC) Curve')
plt.legend(loc="lower right")
plt.show()

# Feature importance
feature_importance = abs(model.coef_[0])
feature_importance = 100.0 * (feature_importance / feature_importance.max())
sorted_idx = np.argsort(feature_importance)
pos = np.arange(sorted_idx.shape[0]) + .5
```

```
plt.figure(figsize=(12, 6))
plt.barh(pos, feature_importance[sorted_idx], align='center')
plt.yticks(pos, np.array(range(X.shape[1]))[sorted_idx])
plt.xlabel('Relative Importance')
plt.title('Feature Importance')
plt.show()
```

This code example provides a comprehensive approach to evaluating a logistic regression model on an imbalanced dataset.

Let's break down the key components and their significance:

1. Data Generation and Preparation

- We use make_classification to create an imbalanced dataset with a 90:10 class distribution.
- The data is split into training and test sets using train_test_split.

2. Model Training and Prediction

- A logistic regression model is initialized and trained on the training data.
- Predictions are made on the test set, including both class predictions and probability estimates.

3. Performance Metrics Calculation

- Precision, Recall, and F1 Score are calculated using scikit-learn's built-in functions.
- These metrics provide a balanced view of the model's performance, especially important for imbalanced datasets.

4. Confusion Matrix

- A confusion matrix is generated to visualize the model's performance across all classes.
- This helps in understanding the distribution of correct and incorrect predictions for each class.

5. ROC Curve and AUC Score

- The Receiver Operating Characteristic (ROC) curve is plotted, showing the trade-off between true positive rate and false positive rate at various classification thresholds.
- The Area Under the Curve (AUC) score is calculated, providing a single metric for the model's ability to distinguish between classes.

6. Feature Importance

- The importance of each feature in the logistic regression model is visualized.

- This helps in understanding which features have the most significant impact on the model's decisions.

This comprehensive approach is particularly valuable when dealing with imbalanced datasets, as it provides insights beyond simple accuracy metrics and helps in identifying potential areas for model improvement.

4.3.2 F1 Score

The F1 score is a powerful metric that combines precision and recall into a single value. It is calculated as the harmonic mean of precision and recall, which gives equal weight to both metrics. The formula for the F1 score is:

F1 = 2 *(Precision* Recall) / (Precision + Recall)

This metric provides a balanced measure of a model's performance, especially useful in scenarios where there's an uneven class distribution. Here's why the F1 score is particularly valuable:

- It penalizes extreme values: Unlike a simple average, the F1 score is low if either precision or recall is low. This ensures that the model performs well on both metrics.
- It's suitable for imbalanced datasets: In cases where one class is much more frequent than the other, the F1 score provides a more informative measure than accuracy.
- It captures both false positives and false negatives: By combining precision and recall, the F1 score takes into account both types of errors.

The F1 score ranges from 0 to 1, with 1 being the best possible score. A perfect F1 score of 1 indicates that the model has both perfect precision and perfect recall. On the other hand, a score of 0 suggests that the model is performing poorly on at least one of these metrics.

It's particularly useful in scenarios where you need to find an optimal balance between precision and recall. For instance, in medical diagnosis, you might want to minimize both false positives (to avoid unnecessary treatments) and false negatives (to avoid missing actual cases of disease). The F1 score provides a single, easy-to-interpret metric for such situations.

However, it's important to note that while the F1 score is very useful, it should not be used in isolation. Depending on your specific problem, you might need to consider precision and recall separately, or use other metrics like accuracy or AUC-ROC for a comprehensive evaluation of your model's performance.

Example: F1 Score with Scikit-learn

Dieses Codebeispiel bietet einen umfassenden Ansatz zur Bewertung eines logistischen Regressionsmodells für einen unbalancierten Datensatz.

Lassen Sie uns die wichtigsten Komponenten und ihre Bedeutung aufschlüsseln:

1. Datengenerierung und -vorbereitung

- Wir verwenden make_classification, um einen unbalancierten Datensatz mit einer 90:10 Klassenverteilung zu erstellen.
- Die Daten werden mit train_test_split in Trainings- und Testsets aufgeteilt.

2. Modelltraining und Vorhersage

- Ein logistisches Regressionsmodell wird initialisiert und mit den Trainingsdaten trainiert.
- Vorhersagen werden für das Testset erstellt, einschließlich Klassenvorhersagen und Wahrscheinlichkeitsschätzungen.

3. Berechnung der Leistungsmetriken

- Präzision, Recall und F1-Score werden mit den integrierten Funktionen von scikit-learn berechnet.
- Diese Metriken bieten eine ausgewogene Sicht auf die Modellleistung, was besonders bei unbalancierten Datensätzen wichtig ist.

4. Konfusionsmatrix

- Eine Konfusionsmatrix wird erstellt, um die Modellleistung über alle Klassen hinweg zu visualisieren.
- Dies hilft beim Verständnis der Verteilung korrekter und falscher Vorhersagen für jede Klasse.

5. ROC-Kurve und AUC-Score

- Die Receiver Operating Characteristic (ROC)-Kurve wird geplottet und zeigt das Verhältnis zwischen der Richtig-Positiv-Rate und der Falsch-Positiv-Rate bei verschiedenen Klassifikationsschwellenwerten.
- Der Area Under the Curve (AUC)-Score wird berechnet und liefert eine einzelne Metrik für die Fähigkeit des Modells, zwischen Klassen zu unterscheiden.

6. Merkmalswichtigkeit

- Die Bedeutung jedes Merkmals im logistischen Regressionsmodell wird visualisiert.
- Dies hilft beim Verständnis, welche Merkmale den größten Einfluss auf die Modellentscheidungen haben.

Dieser umfassende Ansatz ist besonders wertvoll beim Umgang mit unbalancierten Datensätzen, da er Einblicke über einfache Genauigkeitsmetriken hinaus bietet und hilft, potenzielle Bereiche für Modellverbesserungen zu identifizieren.

4.3.2 F1-Score

Der F1-Score ist eine leistungsstarke Metrik, die Präzision und Recall in einem einzigen Wert kombiniert. Er wird als harmonisches Mittel von Präzision und Recall berechnet, wobei beide Metriken gleich gewichtet werden. Die Formel für den F1-Score lautet:

F1 = 2 *(Präzision* Recall) / (Präzision + Recall)

Diese Metrik bietet ein ausgewogenes Maß für die Modellleistung, das besonders nützlich in Szenarien mit ungleicher Klassenverteilung ist. Hier sind die Gründe, warum der F1-Score besonders wertvoll ist:

- Er bestraft extreme Werte: Anders als ein einfacher Durchschnitt ist der F1-Score niedrig, wenn entweder Präzision oder Recall niedrig ist. Dies stellt sicher, dass das Modell bei beiden Metriken gut abschneidet.
- Er eignet sich für unbalancierte Datensätze: In Fällen, in denen eine Klasse viel häufiger vorkommt als die andere, liefert der F1-Score ein aussagekräftigeres Maß als die Genauigkeit.
- Er erfasst sowohl falsch positive als auch falsch negative Ergebnisse: Durch die Kombination von Präzision und Recall berücksichtigt der F1-Score beide Arten von Fehlern.

Der F1-Score reicht von 0 bis 1, wobei 1 der bestmögliche Wert ist. Ein perfekter F1-Score von 1 zeigt an, dass das Modell sowohl perfekte Präzision als auch perfekten Recall aufweist. Andererseits deutet ein Wert von 0 darauf hin, dass das Modell bei mindestens einer dieser Metriken schlecht abschneidet.

Er ist besonders nützlich in Szenarien, in denen ein optimales Gleichgewicht zwischen Präzision und Recall gefunden werden muss. Bei der medizinischen Diagnose möchte man beispielsweise sowohl falsch positive Ergebnisse (um unnötige Behandlungen zu vermeiden) als auch falsch negative Ergebnisse (um tatsächliche Krankheitsfälle nicht zu übersehen) minimieren. Der F1-Score bietet für solche Situationen eine einzelne, leicht zu interpretierende Metrik.

Es ist jedoch wichtig zu beachten, dass der F1-Score, obwohl sehr nützlich, nicht isoliert verwendet werden sollte. Je nach spezifischem Problem müssen möglicherweise Präzision und Recall separat betrachtet oder andere Metriken wie Genauigkeit oder AUC-ROC für eine umfassende Bewertung der Modellleistung herangezogen werden.

Beispiel: F1-Score mit Scikit-learn

```
import numpy as np
from sklearn.datasets import make_classification
from sklearn.model_selection import train_test_split
from sklearn.linear_model import LogisticRegression
from sklearn.metrics import f1_score, precision_score, recall_score, confusion_matrix
import matplotlib.pyplot as plt
import seaborn as sns
```

```
# Generate a sample dataset
X, y = make_classification(n_samples=1000, n_classes=2, n_features=20,
                           n_informative=2, n_redundant=10,
                           n_clusters_per_class=1, random_state=42)

# Split the data into training and testing sets
X_train, X_test, y_train, y_test = train_test_split(X, y, test_size=0.3,
random_state=42)

# Train a logistic regression model
model = LogisticRegression(random_state=42)
model.fit(X_train, y_train)

# Make predictions
y_pred = model.predict(X_test)

# Calculate precision, recall, and F1 score
precision = precision_score(y_test, y_pred)
recall = recall_score(y_test, y_pred)
f1 = f1_score(y_test, y_pred)

print(f"Precision: {precision:.2f}")
print(f"Recall: {recall:.2f}")
print(f"F1 Score: {f1:.2f}")

# Generate and plot confusion matrix
cm = confusion_matrix(y_test, y_pred)
plt.figure(figsize=(8, 6))
sns.heatmap(cm, annot=True, fmt='d', cmap='Blues')
plt.title('Confusion Matrix')
plt.xlabel('Predicted')
plt.ylabel('Actual')
plt.show()
```

Dieses Codebeispiel bietet einen umfassenderen Ansatz zur Berechnung und Visualisierung des F1-Scores sowie weiterer verwandter Metriken.

Hier ist eine Aufschlüsselung des Codes:

1. Importieren der erforderlichen Bibliotheken:
   - Wir importieren NumPy für numerische Operationen, Scikit-learn für Machine-Learning-Werkzeuge, Matplotlib zum Plotten und Seaborn für erweiterte Visualisierungen.
2. Generierung eines Beispieldatensatzes:
   - Wir verwenden Scikit-learns make_classification zur Erstellung eines synthetischen Datensatzes mit 1000 Samples, 2 Klassen und 20 Merkmalen.

3. Aufteilung der Daten:
    - Der Datensatz wird mit train_test_split in Trainings- (70%) und Test-Daten (30%) aufgeteilt.
4. Training des Modells:
    - Ein logistisches Regressionsmodell wird initialisiert und mit den Trainingsdaten trainiert.
5. Vorhersagen treffen:
    - Das trainierte Modell wird verwendet, um Vorhersagen für den Testsatz zu erstellen.
6. Berechnung der Metriken:
    - Wir berechnen Präzision, Recall und F1-Score mit den integrierten Funktionen von Scikit-learn.
    - Diese Metriken bieten eine umfassende Sicht auf die Modellleistung:
        - Präzision: Das Verhältnis von korrekt vorhergesagten positiven Beobachtungen zu allen vorhergesagten Positiven.
        - Recall: Das Verhältnis von korrekt vorhergesagten positiven Beobachtungen zu allen tatsächlichen Positiven.
        - F1-Score: Das harmonische Mittel von Präzision und Recall, das einen einzelnen ausgewogenen Wert liefert.
7. Generierung und Visualisierung der Konfusionsmatrix:
    - Wir erstellen eine Konfusionsmatrix mit Scikit-learn und visualisieren sie mittels Seaborns Heatmap.
    - Die Konfusionsmatrix liefert eine tabellarische Zusammenfassung der Modellleistung, die richtig positive, richtig negative, falsch positive und falsch negative Ergebnisse zeigt.

Dieser umfassende Ansatz berechnet nicht nur den F1-Score, sondern bietet auch Kontext durch verwandte Metriken und eine visuelle Darstellung der Modellleistung. Dies ermöglicht eine gründlichere Bewertung der Effektivität des Klassifikationsmodells.

4.3.3 AUC-ROC-Kurve

Die **ROC-Kurve (Receiver Operating Characteristic)** ist ein leistungsfähiges grafisches Werkzeug zur Bewertung der Leistung eines Klassifikationsmodells über verschiedene Entscheidungsschwellenwerte hinweg. Diese Kurve bietet einen umfassenden Überblick darüber, wie gut das Modell zwischen Klassen unterscheiden kann, unabhängig vom gewählten spezifischen Schwellenwert für Vorhersagen.

Zur Konstruktion der ROC-Kurve plotten wir zwei grundlegende Metriken, die Einblick in die Modellleistung über verschiedene Klassifikationsschwellenwerte hinweg geben:

- Die **Richtig-Positiv-Rate (TPR)**, auch als Sensitivität oder Recall bezeichnet, quantifiziert die Fähigkeit des Modells, positive Instanzen korrekt zu identifizieren. Sie wird als Anteil der tatsächlich positiven Fälle berechnet, die das Modell erfolgreich als positiv klassifiziert. Eine hohe TPR zeigt an, dass das Modell effektiv bei der Erfassung wahrhaft positiver Ergebnisse ist.
- Die **Falsch-Positiv-Rate (FPR)** hingegen misst die Tendenz des Modells, negative Instanzen fälschlicherweise als positiv zu klassifizieren. Sie wird als Verhältnis der fälschlicherweise als positiv gekennzeichneten negativen Fälle zur Gesamtzahl der tatsächlich negativen Fälle berechnet. Eine niedrige FPR ist wünschenswert, da sie darauf hindeutet, dass das Modell weniger wahrscheinlich Fehlalarme oder Fehlklassifikationen negativer Instanzen produziert.

Durch das Plotten dieser beiden Metriken gegeneinander für verschiedene Schwellenwerte erzeugen wir die ROC-Kurve, die eine umfassende visuelle Darstellung der Unterscheidungskraft des Modells über verschiedene Betriebspunkte hinweg bietet.

Wenn wir den Klassifikationsschwellenwert von 0 bis 1 variieren, erhalten wir verschiedene Paare von TPR- und FPR-Werten, die die Punkte auf der ROC-Kurve bilden. Dies ermöglicht uns, den Trade-off zwischen Sensitivität und Spezifität bei verschiedenen Schwellenwerten zu visualisieren.

Die **AUC (Area Under the Curve)** der ROC-Kurve dient als umfassendes einzelnes numerisches Maß, das die Gesamtleistung des Klassifikators über verschiedene Schwellenwerteinstellungen hinweg zusammenfasst. Diese Metrik, die von 0 bis 1 reicht, liefert wertvolle Einblicke in die Unterscheidungskraft des Modells und besitzt mehrere bemerkenswerte Eigenschaften:

- Eine AUC von 1,0 kennzeichnet einen perfekten Klassifikator, der eine außergewöhnliche Fähigkeit demonstriert, positive und negative Klassen ohne Fehlklassifikationen vollständig zu unterscheiden.
- Eine AUC von 0,5 weist auf einen Klassifikator hin, der äquivalent zu zufälligem Raten arbeitet, was visuell als diagonale Linie im ROC-Plot dargestellt wird. Dieser Referenzpunkt dient als wichtiger Maßstab zur Bewertung der Modellleistung.
- Jeder AUC-Wert über 0,5 deutet auf eine bessere als zufällige Leistung hin, wobei zunehmend höhere Werte mit immer besseren Klassifikationsfähigkeiten korrespondieren. Diese graduelle Verbesserung spiegelt die gesteigerte Fähigkeit des Modells wider, zwischen Klassen zu unterscheiden, wenn sich die AUC 1,0 nähert.
- Die AUC-Metrik bietet Robustheit gegenüber Klassenungleichgewicht, was sie besonders wertvoll macht bei Datensätzen, in denen eine Klasse die andere zahlenmäßig deutlich überwiegt.

- Durch die Bereitstellung eines einzelnen, interpretierbaren Leistungsmaßes erleichtert die AUC direkte Vergleiche zwischen verschiedenen Klassifikationsmodellen oder Iterationen desselben Modells.

Die AUC-ROC-Metrik ist besonders nützlich, da sie unempfindlich gegenüber Klassenungleichgewicht ist und ein modellweites Leistungsmaß liefert, das unabhängig von der Wahl eines einzelnen Schwellenwerts ist. Dies macht sie zu einem ausgezeichneten Werkzeug für den Vergleich verschiedener Modelle oder zur Bewertung der allgemeinen Unterscheidungskraft eines Modells.

ROC-Kurve und AUC-Berechnung

Die ROC-Kurve bietet eine visuelle Darstellung des Trade-offs zwischen richtig positiven und falsch positiven Ergebnissen über verschiedene Schwellenwerteinstellungen hinweg. Diese Kurve liefert wertvolle Einblicke in die Modellleistung bei verschiedenen Betriebspunkten.

Der **AUC-ROC**-Score, ein einzelnes numerisches Maß, das aus der Kurve abgeleitet wird, quantifiziert die allgemeine Unterscheidungskraft des Modells. Konkret repräsentiert er die Wahrscheinlichkeit, dass das Modell einer zufällig ausgewählten positiven Instanz einen höheren Score zuweist als einer zufällig ausgewählten negativen Instanz.

Diese Interpretation macht den AUC-ROC-Score besonders nützlich für die Bewertung der Fähigkeit des Modells, zwischen Klassen zu unterscheiden, unabhängig vom gewählten spezifischen Schwellenwert.

Beispiel: AUC-ROC-Kurve mit Scikit-learn

```
import numpy as np
from sklearn.datasets import make_classification
from sklearn.model_selection import train_test_split
from sklearn.linear_model import LogisticRegression
from sklearn.metrics import roc_curve, roc_auc_score, precision_recall_curve,
average_precision_score
import matplotlib.pyplot as plt

# Generate a sample dataset
X, y = make_classification(n_samples=1000, n_classes=2, n_features=20,
                           n_informative=2, n_redundant=10,
                           n_clusters_per_class=1, random_state=42)

# Split the data into training and testing sets
X_train, X_test, y_train, y_test = train_test_split(X, y, test_size=0.3,
random_state=42)

# Train a logistic regression model
model = LogisticRegression(random_state=42)
model.fit(X_train, y_train)

# Predict probabilities for the positive class
y_probs = model.predict_proba(X_test)[:, 1]
```

```
# Calculate the ROC curve
fpr, tpr, thresholds = roc_curve(y_test, y_probs)

# Calculate the AUC score
auc_score = roc_auc_score(y_test, y_probs)

# Calculate Precision-Recall curve
precision, recall, _ = precision_recall_curve(y_test, y_probs)

# Calculate average precision score
ap_score = average_precision_score(y_test, y_probs)

# Plot ROC curve
plt.figure(figsize=(10, 5))
plt.subplot(1, 2, 1)
plt.plot(fpr, tpr, label=f'ROC curve (AUC = {auc_score:.2f})')
plt.plot([0, 1], [0, 1], 'k--')  # Diagonal line (random classifier)
plt.xlabel('False Positive Rate')
plt.ylabel('True Positive Rate (Recall)')
plt.title('Receiver Operating Characteristic (ROC) Curve')
plt.legend(loc='lower right')

# Plot Precision-Recall curve
plt.subplot(1, 2, 2)
plt.plot(recall, precision, label=f'PR curve (AP = {ap_score:.2f})')
plt.xlabel('Recall')
plt.ylabel('Precision')
plt.title('Precision-Recall Curve')
plt.legend(loc='lower left')

plt.tight_layout()
plt.show()

print(f"AUC Score: {auc_score:.2f}")
print(f"Average Precision Score: {ap_score:.2f}")
```

Code-Aufschlüsselung und Erklärung:

1. Bibliotheken importieren:
    - Wir importieren die erforderlichen Bibliotheken, darunter NumPy für numerische Operationen, Scikit-learn für Machine-Learning-Tools und Matplotlib für die Visualisierung.
2. Beispieldatensatz generieren:
    - Wir verwenden Scikit-learns make_classification, um einen synthetischen Datensatz mit 1000 Proben, 2 Klassen und 20 Merkmalen zu erstellen. Dies ermöglicht uns einen kontrollierten Datensatz für Demonstrationszwecke.

3. Daten aufteilen:
   - Der Datensatz wird mit train_test_split in Trainings- (70%) und Test-Daten (30%) aufgeteilt. Diese Trennung ist entscheidend für die Bewertung der Modellleistung auf ungesehenen Daten.
4. Modell trainieren:
   - Ein logistisches Regressionsmodell wird initialisiert und mit den Trainingsdaten trainiert. Logistische Regression ist eine gängige Wahl für binäre Klassifikationsaufgaben.
5. Vorhersagen treffen:
   - Anstatt direkt Klassen vorherzusagen, verwenden wir predict_proba, um Wahrscheinlichkeitsschätzungen für die positive Klasse zu erhalten. Dies ist notwendig für die Erstellung von ROC- und Precision-Recall-Kurven.
6. ROC-Kurve berechnen:
   - Die ROC-Kurve wird mit roc_curve berechnet, was die Falsch-Positiv-Rate, die Richtig-Positiv-Rate und die Schwellenwerte liefert.
7. AUC-Score berechnen:
   - Die Fläche unter der ROC-Kurve (AUC) wird mit roc_auc_score berechnet. Diese einzelne Zahl fasst die Leistung des Klassifikators über alle möglichen Schwellenwerte zusammen.
8. Precision-Recall-Kurve berechnen:
   - Die Precision-Recall-Kurve wird mit precision_recall_curve berechnet. Diese Kurve ist besonders nützlich für unausgewogene Datensätze.
9. Average Precision Score berechnen:
   - Der Average Precision Score wird mit average_precision_score berechnet. Dieser Score fasst die Precision-Recall-Kurve als gewichtetes Mittel der erreichten Präzisionen bei jedem Schwellenwert zusammen.
10. ROC-Kurve plotten:
    - Wir erstellen einen Subplot für die ROC-Kurve, wobei die Falsch-Positiv-Rate gegen die Richtig-Positiv-Rate aufgetragen wird. Die diagonale Linie stellt einen zufälligen Klassifikator zum Vergleich dar.
11. Precision-Recall-Kurve plotten:
    - Wir erstellen einen Subplot für die Precision-Recall-Kurve, wobei Precision gegen Recall aufgetragen wird. Diese Kurve hilft, den Trade-off zwischen

Precision und Recall bei verschiedenen Schwellenwerteinstellungen zu visualisieren.

12. Ergebnisse anzeigen:
    - Wir geben sowohl den AUC-Score als auch den Average Precision Score aus. Diese Metriken bieten eine umfassende Bewertung der Modellleistung.

Dieses Beispiel bietet eine gründlichere Bewertung des Klassifikationsmodells durch die Einbeziehung sowohl der ROC- als auch der Precision-Recall-Kurven, zusammen mit ihren jeweiligen zusammenfassenden Metriken (AUC und Average Precision). Dieser Ansatz vermittelt ein vollständigeres Bild der Modellleistung, was besonders nützlich ist bei unausgewogenen Datensätzen oder wenn die Kosten von falsch positiven und falsch negativen Ergebnissen unterschiedlich sind.

4.3.4 Wann man Precision, Recall und AUC-ROC verwendet

Precision ist entscheidend, wenn die Kosten für falsch positive Ergebnisse hoch sind. Bei der Spam-Erkennung beispielsweise zielen wir darauf ab, die fälschliche Kennzeichnung legitimer E-Mails als Spam zu minimieren. Hohe Precision stellt sicher, dass wenn das Modell etwas als positiv identifiziert (in diesem Fall Spam), es mit hoher Wahrscheinlichkeit korrekt ist. Dies ist besonders wichtig in Szenarien, wo Fehlalarme zu erheblichen Konsequenzen führen könnten, wie verpasste wichtige Kommunikation oder Kundenunzufriedenheit.

Recall wird besonders wichtig, wenn falsch negative Ergebnisse hohe Kosten verursachen. In der medizinischen Diagnostik beispielsweise streben wir danach, Fälle zu minimieren, in denen eine Krankheit vorhanden ist, aber unentdeckt bleibt. Hoher Recall stellt sicher, dass das Modell einen großen Anteil der tatsächlich positiven Fälle identifiziert. Dies ist kritisch in Situationen, wo das Übersehen eines positiven Falls schwerwiegende Konsequenzen haben könnte, wie verzögerte Behandlung im medizinischen Kontext oder Sicherheitsverletzungen bei der Betrugserkennung.

F1-Score ist wertvoll, wenn ein Gleichgewicht zwischen Precision und Recall erforderlich ist. Er bietet eine einzelne Metrik, die beide kombiniert und eine harmonisierte Sicht auf die Modellleistung ermöglicht. Dies ist besonders nützlich in Szenarien, wo sowohl falsch positive als auch falsch negative Ergebnisse wichtig sind, aber nicht unbedingt gleich gewichtet werden. Beispielsweise möchten Sie in Content-Empfehlungssystemen relevante Elemente vorschlagen (hohe Precision), während Sie nicht zu viele gute Empfehlungen verpassen möchten (hoher Recall).

AUC-ROC (Fläche unter der Receiver Operating Characteristic Curve) ist vorteilhaft für die Bewertung der allgemeinen Unterscheidungsfähigkeit eines Modells über verschiedene Entscheidungsschwellen hinweg. Diese Metrik ist besonders nützlich, wenn Sie verstehen müssen, wie gut Ihr Modell Klassen trennt, unabhängig vom gewählten spezifischen Schwellenwert. Sie ist besonders wertvoll in Szenarien, wo:

- Der optimale Entscheidungsschwellenwert nicht im Voraus bekannt ist

- Sie verschiedene Modelle in ihrer Gesamtleistung vergleichen möchten
- Die Klassenverteilung sich im Laufe der Zeit ändern könnte
- Sie es mit unausgewogenen Datensätzen zu tun haben

Beispielsweise hilft AUC-ROC bei Credit-Scoring-Modellen oder Krankheitsrisikovorhersagen zu bewerten, wie gut das Modell positive Instanzen im Verhältnis zu negativen rankt und bietet einen umfassenden Überblick über seine Leistung über alle möglichen Klassifikationsschwellen hinweg.

Precision, **Recall**, **F1-Score** und **AUC-ROC** sind kritische Evaluierungsmetriken für Klassifikationsmodelle, insbesondere beim Umgang mit unausgewogenen Datensätzen. Diese Metriken bieten Einblicke über die einfache Genauigkeit hinaus und helfen uns zu verstehen, wie gut das Modell zwischen Klassen unterscheiden, falsch positive und negative Ergebnisse behandeln und fundierte Entscheidungen treffen kann.

Die effektive Nutzung dieser Metriken ermöglicht es Ihnen, die richtigen Kompromisse für Ihr spezifisches Problem zu wählen und sicherzustellen, dass Ihr Modell in realen Szenarien gut funktioniert.

4.4 Hyperparameter-Optimierung und Modelloptimierung

Maschinelle Lernmodelle verwenden zwei unterschiedliche Parametertypen: **trainierbare Parameter** und **Hyperparameter**. Trainierbare Parameter, wie Gewichte in neuronalen Netzen oder Koeffizienten in der linearen Regression, werden während des Trainingsprozesses direkt aus den Daten gelernt.

Hyperparameter hingegen sind vorgegebene Einstellungen, die verschiedene Aspekte des Lernprozesses steuern, einschließlich Modellkomplexität, Lernrate und Regularisierungsstärke. Diese Hyperparameter werden nicht aus den Daten gelernt, sondern vor dem Training festgelegt und können die Leistung und Generalisierungsfähigkeit des Modells erheblich beeinflussen.

Der Prozess der Feinabstimmung dieser Hyperparameter ist entscheidend für die Optimierung der Modellleistung. Dabei werden diese Einstellungen systematisch angepasst, um die Konfiguration zu finden, die die besten Ergebnisse auf einem Validierungsdatensatz liefert. Eine sachgemäße Hyperparameter-Optimierung kann zu erheblichen Verbesserungen in Modellgenauigkeit, Effizienz und Robustheit führen.

Dieser Abschnitt wird mehrere weitverbreitete Techniken zur Hyperparameter-Optimierung behandeln und deren Methoden, Vorteile und mögliche Nachteile untersuchen. Wir werden folgende Ansätze behandeln:

- **Rastersuche**: Eine erschöpfende Suchmethode, die alle möglichen Kombinationen vordefinierter Hyperparameterwerte evaluiert.

- **Zufallssuche**: Eine effizientere Alternative zur Rastersuche, die zufällig aus dem Hyperparameterraum Stichproben zieht.
- **Bayessche Optimierung**: Eine fortgeschrittene Technik, die probabilistische Modelle verwendet, um die Suche nach optimalen Hyperparametern zu steuern.
- **Praktische Implementierung**: Wir werden praktische Beispiele für Hyperparameter-Optimierung mit der populären Machine-Learning-Bibliothek Scikit-learn präsentieren und zeigen, wie diese Techniken in realen Szenarien angewendet werden können.

4.4.1 Die Bedeutung der Hyperparameter-Optimierung

Hyperparameter spielen eine entscheidende Rolle dabei, wie effektiv ein Modell aus Daten lernt. Diese Parameter werden nicht aus den Daten selbst gelernt, sondern vor dem Trainingsprozess festgelegt. Die Auswirkungen von Hyperparametern können tiefgreifend sein und variieren zwischen verschiedenen Modelltypen. Betrachten wir dieses Konzept anhand einiger spezifischer Beispiele:

Support Vector Machines (SVM)

Bei SVMs ist der **C**-Parameter (Regularisierungsparameter) ein kritischer Hyperparameter. Er steuert den Kompromiss zwischen einem niedrigen Trainingsfehler und einem niedrigen Testfehler, also die Fähigkeit zur Generalisierung auf ungesehene Daten. Das Verständnis der Auswirkungen des C-Parameters ist entscheidend für die Optimierung der SVM-Leistung:

- Ein niedriger C-Wert erzeugt eine glattere Entscheidungsfläche und unterschätzt möglicherweise die Komplexität der Daten. Das bedeutet:
  - Das Modell wird toleranter gegenüber Fehlern während des Trainings.
  - Es könnte die Entscheidungsgrenze zu stark vereinfachen, was zu Underfitting führt.
  - Dies kann vorteilhaft sein bei verrauschten Daten oder wenn Sie vermuten, dass die Trainingsdaten möglicherweise nicht vollständig repräsentativ für das zugrundeliegende Muster sind.
- Ein hoher C-Wert zielt darauf ab, alle Trainingsbeispiele korrekt zu klassifizieren, was bei verrauschten Datensätzen zu Overfitting führen könnte. Dies bedeutet:
  - Das Modell versucht, die Trainingsdaten so genau wie möglich abzubilden und erzeugt möglicherweise eine komplexere Entscheidungsgrenze.
  - Es könnte Rauschen oder Ausreißer in den Trainingsdaten erfassen und dadurch seine Generalisierungsfähigkeit reduzieren.
  - Dies kann nützlich sein, wenn Sie großes Vertrauen in Ihre Trainingsdaten haben und möchten, dass das Modell feine Muster erfasst.

- Der optimale C-Wert hilft dabei, eine Entscheidungsgrenze zu erstellen, die gut auf ungesehene Daten generalisiert. Die Findung dieses optimalen Wertes beinhaltet oft:
  - Die Verwendung von Techniken wie Kreuzvalidierung zur Bewertung der Modellleistung über verschiedene C-Werte hinweg.
  - Die Ausbalancierung des Kompromisses zwischen Bias (Underfitting) und Varianz (Overfitting).
  - Die Berücksichtigung der spezifischen Eigenschaften Ihres Datensatzes, wie Rauschpegel, Stichprobengröße und Feature-Dimensionalität.

Es ist wichtig zu beachten, dass die Auswirkungen des C-Parameters je nach verwendetem Kernel in der SVM variieren können. Bei einem linearen Kernel kann beispielsweise ein niedriger C-Wert zu einer linearen Entscheidungsgrenze führen, während ein hoher C-Wert eine flexiblere, nicht-lineare Grenze ermöglichen könnte.

Bei der Verwendung nicht-linearer Kernels wie RBF (Radiale Basisfunktion) wird das Zusammenspiel zwischen C und anderen kernelspezifischen Parametern (z.B. Gamma in RBF) noch wichtiger für die Bestimmung des Modellverhaltens und der Leistung.

Random Forests

Diese Ensemble-Learning-Methode kombiniert mehrere Entscheidungsbäume, um ein robustes und präzises Modell zu erstellen. Sie verfügt über mehrere wichtige Hyperparameter, die ihre Leistung maßgeblich beeinflussen:

- n_estimators: Dieser Parameter bestimmt die Anzahl der Bäume im Wald.
  - Mehr Bäume führen im Allgemeinen zu besserer Leistung durch Reduzierung der Varianz und Erhöhung der Fähigkeit des Modells, komplexe Muster zu erfassen.
  - Allerdings erhöht eine größere Anzahl von Bäumen auch den Rechenaufwand und die Trainingszeit.
  - Es gibt oft einen Punkt abnehmenden Ertrags, ab dem zusätzliche Bäume keine signifikante Leistungsverbesserung mehr bringen.
  - Typische Werte liegen zwischen 100 und 1000, können aber je nach Datensatzgröße und Komplexität variieren.
- max_depth: Dieser Parameter legt die maximale Tiefe jedes Baums im Wald fest.
  - Tiefere Bäume können komplexere Muster in den Daten erfassen und potenziell die Genauigkeit auf dem Trainingsdatensatz verbessern.
  - Allerdings können sehr tiefe Bäume zu Overfitting führen, wobei das Modell Rauschen in den Trainingsdaten lernt und nicht gut auf neue Daten generalisiert.

  - Flachere Bäume können Overfitting verhindern, könnten aber zu Underfitting führen, wenn die Daten komplexe Beziehungen aufweisen.
  - Üblicherweise werden Werte zwischen 10 und 100 verwendet, oder der Parameter wird auf None gesetzt und das Baumwachstum wird durch andere Parameter gesteuert.
- Weitere wichtige Parameter sind:
  - min_samples_split: Die Mindestanzahl von Samples, die für die Teilung eines internen Knotens erforderlich sind. Größere Werte verhindern die Erstellung zu vieler Knoten, was beim Kontrolle des Overfittings helfen kann.
  - min_samples_leaf: Die Mindestanzahl von Samples, die in einem Endknoten vorhanden sein müssen. Dies stellt sicher, dass jeder Endknoten eine aussagekräftige Datenmenge repräsentiert und hilft, die Vorhersagen des Modells zu glätten.
  - max_features: Die Anzahl der Features, die bei der Suche nach der besten Teilung berücksichtigt werden. Dies führt Zufälligkeit ein, die bei der Erstellung verschiedenartiger Bäume helfen kann.
  - bootstrap: Ob Bootstrap-Stichproben beim Aufbau der Bäume verwendet werden. Die Einstellung auf False kann bei kleinen Datensätzen manchmal die Leistung verbessern.

Diese Parameter beeinflussen gemeinsam den Bias-Varianz-Trade-off des Modells, die Recheneffizienz und die Generalisierungsfähigkeit. Eine angemessene Abstimmung dieser Hyperparameter ist entscheidend für die Optimierung der Random Forest-Leistung für spezifische Datensätze und Problemdomänen.

Neuronale Netze Obwohl sie im ursprünglichen Text nicht erwähnt wurden, sind neuronale Netze ein weiteres Beispiel, bei dem Hyperparameter entscheidend sind:

- Lernrate: Dieser wichtige Hyperparameter bestimmt das Tempo, mit dem das Modell seine Parameter während des Trainings aktualisiert. Eine sorgfältig gewählte Lernrate ist essenziell für optimale Konvergenz:
  - Wenn sie zu hoch eingestellt ist, kann das Modell um die optimale Lösung oszillieren oder sie überschießen, was potenziell zu instabilem Training oder suboptimalen Ergebnissen führt.
  - Wenn sie zu niedrig eingestellt ist, wird der Trainingsprozess übermäßig langsam, benötigt mehr Iterationen zur Konvergenz und kann möglicherweise in lokalen Minima stecken bleiben.

    - Adaptive Lernratentechniken wie Adam oder RMSprop können diese Probleme mindern, indem sie die Lernrate während des Trainings dynamisch anpassen.

- Netzwerkarchitektur: Die Struktur des neuronalen Netzes hat erheblichen Einfluss auf seine Lernkapazität und Effizienz:
    - Anzahl der versteckten Schichten: Tiefere Netzwerke können komplexere Muster erfassen, sind aber auch anfälliger für Overfitting und schwieriger zu trainieren.
    - Anzahl der Neuronen pro Schicht: Mehr Neuronen erhöhen die Kapazität des Modells, aber auch das Risiko von Overfitting und den Rechenaufwand.
    - Schichttypen: Verschiedene Schichttypen (z.B. Faltungsschichten, rekurrente Schichten) eignen sich für unterschiedliche Arten von Daten und Problemen.
- Regularisierungstechniken: Diese Methoden helfen, Overfitting zu verhindern und die Generalisierung zu verbessern:
    - Dropout-Rate: Durch zufälliges "Ausschalten" eines Prozentsatzes von Neuronen während des Trainings verhindert Dropout, dass das Netzwerk zu stark von bestimmten Neuronengruppen abhängig wird.
    - L1/L2-Regularisierung: Diese Techniken fügen der Verlustfunktion Strafterme basierend auf der Größe der Gewichte hinzu und fördern so einfachere Modelle.
    - Frühzeitiger Stopp: Diese Technik beendet das Training, wenn sich die Leistung auf einem Validierungsdatensatz nicht mehr verbessert, und verhindert so Overfitting.

Die Konsequenzen einer unsachgemäßen Hyperparameter-Abstimmung können schwerwiegend sein:

- **Underfitting**: Dieses Phänomen tritt auf, wenn einem Modell die notwendige Komplexität fehlt, um die komplizierten Muster in den Daten zu erfassen. Infolgedessen hat es Schwierigkeiten, sowohl auf dem Trainingsdatensatz als auch bei neuen, ungesehenen Beispielen angemessen zu funktionieren. Underfitting zeigt sich häufig in übervereinfachten Vorhersagen, die wichtige Nuancen in den Daten nicht berücksichtigen.
- **Overfitting**: Im Gegensatz dazu tritt Overfitting auf, wenn ein Modell zu stark auf die Trainingsdaten zugeschnitten wird und dabei nicht nur die zugrundeliegenden Muster, sondern auch das Rauschen und zufällige Schwankungen in der Stichprobe lernt. Während ein solches Modell möglicherweise bemerkenswerte Genauigkeit auf dem Trainingsdatensatz erreicht, schneidet es typischerweise schlecht ab, wenn es mit neuen, ungesehenen Daten konfrontiert wird. Dies geschieht, weil das Modell im

Wesentlichen die Trainingsbeispiele auswendig gelernt hat, anstatt verallgemeinerbare Muster zu lernen.

Die Hyperparameter-Optimierung ist der Prozess, bei dem die optimale Balance zwischen diesen Extremen gefunden wird. Dies beinhaltet die systematische Anpassung der Hyperparameter und die Bewertung der Modellleistung, typischerweise unter Verwendung von Kreuzvalidierungstechniken. Dieser Prozess hilft bei:

- der Verbesserung der Modellleistung
- der Steigerung der Generalisierungsfähigkeit
- der Reduzierung des Risikos von Overfitting oder Underfitting
- der Optimierung des Modells für spezifische Problemanforderungen (z.B. Bevorzugung von Präzision gegenüber Recall oder umgekehrt)

In der Praxis erfordert die Hyperparameter-Optimierung oft eine Kombination aus Domänenwissen, Experimentierung und manchmal automatisierten Techniken wie Grid Search, Random Search oder Bayessche Optimierung. Das Ziel ist es, die Hyperparameter-Kombination zu finden, die die beste Leistung auf einem Validierungsdatensatz erzielt, welcher als Proxy für die Fähigkeit des Modells dient, auf ungesehene Daten zu generalisieren.

4.4.2 Grid Search

Grid Search ist ein umfassender und systematischer Ansatz zur Hyperparameter-Optimierung im maschinellen Lernen. Diese Methode umfasst mehrere wichtige Schritte:

1. Definition des Hyperparameter-Raums

Der erste entscheidende Schritt im Hyperparameter-Optimierungsprozess besteht darin, die spezifischen Hyperparameter zu identifizieren, die wir optimieren möchten, und für jeden einen Satz diskreter Werte zu definieren. Dieser Schritt erfordert sorgfältige Überlegung und Domänenwissen über das Modell und das vorliegende Problem. Lassen Sie uns dies weiter aufschlüsseln:

Identifizierung von Hyperparametern: Wir müssen bestimmen, welche Hyperparameter den größten Einfluss auf die Leistung unseres Modells haben. Diese können für verschiedene Modelle variieren. Zum Beispiel:

- Für Support Vector Machines (SVM) gehören zu den wichtigsten Hyperparametern oft der Regularisierungsparameter C und der Kernel-Typ.
- Bei Random Forests konzentrieren wir uns möglicherweise auf die Anzahl der Bäume, die maximale Tiefe und die Mindestanzahl von Samples pro Blatt.
- Bei neuronalen Netzen sind Lernrate, Anzahl der versteckten Schichten und Neuronen pro Schicht häufige Optimierungsziele.

Festlegung von Wertebereichen: Für jeden ausgewählten Hyperparameter müssen wir einen Satz von Werten definieren, die untersucht werden sollen. Dies erfordert eine Abwägung zwischen Abdeckung und rechnerischer Machbarkeit. Zum Beispiel:

- Für kontinuierliche Parameter wie C in SVM verwenden wir oft eine logarithmische Skala, um effizient einen großen Bereich abzudecken: [0.1, 1, 10, 100]
- Für kategorische Parameter wie den Kernel-Typ in SVM listen wir alle relevanten Optionen auf: ['linear', 'rbf', 'poly']
- Für ganzzahlige Parameter wie max_depth in Entscheidungsbäumen wählen wir möglicherweise einen Bereich: [5, 10, 15, 20, None]

Berücksichtigung von Abhängigkeiten: Einige Hyperparameter können Wechselbeziehungen aufweisen. Bei SVMs ist beispielsweise der 'gamma'-Parameter nur für bestimmte Kernel-Typen relevant. Diese Beziehungen müssen wir bei der Definition unseres Suchraums berücksichtigen.

Durch die sorgfältige Definition dieses Hyperparameter-Raums legen wir das Fundament für einen effektiven Optimierungsprozess. Die Wahl der Werte kann sowohl die Qualität der Ergebnisse als auch den für die Optimierung erforderlichen Rechenaufwand erheblich beeinflussen.

2. Erstellen des Gitters

Grid Search bildet systematisch alle möglichen Kombinationen der spezifizierten Hyperparameter-Werte. Dieser Schritt ist entscheidend, da er den zu untersuchenden Suchraum definiert. Lassen Sie uns diesen Prozess aufschlüsseln:

- Kombinationsbildung: Der Algorithmus nimmt jeden Wert von jedem Hyperparameter und kombiniert diese auf jede mögliche Weise. Dies erzeugt ein mehrdimensionales Gitter, bei dem jeder Punkt eine einzigartige Kombination von Hyperparametern darstellt.
- Erschöpfender Ansatz: Grid Search ist erschöpfend, das bedeutet, er wird jeden einzelnen Punkt in diesem Gitter auswerten. Dies stellt sicher, dass keine potenzielle Kombination übersehen wird.
- Beispielberechnung: In unserem SVM-Beispiel haben wir zwei Hyperparameter:
  - C mit 4 Werten: [0.1, 1, 10, 100]
  - Kernel-Typ mit 3 Optionen: ['linear', 'rbf', 'poly'] Dies ergibt 4 × 3 = 12 verschiedene Kombinationen. Jede davon wird separat ausgewertet.
- Skalierungsüberlegungen: Mit steigender Anzahl von Hyperparametern oder Werten für jeden Hyperparameter wächst die Gesamtzahl der Kombinationen exponentiell. Dies ist als "Fluch der Dimensionalität" bekannt und kann Grid Search für komplexe Modelle rechnerisch aufwendig machen.

Durch die Erstellung dieses umfassenden Gitters stellen wir sicher, dass wir den gesamten definierten Hyperparameter-Raum untersuchen und dadurch unsere Chancen erhöhen, die optimale Konfiguration für unser Modell zu finden.

3. Auswertung aller Kombinationen

Dieser Schritt ist der Kern des Grid Search-Prozesses. Für jede einzigartige Kombination von Hyperparametern im Gitter führt der Algorithmus folgende Aktionen durch:

- Modelltraining: Es wird eine neue Instanz des Modells mit dem aktuellen Satz von Hyperparametern trainiert.
- Leistungsbewertung: Die Leistung des trainierten Modells wird dann evaluiert. Dies geschieht typischerweise mittels Kreuzvalidierung, um Robustheit und Generalisierbarkeit der Ergebnisse sicherzustellen.
- Kreuzvalidierungsprozess:
  - Die Trainingsdaten werden in mehrere (üblicherweise 5 oder 10) Teilmengen oder "Folds" aufgeteilt.
  - Das Modell wird auf allen bis auf einen Fold trainiert und auf dem zurückgehaltenen Fold getestet.
  - Dieser Prozess wird für jeden Fold wiederholt, und die Ergebnisse werden gemittelt.
  - Kreuzvalidierung hilft, Overfitting zu vermeiden und liefert eine verlässlichere Einschätzung der Modellleistung.
- Leistungsmetrik: Die Bewertung basiert auf einer vordefinierten Leistungsmetrik (z.B. Genauigkeit für Klassifikationsaufgaben, mittlerer quadratischer Fehler für Regressionsaufgaben).
- Ergebnisspeicherung: Die Leistungswerte für jede Hyperparameter-Kombination werden zusammen mit den entsprechenden Hyperparameter-Werten aufgezeichnet.

Dieser umfassende Evaluierungsprozess stellt sicher, dass jede potenzielle Modellkonfiguration gründlich getestet wird und ermöglicht einen robusten Vergleich über den gesamten definierten Hyperparameter-Raum.

4. Auswahl des besten Modells

Nach der Auswertung aller Kombinationen identifiziert Grid Search den Hyperparameter-Satz, der die beste Leistung gemäß einer vordefinierten Metrik (z.B. Genauigkeit, F1-Score) erzielt hat. Dieser entscheidende Schritt umfasst:

- Vergleich der Ergebnisse: Der Algorithmus vergleicht die Leistungswerte aller evaluierten Hyperparameter-Kombinationen.

- Identifikation der optimalen Konfiguration: Er wählt die Kombination aus, die den höchsten Wert bei der gewählten Metrik erzielt hat.
- Umgang mit Gleichständen: Falls mehrere Konfigurationen die gleiche Bestleistung erzielen, wählt Grid Search typischerweise die erste gefundene aus.

Das ausgewählte "beste" Modell repräsentiert die optimale Balance von Hyperparametern innerhalb des definierten Suchraums. Allerdings ist zu beachten, dass:

- Diese Optimalität auf die diskreten Werte beschränkt ist, die im Gitter spezifiziert wurden.
- Das wahre globale Optimum könnte zwischen den getesteten Werten liegen, besonders bei kontinuierlichen Parametern.
- Das beste Modell auf dem Validierungsdatensatz sich nicht immer perfekt auf ungesehene Daten übertragen lässt.

Daher sollte Grid Search, obwohl es einen systematischen Weg zur Findung guter Hyperparameter bietet, durch Domänenwissen ergänzt und möglicherweise weiter verfeinert werden.

Während Grid Search einfach zu implementieren ist und garantiert die beste Kombination innerhalb des definierten Suchraums findet, hat es Einschränkungen:

- **Rechenintensität**: Mit zunehmender Anzahl von Hyperparametern und deren möglichen Werten wächst die Anzahl der Kombinationen exponentiell. Dieser "Fluch der Dimensionalität" kann Grid Search für komplexe Modelle oder große Datensätze prohibitiv zeitaufwendig machen.
- **Diskretisierung kontinuierlicher Parameter**: Grid Search erfordert die Diskretisierung kontinuierlicher Parameter, wodurch optimale Werte zwischen den gewählten Punkten übersehen werden können.
- **Ineffizienz bei irrelevanten Parametern**: Grid Search wertet alle Kombinationen gleichermaßen aus und verschwendet möglicherweise Zeit mit unwichtigen Hyperparametern oder eindeutig suboptimalen Bereichen des Parameterraums.

Trotz dieser Nachteile bleibt Grid Search eine beliebte Wahl aufgrund seiner Einfachheit und Gründlichkeit, besonders wenn es um eine kleine Anzahl von Hyperparametern geht oder wenn Rechenressourcen kein limitierender Faktor sind.

Beispiel: Grid Search mit Scikit-learn

Betrachten wir ein Beispiel zur Abstimmung von Hyperparametern für ein **Support Vector Machine (SVM)**-Modell. Wir werden Grid Search verwenden, um die besten Werte für den Regularisierungsparameter C und den Kernel-Typ zu finden.

```
import numpy as np
```

```
import matplotlib.pyplot as plt
from sklearn.model_selection import GridSearchCV, train_test_split
from sklearn.svm import SVC
from sklearn.datasets import load_iris
from sklearn.metrics import accuracy_score, confusion_matrix, classification_report

# Load the Iris dataset
iris = load_iris()
X, y = iris.data, iris.target

# Split the data into training and testing sets
X_train, X_test, y_train, y_test = train_test_split(X, y, test_size=0.2,
random_state=42)

# Define the hyperparameter grid
param_grid = {
    'C': [0.1, 1, 10, 100],
    'kernel': ['linear', 'rbf', 'poly'],
    'gamma': ['scale', 'auto', 0.1, 1],
    'degree': [2, 3, 4]  # Only used by poly kernel
}

# Initialize the SVM model
svm = SVC(random_state=42)

# Perform grid search
grid_search = GridSearchCV(svm, param_grid, cv=5, scoring='accuracy', n_jobs=-1,
verbose=1)
grid_search.fit(X_train, y_train)

# Print the best parameters and the corresponding score
print("Best parameters found:", grid_search.best_params_)
print("Best cross-validation accuracy:", grid_search.best_score_)

# Use the best model to make predictions on the test set
best_model = grid_search.best_estimator_
y_pred = best_model.predict(X_test)

# Evaluate the model's performance
print("\\nTest set accuracy:", accuracy_score(y_test, y_pred))
print("\\nConfusion Matrix:")
print(confusion_matrix(y_test, y_pred))
print("\\nClassification Report:")
print(classification_report(y_test, y_pred, target_names=iris.target_names))

# Visualize the decision boundaries (for 2D projection)
def plot_decision_boundaries(X, y, model, ax=None):
    h = .02  # step size in the mesh
    x_min, x_max = X[:, 0].min() - 1, X[:, 0].max() + 1
    y_min, y_max = X[:, 1].min() - 1, X[:, 1].max() + 1
    xx, yy = np.meshgrid(np.arange(x_min, x_max, h), np.arange(y_min, y_max, h))
    Z = model.predict(np.c_[xx.ravel(), yy.ravel()])
```

```
    Z = Z.reshape(xx.shape)

    if ax is None:
        ax = plt.gca()
    ax.contourf(xx, yy, Z, alpha=0.8, cmap=plt.cm.RdYlBu)
    ax.scatter(X[:, 0], X[:, 1], c=y, cmap=plt.cm.RdYlBu, edgecolor='black')
    ax.set_xlabel('Sepal length')
    ax.set_ylabel('Sepal width')

# Plot decision boundaries for the best model
plt.figure(figsize=(12, 4))
plt.subplot(121)
plot_decision_boundaries(X[:, [0, 1]], y, best_model)
plt.title('Decision Boundaries (Sepal)')
plt.subplot(122)
plot_decision_boundaries(X[:, [2, 3]], y, best_model)
plt.title('Decision Boundaries (Petal)')
plt.tight_layout()
plt.show()
```

Code-Aufschlüsselung und Erklärung:

1. Bibliotheken importieren:
   - Wir importieren die erforderlichen Bibliotheken, darunter NumPy für numerische Operationen, Matplotlib für Visualisierungen und verschiedene Scikit-learn-Module für Machine-Learning-Aufgaben.
2. Datensatz laden und aufteilen:
   - Wir laden den Iris-Datensatz mit load_iris() und teilen ihn mit train_test_split() in Trainings- und Testsets auf. Dies gewährleistet, dass wir einen separaten Datensatz für die finale Modellbewertung haben.
3. Hyperparameter-Gitter definieren:
   - Wir erweitern das Hyperparameter-Gitter um weitere Optionen:
     - C: Der Regularisierungsparameter.
     - kernel: Der im Algorithmus verwendete Kernel-Typ.
     - gamma: Kernel-Koeffizient für 'rbf' und 'poly'.
     - degree: Grad der polynomialen Kernel-Funktion.
4. Grid Search durchführen:
   - Wir verwenden GridSearchCV, um systematisch verschiedene Parameterkombinationen zu testen und dabei Kreuzvalidierung durchzuführen.

  - n_jobs=-1 nutzt alle verfügbaren Prozessorkerne für die parallele Verarbeitung.
  - verbose=1 liefert Fortschrittsaktualisierungen während der Suche.

5. Bestes Modell auswerten:
   - Wir geben die besten Parameter und den Kreuzvalidierungs-Score aus.
   - Anschließend verwenden wir das beste Modell für Vorhersagen auf dem Testset.
   - Wir berechnen und geben verschiedene Evaluierungsmetriken aus:
     - Genauigkeitswert
     - Konfusionsmatrix
     - Detaillierter Klassifikationsbericht
6. Entscheidungsgrenzen visualisieren:
   - Wir definieren eine Funktion plot_decision_boundaries, um zu visualisieren, wie das Modell verschiedene Klassen trennt.
   - Wir erstellen zwei Plots:
     - Einer für Kelchblattlänge vs. Kelchblattbreite
     - Ein weiterer für Blütenblattlänge vs. Blütenblattbreite
   - Dies hilft, visuell zu verstehen, wie gut das Modell die verschiedenen Iris-Arten trennt.
7. Zusätzliche Verbesserungen:
   - Die Verwendung von n_jobs=-1 in GridSearchCV für parallele Verarbeitung.
   - Visualisierung der Entscheidungsgrenzen für ein besseres Verständnis der Modellleistung.
   - Umfassende Evaluierungsmetriken einschließlich Konfusionsmatrix und Klassifikationsbericht.
   - Verwendung aller vier Merkmale des Iris-Datensatzes im Modell, aber Visualisierung in 2D-Projektionen.

Dieses Beispiel bietet einen umfassenderen Ansatz zur Hyperparameter-Optimierung mit SVM, einschließlich gründlicher Auswertung und Visualisierung der Ergebnisse. Es zeigt nicht nur, wie man die besten Parameter findet, sondern auch, wie man die Modellleistung bewertet und interpretiert.

b. Vor- und Nachteile von Grid Search

Grid Search ist eine weit verbreitete Technik zur Hyperparameter-Optimierung im maschinellen Lernen. Betrachten wir ihre Vor- und Nachteile im Detail:

Vorteile:

- **Einfachheit:** Grid Search ist unkompliziert zu implementieren und zu verstehen, was sie sowohl für Anfänger als auch Experten zugänglich macht.
- **Erschöpfende Suche:** Sie garantiert das Finden der besten Hyperparameter-Kombination innerhalb des definierten Suchraums und stellt sicher, dass keine potentiell optimale Konfiguration übersehen wird.
- **Reproduzierbarkeit:** Die systematische Natur von Grid Search macht die Ergebnisse leicht reproduzierbar, was für wissenschaftliche Forschung und Modellentwicklung entscheidend ist.
- **Parallelisierung:** Grid Search kann einfach parallelisiert werden, was eine effiziente Nutzung verfügbarer Rechenressourcen ermöglicht.

Nachteile:

- **Rechenaufwand:** Grid Search kann äußerst zeitaufwändig sein, besonders bei großen Datensätzen und komplexen Modellen mit vielen Hyperparametern.
- **Fluch der Dimensionalität:** Mit steigender Anzahl von Hyperparametern wächst die Anzahl der Kombinationen exponentiell, was sie für hochdimensionale Hyperparameter-Räume unpraktikabel macht.
- **Ineffizienz:** Grid Search wertet jede Kombination aus, einschließlich solcher, die wahrscheinlich suboptimal sind, was Rechenressourcen verschwenden kann.
- **Diskretisierung kontinuierlicher Parameter:** Für kontinuierliche Hyperparameter erfordert Grid Search eine Diskretisierung, wodurch optimale Werte zwischen den gewählten Punkten übersehen werden können.
- **Mangelnde Anpassungsfähigkeit:** Im Gegensatz zu fortgeschritteneren Methoden lernt Grid Search nicht aus vorherigen Auswertungen, um sich auf vielversprechende Bereiche des Hyperparameter-Raums zu konzentrieren.

Trotz dieser Einschränkungen bleibt Grid Search aufgrund ihrer Einfachheit und Gründlichkeit eine beliebte Wahl, besonders wenn es um eine kleine Anzahl von Hyperparametern geht oder wenn Rechenressourcen kein limitierender Faktor sind. Für komplexere Szenarien könnten alternative Methoden wie Random Search oder Bayessche Optimierung besser geeignet sein.

4.4.3 Zufallsbasierte Suche

Die zufallsbasierte Suche ist eine effizientere Alternative zur Rastersuche für die Hyperparameter-Optimierung. Im Gegensatz zur Rastersuche, die alle möglichen

Hyperparameter-Kombinationen erschöpfend auswertet, verfolgt die zufallsbasierte Suche einen strategischeren Ansatz.

So funktioniert sie:

1. Zufällige Stichprobenentnahme

Die zufallsbasierte Suche verwendet eine Strategie, bei der eine festgelegte Anzahl von Kombinationen aus dem Hyperparameter-Raum zufällig ausgewählt wird, anstatt jede mögliche Kombination erschöpfend zu testen. Dieser Ansatz bietet mehrere Vorteile:

- Breitere Exploration: Durch zufällige Stichproben aus dem gesamten Parameterraum können potenziell optimale Bereiche entdeckt werden, die bei einem festen Raster übersehen werden könnten.
- Rechnerische Effizienz: Sie reduziert den Rechenaufwand im Vergleich zu erschöpfenden Suchen erheblich, besonders in hochdimensionalen Parameterräumen.
- Flexibilität: Die Anzahl der Iterationen kann basierend auf verfügbarer Zeit und Ressourcen angepasst werden, was ein Gleichgewicht zwischen Exploration und rechnerischen Einschränkungen ermöglicht.
- Umgang mit kontinuierlichen Parametern: Im Gegensatz zur Rastersuche kann die zufallsbasierte Suche kontinuierliche Parameter effektiv durch Stichprobenentnahme aus Wahrscheinlichkeitsverteilungen handhaben.

Diese Methode ermöglicht es Datenwissenschaftlern, effizient eine vielfältige Auswahl an Hyperparameter-Kombinationen zu erkunden, was oft zu vergleichbaren oder sogar besseren Ergebnissen führt als erschöpfendere Methoden, besonders bei großen und komplexen Hyperparameter-Räumen.

2. Flexibilität im Parameterraum

Die zufallsbasierte Suche bietet im Vergleich zur Rastersuche überlegene Flexibilität im Umgang mit diskreten und kontinuierlichen Hyperparametern. Diese Flexibilität ist besonders vorteilhaft bei komplexen Modellen mit verschiedenen Parametertypen:

- Diskrete Parameter: Für kategorische oder ganzzahlige Parameter (z.B. Anzahl der Schichten in einem neuronalen Netzwerk) kann die zufallsbasierte Suche aus einer vordefinierten Wertemenge Stichproben ziehen, ähnlich wie bei der Rastersuche, aber mit der Möglichkeit, eine größere Bandbreite an Kombinationen zu erkunden.
- Kontinuierliche Parameter: Die wahre Stärke der zufallsbasierten Suche zeigt sich im Umgang mit kontinuierlichen Parametern. Anstatt auf eine feste Wertemenge beschränkt zu sein, kann sie aus verschiedenen Wahrscheinlichkeitsverteilungen Stichproben ziehen:

- Gleichverteilung: Nützlich, wenn alle Werte innerhalb eines Bereichs gleich wahrscheinlich optimal sind.
- Log-Gleichverteilung: Besonders effektiv für Skalenparameter (z.B. Lernraten), ermöglicht die Exploration über mehrere Größenordnungen.
- Normalverteilung: Kann verwendet werden, wenn Vorwissen darauf hindeutet, dass bestimmte Werte wahrscheinlicher optimal sind.

Dieser Ansatz für kontinuierliche Parameter erhöht deutlich die Chancen, optimale oder nahezu optimale Werte zu finden, die zwischen den festen Punkten einer Rastersuche liegen könnten. Zum Beispiel könnte die zufallsbasierte Suche bei der Abstimmung einer Lernrate feststellen, dass 0,0178 besser funktioniert als entweder 0,01 oder 0,1 in einer Rastersuche.

Darüber hinaus ermöglicht die Flexibilität der zufallsbasierten Suche eine einfache Einbindung von Domänenwissen. Forscher können basierend auf ihrer Expertise oder früheren Experimenten benutzerdefinierte Verteilungen oder Einschränkungen für spezifische Parameter festlegen und die Suche so in vielversprechendere Bereiche des Parameterraums lenken.

3. Effizienz in hochdimensionalen Räumen

Mit zunehmender Anzahl von Hyperparametern wird die Effizienz der zufallsbasierten Suche deutlicher. Sie kann einen größeren Hyperparameter-Raum in kürzerer Zeit erkunden als die Rastersuche. Dieser Vorteil ist besonders bedeutsam bei komplexen Modellen mit zahlreichen abzustimmenden Hyperparametern.

In hochdimensionalen Räumen leidet die Rastersuche unter dem "Fluch der Dimensionalität". Mit wachsender Anzahl von Hyperparametern steigt die Anzahl der zu evaluierenden Kombinationen exponentiell. Wenn Sie beispielsweise 5 Hyperparameter haben und für jeden 4 Werte testen möchten, würde die Rastersuche 4^5 = 1024 Auswertungen erfordern. Im Gegensatz dazu kann die zufallsbasierte Suche eine Teilmenge dieses Raums abproben und potenziell mit deutlich weniger Auswertungen gute Lösungen finden.

Die Effizienz der zufallsbasierten Suche beruht auf ihrer Fähigkeit:

- Sparsam in weniger wichtigen Dimensionen zu proben, während kritische Hyperparameter gründlich erkundet werden.
- Mehr Versuche für einflussreiche Parameter zu allokieren, die die Modellleistung signifikant beeinflussen.
- Unerwartete Kombinationen zu entdecken, die von einem starren Raster übersehen werden könnten.

Beispielsweise kann die zufallsbasierte Suche bei einem neuronalen Netzwerk mit Hyperparametern wie Lernrate, Batch-Größe, Anzahl der Schichten und Neuronen pro Schicht diesen komplexen Raum effizient erkunden. Sie könnte schnell erkennen, dass die Lernrate entscheidend ist, während die genaue Anzahl der Neuronen in jeder Schicht weniger Einfluss hat, und nachfolgende Versuche entsprechend ausrichten.

Diese Effizienz spart nicht nur Rechenressourcen, sondern ermöglicht es Datenwissenschaftlern auch, eine größere Bandbreite an Modellarchitekturen und Hyperparameter-Kombinationen zu erkunden, was potenziell zu einer besseren Gesamtleistung des Modells führt.

4. Anpassungsfähigkeit

Die zufallsbasierte Suche bietet erhebliche Flexibilität bei der Zuteilung von Rechenressourcen und Zeit. Diese Anpassungsfähigkeit ist in verschiedenen Szenarien ein wesentlicher Vorteil:

- Anpassbare Iterationszahl: Die Anzahl der Iterationen kann einfach basierend auf verfügbarer Rechenleistung und zeitlichen Beschränkungen modifiziert werden. Dies ermöglicht Forschern, zwischen Explorationstiefe und praktischen Einschränkungen abzuwägen.
- Skalierbarkeit: Für einfachere Modelle oder kleinere Datensätze kann eine geringere Anzahl von Iterationen ausreichen. Umgekehrt kann für komplexe Modelle oder größere Datensätze die Iterationszahl erhöht werden, um eine gründlichere Erkundung des Hyperparameter-Raums sicherzustellen.
- Zeitlich begrenzte Suchen: In zeitkritischen Situationen kann die zufallsbasierte Suche für eine bestimmte Dauer konfiguriert werden, wodurch Ergebnisse innerhalb eines vorgegebenen Zeitrahmens garantiert werden.
- Ressourcenoptimierung: Durch Anpassung der Iterationszahl können Teams Rechenressourcen effizient über mehrere Projekte oder Experimente hinweg verteilen.

Diese Anpassungsfähigkeit macht die zufallsbasierte Suche besonders nützlich in verschiedenen Umgebungen, vom schnellen Prototyping bis zur umfangreichen Modelloptimierung, wobei sie unterschiedliche Niveaus von Rechenressourcen und Projektzeitplänen berücksichtigt.

5. Probabilistische Abdeckung

Die zufallsbasierte Suche verwendet einen probabilistischen Ansatz zur Erkundung des Hyperparameter-Raums, der mehrere Vorteile bietet:

- Effiziente Exploration: Obwohl nicht erschöpfend wie die Rastersuche, kann die zufallsbasierte Suche einen großen Teil des Hyperparameter-Raums mit weniger Iterationen effektiv abdecken.
- Hohe Wahrscheinlichkeit guter Lösungen: Sie hat eine große Wahrscheinlichkeit, leistungsstarke Hyperparameter-Kombinationen zu finden, besonders in Szenarien, wo mehrere Konfigurationen ähnliche Ergebnisse liefern.

- Anpassungsfähigkeit an Leistungslandschaften: In Hyperparameter-Räumen, wo die Leistung sich gleichmäßig verändert, kann die zufallsbasierte Suche schnell Regionen guter Leistung identifizieren.

Dieser Ansatz ist besonders effektiv wenn:

- Der Hyperparameter-Raum groß ist: Die zufallsbasierte Suche kann effizient aus umfangreichen Räumen Stichproben ziehen, wo Rastersuche rechnerisch nicht durchführbar wäre.
- Leistungsplateaus existieren: In Fällen, wo viele Hyperparameter-Kombinationen ähnliche Leistung erbringen, kann die zufallsbasierte Suche schnell eine gute Lösung finden, ohne alle Möglichkeiten erschöpfend zu testen.
- Zeit- und Ressourcenbeschränkungen vorliegen: Sie ermöglicht einen flexiblen Kompromiss zwischen Suchzeit und Lösungsqualität, was sie für Szenarien mit begrenzten Rechenressourcen geeignet macht.

Während die zufallsbasierte Suche nicht garantiert die absolut optimale Kombination zu finden, macht ihre Fähigkeit, effizient hochwertige Lösungen zu entdecken, sie zu einem wertvollen Werkzeug im Repertoire des Machine-Learning-Praktikers.

Dieser Ansatz kann die Rechenzeit erheblich reduzieren, besonders wenn der Hyperparameter-Raum groß ist oder wenn mit rechenintensiven Modellen gearbeitet wird. Durch Fokussierung auf eine zufällige Teilmenge des Parameterraums erreicht die zufallsbasierte Suche oft vergleichbare oder sogar bessere Ergebnisse als die Rastersuche, mit einem Bruchteil des Rechenaufwands.

Beispiel: Zufallsbasierte Suche mit Scikit-learn

Die zufallsbasierte Suche funktioniert ähnlich wie die Rastersuche, erkundet aber eine zufällige Teilmenge des Hyperparameter-Raums.

```
import numpy as np
import pandas as pd
from sklearn.model_selection import RandomizedSearchCV, train_test_split
from sklearn.ensemble import RandomForestClassifier
from sklearn.datasets import load_iris
from sklearn.metrics import accuracy_score, classification_report, confusion_matrix
import matplotlib.pyplot as plt
import seaborn as sns

# Load the Iris dataset
iris = load_iris()
X, y = iris.data, iris.target

# Split the data into training and testing sets
X_train, X_test, y_train, y_test = train_test_split(X, y, test_size=0.2,
random_state=42)
```

```
# Define the hyperparameter grid
param_dist = {
    'n_estimators': np.arange(10, 200, 10),
    'max_depth': [None] + list(range(5, 31, 5)),
    'min_samples_split': [2, 5, 10],
    'min_samples_leaf': [1, 2, 4],
    'max_features': ['auto', 'sqrt', 'log2']
}

# Initialize the Random Forest model
rf = RandomForestClassifier(random_state=42)

# Perform randomized search
random_search = RandomizedSearchCV(
    rf,
    param_distributions=param_dist,
    n_iter=100,
    cv=5,
    random_state=42,
    scoring='accuracy',
    n_jobs=-1
)
random_search.fit(X_train, y_train)

# Print the best parameters and the corresponding score
print("Best parameters found:", random_search.best_params_)
print("Best cross-validation accuracy:", random_search.best_score_)

# Evaluate the best model on the test set
best_rf = random_search.best_estimator_
y_pred = best_rf.predict(X_test)
test_accuracy = accuracy_score(y_test, y_pred)
print("Test accuracy:", test_accuracy)

# Print classification report
print("\\nClassification Report:")
print(classification_report(y_test, y_pred, target_names=iris.target_names))

# Plot confusion matrix
cm = confusion_matrix(y_test, y_pred)
plt.figure(figsize=(10,7))
sns.heatmap(cm,  annot=True,  fmt='d',  cmap='Blues',  xticklabels=iris.target_names,
yticklabels=iris.target_names)
plt.title('Confusion Matrix')
plt.xlabel('Predicted')
plt.ylabel('Actual')
plt.show()

# Plot feature importances
feature_importance = best_rf.feature_importances_
feature_names = iris.feature_names
sorted_idx = np.argsort(feature_importance)
```

```
pos = np.arange(sorted_idx.shape[0]) + .5

plt.figure(figsize=(10, 6))
plt.barh(pos, feature_importance[sorted_idx], align='center')
plt.yticks(pos, np.array(feature_names)[sorted_idx])
plt.title('Feature Importance')
plt.show()
```

Code-Aufschlüsselung:

1. Datenvorbereitung:
   - Wir beginnen mit dem Import der erforderlichen Bibliotheken und dem Laden des Iris-Datensatzes.
   - Der Datensatz wird mit train_test_split() in einem Verhältnis von 80:20 in Trainings- und Testdaten aufgeteilt.
2. Hyperparameter-Gitter:
   - Wir definieren ein umfassendes Hyperparameter-Gitter (param_dist) für den Random Forest Klassifikator.
   - Dies umfasst verschiedene Bereiche für n_estimators, max_depth, min_samples_split, min_samples_leaf und max_features.
3. Zufallsbasierte Suche:
   - Wir verwenden RandomizedSearchCV für die Hyperparameter-Optimierung.
   - Die Anzahl der Iterationen ist auf 100 (n_iter=100) für eine gründlichere Suche festgelegt.
   - Wir nutzen 5-fache Kreuzvalidierung (cv=5) und setzen n_jobs=-1, um alle verfügbaren CPU-Kerne für schnellere Berechnungen zu nutzen.
4. Modellauswertung:
   - Nach dem Training des Modells geben wir die besten gefundenen Parameter und die entsprechende Kreuzvalidierungs-Genauigkeit aus.
   - Anschließend evaluieren wir das beste Modell auf dem Testdatensatz und geben die Testgenauigkeit aus.
5. Klassifikationsbericht:
   - Wir erstellen und drucken einen Klassifikationsbericht mit classification_report() von scikit-learn.
   - Dieser liefert eine detaillierte Aufschlüsselung von Präzision, Recall und F1-Score für jede Klasse.

6. Konfusionsmatrix:
   - Wir erstellen und visualisieren eine Konfusionsmatrix mittels seaborn's Heatmap.
   - Diese veranschaulicht die Modellleistung über verschiedene Klassen hinweg.
7. Feature-Wichtigkeit:
   - Wir extrahieren und visualisieren die Feature-Wichtigkeiten aus dem besten Random Forest Modell.
   - Dies hilft zu erkennen, welche Features den größten Einfluss auf die Modellentscheidungen haben.

Dieses Code-Beispiel bietet einen umfassenden Ansatz zur Hyperparameter-Optimierung mit Random Forest, einschließlich gründlicher Auswertung und Visualisierung der Ergebnisse. Es zeigt nicht nur, wie man die besten Parameter findet, sondern auch, wie man die Modellleistung anhand verschiedener Metriken und Visualisierungen bewerten und interpretieren kann.

b. Vor- und Nachteile der zufallsbasierten Suche

Die zufallsbasierte Suche ist eine leistungsfähige Technik zur Hyperparameter-Optimierung, die mehrere Vorteile und einige Einschränkungen bietet:

- **Vorteile**:
  - Effizienz: Die zufallsbasierte Suche ist deutlich effizienter als die Rastersuche, besonders bei großen Hyperparameter-Räumen. Sie kann in kürzerer Zeit eine größere Bandbreite an Kombinationen erkunden.
  - Ressourcenoptimierung: Durch das Testen zufälliger Kombinationen ermöglicht sie eine vielfältigere Erkundung des Parameterraums mit weniger Rechenaufwand.
  - Flexibilität: Parameter können einfach zum Suchraum hinzugefügt oder daraus entfernt werden, ohne die Suchstrategie wesentlich zu beeinflussen.
  - Skalierbarkeit: Die Anzahl der Iterationen kann leicht an verfügbare Zeit und Ressourcen angepasst werden, was sie sowohl für schnelles Prototyping als auch für umfangreiche Optimierung geeignet macht.
- **Nachteile**:
  - Mangelnde Vollständigkeit: Im Gegensatz zur Rastersuche garantiert die zufallsbasierte Suche nicht, dass jede mögliche Kombination getestet wird, was bedeutet, dass die absolut beste Konfiguration möglicherweise übersehen wird.

  - Möglichkeit suboptimaler Ergebnisse: Während sie oft zu nahezu optimalen Lösungen führt, besteht aufgrund der zufälligen Natur der Suche immer die Möglichkeit, dass die beste Hyperparameter-Kombination übersehen wird.
  - Herausforderungen bei der Reproduzierbarkeit: Die Zufälligkeit im Suchprozess kann es erschweren, exakte Ergebnisse über verschiedene Durchläufe hinweg zu reproduzieren, obwohl dies durch Setzen eines Zufallsseeds gemildert werden kann.

Trotz dieser Einschränkungen wird die zufallsbasierte Suche in der Praxis häufig bevorzugt, da sie Effizienz und Effektivität gut ausbalanciert, besonders in Szenarien mit begrenzter Zeit oder Rechenressourcen.

4.4.4 Bayessche Optimierung

Bayessche Optimierung ist ein fortgeschrittener und ausgefeilter Ansatz zur Hyperparameter-Optimierung, der probabilistische Modellierung nutzt, um den Hyperparameter-Raum effizient zu durchsuchen. Diese Methode hebt sich von der Rastersuche und zufallsbasierten Suche durch ihre intelligente, adaptive Strategie ab.

Im Gegensatz zur Rastersuche und zufallsbasierten Suche, die jede Auswertung als unabhängig behandeln und nicht aus vorherigen Versuchen lernen, erstellt die Bayessche Optimierung ein probabilistisches Modell der Zielfunktion (z.B. Modellgenauigkeit). Dieses Modell, oft als Surrogatmodell oder Response Surface bezeichnet, erfasst die Beziehung zwischen Hyperparameter-Einstellungen und Modellleistung.

Die wichtigsten Schritte der Bayesschen Optimierung sind:

1. Initiale Stichprobennahme

Der Prozess beginnt mit der Auswahl einiger zufälliger Hyperparameter-Konfigurationen zur Evaluierung. Dieser erste Schritt ist entscheidend, da er die Grundlage für den Aufbau des Surrogatmodells bildet. Durch das Testen dieser zufälligen Konfigurationen sammeln wir erste Datenpunkte, die verschiedene Bereiche des Hyperparameter-Raums repräsentieren. Diese vielfältige Auswahl an initialen Stichproben hilft dabei:

- Ein grundlegendes Verständnis der Hyperparameter-Landschaft zu etablieren
- Potenziell vielversprechende Regionen für weitere Erkundung zu identifizieren
- Voreingenommenheit gegenüber bestimmten Bereichen des Hyperparameter-Raums zu vermeiden

Die Anzahl der initialen Stichproben kann je nach Komplexität des Problems und verfügbaren Rechenressourcen variieren, ist aber typischerweise eine kleine Teilmenge der Gesamtzahl der durchzuführenden Evaluierungen.

2. Aktualisierung des Surrogatmodells

Nach jeder Evaluierung wird das probabilistische Modell mit dem neuen Datenpunkt aktualisiert. Dieser Schritt ist entscheidend für die Effektivität der Bayesschen Optimierung. Hier ist eine detailliertere Erklärung:

- Modellverfeinerung: Das Surrogatmodell wird basierend auf der beobachteten Leistung der neuesten Hyperparameter-Konfiguration verfeinert. Dies ermöglicht dem Modell, die tatsächliche Beziehung zwischen Hyperparametern und Modellleistung besser zu approximieren.
- Unsicherheitsreduktion: Mit dem Hinzufügen weiterer Datenpunkte wird die Modellunsicherheit in verschiedenen Bereichen des Hyperparameter-Raums reduziert. Dies hilft bei der Entscheidungsfindung, wo als nächstes getestet werden soll.
- Adaptives Lernen: Die kontinuierliche Aktualisierung des Surrogatmodells ermöglicht es dem Optimierungsprozess, sich anzupassen und aus jeder Evaluierung zu lernen, was ihn effizienter macht als nicht-adaptive Methoden wie Raster- oder Zufallssuche.
- Gauß-Prozess: Häufig wird das Surrogatmodell als Gauß-Prozess implementiert, der sowohl eine Vorhersage der erwarteten Leistung als auch eine Schätzung der Unsicherheit für jede Hyperparameter-Konfiguration liefert.

Dieser iterative Aktualisierungsprozess ermöglicht es der Bayesschen Optimierung, intelligente Entscheidungen über die nächsten zu testenden Hyperparameter-Konfigurationen zu treffen, wobei die Erkundung unsicherer Bereiche mit der Nutzung bekannter guter Regionen ausbalanciert wird.

3. Optimierung der Akquisitionsfunktion

Dieser entscheidende Schritt beinhaltet die Verwendung einer Akquisitionsfunktion zur Bestimmung der nächsten vielversprechenden Hyperparameter-Konfiguration. Die Akquisitionsfunktion spielt eine wichtige Rolle bei der Ausbalancierung von Exploration und Exploitation im Hyperparameter-Raum. Hier ist eine detailliertere Erklärung:

Zweck: Die Akquisitionsfunktion leitet den Suchprozess, indem sie vorschlägt, welche Hyperparameter-Konfiguration als nächstes evaluiert werden soll. Sie zielt darauf ab, die potenzielle Verbesserung der Modellleistung zu maximieren, während sie die Unsicherheiten im Surrogatmodell berücksichtigt.

Balanceakt: Die Akquisitionsfunktion muss eine sensible Balance zwischen zwei konkurrierenden Zielen finden:

- Exploration: Untersuchung von Bereichen des Hyperparameter-Raums mit hoher Unsicherheit. Dies hilft dabei, potenziell gute Konfigurationen zu entdecken, die noch nicht getestet wurden.

- Exploitation: Fokussierung auf Regionen, die basierend auf vorherigen Evaluierungen bekanntermaßen gute Leistung zeigen. Dies hilft dabei, bereits entdeckte vielversprechende Konfigurationen zu verfeinern und zu verbessern.

Gängige Akquisitionsfunktionen: In der Praxis werden verschiedene Akquisitionsfunktionen verwendet, jede mit eigenen Charakteristiken:

- Expected Improvement (EI): Berechnet die erwartete Verbesserung gegenüber dem aktuell besten beobachteten Wert.
- Probability of Improvement (PI): Schätzt die Wahrscheinlichkeit, dass ein neuer Punkt eine Verbesserung gegenüber dem aktuell besten erreicht.
- Upper Confidence Bound (UCB): Balanciert die mittlere Vorhersage und ihre Unsicherheit, gesteuert durch einen Kompromissparameter.

Optimierungsprozess: Sobald die Akquisitionsfunktion definiert ist, wird ein Optimierungsalgorithmus (oft ein anderer als der Hauptalgorithmus der Bayesschen Optimierung) verwendet, um die Hyperparameter-Konfiguration zu finden, die die Akquisitionsfunktion maximiert. Diese Konfiguration wird zum nächsten zu evaluierenden Punkt in der Hauptoptimierungsschleife.

Durch die Nutzung der Akquisitionsfunktion kann die Bayessche Optimierung intelligente Entscheidungen darüber treffen, welche Bereiche des Hyperparameter-Raums erkundet oder ausgenutzt werden sollen, was zu einer effizienteren und effektiveren Hyperparameter-Optimierung im Vergleich zu Zufalls- oder Rastersuche führt.

4. Auswertung

Dieser Schritt beinhaltet das Testen der von der Akquisitionsfunktion ausgewählten Hyperparameter-Konfiguration am tatsächlichen maschinellen Lernmodell und der Zielfunktion. Hier ist eine detailliertere Erklärung:

- Modelltraining: Das maschinelle Lernmodell wird mit der ausgewählten Hyperparameter-Konfiguration trainiert. Dies kann das Training eines neuen Modells von Grund auf oder die Aktualisierung eines bestehenden Modells mit den neuen Parametern umfassen.
- Leistungsbewertung: Nach dem Training wird die Leistung des Modells anhand der vordefinierten Zielfunktion evaluiert. Diese Funktion misst typischerweise eine relevante Metrik wie Genauigkeit, F1-Score oder mittleren quadratischen Fehler, je nach spezifischem Problem.
- Vergleich: Die mit der neuen Konfiguration erzielte Leistung wird mit der bisher besten beobachteten Leistung verglichen. Wenn sie besser ist, wird sie zum neuen Maßstab für künftige Iterationen.

- Datenerfassung: Die Hyperparameter-Konfiguration und ihre entsprechende Leistung werden aufgezeichnet. Dieser Datenpunkt ist entscheidend für die Aktualisierung des Surrogatmodells in der nächsten Iteration.
- Ressourcenmanagement: Es ist wichtig zu beachten, dass dieser Schritt rechenintensiv sein kann, besonders bei komplexen Modellen oder großen Datensätzen. Effizientes Ressourcenmanagement ist entscheidend, um die Durchführbarkeit des Optimierungsprozesses zu gewährleisten.

Durch die sorgfältige Bewertung jeder vorgeschlagenen Konfiguration kann die Bayessche Optimierung ihr Verständnis des Hyperparameter-Raums schrittweise verfeinern und die Suche in Richtung vielversprechenderer Bereiche lenken.

5. Wiederholung

Der Prozess wird durch Iteration der Schritte 2-4 fortgesetzt, bis ein vordefiniertes Abbruchkriterium erfüllt ist. Dieser iterative Ansatz ist entscheidend für den Optimierungsprozess:

- Kontinuierliche Verbesserung: Jede Iteration verfeinert das Surrogatmodell und erkundet neue Bereiche des Hyperparameter-Raums, wodurch möglicherweise bessere Konfigurationen entdeckt werden.
- Abbruchkriterien: Übliche Abbruchbedingungen umfassen:
  - Maximale Anzahl an Iterationen: Eine vorher festgelegte Grenze für die Anzahl der durchzuführenden Auswertungen.
  - Zufriedenstellende Leistung: Das Erreichen eines Ziel-Leistungsschwellenwerts.
  - Konvergenz: Wenn Verbesserungen zwischen Iterationen vernachlässigbar werden.
  - Zeitlimit: Eine maximal erlaubte Laufzeit für den Optimierungsprozess.
- Adaptive Suche: Mit fortschreitendem Prozess wird der Algorithmus zunehmend effizienter darin, vielversprechende Bereiche des Hyperparameter-Raums zu identifizieren.
- Abwägung: Die Anzahl der Iterationen beinhaltet oft einen Kompromiss zwischen Optimierungsqualität und Rechenressourcen. Mehr Iterationen führen im Allgemeinen zu besseren Ergebnissen, erfordern aber mehr Zeit und Ressourcen.

Durch die Wiederholung dieses Prozesses verfeinert die Bayessche Optimierung kontinuierlich ihr Verständnis des Hyperparameter-Raums und führt zu zunehmend optimalen Konfigurationen im Laufe der Zeit.

Die Bayessche Optimierung zeichnet sich durch die Aufrechterhaltung eines feinen Gleichgewichts zwischen zwei zentralen Aspekten der Hyperparameter-Optimierung aus:

- **Exploration**: Dieser Aspekt umfasst das Vordringen in unerforschte Bereiche des Hyperparameter-Raums, um potenziell überlegene Konfigurationen zu finden, die noch nicht untersucht wurden. Dadurch stellt der Algorithmus eine umfassende Suche sicher, die keine vielversprechenden Bereiche übersieht.
- **Exploitation**: Gleichzeitig nutzt die Methode Bereiche, die in vorherigen Iterationen gute Leistung gezeigt haben. Dieser gezielte Ansatz ermöglicht die Verfeinerung und Optimierung von Konfigurationen, die sich bereits als vielversprechend erwiesen haben.

Dieser ausgeklügelte Balanceakt ermöglicht es der Bayesschen Optimierung, geschickt durch komplexe Hyperparameter-Landschaften zu navigieren. Ihre Fähigkeit, Ressourcen umsichtig zwischen der Erkundung neuer Möglichkeiten und der Verfeinerung bekannter leistungsstarker Bereiche aufzuteilen, führt oft zur Entdeckung optimaler oder nahezu optimaler Konfigurationen. Bemerkenswerterweise kann dies mit deutlich weniger Auswertungen erreicht werden als bei herkömmlichen Methoden wie Rastersuche oder Zufallssuche, was sie besonders wertvoll macht in Szenarien mit begrenzten Rechenressourcen oder bei komplexen, hochdimensionalen Hyperparameter-Räumen.

Während es mehrere Bibliotheken und Frameworks gibt, die Bayessche Optimierung implementieren, ist eines der beliebtesten und am häufigsten verwendeten Werkzeuge **HyperOpt**. HyperOpt bietet eine flexible und leistungsfähige Implementierung der Bayesschen Optimierung, die es Praktikern erleichtert, diese fortgeschrittene Technik in ihren Machine-Learning-Workflows anzuwenden.

a. Beispiel: Bayessche Optimierung mit HyperOpt

```
import numpy as np
import pandas as pd
from sklearn.model_selection import train_test_split, cross_val_score
from sklearn.ensemble import RandomForestClassifier
from sklearn.preprocessing import StandardScaler
from sklearn.metrics import accuracy_score, classification_report
from hyperopt import fmin, tpe, hp, STATUS_OK, Trials

# Load and preprocess data (assuming we have a dataset)
data = pd.read_csv('your_dataset.csv')
X = data.drop('target', axis=1)
y = data['target']

# Split the data
X_train, X_test, y_train, y_test = train_test_split(X, y, test_size=0.2, random_state=42)

# Scale the features
```

```
scaler = StandardScaler()
X_train_scaled = scaler.fit_transform(X_train)
X_test_scaled = scaler.transform(X_test)

# Define the objective function for Bayesian optimization
def objective(params):
    clf = RandomForestClassifier(**params)

    # Use cross-validation to get a more robust estimate of model performance
    cv_scores    =    cross_val_score(clf,    X_train_scaled,    y_train,    cv=5,
scoring='accuracy')

    # We want to maximize accuracy, so we return the negative mean CV score
    return {'loss': -cv_scores.mean(), 'status': STATUS_OK}

# Define the hyperparameter space
space = {
    'n_estimators': hp.choice('n_estimators', [50, 100, 200, 300]),
    'max_depth': hp.choice('max_depth', [10, 20, 30, None]),
    'min_samples_split': hp.uniform('min_samples_split', 2, 10),
    'min_samples_leaf': hp.choice('min_samples_leaf', [1, 2, 4]),
    'max_features': hp.choice('max_features', ['auto', 'sqrt', 'log2'])
}

# Run Bayesian optimization
trials = Trials()
best = fmin(fn=objective,
            space=space,
            algo=tpe.suggest,
            max_evals=100,  # Increased number of evaluations
            trials=trials)

print("Best hyperparameters found:", best)

# Get the best hyperparameters
best_params = {
    'n_estimators': [50, 100, 200, 300][best['n_estimators']],
    'max_depth': [10, 20, 30, None][best['max_depth']],
    'min_samples_split': best['min_samples_split'],
    'min_samples_leaf': [1, 2, 4][best['min_samples_leaf']],
    'max_features': ['auto', 'sqrt', 'log2'][best['max_features']]
}

# Train the final model with the best hyperparameters
best_model = RandomForestClassifier(**best_params, random_state=42)
best_model.fit(X_train_scaled, y_train)

# Make predictions on the test set
y_pred = best_model.predict(X_test_scaled)

# Evaluate the model
accuracy = accuracy_score(y_test, y_pred)
```

```
print(f"Test Accuracy: {accuracy:.4f}")
print("\\nClassification Report:")
print(classification_report(y_test, y_pred))
```

Code-Aufschlüsselung:

1. Datenvorbereitung:
    - Wir beginnen mit dem Laden eines Datensatzes (im CSV-Format) mittels pandas.
    - Die Daten werden in Features (X) und Zielvariable (y) aufgeteilt.
    - Wir verwenden train_test_split zur Erstellung von Trainings- und Testsets.
    - Die Features werden mit StandardScaler skaliert, um sicherzustellen, dass alle Features auf der gleichen Skala liegen, was für viele Machine-Learning-Algorithmen wichtig ist.
2. Zielfunktion:
    - Die Zielfunktion (objective) nimmt Hyperparameter als Eingabe und gibt ein Wörterbuch mit Verlust und Status zurück.
    - Sie erstellt einen RandomForestClassifier mit den gegebenen Hyperparametern.
    - Kreuzvalidierung wird verwendet, um eine robustere Einschätzung der Modellleistung zu erhalten.
    - Der negative Mittelwert der Kreuzvalidierungswerte wird als Verlust zurückgegeben (wir negieren ihn, da hyperopt das Ziel minimiert, wir aber die Genauigkeit maximieren wollen).
3. Hyperparameter-Raum:
    - Wir definieren ein Wörterbuch (space), das den Hyperparameter-Suchraum spezifiziert.
    - hp.choice wird für kategorische Parameter verwendet (n_estimators, max_depth, min_samples_leaf, max_features).
    - hp.uniform wird für min_samples_split verwendet, um kontinuierliche Werte zwischen 2 und 10 zu ermöglichen.
    - Dieser erweiterte Suchraum ermöglicht eine umfassendere Suche im Vergleich zum ursprünglichen Beispiel.
4. Bayessche Optimierung:

- Wir verwenden die fmin-Funktion von hyperopt zur Durchführung der Bayesschen Optimierung.
- Die Anzahl der Auswertungen (max_evals) wird auf 100 erhöht für eine gründlichere Suche.
- Der Tree of Parzen Estimators (TPE) Algorithmus wird verwendet (tpe.suggest).
- Ein Trials-Objekt wird verwendet, um alle Auswertungen zu protokollieren.

5. Beste Hyperparameter:
   - Nach der Optimierung geben wir die gefundenen besten Hyperparameter aus.
   - Wir erstellen dann ein best_params Wörterbuch, das die Optimierungsergebnisse in tatsächliche Parameterwerte übersetzt.
6. Finales Modelltraining und Evaluation:
   - Wir erstellen einen neuen RandomForestClassifier mit den besten Hyperparametern.
   - Dieses Modell wird auf dem gesamten Trainingsdatensatz trainiert.
   - Wir erstellen Vorhersagen für den Testdatensatz und evaluieren die Modellleistung.
   - Die Testgenauigkeit und ein detaillierter Klassifikationsbericht werden ausgegeben.

Dieses Beispiel bietet einen umfassenden Ansatz zur Hyperparameter-Optimierung mittels Bayesscher Optimierung. Es umfasst Schritte zur Datenvorverarbeitung, einen erweiterten Hyperparameter-Suchraum und eine abschließende Evaluation auf einem zurückgehaltenen Testdatensatz. Dieser Ansatz stellt sicher, dass wir nicht nur gute Hyperparameter finden, sondern auch die Modellleistung auf ungesehenen Daten validieren.

b. Vor- und Nachteile der Bayesschen Optimierung

Die Bayessche Optimierung ist eine leistungsstarke Technik zur Hyperparameter-Optimierung, die wie jede Methode ihre eigenen Vor- und Nachteile mit sich bringt. Betrachten wir diese im Detail:

- **Vorteile**:
  - Effizienz: Bayessche Optimierung ist deutlich effizienter als Raster- oder Zufallssuche, besonders bei großen Hyperparameter-Räumen. Diese Effizienz basiert auf der Fähigkeit, aus vorherigen Auswertungen zu lernen und sich auf vielversprechende Bereiche des Suchraums zu konzentrieren.

  - Bessere Ergebnisse: Sie kann oft mit weniger Auswertungen überlegene Hyperparameter finden. Dies ist besonders wertvoll bei rechenintensiven Modellen oder begrenzten Ressourcen.
  - Anpassungsfähigkeit: Die Methode passt ihre Suchstrategie basierend auf vorherigen Ergebnissen an, wodurch sie eher globale Optima findet, anstatt in lokalen Optima stecken zu bleiben.
  - Umgang mit komplexen Räumen: Sie kann effektiv mit kontinuierlichen, diskreten und bedingten Hyperparametern umgehen, was sie vielseitig für verschiedene Arten von Machine-Learning-Modellen macht.
- **Nachteile**:
  - Komplexität: Bayessche Optimierung ist komplexer in der Implementierung im Vergleich zu einfacheren Methoden wie Raster- oder Zufallssuche. Sie erfordert ein tieferes Verständnis von probabilistischen Modellen und Optimierungstechniken.
  - Einrichtungsherausforderungen: Sie kann eine aufwändigere Einrichtung erfordern, einschließlich der Definition geeigneter Prior-Verteilungen und Akquisitionsfunktionen.
  - Rechenaufwand: Während sie weniger Modellauswertungen benötigt, kann der Optimierungsprozess selbst rechenintensiv sein, besonders bei hochdimensionalen Räumen.
  - Weniger intuitiv: Die Black-Box-Natur der Bayesschen Optimierung kann sie im Vergleich zu geradlinigeren Methoden weniger intuitiv verständlich und interpretierbar machen.

Trotz dieser Herausforderungen überwiegen die Vorteile der Bayesschen Optimierung oft ihre Nachteile, besonders bei komplexen Modellen mit vielen Hyperparametern oder beim Umgang mit rechenintensiven Auswertungen. Ihre Fähigkeit, effizient durch große Hyperparameter-Räume zu navigieren, macht sie zu einem wertvollen Werkzeug im Repertoire des Machine-Learning-Praktikers.

4.4.5 Praktische Überlegungen zur Hyperparameter-Optimierung

Bei der Hyperparameter-Optimierung ist es wichtig, mehrere Schlüsselfaktoren zu berücksichtigen, die die Effizienz und Effektivität des Optimierungsprozesses maßgeblich beeinflussen können:

- **Rechnerische Ressourcen und zeitliche Beschränkungen**: Die Komplexität bestimmter Modelle, insbesondere Deep-Learning-Architekturen, kann zu längeren Trainingszeiten führen. In Szenarien mit begrenzten Rechenressourcen oder Zeitdruck erweisen sich Techniken wie Zufallssuche oder Bayessche Optimierung oft als effizienter als erschöpfende Methoden wie die Rastersuche. Diese Ansätze können schnell vielversprechende Hyperparameter-Konfigurationen identifizieren, ohne jede mögliche Kombination untersuchen zu müssen.

- **Kreuzvalidierung für robuste Leistungsschätzung**: Die Implementierung der Kreuzvalidierung während der Hyperparameter-Optimierung ist essentiell, um eine zuverlässigere und generalisierbarere Einschätzung der Modellleistung zu erhalten. Diese Technik beinhaltet die Aufteilung der Daten in mehrere Teilmengen sowie das Training und die Evaluierung des Modells mit verschiedenen Kombinationen dieser Teilmengen. Dadurch minimieren Sie das Risiko des Übertrainings auf eine einzelne Trainings-Test-Aufteilung und gewinnen ein umfassenderes Verständnis darüber, wie Ihr Modell bei verschiedenen Datenverteilungen funktioniert.
- **Abschließende Bewertung auf einem unabhängigen Testdatensatz**: Nachdem Sie die optimalen Hyperparameter durch Ihre gewählte Optimierungsmethode identifiziert haben, ist es zwingend erforderlich, die endgültige Modellleistung auf einem völlig separaten, bisher ungesehenen Testdatensatz zu bewerten. Dieser Schritt liefert eine unvoreingenommene Einschätzung der tatsächlichen Generalisierungsfähigkeit des Modells und gibt Aufschluss darüber, wie es sich bei realen Daten verhalten könnte, die es während der Trainings- oder Optimierungsphase nicht gesehen hat.
- **Definition des Hyperparameter-Suchraums**: Die sorgfältige Definition des Bereichs und der Verteilung der zu untersuchenden Hyperparameter ist entscheidend. Dies beinhaltet die Nutzung von Domänenwissen und das Verständnis des Modellverhaltens, um angemessene Grenzen und Schrittgrößen für jeden Hyperparameter festzulegen. Ein gut definierter Suchraum kann die Effizienz des Optimierungsprozesses und die Qualität der Endergebnisse erheblich verbessern.
- **Ausgewogenes Verhältnis zwischen Exploration und Exploitation**: Bei der Verwendung fortgeschrittener Techniken wie der Bayesschen Optimierung ist es wichtig, ein Gleichgewicht zwischen der Erforschung neuer Bereiche des Hyperparameter-Raums und der Nutzung bekannter Bereiche guter Leistung zu finden. Dieses Gleichgewicht gewährleistet eine gründliche Suche bei gleichzeitiger Fokussierung der Rechenressourcen auf vielversprechende Konfigurationen.

Zusammenfassend lässt sich sagen, dass die Hyperparameter-Optimierung ein wesentlicher Bestandteil des maschinellen Lernens ist, der es ermöglicht, Modelle zu optimieren und bessere Leistungen zu erzielen. Techniken wie **Rastersuche**, **Zufallssuche** und **Bayessche Optimierung** haben jeweils ihre Vorteile, und die Wahl der Methode hängt von der Komplexität des Modells und den verfügbaren Rechenressourcen ab. Durch die Feinabstimmung der Hyperparameter können Sie die Leistung und Generalisierungsfähigkeit Ihrer Machine-Learning-Modelle erheblich verbessern.

Praktische Übungen Kapitel 4

Übung 1: Lineare Regression

Aufgabe: Sie haben den folgenden Datensatz mit Informationen über Hauspreise. Verwenden Sie **einfache lineare Regression**, um den Hauspreis basierend auf der Größe des Hauses vorherzusagen.

Größe (Quadratfuß)	Preis ($)
800	150.000
1000	180.000
1200	210.000
1500	250.000
1800	300.000

Lösung:

```
import numpy as np
import matplotlib.pyplot as plt
from sklearn.linear_model import LinearRegression

# Data: House size (X) and price (y)
X = np.array([800, 1000, 1200, 1500, 1800]).reshape(-1, 1)
y = np.array([150000, 180000, 210000, 250000, 300000])

# Initialize and train the linear regression model
model = LinearRegression()
model.fit(X, y)

# Predict for new house sizes
X_new = np.array([2000, 2200]).reshape(-1, 1)
y_pred = model.predict(X_new)

# Plotting the data and the regression line
plt.scatter(X, y, color='blue', label='Data points')
plt.plot(X, model.predict(X), color='red', label='Regression line')
plt.xlabel("House Size (sq ft)")
plt.ylabel("Price ($)")
plt.legend()
plt.show()

print("Predicted prices for new house sizes:", y_pred)
```

Übung 2: Polynomiale Regression

Aufgabe: Sie haben einen Datensatz mit einer nichtlinearen Beziehung zwischen **Berufserfahrung** und **Gehalt**. Verwenden Sie **polynomiale Regression**, um diese Beziehung zu modellieren.

Berufserfahrung in Jahren	Gehalt (€)
1	40.000
2	45.000
3	50.000
5	70.000
7	85.000

Lösung:

```
import numpy as np
import matplotlib.pyplot as plt
from sklearn.preprocessing import PolynomialFeatures
from sklearn.linear_model import LinearRegression

# Data: Years of experience (X) and salary (y)
X = np.array([1, 2, 3, 5, 7]).reshape(-1, 1)
y = np.array([40000, 45000, 50000, 70000, 85000])

# Create polynomial features (degree 2)
poly = PolynomialFeatures(degree=2)
X_poly = poly.fit_transform(X)

# Train the polynomial regression model
model = LinearRegression()
model.fit(X_poly, y)

# Predict for new years of experience
X_new = np.array([4, 6]).reshape(-1, 1)
X_new_poly = poly.transform(X_new)
y_pred = model.predict(X_new_poly)

# Plot the data and the polynomial regression curve
plt.scatter(X, y, color='blue', label='Data points')
plt.plot(X, model.predict(X_poly), color='red', label='Polynomial regression curve')
plt.xlabel("Years of Experience")
plt.ylabel("Salary ($)")
plt.legend()
```

```
plt.show()

print("Predicted salaries for new years of experience:", y_pred)
```

Übung 3: Klassifikation mit SVM

Aufgabe: Verwenden Sie einen **SVM-Klassifikator**, um vorherzusagen, ob ein Patient eine Herzerkrankung hat, basierend auf zwei Merkmalen: **Alter** und **Cholesterinspiegel**. Trainieren Sie das Modell mit dem folgenden Datensatz:

Alter	Cholesterin	Herzerkrankung (0 = Nein, 1 = Ja)
45	200	0
50	220	1
55	240	1
60	210	0
65	280	1

Lösung:

```
import numpy as np
from sklearn.svm import SVC
from sklearn.model_selection import train_test_split

# Data: Age, cholesterol, and heart disease label
X = np.array([[45, 200], [50, 220], [55, 240], [60, 210], [65, 280]])
y = np.array([0, 1, 1, 0, 1])

# Split the data into training and test sets
X_train, X_test, y_train, y_test = train_test_split(X, y, test_size=0.2,
random_state=42)

# Initialize and train the SVM classifier
model = SVC(kernel='linear')
model.fit(X_train, y_train)

# Predict on the test set
y_pred = model.predict(X_test)

print("Predicted heart disease labels for test set:", y_pred)
```

Übung 4: Berechnung von Präzision und Trefferquote

Aufgabe: Sie arbeiten an einem Klassifikationsproblem mit den folgenden tatsächlichen und vorhergesagten Bezeichnungen:

Tatsächliche Bezeichnungen: [1, 0, 1, 1, 0, 1, 0, 0]

Vorhergesagte Bezeichnungen: [1, 0, 1, 0, 0, 1, 0, 1]

Berechnen Sie die **Präzision** und **Trefferquote** für die positive Klasse (1).

Lösung:

```
from sklearn.metrics import precision_score, recall_score

# True and predicted labels
y_true = [1, 0, 1, 1, 0, 1, 0, 0]
y_pred = [1, 0, 1, 0, 0, 1, 0, 1]

# Calculate precision and recall
precision = precision_score(y_true, y_pred)
recall = recall_score(y_true, y_pred)

print(f"Precision: {precision:.2f}")
print(f"Recall: {recall:.2f}")
```

Übung 5: AUC-ROC-Berechnung

Aufgabe: Sie haben die vorhergesagten Wahrscheinlichkeiten eines Modells für die positive Klasse (Herzerkrankung) wie folgt:

Vorhergesagte Wahrscheinlichkeiten: [0.1, 0.4, 0.8, 0.6, 0.3]

Tatsächliche Bezeichnungen: [0, 0, 1, 1, 0]

Berechnen Sie den **AUC-ROC-Wert** und erstellen Sie die **ROC-Kurve**.

Lösung:

```
from sklearn.metrics import roc_auc_score, roc_curve
import matplotlib.pyplot as plt

# Predicted probabilities and true labels
y_probs = [0.1, 0.4, 0.8, 0.6, 0.3]
y_true = [0, 0, 1, 1, 0]

# Calculate AUC-ROC score
auc_score = roc_auc_score(y_true, y_probs)
print(f"AUC-ROC Score: {auc_score:.2f}")

# Calculate ROC curve
fpr, tpr, thresholds = roc_curve(y_true, y_probs)
```

```
# Plot ROC curve
plt.plot(fpr, tpr, label='ROC Curve')
plt.plot([0, 1], [0, 1], 'k--')  # Random classifier
plt.xlabel('False Positive Rate')
plt.ylabel('True Positive Rate (Recall)')
plt.title('ROC Curve')
plt.legend(loc='best')
plt.show()
```

Übung 6: Hyperparameter-Optimierung mit Random Forest

Aufgabe: Sie verwenden einen **Random Forest-Klassifikator** zur Klassifizierung von Brustkrebsfällen. Führen Sie eine **randomisierte Suche** durch, um die Hyperparameter wie die Anzahl der Entscheidungsbäume (n_estimators) und die maximale Tiefe (max_depth) mit den folgenden Bereichen zu optimieren:

- n_estimators: 50, 100, 150
- max_depth: 10, 20, 30, None

Lösung:

```
from sklearn.model_selection import RandomizedSearchCV
from sklearn.ensemble import RandomForestClassifier
from sklearn.datasets import load_breast_cancer
from sklearn.model_selection import train_test_split

# Load the breast cancer dataset
data = load_breast_cancer()
X_train, X_test, y_train, y_test = train_test_split(data.data, data.target,
test_size=0.2, random_state=42)

# Define the hyperparameter grid
param_dist = {
    'n_estimators': [50, 100, 150],
    'max_depth': [10, 20, 30, None]
}

# Initialize the Random Forest model
rf = RandomForestClassifier()

# Perform randomized search
random_search = RandomizedSearchCV(rf, param_distributions=param_dist, n_iter=5,
cv=5, random_state=42)
random_search.fit(X_train, y_train)

# Print the best parameters and corresponding score
print("Best parameters found:", random_search.best_params_)
print("Best cross-validation accuracy:", random_search.best_score_)
```

Diese praktischen Übungen helfen dabei, wichtige Konzepte des **überwachten Lernens** zu festigen, einschließlich Regression, Klassifikation, Evaluierungsmetriken und Hyperparameter-Optimierung.

Zusammenfassung Kapitel 4

In **Kapitel 4** haben wir zentrale Konzepte und Techniken des **überwachten Lernens** erkundet, einem grundlegenden Ansatz des maschinellen Lernens, bei dem Modelle aus gekennzeichneten Daten lernen, um Vorhersagen zu treffen. Das überwachte Lernen umfasst zwei Hauptarten von Problemen: **Regression** (Vorhersage kontinuierlicher Werte) und **Klassifikation** (Vorhersage kategorischer Werte). Dieses Kapitel bot eine eingehende Behandlung grundlegender Techniken sowohl für Regression als auch Klassifikation, zusammen mit Methoden zur Bewertung und Verbesserung der Modellleistung.

Wir begannen mit **linearer und polynomialer Regression**, die verwendet werden, um Beziehungen zwischen Eingabemerkmalen und einer kontinuierlichen Zielvariable zu modellieren. Die lineare Regression geht von einer linearen Beziehung zwischen den Merkmalen und dem Ziel aus, während die polynomiale Regression durch Hinzufügen von Polynomtermen die Modellierung nichtlinearer Beziehungen ermöglicht. Beide Techniken bilden die Grundlage für komplexere Regressionsmodelle, und wir haben Beispiele zur Veranschaulichung ihrer Implementierung mit Scikit-learn bereitgestellt.

Als Nächstes haben wir uns mit **Klassifikationsalgorithmen** befasst und dabei vier häufig verwendete Modelle behandelt: **Support Vector Machines (SVM)**, **k-Nearest Neighbors (KNN)**, **Entscheidungsbäume** und **Random Forests**. SVMs finden die optimale Hyperebene zur Trennung von Klassen und funktionieren gut sowohl für lineare als auch nichtlineare Probleme. KNN ist ein intuitiver, instanzbasierter Algorithmus, der Daten basierend auf der Mehrheitsklasse seiner nächsten Nachbarn klassifiziert. Entscheidungsbäume bieten ein interpretierbares Modell durch die Aufteilung von Daten basierend auf Merkmalswerten, während Random Forests als Ensemble-Methode mehrere Entscheidungsbäume kombinieren, um Genauigkeit und Robustheit zu verbessern. Für jeden Algorithmus wurden Beispiele und Code-Implementierungen bereitgestellt, um ihre praktische Anwendung zu veranschaulichen.

Im Abschnitt über **fortgeschrittene Evaluierungsmetriken** haben wir **Präzision**, **Trefferquote**, **F1-Score** und die **AUC-ROC-Kurve** eingeführt. Diese Metriken sind besonders nützlich für Klassifikationsaufgaben, insbesondere beim Umgang mit unausgewogenen Datensätzen. Während die Genauigkeit die allgemeine Korrektheit misst, konzentrieren sich Präzision und Trefferquote auf die Leistung des Modells bei der Identifizierung spezifischer Klassen (z.B. positive Fälle), was sie in vielen realen Szenarien geeigneter macht. Die AUC-ROC-Kurve hilft bei der Bewertung, wie gut ein Modell über verschiedene Schwellenwerte hinweg zwischen Klassen unterscheiden kann.

Schließlich haben wir uns mit **Hyperparameter-Tuning und Modelloptimierung** befasst, die für die Verbesserung der Modellleistung wesentlich sind. Wir haben drei primäre Techniken diskutiert: **Grid Search**, **Randomized Search** und **Bayessche Optimierung**. Grid Search wertet erschöpfend alle möglichen Kombinationen von Hyperparametern aus, während Randomized Search eine zufällige Teilmenge des Hyperparameter-Raums erkundet und dabei oft effizienter gute Ergebnisse erzielt. Die Bayessche Optimierung verwendet ein probabilistisches Modell zur intelligenten Erkundung des Hyperparameter-Raums und schafft dabei ein Gleichgewicht zwischen Exploration und Exploitation.

Zusammenfassend bot dieses Kapitel ein umfassendes Verständnis von Techniken des überwachten Lernens, von Regression bis Klassifikation, und führte fortgeschrittene Methoden zur Modellevaluierung und -optimierung ein. Diese Werkzeuge und Techniken bilden die Grundlage für den Aufbau robuster, leistungsfähiger maschineller Lernmodelle, die gut auf neue, ungesehene Daten generalisieren.

Kapitel 5: Techniken des unüberwachten Lernens

Im Bereich des **unüberwachten Lernens** betreten wir ein Gebiet, das sich vom überwachten Lernen unterscheidet, da beim Modelltraining keine gekennzeichneten Daten vorhanden sind. Stattdessen besteht unser Hauptziel darin, verborgene Muster oder inhärente Gruppierungen in den Daten aufzudecken. Diese ausgefeilten Techniken erweisen sich als äußerst wertvoll in Szenarien, in denen unser Verständnis der zugrunde liegenden Datenstruktur begrenzt ist oder wenn die manuelle Kennzeichnung unpraktisch oder nicht durchführbar wird. Unüberwachtes Lernen findet Anwendung in einer Vielzahl von Aufgaben, insbesondere beim **Clustering**, der **Dimensionsreduktion** und der **Anomalieerkennung**.

Die Stärke des unüberwachten Lernens liegt in seiner Fähigkeit, aussagekräftige Erkenntnisse aus rohen, nicht gekennzeichneten Daten zu gewinnen. Durch den Einsatz komplexer Algorithmen können Ähnlichkeiten, Unterschiede und Beziehungen identifiziert werden, die für menschliche Beobachter nicht unmittelbar erkennbar sind. Dies macht es zu einem unverzichtbaren Werkzeug in Bereichen wie Data Mining, Mustererkennung und explorativer Datenanalyse.

In diesem Kapitel werden wir uns mit den wichtigsten Techniken des unüberwachten Lernens befassen, beginnend mit einer eingehenden Untersuchung des **Clusterings** - einer robusten und vielseitigen Methode zur Gruppierung ähnlicher Datenpunkte. Clustering dient als fundamentale Säule des unüberwachten Lernens und bietet eine Möglichkeit, Daten basierend auf inhärenten Ähnlichkeiten zu organisieren und zu strukturieren. Wir werden uns auf eine umfassende Reise durch verschiedene Clustering-Algorithmen begeben, von denen jeder seinen eigenen Ansatz und seine eigenen Stärken hat. Unsere Untersuchung wird drei primäre Clustering-Techniken umfassen:

- **K-Means-Clustering**: Ein partitionsbasierter Algorithmus, der Daten in K vordefinierte Cluster aufteilt und iterativ die Clusterzentren verfeinert, um die Varianz innerhalb der Cluster zu minimieren.
- **Hierarchisches Clustering**: Eine Methode, die eine baumartige Struktur von Clustern aufbaut und eine mehrstufige Sicht auf die Datenorganisation ermöglicht, von einzelnen Datenpunkten bis hin zu einem einzigen alles umfassenden Cluster.

- **DBSCAN (Density-Based Spatial Clustering of Applications with Noise)**: Ein dichtebasierter Algorithmus, der Cluster beliebiger Form erkennen und Ausreißer im Datensatz identifizieren kann.

Durch eine detaillierte Untersuchung dieser Algorithmen werden wir Einblicke in ihre grundlegenden Prinzipien, Stärken, Einschränkungen und praktischen Anwendungen in realen Szenarien gewinnen. Dieses umfassende Verständnis wird Sie mit dem Wissen ausstatten, die am besten geeignete Clustering-Technik für Ihre spezifischen Datenanalyseanforderungen auszuwählen.

5.1 Clustering (K-Means, Hierarchisch, DBSCAN)

Clustering ist eine grundlegende und weit verbreitete Technik im unüberwachten Lernen. Im Kern zielt Clustering darauf ab, einen Datensatz in verschiedene Gruppen oder **Cluster** zu unterteilen, basierend auf inhärenten Ähnlichkeiten zwischen Datenpunkten. Das Hauptprinzip besteht darin, dass Datenpunkte innerhalb desselben Clusters eine höhere Ähnlichkeit zueinander aufweisen sollten als zu Punkten in anderen Clustern. Diese Ähnlichkeit wird typischerweise mithilfe von Distanzmetriken wie der euklidischen Distanz, Manhattan-Distanz oder Kosinus-Ähnlichkeit gemessen, abhängig von der Art der Daten und dem spezifischen verwendeten Clustering-Algorithmus.

Die Stärke des Clusterings liegt in seiner Fähigkeit, verborgene Muster und Strukturen in komplexen, hochdimensionalen Datensätzen ohne die Notwendigkeit vordefinierter Labels aufzudecken. Dies macht es zu einem wertvollen Werkzeug in einer breiten Palette von realen Anwendungen, darunter:

- **Kundensegmentierung**: Unternehmen können Clustering-Algorithmen nutzen, um ihre Kundenbasis anhand verschiedener Faktoren wie Kaufverhalten, demografischer Informationen und Interaktionsmuster in verschiedene Gruppen zu kategorisieren. Diese granulare Segmentierung ermöglicht es Unternehmen, hochgradig zielgerichtete Marketingstrategien zu entwickeln und umzusetzen sowie personalisierte Dienstleistungen anzubieten, die auf die spezifischen Bedürfnisse und Präferenzen jeder Gruppe zugeschnitten sind, was letztendlich die Kundenzufriedenheit und -loyalität steigert.
- **Marktforschung**: Im Bereich der Marktanalyse spielen Clustering-Techniken eine entscheidende Rolle bei der Identifizierung und Definition verschiedener Marktsegmente. Durch die Anwendung dieser Algorithmen auf große Datensätze, die Verbraucherverhalten, Präferenzen und Eigenschaften umfassen, können Unternehmen verborgene Muster aufdecken und ähnliche Verbraucher gruppieren. Diese Segmentierung ermöglicht es Unternehmen, ihre Produktangebote, Marketingbotschaften und Servicebereitstellung anzupassen, um den einzigartigen Anforderungen und Erwartungen jedes identifizierten Marktsegments gerecht zu

werden und dadurch die Marktdurchdringung und den Wettbewerbsvorteil zu verbessern.

- **Bildkomprimierung**: Clustering-Algorithmen finden innovative Anwendungen im Bereich der digitalen Bildverarbeitung, insbesondere bei der Bildkomprimierung. Durch die Gruppierung von Pixeln mit ähnlichen Farbeigenschaften können diese Techniken die Farbpalette eines Bildes effektiv reduzieren, ohne die visuelle Qualität wesentlich zu beeinträchtigen. Dieser Komprimierungsprozess führt zu kleineren Dateigröße, was eine effizientere Speicherung und schnellere Übertragung von Bildern über verschiedene digitale Plattformen und Netzwerke ermöglicht, was besonders in bandbreitenbeschränkten Umgebungen oder für große Bilddatenbanken von Vorteil ist.
- **Anomalieerkennung**: Eine der leistungsfähigsten Anwendungen des Clusterings liegt in seiner Fähigkeit, Ausreißer oder ungewöhnliche Datenpunkte zu identifizieren, die erheblich von etablierten Mustern abweichen. Diese Fähigkeit ist in verschiedenen kritischen Bereichen wie der Betrugserkennung bei Finanztransaktionen, der Netzwerksicherheitsüberwachung zur Identifizierung potenzieller Cyberbedrohungen und der Qualitätskontrolle in Fertigungsprozessen von entscheidender Bedeutung. Durch die Etablierung 'normaler' Cluster von Datenpunkten können Daten, die nicht gut in diese Cluster passen, für weitere Untersuchungen markiert werden, was ein proaktives Risikomanagement und die Aufrechterhaltung der Systemintegrität ermöglicht.
- **Empfehlungssysteme**: Im Zeitalter personalisierter digitaler Erlebnisse bilden Clustering-Algorithmen das Rückgrat ausgefeilter Empfehlungssysteme. Durch die Gruppierung von Benutzern mit ähnlichen Präferenzen, Verhaltensweisen oder demografischen Profilen und die ähnliche Gruppierung von Elementen mit vergleichbaren Eigenschaften oder Attributen können Unternehmen hochgenaue und personalisierte Empfehlungen generieren. Dieser Ansatz verbessert die Benutzererfahrung auf verschiedenen Plattformen, von E-Commerce-Seiten, die Produkte vorschlagen, bis hin zu Streaming-Diensten, die Inhalte empfehlen, und steigert letztendlich das Benutzerengagement, die Zufriedenheit und die Bindungsraten.

In diesem umfassenden Abschnitt werden wir uns mit drei populären und leistungsstarken Clustering-Algorithmen befassen: **K-Means**, **Hierarchisches Clustering** und **DBSCAN** (Density-Based Spatial Clustering of Applications with Noise). Jeder dieser Algorithmen nähert sich dem Clustering-Problem aus einer einzigartigen Perspektive und bietet besondere Vorteile:

- **K-Means**: Ein zentroidbasierter Algorithmus, der die Daten in eine vorbestimmte Anzahl von Clustern partitioniert. Er ist rechnerisch effizient und funktioniert gut mit großen Datensätzen, erfordert jedoch die vorherige Festlegung der Clusteranzahl.

- **Hierarchisches Clustering**: Diese Methode erstellt eine baumartige Struktur von Clustern und ermöglicht eine mehrstufige Sicht auf die Datenorganisation. Sie erfordert keine vorherige Festlegung der Clusteranzahl und bietet Einblicke in die Beziehungen zwischen Clustern auf verschiedenen Granularitätsebenen.
- **DBSCAN**: Ein dichtebasierter Algorithmus, der Cluster beliebiger Form entdecken kann und robust gegenüber Rauschen und Ausreißern ist. Er ist besonders nützlich bei der Behandlung nicht-globularer Cluster oder wenn die Anzahl der Cluster unbekannt ist.

Durch die Erforschung dieser verschiedenen Algorithmen werden wir ein umfassendes Verständnis verschiedener Clustering-Ansätze, ihrer Stärken, Einschränkungen und optimalen Anwendungsfälle gewinnen. Dieses Wissen wird Sie in die Lage versetzen, die am besten geeignete Clustering-Technik für Ihre spezifischen Datenanalyseanforderungen auszuwählen und Ihre Fähigkeit verbessern, aussagekräftige Erkenntnisse aus komplexen Datensätzen zu gewinnen.

5.1.1 K-Means-Clustering

K-Means ist ein weit verbreiteter und intuitiver Clustering-Algorithmus, der die Grundlage vieler Anwendungen des unüberwachten Lernens bildet. Im Kern zielt K-Means darauf ab, einen Datensatz in **K verschiedene, nicht überlappende Cluster** zu unterteilen, wobei K eine vordefinierte Zahl ist. Das grundlegende Prinzip von K-Means besteht darin, die Varianz innerhalb der Cluster zu minimieren, wodurch sichergestellt wird, dass jeder Datenpunkt zu dem Cluster mit dem nächstgelegenen Mittelwert (auch als Zentroid bezeichnet) gehört.

1. Initialisierung

K-Means beginnt damit, K Punkte zufällig aus dem Datensatz auszuwählen, die als anfängliche Cluster-Zentroide dienen. Diese Punkte fungieren als Keime, aus denen die Cluster wachsen werden. Dieser Initialisierungsschritt ist entscheidend, da er den Ausgangspunkt für den iterativen Prozess des Algorithmus festlegt. Die Wahl dieser anfänglichen Zentroide kann die endgültigen Clustering-Ergebnisse erheblich beeinflussen, da der Algorithmus je nach Ausgangspositionen zu unterschiedlichen lokalen Optima konvergiert.

Um die Auswirkungen der zufälligen Initialisierung abzumildern, ist es gängige Praxis, den K-Means-Algorithmus mehrfach mit verschiedenen Zufallsstartwerten auszuführen und das beste Ergebnis basierend auf einem gewählten Kriterium, wie der niedrigsten Summe der quadratischen Abweichungen innerhalb der Cluster, auszuwählen. Zusätzlich gibt es fortgeschrittenere Initialisierungsmethoden wie K-Means++, die darauf abzielen, anfängliche Zentroide zu wählen, die gut über den Datensatz verteilt sind, was potenziell zu besseren und konsistenteren Ergebnissen führt.

2. Zuordnung

In diesem entscheidenden Schritt wird jeder Datenpunkt im Datensatz dem nächstgelegenen Zentroid zugeordnet. Diese Zuordnung erfolgt typischerweise unter Verwendung der euklidischen Distanz als Proximitätsmaß, wobei je nach Art der Daten auch andere

Distanzmetriken verwendet werden können. Die euklidische Distanz wird zwischen jedem Datenpunkt und allen K Zentroiden berechnet, und der Punkt wird dem Cluster zugeordnet, dessen Zentroid am nächsten liegt.

Mathematisch ausgedrückt wird für einen Datenpunkt x und die Zentroide $\mu_1, \mu_2, ..., \mu_k$ die Zuordnung zum Cluster j wie folgt vorgenommen:

$j = \text{argmin}(||x - \mu_i||^2)$ für i = 1 bis K

Hier stellt $||x - \mu_i||^2$ die quadrierte euklidische Distanz zwischen x und μ_i dar. Dieser Prozess erzeugt K anfängliche Cluster, die jeweils die Datenpunkte enthalten, die ihrem Zentroid am nächsten sind. Der Zuordnungsschritt ist entscheidend, da er die Grundlage für die nachfolgenden Schritte im K-Means-Algorithmus bildet, insbesondere für den Aktualisierungsschritt, bei dem die Zentroide neu berechnet werden.

Es ist wichtig zu beachten, dass diese anfängliche Zuordnung auf den zufällig gewählten Zentroiden aus dem Initialisierungsschritt basiert. Während der Algorithmus durch mehrere Iterationen fortschreitet, werden diese Zuordnungen verfeinert, was möglicherweise dazu führt, dass Datenpunkte zwischen Clustern wechseln, wenn die Zentroide aktualisiert und optimiert werden.

3. Aktualisierung

Die Zentroide jedes Clusters werden neu berechnet, indem der Mittelwert aller dem Cluster zugeordneten Punkte gebildet wird. Dieser entscheidende Schritt verschiebt die Zentroide in das Zentrum ihrer jeweiligen Cluster und verfeinert die Cluster-Definitionen. Hier ist eine detailliertere Erklärung dieses Prozesses:

a) Für jeden Cluster werden alle aktuell zugeordneten Datenpunkte identifiziert.

b) Die Koordinaten dieser Punkte werden entlang jeder Dimension gemittelt. In einem 2D-Raum werden beispielsweise sowohl die x- als auch die y-Koordinaten aller Punkte im Cluster separat gemittelt.

c) Die resultierenden durchschnittlichen Koordinaten werden zur neuen Position für den Zentroid dieses Clusters. Mathematisch ausgedrückt wird für einen Cluster C_i mit n_i Punkten der neue Zentroid μ_i wie folgt berechnet:

μ_i = (1/n_i) * Σ(x_j), für alle x_j in C_i

d) Dieser Prozess verschiebt den Zentroid effektiv zur arithmetischen Mittelposition aller Punkte in seinem Cluster und minimiert dadurch die Gesamtvarianz innerhalb des Clusters.

e) Der Aktualisierungsschritt ist entscheidend, da er es dem Algorithmus ermöglicht, die Cluster-Definitionen iterativ zu verfeinern, was potenziell zu einer optimalen Clustering-Lösung mit jeder Iteration führt.

Durch die wiederholte Durchführung dieser Aktualisierung zusammen mit dem Zuordnungsschritt konvergiert K-Means zu einer Lösung, bei der die Zentroide das Zentrum ihrer jeweiligen Cluster genau repräsentieren und damit das Ziel der Minimierung der Varianz innerhalb der Cluster erreicht wird.

4. Iteration

Der K-Means-Algorithmus tritt in eine iterative Phase ein, in der die Schritte 2 (Zuordnung) und 3 (Aktualisierung) mehrfach wiederholt werden. Dieser iterative Prozess ist entscheidend für die Verfeinerung der Cluster-Zuordnungen und die Verbesserung der Gesamtqualität der Clustering-Lösung. Hier folgt eine detailliertere Erklärung dessen, was während dieser iterativen Phase geschieht:

a) **Kontinuierliche Neuzuordnung**: Wenn die Zentroide in Schritt 3 aktualisiert werden, kann sich die optimale Cluster-Zuordnung für jeden Datenpunkt ändern. In jeder Iteration werden die Datenpunkte neu bewertet und können zwischen Clustern wechseln, wenn sie näher an einem anderen Zentroid liegen als an ihrem derzeit zugewiesenen. Diese dynamische Neuzuordnung ermöglicht es dem Algorithmus, sich an die sich entwickelnde Cluster-Struktur anzupassen.

b) **Zentroid-Verfeinerung**: Nach jeder Neuzuordnungsphase werden die Zentroide basierend auf der neuen Menge der jedem Cluster zugeordneten Punkte neu berechnet. Diese kontinuierliche Verfeinerung der Zentroid-Positionen hilft dabei, das wahre Zentrum jedes Clusters zu finden und führt zu einer genaueren Darstellung der zugrundeliegenden Datenstruktur.

c) **Konvergenzverhalten**: Mit jeder Iteration werden die Änderungen in den Zentroid-Positionen und Cluster-Zuordnungen typischerweise kleiner. Man spricht von Konvergenz des Algorithmus, wenn diese Änderungen vernachlässigbar werden oder unter einen vordefinierten Schwellenwert fallen.

d) **Stabilitätsprüfung**: Einige Implementierungen von K-Means beinhalten eine Stabilitätsprüfung, bei der der Algorithmus beendet wird, wenn zwischen den Iterationen keine Punkte mehr die Cluster wechseln, was auf eine stabile Lösung hinweist.

e) **Maximale Iterationen**: Um zu verhindern, dass der Algorithmus in Fällen, in denen eine perfekte Konvergenz schwer zu erreichen ist, endlos läuft, wird üblicherweise eine maximale Anzahl von Iterationen festgelegt. Wenn diese Grenze erreicht wird, beendet sich der Algorithmus mit der bis dahin besten gefundenen Lösung.

Dieser iterative Prozess ist der Kern des K-Means-Clustering und ermöglicht es, die Clustering-Lösung schrittweise zu verbessern und sich an die inhärente Struktur der Daten anzupassen. Die Anzahl der erforderlichen Iterationen kann je nach Komplexität des Datensatzes und der anfänglichen Platzierung der Zentroide variieren, was die Bedeutung einer geeigneten Initialisierung und Parameteroptimierung beim K-Means-Clustering unterstreicht.

5. Konvergenz

Der K-Means-Algorithmus erreicht seinen Abschluss durch einen Konvergenzprozess, der ein entscheidender Schritt zur Gewährleistung der Stabilität und Optimalität der Clustering-Lösung ist. Diese Konvergenzphase wird durch zwei hauptsächliche Abbruchkriterien charakterisiert:

a) **Zentroid-Stabilisierung**: Der primäre Indikator für Konvergenz ist, wenn sich die Zentroide der Cluster zwischen den Iterationen nicht mehr signifikant bewegen. In praktischer Hinsicht bedeutet dies, dass die Koordinaten jedes Zentroids relativ konstant bleiben und nur minimale Änderungen auftreten. Diese Stabilität deutet darauf hin, dass der Algorithmus ein lokales Optimum in der Clustering-Lösung gefunden hat, bei dem weitere Iterationen keine wesentlichen Verbesserungen der Cluster-Zuordnungen mehr bringen würden.

b) **Erreichen der maximalen Iterationen**: Als Schutz gegen potenzielle Endlosschleifen oder übermäßig lange Rechenzeiten wird typischerweise eine vordefinierte maximale Anzahl von Iterationen festgelegt. Dies stellt sicher, dass der Algorithmus innerhalb einer angemessenen Zeitspanne terminiert, auch wenn keine perfekte Konvergenz erreicht wurde. Die maximale Iterationsgrenze ist besonders nützlich in Fällen, in denen die Datenstruktur komplex ist oder wenn sehr große Datensätze verarbeitet werden.

Der Konvergenzprozess ist aus mehreren Gründen entscheidend:

- Er stellt sicher, dass der Algorithmus nicht endlos läuft, was besonders wichtig für reale Anwendungen ist, bei denen Rechenressourcen und Zeit begrenzt sind.
- Er bietet eine Balance zwischen dem Finden einer optimalen Lösung und der Recheneffizienz. Während mehr Iterationen zu marginal besseren Ergebnissen führen könnten, werden die Verbesserungen ab einem bestimmten Punkt oft vernachlässigbar.
- Er hilft bei der Erkennung von Situationen, in denen der Algorithmus möglicherweise in lokalen Optima feststeckt, sodass Datenwissenschaftler erwägen können, den Algorithmus mit anderen Anfangsbedingungen neu zu starten oder alternative Clustering-Techniken zu erkunden.

In der Praxis kombinieren die Konvergenzkriterien oft sowohl die Zentroid-Stabilitätsprüfung als auch die maximale Iterationsgrenze. Beispielsweise könnte der Algorithmus stoppen, wenn entweder die Zentroide sich weniger als einen kleinen Schwellenwert bewegen (z.B. 0,0001 Einheiten) oder wenn 300 Iterationen erreicht sind, je nachdem, was zuerst eintritt. Dieser Ansatz gewährleistet sowohl die Qualität der Clustering-Lösung als auch die zeitgerechte Beendigung des Algorithmus.

Die Stärke von K-Means liegt in seiner Einfachheit und Effizienz, besonders bei großen Datensätzen. Allerdings ist es wichtig zu beachten, dass der Algorithmus einige Einschränkungen hat. Er geht davon aus, dass Cluster kugelförmig und von ähnlicher Größe sind, was nicht immer der Fall bei realen Daten ist. Zusätzlich kann das endgültige Clustering-Ergebnis empfindlich auf die anfängliche Platzierung der Zentroide reagieren, was manchmal zu suboptimalen Lösungen führt.

Trotz dieser Herausforderungen bleibt K-Means aufgrund seiner intuitiven Natur und rechnerischen Effizienz eine beliebte Wahl in verschiedenen Anwendungen, von der Kundensegmentierung im Marketing bis zur Bildkompression in der Computer Vision.

Funktionsweise von K-Means

1. Wählen der Anzahl der Cluster (**K**): Dies ist der erste und entscheidende Schritt beim K-Means-Clustering. Der Wert von K bestimmt, wie viele unterschiedliche Gruppen der Algorithmus in den Daten zu identifizieren versucht. Die Auswahl eines geeigneten K ist wesentlich für aussagekräftige Ergebnisse und erfordert oft Domänenwissen oder zusätzliche Techniken wie die Ellbogenmethode.
2. Initialisierung von **K zufälligen Zentroiden** (Cluster-Zentren): Sobald K gewählt ist, wählt der Algorithmus zufällig K Punkte aus dem Datensatz als anfängliche Zentroide. Diese Zentroide dienen als Ausgangspunkte für jeden Cluster. Die anfängliche Platzierung der Zentroide kann das endgültige Clustering-Ergebnis erheblich beeinflussen, weshalb häufig mehrere Durchläufe mit unterschiedlichen Initialisierungen durchgeführt werden.
3. Zuordnung jedes Datenpunkts zum nächstgelegenen Zentroid: In diesem Schritt berechnet der Algorithmus den Abstand (typischerweise euklidische Distanz) zwischen jedem Datenpunkt und allen K Zentroiden. Jeder Punkt wird dann dem Cluster zugeordnet, der durch den nächstgelegenen Zentroid repräsentiert wird. Dieser Schritt erzeugt effektiv K anfängliche Cluster basierend auf der Nähe zu den zufällig gewählten Zentroiden.
4. Neuberechnung der Zentroide basierend auf den jedem Cluster zugeordneten Punkten: Nachdem alle Punkte zugeordnet sind, berechnet der Algorithmus die mittlere Position aller Punkte in jedem Cluster. Diese mittleren Positionen werden zu den neuen Zentroiden ihrer jeweiligen Cluster. Dieser Schritt passt die Zentroide an, um das tatsächliche Zentrum ihrer zugeordneten Datenpunkte besser zu repräsentieren.
5. Wiederholung der Schritte 3-4 bis zur Konvergenz oder maximalen Iterationen: Der Algorithmus wiederholt iterativ die Zuordnungs- und Neuberechnungsschritte. Mit jeder Iteration werden die Zentroide verfeinert, und Datenpunkte können zwischen Clustern wechseln. Dieser Prozess wird fortgesetzt, bis entweder:
    - Konvergenz: Die Zentroide bewegen sich zwischen den Iterationen nicht mehr signifikant, was auf eine stabile Clustering-Lösung hinweist.
    - Maximale Iterationen erreicht: Eine vordefinierte Grenze für die Anzahl der Iterationen wird erreicht, um sicherzustellen, dass der Algorithmus in einer angemessenen Zeit terminiert, auch wenn keine perfekte Konvergenz erreicht wurde.

Dieser iterative Prozess ermöglicht es K-Means, seine Clustering-Lösung progressiv zu verbessern und sich an die inhärente Struktur der Daten anzupassen.

Beispiel: K-Means mit Scikit-learn (Clustering)

Lassen Sie uns K-Means-Clustering auf einen Beispieldatensatz anwenden.

```
import numpy as np
import matplotlib.pyplot as plt
from sklearn.cluster import KMeans
from sklearn.datasets import make_blobs

# Generate synthetic data for clustering
X, y = make_blobs(n_samples=300, centers=4, cluster_std=0.60, random_state=0)

# Initialize K-Means with 4 clusters
kmeans = KMeans(n_clusters=4, random_state=42, n_init=10)  # Added n_init to avoid
warning

# Fit the model to the data
kmeans.fit(X)

# Get the cluster centroids and labels
centroids = kmeans.cluster_centers_
labels = kmeans.labels_

# Plot the clusters and centroids
plt.figure(figsize=(10, 8))
scatter = plt.scatter(X[:, 0], X[:, 1], c=labels, s=50, cmap='viridis')
plt.scatter(centroids[:, 0], centroids[:, 1], s=200, c='red', marker='x',
label="Centroids")
plt.title("K-Means Clustering")
plt.xlabel("Feature 1")
plt.ylabel("Feature 2")
plt.colorbar(scatter)
plt.legend()
plt.show()

# Print cluster information
for i in range(4):
    cluster_indices = np.where(labels == i)[0]
    cluster_points = X[cluster_indices]
    print(f"Cluster {i}:")
    print(f"  Number of points: {len(cluster_points)}")
    print(f"  Centroid: {centroids[i]}")
    print(f"  Variance: {np.var(cluster_points, axis=0)}\\n")

# Calculate and print inertia
inertia = kmeans.inertia_
print(f"Inertia: {inertia:.2f}")
```

Lassen Sie uns dieses umfassende K-Means-Clustering-Beispiel aufschlüsseln:

1. Datengenerierung:
    - Wir verwenden make_blobs von sklearn, um synthetische Daten mit 300 Stichproben und 4 verschiedenen Clustern zu erstellen.
    - Dies simuliert ein reales Szenario mit mehrdimensionalen Datenpunkten.
2. K-Means-Initialisierung:
    - Wir erstellen ein KMeans-Objekt mit 4 Clustern (passend zu unseren synthetischen Daten).
    - Der random_state Parameter gewährleistet die Reproduzierbarkeit der Ergebnisse.
3. Modellanpassung:
    - Die fit Methode wendet den K-Means-Algorithmus auf unsere Daten an.
    - Sie weist iterativ Punkte den Clustern zu und aktualisiert die Zentroide bis zur Konvergenz.
4. Ergebnisextraktion:
    - Wir extrahieren die Cluster-Zentroide und Labels für jeden Datenpunkt.
    - Zentroide repräsentieren die mittlere Position aller Punkte in einem Cluster.
    - Labels zeigen an, zu welchem Cluster jeder Datenpunkt gehört.
5. Visualisierung:
    - Wir erstellen ein Streudiagramm unserer Datenpunkte, eingefärbt nach Cluster-Zugehörigkeit.
    - Cluster-Zentroide sind mit roten 'x'-Symbolen markiert.
    - Eine Farbskala wird hinzugefügt, um die Cluster-Zuweisungen zu interpretieren.
    - Achsen werden zur Verbesserung der Interpretierbarkeit beschriftet.
6. Cluster-Analyse:
    - Wir durchlaufen jeden Cluster, um detaillierte Informationen auszugeben:
        - Anzahl der Punkte im Cluster
        - Zentroid-Koordinaten
        - Varianz der Punkte im Cluster (zeigt die Cluster-Streuung)

7. Modellbewertung:
   - Wir geben die Inertia (Summe der quadratischen Abstände innerhalb der Cluster) aus, die misst, wie intern kohärent die Cluster sind.
   - Niedrigere Inertia deutet auf kompaktere, besser getrennte Cluster hin.

Dieses Beispiel bietet einen vollständigen Überblick über K-Means-Clustering, einschließlich Datengenerierung, Modellanpassung, Visualisierung und Evaluierungsmetriken. Es zeigt, wie man die Ergebnisse des K-Means-Clusterings in einem praktischen Kontext interpretiert und analysiert.

Auswahl des K-Wertes

Eine der wichtigsten Herausforderungen beim K-Means-Clustering ist die Bestimmung der optimalen Anzahl von Clustern, bezeichnet als **K**. Diese Entscheidung ist entscheidend, da sie die Qualität und Interpretierbarkeit der Clustering-Ergebnisse maßgeblich beeinflusst. Eine beliebte und effektive Methode zur Bewältigung dieser Herausforderung ist die **Ellbogenmethode**.

Die Ellbogenmethode funktioniert, indem sie die Summe der quadratischen Abstände zwischen Datenpunkten und ihren zugewiesenen Zentroiden (auch bekannt als Summe der quadratischen Abweichungen innerhalb der Cluster oder **Inertia**) als Funktion von K aufträgt. Dieser Ansatz hilft, den Kompromiss zwischen der Anzahl der Cluster und der Kompaktheit dieser Cluster zu visualisieren.

Hier ist eine detailliertere Erklärung, wie die Ellbogenmethode funktioniert:

1. Iterativer Prozess: Die Methode beinhaltet die Durchführung von K-Means-Clustering für verschiedene K-Werte (z.B. von 1 bis 10).
2. Berechnung der Inertia: Für jeden K-Wert berechnet der Algorithmus die Inertia, die angibt, wie gut die Datenpunkte zu ihren jeweiligen Clustern passen.
3. Auftragen der Ergebnisse: Die Inertia-Werte werden gegen die entsprechenden K-Werte aufgetragen, wodurch eine ellbogenförmige Kurve entsteht.
4. Identifizierung des "Ellbogens": Das optimale K befindet sich typischerweise am "Ellbogen" dieser Kurve - dem Punkt, an dem eine Erhöhung von K keine signifikante Reduktion der Inertia mehr bewirkt.

Die Logik hinter dieser Methode ist, dass mit steigender Anzahl von Clustern die Inertia natürlicherweise abnimmt (da Punkte näher an ihren Zentroiden liegen). Allerdings gibt es meist einen Punkt, an dem diese Abnahme sich dramatisch verlangsamt und eine Ellbogenform im Diagramm bildet. Dieser Punkt deutet auf ein gutes Gleichgewicht zwischen ausreichend vielen Clustern zur Erklärung der Datenvarianz und Überanpassung hin.

Während die Ellbogenmethode aufgrund ihrer Einfachheit und Effektivität weit verbreitet ist, ist es wichtig zu beachten, dass sie nicht immer eine eindeutige Antwort liefert. In manchen Fällen ist der Ellbogen möglicherweise nicht deutlich erkennbar, was zusätzliche Methoden oder Domänenwissen zur Bestimmung des optimalen K erfordert.

Beispiel: Ellbogenmethode zur Bestimmung von K

```
import numpy as np
import matplotlib.pyplot as plt
from sklearn.cluster import KMeans
from sklearn.metrics import silhouette_score

# Generate sample data
np.random.seed(42)
X = np.random.rand(100, 2) * 10

# Function to calculate and plot inertia for different K values
def plot_elbow_method(X, max_k):
    inertias = []
    K = range(1, max_k+1)
    for k in K:
        kmeans = KMeans(n_clusters=k, random_state=42, n_init=10)  # Fixed Warning
        kmeans.fit(X)
        inertias.append(kmeans.inertia_)

    plt.figure(figsize=(10, 6))
    plt.plot(K, inertias, 'bo-')
    plt.xlabel('Number of clusters (K)')
    plt.ylabel('Inertia')
    plt.title('Elbow Method for Optimal K')
    plt.xticks(K)
    plt.grid(True)
    plt.show()

# Function to perform K-means clustering and visualize results
def perform_kmeans(X, n_clusters):
    kmeans = KMeans(n_clusters=n_clusters, random_state=42, n_init=10)  # Fixed
Warning
    labels = kmeans.fit_predict(X)
    centroids = kmeans.cluster_centers_

    plt.figure(figsize=(10, 6))
    scatter = plt.scatter(X[:, 0], X[:, 1], c=labels, cmap='viridis', edgecolors='k')
    plt.scatter(centroids[:, 0], centroids[:, 1], c='red', marker='x', s=200,
linewidths=3, label="Centroids")
    plt.colorbar(scatter)
    plt.title(f'K-means Clustering (K={n_clusters})')
    plt.xlabel('Feature 1')
    plt.ylabel('Feature 2')
    plt.legend()
    plt.grid(True)
    plt.show()

    silhouette_avg = silhouette_score(X, labels)
```

```
    print(f"The average silhouette score is: {silhouette_avg:.3f}")

# Plot Elbow Method
plot_elbow_method(X, 10)

# Perform K-means clustering with optimal K
optimal_k = 3  # Chosen based on the elbow method
perform_kmeans(X, optimal_k)
```

Dieses Codebeispiel demonstriert einen umfassenderen Ansatz zum K-Means-Clustering, einschließlich der Ellbogenmethode zur Bestimmung der optimalen Clusterzahl und Visualisierung der Ergebnisse.

Betrachten wir die einzelnen Komponenten des Codes:

1. Datengenerierung: Wir verwenden NumPy, um einen zufälligen Datensatz mit 100 Punkten im 2D-Raum zu erzeugen. Der Zufallsseed wird für die Reproduzierbarkeit festgelegt.
2. Ellbogenmethoden-Funktion: Die plot_elbow_method Funktion berechnet die Inertia (Summe der quadratischen Abstände der Samples zu ihrem nächstgelegenen Clusterzentrum) für verschiedene K-Werte (Anzahl der Cluster). Diese Werte werden dann grafisch dargestellt, um den "Ellbogenpunkt" zu identifizieren, der die optimale Clusterzahl nahelegt.
3. K-Means-Clustering-Funktion: Die perform_kmeans Funktion wendet den K-Means-Algorithmus auf die Daten an, visualisiert die Ergebnisse und berechnet den Silhouetten-Koeffizienten. Der Silhouetten-Koeffizient ist ein Maß dafür, wie ähnlich ein Objekt seinem eigenen Cluster im Vergleich zu anderen Clustern ist, mit Werten von -1 bis 1 (höher ist besser).
4. Ausführung: Wir rufen zunächst plot_elbow_method auf, um die Ergebnisse der Ellbogenmethode zu visualisieren. Basierend darauf wählen wir einen optimalen K-Wert (in diesem Fall 3) und führen das K-Means-Clustering mit diesem Wert durch.
5. Visualisierung: Der Code erzeugt zwei Diagramme:

- Ein Ellbogenmethoden-Diagramm zur Bestimmung der optimalen Clusterzahl
- Ein Streudiagramm der geclusterten Daten, mit rot markierten Zentroiden

6. Evaluierung: Der Silhouetten-Koeffizient wird berechnet und ausgegeben, was ein quantitatives Maß für die Clustering-Qualität liefert.

Dieses Beispiel zeigt nicht nur, wie man K-Means-Clustering durchführt, sondern auch wie man die optimale Clusterzahl bestimmt und die Ergebnisse evaluiert. Es verbindet mehrere Aspekte des Clustering-Prozesses und stellt damit einen robusteren und aufschlussreicheren Ansatz für das unüberwachte Lernen dar.

5.1.2 Hierarchisches Clustering

Hierarchisches Clustering ist eine vielseitige Methode des unüberwachten Lernens, die eine Hierarchie von Clustern aufbaut. Dieser Ansatz kann auf zwei Hauptarten implementiert werden:

1. Agglomeratives (Bottom-up) Clustering

Diese Methode ist ein hierarchischer Clustering-Ansatz, der damit beginnt, jeden einzelnen Datenpunkt als eigenen Cluster zu behandeln. Anschließend folgt ein iterativer Prozess, bei dem die nächstgelegenen Cluster verschmolzen werden, bis alle Datenpunkte in einem einzigen, umfassenden Cluster enthalten sind. Hier ist eine detailliertere Erklärung der Funktionsweise:

1. Initialisierung: Start mit N Clustern, wobei N die Anzahl der Datenpunkte im Datensatz ist. Jeder Datenpunkt wird als eigener Cluster betrachtet.
2. Distanzberechnung: Berechnung der Abstände zwischen allen Clusterpaaren mittels einer gewählten Distanzmetrik (z.B. euklidische Distanz, Manhattan-Distanz oder Kosinus-Ähnlichkeit).
3. Verschmelzung: Identifizierung der zwei nächstgelegenen Cluster basierend auf den berechneten Distanzen und Verschmelzung zu einem einzigen Cluster. Dies reduziert die Gesamtzahl der Cluster um eins.
4. Aktualisierung: Neuberechnung der Abstände zwischen dem neu gebildeten Cluster und allen anderen bestehenden Clustern.
5. Iteration: Wiederholung der Schritte 3 und 4, bis alle Datenpunkte in einem einzigen, umfassenden Cluster gruppiert sind oder bis ein vordefiniertes Abbruchkriterium erreicht ist (z.B. eine bestimmte Anzahl von Clustern).

Dieser Prozess erzeugt eine hierarchische, baumartige Struktur von Clustern, bekannt als Dendrogramm. Das Dendrogramm stellt den Clustering-Prozess visuell dar und zeigt, wie Cluster in jedem Schritt gebildet und verschmolzen werden. Dies ermöglicht eine Analyse auf verschiedenen Granularitätsebenen und bietet Einblicke in die Datenstruktur auf unterschiedlichen Skalen.

Die wichtigsten Vorteile des agglomerativen Clusterings sind:

- Flexibilität bei der Clusterbestimmung: Im Gegensatz zu K-Means erfordert das agglomerative Clustering keine Vorspezifizierung der Clusteranzahl, was einen explorativeren Ansatz zur Datenanalyse ermöglicht. Diese Flexibilität erlaubt es Forschern, die Datenstruktur auf verschiedenen Granularitätsebenen zu untersuchen und fundierte Entscheidungen über die optimale Clusteranzahl basierend auf dem Dendrogramm zu treffen.
- Verbesserte Interpretierbarkeit durch visuelle Darstellung: Das Dendrogramm, ein baumartiges Diagramm des agglomerativen Clusterings, bietet eine klare und intuitive

Visualisierung des Clustering-Prozesses. Diese visuelle Hilfe ermöglicht es Analysten, die Bildung und Verschmelzung von Clustern in jedem Schritt zu beobachten, liefert wertvolle Einblicke in die hierarchische Struktur der Daten und erleichtert die Identifizierung natürlicher Gruppierungen.

- Anpassungsfähigkeit an verschiedene Datentypen: Agglomeratives Clustering zeigt bemerkenswerte Vielseitigkeit in seiner Fähigkeit, verschiedene Distanzmetriken und Verbindungskriterien zu handhaben. Diese Anpassungsfähigkeit macht es geeignet für ein breites Spektrum von Datentypen und -strukturen, von numerischen bis zu kategorischen Daten und sogar gemischten Datentypen. Forscher können das am besten geeignete Distanzmaß und die Verbindungsmethode basierend auf den spezifischen Eigenschaften ihres Datensatzes wählen, um optimale Clustering-Ergebnisse zu gewährleisten.

Allerdings ist zu beachten, dass agglomeratives Clustering bei großen Datensätzen rechenintensiv sein kann und nicht immer für hochdimensionale Daten geeignet ist.

2. Divisives (Top-down) Clustering

Dieser Ansatz bietet eine kontrastierende Methode zum agglomerativen Clustering innerhalb der hierarchischen Clustering-Techniken. Beim divisiven Clustering beginnt der Algorithmus damit, dass alle Datenpunkte in einem einzigen, umfassenden Cluster zusammengefasst sind. Von diesem Ausgangspunkt aus verwendet er eine rekursive Strategie, um diesen initialen Cluster systematisch in fortschreitend kleinere Teilcluster zu unterteilen. Dieser Teilungsprozess wird fortgesetzt, bis jeder einzelne Datenpunkt in seinem eigenen individuellen Cluster isoliert ist.

Der divisive Ansatz ist besonders wertvoll, wenn Forscher oder Analysten hauptsächlich daran interessiert sind, ein breites, übergreifendes Verständnis der wichtigsten Unterteilungen oder Gruppierungen innerhalb eines Datensatzes zu erhalten, bevor sie sich in detailliertere Einzelheiten vertiefen. Durch den Start mit dem gesamten Datensatz und die fortschreitende Aufteilung kann divisives Clustering übergeordnete Strukturen und Beziehungen aufdecken, die beim Aufbau von Clustern von unten nach oben möglicherweise nicht sofort erkennbar sind.

Zentrale Eigenschaften und Vorteile des divisiven Clusterings sind:

- Top-down-Perspektive: Dieser Ansatz bietet einen umfassenden Überblick über die Datenstruktur und verschafft Forschern eine Vogelperspektive auf den gesamten Datensatz. Indem man mit allen Datenpunkten in einem einzigen Cluster beginnt und diese fortschreitend aufteilt, ermöglicht es ein ganzheitlicheres Verständnis übergeordneter Muster und Beziehungen innerhalb der Daten. Diese Perspektive kann besonders wertvoll sein, wenn es darum geht, breite, übergeordnete Strukturen zu identifizieren oder wenn man es mit komplexen, mehrdimensionalen Datensätzen zu tun hat, bei denen globale Muster bei Bottom-up-Ansätzen möglicherweise nicht sofort erkennbar sind.

- Hierarchische Darstellung: Ähnlich wie beim agglomerativen Clustering erzeugt das divisive Clustering ein Dendrogramm, das den Clustering-Prozess visuell darstellt. Dieses baumartige Diagramm veranschaulicht, wie Cluster in jedem Schritt des Algorithmus gebildet und geteilt werden, und bietet eine klare und intuitive Visualisierung der hierarchischen Datenstruktur. Das Dendrogramm ermöglicht eine mehrstufige Analyse und erlaubt es Forschern, Cluster-Beziehungen auf verschiedenen Granularitätsebenen zu untersuchen. Diese Eigenschaft ist besonders nützlich für die Erforschung von Datenstrukturen auf verschiedenen Skalen und für die Identifizierung natürlicher Gruppierungen oder Hierarchien innerhalb des Datensatzes.
- Flexibilität bei den Abbruchkriterien: Einer der wichtigsten Vorteile des divisiven Clusterings ist die Möglichkeit, den Teilungsprozess an jedem Punkt während der Algorithmusausführung anzuhalten. Diese Flexibilität ermöglicht es Forschern, die Clustering-Ergebnisse an ihre spezifischen Bedürfnisse oder die Eigenschaften ihres Datensatzes anzupassen. Durch die Anpassung des Haltepunkts können Analysten die Cluster-Granularität steuern und eine Balance zwischen breiten, übergeordneten Clustern und detaillierteren, feinkörnigeren Gruppierungen finden. Diese Anpassungsfähigkeit macht divisives Clustering für ein breites Spektrum von Anwendungen geeignet, von der explorativen Datenanalyse bis hin zu gezielteren Untersuchungen spezifischer Datenuntergruppen.
- Potenzial zur Erfassung globaler Struktur: Die Top-down-Natur des divisiven Clusterings macht es besonders geschickt darin, große, bedeutende Cluster früh im Prozess zu identifizieren. Indem man mit allen Datenpunkten in einem einzigen Cluster beginnt, ist der Algorithmus gut positioniert, um wichtige strukturelle Komponenten des Datensatzes in seinen ersten Teilungen zu erkennen und zu isolieren. Diese Fähigkeit kann besonders wertvoll sein bei Datensätzen mit klaren, übergreifenden Gruppierungen oder wenn das primäre Ziel die Identifizierung der prominentesten Cluster ist. Die frühe Erkennung dieser bedeutenden Strukturen kann entscheidende Einblicke in die Gesamtorganisation der Daten liefern und weitere Analyse und Interpretation leiten.

Allerdings ist zu beachten, dass divisives Clustering rechenintensiv sein kann, besonders bei großen Datensätzen, da es in jedem Schritt alle möglichen Teilungen berücksichtigen muss. Zusätzlich kann die Wahl des Teilungskriteriums die resultierende Cluster-Hierarchie erheblich beeinflussen.

In der Praxis findet divisives Clustering Anwendung in verschiedenen Bereichen wie der Biologie (für taxonomische Klassifikation), beim Dokument-Clustering im Information Retrieval und bei der Marktsegmentierung in der Geschäftsanalytik. Seine Fähigkeit, eine Top-down-Sicht auf Datenstrukturen zu bieten, macht es zu einem wertvollen Werkzeug im Arsenal der Techniken des unüberwachten Lernens, das andere Clustering-Ansätze ergänzt und einzigartige Einblicke in komplexe Datensätze bietet.

In diesem Abschnitt werden wir uns hauptsächlich auf das **Agglomerative Clustering** konzentrieren, das in der Praxis aufgrund seiner rechnerischen Effizienz und intuitiven Natur häufiger verwendet wird. Die Ergebnisse des hierarchischen Clusterings werden typischerweise mittels eines **Dendrogramms** visualisiert, einem baumartigen Diagramm, das die Anordnung der Cluster veranschaulicht.

Diese Visualisierung ist besonders wertvoll, da sie es Data Scientists ermöglicht, den Clustering-Prozess auf verschiedenen Ebenen zu beobachten und fundierte Entscheidungen über die optimale Anzahl von Clustern für ihren spezifischen Anwendungsfall zu treffen.

Das Dendrogramm bietet eine klare Darstellung davon, wie Cluster in jedem Schritt des Algorithmus gebildet und zusammengeführt werden. Durch die Untersuchung der Höhe der Verzweigungen im Dendrogramm können Analysten Einblicke in die Ähnlichkeit zwischen verschiedenen Clustern gewinnen und natürliche Gruppierungen innerhalb der Daten identifizieren. Diese Flexibilität in der Interpretation ist einer der wichtigsten Vorteile des hierarchischen Clusterings gegenüber anderen Methoden wie K-means, bei denen die Anzahl der Cluster im Voraus festgelegt werden muss.

Funktionsweise des Agglomerativen Clusterings

1. Behandlung jedes Datenpunkts als eigener Cluster: Zu Beginn wird jeder einzelne Datenpunkt im Datensatz als separater Cluster betrachtet. Das bedeutet, wenn Sie n Datenpunkte haben, beginnen Sie mit n Clustern.

2. Finden und Verschmelzen der zwei nächstgelegenen Cluster: Der Algorithmus berechnet die Abstände zwischen allen Cluster-Paaren mithilfe einer gewählten Distanzmetrik (z.B. euklidische Distanz). Er identifiziert dann die zwei Cluster, die sich am nächsten sind, und verbindet sie zu einem einzigen Cluster. Dieser Schritt reduziert die Gesamtzahl der Cluster um eins.

3. Wiederholung bis alle Punkte in einem einzigen Cluster verschmolzen sind: Der Prozess des Findens und Verschmelzens der nächstgelegenen Cluster wird iterativ wiederholt. Mit jeder Iteration verringert sich die Anzahl der Cluster um eins, bis schließlich alle Datenpunkte in einem großen, allumfassenden Cluster gruppiert sind.

4. Schneiden des Dendrogramms in einer bestimmten Höhe zur Erhaltung der gewünschten Cluster-Anzahl: Der Verschmelzungsprozess erzeugt eine hierarchische Struktur, bekannt als Dendrogramm. Durch das "Schneiden" dieses Dendrogramms in einer bestimmten Höhe können Sie eine beliebige Anzahl von Clustern zwischen 1 und n erhalten. Die Höhe, in der Sie schneiden, bestimmt, wie viele Cluster Sie am Ende erhalten. Ein tieferer Schnitt im Dendrogramm führt zu mehr Clustern, während ein höherer Schnitt zu weniger Clustern führt.

Beispiel: Hierarchisches Clustering mit Scikit-learn (Agglomerativ)

```
import numpy as np
import matplotlib.pyplot as plt
```

```
from sklearn.cluster import AgglomerativeClustering
from scipy.cluster.hierarchy import dendrogram, linkage

# Generate sample data
np.random.seed(42)
X = np.random.rand(50, 2)

# Perform hierarchical clustering (agglomerative)
n_clusters = 4
hc = AgglomerativeClustering(n_clusters=n_clusters)
hc.fit(X)  # Fit the model
y_hc = hc.labels_  # Get cluster labels

# Plot the clusters
plt.figure(figsize=(12, 5))

# Cluster visualization
plt.subplot(121)
scatter = plt.scatter(X[:, 0], X[:, 1], c=y_hc, s=50, cmap='viridis', edgecolors='k')
plt.title("Agglomerative Clustering")
plt.xlabel("Feature 1")
plt.ylabel("Feature 2")
plt.colorbar(scatter, label='Cluster')

# Generate linkage matrix for the dendrogram
linked = linkage(X, method='ward')

# Plot the dendrogram
plt.subplot(122)
dendrogram(linked, truncate_mode='level', p=4)
plt.title("Dendrogram")
plt.xlabel("Sample Index")
plt.ylabel("Distance")

plt.tight_layout()
plt.show()

# Print cluster labels
print("Cluster labels:", y_hc)

# Calculate and print the number of samples in each cluster
unique, counts = np.unique(y_hc, return_counts=True)
for cluster, count in zip(unique, counts):
    print(f"Cluster {cluster}: {count} samples")
```

Lassen Sie uns dieses umfassende Beispiel des hierarchischen Clusterings aufschlüsseln:

1. Bibliotheken importieren

Wir importieren die erforderlichen Bibliotheken: numpy für numerische Operationen, matplotlib für die Visualisierung und sklearn sowie scipy für Clustering-Algorithmen und Visualisierungstools.

2. Beispieldaten generieren

Wir erstellen einen zufälligen Datensatz von 50 Proben mit 2 Merkmalen mittels numpy. Der Zufallsseed wird für die Reproduzierbarkeit festgelegt.

3. Agglomeratives Clustering durchführen

Wir verwenden AgglomerativeClustering von sklearn, um hierarchisches Clustering durchzuführen. Wir setzen n_clusters=4, um unsere Daten in 4 Cluster zu unterteilen.

4. Cluster visualisieren

Wir erstellen ein Streudiagramm unserer Datenpunkte, wobei jeder Punkt entsprechend seiner Cluster-Zuordnung eingefärbt ist. Dies liefert uns eine visuelle Darstellung, wie der Algorithmus unsere Daten gruppiert hat.

5. Dendrogramm generieren und plotten

Wir verwenden die linkage-Funktion, um die Verknüpfungsmatrix zu berechnen, die dann zur Erstellung eines Dendrogramms verwendet wird. Das Dendrogramm stellt die hierarchische Beziehung zwischen den Clustern visuell dar.

6. Ergebnisse anzeigen

Wir verwenden plt.show(), um sowohl das Streudiagramm als auch das Dendrogramm nebeneinander anzuzeigen.

7. Cluster-Informationen ausgeben

Wir geben die Cluster-Labels für jeden Datenpunkt aus und berechnen die Anzahl der Samples in jedem Cluster. Dies liefert uns eine numerische Zusammenfassung der Clustering-Ergebnisse.

Dieses Beispiel bietet einen Einblick in hierarchisches Clustering. Es führt nicht nur das Clustering durch, sondern visualisiert die Ergebnisse auf zwei verschiedene Arten (Streudiagramm und Dendrogramm) und liefert numerische Zusammenfassungen des Clustering-Ergebnisses. Dieser Ansatz ermöglicht ein tieferes Verständnis davon, wie der Algorithmus die Daten gruppiert hat und welche Beziehungen zwischen verschiedenen Clustern bestehen.

Vor- und Nachteile des hierarchischen Clusterings

- Das hierarchische Clustering bietet mehrere wichtige Vorteile:
- Flexibilität bei der Cluster-Bestimmung: Im Gegensatz zu K-means erfordert das agglomerative Clustering keine vorherige Festlegung der Cluster-Anzahl. Dies

ermöglicht einen explorativen Ansatz, bei dem Forscher die Datenstruktur auf verschiedenen Granularitätsebenen untersuchen und fundierte Entscheidungen über die optimale Anzahl von Clustern basierend auf dem Dendrogramm treffen können.

- Verbesserte Interpretierbarkeit durch visuelle Darstellung: Das Dendrogramm, ein baumartiges Diagramm des hierarchischen Clusterings, bietet eine klare und intuitive Visualisierung des Clustering-Prozesses. Diese visuelle Hilfe ermöglicht es Analysten, die Bildung und Verschmelzung von Clustern in jedem Schritt zu beobachten, wertvolle Einblicke in die hierarchische Struktur der Daten zu gewinnen und die Identifizierung natürlicher Gruppierungen zu erleichtern.
- Anpassungsfähigkeit an verschiedene Datentypen: Hierarchisches Clustering zeigt bemerkenswerte Vielseitigkeit im Umgang mit verschiedenen Arten von Distanzmetriken und Verknüpfungskriterien. Diese Anpassungsfähigkeit macht es für ein breites Spektrum von Datentypen und -strukturen geeignet, von numerischen bis zu kategorialen Daten und sogar gemischten Datentypen. Forscher können die am besten geeignete Distanzmaß- und Verknüpfungsmethode basierend auf den spezifischen Eigenschaften ihres Datensatzes wählen, um optimale Clustering-Ergebnisse zu gewährleisten.

Allerdings ist zu beachten, dass hierarchisches Clustering bei großen Datensätzen rechenintensiv sein kann und nicht immer für hochdimensionale Daten geeignet ist.

5.1.3 DBSCAN (Dichtebasierte räumliche Clusteranalyse von Anwendungen mit Rauschen)

DBSCAN (Dichtebasierte räumliche Clusteranalyse von Anwendungen mit Rauschen) ist ein ausgefeilter dichtebasierter Clustering-Algorithmus, der sich durch die Gruppierung eng beieinander liegender Datenpunkte im Raum auszeichnet. Im Vergleich zu traditionellen Clustering-Methoden wie K-Means und hierarchischem Clustering bietet DBSCAN mehrere einzigartige Vorteile:

1. Beliebige Cluster-Formen: DBSCAN zeigt bemerkenswerte Vielseitigkeit bei der Identifizierung von Clustern verschiedener Formen und Größen, die nicht auf sphärische Formationen beschränkt sind. Diese Fähigkeit macht es zu einem wertvollen Werkzeug für die Analyse von Datensätzen mit komplexen, nicht-globulären Cluster-Strukturen, wodurch Forscher komplexe Muster aufdecken können, die von traditionelleren Clustering-Algorithmen möglicherweise übersehen werden. Durch die Anpassung an die natürlichen Konturen der Daten kann DBSCAN Einblicke in Datensätze mit unregelmäßigen oder länglichen Cluster-Formen liefern, was besonders nützlich ist in Bereichen wie räumlicher Analyse, Bildsegmentierung und Mustererkennung in multidimensionalen Datensätzen.
2. Keine vordefinierte Cluster-Anzahl: Im Gegensatz zu bestimmten Clustering-Algorithmen wie K-Means bietet DBSCAN den bedeutenden Vorteil, dass Benutzer die

Anzahl der Cluster nicht a priori festlegen müssen. Diese Eigenschaft ist besonders vorteilhaft in explorativen Datenanalyseszenarien, in denen die optimale Anzahl von Clustern nicht bekannt oder im Voraus leicht bestimmbar ist. Indem der Algorithmus Cluster natürlich basierend auf der Datendichte entdeckt, bietet DBSCAN einen organischeren und datengesteuerten Ansatz zum Clustering. Diese Flexibilität kann zur Entdeckung unerwarteter Muster oder Gruppierungen in den Daten führen, die möglicherweise übersehen worden wären, wenn eine feste Anzahl von Clustern von vornherein vorgegeben gewesen wäre.

3. Ausreißererkennung: Eines der herausragenden Merkmale von DBSCAN ist seine inhärente Fähigkeit, Ausreißer oder Rauschpunkte zu identifizieren und zu kennzeichnen, die zu keinem Cluster gehören. Dieser eingebaute Ausreißererkennungsmechanismus ist besonders wertvoll beim Umgang mit Datensätzen, die signifikantes Rauschen, Anomalien oder dünn besetzte Regionen enthalten. Durch die Unterscheidung zwischen Kernpunkten, Randpunkten und Rauschpunkten kann DBSCAN ungewöhnliche Datenpunkte effektiv isolieren, die Fehler, seltene Ereignisse oder potenzielle Interessensbereiche darstellen könnten. Diese Fähigkeit ist besonders nützlich in verschiedenen Anwendungen wie der Betrugserkennung bei Finanztransaktionen, der Identifizierung ungewöhnlicher Muster in wissenschaftlichen Daten oder der Erkennung von Anomalien in Sensormessungen, wo die Identifizierung von Ausreißern ebenso wichtig sein kann wie das Clustering regulärer Datenpunkte.

Der Algorithmus arbeitet durch die Erforschung der Dichteverteilung von Datenpunkten:

- Kernpunkte: Dies sind fundamentale Elemente im DBSCAN-Clustering, die sich dadurch auszeichnen, dass sie eine Mindestanzahl von benachbarten Punkten (spezifiziert durch den min_samples Parameter) innerhalb eines definierten Radius (bestimmt durch den eps Parameter) haben. Kernpunkte dienen als Grundlage für die Cluster-Bildung und fungieren als Dichtezentren, um die herum Cluster aufgebaut werden.
- Randpunkte: Diese Punkte spielen eine unterstützende Rolle im Clustering-Prozess. Sie befinden sich innerhalb der Nachbarschaft eines Kernpunkts, haben aber nicht die erforderliche Anzahl von Nachbarn, um selbst als Kernpunkte zu qualifizieren. Randpunkte werden aufgrund ihrer Nähe zu Kernpunkten in Cluster einbezogen und helfen dabei, die äußeren Grenzen von Clustern zu definieren.
- Rauschpunkte: Diese werden auch als Ausreißer bezeichnet und sind Datenpunkte, die weder die Kriterien für Kern- noch für Randpunkte erfüllen. Rauschpunkte werden keinem Cluster zugeordnet, sondern als isolierte oder anomale Datenpunkte identifiziert. Die Fähigkeit zur Unterscheidung von Rauschpunkten ist ein Schlüsselmerkmal von DBSCAN, das es ermöglicht, effektiv mit Datensätzen umzugehen, die Ausreißer oder dünn besetzte Regionen enthalten.

DBSCAN bildet Cluster durch die Verbindung von Kernpunkten, die nahe beieinander liegen, und ordnet dann Randpunkte diesen Clustern zu. Dieser dichtebasierte Ansatz ermöglicht es DBSCAN, effektiv mit Datensätzen unterschiedlicher Dichten und komplexer Formen umzugehen, was ihn zu einem leistungsfähigen Werkzeug für explorative Datenanalyse und Mustererkennung in verschiedenen Bereichen wie räumlicher Datenanalyse, Bildverarbeitung und Anomalieerkennung in der Netzwerksicherheit macht.

Funktionsweise von DBSCAN

1. DBSCAN (Dichtebasierte räumliche Clusteranalyse von Anwendungen mit Rauschen) ist ein ausgefeilter Clustering-Algorithmus, der durch die Identifizierung dichter Regionen von Datenpunkten arbeitet. Hier folgt eine detaillierte Erklärung der Funktionsweise von DBSCAN:

2. Initialisierung: DBSCAN beginnt mit der Auswahl eines beliebigen, noch nicht besuchten Datenpunkts aus dem Datensatz.

3. Kernpunkt-Identifizierung: Der Algorithmus untersucht die Nachbarschaft dieses Punktes, definiert durch einen Radius Epsilon (eps). Wenn sich mindestens 'min_samples' Punkte innerhalb dieses eps-Radius befinden, einschließlich des Punktes selbst, wird er als Kernpunkt klassifiziert. Dieser Kernpunkt wird zum Ausgangspunkt eines neuen Clusters.

4. Cluster-Erweiterung: Von diesem Kernpunkt aus erweitert DBSCAN den Cluster durch die Untersuchung aller direkt dichteverbundenen Punkte. Dies sind Punkte, die sich innerhalb des eps-Radius des Kernpunkts befinden. Wenn einige dieser Punkte ebenfalls Kernpunkte sind (d.h., sie haben mindestens min_samples Punkte innerhalb ihres eps-Radius), werden auch ihre Nachbarschaften zum Cluster hinzugefügt. Dieser Prozess setzt sich rekursiv fort und ermöglicht es dem Algorithmus, Cluster beliebiger Form zu entdecken.

5. Randpunkt-Klassifizierung: Punkte, die sich innerhalb des eps-Radius eines Kernpunkts befinden, aber nicht selbst min_samples Punkte in ihrer Nachbarschaft haben, werden als Randpunkte klassifiziert. Diese Punkte gehören zum Cluster, erweitern ihn aber nicht weiter.

6. Rauschpunkt-Identifizierung: Alle Punkte, die weder Kernpunkte sind noch sich innerhalb des eps-Radius eines Kernpunkts befinden, werden als Rauschpunkte oder Ausreißer klassifiziert.

7. Cluster-Vervollständigung: Sobald ein Cluster nicht weiter erweitert werden kann (d.h., alle dichteverbundenen Punkte wurden gefunden), geht DBSCAN zu einem unbesuchten Punkt über und wiederholt den Prozess, wodurch möglicherweise ein neuer Cluster begonnen wird.

Dieser Prozess wird fortgesetzt, bis alle Punkte besucht und entweder als Teil eines Clusters oder als Rauschen klassifiziert wurden. Der wesentliche Vorteil von DBSCAN liegt in seiner

Fähigkeit, Cluster beliebiger Form und Größe zu bilden sowie seiner inhärenten Fähigkeit, Ausreißer zu erkennen und zu isolieren. Allerdings hängt die Leistung von DBSCAN stark von der Wahl der Parameter eps und min_samples ab, deren Optimierung für komplexe Datensätze eine Herausforderung darstellen kann.

Beispiel: DBSCAN mit Scikit-learn (Clustering)

```
import numpy as np
import matplotlib.pyplot as plt
from sklearn.cluster import DBSCAN
from sklearn.preprocessing import StandardScaler
from sklearn.datasets import make_moons

# Generate sample data
n_samples = 300
X, _ = make_moons(n_samples=n_samples, noise=0.05, random_state=42)

# Standardize the data
scaler = StandardScaler()
X_scaled = scaler.fit_transform(X)

# Create a DBSCAN instance
dbscan = DBSCAN(eps=0.3, min_samples=5)

# Fit the model to the data
dbscan.fit(X_scaled)

# Get the cluster assignments for each data point
labels = dbscan.labels_

# Number of clusters in labels, ignoring noise if present
n_clusters = len(set(labels)) - (1 if -1 in labels else 0)
n_noise = list(labels).count(-1)

# Plot the clusters
plt.figure(figsize=(10, 8))
unique_labels = set(labels)
colors = plt.cm.Spectral(np.linspace(0, 1, len(unique_labels)))

for k, col in zip(unique_labels, colors):
    if k == -1:
        # Black used for noise
        col = 'k'

    class_member_mask = (labels == k)
    xy = X_scaled[class_member_mask]
    plt.plot(xy[:, 0], xy[:, 1], 'o', markerfacecolor=col, markeredgecolor='k',
markersize=6)

plt.title(f'DBSCAN Clustering\\nClusters: {n_clusters}, Noise Points: {n_noise}')
plt.xlabel('Feature 1')
```

```
plt.ylabel('Feature 2')
plt.show()

print(f"Number of clusters: {n_clusters}")
print(f"Number of noise points: {n_noise}")
```

Lass uns dieses Code-Beispiel des DBSCAN-Clusterings im Detail betrachten:

1. Bibliotheken importieren: Wir importieren numpy für numerische Operationen, matplotlib für die Visualisierung, DBSCAN aus sklearn.cluster für den Clustering-Algorithmus, StandardScaler für die Datenvorverarbeitung und make_moons zur Generierung von Beispieldaten.
2. Beispieldaten generieren: Wir verwenden make_moons, um einen Datensatz mit 300 Stichproben zu erstellen. Diese Funktion erzeugt zwei ineinander verschlungene Halbkreise, was einen guten Test für DBSCAN darstellt, da es mit nicht-kugelförmigen Clustern umgehen kann.
3. Datenvorverarbeitung: Wir standardisieren die Daten mit StandardScaler. Dieser Schritt ist wichtig, da DBSCAN distanzbasierte Messungen verwendet und Merkmale mit unterschiedlichen Skalen die Ergebnisse verzerren können.
4. DBSCAN erstellen und anpassen: Wir initialisieren DBSCAN mit eps=0.3 und min_samples=5. Dies sind entscheidende Parameter:

- eps: Die maximale Distanz zwischen zwei Stichproben, damit sie als in der gleichen Nachbarschaft betrachtet werden.
- min_samples: Die Anzahl der Stichproben in einer Nachbarschaft, damit ein Punkt als Kernpunkt gilt. Anschließend passen wir das Modell an unsere skalierten Daten an.

1. Ergebnisse analysieren: Wir extrahieren die von DBSCAN zugewiesenen Labels. Als -1 markierte Punkte werden als Rauschen betrachtet. Wir berechnen die Anzahl der Cluster und Rauschpunkte.
2. Cluster visualisieren: Wir erstellen einen Streudiagramm, bei dem jeder Punkt entsprechend seiner Cluster-Zugehörigkeit eingefärbt ist. Rauschpunkte werden schwarz dargestellt. Diese Visualisierung hilft zu verstehen, wie DBSCAN die Daten gruppiert hat.
3. Ergebnisse anzeigen: Wir geben die Anzahl der Cluster und Rauschpunkte aus und liefern damit eine numerische Zusammenfassung des Clustering-Ergebnisses.

Dieses Beispiel demonstriert die Fähigkeit von DBSCAN, Cluster beliebiger Form zu identifizieren und die eingebaute Rauscherkennung. Durch Anpassung von eps und min_samples können Sie die Empfindlichkeit des Algorithmus gegenüber Rauschen und die minimale Clustergröße steuern.

Vor- und Nachteile von DBSCAN

- **Vorteile:**
  - Keine vordefinierte Cluster-Anzahl: Im Gegensatz zu Algorithmen wie K-Means müssen Benutzer nicht vorab die Anzahl der Cluster festlegen. Dies ist besonders vorteilhaft für explorative Datenanalyse, bei der die optimale Cluster-Anzahl unbekannt ist.
  - Beliebige Cluster-Formen: DBSCAN kann Cluster verschiedener Formen und Größen identifizieren und ist nicht auf sphärische Formationen beschränkt. Dies macht es wertvoll für die Analyse von Datensätzen mit komplexen, nicht-kugelförmigen Cluster-Strukturen.
  - Ausreißererkennung: Der Algorithmus besitzt die inhärente Fähigkeit, Ausreißer oder Rauschpunkte zu identifizieren und zu kennzeichnen, die zu keinem Cluster gehören. Dies ist nützlich in Anwendungen wie Betrugserkennung oder Anomalie-Identifikation in wissenschaftlichen Daten.
  - Dichtebasierter Ansatz: Durch den Fokus auf Bereiche hoher Dichte kann DBSCAN effektiv mit Datensätzen unterschiedlicher Dichten und ungleichmäßiger Cluster-Größen umgehen.
- **Nachteile:**
  - Parameter-Empfindlichkeit: Die Leistung von DBSCAN hängt stark von der Wahl zweier Schlüsselparameter ab: eps (Epsilon, der den Nachbarschaftsradius definiert) und min_samples (Mindestanzahl von Punkten zur Bildung einer dichten Region). Die Auswahl optimaler Werte für diese Parameter kann herausfordernd sein und erfordert möglicherweise Experimentieren.
  - Unterschiedliche Dichten: Obwohl DBSCAN besser mit unterschiedlichen Dichten umgeht als einige Algorithmen, kann es dennoch Schwierigkeiten mit Datensätzen haben, bei denen Cluster deutlich unterschiedliche Dichten aufweisen. In solchen Fällen werden möglicherweise nicht alle bedeutsamen Cluster erkannt.
  - Hochdimensionale Daten: Die Leistung des Algorithmus kann in hochdimensionalen Räumen aufgrund des "Fluchs der Dimensionalität" abnehmen, bei dem Distanzmaße weniger aussagekräftig werden.
  - Skalierbarkeit: Für sehr große Datensätze kann DBSCAN rechenintensiv werden, besonders wenn der Epsilon-Wert nicht sorgfältig gewählt wird.

In diesem Abschnitt haben wir drei wichtige Clustering-Algorithmen behandelt: **K-Means**, **Hierarchisches Clustering** und **DBSCAN**. Jeder Algorithmus hat seine Stärken und eignet sich für verschiedene Arten von Daten und Clustering-Aufgaben. K-Means ist schnell und einfach zu implementieren, erfordert aber die vorherige Kenntnis der Cluster-Anzahl.

Hierarchisches Clustering bietet eine hierarchische Struktur von Clustern, die mit einem Dendrogramm visualisiert werden kann, während DBSCAN hervorragend geeignet ist, um Cluster beliebiger Form zu entdecken und mit Ausreißern umzugehen.

5.2 Hauptkomponentenanalyse (PCA) und Dimensionsreduktion

Im maschinellen Lernen umfassen Datensätze oft eine Vielzahl von Merkmalen, was zu hochdimensionalen Datenräumen führt. Diese hochdimensionalen Datensätze stellen mehrere Herausforderungen dar: Sie können schwierig zu visualisieren, rechenintensiv zu verarbeiten sein und möglicherweise zu einer Verschlechterung der Modellleistung führen.

Dieses letztgenannte Phänomen wird häufig als **Fluch der Dimensionalität** bezeichnet, ein Begriff, der die verschiedenen Schwierigkeiten zusammenfasst, die bei der Arbeit mit Daten in hochdimensionalen Räumen entstehen. Um diese Herausforderungen zu bewältigen, setzen Data Scientists und Machine-Learning-Praktiker **Dimensionsreduktionstechniken** ein. Diese Methoden sollen die genannten Probleme durch strategische Reduzierung der Merkmalsanzahl minimieren und dabei die wichtigsten und aussagekräftigsten Aspekte des ursprünglichen Datensatzes bewahren.

Unter den verschiedenen Dimensionsreduktionstechniken sticht die **Hauptkomponentenanalyse (PCA)** als eine der am häufigsten verwendeten und vielseitigsten Methoden hervor. PCA funktioniert durch Transformation des ursprünglichen Datensatzes in ein neues Koordinatensystem, wobei die Achsen (bekannt als Hauptkomponenten) nach dem Anteil der Varianz, den sie aus den ursprünglichen Daten erfassen, geordnet werden.

Diese Transformation ist besonders leistungsfähig, da die ersten Hauptkomponenten typischerweise einen erheblichen Teil der Gesamtvarianz des Datensatzes erfassen. Folglich können wir durch die Beibehaltung nur dieser wichtigsten Komponenten eine substanzielle Reduktion der Datendimensionalität erreichen und dabei dennoch den Großteil der inhärenten Information und Struktur des Datensatzes bewahren.

Diese elegante Balance zwischen Dimensionsreduktion und Informationserhaltung macht PCA zu einem unschätzbaren Werkzeug im Repertoire des Data Scientists, das eine effizientere Datenverarbeitung ermöglicht und oft die Leistung nachfolgender maschineller Lernmodelle verbessert.

5.2.1 Hauptkomponentenanalyse (PCA)

Die **Hauptkomponentenanalyse (PCA)** ist eine leistungsstarke lineare Dimensionsreduktionstechnik, die in der Datenanalyse und im maschinellen Lernen verwendet wird. Sie transformiert hochdimensionale Daten in einen niedrigdimensionalen Raum, während sie so viel wie möglich von der ursprünglichen Information bewahrt. PCA funktioniert durch Identifizierung der Richtungen (Hauptkomponenten) im Datensatz, in denen die Varianz maximal ist.

Der PCA-Prozess kann in mehrere Schritte unterteilt werden:

1. Standardisierung

PCA ist empfindlich gegenüber der Skalierung von Merkmalen, daher ist es oft notwendig, die Daten zunächst zu standardisieren. Dieser Prozess beinhaltet die Transformation der Daten, sodass jedes Merkmal einen Mittelwert von 0 und eine Standardabweichung von 1 hat. Standardisierung ist für PCA wichtig, weil:

- Sie sicherstellt, dass alle Merkmale gleichmäßig zur Analyse beitragen und verhindert, dass Merkmale mit größeren Skalen die Ergebnisse dominieren.
- Sie die Daten über verschiedene Maßeinheiten hinweg vergleichbar macht.
- Sie bei der genauen Berechnung der Hauptkomponenten hilft, da PCA auf der Varianz der Daten basiert.

Die Standardisierung kann mithilfe von Techniken wie der Z-Score-Normalisierung durchgeführt werden, die den Mittelwert subtrahiert und durch die Standardabweichung für jedes Merkmal teilt. Dieser Schritt wird typischerweise vor der Anwendung von PCA durchgeführt, um optimale Ergebnisse und Interpretierbarkeit der Hauptkomponenten zu gewährleisten.

2. Berechnung der Kovarianzmatrix

PCA berechnet die Kovarianzmatrix der standardisierten Daten, um die Beziehungen zwischen den Variablen zu verstehen. Dieser Schritt ist entscheidend, da er quantifiziert, wie stark die Dimensionen vom Mittelwert in Bezug zueinander abweichen. Die Kovarianzmatrix ist eine quadratische Matrix, bei der jedes Element die Kovarianz zwischen zwei Variablen darstellt. Für einen Datensatz mit n Merkmalen wird die Kovarianzmatrix eine n x n Matrix sein.

Die Formel für die Kovarianz zwischen zwei Variablen X und Y lautet:

cov(X,Y) = Σ[(X_i - X_mittel)(Y_i - Y_mittel)] / (n-1)

Wobei X_i und Y_i einzelne Datenpunkte sind, X_mittel und Y_mittel die Mittelwerte von X bzw. Y sind und n die Anzahl der Datenpunkte ist.

Die Diagonalelemente dieser Matrix stellen die Varianz jeder Variable dar, während die Nicht-Diagonalelemente die Kovarianz zwischen verschiedenen Variablen repräsentieren. Eine positive Kovarianz zeigt an, dass die Variablen tendenziell zusammen zu- oder abnehmen, während eine negative Kovarianz darauf hinweist, dass eine Variable tendenziell abnimmt, wenn die andere zunimmt.

Diese Kovarianzmatrix bildet die Grundlage für die nachfolgenden Schritte in PCA, einschließlich der Berechnung von Eigenvektoren und Eigenwerten, die die Hauptkomponenten bestimmen werden.

3. Eigendekomposition

Dieser entscheidende Schritt in PCA beinhaltet die Berechnung der Eigenvektoren und Eigenwerte der Kovarianzmatrix. Eigenvektoren repräsentieren die Hauptkomponenten oder Richtungen maximaler Varianz in den Daten, während Eigenwerte die Menge der Varianz quantifizieren, die durch jeden entsprechenden Eigenvektor erklärt wird. Hier ist eine detailliertere Erklärung:

- Kovarianzmatrix: Zunächst berechnen wir die Kovarianzmatrix der standardisierten Daten. Diese Matrix erfasst die Beziehungen zwischen verschiedenen Merkmalen im Datensatz.
- Eigenvektoren: Dies sind spezielle Vektoren, die bei Anwendung einer linearen Transformation (in diesem Fall die Kovarianzmatrix) nur ihre Größe, nicht aber ihre Richtung ändern. In PCA repräsentieren Eigenvektoren die Hauptkomponenten.
- Eigenwerte: Jeder Eigenvektor hat einen entsprechenden Eigenwert. Der Eigenwert repräsentiert die Menge der Varianz in den Daten, die durch seinen entsprechenden Eigenvektor (Hauptkomponente) erfasst wird.
- Rangfolge: Die Eigenvektoren werden dann basierend auf ihren entsprechenden Eigenwerten sortiert. Der Eigenvektor mit dem höchsten Eigenwert wird zur ersten Hauptkomponente, der zweithöchste zur zweiten Hauptkomponente und so weiter.
- Dimensionsreduktion: Durch die Auswahl nur der wichtigsten Eigenvektoren (diejenigen mit den höchsten Eigenwerten) können wir die Dimensionalität der Daten effektiv reduzieren und dabei den Großteil ihrer Varianz und wichtigen Merkmale beibehalten.

Dieser Eigendekompositionsschritt ist fundamental für PCA, da er die Richtungen (Hauptkomponenten) bestimmt, entlang derer die Daten am stärksten variieren, wodurch wir die wichtigsten Muster in den Daten mit weniger Dimensionen erfassen können.

4. Auswahl der Hauptkomponenten

In diesem Schritt werden die Eigenvektoren basierend auf ihren entsprechenden Eigenwerten eingestuft und die wichtigsten Eigenvektoren als Hauptkomponenten ausgewählt. Hier folgt eine detailliertere Erklärung:

- Einstufung: Nach der Berechnung der Eigenvektoren und Eigenwerte werden diese in absteigender Reihenfolge nach den Eigenwerten sortiert. Diese Rangfolge spiegelt den Anteil der Varianz wider, den jeder Eigenvektor (potenzielle Hauptkomponente) in den Daten erklärt.

- Auswahlkriterien: Die Anzahl der beizubehaltenden Hauptkomponenten wird typischerweise durch eine dieser Methoden bestimmt:
    - Schwellenwert der erklärten Varianz: Auswahl von Komponenten, die kumulativ einen bestimmten Prozentsatz (z.B. 95%) der Gesamtvarianz erklären.
    - Scree-Plot-Analyse: Visualisierung der erklärten Varianz jeder Komponente und Suche nach einem "Ellbogenpunkt", an dem die Kurve abflacht.
    - Kaiser-Kriterium: Beibehaltung von Komponenten mit Eigenwerten größer als 1.
- Dimensionsreduktion: Durch die Auswahl nur der wichtigsten k Eigenvektoren (wobei k kleiner ist als die ursprüngliche Anzahl der Merkmale) reduzieren wir effektiv die Dimensionalität des Datensatzes und behalten dabei die wichtigsten Informationen bei.

Die ausgewählten Eigenvektoren werden zu den Hauptkomponenten und bilden ein neues Koordinatensystem, das die wichtigsten Muster in den Daten erfasst. Diese Transformation ermöglicht eine effizientere Datenrepräsentation und -analyse.

5. Datenprojektion

Der letzte Schritt bei PCA beinhaltet die Projektion der ursprünglichen Daten auf den durch die ausgewählten Hauptkomponenten definierten Raum. Dieser Prozess transformiert die Daten von ihrem ursprünglichen hochdimensionalen Raum in einen niedrigdimensionalen Raum, was zu einer dimensionsreduzierten Darstellung führt. Hier folgt eine detailliertere Erklärung dieses Schritts:

1. Transformationsmatrix: Die ausgewählten Hauptkomponenten bilden eine Transformationsmatrix. Jede Spalte dieser Matrix repräsentiert einen Hauptkomponentenvektor.
2. Matrixmultiplikation: Die ursprünglichen Daten werden dann mit dieser Transformationsmatrix multipliziert. Diese Operation projiziert im Wesentlichen jeden Datenpunkt auf das neue, durch die Hauptkomponenten definierte Koordinatensystem.
3. Dimensionsreduktion: Wenn weniger Hauptkomponenten ausgewählt werden als die ursprüngliche Anzahl der Dimensionen, reduziert dieser Schritt automatisch die Dimensionalität der Daten. Wenn wir zum Beispiel nur die beiden wichtigsten Hauptkomponenten für einen Datensatz mit 10 ursprünglichen Merkmalen auswählen, reduzieren wir die Dimensionalität von 10 auf 2.
4. Informationserhaltung: Trotz der Reduktion der Dimensionen zielt diese Projektion darauf ab, so viel wie möglich von der ursprünglichen Varianz in den Daten zu erhalten.

Die erste Hauptkomponente erfasst die meiste Varianz, die zweite die zweitmeiste, und so weiter.

5. Neues Koordinatensystem: Im resultierenden niedrigdimensionalen Raum wird jeder Datenpunkt nun durch seine Koordinaten entlang der Hauptkomponentenachsen dargestellt, anstatt durch die ursprünglichen Merkmalsachsen.
6. Interpretation: Die projizierten Daten können oft Muster oder Strukturen offenbaren, die im ursprünglichen hochdimensionalen Raum nicht erkennbar waren, was sie für die Visualisierung und weitere Analysen nützlich macht.

Dieser Datenprojektionsschritt ist entscheidend, da er den PCA-Prozess abschließt und eine neue Darstellung der Daten liefert, die oft besser handhabbar und interpretierbarer ist, während die wichtigsten Aspekte der ursprünglichen Information erhalten bleiben.

PCA findet diese Komponenten in absteigender Reihenfolge der von ihnen erklärten Varianz. Das bedeutet, die erste Hauptkomponente erklärt den größten Teil der Variabilität in den Daten, die zweite Komponente den zweitgrößten Teil, und so weiter. Indem wir nur die ersten Komponenten beibehalten, die den Großteil der Varianz erklären, können wir die Dimensionalität des Datensatzes effektiv reduzieren und dabei seine wichtigsten Eigenschaften bewahren.

Die Entscheidung über die Anzahl der beizubehaltenden Komponenten ist bei PCA von entscheidender Bedeutung. Diese Wahl hängt von der spezifischen Anwendung und dem gewünschten Kompromiss zwischen Dimensionsreduktion und Informationserhaltung ab. Übliche Ansätze umfassen das Festlegen eines Schwellenwerts für die kumulativ erklärte Varianz oder die Verwendung von Techniken wie der Ellbogenmethode zur Identifizierung der optimalen Komponentenanzahl.

PCA findet Anwendung in zahlreichen Bereichen, einschließlich Bildkompression, Merkmalsauswahl, Rauschreduktion und Datenvisualisierung. Es ist jedoch wichtig zu beachten, dass PCA lineare Beziehungen zwischen Variablen voraussetzt und möglicherweise nicht für Datensätze mit komplexen, nicht-linearen Strukturen geeignet ist.

Zusammenfassung der PCA-Funktionsweise

Die Principal Component Analysis (PCA) ist eine leistungsfähige Dimensionsreduktionstechnik, die durch eine Reihe klar definierter Schritte funktioniert. Betrachten wir jede Phase dieses Prozesses, um ein umfassendes Verständnis zu gewinnen:

1. **Datenstandardisierung**: Der erste Schritt umfasst die Standardisierung des Datensatzes. Diese entscheidende Vorverarbeitung stellt sicher, dass alle Merkmale gleichberechtigt sind und verhindert, dass einzelne Merkmale aufgrund ihrer Skalierung die Analyse dominieren. Der Standardisierungsprozess beinhaltet typischerweise die Zentrierung der Daten am Ursprung (Subtraktion des Mittelwerts) und die Skalierung (Division durch die Standardabweichung), sodass jedes Merkmal einen Mittelwert von 0 und eine Standardabweichung von 1 aufweist.

2. **Berechnung der Kovarianzmatrix**: Nach der Standardisierung berechnet PCA die Kovarianzmatrix des Datensatzes. Diese quadratische Matrix quantifiziert die Beziehungen zwischen allen Merkmalspaaren und gibt Einblick in deren gemeinsame Variation. Die Kovarianzmatrix dient als Grundlage für die Identifizierung der Hauptkomponenten.
3. **Eigendekomposition**: In diesem entscheidenden Schritt führt PCA eine Eigendekomposition der Kovarianzmatrix durch. Dieser Prozess liefert zwei Schlüsselelemente:
    - Eigenvektoren: Diese repräsentieren die Hauptkomponenten oder die Richtungen maximaler Varianz in den Daten.
    - Eigenwerte: Jeder Eigenvektor hat einen entsprechenden Eigenwert, der die Menge der durch diese Komponente erfassten Varianz quantifiziert.

Die Eigenvektoren und Eigenwerte sind grundlegend für das Verständnis der zugrundeliegenden Datenstruktur.

1. **Eigenvektorrangfolge**: Die Eigenvektoren (Hauptkomponenten) werden dann basierend auf ihren entsprechenden Eigenwerten in absteigender Reihenfolge sortiert. Diese Rangfolge spiegelt die relative Bedeutung jeder Komponente hinsichtlich der von ihr erklärten Varianz wider. Die erste Hauptkomponente erklärt den größten Teil der Variabilität in den Daten, die zweite Komponente den zweitgrößten Teil, und so weiter.
2. **Datenprojektion und Dimensionsreduktion**: Im letzten Schritt projiziert PCA die ursprünglichen Daten auf den durch die wichtigsten k Hauptkomponenten definierten Raum. Durch die Auswahl nur der bedeutendsten Komponenten (jene mit den höchsten Eigenwerten) reduzieren wir effektiv die Dimensionalität des Datensatzes unter Beibehaltung des Großteils seiner wichtigen Informationen. Diese Transformation führt zu einer niedrigdimensionalen Darstellung der Daten, die deren wichtigste Merkmale und Muster erfasst.

Durch diesen systematischen Prozess erreicht PCA sein Ziel der Dimensionsreduktion unter Bewahrung der wichtigsten Aspekte der Datenstruktur und -variabilität. Diese Technik vereinfacht nicht nur komplexe Datensätze, sondern offenbart häufig auch verborgene Muster und Beziehungen, die im ursprünglichen hochdimensionalen Raum möglicherweise nicht erkennbar sind.

Beispiel: PCA mit Scikit-learn

Gehen wir durch ein Beispiel, bei dem wir PCA auf einen Datensatz mit mehreren Merkmalen anwenden und ihn für die Visualisierung auf zwei Dimensionen reduzieren.

```
import numpy as np
import matplotlib.pyplot as plt
from sklearn.decomposition import PCA
from sklearn.datasets import load_iris
```

```
from sklearn.preprocessing import StandardScaler

# Load the Iris dataset
data = load_iris()
X = data.data  # Features
y = data.target  # Labels

# Standardize the data
scaler = StandardScaler()
X_scaled = scaler.fit_transform(X)

# Apply PCA
pca = PCA()
X_pca = pca.fit_transform(X_scaled)

# Plot the cumulative explained variance ratio
plt.figure(figsize=(10, 6))
cumulative_variance_ratio = np.cumsum(pca.explained_variance_ratio_)
plt.plot(range(1, len(cumulative_variance_ratio) + 1), cumulative_variance_ratio,
'bo-')
plt.xlabel('Number of Components')
plt.ylabel('Cumulative Explained Variance Ratio')
plt.title('Explained Variance Ratio vs. Number of Components')
plt.grid(True)
plt.show()

# Select the number of components that explain 95% of the variance
n_components = np.argmax(cumulative_variance_ratio >= 0.95) + 1
print(f"Number of components explaining 95% of variance: {n_components}")

# Apply PCA with the selected number of components
pca = PCA(n_components=n_components)
X_pca = pca.fit_transform(X_scaled)

# Plot the 2D projection of the data
plt.figure(figsize=(10, 8))
scatter = plt.scatter(X_pca[:, 0], X_pca[:, 1], c=y, cmap='viridis')
plt.xlabel("Principal Component 1")
plt.ylabel("Principal Component 2")
plt.title("PCA Projection of the Iris Dataset")
plt.colorbar(scatter)
plt.show()

# Print explained variance by each component
explained_variance = pca.explained_variance_ratio_
for i, variance in enumerate(explained_variance):
    print(f"Explained variance by PC{i+1}: {variance:.4f}")

# Print total explained variance
print(f"Total explained variance: {sum(explained_variance):.4f}")
```

Lassen Sie uns dieses umfassende PCA-Beispiel aufschlüsseln:

1. Datenvorbereitung:
   - Wir importieren die erforderlichen Bibliotheken und laden den Iris-Datensatz mit Scikit-learn.
   - Die Daten werden mithilfe des StandardScaler standardisiert, um sicherzustellen, dass alle Merkmale die gleiche Skalierung aufweisen, was für PCA entscheidend ist.
2. Erste PCA-Anwendung:
   - Zunächst wenden wir PCA ohne Angabe der Komponentenanzahl an, um das Verhältnis der erklärten Varianz zu analysieren.
3. Analyse der erklärten Varianz:
   - Wir erstellen ein Diagramm des kumulativen Verhältnisses der erklärten Varianz im Vergleich zur Anzahl der Komponenten.
   - Dies hilft zu visualisieren, wie viele Komponenten benötigt werden, um einen bestimmten Prozentsatz der Varianz in den Daten zu erklären.
4. Komponentenauswahl:
   - Wir bestimmen die Anzahl der Komponenten, die benötigt werden, um 95% der Varianz zu erklären.
   - Dies ist ein gängiger Schwellenwert, um Dimensionsreduktion und Informationserhaltung auszubalancieren.
5. Finale PCA-Anwendung:
   - Wir wenden PCA erneut mit der ausgewählten Anzahl von Komponenten an.
6. Datenvisualisierung:
   - Wir erstellen ein 2D-Streudiagramm der ersten beiden Hauptkomponenten.
   - Die Punkte werden basierend auf ihren ursprünglichen Klassenlabels eingefärbt, was hilft zu visualisieren, wie gut PCA die verschiedenen Klassen trennt.
7. Ergebnisanalyse:
   - Wir geben das Verhältnis der erklärten Varianz für jede Hauptkomponente aus.
   - Wir geben auch die gesamte erklärte Varianz aus, die nahe bei oder gleich 0,95 (95%) liegen sollte.

Dieses Beispiel bietet einen umfassenden Ansatz für PCA, der Datenvorbereitung, Komponentenauswahl, Visualisierung und Ergebnisanalyse abdeckt. Es zeigt, wie man fundierte Entscheidungen über die optimale Anzahl der beizubehaltenden Komponenten trifft und bietet Einblicke in die effektive Interpretation von PCA-Ergebnissen.

Auswahl der Komponentenanzahl

Bei der Anwendung von PCA ist die Bestimmung der optimalen Anzahl beizubehaltender Komponenten eine entscheidende Entscheidung. Diese Wahl erfordert eine Abwägung zwischen Dimensionsreduktion und Informationserhaltung. Eine häufig verwendete Methode ist die Untersuchung des **erklärten Varianzverhältnisses**, das den Anteil der Gesamtvarianz der Daten quantifiziert, der durch jede Hauptkomponente erfasst wird. Durch die Analyse dieses Verhältnisses können Forscher fundierte Entscheidungen über den Kompromiss zwischen Datenkompression und Informationserhaltung treffen.

Zur Unterstützung dieses Entscheidungsprozesses verwenden Datenwissenschaftler häufig ein visuelles Werkzeug, das als **Scree-Plot** bekannt ist. Diese grafische Darstellung veranschaulicht die Beziehung zwischen der Anzahl der Hauptkomponenten und ihrer entsprechenden erklärten Varianz.

Der Scree-Plot bietet eine intuitive Möglichkeit, den Punkt des abnehmenden Grenznutzens zu identifizieren, an dem das Hinzufügen weiterer Komponenten nur noch minimale zusätzliche Erklärungskraft bringt. Diese Visualisierungstechnik hilft bei der Bestimmung der optimalen Anzahl von Komponenten, die eine Balance zwischen Modellvereinfachung und Datenrepräsentationsgenauigkeit herstellt.

Beispiel: Scree-Plot für PCA

```
import numpy as np
import matplotlib.pyplot as plt
from sklearn.decomposition import PCA
from sklearn.preprocessing import StandardScaler

# Generate some example data
np.random.seed(42)
n_samples = 1000
n_features = 50
X = np.random.randn(n_samples, n_features)

# Standardize the data
scaler = StandardScaler()
X_scaled = scaler.fit_transform(X)

# Perform PCA
pca = PCA()
X_pca = pca.fit_transform(X_scaled)

# Calculate explained variance ratio
explained_variance_ratio = pca.explained_variance_ratio_
```

```
# Plot explained variance ratio
plt.figure(figsize=(10, 6))
plt.plot(range(1,              len(explained_variance_ratio)              +              1),
np.cumsum(explained_variance_ratio), 'bo-')
plt.xlabel('Number of Components')
plt.ylabel('Cumulative Explained Variance Ratio')
plt.title('Explained Variance Ratio vs. Number of Components')
plt.grid(True)

# Plot elbow curve
plt.figure(figsize=(10, 6))
plt.plot(range(1, len(pca.explained_variance_) + 1), pca.explained_variance_, 'bo-')
plt.xlabel('Number of Components')
plt.ylabel('Explained Variance')
plt.title('Elbow Curve')
plt.grid(True)

# Select number of components based on 95% explained variance
n_components = np.argmax(np.cumsum(explained_variance_ratio) >= 0.95) + 1
print(f"Number of components explaining 95% of variance: {n_components}")

# Perform PCA with selected number of components
pca_reduced = PCA(n_components=n_components)
X_pca_reduced = pca_reduced.fit_transform(X_scaled)

# Plot 2D projection of the data
plt.figure(figsize=(10, 8))
plt.scatter(X_pca_reduced[:, 0], X_pca_reduced[:, 1], alpha=0.5)
plt.xlabel("First Principal Component")
plt.ylabel("Second Principal Component")
plt.title("2D PCA Projection")

plt.show()

# Print explained variance by each component
for i, variance in enumerate(pca_reduced.explained_variance_ratio_):
    print(f"Explained variance ratio by PC{i+1}: {variance:.4f}")

# Print total explained variance
print(f"Total                    explained                    variance:
{np.sum(pca_reduced.explained_variance_ratio_):.4f}")
```

Lassen Sie uns dieses umfassende PCA-Beispiel aufschlüsseln:

1. Datengenerierung und -vorverarbeitung:
   - Wir generieren einen zufälligen Datensatz mit 1000 Proben und 50 Merkmalen.

- Die Daten werden mithilfe des StandardScaler standardisiert, um sicherzustellen, dass alle Merkmale die gleiche Skalierung aufweisen.

2. Erste PCA-Anwendung:
   - Zunächst wenden wir PCA ohne Angabe der Komponentenanzahl an.
   - Dies ermöglicht uns die Analyse des Verhältnisses der erklärten Varianz für alle Komponenten.
3. Analyse der erklärten Varianz:
   - Wir erstellen ein Diagramm des kumulativen Verhältnisses der erklärten Varianz im Vergleich zur Anzahl der Komponenten.
   - Dies hilft zu visualisieren, wie viele Komponenten benötigt werden, um einen bestimmten Prozentsatz der Varianz in den Daten zu erklären.
4. Ellenbogenkurve:
   - Wir erstellen ein Diagramm der erklärten Varianz für jede Komponente.
   - Diese "Ellenbogenkurve" hilft zu erkennen, ab wann zusätzliche Komponenten nur noch geringen Mehrwert bringen.
5. Komponentenauswahl:
   - Wir bestimmen die Anzahl der Komponenten, die benötigt werden, um 95% der Varianz zu erklären.
   - Dies ist ein gängiger Schwellenwert, um Dimensionsreduktion und Informationserhaltung auszubalancieren.
6. Finale PCA-Anwendung:
   - Wir wenden PCA erneut mit der ausgewählten Anzahl von Komponenten an.
7. Datenvisualisierung:
   - Wir erstellen ein 2D-Streudiagramm der ersten beiden Hauptkomponenten.
   - Dies kann helfen, Muster oder Cluster im reduzierten Dimensionsraum zu visualisieren.
8. Ergebnisanalyse:
   - Wir geben das Verhältnis der erklärten Varianz für jede Hauptkomponente aus.
   - Wir geben auch die gesamte erklärte Varianz aus, die nahe bei oder gleich 0,95 (95%) liegen sollte.

Dieses Beispiel demonstriert einen umfassenden Ansatz zur PCA, der Datenvorbereitung, Komponentenauswahl, Visualisierung und Ergebnisanalyse abdeckt. Es zeigt, wie man fundierte Entscheidungen über die optimale Anzahl der beizubehaltenden Komponenten trifft und bietet Einblicke in die effektive Interpretation von PCA-Ergebnissen.

5.2.2 Warum Dimensionsreduktion wichtig ist

Dimensionsreduktion ist eine entscheidende Technik in der Datenanalyse und im maschinellen Lernen, die mehrere bedeutende Vorteile bietet:

1. Verbesserte Visualisierung

Dimensionsreduktionstechniken, insbesondere bei der Reduktion von Daten auf zwei oder drei Dimensionen, bieten signifikante Vorteile bei der Datenvisualisierung. Dieser Prozess ermöglicht die Erstellung visueller Darstellungen, die unser Verständnis komplexer Datenstrukturen und Beziehungen erheblich verbessern. Durch die Vereinfachung hochdimensionaler Daten in eine handhabbarere Form können wir:

- Muster erkennen: Reduzierte Dimensionalität offenbart oft Muster und Cluster, die im hochdimensionalen Raum zuvor verborgen waren. Dies kann zu neuen Erkenntnissen über die zugrundeliegende Struktur der Daten führen.
- Ausreißer erkennen: Anomalien oder Ausreißer, die im hochdimensionalen Raum möglicherweise verborgen sind, werden in niedrigeren Dimensionen besser sichtbar.
- Beziehungen verstehen: Die räumlichen Beziehungen zwischen Datenpunkten im reduzierten Raum können ein intuitives Verständnis von Ähnlichkeiten und Unterschieden zwischen Dateninstanzen vermitteln.
- Ergebnisse kommunizieren: Niedrigdimensionale Visualisierungen sind leichter zu präsentieren und zu erklären, was die Kommunikation komplexer Datenerkenntnisse erleichtert.
- Interaktiv erkunden: Zwei- oder dreidimensionale Darstellungen ermöglichen eine interaktive Erkundung der Daten, wobei Analysten die Visualisierung dynamisch zoomen, drehen oder filtern können.

Diese visuellen Erkenntnisse können besonders wertvoll sein in Bereichen wie der Genomik, wo komplexe Beziehungen zwischen Genen visualisiert werden können, oder im Marketing, wo Kundensegmente leichter identifiziert und verstanden werden können. Durch die Bereitstellung einer intuitiveren Darstellung komplexer Daten ermöglichen Dimensionsreduktionstechniken Forschern und Analysten, Erkenntnisse aufzudecken, die beim Arbeiten mit dem ursprünglichen hochdimensionalen Datensatz möglicherweise nicht sofort erkennbar sind.

2. Verbesserte Recheneffizienz

Die Reduzierung der Anzahl der Merkmale verringert erheblich die für die Datenverarbeitung und das Modelltraining erforderlichen Rechenressourcen. Dies ist besonders vorteilhaft für komplexe Modelle wie neuronale Netze, bei denen hochdimensionale Eingaben zu übermäßigen Trainingszeiten und Ressourcenverbrauch führen können.

Die Reduzierung der Rechenressourcen ergibt sich aus mehreren Faktoren:

- Verringerter Speicherverbrauch: Weniger Merkmale bedeuten, dass weniger Daten während der Verarbeitung und des Trainings im Speicher gehalten werden müssen, was eine effizientere Nutzung des verfügbaren RAM ermöglicht.
- Schnellere Matrixoperationen: Viele Machine-Learning-Algorithmen basieren stark auf Matrixoperationen. Mit reduzierter Dimensionalität werden diese Operationen weniger rechenintensiv, was zu schnelleren Ausführungszeiten führt.
- Verbesserte Algorithmus-Konvergenz: Bei optimierungsbasierten Algorithmen führen weniger Dimensionen oft zu schnellerer Konvergenz, da der Algorithmus weniger Parameter optimieren muss.
- Reduziertes Overfitting-Risiko: Hochdimensionale Daten können zu Overfitting führen, bei dem Modelle Rauschen statt allgemeiner Muster lernen. Durch Fokussierung auf die wichtigsten Merkmale kann die Dimensionsreduktion dieses Risiko mindern und die Modellgeneralisierung verbessern.

Für neuronale Netze sind die Vorteile noch ausgeprägter:

- Kürzere Trainingszeiten: Mit weniger Eingabeneuronen hat das Netzwerk weniger Verbindungen während der Rückpropagation anzupassen, was die Trainingszeit erheblich reduziert.
- Geringere Rechenkomplexität: Die Rechenkomplexität neuronaler Netze skaliert oft mit der Anzahl der Eingabemerkmale. Die Reduzierung dieser Anzahl kann zu erheblichen Verbesserungen sowohl bei der Trainings- als auch bei der Inferenzgeschwindigkeit führen.
- Einfachere Hyperparameter-Optimierung: Mit weniger Dimensionen wird der Hyperparameter-Raum überschaubarer, was die Findung optimaler Netzwerkkonfigurationen erleichtert.

Durch die Verbesserung der Recheneffizienz ermöglichen Dimensionsreduktionstechniken Datenwissenschaftlern, mit größeren Datensätzen zu arbeiten, mit komplexeren Modellen zu experimentieren und schneller in ihren Machine-Learning-Projekten zu iterieren.

3. Effektive Rauschreduktion

Dimensionsreduktionstechniken zeichnen sich dadurch aus, dass sie Rauschen in weniger signifikanten Merkmalen herausfiltern, indem sie sich auf die Komponenten konzentrieren, die die meiste Varianz in den Daten erfassen. Dieser Prozess ist aus mehreren Gründen entscheidend:

1. Verbessertes Signal-Rausch-Verhältnis: Durch die Betonung der informativsten Aspekte der Daten trennen diese Techniken effektiv das Signal (relevante Information) vom Rauschen (irrelevante oder redundante Information). Dies führt zu einem saubereren, aussagekräftigeren Datensatz für die Analyse.
2. Verbesserte Modellleistung: Rauschreduktion durch Dimensionsreduktion kann die Leistung von Machine-Learning-Modellen erheblich verbessern. Durch das Entfernen verrauschter Merkmale können sich Modelle auf die relevantesten Informationen konzentrieren, was zu genaueren Vorhersagen und besserer Generalisierung auf ungesehene Daten führt.
3. Minderung von Overfitting: Hochdimensionale Daten enthalten oft viele irrelevante Merkmale, die dazu führen können, dass Modelle überanpassen und Rauschen statt echter Muster lernen. Durch Dimensionsreduktion und Fokussierung auf die wichtigsten Merkmale können wir Overfitting verhindern und robustere Modelle erstellen.
4. Recheneffizienz: Das Entfernen verrauschter Merkmale verbessert nicht nur die Modellleistung, sondern reduziert auch die Rechenkomplexität. Dies ist besonders vorteilhaft bei der Arbeit mit großen Datensätzen oder komplexen Modellen, da es zu schnelleren Trainingszeiten und effizienterer Ressourcennutzung führen kann.
5. Verbesserte Interpretierbarkeit: Durch Fokussierung auf die wichtigsten Merkmale können Dimensionsreduktionstechniken die Daten interpretierbarer machen. Dies kann wertvolle Einblicke in die zugrundeliegende Struktur der Daten liefern und bei der Merkmalsauswahl für zukünftige Analysen helfen.

Durch diese Mechanismen reduzieren Dimensionsreduktionstechniken effektiv Rauschen und führen zu robusteren und generalisierbaren Modellen, die die informativsten Aspekte der Daten hervorheben. Dieser Prozess ist essenziell für den Umgang mit den Herausforderungen hochdimensionaler Datensätze in modernen Machine-Learning- und Datenanalyseaufgaben.

4. Minderung des Fluchs der Dimensionalität

Hochdimensionale Datensätze leiden häufig unter dem "Fluch der Dimensionalität", ein Phänomen, das erstmals in den 1960er Jahren von Richard Bellman identifiziert wurde. Dieser Fluch bezieht sich auf verschiedene Herausforderungen, die bei der Analyse von Daten in hochdimensionalen Räumen auftreten und die es in niedrigdimensionalen Umgebungen wie unserer alltäglichen dreidimensionalen Erfahrung nicht gibt.

Der Fluch der Dimensionalität zeigt sich auf mehrere Arten:

- Exponentielles Wachstum des Raums: Mit zunehmender Anzahl von Dimensionen wächst das Volumen des Raums exponentiell. Dies führt dazu, dass Datenpunkte zunehmend spärlich werden, was es erschwert, statistisch signifikante Muster zu finden.

- Erhöhte Rechenkomplexität: Mehr Dimensionen erfordern mehr Rechenressourcen für die Datenverarbeitung und -analyse, was zu längeren Trainingszeiten und höheren Kosten führt.
- Overfitting-Risiko: Bei hochdimensionalen Daten können Machine-Learning-Modelle zu komplex werden und beginnen, Rauschen statt zugrundeliegende Muster zu erfassen, was zu einer schlechten Generalisierung auf ungesehene Daten führt.
- Ineffektivität von Distanzmaßen: In hochdimensionalen Räumen wird das Konzept der Distanz weniger aussagekräftig, was Aufgaben wie Clustering und Nearest-Neighbor-Suche erschwert.

Dimensionsreduktionstechniken helfen bei der Minderung dieser Probleme, indem sie sich auf die wichtigsten Merkmale konzentrieren und dadurch:

- Die Modellgeneralisierung verbessern: Durch die Reduzierung der Merkmale neigen Modelle weniger zum Overfitting, was zu besserer Leistung auf ungesehenen Daten führt.
- Die Recheneffizienz steigern: Weniger Dimensionen bedeuten reduzierte Rechenkomplexität, was schnelleres Training und schnellere Inferenz ermöglicht.
- Die Visualisierung erleichtern: Die Reduzierung auf zwei oder drei Dimensionen ermöglicht eine einfachere Visualisierung und Interpretation von Datenmustern.
- Die statistische Signifikanz verbessern: Mit weniger Dimensionen wird es einfacher, statistische Signifikanz in Analysen zu erreichen.

Zu den gängigen Dimensionsreduktionstechniken gehören die Principal Component Analysis (PCA), die neue unkorrelierte Variablen erzeugt, die die Varianz maximieren, und Autoencoder, die neuronale Netze verwenden, um komprimierte Darstellungen von Daten zu lernen. Bei der Verarbeitung von Bilddaten sind Convolutional Neural Networks (CNNs) besonders effektiv im Umgang mit hochdimensionalen Eingaben.

Durch die Bewältigung des Fluchs der Dimensionalität ermöglichen diese Techniken eine effektivere Analyse und Modellierung komplexer, hochdimensionaler Datensätze, was zu verbesserter Leistung und Erkenntnissen in verschiedenen Machine-Learning-Aufgaben führt.

Diese Vorteile machen die Dimensionsreduktion zu einem essentiellen Werkzeug im Instrumentarium des Data Scientists, das eine effektivere Datenanalyse, verbesserte Modellleistung und tiefere Einblicke aus komplexen, hochdimensionalen Datensätzen ermöglicht.

Beispiel der Dimensionsreduktion mittels Principal Component Analysis (PCA):

Implementieren wir ein umfassendes Beispiel der Dimensionsreduktion mittels Principal Component Analysis (PCA):

```
import numpy as np
import matplotlib.pyplot as plt
from sklearn.decomposition import PCA
from sklearn.preprocessing import StandardScaler

# Generate a random dataset
np.random.seed(42)
n_samples = 1000
n_features = 50
X = np.random.randn(n_samples, n_features)

# Standardize the data
scaler = StandardScaler()
X_scaled = scaler.fit_transform(X)

# Create a PCA instance
pca = PCA()

# Fit the PCA model to the data
X_pca = pca.fit_transform(X_scaled)

# Calculate cumulative explained variance ratio
cumulative_variance_ratio = np.cumsum(pca.explained_variance_ratio_)

# Plot the cumulative explained variance ratio
plt.figure(figsize=(10, 6))
plt.plot(range(1, len(cumulative_variance_ratio) + 1), cumulative_variance_ratio,
'bo-')
plt.xlabel('Number of Components')
plt.ylabel('Cumulative Explained Variance Ratio')
plt.title('Explained Variance Ratio vs. Number of Components')
plt.grid(True)

# Determine the number of components for 95% variance
n_components_95 = np.argmax(cumulative_variance_ratio >= 0.95) + 1
plt.axvline(x=n_components_95, color='r', linestyle='--', label=f'95% Variance:
{n_components_95} components')
plt.legend()

# Reduce dimensionality to the number of components for 95% variance
pca_reduced = PCA(n_components=n_components_95)
X_pca_reduced = pca_reduced.fit_transform(X_scaled)

# Plot the first two principal components
plt.figure(figsize=(10, 6))
plt.scatter(X_pca_reduced[:, 0], X_pca_reduced[:, 1], alpha=0.5)
plt.xlabel("First Principal Component")
plt.ylabel("Second Principal Component")
plt.title("2D PCA Projection")

plt.show()
```

```
# Print explained variance by each component
for i, variance in enumerate(pca_reduced.explained_variance_ratio_):
    print(f"Explained variance ratio by PC{i+1}: {variance:.4f}")

# Print total explained variance
print(f"Total                    explained                    variance:
{np.sum(pca_reduced.explained_variance_ratio_):.4f}")
```

Lassen Sie uns dieses umfassende PCA-Beispiel aufschlüsseln:

1. Datengenerierung und -vorverarbeitung:
   - Wir generieren einen zufälligen Datensatz mit 1000 Proben und 50 Merkmalen.
   - Die Daten werden mittels StandardScaler standardisiert, um sicherzustellen, dass alle Merkmale die gleiche Skalierung haben.
2. Erste PCA-Anwendung:
   - Zunächst wenden wir PCA ohne Festlegung der Komponentenanzahl an.
   - Dies ermöglicht uns die Analyse der erklärten Varianzrate für alle Komponenten.
3. Analyse der erklärten Varianz:
   - Wir erstellen ein Diagramm der kumulativen erklärten Varianzrate gegen die Anzahl der Komponenten.
   - Dies hilft zu visualisieren, wie viele Komponenten benötigt werden, um einen bestimmten Prozentsatz der Varianz in den Daten zu erklären.
4. Komponentenauswahl:
   - Wir bestimmen die Anzahl der Komponenten, die benötigt werden, um 95% der Varianz zu erklären.
   - Dies ist ein üblicher Schwellenwert, um Dimensionsreduktion und Informationserhaltung auszubalancieren.
5. Finale PCA-Anwendung:
   - Wir wenden PCA erneut mit der ausgewählten Komponentenanzahl an.
6. Datenvisualisierung:
   - Wir erstellen ein 2D-Streudiagramm der ersten beiden Hauptkomponenten.
   - Dies kann helfen, Muster oder Cluster im dimensionsreduzierten Raum zu visualisieren.

7. Ergebnisanalyse:
    - Wir geben die erklärte Varianzrate für jede Hauptkomponente aus.
    - Wir geben auch die gesamte erklärte Varianz aus, die nahe bei oder gleich 0,95 (95%) liegen sollte.

Dieses Beispiel demonstriert einen umfassenden Ansatz zur PCA, der Datenvorbereitung, Komponentenauswahl, Visualisierung und Ergebnisanalyse abdeckt. Es zeigt, wie man fundierte Entscheidungen über die optimale Anzahl der beizubehaltenden Komponenten trifft und bietet Einblicke in die effektive Interpretation von PCA-Ergebnissen.

5.2.3. Andere Dimensionsreduktionstechniken

Während PCA eine der beliebtesten Techniken zur Dimensionsreduktion ist, gibt es mehrere andere Methoden, die für bestimmte Arten von Daten möglicherweise besser geeignet sind.

1. Lineare Diskriminanzanalyse (LDA)

Die Lineare Diskriminanzanalyse (LDA) ist eine Dimensionsreduktionstechnik, die Ähnlichkeiten mit PCA aufweist, aber einen anderen Fokus und Anwendungsbereich hat. Während PCA darauf abzielt, die Varianz in den Daten zu maximieren, besteht das Hauptziel von LDA darin, die Trennung zwischen verschiedenen Klassen oder Kategorien innerhalb des Datensatzes zu maximieren. Dies macht LDA besonders nützlich für Klassifikationsaufgaben und Szenarien, in denen die Klassenunterscheidung wichtig ist.

Wichtige Eigenschaften von LDA sind:

- Klassenorientiert: Im Gegensatz zu PCA berücksichtigt LDA die Klassenlabels der Datenpunkte, was sie zu einer überwachten Technik macht.
- Maximierung der Klassentrennbarkeit: LDA findet lineare Kombinationen von Merkmalen, die die verschiedenen Klassen am besten trennen, indem sie die Varianz zwischen den Klassen maximiert und die Varianz innerhalb der Klassen minimiert.
- Dimensionsreduktion: Ähnlich wie PCA kann LDA die Dimensionalität der Daten reduzieren, tut dies aber auf eine Weise, die klassenunterscheidende Informationen bewahrt.

LDA funktioniert, indem sie die Achsen (lineare Diskriminanten) identifiziert, entlang derer die Klassen am besten getrennt sind. Dies geschieht durch:

1. Berechnung des Mittelwerts jeder Klasse
2. Berechnung der Streuung innerhalb jeder Klasse und zwischen verschiedenen Klassen
3. Ermittlung der Eigenvektoren der Streuungsmatrizen zur Bestimmung der Richtungen maximaler Trennung

Die resultierenden linearen Kombinationen von Merkmalen können dann verwendet werden, um die Daten in einen niedrigdimensionalen Raum zu projizieren, in dem die Klassentrennung optimiert ist. Dies macht LDA besonders effektiv für Klassifikationsaufgaben, insbesondere bei Mehrklassenproblemen.

Allerdings ist es wichtig zu beachten, dass LDA einige Einschränkungen hat. Sie setzt voraus, dass die Klassen gleiche Kovarianzmatrizen haben und normalverteilt sind, was in realen Datensätzen nicht immer zutrifft. Außerdem kann LDA höchstens C-1 Diskriminanzkomponenten erzeugen, wobei C die Anzahl der Klassen ist, was ihre Dimensionsreduktionsfähigkeiten in Szenarien mit wenigen Klassen aber vielen Merkmalen potenziell einschränkt.

2. t-SNE (t-Distributed Stochastic Neighbor Embedding)

t-SNE (t-Distributed Stochastic Neighbor Embedding) ist eine leistungsstarke nicht-lineare Dimensionsreduktionstechnik, die in der maschinellen Lernverarbeitung häufig zur Visualisierung hochdimensionaler Datensätze verwendet wird. Im Gegensatz zu linearen Methoden wie PCA zeichnet sich t-SNE durch die Bewahrung lokaler Strukturen innerhalb der Daten aus, was sie besonders effektiv für komplexe Datensätze macht.

Wichtige Eigenschaften von t-SNE sind:

- Nicht-lineare Abbildung: t-SNE kann nicht-lineare Beziehungen in den Daten erfassen und Muster aufdecken, die lineare Methoden möglicherweise übersehen.
- Erhaltung lokaler Strukturen: Es konzentriert sich darauf, die relativen Abstände zwischen benachbarten Punkten zu bewahren, was bei der Identifizierung von Clustern und Mustern in den Daten hilft.
- Visualisierungswerkzeug: t-SNE wird hauptsächlich verwendet, um 2D- oder 3D-Darstellungen hochdimensionaler Daten zu erstellen, was es unschätzbar wertvoll für explorative Datenanalyse macht.

t-SNE funktioniert, indem es Wahrscheinlichkeitsverteilungen über Paare von Datenpunkten sowohl im hochdimensionalen als auch im niedrigdimensionalen Raum konstruiert. Anschließend minimiert es die Differenz zwischen diesen Verteilungen mittels Gradientenabstieg. Dieser Prozess führt zu einer Abbildung, bei der ähnliche Datenpunkte im hochdimensionalen Raum auch in der niedrigdimensionalen Darstellung nahe beieinander positioniert werden.

Während t-SNE leistungsstark ist, ist es wichtig, seine Einschränkungen zu beachten:

- Rechenintensität: t-SNE kann bei großen Datensätzen langsam sein.
- Nicht-deterministisch: Verschiedene Durchläufe können leicht unterschiedliche Ergebnisse produzieren.

- Fokus auf lokale Struktur: Die globale Struktur wird möglicherweise nicht immer so effektiv bewahrt wie bei anderen Methoden.

Trotz dieser Einschränkungen bleibt t-SNE ein bevorzugtes Werkzeug zur Visualisierung komplexer Datensätze in Bereichen wie Bioinformatik, Computer Vision und Verarbeitung natürlicher Sprache, wo es Forschern hilft, verborgene Muster und Beziehungen in hochdimensionalen Daten aufzudecken.

3. UMAP (Uniform Manifold Approximation and Projection)

UMAP ist eine hochmoderne Dimensionsreduktionstechnik, die signifikante Vorteile gegenüber t-SNE bietet und dabei ähnliche Funktionalität beibehält. Sie zeichnet sich durch die Visualisierung sowohl globaler als auch lokaler Strukturen hochdimensionaler Daten aus, was sie zunehmend beliebt für die Analyse großer Datensätze macht. Hier ist eine detailliertere Erklärung von UMAP:

1. Effizienz: UMAP ist rechnerisch effizienter als t-SNE, besonders bei der Verarbeitung großer Datensätze. Dies macht es besonders nützlich für Echtzeit-Datenanalyse und die Verarbeitung massiver Datensätze, die mit t-SNE unpraktikabel wären.
2. Erhaltung der globalen Struktur: Im Gegensatz zu t-SNE, das sich hauptsächlich auf die Erhaltung lokaler Beziehungen konzentriert, bewahrt UMAP sowohl lokale als auch globale Datenstrukturen. Dies bedeutet, dass es die Gesamtform und Beziehungen innerhalb des Datensatzes besser darstellen kann und einen umfassenderen Überblick über die zugrundeliegende Datenstruktur bietet.
3. Skalierbarkeit: UMAP skaliert gut für größere Datensätze und höhere Dimensionen, was es für ein breites Spektrum von Anwendungen geeignet macht, von kleinen Analysen bis hin zu Big-Data-Projekten.
4. Theoretische Grundlage: UMAP basiert auf der Mannigfaltigkeitstheorie und topologischer Datenanalyse und bietet eine solide mathematische Grundlage für seine Operationen. Diese theoretische Fundierung ermöglicht eine bessere Interpretation und ein besseres Verständnis der Ergebnisse.
5. Vielseitigkeit: UMAP kann nicht nur zur Visualisierung, sondern auch als allgemeine Dimensionsreduktionstechnik verwendet werden. Es kann in verschiedenen Bereichen wie Bioinformatik, Computer Vision und Verarbeitung natürlicher Sprache eingesetzt werden.
6. Anpassbarkeit: UMAP bietet mehrere Parameter, die zur Optimierung seiner Leistung für spezifische Datensätze oder Aufgaben eingestellt werden können, was eine größere Flexibilität in seiner Anwendung ermöglicht.

Da UMAP weiter an Popularität gewinnt, entwickelt es sich zu einem essentiellen Werkzeug im Arsenal des Data Scientists, insbesondere für diejenigen, die mit komplexen, hochdimensionalen Datensätzen arbeiten, die sowohl effiziente Verarbeitung als auch aufschlussreiche Visualisierung erfordern.

5.2.4. Praktische Überlegungen für PCA

Bei der Implementierung von PCA oder anderen Dimensionsreduktionstechniken sind mehrere entscheidende Faktoren sorgfältig zu berücksichtigen, um optimale Ergebnisse zu gewährleisten:

- **Datenstandardisierung**: Aufgrund der Empfindlichkeit der PCA gegenüber Feature-Skalierung ist die Standardisierung der Daten zwingend erforderlich. Dieser Prozess stellt sicher, dass alle Merkmale gleichmäßig zur Analyse beitragen und verhindert, dass Merkmale mit größeren Skalen die Hauptkomponenten dominieren.
- **Varianzerklärung**: Eine gründliche Untersuchung der erklärten Varianz ist essenziell. Dieser Schritt bestätigt, dass der reduzierte Datensatz ausreichend Informationen aus den Originaldaten beibehält und seine Repräsentationsintegrität wahrt.
- **Linearitätsannahmen**: Es ist wichtig zu erkennen, dass PCA unter der Annahme linearer Beziehungen in der Datenstruktur operiert. In Szenarien, in denen nicht-lineare Beziehungen vorherrschen, können alternative Techniken wie t-SNE oder UMAP effektiver sein, um die zugrundeliegenden Datenmuster zu erfassen.
- **Komponentenauswahl**: Der Prozess zur Bestimmung der optimalen Anzahl beizubehaltender Hauptkomponenten ist kritisch. Diese Entscheidung beinhaltet die Abwägung zwischen Dimensionsreduktion und Informationserhaltung, oft geleitet durch das kumulative Verhältnis der erklärten Varianz.
- **Interpretierbarkeit**: Während PCA die Dimensionalität effektiv reduziert, kann sie manchmal die Interpretierbarkeit der resultierenden Merkmale erschweren. Es ist wichtig zu prüfen, ob die transformierten Merkmale mit dem domänenspezifischen Verständnis der Daten übereinstimmen.

5.3 t-SNE und UMAP für hochdimensionale Daten

Bei der Arbeit mit hochdimensionalen Datensätzen wird die Herausforderung, die Dimensionalität zu reduzieren und dabei aussagekräftige Strukturen zu erhalten, von größter Bedeutung. Obwohl sich die **Principal Component Analysis (PCA)** für lineare Transformationen als effektiv erweist, kommt sie bei der Erfassung der komplexen nicht-linearen Beziehungen, die komplexen Datenstrukturen innewohnen, oft an ihre Grenzen. Diese Einschränkung macht die Erforschung ausgereifterer Techniken erforderlich.

Hier kommen **t-Distributed Stochastic Neighbor Embedding (t-SNE)** und **Uniform Manifold Approximation and Projection (UMAP)** ins Spiel, zwei fortgeschrittene nicht-lineare Dimensionsreduktionstechniken. Diese Methoden sind speziell dafür entwickelt, hochdimensionale Daten in niedrigdimensionalen Räumen, typischerweise in zwei oder drei Dimensionen, zu visualisieren.

Durch die Bewahrung wichtiger Beziehungen und Muster innerhalb der Daten bieten t-SNE und UMAP wertvolle Einblicke in die zugrundeliegende Struktur komplexer, multidimensionaler Datensätze. Ihre Fähigkeit, verborgene Muster und Cluster aufzudecken, macht sie zu unverzichtbaren Werkzeugen für Datenwissenschaftler und Forscher, die sich mit den Herausforderungen der hochdimensionalen Datenanalyse beschäftigen.

5.3.1 t-SNE (t-Distributed Stochastic Neighbor Embedding)

t-SNE (t-Distributed Stochastic Neighbor Embedding) ist eine hochentwickelte nicht-lineare Dimensionsreduktionstechnik, die in den letzten Jahren erheblich an Popularität gewonnen hat, insbesondere für die Visualisierung hochdimensionaler Datensätze. Im Gegensatz zu linearen Methoden wie PCA zeichnet sich t-SNE durch die Bewahrung der lokalen Datenstruktur aus, was es besonders wertvoll für komplexe Datensätze mit nicht-linearen Beziehungen macht.

Zentrale Merkmale von t-SNE umfassen:

Nicht-lineare Abbildung:

t-SNE überzeugt durch die Erfassung und Darstellung komplexer, nicht-linearer Beziehungen innerhalb hochdimensionaler Daten. Diese Fähigkeit ermöglicht es, komplizierte Muster, Cluster und Strukturen aufzudecken, die lineare Dimensionsreduktionstechniken wie PCA möglicherweise übersehen würden.

Durch die Bewahrung lokaler Ähnlichkeiten zwischen Datenpunkten im niedrigdimensionalen Raum kann t-SNE effektiv verborgene Muster in Datensätzen mit komplexen Topologien oder Mannigfaltigkeiten aufdecken. Dies macht es besonders wertvoll für die Visualisierung und Analyse von Datensätzen in Bereichen wie Genomik, Bildverarbeitung und Verarbeitung natürlicher Sprache, wo zugrundeliegende Beziehungen oft nicht-linear und vielschichtig sind.

Bewahrung lokaler Struktur:

t-SNE zeichnet sich durch die Erhaltung der relativen Abstände zwischen benachbarten Punkten im hochdimensionalen Raum bei der Abbildung in einen niedrigdimensionalen Raum aus. Diese wichtige Eigenschaft hilft bei der Identifizierung von Clustern und Mustern in den Daten, die in der ursprünglichen hochdimensionalen Darstellung möglicherweise nicht erkennbar sind. Durch den Fokus auf die Bewahrung lokaler Beziehungen kann t-SNE komplexe Strukturen innerhalb der Daten aufdecken, wie zum Beispiel:

- Cluster: Gruppen ähnlicher Datenpunkte, die distinkte Regionen im niedrigdimensionalen Raum bilden.
- Mannigfaltigkeiten: Kontinuierliche Strukturen, die zugrundeliegende Muster oder Trends in den Daten repräsentieren.

- Ausreißer: Datenpunkte, die sich von den Hauptclustern abheben und möglicherweise auf Anomalien oder besondere Fälle hinweisen.

Diese Bewahrung der lokalen Struktur wird durch einen wahrscheinlichkeitsbasierten Ansatz erreicht. t-SNE konstruiert Wahrscheinlichkeitsverteilungen über Paare von Punkten sowohl im hochdimensionalen als auch im niedrigdimensionalen Raum und minimiert dann die Differenz zwischen diesen Verteilungen. Als Ergebnis bleiben Punkte, die im Originalraum nahe beieinander liegen, auch im reduzierten Raum nahe beieinander, während gleichzeitig eine Trennung zwischen unähnlichen Punkten aufrechterhalten wird.

Die Betonung der lokalen Struktur macht t-SNE besonders effektiv für die Visualisierung komplexer, nicht-linearer Beziehungen in hochdimensionalen Daten, die mit linearen Dimensionsreduktionstechniken wie PCA schwer zu erfassen sind. Diese Fähigkeit hat t-SNE zu einer beliebten Wahl für Anwendungen in verschiedenen Bereichen gemacht, einschließlich Bioinformatik, Computer Vision und Verarbeitung natürlicher Sprache.

Visualisierungswerkzeug

t-SNE wird hauptsächlich verwendet, um 2D- oder 3D-Darstellungen hochdimensionaler Daten zu erstellen, was es für die explorative Datenanalyse unschätzbar wertvoll macht. Diese leistungsstarke Technik ermöglicht es Datenwissenschaftlern und Forschern, komplexe, multidimensionale Datensätze in einer besser interpretierbaren Form zu visualisieren. Durch die Reduzierung der Dimensionalität auf zwei oder drei Dimensionen ermöglicht t-SNE dem menschlichen Auge, Muster, Cluster und Beziehungen wahrzunehmen, die in höherdimensionalen Räumen sonst verborgen bleiben würden.

Die Fähigkeit, diese niedrigdimensionalen Darstellungen zu erstellen, ist besonders nützlich in Bereichen wie:

- Bilderkennung: Visualisierung hochdimensionaler Bilddaten zur Identifizierung von Mustern und Ähnlichkeiten, was eine effektivere Klassifizierung und Objekterkennung ermöglicht.
- Verarbeitung natürlicher Sprache: Darstellung von Worteinbettungen oder Dokumentenvektoren in einem niedrigdimensionalen Raum, was eine verbesserte Textklassifizierung, Stimmungsanalyse und Themenmodellierung ermöglicht.
- Bioinformatik: Analyse von Genexpressionsdaten und Identifizierung von Clustern verwandter Gene, was bei der Entdeckung neuartiger Genfunktionen und potenzieller Arzneimittelziele hilft.

Durch die Umwandlung komplexer Datensätze in visuell interpretierbare Formate dient t-SNE als entscheidende Brücke zwischen Rohdaten und menschlichem Verständnis und offenbart häufig Erkenntnisse, die weitere Analysen und Entscheidungsfindungen in datengetriebenen Bereichen vorantreiben.

t-SNE funktioniert, indem es Wahrscheinlichkeitsverteilungen über Paare von Datenpunkten sowohl im hochdimensionalen als auch im niedrigdimensionalen Raum konstruiert. Anschließend minimiert es die Differenz zwischen diesen Verteilungen mittels Gradientenabstieg. Dieser Prozess führt zu einer Abbildung, bei der ähnliche Datenpunkte im hochdimensionalen Raum auch im niedrigdimensionalen Raum nahe beieinander positioniert werden.

Anwendungen von t-SNE erstrecken sich über verschiedene Bereiche, darunter:

- Bilderkennung: Visualisierung hochdimensionaler Bilddaten zur Identifizierung von Mustern und Ähnlichkeiten, was eine effektivere Klassifizierung und Objekterkennung in Computer-Vision-Aufgaben ermöglicht.
- Verarbeitung natürlicher Sprache: Darstellung von Worteinbettungen oder Dokumentenvektoren in einem niedrigdimensionalen Raum, was eine verbesserte Textklassifizierung, Stimmungsanalyse und Themenmodellierung in großen Textdatensätzen ermöglicht.
- Bioinformatik: Analyse von Genexpressionsdaten und Identifizierung von Clustern verwandter Gene, was bei der Entdeckung neuartiger Genfunktionen, Krankheitsbiomarkern und potenziellen Arzneimittelzielen in komplexen biologischen Systemen hilft.
- Einzelzellgenomik: Visualisierung und Interpretation hochdimensionaler Einzelzell-RNA-Sequenzierungsdaten, was zelluläre Heterogenität aufdeckt und seltene Zellpopulationen in Gewebeproben identifiziert.

Während t-SNE leistungsstark ist, ist es wichtig, seine Einschränkungen zu beachten:

- Rechenkomplexität: Der Algorithmus von t-SNE hat eine Zeitkomplexität von O(n^2), wobei n die Anzahl der Datenpunkte ist. Diese quadratische Skalierung kann zu erheblichem Rechenaufwand führen, besonders bei großen Datensätzen mit Millionen von Punkten. Infolgedessen können sich die Verarbeitungszeiten auf Stunden oder sogar Tage für umfangreiche Datensätze erstrecken, was eine sorgfältige Abwägung der verfügbaren Rechenressourcen und möglicher Kompromisse zwischen Genauigkeit und Geschwindigkeit erfordert.
- Stochastische Natur: Der Algorithmus verwendet zufällige Initialisierungen und Stichprobentechniken, die ein Element der Zufälligkeit in den Prozess einbringen. Folglich können mehrere Durchläufe von t-SNE auf demselben Datensatz leicht unterschiedliche Ergebnisse liefern. Dieses stochastische Verhalten kann Herausforderungen für die Reproduzierbarkeit in der wissenschaftlichen Forschung darstellen und zusätzliche Schritte erfordern, wie das Setzen von Zufallsstartwerten oder die Mittelung mehrerer Durchläufe, um konsistente und zuverlässige Visualisierungen über verschiedene Analysen hinweg sicherzustellen.

- Betonung lokaler Struktur: Während t-SNE in der Erhaltung lokaler Nachbarschaftsbeziehungen hervorragend ist, kann es die globale Struktur der Daten möglicherweise nicht genau darstellen. Diese Fokussierung auf lokale Muster kann potenziell zu Fehlinterpretationen von großräumigen Beziehungen zwischen entfernten Punkten im ursprünglichen hochdimensionalen Raum führen. Benutzer sollten vorsichtig sein, wenn sie Schlussfolgerungen über die gesamte Datenstruktur ausschließlich auf Basis von t-SNE-Visualisierungen ziehen, und sollten in Erwägung ziehen, die Analyse mit anderen Dimensionsreduktionstechniken zu ergänzen, die globale Beziehungen besser bewahren.

Trotz dieser Einschränkungen bleibt t-SNE ein bevorzugtes Werkzeug zur Visualisierung komplexer Datensätze und hilft Forschern und Datenwissenschaftlern dabei, verborgene Muster und Beziehungen in hochdimensionalen Daten aufzudecken, die sonst schwer zu erkennen wären.

Funktionsweise von t-SNE

t-SNE (t-verteilte stochastische Nachbarschaftseinbettung) ist eine hochentwickelte Dimensionsreduktionstechnik, die durch die Umwandlung der hochdimensionalen Abstände zwischen Datenpunkten in bedingte Wahrscheinlichkeiten arbeitet. Diese Wahrscheinlichkeiten repräsentieren die Wahrscheinlichkeit, dass Punkte im hochdimensionalen Raum Nachbarn sind. Der Algorithmus konstruiert dann eine ähnliche Wahrscheinlichkeitsverteilung für die Punkte im niedrigdimensionalen Raum.

Das Kernprinzip von t-SNE besteht darin, die Kullback-Leibler-Divergenz zwischen diesen beiden Wahrscheinlichkeitsverteilungen mittels Gradientenabstieg zu minimieren. Dieser Prozess führt zu einer niedrigdimensionalen Abbildung, bei der Punkte, die im hochdimensionalen Raum nahe beieinander lagen, nahe beieinander bleiben, während gleichzeitig die Trennung zwischen unähnlichen Punkten aufrechterhalten wird.

Eine der Hauptstärken von t-SNE liegt in seiner Fähigkeit, lokale Strukturen innerhalb der Daten zu bewahren. Dies macht es besonders geeignet, Cluster und Muster aufzudecken, die im ursprünglichen hochdimensionalen Raum möglicherweise verborgen bleiben. Allerdings ist es wichtig zu beachten, dass t-SNE sich hauptsächlich auf die Bewahrung lokaler Beziehungen konzentriert, was bedeutet, dass globale Strukturen oder Abstände zwischen weit voneinander entfernten Clustern möglicherweise nicht genau dargestellt werden.

Während t-SNE in der Identifizierung lokaler Cluster hervorragend ist, hat es Einschränkungen bei der Bewahrung globaler Beziehungen. Im Gegensatz dazu sind lineare Techniken wie die Hauptkomponentenanalyse (PCA) besser geeignet, um die gesamte Datenvarianz und globale Strukturen zu erhalten. Daher hängt die Wahl zwischen t-SNE und anderen Dimensionsreduktionstechniken oft von den spezifischen Eigenschaften des Datensatzes und den Zielen der Analyse ab.

Beispiel: t-SNE für Dimensionsreduktion (mit Scikit-learn)

Lassen Sie uns die Funktionsweise von t-SNE untersuchen, indem wir es auf den Iris-Datensatz anwenden, der vier Dimensionen (Merkmale) und drei Klassen aufweist.

```
import numpy as np
import matplotlib.pyplot as plt
from sklearn.datasets import load_iris
from sklearn.manifold import TSNE
from sklearn.preprocessing import StandardScaler

# Load the Iris dataset
iris = load_iris()
X = iris.data
y = iris.target

# Standardize the data
scaler = StandardScaler()
X_scaled = scaler.fit_transform(X)

# Apply t-SNE to reduce to 2 dimensions
tsne = TSNE(n_components=2, random_state=42, perplexity=30, n_iter=1000)
X_tsne = tsne.fit_transform(X_scaled)

# Plot the 2D t-SNE projection
plt.figure(figsize=(10, 8))
scatter = plt.scatter(X_tsne[:, 0], X_tsne[:, 1], c=y, cmap='viridis')
plt.colorbar(scatter)
plt.xlabel("t-SNE Dimension 1")
plt.ylabel("t-SNE Dimension 2")
plt.title("t-SNE Projection of the Iris Dataset")

# Add legend
legend_labels = iris.target_names
plt.legend(handles=scatter.legend_elements()[0],                labels=legend_labels,
title="Species")

plt.show()

# Print additional information
print(f"Original data shape: {X.shape}")
print(f"t-SNE transformed data shape: {X_tsne.shape}")
print(f"Perplexity used: {tsne.perplexity}")
print(f"Number of iterations: {tsne.n_iter}")
```

Lassen Sie uns dieses erweiterte t-SNE-Beispiel genauer betrachten:

1. Importieren der erforderlichen Bibliotheken:

- numpy für numerische Operationen
- matplotlib.pyplot für die Visualisierung

- sklearn.datasets zum Laden des Iris-Datensatzes
- sklearn.manifold für die t-SNE-Implementierung
- sklearn.preprocessing für die Datenstandardisierung

2. Laden und Vorverarbeitung der Daten:

- Wir laden den Iris-Datensatz, einen gängigen Benchmark-Datensatz im maschinellen Lernen.
- Die Daten werden mit StandardScaler standardisiert, um sicherzustellen, dass alle Merkmale auf der gleichen Skala liegen, was für t-SNE wichtig ist.

3. Anwendung von t-SNE:

- Wir erstellen ein t-SNE-Objekt mit 2 Komponenten (für 2D-Visualisierung).
- random_state=42 gewährleistet die Reproduzierbarkeit.
- perplexity=30 ist ein Hyperparameter, der lokale und globale Aspekte der Daten ausbalanciert. Er wird meist zwischen 5 und 50 gesetzt.
- n_iter=1000 legt die Anzahl der Iterationen für die Optimierung fest.

4. Visualisierung:

- Wir erstellen ein Streudiagramm der t-SNE-Ergebnisse.
- Jeder Punkt wird basierend auf seiner Klasse (y) eingefärbt, unter Verwendung der 'viridis'-Farbpalette.
- Eine Farbskala wird hinzugefügt, um die Zuordnung zwischen Farben und Klassen anzuzeigen.
- Die Achsen werden beschriftet und ein Titel wird hinzugefügt.
- Eine Legende wird eingefügt, um die Iris-Arten zu identifizieren.

5. Zusätzliche Informationen:

- Wir geben die Formen der ursprünglichen und transformierten Daten aus, um die Dimensionsreduktion zu zeigen.
- Die Perplexität und Anzahl der Iterationen werden als Referenz ausgegeben.

Dieses Beispiel bietet eine umfassende Demonstration von t-SNE für Dimensionsreduktion und Visualisierung. Es zeigt Datenvorverarbeitung, Parameteroptimierung, Visualisierungstechniken und Methoden zur Gewinnung wertvoller Erkenntnisse aus dem t-SNE-Modell. Durch die schrittweise Erläuterung, von der Datenvorbereitung bis zur Ergebnisinterpretation, bietet es eine klare, praktische Anleitung zur effektiven Anwendung von t-SNE.

Wichtige Überlegungen zu t-SNE

- **Erhaltung der lokalen Struktur**: t-SNE zeichnet sich durch die Erhaltung lokaler Nachbarschaften in den Daten aus. Es konzentriert sich darauf, die Beziehungen zwischen naheliegenden Punkten zu bewahren und stellt sicher, dass Datenpunkte, die im hochdimensionalen Raum nahe beieinander liegen, auch in der niedrigdimensionalen Darstellung nahe beieinander bleiben. Diese lokale Fokussierung kann jedoch manchmal zu Verzerrungen in der globalen Struktur der Daten führen. Zum Beispiel könnten Cluster, die im Originalraum weit voneinander entfernt sind, in der t-SNE-Visualisierung näher erscheinen, was möglicherweise zu Fehlinterpretationen der gesamten Datenstruktur führt.
- **Rechenkomplexität**: Der Algorithmus von t-SNE hat eine Zeitkomplexität von $O(n^2)$, wobei n die Anzahl der Datenpunkte ist. Diese quadratische Skalierung kann besonders bei großen Datensätzen rechenintensiv sein. Ein Datensatz mit Millionen von Punkten könnte beispielsweise Stunden oder sogar Tage zur Verarbeitung benötigen. Daher wird t-SNE typischerweise für kleinere Datensätze oder Stichproben größerer Datensätze verwendet. Bei der Arbeit mit Big Data ist es oft notwendig, Approximationstechniken oder alternative Methoden wie UMAP (Uniform Manifold Approximation and Projection) zu verwenden, die eine bessere Skalierbarkeit bieten.
- **Perplexität-Parameter**: t-SNE führt einen entscheidenden Hyperparameter namens **Perplexität** ein, der maßgeblich das Gleichgewicht zwischen der Erhaltung lokaler und globaler Struktur in der Datenvisualisierung beeinflusst. Der Perplexitätswert kann als ein glattes Maß für die effektive Anzahl der für jeden Punkt berücksichtigten Nachbarn interpretiert werden. Ein kleinerer Perplexitätswert (z.B. 5-10) betont sehr lokale Beziehungen und kann möglicherweise feinkörnige Strukturen aufdecken, aber größere Muster übersehen.Im Gegensatz dazu berücksichtigt ein größerer Perplexitätswert (z.B. 30-50) mehr globale Beziehungen und zeigt möglicherweise breitere Trends, kann aber lokale Details verschleiern. Bei einem Datensatz handschriftlicher Ziffern könnte beispielsweise eine niedrige Perplexität einzelne Ziffern deutlich trennen, während eine höhere Perplexität die Gesamtverteilung der Ziffernklassen besser zeigen könnte. Das Experimentieren mit verschiedenen Perplexitätswerten ist oft notwendig, um die aussagekräftigste Visualisierung für einen bestimmten Datensatz zu finden.

Beispiel: Anpassung der Perplexität in t-SNE

```
import numpy as np
import matplotlib.pyplot as plt
from sklearn.datasets import load_iris
from sklearn.manifold import TSNE
from sklearn.preprocessing import StandardScaler

# Load the Iris dataset
iris = load_iris()
```

```
X = iris.data
y = iris.target

# Standardize the data
scaler = StandardScaler()
X_scaled = scaler.fit_transform(X)

# Apply t-SNE with different perplexity values
perplexities = [5, 30, 50]
tsne_results = []

for perp in perplexities:
    tsne = TSNE(n_components=2, perplexity=perp, random_state=42)
    tsne_result = tsne.fit_transform(X_scaled)
    tsne_results.append(tsne_result)

# Plot the t-SNE projections
plt.figure(figsize=(18, 6))

for i, perp in enumerate(perplexities):
    plt.subplot(1, 3, i+1)
    scatter = plt.scatter(tsne_results[i][:, 0], tsne_results[i][:, 1], c=y,
cmap='viridis')
    plt.title(f"t-SNE with Perplexity = {perp}")
    plt.xlabel("t-SNE Dimension 1")
    plt.ylabel("t-SNE Dimension 2")
    plt.colorbar(scatter)

plt.tight_layout()
plt.show()

# Print additional information
for i, perp in enumerate(perplexities):
    print(f"t-SNE with Perplexity {perp}:")
    print(f"  Shape of transformed data: {tsne_results[i].shape}")
    print(f"  Range of Dimension 1: [{tsne_results[i][:, 0].min():.2f},
{tsne_results[i][:, 0].max():.2f}]")
    print(f"  Range of Dimension 2: [{tsne_results[i][:, 1].min():.2f},
{tsne_results[i][:, 1].max():.2f}]")
    print()
```

Dieses Codebeispiel zeigt, wie man t-SNE mit verschiedenen Perplexitätswerten auf den Iris-Datensatz anwendet.

Hier ist eine umfassende Aufschlüsselung des Codes:

1. Importieren der erforderlichen Bibliotheken:

- numpy: Für numerische Operationen
- matplotlib.pyplot: Für die Erstellung von Visualisierungen

- sklearn.datasets: Zum Laden des Iris-Datensatzes
- sklearn.manifold: Für die t-SNE-Implementierung
- sklearn.preprocessing: Für die Datenstandardisierung

2. Laden und Vorverarbeitung der Daten:

- Wir laden den Iris-Datensatz, einen gängigen Benchmark-Datensatz im maschinellen Lernen.
- Die Daten werden mit StandardScaler standardisiert, um sicherzustellen, dass alle Merkmale auf der gleichen Skala liegen, was für t-SNE wichtig ist.

3. Anwendung von t-SNE:

- Wir erstellen t-SNE-Objekte mit 2 Komponenten (für 2D-Visualisierung) und verschiedenen Perplexitätswerten (5, 30 und 50).
- random_state=42 gewährleistet die Reproduzierbarkeit.
- Wir passen die Daten an und transformieren sie für jeden Perplexitätswert und speichern die Ergebnisse.

4. Visualisierung:

- Wir erstellen eine Abbildung mit drei Teilplots, einen für jeden Perplexitätswert.
- Jeder Teilplot zeigt ein Streudiagramm der t-SNE-Ergebnisse.
- Die Punkte werden basierend auf ihrer Klasse (y) eingefärbt, unter Verwendung der 'viridis'-Farbpalette.
- Die Achsen werden beschriftet, Titel werden hinzugefügt und Farbskalen werden eingefügt, um die Zuordnung zwischen Farben und Klassen anzuzeigen.

5. Zusätzliche Informationen:

- Wir geben die Form der transformierten Daten für jeden Perplexitätswert aus.
- Wir geben auch den Wertebereich für jede Dimension aus, was Einblicke in die Verteilung der Daten im reduzierten Raum geben kann.

Wichtige Punkte:

- Perplexität ist ein entscheidender Hyperparameter in t-SNE, der lokale und globale Aspekte der Daten ausbalanciert. Er kann als ein glattes Maß für die effektive Anzahl der Nachbarn interpretiert werden.
- Eine niedrigere Perplexität (z.B. 5) konzentriert sich mehr auf die lokale Struktur und kann möglicherweise feinkörnige Muster aufdecken, aber größere Trends übersehen.

- Eine höhere Perplexität (z.B. 50) berücksichtigt mehr globale Beziehungen und zeigt möglicherweise breitere Muster, kann aber lokale Details verschleiern.
- Die mittlere Perplexität (30) bietet oft ein Gleichgewicht zwischen lokaler und globaler Struktur.
- Durch den Vergleich der Ergebnisse mit verschiedenen Perplexitätswerten können wir ein umfassenderes Verständnis der Datenstruktur auf verschiedenen Ebenen gewinnen.

Dieses Beispiel bietet eine umfassende Erforschung von t-SNE und zeigt dessen Verhalten mit verschiedenen Perplexitätswerten. Durch die Visualisierung der Ergebnisse und die Bereitstellung zusätzlicher quantitativer Daten zur transformierten Ausgabe erhalten die Leser ein tiefes Verständnis dafür, wie t-SNE unter verschiedenen Bedingungen arbeitet.

5.3.2 UMAP (Uniform Manifold Approximation and Projection)

UMAP ist eine leistungsstarke nicht-lineare Dimensionsreduktionstechnik, die als schnelle und skalierbare Alternative zu t-SNE an Popularität gewonnen hat. UMAP bietet mehrere wesentliche Vorteile gegenüber anderen Dimensionsreduktionsmethoden:

1. Strukturerhaltung

UMAP (Uniform Manifold Approximation and Projection) überzeugt durch die effektivere Erhaltung sowohl lokaler als auch globaler Struktur im Vergleich zu t-SNE (t-Distributed Stochastic Neighbor Embedding). Das bedeutet, UMAP kann die Beziehungen zwischen Datenpunkten auf verschiedenen Ebenen aufrechterhalten und bietet damit eine genauere Darstellung der ursprünglichen hochdimensionalen Daten. Hier ist eine detailliertere Erklärung:

Erhaltung der lokalen Struktur: Wie t-SNE ist UMAP geschickt darin, lokale Beziehungen zwischen Datenpunkten zu erhalten. Das bedeutet, dass Punkte, die im hochdimensionalen Raum nahe beieinander liegen, auch in der niedrigdimensionalen Darstellung nahe beieinander bleiben. Dies ist entscheidend für die Identifizierung von Clustern und lokalen Mustern in den Daten.

Erhaltung der globalen Struktur: Im Gegensatz zu t-SNE, das sich hauptsächlich auf die lokale Struktur konzentriert, bewahrt UMAP auch die globale Struktur der Daten besser. Das bedeutet, dass die allgemeine Form und Anordnung der Daten im hochdimensionalen Raum besser in der niedrigdimensionalen Darstellung widergespiegelt wird. Dies kann besonders wichtig sein, wenn man die übergeordneten Beziehungen und Muster in einem Datensatz verstehen möchte.

Ausgleich zwischen lokal und global: UMAP erreicht dieses Gleichgewicht durch seine mathematischen Grundlagen in der topologischen Datenanalyse und dem Mannigfaltigkeitslernen. Es verwendet eine Technik namens unscharfe topologische Repräsentation, um einen Graphen der Daten zu erstellen, der sowohl lokale als auch globale Beziehungen erfasst. Dies ermöglicht UMAP, Visualisierungen zu erstellen, die der ursprünglichen Datenstruktur oft treuer sind als die von t-SNE erzeugten.

Praktische Auswirkungen: Die verbesserte Erhaltung sowohl lokaler als auch globaler Struktur macht UMAP besonders nützlich für Aufgaben wie Clustering, Anomalieerkennung und explorative Datenanalyse. Es kann Muster und Beziehungen in den Daten aufdecken, die möglicherweise von Techniken übersehen werden, die sich ausschließlich auf lokale oder globale Struktur konzentrieren.

2. Recheneffizienz

UMAP zeigt eine überlegene Recheneffizienz im Vergleich zu t-SNE und eignet sich dadurch besonders gut für die Analyse größerer Datensätze. Diese verbesserte Effizienz basiert auf seinem algorithmischen Design, das es UMAP ermöglicht, die Dimensionalität großer Datenmengen schneller und effektiver zu verarbeiten und zu reduzieren. Hier folgt eine detailliertere Erklärung der rechnerischen Vorteile von UMAP:

1. Skalierbarkeit: Die Implementierung von UMAP ermöglicht die Verarbeitung deutlich größerer Datensätze im Vergleich zu t-SNE. Diese Skalierbarkeit macht UMAP zu einer ausgezeichneten Wahl für Big-Data-Anwendungen und komplexe Datenanalyseaufgaben, die große Mengen hochdimensionaler Daten umfassen.
2. Schnellere Verarbeitung: UMAP schließt seinen Dimensionsreduktionsprozess typischerweise schneller ab als t-SNE, besonders bei der Verarbeitung größerer Datensätze. Dieser Geschwindigkeitsvorteil kann in zeitkritischen Datenanalyseszenarien oder bei der Arbeit mit Echtzeit-Datenströmen entscheidend sein.
3. Speichereffizienz: UMAP benötigt im Allgemeinen weniger Arbeitsspeicher als t-SNE, um die gleiche Datenmenge zu verarbeiten. Diese Speichereffizienz ermöglicht die Analyse größerer Datensätze auf Rechnern mit begrenzten Ressourcen und macht es damit für ein breiteres Spektrum von Nutzern und Anwendungen zugänglich.
4. Parallelisierung: Der Algorithmus von UMAP ist darauf ausgelegt, parallele Verarbeitungsmöglichkeiten zu nutzen, was seine Geschwindigkeit und Effizienz bei der Ausführung auf Mehrkernprozessoren oder verteilten Rechenumgebungen weiter steigert.
5. Erhaltung der globalen Struktur: Trotz seiner Recheneffizienz gelingt es UMAP weiterhin, sowohl lokale als auch globale Strukturen in den Daten zu bewahren und bietet damit oft eine genauere Darstellung des ursprünglichen hochdimensionalen Raums im Vergleich zu t-SNE.

Diese rechnerischen Vorteile machen UMAP zu einem leistungsstarken Werkzeug für Dimensionsreduktion und Visualisierung in verschiedenen Bereichen, einschließlich Bioinformatik, Computer Vision und Natural Language Processing, wo die Verarbeitung großer hochdimensionaler Datensätze üblich ist. **3. Skalierbarkeit**

Die effiziente Implementierung von UMAP ermöglicht die Verarbeitung deutlich größerer Datensätze im Vergleich zu t-SNE, was es zu einer ausgezeichneten Wahl für Big-Data-

Anwendungen und komplexe Datenanalyseaufgaben macht. Dieser Skalierungsvorteil basiert auf mehreren Schlüsselfaktoren:

- Algorithmische Effizienz: UMAP verwendet einen effizienteren Algorithmus, der die Rechenkomplexität reduziert und damit die schnellere Verarbeitung großer Datensätze im Vergleich zu t-SNE ermöglicht.
- Speicheroptimierung: UMAP ist darauf ausgelegt, den Speicher effizienter zu nutzen, was besonders wichtig ist bei der Arbeit mit Big Data, die möglicherweise nicht vollständig in den RAM passt.
- Parallelisierung: UMAP kann parallele Verarbeitungsmöglichkeiten nutzen, was seine Geschwindigkeit und Effizienz auf Mehrkernsystemen oder verteilten Rechenumgebungen weiter steigert.
- Strukturerhaltung: Trotz seiner Recheneffizienz gelingt es UMAP weiterhin, sowohl lokale als auch globale Strukturen in den Daten zu bewahren und bietet damit oft eine genauere Darstellung des ursprünglichen hochdimensionalen Raums im Vergleich zu t-SNE.

Diese Skalierbarkeitseigenschaften machen UMAP besonders wertvoll in Bereichen wie Genomik, großskalige Bildverarbeitung und Natural Language Processing, wo Datensätze leicht Millionen oder sogar Milliarden von Datenpunkten erreichen können.

4. Vielseitigkeit

UMAP zeigt eine außergewöhnliche Anpassungsfähigkeit bei verschiedenen Datentypen und ist damit ein leistungsstarkes Werkzeug für vielfältige Anwendungen. Hier folgt eine ausführliche Erklärung der Vielseitigkeit von UMAP:

- Numerische Daten: UMAP überzeugt bei der Verarbeitung hochdimensionaler numerischer Daten und eignet sich damit ideal für Aufgaben wie Genexpressionsanalyse in der Bioinformatik oder Finanzdatenanalyse.
- Kategorische Daten: Im Gegensatz zu anderen Dimensionsreduktionstechniken kann UMAP effektiv kategorische Daten verarbeiten. Dies macht es nützlich für die Analyse von Umfrageergebnissen oder Kundensegmentierungsdaten.
- Gemischte Datentypen: Die Flexibilität von UMAP ermöglicht die Arbeit mit Datensätzen, die sowohl numerische als auch kategorische Merkmale kombinieren, was in realen Szenarien häufig vorkommt.
- Textdaten: In der Verarbeitung natürlicher Sprache kann UMAP auf Word Embeddings oder Dokumentenvektoren angewendet werden, um semantische Beziehungen zwischen Wörtern oder Dokumenten zu visualisieren.
- Bilddaten: UMAP kann hochdimensionale Bilddaten verarbeiten und ist damit wertvoll für Aufgaben wie Gesichtserkennung oder medizinische Bildanalyse.

- Graph-strukturierte Daten: UMAP kann Graphen- oder Netzwerkdaten verarbeiten und dabei sowohl lokale als auch globale Struktur bewahren. Dies macht es nützlich für die Analyse sozialer Netzwerke oder die Untersuchung von Protein-Interaktionsnetzwerken in der Biologie.

Die Fähigkeit von UMAP, eine so breite Palette von Datentypen zu verarbeiten und dabei sowohl lokale als auch globale Strukturen zu bewahren, macht es zu einem unschätzbaren Werkzeug in vielen Bereichen, einschließlich maschinellem Lernen, Data Science und verschiedenen domänenspezifischen Anwendungen.

5. Theoretische Grundlage

UMAP basiert auf einem soliden mathematischen Fundament und stützt sich auf Konzepte der topologischen Datenanalyse und des Mannigfaltigkeitslernens. Diese theoretische Basis bietet eine robuste Grundlage für seine Leistung und Interpretierbarkeit. UMAPs Framework wurzelt in der Riemannschen Geometrie und algebraischen Topologie, die es ermöglichen, sowohl lokale als auch globale Strukturen in hochdimensionalen Daten zu erfassen.

Die Kernidee hinter UMAP besteht darin, eine topologische Darstellung der hochdimensionalen Daten in Form eines gewichteten Graphen zu konstruieren. Dieser Graph wird dann verwendet, um ein niedrigdimensionales Layout zu erstellen, das die wesentlichen topologischen Merkmale der ursprünglichen Daten bewahrt. Der Algorithmus erreicht dies durch mehrere Schlüsselschritte:

1. Konstruktion einer unscharfen topologischen Darstellung der hochdimensionalen Daten
2. Erstellung einer ähnlichen topologischen Darstellung im niedrigdimensionalen Raum
3. Optimierung des Layouts der niedrigdimensionalen Darstellung, um die hochdimensionale Topologie möglichst genau abzubilden

UMAPs Verwendung von Konzepten des Mannigfaltigkeitslernens ermöglicht es, die intrinsische Geometrie der Daten effektiv zu modellieren, während seine Grundlage in der topologischen Datenanalyse es ermöglicht, globale Strukturen zu erfassen, die von anderen Dimensionsreduktionstechniken möglicherweise übersehen werden. Diese Kombination von Ansätzen trägt zu UMAPs Fähigkeit bei, sowohl lokale als auch globale Beziehungen in den Daten zu bewahren, was es zu einem leistungsstarken Werkzeug für die Visualisierung und Analyse komplexer, hochdimensionaler Datensätze macht.

Durch die Kombination dieser Vorteile ist UMAP zu einem bevorzugten Werkzeug für Forscher und Data Scientists geworden, die mit hochdimensionalen Daten in verschiedenen Bereichen arbeiten, einschließlich Bioinformatik, Computer Vision und Verarbeitung natürlicher Sprache.

Funktionsweise von UMAP

UMAP (Uniform Manifold Approximation and Projection) ist eine fortgeschrittene Dimensionsreduktionstechnik, die durch die Konstruktion einer hochdimensionalen

Graphendarstellung der Daten arbeitet. Dieser Graph erfasst die topologische Struktur des ursprünglichen Datensatzes.

UMAP optimiert dann diesen Graphen, indem er ihn in einen niedrigdimensionalen Raum projiziert und dabei die Beziehungen zwischen den Datenpunkten zu erhalten versucht. Dieser Prozess führt zu einer niedrigdimensionalen Darstellung, die sowohl lokale als auch globale Strukturen der Originaldaten bewahrt.

Die Funktionalität von UMAP wird durch zwei Hauptparameter gesteuert:

- **n_neighbors**: Dieser Parameter spielt eine entscheidende Rolle bei der Ausbalancierung zwischen der Erhaltung lokaler und globaler Strukturen. Er definiert im Wesentlichen die Größe der lokalen Nachbarschaft für jeden Punkt im hochdimensionalen Raum. Ein höherer Wert von n_neighbors weist UMAP an, mehr Punkte als "Nachbarn" zu berücksichtigen und bewahrt damit mehr von der globalen Struktur der Daten. Im Gegensatz dazu konzentriert sich ein niedrigerer Wert auf die Erhaltung lokaler Strukturen.
- **min_dist**: Dieser Parameter steuert den Mindestabstand zwischen Punkten in der niedrigdimensionalen Darstellung. Er beeinflusst, wie eng UMAP die Punkte im reduzierten Raum zusammenpacken darf. Ein niedrigerer min_dist-Wert führt zu kompakteren Clustern und betont möglicherweise die feinkörnige lokale Struktur, während ein höherer Wert zu einer ausgedehnteren Darstellung führt, die globale Beziehungen besser erhalten könnte.

Das Zusammenspiel dieser Parameter ermöglicht es UMAP, Visualisierungen zu erstellen, die sowohl lokale Cluster als auch globale Muster in den Daten aufzeigen können, was es zu einem leistungsstarken Werkzeug für explorative Datenanalyse und Feature-Extraktion in Machine-Learning-Pipelines macht.

Beispiel: UMAP für Dimensionsreduktion

Wenden wir UMAP auf den gleichen Iris-Datensatz an und vergleichen die Ergebnisse mit t-SNE.

```
import umap
import matplotlib.pyplot as plt
from sklearn.datasets import load_iris
from sklearn.preprocessing import StandardScaler
import numpy as np
import pandas as pd

# Load the Iris dataset
data = load_iris()
X = data.data
y = data.target

# Create a DataFrame for easier manipulation
df = pd.DataFrame(X, columns=data.feature_names)
df['target'] = y
```

```
# Standardize the data
scaler = StandardScaler()
X_scaled = scaler.fit_transform(X)

# Apply UMAP with different parameters
umap_default = umap.UMAP(random_state=42)
umap_neighbors = umap.UMAP(n_neighbors=30, random_state=42)
umap_min_dist = umap.UMAP(min_dist=0.5, random_state=42)

# Fit and transform the data
X_umap_default = umap_default.fit_transform(X_scaled)
X_umap_neighbors = umap_neighbors.fit_transform(X_scaled)
X_umap_min_dist = umap_min_dist.fit_transform(X_scaled)

# Plotting function
def plot_umap(X_umap, title):
    plt.figure(figsize=(10, 8))
    scatter = plt.scatter(X_umap[:, 0], X_umap[:, 1], c=y, cmap='viridis')
    plt.colorbar(scatter)
    plt.title(title)
    plt.xlabel("UMAP Dimension 1")
    plt.ylabel("UMAP Dimension 2")
    plt.show()

# Plot the UMAP projections
plot_umap(X_umap_default, "UMAP Projection of Iris Dataset (Default)")
plot_umap(X_umap_neighbors, "UMAP Projection (n_neighbors=30)")
plot_umap(X_umap_min_dist, "UMAP Projection (min_dist=0.5)")

# Analyze the results
print("Shape of original data:", X.shape)
print("Shape of UMAP projection:", X_umap_default.shape)

# Calculate the variance explained
def calc_variance_explained(X_original, X_embedded):
    return 1 - np.var(X_original - X_embedded) / np.var(X_original)

variance_explained = calc_variance_explained(X_scaled, X_umap_default)
print(f"Variance explained by UMAP: {variance_explained:.2f}")
```

Dieses UMAP-Beispiel bietet eine umfassende Demonstration, wie UMAP zur Dimensionsreduktion und Visualisierung eingesetzt werden kann.

Hier ist eine Aufschlüsselung des Codes und seiner Funktionalität:

1. Datenvorbereitung:

- Wir laden den Iris-Datensatz mithilfe der scikit-learn load_iris() Funktion.

- Die Daten werden dann in ein pandas DataFrame zur einfacheren Handhabung umgewandelt.
- Wir standardisieren die Merkmale mit StandardScaler, um sicherzustellen, dass alle Merkmale die gleiche Skalierung aufweisen.

2. UMAP-Anwendung:

- Wir erstellen drei UMAP-Modelle mit unterschiedlichen Parametern: a) Standardparameter b) Erhöhter n_neighbors Wert (30 statt der Standard 15) c) Erhöhter min_dist Wert (0,5 statt der Standard 0,1)
- Jedes Modell wird dann an die standardisierten Daten angepasst und zur Transformation in eine 2D-Darstellung verwendet.

3. Visualisierung:

- Eine Plotting-Funktion plot_umap() wird definiert, um Streudiagramme der UMAP-Projektionen zu erstellen.
- Wir erstellen drei Diagramme, eines für jedes UMAP-Modell, um zu visualisieren, wie verschiedene Parameter die Projektion beeinflussen.
- Die Diagramme verwenden Farben zur Unterscheidung der drei Iris-Arten.

4. Analyse:

- Wir geben die Formen der Original- und transformierten Daten aus, um die Dimensionsreduktion zu zeigen.
- Eine Funktion calc_variance_explained() wird definiert, um zu berechnen, wie viel der ursprünglichen Varianz in der UMAP-Projektion erhalten bleibt.
- Wir geben die durch die Standard-UMAP-Projektion erklärte Varianz aus.

5. Interpretation:

- Die UMAP-Projektionen sollten eine klare Trennung zwischen den drei Iris-Arten zeigen, wenn der Algorithmus effektiv ist.
- Die Änderung von n_neighbors beeinflusst das Gleichgewicht zwischen der Erhaltung lokaler und globaler Strukturen. Ein höherer Wert (30) könnte mehr globale Struktur erfassen.
- Die Erhöhung von min_dist auf 0,5 sollte zu einer ausgedehnteren Projektion führen, die möglicherweise globale Beziehungen besser sichtbar macht, aber lokale Strukturen weniger deutlich darstellt.
- Die erklärte Varianz gibt Aufschluss darüber, wie viel Information aus dem ursprünglichen 4D-Raum in der 2D-Projektion erhalten bleibt.

Dieses Beispiel bietet eine umfassende Erkundung von UMAP, zeigt seine Anwendung mit verschiedenen Parametern und enthält zusätzliche Analyseschritte. Es liefert wertvolle Einblicke in die Funktionalität von UMAP und veranschaulicht, wie die Anpassung seiner Parameter die resultierenden Projektionen beeinflusst.

Vergleich von UMAP und t-SNE

- **Geschwindigkeit**: UMAP ist im Allgemeinen schneller und besser skalierbar als t-SNE, was es für größere Datensätze geeignet macht. Dies ist besonders wichtig bei der Arbeit mit hochdimensionalen Daten oder großen Stichprobengrößen, bei denen die Recheneffizienz entscheidend wird. Der Algorithmus von UMAP ist darauf ausgelegt, größere Datensätze effizienter zu verarbeiten, was schnellere Verarbeitungszeiten ermöglicht und die Fähigkeit bietet, mit Datensätzen zu arbeiten, die für t-SNE unpraktisch sein könnten.
- **Strukturerhaltung**: UMAP tendiert dazu, sowohl lokale als auch globale Struktur zu erhalten, während t-SNE sich mehr auf lokale Beziehungen konzentriert. Dies bedeutet, dass UMAP besser darin ist, die Gesamtform und Struktur der Daten im niederdimensionalen Raum zu erhalten. Es kann sowohl die feinen Details lokaler Nachbarschaften als auch die breiteren Muster über den gesamten Datensatz hinweg erfassen. Im Gegensatz dazu überzeugt t-SNE bei der Erhaltung lokaler Strukturen, kann aber globale Beziehungen verzerren, was zu Fehlinterpretationen der gesamten Datenstruktur führen kann.
- **Parameteroptimierung**: UMAP reagiert empfindlich auf die Parameter **n_neighbors** und **min_dist**, und die Feinabstimmung dieser Werte kann die Ergebnisse erheblich verbessern. Der n_neighbors-Parameter steuert die Größe der lokalen Nachbarschaften, die in der Mannigfaltigkeitsapproximation verwendet werden, und beeinflusst das Gleichgewicht zwischen lokaler und globaler Strukturerhaltung. Der min_dist-Parameter beeinflusst, wie eng UMAP die Punkte in der niedrigdimensionalen Darstellung zusammenpacken darf. Die Anpassung dieser Parameter ermöglicht mehr Kontrolle über die endgültige Visualisierung, erfordert aber auch sorgfältige Überlegung und Experimentieren, um optimale Ergebnisse für einen bestimmten Datensatz zu erzielen.

Beispiel: Anpassung der UMAP-Parameter

```
# Import necessary libraries
import numpy as np
import matplotlib.pyplot as plt
from sklearn.datasets import load_iris
from sklearn.preprocessing import StandardScaler
import umap

# Load the Iris dataset
iris = load_iris()
X = iris.data
```

```
y = iris.target

# Standardize the features
scaler = StandardScaler()
X_scaled = scaler.fit_transform(X)

# Create UMAP models with different parameters
umap_default = umap.UMAP(random_state=42)
umap_neighbors = umap.UMAP(n_neighbors=30, random_state=42)
umap_min_dist = umap.UMAP(min_dist=0.5, random_state=42)

# Fit and transform the data
X_umap_default = umap_default.fit_transform(X_scaled)
X_umap_neighbors = umap_neighbors.fit_transform(X_scaled)
X_umap_min_dist = umap_min_dist.fit_transform(X_scaled)

# Plotting function
def plot_umap(X_umap, title):
    plt.figure(figsize=(10, 8))
    scatter = plt.scatter(X_umap[:, 0], X_umap[:, 1], c=y, cmap='viridis')
    plt.colorbar(scatter)
    plt.title(title)
    plt.xlabel("UMAP Dimension 1")
    plt.ylabel("UMAP Dimension 2")
    plt.show()

# Plot the UMAP projections
plot_umap(X_umap_default, "UMAP Projection of Iris Dataset (Default)")
plot_umap(X_umap_neighbors, "UMAP Projection (n_neighbors=30)")
plot_umap(X_umap_min_dist, "UMAP Projection (min_dist=0.5)")

# Analyze the results
print("Shape of original data:", X.shape)
print("Shape of UMAP projection:", X_umap_default.shape)

# Calculate the variance explained
def calc_variance_explained(X_original, X_embedded):
    return 1 - np.var(X_original - X_embedded) / np.var(X_original)

variance_explained = calc_variance_explained(X_scaled, X_umap_default)
print(f"Variance explained by UMAP: {variance_explained:.2f}")
```

Dieses Codebeispiel demonstriert die Anwendung von UMAP (Uniform Manifold Approximation and Projection) zur Dimensionsreduktion anhand des Iris-Datensatzes.

Hier folgt eine ausführliche Aufschlüsselung des Codes:

1. Bibliotheken importieren und Daten laden

Der Code beginnt mit dem Import der erforderlichen Bibliotheken: NumPy für numerische Operationen, Matplotlib für die Visualisierung, scikit-learn für den Iris-Datensatz und StandardScaler sowie UMAP für die Dimensionsreduktion.

2. Datenvorbereitung

Der Iris-Datensatz wird geladen und die Merkmale werden mittels StandardScaler standardisiert. Dieser Schritt ist entscheidend, da er sicherstellt, dass alle Merkmale die gleiche Skalierung aufweisen, was die Leistung vieler maschineller Lernalgorithmen, einschließlich UMAP, verbessern kann.

3. UMAP-Modell-Erstellung

Es werden drei UMAP-Modelle mit unterschiedlichen Parametern erstellt:

- Standardparameter
- Erhöhter n_neighbors-Wert (30 statt der Standard 15)
- Erhöhter min_dist-Wert (0,5 statt der Standard 0,1) Dies ermöglicht uns den Vergleich, wie verschiedene Parameter die UMAP-Projektion beeinflussen.

4. Datentransformation

Jedes UMAP-Modell wird an die standardisierten Daten angepasst und zur Transformation in eine 2D-Darstellung verwendet.

5. Visualisierung

Eine Plotting-Funktion plot_umap() wird definiert, um Streudiagramme der UMAP-Projektionen zu erstellen. Diese Funktion verwendet Matplotlib, um ein farbcodiertes Streudiagramm zu erstellen, wobei die Farbe die verschiedenen Iris-Arten repräsentiert.

6. Ergebnisanalyse

Der Code gibt die Formen der Original- und transformierten Daten aus, um die Dimensionsreduktion zu zeigen. Er enthält auch eine Funktion calc_variance_explained(), um zu berechnen, wie viel der ursprünglichen Varianz in der UMAP-Projektion erhalten bleibt.

7. Interpretation

- Die UMAP-Projektionen sollten eine deutliche Trennung zwischen den drei Iris-Arten zeigen, wenn der Algorithmus effektiv ist.
- Die Änderung von n_neighbors beeinflusst das Gleichgewicht zwischen der Erhaltung lokaler und globaler Struktur. Ein höherer Wert (30) könnte mehr globale Struktur erfassen.
- Die Erhöhung von min_dist auf 0,5 sollte zu einer ausgedehnteren Projektion führen, die möglicherweise globale Beziehungen besser sichtbar macht, aber lokale Strukturen weniger deutlich darstellt.

- Die erklärte Varianz gibt Aufschluss darüber, wie viel Information aus dem ursprünglichen 4D-Raum in der 2D-Projektion erhalten bleibt.

Dieses umfassende Beispiel zeigt die Anwendung von UMAP mit verschiedenen Parametern und enthält zusätzliche Analyseschritte. Es bietet wertvolle Einblicke in die Funktionalität von UMAP und veranschaulicht, wie die Anpassung seiner Parameter die resultierenden Projektionen beeinflusst.

5.3.3 Wann t-SNE und UMAP einsetzen

t-SNE (t-Distributed Stochastic Neighbor Embedding) ist eine fortgeschrittene Technik zur Visualisierung hochdimensionaler Daten. Sie eignet sich besonders gut für die Darstellung lokaler Strukturen und Muster innerhalb von Datensätzen und ist besonders nützlich für:

- Die Erforschung komplexer Datensätze mit vielschichtigen Beziehungen
- Die Visualisierung von Clustern in kleinen bis mittelgroßen Datensätzen
- Die Entdeckung verborgener Muster, die mit linearen Techniken möglicherweise nicht erkennbar sind

Allerdings hat t-SNE auch Einschränkungen:

- Es kann rechnerisch aufwendig sein, besonders bei großen Datensätzen
- Die Ergebnisse können empfindlich auf Parameteränderungen reagieren
- Die globale Struktur wird möglicherweise nicht so effektiv erhalten wie die lokale Struktur

UMAP (Uniform Manifold Approximation and Projection) ist eine neuere Dimensionsreduktionstechnik, die mehrere Vorteile bietet:

- Schnellere Verarbeitungszeiten, wodurch sie sich für größere Datensätze eignet
- Bessere Erhaltung sowohl der lokalen als auch der globalen Datenstruktur
- Fähigkeit, eine größere Bandbreite an Datentypen und -strukturen zu verarbeiten

UMAP ist besonders gut geeignet für:

- Die Analyse großer Datensätze, bei denen die Leistung entscheidend ist
- Anwendungen, die ein Gleichgewicht zwischen lokaler und globaler Strukturerhaltung erfordern
- Szenarien, in denen die zugrundeliegende Datenmannigfaltigkeit komplex oder nicht-linear ist

Bei der Wahl zwischen t-SNE und UMAP sollten Faktoren wie Datensatzgröße, Rechenressourcen und die spezifischen Erkenntnisse, die Sie aus Ihrer Datenvisualisierung gewinnen möchten, berücksichtigt werden.

5.4 Evaluierungstechniken für unüberwachtes Lernen

Die Evaluierung von Modellen des unüberwachten Lernens stellt aufgrund des Fehlens vordefinierter Labels für den Vergleich besondere Herausforderungen dar. Anders als beim überwachten Lernen, wo wir die Leistung des Modells direkt anhand bekannter Ergebnisse messen können, erfordert unüberwachtes Lernen differenziertere Ansätze zur Bewertung der Modellqualität. Dieser Abschnitt befasst sich mit verschiedenen Evaluierungstechniken, die speziell für Szenarien des unüberwachten Lernens entwickelt wurden.

Wir werden Methoden zur Beurteilung der Effektivität von Clustering-Algorithmen untersuchen, die darauf abzielen, ähnliche Datenpunkte ohne Vorwissen über die korrekten Gruppierungen zusammenzufassen. Außerdem werden wir Strategien zur Evaluierung von Dimensionsreduktionstechniken betrachten, die hochdimensionale Daten in niedrigdimensionale Darstellungen komprimieren und dabei wesentliche Informationen und Beziehungen bewahren sollen.

Durch den Einsatz dieser indirekten Evaluierungsmethoden können wir wertvolle Einblicke in die Leistung und Zuverlässigkeit von Modellen des unüberwachten Lernens gewinnen. Diese Techniken helfen nicht nur bei der Bewertung der Ergebnisqualität, sondern leiten auch den Prozess der Modellauswahl und Parameteroptimierung, was letztendlich zu robusteren und aussagekräftigeren Ergebnissen im unüberwachten Lernen führt.

5.4.1 Evaluierung von Clustering-Algorithmen

Clustering-Algorithmen gruppieren Datenpunkte basierend auf Ähnlichkeit und zielen darauf ab, Cluster zu erstellen, in denen die Punkte innerhalb eines Clusters einander ähnlicher sind als Punkten in anderen Clustern. Die Bestimmung der Effektivität eines Clustering-Algorithmus ohne Ground-Truth-Labels stellt jedoch eine bedeutende Herausforderung im unüberwachten Lernen dar. Um dies zu bewältigen, wurden verschiedene Evaluierungstechniken entwickelt, die die Qualität der Cluster basierend auf den inhärenten Eigenschaften der Daten selbst messen.

Diese Evaluierungstechniken können grob in zwei Kategorien eingeteilt werden:

1. Interne Evaluierungsmetriken

Diese Metriken bewerten die Clustering-Qualität durch Analyse der intrinsischen Eigenschaften der Daten und resultierenden Cluster, ohne sich auf externe Informationen oder vordefinierte Labels zu stützen. Sie untersuchen Faktoren wie Intra-Cluster-Kohäsion und Inter-Cluster-Separation, um zu beurteilen, wie gut der Algorithmus ähnliche Datenpunkte zusammengruppiert und unähnliche Punkte in getrennten Clustern hält.

Beispiele umfassen:

Silhouetten-Koeffizient

Diese Metrik bewertet, wie gut jeder Datenpunkt in sein zugewiesenes Cluster passt im Vergleich zu anderen Clustern. Sie liefert ein umfassendes Maß für die Clustering-Qualität, indem sie sowohl die Kohäsion innerhalb der Cluster als auch die Separation zwischen den Clustern bewertet.

Der Koeffizient reicht von -1 bis 1, wobei:

- Ein Wert von 1 bedeutet, dass der Datenpunkt sehr gut zu seinem eigenen Cluster passt und schlecht zu benachbarten Clustern, was auf optimales Clustering hinweist.
- Ein Wert von 0 bedeutet, dass der Datenpunkt auf oder sehr nahe an der Entscheidungsgrenze zwischen zwei benachbarten Clustern liegt.
- Ein Wert von -1 bedeutet, dass der Datenpunkt möglicherweise dem falschen Cluster zugeordnet wurde, da er benachbarten Clustern ähnlicher ist als seinem eigenen Cluster.

Der Silhouetten-Koeffizient wird für jeden Datenpunkt wie folgt berechnet:

1. Berechne den durchschnittlichen Abstand zwischen dem Datenpunkt und allen anderen Punkten in seinem Cluster (a).
2. Berechne für jedes andere Cluster den durchschnittlichen Abstand zwischen dem Datenpunkt und allen Punkten in diesem Cluster.
3. Finde das Minimum dieser durchschnittlichen Abstände (b).
4. Der Silhouetten-Koeffizient für den Datenpunkt ist (b - a) / max(a, b).

Der Gesamt-Silhouetten-Koeffizient für ein Clustering ist der Durchschnitt der Silhouetten-Koeffizienten aller Datenpunkte. Dieser Koeffizient wird häufig in verschiedenen Anwendungen eingesetzt, einschließlich Bildsegmentierung, Mustererkennung und Data Mining, um Clustering-Algorithmen zu evaluieren und zu optimieren.

Beispiel: Silhouetten-Koeffizient für K-Means mit Scikit-learn

Schauen wir uns die Berechnung des **Silhouetten-Koeffizienten** für ein K-Means-Clustering-Beispiel an.

```
import numpy as np
from sklearn.cluster import KMeans
from sklearn.datasets import make_blobs
from sklearn.metrics import silhouette_score
import matplotlib.pyplot as plt

# Generate synthetic data
n_samples = 1000
```

```
n_features = 2
n_clusters = 4
X, y = make_blobs(n_samples=n_samples, n_features=n_features, centers=n_clusters,
random_state=42)

# Perform K-Means clustering
kmeans = KMeans(n_clusters=n_clusters, random_state=42)
labels = kmeans.fit_predict(X)

# Calculate Silhouette Score
silhouette_avg = silhouette_score(X, labels)

# Visualize the clusters
plt.figure(figsize=(10, 5))
plt.subplot(121)
scatter = plt.scatter(X[:, 0], X[:, 1], c=labels, cmap='viridis')
plt.colorbar(scatter)
plt.title('K-Means Clustering Result')
plt.xlabel('Feature 1')
plt.ylabel('Feature 2')

# Plot Elbow Method
inertias = []
k_range = range(1, 11)
for k in k_range:
    kmeans = KMeans(n_clusters=k, random_state=42)
    kmeans.fit(X)
    inertias.append(kmeans.inertia_)

plt.subplot(122)
plt.plot(k_range, inertias, 'bo-')
plt.xlabel('Number of Clusters (k)')
plt.ylabel('Inertia')
plt.title('Elbow Method for Optimal k')

plt.tight_layout()
plt.show()

print(f"Silhouette Score: {silhouette_avg:.4f}")
print(f"Optimal number of clusters (from elbow method): {n_clusters}")
```

Dieses Codebeispiel zeigt einen umfassenden Ansatz für K-Means-Clustering, einschließlich Datengenerierung, Clustering, Evaluierung und Visualisierung.

Hier ist eine Aufschlüsselung des Codes:

1. Importieren der erforderlichen Bibliotheken:
    - numpy für numerische Operationen
    - KMeans aus sklearn.cluster für Clustering

   - make_blobs aus sklearn.datasets zur Generierung synthetischer Daten
   - silhouette_score aus sklearn.metrics zur Cluster-Evaluierung
   - matplotlib.pyplot für die Visualisierung
2. Generierung synthetischer Daten:
   - Verwendung von make_blobs zur Erstellung eines Datensatzes mit 1000 Proben, 2 Merkmalen und 4 Clustern
   - Dies simuliert ein reales Clustering-Szenario
3. Durchführung des K-Means-Clusterings:
   - Initialisierung von KMeans mit 4 Clustern
   - Anpassung des Modells an die Daten und Vorhersage der Cluster-Labels
4. Berechnung des Silhouetten-Koeffizienten:
   - Verwendung des silhouette_score zur Bewertung der Clustering-Qualität
   - Der Silhouetten-Koeffizient reicht von -1 bis 1, wobei höhere Werte besser definierte Cluster anzeigen
5. Visualisierung der Cluster:
   - Erstellung eines Streudiagramms der Datenpunkte, eingefärbt nach ihren Cluster-Zuordnungen
   - Hinzufügen einer Farbskala zur Anzeige der Cluster-Labels
6. Implementierung der Ellbogen-Methode:
   - Durchführung von K-Means für verschiedene Cluster-Anzahlen (1 bis 10)
   - Berechnung der Trägheit (Within-Cluster-Quadratsumme) für jedes k
   - Darstellung der Trägheit gegen die Anzahl der Cluster
7. Anzeige der Ergebnisse:
   - Darstellung der Clustering-Visualisierung und des Ellbogen-Methoden-Plots nebeneinander
   - Ausgabe des Silhouetten-Koeffizienten und der optimalen Cluster-Anzahl

Dieses umfassende Beispiel führt nicht nur K-Means-Clustering durch, sondern enthält auch Methoden zur Bestimmung der optimalen Cluster-Anzahl (Ellbogen-Methode) und zur Bewertung der Clustering-Qualität (Silhouetten-Koeffizient). Die Visualisierungen helfen beim Verständnis der Cluster-Struktur und des Prozesses zur Auswahl der besten Cluster-Anzahl.

Davies-Bouldin-Index

Diese Metrik bewertet die Qualität von Clustering-Algorithmen, indem sie die durchschnittliche Ähnlichkeit zwischen jedem Cluster und seinem ähnlichsten Cluster misst. Sie wird wie folgt berechnet:

1. Für jeden Cluster wird der ähnlichste Cluster basierend auf dem Verhältnis von Inner-Cluster-Distanzen zu Zwischen-Cluster-Distanzen ermittelt.
2. Berechnung des Ähnlichkeitsmaßes für dieses Cluster-Paar.
3. Bildung des Durchschnitts dieser Ähnlichkeitsmaße über alle Cluster.

Der Davies-Bouldin-Index hat mehrere wichtige Eigenschaften:

- Wertebereich: Er reicht von 0 bis unendlich.
- Interpretation: Niedrigere Werte zeigen besseres Clustering an, wobei 0 der bestmögliche Wert ist.
- Cluster-Eigenschaften: Er bevorzugt Cluster, die kompakt sind (geringe Inner-Cluster-Distanzen) und gut von anderen Clustern getrennt sind (hohe Zwischen-Cluster-Distanzen).
- Einschränkungen: Wie einige andere Metriken geht er von konvexen und isotropen Clustern aus, was bei realen Daten nicht immer der Fall ist.

Bei der Verwendung des Davies-Bouldin-Index:

- Ein Wert nahe 0 deutet auf gut definierte, eindeutige Cluster hin.
- Höhere Werte weisen auf überlappende oder schlecht getrennte Cluster hin.
- Er wird häufig in Kombination mit anderen Metriken für eine umfassende Bewertung der Clustering-Qualität verwendet.

Beispielinterpretation:

- Wert von 0,2: Zeigt gut getrennte Cluster an
- Wert von 1,5: Deutet auf schlecht getrennte oder überlappende Cluster hin

Der Davies-Bouldin-Index ist besonders nützlich beim Vergleich verschiedener Clustering-Algorithmen oder Parametereinstellungen auf demselben Datensatz und hilft Data Scientists dabei, den effektivsten Ansatz für ihre spezifischen Daten zu wählen.

Beispiel: Davies-Bouldin-Index mit Scikit-learn

```
import numpy as np
from sklearn.cluster import KMeans
from sklearn.datasets import make_blobs
from sklearn.metrics import davies_bouldin_score
import matplotlib.pyplot as plt
```

```
# Generate synthetic data for clustering
X, y = make_blobs(n_samples=300, centers=4, cluster_std=0.60, random_state=0)

# Perform K-means clustering
kmeans = KMeans(n_clusters=4, random_state=0)
labels = kmeans.fit_predict(X)

# Calculate the Davies-Bouldin Index
db_index = davies_bouldin_score(X, labels)

# Visualize the clusters
plt.figure(figsize=(10, 5))
plt.subplot(121)
scatter = plt.scatter(X[:, 0], X[:, 1], c=labels, cmap='viridis')
plt.colorbar(scatter)
plt.title('K-means Clustering Result')
plt.xlabel('Feature 1')
plt.ylabel('Feature 2')

# Plot Elbow Method
inertias = []
k_range = range(1, 11)
for k in k_range:
    kmeans = KMeans(n_clusters=k, random_state=0)
    kmeans.fit(X)
    inertias.append(kmeans.inertia_)

plt.subplot(122)
plt.plot(k_range, inertias, 'bo-')
plt.xlabel('Number of Clusters (k)')
plt.ylabel('Inertia')
plt.title('Elbow Method for Optimal k')

plt.tight_layout()
plt.show()

print(f"Davies-Bouldin Index: {db_index:.2f}")
```

Dieses Beispiel zeigt einen umfassenden Ansatz für K-Means-Clustering, einschließlich Datengenerierung, Clustering, Evaluierung mittels Davies-Bouldin-Index und Visualisierung. Hier ist eine Aufschlüsselung des Codes:

1. Importieren der erforderlichen Bibliotheken:

- numpy für numerische Operationen
- KMeans aus sklearn.cluster für Clustering
- make_blobs aus sklearn.datasets zur Generierung synthetischer Daten
- davies_bouldin_score aus sklearn.metrics zur Cluster-Evaluierung

- matplotlib.pyplot für die Visualisierung

2. Generierung synthetischer Daten:

- Verwendung von make_blobs zur Erstellung eines Datensatzes mit 300 Proben, 4 Zentren und einer Cluster-Standardabweichung von 0,60
- Dies simuliert ein reales Clustering-Szenario

3. Durchführung des K-Means-Clusterings:

- Initialisierung von KMeans mit 4 Clustern
- Anpassung des Modells an die Daten und Vorhersage der Cluster-Labels

4. Berechnung des Davies-Bouldin-Index:

- Verwendung von davies_bouldin_score zur Bewertung der Clustering-Qualität
- Der Davies-Bouldin-Index reicht von 0 bis unendlich, wobei niedrigere Werte besser definierte Cluster anzeigen

5. Visualisierung der Cluster:

- Erstellung eines Streudiagramms der Datenpunkte, eingefärbt nach ihren Cluster-Zuordnungen
- Hinzufügen einer Farbskala zur Anzeige der Cluster-Labels

6. Implementierung der Ellbogen-Methode:

- Durchführung von K-Means für verschiedene Cluster-Anzahlen (1 bis 10)
- Berechnung der Trägheit (Within-Cluster-Quadratsumme) für jedes k
- Darstellung der Trägheit gegen die Anzahl der Cluster

7. Anzeige der Ergebnisse:

- Darstellung der Clustering-Visualisierung und des Ellbogen-Methoden-Plots nebeneinander
- Ausgabe des Davies-Bouldin-Index-Wertes

Dieses Beispiel führt nicht nur K-Means-Clustering durch, sondern enthält auch Methoden zur Bestimmung der optimalen Cluster-Anzahl (Ellbogen-Methode) und zur Bewertung der Clustering-Qualität (Davies-Bouldin-Index). Die Visualisierungen helfen beim Verständnis der Cluster-Struktur und des Prozesses zur Auswahl der besten Cluster-Anzahl.

Calinski-Harabasz-Index

Der Calinski-Harabasz-Index, auch bekannt als Varianz-Verhältnis-Kriterium, ist eine wichtige Metrik zur Bewertung der Qualität von Clustering-Ergebnissen. Dieser Index misst das

Verhältnis zwischen Cluster-Streuung und Inner-Cluster-Streuung und liefert wertvolle Einblicke in die Effektivität eines Clustering-Algorithmus.

Hier ist eine detailliertere Erklärung zur Funktionsweise des Calinski-Harabasz-Index:

- Zwischen-Cluster-Streuung: Diese misst, wie gut die Cluster voneinander getrennt sind. Ein höherer Wert zeigt an, dass die Cluster deutlicher unterscheidbar und weiter voneinander entfernt sind.
- Inner-Cluster-Streuung: Diese misst, wie kompakt die Datenpunkte innerhalb jedes Clusters sind. Ein niedrigerer Wert zeigt an, dass die Punkte innerhalb jedes Clusters enger gruppiert sind.

Der Calinski-Harabasz-Index wird berechnet, indem die Zwischen-Cluster-Streuung durch die Inner-Cluster-Streuung geteilt wird. Ein höherer Indexwert deutet auf besser definierte Cluster hin, da er anzeigt, dass die Cluster gut voneinander getrennt sind, während die Datenpunkte innerhalb jedes Clusters eng gruppiert sind.

Bei der Interpretation des Calinski-Harabasz-Index:

- Höhere Werte zeigen bessere Clustering-Ergebnisse mit deutlicheren und besser definierten Clustern an.
- Der Index kann verwendet werden, um verschiedene Clustering-Algorithmen zu vergleichen oder die optimale Anzahl von Clustern für einen bestimmten Datensatz zu bestimmen.
- Er ist besonders nützlich bei hochdimensionalen Daten, da er einen einzelnen Skalenwert zur Bewertung der Clustering-Qualität liefert.

Es ist jedoch wichtig zu beachten, dass der Calinski-Harabasz-Index wie andere Clustering-Evaluierungsmetriken seine Grenzen hat. Er bevorzugt konvexe, sphärische Cluster und funktioniert möglicherweise nicht so gut bei Clustern mit unterschiedlichen Dichten oder nicht-kugelförmigen Formen. Daher wird oft empfohlen, diesen Index in Verbindung mit anderen Evaluierungsmetriken für eine umfassendere Bewertung der Clustering-Qualität zu verwenden.

Beispiel:

Hier ist ein umfassendes Beispiel zur Berechnung des Calinski-Harabasz-Index mit Scikit-learn:

```
import numpy as np
from sklearn.cluster import KMeans
from sklearn.metrics import calinski_harabasz_score
from sklearn.datasets import make_blobs

# Generate synthetic data for clustering
X, y = make_blobs(n_samples=300, centers=4, cluster_std=0.60, random_state=0)

# Perform K-means clustering
kmeans = KMeans(n_clusters=4, random_state=0)
```

```
labels = kmeans.fit_predict(X)

# Compute the Calinski-Harabasz Index
ch_score = calinski_harabasz_score(X, labels)

print(f"Calinski-Harabasz Index: {ch_score:.2f}")
```

Code-Aufschlüsselung:

1. Erforderliche Bibliotheken importieren:

- numpy für numerische Operationen
- KMeans aus sklearn.cluster für Clustering
- calinski_harabasz_score aus sklearn.metrics zur Berechnung des Calinski-Harabasz-Index
- make_blobs aus sklearn.datasets zur Generierung synthetischer Daten

2. Synthetische Daten generieren:

- Erstellung eines Datensatzes mit 300 Proben, 4 Zentren und einer Cluster-Standardabweichung von 0,60
- Der random_state wird auf 0 gesetzt, um Reproduzierbarkeit zu gewährleisten

3. K-Means-Clustering durchführen:

- Initialisierung von KMeans mit 4 Clustern (entsprechend der Anzahl der Zentren in unseren synthetischen Daten)
- Anpassung des Modells an die Daten und Vorhersage der Cluster-Labels

4. Calinski-Harabasz-Index berechnen:

- Verwendung der calinski_harabasz_score-Funktion unter Übergabe der Daten (X) und Cluster-Labels

5. Ergebnis ausgeben:

- Anzeige des Calinski-Harabasz-Index-Wertes, auf zwei Dezimalstellen formatiert

Interpretation:

Der Calinski-Harabasz-Index reicht von 0 bis unendlich. Ein höherer Wert zeigt besser definierte Cluster an. Bei der Interpretation der Ergebnisse:

- Ein höherer Wert deutet auf dichte und gut getrennte Cluster hin
- Ein niedrigerer Wert kann auf überlappende Cluster oder schlecht getrennte Datenpunkte hinweisen

Dieser Index ist besonders nützlich beim Vergleich verschiedener Clustering-Algorithmen oder bei der Bestimmung der optimalen Cluster-Anzahl für einen bestimmten Datensatz. Durch die Ausführung dieses Codes mit verschiedenen Cluster-Anzahlen oder unterschiedlichen Clustering-Algorithmen können Sie die resultierenden Werte vergleichen, um den effektivsten Clustering-Ansatz für Ihre Daten zu finden.

Bedenken Sie, dass der Calinski-Harabasz-Index zwar ein wertvolles Werkzeug ist, aber in Verbindung mit anderen Evaluierungsmetriken und Domänenwissen für eine umfassende Bewertung der Clustering-Qualität verwendet werden sollte.

2. Externe Evaluierungsmetriken

Diese werden verwendet, wenn wir externes Wissen über die Daten haben, wie zum Beispiel Klassenbezeichnungen oder menschliche Annotationen. Externe Evaluierungsmetriken bieten eine Möglichkeit, die Qualität von Clustering- oder Dimensionsreduktionsergebnissen zu bewerten, indem sie sie mit bekannten Ground-Truth-Informationen vergleichen. Zwei häufig verwendete externe Evaluierungsmetriken sind:

- Adjusted Rand Index (ARI): Diese Metrik misst die Ähnlichkeit zwischen den wahren Labels und den vorhergesagten Labels. Sie berücksichtigt die Anzahl der Datenpaare, die korrekt in denselben oder verschiedenen Clustern platziert wurden, bereinigt um den Zufall. Der ARI reicht von -1 bis 1, wobei 1 eine perfekte Übereinstimmung zwischen den wahren und vorhergesagten Labels anzeigt, 0 eine zufällige Kennzeichnung darstellt und negative Werte weniger Übereinstimmung als durch Zufall erwartet anzeigen.
- Normalized Mutual Information (NMI): Diese Metrik quantifiziert die gegenseitige Information zwischen den wahren Labels und den vorhergesagten Labels. Sie misst, wie viel Information zwischen den beiden Label-Sets geteilt wird, normiert auf einen Bereich von 0 bis 1. Ein höherer NMI-Wert zeigt eine bessere Übereinstimmung zwischen den wahren und vorhergesagten Labels an, wobei 1 eine perfekte Übereinstimmung und 0 keine gegenseitige Information darstellt.

Diese externen Evaluierungsmetriken sind besonders nützlich bei der Validierung der Leistung von Clustering-Algorithmen auf Datensätzen, bei denen die wahren Labels bekannt sind, wie bei Benchmark-Studien oder bei der Arbeit mit teilweise gekennzeichneten Daten. Es ist jedoch wichtig zu beachten, dass in vielen realen Szenarien des unüberwachten Lernens wahre Labels möglicherweise nicht verfügbar sind, was die Anwendbarkeit dieser Metriken einschränkt.

Beispiele umfassen:

- Adjusted Rand Index (ARI): Misst die Ähnlichkeit zwischen den wahren Labels und den vorhergesagten Cluster-Labels, bereinigt um den Zufall.
- Normalized Mutual Information (NMI): Quantifiziert die gegenseitige Information zwischen den wahren Labels und den vorhergesagten Cluster-Labels, normiert auf einen Bereich von 0-1.

Bei der Anwendung dieser Evaluierungstechniken ist es wichtig, mehrere Metriken zu berücksichtigen, da jede eine andere Perspektive auf die Clustering-Qualität bietet. Außerdem sollte die Wahl der Evaluierungsmetrik mit den spezifischen Zielen der Clustering-Aufgabe und den Eigenschaften des zu analysierenden Datensatzes übereinstimmen.

5.4.2 Evaluierung von Dimensionsreduktionstechniken

Dimensionsreduktionstechniken wie Principal Component Analysis (PCA), t-Distributed Stochastic Neighbor Embedding (t-SNE) und Uniform Manifold Approximation and Projection (UMAP) sind leistungsfähige Methoden, die im unüberwachten Lernen eingesetzt werden, um die Herausforderungen hochdimensionaler Daten zu bewältigen. Diese Techniken zielen darauf ab, die Anzahl der Merkmale oder Variablen in einem Datensatz zu reduzieren und dabei wichtige Strukturen und Beziehungen innerhalb der Daten zu bewahren.

PCA ist eine lineare Technik, die die Hauptkomponenten der Daten identifiziert - neue Variablen, die lineare Kombinationen der ursprünglichen Merkmale sind und die maximale Varianz im Datensatz erfassen. Sie ist besonders nützlich für Datensätze mit linearen Beziehungen zwischen Variablen.

t-SNE hingegen ist eine nicht-lineare Technik, die sich durch die Bewahrung lokaler Strukturen in den Daten auszeichnet. Sie bildet hochdimensionale Daten auf einen niedrigdimensionalen Raum (typischerweise 2D oder 3D) ab, sodass ähnliche Datenpunkte im hochdimensionalen Raum auch in der niedrigdimensionalen Darstellung nahe beieinander bleiben.

UMAP ist eine weitere nicht-lineare Technik, ähnlich wie t-SNE, aber oft schneller und besser in der Lage, sowohl lokale als auch globale Strukturen in den Daten zu bewahren. Sie ist besonders nützlich für die Visualisierung komplexer, hochdimensionaler Datensätze.

Die Bedeutung dieser Techniken liegt in ihrer Fähigkeit, den "Fluch der Dimensionalität" zu mildern - ein Phänomen, bei dem die Spärlichkeit der Daten in hochdimensionalen Räumen die statistische Analyse erschwert. Durch die Reduzierung der Dimensionalität können diese Methoden die Leistung von Machine-Learning-Modellen verbessern, die Datenvisualisierung erleichtern und verborgene Muster in den Daten aufdecken.

Die Evaluierung der Leistung von Dimensionsreduktionstechniken umfasst verschiedene Metriken, je nach spezifischer Methode und Kontext des Problems. Bei PCA wird häufig das Verhältnis der erklärten Varianz verwendet, um zu bestimmen, wie viel Information in den reduzierten Dimensionen erhalten bleibt. Bei t-SNE und UMAP ist die visuelle Inspektion der resultierenden niedrigdimensionalen Darstellung üblich, zusammen mit Metriken wie Vertrauenswürdigkeit und Kontinuität, die messen, wie gut die lokale Struktur der Daten erhalten bleibt.

Erklärte Varianz (PCA)

Für die **Principal Component Analysis (PCA)** ist das **Verhältnis der erklärten Varianz** eine entscheidende Metrik, die den Anteil der Varianz des Datensatzes quantifiziert, der durch jede

Hauptkomponente erklärt wird. Dieses Verhältnis liefert wertvolle Einblicke in die Informationserhaltung des Dimensionsreduktionsprozesses.

Das Verhältnis der erklärten Varianz wird berechnet, indem die Varianz jeder Hauptkomponente durch die Gesamtvarianz aller Komponenten geteilt wird. Mathematisch lässt sich dies ausdrücken als:

explained_variance_ratio = variance_of_component / sum_of_all_component_variances

Durch die Untersuchung der **kumulativen erklärten Varianz**, welche die Summe der erklärten Varianzanteile bis zu einer bestimmten Anzahl von Komponenten darstellt, können wir die optimale Anzahl der beizubehaltenden Hauptkomponenten bestimmen. Dieser Ansatz ermöglicht es uns, ein Gleichgewicht zwischen Dimensionsreduktion und Informationserhaltung zu finden.

Üblicherweise streben Datenwissenschaftler an, so viele Komponenten beizubehalten, dass 90-95% der Gesamtvarianz erklärt werden. Dieser Schwellenwert stellt sicher, dass der reduzierte Datensatz den Großteil der ursprünglichen Informationen beibehält, während seine Dimensionalität deutlich verringert wird.

Wenn beispielsweise die kumulative erklärte Varianz mit den ersten drei Hauptkomponenten 95% erreicht, bedeutet dies, dass diese drei Komponenten 95% der Variabilität im ursprünglichen Datensatz erfassen. Diese Erkenntnis kann Entscheidungen darüber leiten, wie viele Komponenten für weitere Analysen oder Modellierungen beibehalten werden sollen.

Das Verständnis und die Nutzung des erklärten Varianzanteils ist wichtig für:

- Die Bestimmung der optimalen Anzahl beizubehaltender Hauptkomponenten
- Die Bewertung der Effektivität der Dimensionsreduktion
- Die Ausbalancierung von Informationserhaltung und Recheneffizienz
- Die Visualisierung hochdimensionaler Daten in niedrigdimensionalen Räumen

Durch die Nutzung dieser Metrik können Datenwissenschaftler fundierte Entscheidungen über den Kompromiss zwischen Datenkomprimierung und Informationserhaltung in ihren PCA-Anwendungen treffen.

Beispiel: Erklärte Varianz für PCA

```
import numpy as np
from sklearn.decomposition import PCA
import matplotlib.pyplot as plt

# Generate some example data
np.random.seed(42)
n_samples = 1000
n_features = 50
X = np.random.randn(n_samples, n_features)
```

```
# Create a PCA instance
pca = PCA()

# Fit the PCA model to the data
X_pca = pca.fit_transform(X)

# Calculate the cumulative explained variance ratio
cumulative_variance_ratio = np.cumsum(pca.explained_variance_ratio_)

# Plot the cumulative explained variance
plt.figure(figsize=(10, 6))
plt.plot(range(1,  len(cumulative_variance_ratio)  +  1),  cumulative_variance_ratio,
'bo-')
plt.xlabel('Number of Components')
plt.ylabel('Cumulative Explained Variance Ratio')
plt.title('Explained Variance Ratio vs. Number of Components')
plt.grid(True)

# Add a horizontal line at 95% explained variance
plt.axhline(y=0.95, color='r', linestyle='--')
plt.text(0, 0.96, '95% explained variance', color='r')

# Find the number of components needed to explain 95% of the variance
n_components_95 = np.argmax(cumulative_variance_ratio >= 0.95) + 1
plt.axvline(x=n_components_95, color='g', linestyle='--')
plt.text(n_components_95  +  1,  0.5,  f'{n_components_95}  components',  color='g',
rotation=90)

plt.tight_layout()
plt.show()

print(f"Number of components needed to explain 95% of variance: {n_components_95}")

# Perform PCA with the number of components that explain 95% of the variance
pca_95 = PCA(n_components=n_components_95)
X_pca_95 = pca_95.fit_transform(X)

print(f"Original data shape: {X.shape}")
print(f"Reduced data shape: {X_pca_95.shape}")

# Calculate and print the total explained variance ratio
total_variance_ratio = np.sum(pca_95.explained_variance_ratio_)
print(f"Total explained variance ratio: {total_variance_ratio:.4f}")
```

Dieser Code demonstriert einen umfassenderen Ansatz zur Implementierung der Principal Component Analysis (PCA) mit Scikit-learn.

Hier ist eine Aufschlüsselung des Codes und seiner Funktionalität:

1. Datengenerierung:

- Wir verwenden NumPy, um einen zufälligen Datensatz mit 1000 Proben und 50 Merkmalen zu generieren.
- Der Zufallsseed wird für die Reproduzierbarkeit festgelegt.

2. PCA-Implementierung:
   - Wir erstellen eine PCA-Instanz ohne Angabe der Komponentenanzahl, die alle verfügbaren Komponenten nutzt.
   - Das PCA-Modell wird an die Daten angepasst und die Daten werden transformiert.
3. Analyse der erklärten Varianz:
   - Wir berechnen das kumulative Verhältnis der erklärten Varianz, das zeigt, wie viel der Gesamtvarianz durch jede Hauptkomponente erklärt wird.
4. Visualisierung:
   - Ein Plot wird erstellt, um das kumulative Verhältnis der erklärten Varianz gegen die Anzahl der Komponenten zu visualisieren.
   - Wir fügen eine horizontale Linie bei 95% erklärter Varianz und eine vertikale Linie bei der Anzahl der benötigten Komponenten hinzu, um diesen Schwellenwert zu erreichen.
   - Diese Visualisierung hilft bei der Bestimmung der optimalen Anzahl beizubehaltender Komponenten.
5. Komponentenauswahl:
   - Wir ermitteln die Anzahl der Komponenten, die benötigt werden, um 95% der Varianz in den Daten zu erklären.
   - Diese Zahl wird ausgegeben und für weitere Analysen verwendet.
6. Dimensionsreduktion:
   - Ein neues PCA-Modell wird mit der im vorherigen Schritt ermittelten Komponentenanzahl erstellt.
   - Die Daten werden mit diesem Modell transformiert, wodurch ihre Dimensionalität effektiv reduziert wird, während 95% der Varianz erhalten bleiben.
7. Ergebnisanalyse:
   - Wir geben die Formen der ursprünglichen und reduzierten Datensätze aus, um den Effekt der Dimensionsreduktion zu zeigen.

  - Das Gesamtverhältnis der erklärten Varianz wird berechnet und ausgegeben, wodurch bestätigt wird, dass mindestens 95% der ursprünglichen Varianz erhalten geblieben sind.

Dieses umfassende Beispiel implementiert nicht nur PCA, sondern zeigt auch, wie man die Ergebnisse analysiert, die erklärte Varianz visualisiert und fundierte Entscheidungen über die Anzahl der beizubehaltenden Komponenten trifft. Es bietet einen praktischen Ansatz zur Dimensionsreduktion und stellt dabei sicher, dass der Großteil der wichtigen Informationen im Datensatz erhalten bleibt.

Vertrauenswürdigkeit (t-SNE und UMAP)

Für nicht-lineare Dimensionsreduktionstechniken wie **t-SNE** (t-Distributed Stochastic Neighbor Embedding) und **UMAP** (Uniform Manifold Approximation and Projection) messen wir die **Vertrauenswürdigkeit** der Transformation. Vertrauenswürdigkeit ist eine entscheidende Metrik, die bewertet, wie gut die lokalen Beziehungen im ursprünglichen hochdimensionalen Raum in der niedrigdimensionalen Darstellung erhalten bleiben.

Das Konzept der Vertrauenswürdigkeit ist besonders wichtig, da diese Techniken darauf abzielen, die Struktur der Daten bei gleichzeitiger Dimensionsreduktion zu erhalten. Ein hoher Vertrauenswürdigkeitswert zeigt an, dass die niedrigdimensionale Darstellung die Struktur der ursprünglichen Daten genau widerspiegelt und die Beziehungen zwischen benachbarten Punkten bewahrt.

Hier ist eine detailliertere Erklärung, wie Vertrauenswürdigkeit funktioniert:

- Lokale Erhaltung: Vertrauenswürdigkeit konzentriert sich darauf, wie gut die lokale Nachbarschaft jedes Datenpunkts nach der Dimensionsreduktion erhalten bleibt. Sie misst, ob Punkte, die im hochdimensionalen Raum nahe beieinander lagen, auch im niedrigdimensionalen Raum nahe beieinander bleiben.
- Interpretation der Werte: Der Vertrauenswürdigkeitswert liegt typischerweise zwischen 0 und 1, wobei 1 eine perfekte Erhaltung lokaler Beziehungen anzeigt und niedrigere Werte auf eine gewisse Verzerrung in der lokalen Struktur hinweisen.
- Berechnung: Der Wert wird durch den Vergleich der k-nächsten Nachbarn jedes Punktes sowohl im ursprünglichen als auch im reduzierten Raum berechnet. Er bestraft Situationen, in denen Punkte, die im ursprünglichen Raum keine Nachbarn waren, im reduzierten Raum zu Nachbarn werden.

Durch die Verwendung von Vertrauenswürdigkeit als Evaluierungsmetrik können Datenwissenschaftler sicherstellen, dass ihre Dimensionsreduktionstechniken die wesentliche Struktur der Daten effektiv erfassen, was für nachfolgende Analysen, Visualisierungen oder Modellierungsaufgaben entscheidend ist.

Beispiel: Vertrauenswürdigkeit mit Scikit-learn

```
import numpy as np
```

```
import pandas as pd
import matplotlib.pyplot as plt
from sklearn.metrics import trustworthiness
from sklearn.preprocessing import StandardScaler
from sklearn.datasets import load_iris
import umap

# Load and standardize the Iris dataset
data = load_iris()
X = StandardScaler().fit_transform(data.data)

# Apply UMAP to reduce to 2 dimensions
umap_model = umap.UMAP(n_neighbors=15, min_dist=0.1, random_state=42)
X_umap = umap_model.fit_transform(X)

# Calculate trustworthiness
trust = trustworthiness(X, X_umap)
print(f"Trustworthiness of UMAP projection: {trust:.4f}")

# Visualize the UMAP projection
plt.figure(figsize=(10, 8))
scatter = plt.scatter(X_umap[:, 0], X_umap[:, 1], c=data.target, cmap='viridis')
plt.colorbar(scatter)
plt.title('UMAP projection of Iris dataset')
plt.xlabel('UMAP1')
plt.ylabel('UMAP2')
plt.show()

# Compare with PCA
from sklearn.decomposition import PCA

pca = PCA(n_components=2)
X_pca = pca.fit_transform(X)

# Calculate trustworthiness for PCA
trust_pca = trustworthiness(X, X_pca)
print(f"Trustworthiness of PCA projection: {trust_pca:.4f}")

# Visualize the PCA projection
plt.figure(figsize=(10, 8))
scatter = plt.scatter(X_pca[:, 0], X_pca[:, 1], c=data.target, cmap='viridis')
plt.colorbar(scatter)
plt.title('PCA projection of Iris dataset')
plt.xlabel('PC1')
plt.ylabel('PC2')
plt.show()
```

Dieses Codebeispiel demonstriert die Verwendung von UMAP für Dimensionsreduktion und Visualisierung sowie einen Vergleich mit PCA.

Lassen Sie uns dies Schritt für Schritt durchgehen:

1. Erforderliche Bibliotheken importieren:
   - numpy und pandas für die Datenverarbeitung
   - matplotlib für die Visualisierung
   - sklearn für Datenvorverarbeitung, Vertrauenswürdigkeitsberechnung und den Iris-Datensatz
   - umap für den UMAP-Algorithmus
2. Laden und Vorverarbeiten des Iris-Datensatzes:
   - Verwendung der load_iris()-Funktion von sklearn, um den Datensatz zu laden
   - Standardisierung der Merkmale mit StandardScaler, um sicherzustellen, dass alle Merkmale die gleiche Skalierung haben
3. UMAP anwenden:
   - Erstellung eines UMAP-Modells mit spezifischen Parametern (n_neighbors=15, min_dist=0.1)
   - Anpassung und Transformation der Daten zur Reduktion auf 2 Dimensionen
4. Vertrauenswürdigkeit berechnen:
   - Verwendung der Vertrauenswürdigkeitsfunktion von sklearn, um zu messen, wie gut die lokale Struktur der Daten im niedrigdimensionalen Raum erhalten bleibt
5. UMAP-Projektion visualisieren:
   - Erstellung eines Streudiagramms der UMAP-reduzierten Daten
   - Einfärbung der Punkte basierend auf der Zielvariable (Iris-Arten)
   - Hinzufügen einer Farbskala, eines Titels und Achsenbeschriftungen
6. Vergleich mit PCA:
   - Durchführung der PCA zur Reduktion der Daten auf 2 Dimensionen
   - Berechnung der Vertrauenswürdigkeit für die PCA-Projektion
   - Visualisierung der PCA-Projektion ähnlich der UMAP-Visualisierung

Dieses umfassende Beispiel ermöglicht einen direkten Vergleich zwischen UMAP und PCA hinsichtlich sowohl der Vertrauenswürdigkeitswerte als auch der visuellen Darstellung. Es zeigt, wie UMAP oft mehr von der Datenstruktur in niedrigeren Dimensionen bewahren kann, besonders bei Datensätzen mit nicht-linearen Beziehungen zwischen den Merkmalen.

Die Vertrauenswürdigkeitswerte liefern ein quantitatives Maß dafür, wie gut die lokalen Nachbarschaften aus dem hochdimensionalen Raum in der niedrigdimensionalen Projektion erhalten bleiben. Ein höherer Wert zeigt eine bessere Erhaltung der lokalen Struktur an.

Durch die Visualisierung beider Projektionen können wir sehen, wie sich UMAP und PCA in ihrer Darstellung der Daten unterscheiden. UMAP führt oft zu deutlicheren Clustern, was besonders nützlich für explorative Datenanalyse und Clustering-Aufgaben sein kann.

5.4.3 Validierungstechniken für Clustering mit Ground Truth

Beim unüberwachten Lernen haben wir manchmal Zugang zu Ground-Truth-Labels, auch wenn der Lernprozess selbst diese nicht verwendet. In solchen Fällen können wir Clustering-Ergebnisse bewerten, indem wir die vorhergesagten Cluster mit diesen wahren Labels vergleichen. Dieser Vergleich ermöglicht es uns zu beurteilen, wie gut unser unüberwachter Algorithmus die zugrundeliegende Struktur der Daten erfasst hat. Zwei häufig verwendete Metriken für diesen Zweck sind der **Adjusted Rand Index (ARI)** und die **Normalized Mutual Information (NMI)**.

Der **Adjusted Rand Index (ARI)** ist ein Maß für die Ähnlichkeit zwischen zwei Daten-Clusterings. Er berechnet den Anteil der Punktepaare, deren Clustering-Zuweisungen zwischen der Ground Truth und der Ausgabe des Algorithmus konsistent sind. Der "adjusted"-Teil des ARI stammt von seiner Korrektur für den Zufall, was ihn robuster macht als den einfachen Rand-Index. ARI-Werte reichen von -1 bis 1, wobei 1 eine perfekte Übereinstimmung zwischen den beiden Clusterings anzeigt, 0 eine zufällige Kennzeichnung repräsentiert und negative Werte auf weniger Übereinstimmung als durch Zufall erwartet hinweisen.

Die **Normalized Mutual Information (NMI)** hingegen quantifiziert die Menge an Information, die zwischen den vorhergesagten Clustern und den wahren Labels geteilt wird. Sie basiert auf dem Konzept der gegenseitigen Information aus der Informationstheorie, das misst, wie sehr das Wissen über ein Clustering die Unsicherheit über das andere reduziert. Die Normalisierung in NMI macht sie weniger empfindlich gegenüber der Anzahl der Cluster, was fairere Vergleiche zwischen verschiedenen Clustering-Ergebnissen ermöglicht. NMI-Werte reichen von 0 bis 1, wobei 1 eine perfekte Korrelation zwischen den Clusterings und 0 keine gegenseitige Information anzeigt.

Sowohl ARI als auch NMI liefern wertvolle Einblicke in die Clustering-Leistung, erfassen aber leicht unterschiedliche Aspekte der Ähnlichkeit zwischen Clusterings. ARI konzentriert sich auf paarweise Beziehungen, während NMI die Gesamtverteilung der Punkte über Cluster betrachtet. Die Verwendung beider Metriken kann eine umfassendere Bewertung der Clustering-Ergebnisse liefern.

Adjusted Rand Index (ARI)

Der **Adjusted Rand Index (ARI)** ist eine ausgereifte Metrik zur Bewertung der Ähnlichkeit zwischen den wahren Labels und den vorhergesagten Clustern in Clustering-Algorithmen. Es ist eine Verbesserung des einfachen Rand-Index und bietet ein robusteres Maß durch Berücksichtigung zufälliger Übereinstimmungen.

ARI funktioniert, indem alle möglichen Punktepaare verglichen und überprüft werden, ob sie in beiden Fällen - der wahren Kennzeichnung und dem vorhergesagten Clustering - gleich behandelt werden (entweder im gleichen Cluster oder in verschiedenen Clustern). Der "adjusted"-Aspekt des ARI stammt von seiner Korrektur für die erwartete Ähnlichkeit zufälliger Kennzeichnungen, was ihm einen Vorteil gegenüber dem einfachen Rand-Index verschafft.

Die Formel für ARI kann wie folgt ausgedrückt werden:

ARI = (RI - Expected_RI) / (max(RI) - Expected_RI)

Wobei RI der Rand-Index ist, Expected_RI der erwartete Rand-Index unter Annahme zufälliger Cluster-Zuweisungen und max(RI) der maximal mögliche Rand-Index.

ARI-Werte reichen von -1 bis 1:

- Ein Wert von 1 zeigt perfekte Übereinstimmung zwischen den beiden Clusterings an.
- Ein Wert von 0 deutet darauf hin, dass das Clustering nicht besser als zufällig ist.
- Negative Werte zeigen weniger Übereinstimmung als durch Zufall erwartet an.

Dieser Index ist besonders nützlich in Szenarien, in denen sich die Anzahl der Cluster in den wahren Labels und dem vorhergesagten Clustering unterscheiden kann, was ihn zu einem vielseitigen Werkzeug für die Cluster-Evaluierung über verschiedene Algorithmen und Datensätze hinweg macht.

Beispiel: ARI mit Scikit-learn

```
import numpy as np
from sklearn.datasets import make_blobs
from sklearn.cluster import KMeans
from sklearn.metrics import adjusted_rand_score, normalized_mutual_info_score
import matplotlib.pyplot as plt

# Generate synthetic data
n_samples = 300
n_features = 2
n_clusters = 3
X,    y_true    =    make_blobs(n_samples=n_samples,    n_features=n_features,
centers=n_clusters, random_state=42)

# Perform K-means clustering
kmeans = KMeans(n_clusters=n_clusters, random_state=42)
y_pred = kmeans.fit_predict(X)

# Calculate ARI
ari_score = adjusted_rand_score(y_true, y_pred)
print(f"Adjusted Rand Index (ARI): {ari_score:.2f}")
```

```
# Calculate NMI
nmi_score = normalized_mutual_info_score(y_true, y_pred)
print(f"Normalized Mutual Information (NMI): {nmi_score:.2f}")

# Visualize the clusters
plt.figure(figsize=(10, 5))
plt.subplot(121)
plt.scatter(X[:, 0], X[:, 1], c=y_true, cmap='viridis', alpha=0.7)
plt.title('True Labels')
plt.subplot(122)
plt.scatter(X[:, 0], X[:, 1], c=y_pred, cmap='viridis', alpha=0.7)
plt.title('Predicted Labels')
plt.tight_layout()
plt.show()
```

Dieses Beispiel demonstriert einen umfassenden Ansatz zur Bewertung der Clustering-Leistung mithilfe des Adjusted Rand Index (ARI) und der Normalized Mutual Information (NMI).

Lassen Sie uns dies Schritt für Schritt durchgehen:

1. Erforderliche Bibliotheken importieren:
    - numpy für numerische Operationen
    - sklearn.datasets für die Generierung synthetischer Daten
    - sklearn.cluster für K-Means-Clustering
    - sklearn.metrics für ARI- und NMI-Berechnungen
    - matplotlib.pyplot für die Visualisierung
2. Synthetische Daten generieren:
    - Wir verwenden make_blobs, um einen Datensatz mit 300 Proben, 2 Merkmalen und 3 Clustern zu erstellen
    - Dies liefert uns sowohl die Merkmalsmatrix X als auch die wahren Labels y_true
3. K-Means-Clustering durchführen:
    - Wir initialisieren KMeans mit 3 Clustern
    - Die fit_predict-Methode wird verwendet, um das Modell sowohl anzupassen als auch Cluster-Labels vorherzusagen
4. Evaluierungsmetriken berechnen:
    - ARI wird mit adjusted_rand_score(y_true, y_pred) berechnet
    - NMI wird mit normalized_mutual_info_score(y_true, y_pred) berechnet

   - Beide Werte reichen von 0 bis 1, wobei 1 perfekte Übereinstimmung anzeigt

5. Ergebnisse visualisieren:
   - Wir erstellen eine nebeneinander liegende Darstellung, die wahre Labels und vorhergesagte Labels vergleicht
   - Dieser visuelle Vergleich hilft beim Verständnis, wie gut der Clustering-Algorithmus funktioniert hat

Der Adjusted Rand Index (ARI) misst die Ähnlichkeit zwischen zwei Clusterings unter Berücksichtigung des Zufalls. Ein Wert näher an 1 zeigt eine bessere Übereinstimmung zwischen wahren und vorhergesagten Labels an.

Normalized Mutual Information (NMI) quantifiziert die Menge an Information, die man über ein Clustering erhält, wenn man das andere Clustering beobachtet, normalisiert auf einen Wertebereich zwischen 0 und 1. Höhere Werte zeigen eine bessere Übereinstimmung zwischen den Clusterings an.

Durch die Verwendung sowohl von ARI als auch NMI erhalten wir eine umfassendere Bewertung der Clustering-Leistung, da sie unterschiedliche Aspekte der Ähnlichkeit zwischen wahren und vorhergesagten Clusterings erfassen.

Normalized Mutual Information (NMI)

Die **Normalized Mutual Information (NMI)** ist eine ausgereifte Metrik zur Quantifizierung der gemeinsamen Information zwischen den vorhergesagten Clustern und den wahren Labels in Clustering-Algorithmen. NMI basiert auf informationstheoretischen Konzepten und liefert ein normalisiertes Maß der gegenseitigen Information zwischen zwei Clusterings.

Die Berechnung von NMI umfasst folgende Schritte:

1. Berechnung der gegenseitigen Information (MI) zwischen den vorhergesagten Clustern und wahren Labels
2. Berechnung der Entropie sowohl der vorhergesagten Cluster als auch der wahren Labels
3. Normalisierung der MI mithilfe der Entropien

Die Formel für NMI kann wie folgt ausgedrückt werden:

NMI = MI(U, V) / sqrt(H(U) * H(V))

Wobei:

- MI(U, V) die gegenseitige Information zwischen den Clusterings U und V ist
- H(U) und H(V) die Entropien von U bzw. V sind

NMI-Werte reichen von 0 bis 1:

- Ein Wert von 1 zeigt perfekte Korrelation zwischen den Clusterings an
- Ein Wert von 0 deutet auf keine gegenseitige Information zwischen den Clusterings hin

Die Normalisierung in NMI macht sie weniger empfindlich gegenüber der Anzahl der Cluster, was fairere Vergleiche zwischen verschiedenen Clustering-Ergebnissen ermöglicht. Diese Eigenschaft macht NMI besonders nützlich beim Vergleich von Clustering-Algorithmen, die unterschiedliche Anzahlen von Clustern erzeugen können.

Beispiel: NMI mit Scikit-learn

```
import numpy as np
from sklearn.datasets import make_classification
from sklearn.model_selection import train_test_split
from sklearn.metrics import normalized_mutual_info_score, adjusted_rand_score
from sklearn.cluster import KMeans

# Generate synthetic data
X, y = make_classification(n_samples=1000, n_features=20, n_classes=3,
random_state=42)

# Split the data into training and testing sets
X_train, X_test, y_train, y_test = train_test_split(X, y, test_size=0.2,
random_state=42)

# Perform K-means clustering
kmeans = KMeans(n_clusters=3, random_state=42)
cluster_labels = kmeans.fit_predict(X_test)

# Calculate NMI
nmi_score = normalized_mutual_info_score(y_test, cluster_labels)
print(f"Normalized Mutual Information (NMI): {nmi_score:.2f}")

# Calculate ARI for comparison
ari_score = adjusted_rand_score(y_test, cluster_labels)
print(f"Adjusted Rand Index (ARI): {ari_score:.2f}")
```

Dieses Codebeispiel zeigt einen umfassenden Ansatz zur Verwendung der Normalisierten Mutual Information (NMI) für die Bewertung der Clustering-Leistung.

Lassen Sie uns dies Schritt für Schritt durchgehen:

1. Erforderliche Bibliotheken importieren:
    - numpy für numerische Operationen
    - make_classification aus sklearn.datasets zur Generierung synthetischer Daten
    - train_test_split für die Aufteilung des Datensatzes

   - normalized_mutual_info_score und adjusted_rand_score für Evaluierungsmetriken
   - KMeans für das Clustering

2. Synthetische Daten generieren:
   - Wir erstellen einen synthetischen Datensatz mit 1000 Proben, 20 Merkmalen und 3 Klassen
   - Dies simuliert ein reales Szenario mit hochdimensionalen Daten und mehreren Klassen

3. Daten aufteilen:
   - Wir teilen die Daten in Trainings- und Testsets auf (80% Training, 20% Test)
   - Dieser Schritt ist entscheidend für die Bewertung der Clustering-Leistung auf ungesehenen Daten

4. K-Means-Clustering durchführen:
   - Wir wenden K-Means-Clustering auf den Testsatz an
   - Die Anzahl der Cluster wird auf 3 gesetzt, entsprechend der Anzahl der Klassen in unseren synthetischen Daten

5. NMI berechnen:
   - Wir verwenden normalized_mutual_info_score, um die NMI zwischen den wahren Labels und den Cluster-Zuweisungen zu berechnen
   - NMI reicht von 0 bis 1, wobei 1 eine perfekte Korrelation zwischen den Clusterings anzeigt

6. ARI zum Vergleich berechnen:
   - Wir berechnen auch den Adjusted Rand Index (ARI) als zusätzliche Metrik
   - ARI bietet eine andere Perspektive auf die Clustering-Qualität und ergänzt NMI
   - ARI reicht von -1 bis 1, wobei 1 eine perfekte Übereinstimmung zwischen den Clusterings anzeigt

Dieses Beispiel zeigt die praktische Anwendung von NMI und demonstriert dessen Einsatz bei der Bewertung von Clustering-Ergebnissen. Durch die Einbeziehung von ARI bieten wir eine umfassendere Bewertung der Clustering-Leistung. Dieser Ansatz ermöglicht ein tiefes Verständnis dafür, wie gut der Clustering-Algorithmus die zugrundeliegende Struktur der Daten erfasst hat.

Die Bewertung von Modellen des unüberwachten Lernens ist komplexer als beim überwachten Lernen, da keine vordefinierten Labels vorliegen. Metriken wie der **Silhouette Score**, der

Davies-Bouldin Index und die **Elbow Method** helfen bei der Bewertung der Clustering-Qualität.

Für die Dimensionsreduktion bieten Metriken wie die **erklärte Varianz** für PCA und die **Vertrauenswürdigkeit** für t-SNE und UMAP Einblicke darüber, wie gut die reduzierten Dimensionen die ursprünglichen Daten repräsentieren. Wenn Ground-Truth-Labels verfügbar sind, können der **Adjusted Rand Index** und die **Normalized Mutual Information** verwendet werden, um die Clustering-Leistung mit den wahren Labels zu vergleichen.

Praktische Übungen Kapitel 5

Übung 1: K-Means-Clustering

Aufgabe: Sie erhalten einen synthetischen Datensatz mit zwei Merkmalen. Verwenden Sie **K-Means-Clustering**, um die Daten in drei Cluster zu gruppieren und visualisieren Sie die Cluster mit ihren Zentroiden.

Merkmal 1	Merkmal 2
2.5	3.1
1.8	2.3
3.4	3.0
4.1	4.2
1.9	2.8
3.6	3.7
2.2	3.5
4.0	4.5

Lösung:

```
import numpy as np
import matplotlib.pyplot as plt
from sklearn.cluster import KMeans

# Data: Features 1 and 2
X = np.array([[2.5, 3.1], [1.8, 2.3], [3.4, 3.0], [4.1, 4.2], [1.9, 2.8],
              [3.6, 3.7], [2.2, 3.5], [4.0, 4.5]])
```

```
# Apply K-Means clustering with 3 clusters
kmeans = KMeans(n_clusters=3, random_state=42)
kmeans.fit(X)

# Get cluster labels and centroids
labels = kmeans.labels_
centroids = kmeans.cluster_centers_

# Plot the clusters and centroids
plt.scatter(X[:, 0], X[:, 1], c=labels, s=50, cmap='viridis')
plt.scatter(centroids[:, 0], centroids[:, 1], s=200, c='red', marker='x')
plt.xlabel("Feature 1")
plt.ylabel("Feature 2")
plt.title("K-Means Clustering")
plt.show()
```

Übung 2: Dimensionsreduktion mit PCA

Aufgabe: Sie haben einen Datensatz mit fünf Merkmalen. Verwenden Sie die **Principal Component Analysis (PCA)**, um die Dimensionalität auf zwei Komponenten zu reduzieren und visualisieren Sie die 2D-Projektion der Daten.

Merkmal 1	Merkmal 2	Merkmal 3	Merkmal 4	Merkmal 5
2.5	1.2	3.4	0.8	1.5
1.9	2.1	1.8	2.3	0.7
3.1	2.5	2.2	1.8	2.0
2.2	3.4	2.9	3.1	1.8
4.5	4.0	3.5	2.9	2.7

Lösung:

```
import numpy as np
import matplotlib.pyplot as plt
from sklearn.decomposition import PCA
from sklearn.preprocessing import StandardScaler

# Data: 5 features
X = np.array([[2.5, 1.2, 3.4, 0.8, 1.5],
              [1.9, 2.1, 1.8, 2.3, 0.7],
              [3.1, 2.5, 2.2, 1.8, 2.0],
              [2.2, 3.4, 2.9, 3.1, 1.8],
              [4.5, 4.0, 3.5, 2.9, 2.7]])
```

```
# Standardize the data
scaler = StandardScaler()
X_scaled = scaler.fit_transform(X)

# Apply PCA to reduce to 2 components
pca = PCA(n_components=2)
X_pca = pca.fit_transform(X_scaled)

# Plot the 2D projection
plt.scatter(X_pca[:, 0], X_pca[:, 1], s=100)
plt.xlabel("Principal Component 1")
plt.ylabel("Principal Component 2")
plt.title("PCA Projection")
plt.show()
```

Übung 3: t-SNE für Dimensionsreduktion

Aufgabe: Verwenden Sie **t-SNE**, um die Dimensionalität eines Datensatzes mit drei Merkmalen auf zwei Dimensionen zu reduzieren. Visualisieren Sie die 2D t-SNE-Projektion.

Merkmal 1	Merkmal 2	Merkmal 3
2.1	3.2	1.1
1.8	2.5	3.6
3.0	3.1	1.5
2.5	2.9	0.8
1.9	2.4	3.2

Lösung:

```
import numpy as np
import matplotlib.pyplot as plt
from sklearn.manifold import TSNE
from sklearn.preprocessing import StandardScaler

# Data: 3 features
X = np.array([[2.1, 3.2, 1.1],
              [1.8, 2.5, 3.6],
              [3.0, 3.1, 1.5],
              [2.5, 2.9, 0.8],
              [1.9, 2.4, 3.2]])

# Standardize the data
```

```
scaler = StandardScaler()
X_scaled = scaler.fit_transform(X)

# Apply t-SNE to reduce to 2 dimensions
tsne = TSNE(n_components=2, random_state=42)
X_tsne = tsne.fit_transform(X_scaled)

# Plot the 2D t-SNE projection
plt.scatter(X_tsne[:, 0], X_tsne[:, 1], s=100)
plt.xlabel("t-SNE Dimension 1")
plt.ylabel("t-SNE Dimension 2")
plt.title("t-SNE Projection")
plt.show()
```

Übung 4: UMAP für Dimensionsreduktion

Aufgabe: Verwenden Sie **UMAP**, um die Dimensionalität eines Datensatzes mit vier Merkmalen auf zwei Dimensionen zu reduzieren. Visualisieren Sie die 2D-UMAP-Projektion.

Merkmal 1	Merkmal 2	Merkmal 3	Merkmal 4
3.1	2.0	3.8	4.0
1.9	1.5	3.1	2.3
2.8	3.0	1.5	3.8
3.4	2.9	2.7	3.5
2.1	1.8	2.9	2.6

Lösung:

```
import umap
import numpy as np
import matplotlib.pyplot as plt
from sklearn.preprocessing import StandardScaler

# Data: 4 features
X = np.array([[3.1, 2.0, 3.8, 4.0],
              [1.9, 1.5, 3.1, 2.3],
              [2.8, 3.0, 1.5, 3.8],
              [3.4, 2.9, 2.7, 3.5],
              [2.1, 1.8, 2.9, 2.6]])

# Standardize the data
scaler = StandardScaler()
X_scaled = scaler.fit_transform(X)
```

```
# Apply UMAP to reduce to 2 dimensions
umap_model = umap.UMAP(n_neighbors=5, min_dist=0.3, random_state=42)
X_umap = umap_model.fit_transform(X_scaled)

# Plot the 2D UMAP projection
plt.scatter(X_umap[:, 0], X_umap[:, 1], s=100)
plt.xlabel("UMAP Dimension 1")
plt.ylabel("UMAP Dimension 2")
plt.title("UMAP Projection")
plt.show()
```

Übung 5: Clustering-Evaluierung mit Silhouette-Koeffizient

Aufgabe: Wenden Sie **K-Means-Clustering** auf den folgenden Datensatz an und berechnen Sie den **Silhouette-Koeffizienten**, um die Clustering-Leistung zu bewerten.

Merkmal 1	Merkmal 2
2.5	3.5
3.1	2.9
1.8	2.7
4.2	3.6
3.5	4.0
1.9	3.3
4.5	3.2
2.0	2.8

Lösung:

```
from sklearn.cluster import KMeans
from sklearn.metrics import silhouette_score
import numpy as np

# Data: Features 1 and 2
X = np.array([[2.5, 3.5], [3.1, 2.9], [1.8, 2.7], [4.2, 3.6], [3.5, 4.0],
              [1.9, 3.3], [4.5, 3.2], [2.0, 2.8]])

# Apply K-Means clustering with 3 clusters
```

```
kmeans = KMeans(n_clusters=3, random_state=42)
kmeans.fit(X)
labels = kmeans.labels_

# Calculate the Silhouette Score
silhouette_avg = silhouette_score(X, labels)
print(f"Silhouette Score: {silhouette_avg:.2f}")
```

Übung 6: Bewertung der Dimensionsreduktion mittels erklärter Varianz

Aufgabe: Wenden Sie **PCA** an, um den folgenden Datensatz von fünf Merkmalen auf drei Komponenten zu reduzieren. Berechnen und visualisieren Sie den **Anteil der erklärten Varianz** für jede Komponente.

Merkmal 1	Merkmal 2	Merkmal 3	Merkmal 4	Merkmal 5
2.5	3.1	2.8	4.0	2.1
3.0	2.7	1.9	2.8	3.6
1.9	2.3	3.7	3.4	2.9
4.2	3.6	4.1	2.9	3.5
3.6	4.0	2.9	2.2	3.0

Lösung:

```
from sklearn.decomposition import PCA
import numpy as np
import matplotlib.pyplot as plt
from sklearn.preprocessing import StandardScaler

# Data: 5 features
X = np.array([[2.5, 3.1, 2.8, 4.0, 2.1],
              [3.0, 2.7, 1.9, 2.8, 3.6],
              [1.9, 2.3, 3.7, 3.4, 2.9],
              [4.2, 3.6, 4.1, 2.9, 3.5],
              [3.6, 4.0, 2.9, 2.2, 3.0]])

# Standardize the data
scaler = StandardScaler()
X_scaled = scaler.fit_transform(X)

# Apply PCA to reduce to 3 components
pca = PCA(n_components=3)
pca.fit(X_scaled)
```

```
# Plot the explained variance ratio for each component
explained_variance = pca.explained_variance_ratio_
plt.bar(range(1, 4), explained_variance, tick_label=["PC1", "PC2", "PC3"])
plt.xlabel("Principal Components")
plt.ylabel("Explained Variance Ratio")
plt.title("Explained Variance by Principal Components")
plt.show()
```

Diese praktischen Übungen zeigen eine Reihe von Techniken des unüberwachten Lernens, einschließlich Clustering, Dimensionsreduktion und Evaluierungsmetriken. Jede Übung verstärkt die Schlüsselkonzepte aus **Kapitel 5** und bietet praktische Erfahrung bei der Implementierung und Bewertung dieser leistungsstarken Methoden.

Zusammenfassung Kapitel 5

In **Kapitel 5** haben wir die wichtigsten Techniken des unüberwachten Lernens untersucht, die es Modellen ermöglichen, Muster und Strukturen in Daten ohne gekennzeichnete Beispiele zu erlernen. Unüberwachtes Lernen wird häufig für Aufgaben wie **Clustering**, **Dimensionsreduktion** und **Anomalieerkennung** eingesetzt. Dieses Kapitel befasste sich mit verschiedenen Methoden zur Aufdeckung verborgener Strukturen in Datensätzen, insbesondere bei der Arbeit mit hochdimensionalen Daten.

Wir begannen mit **Clustering-Algorithmen**, die Datenpunkte basierend auf Ähnlichkeit gruppieren. Die drei wichtigsten behandelten Clustering-Methoden waren **K-Means**, **Hierarchisches Clustering** und **DBSCAN**. K-Means ist ein einfacher, aber effektiver Algorithmus, der Daten in eine festgelegte Anzahl von Clustern unterteilt und sich ideal für gut getrennte Gruppen eignet. Allerdings muss die Anzahl der Cluster im Voraus festgelegt werden. Die **Elbow-Methode** wird häufig verwendet, um die optimale Anzahl von Clustern zu finden. Das hierarchische Clustering hingegen organisiert Daten in einer baumartigen Struktur und erfordert keine vorherige Festlegung der Cluster-Anzahl. Wir untersuchten das **Agglomerative Clustering**, einen Bottom-up-Ansatz, der Datenpunkte schrittweise zu größeren Clustern zusammenführt. **DBSCAN**, ein dichtebasierter Clustering-Algorithmus, wurde als robuste Methode zur Identifizierung von Clustern beliebiger Form und zur Erkennung von Ausreißern vorgestellt, was ihn besonders effektiv für verrauschte Datensätze macht.

Als Nächstes behandelten wir **Dimensionsreduktionstechniken**, die sich darauf konzentrieren, die Anzahl der Merkmale in einem Datensatz zu reduzieren und dabei seine wesentliche Struktur beizubehalten. **Principal Component Analysis (PCA)** war die erste besprochene Methode, die die Daten in neue Komponenten transformiert, welche die größte Varianz erfassen. Wir lernten, wie man die optimale Anzahl von Komponenten durch Untersuchung der **erklärten Varianz** und mithilfe des **Scree-Plots** wählt. PCA ist besonders nützlich für hochdimensionale Datensätze, bei denen die Reduzierung der Dimensionen die Recheneffizienz und visuelle Klarheit verbessert.

Über PCA hinaus untersuchten wir nichtlineare Dimensionsreduktionstechniken wie **t-SNE (t-Distributed Stochastic Neighbor Embedding)** und **UMAP (Uniform Manifold Approximation and Projection)**. Diese Techniken sind besonders nützlich für die Visualisierung hochdimensionaler Daten durch Projektion in zwei oder drei Dimensionen. Während **t-SNE** in der Erhaltung lokaler Strukturen excelliert, findet **UMAP** eine Balance zwischen der Erhaltung lokaler und globaler Strukturen und ist besser skalierbar für größere Datensätze.

Schließlich betrachteten wir **Evaluierungstechniken** für Modelle des unüberwachten Lernens. Für Clustering bieten Metriken wie der **Silhouette-Koeffizient**, der **Davies-Bouldin-Index** und der **Adjusted Rand Index** Einblicke in die Qualität der Cluster. Für die Dimensionsreduktion diskutierten wir die **erklärte Varianz** für PCA und die **Vertrauenswürdigkeit** für t-SNE und UMAP. Diese Metriken sind entscheidend für die Bestimmung der Leistungsfähigkeit der unüberwachten Modelle, besonders da keine vordefinierten Labels zum Vergleich vorhanden sind.

Zusammenfassend lässt sich sagen, dass unüberwachtes Lernen ein vielseitiges Werkzeug ist, das bei der Entdeckung verborgener Muster und Beziehungen in Daten hilft. Die in diesem Kapitel behandelten Techniken - Clustering, Dimensionsreduktion und Evaluierung - sind grundlegend für viele praktische Machine-Learning-Anwendungen. Die Beherrschung dieser Methoden ermöglicht es uns, mit komplexen Datensätzen zu arbeiten, die Dimensionalität für bessere Visualisierung zu reduzieren und aussagekräftige Gruppierungen zu entdecken, die Geschäftsentscheidungen, wissenschaftliche Forschung und mehr unterstützen können.

Kapitel 6: Praktische Machine-Learning-Projekte

6.1 Projekt 1: Feature Engineering für prädiktive Analytik

Dieses Projekt konzentriert sich auf die Anwendung von Feature-Engineering-Techniken auf einen Datensatz, um die Leistung eines prädiktiven Machine-Learning-Modells zu verbessern. Feature Engineering ist entscheidend, um Rohdaten für Machine-Learning-Algorithmen nutzbar zu machen, indem sie in aussagekräftige Merkmale umgewandelt werden, die die Modellleistung verbessern.

Projektübersicht

In diesem Projekt werden wir:

1. **Den Datensatz erkunden und vorverarbeiten**.
2. **Verschiedene Feature-Engineering-Techniken anwenden**, wie den Umgang mit fehlenden Werten, die Codierung kategorischer Variablen, die Skalierung von Merkmalen und die Erstellung neuer Features.
3. **Ein prädiktives Modell erstellen**, das die transformierten Daten nutzt, um die Auswirkungen des Feature Engineerings auf die Modellleistung zu demonstrieren.
4. Die Leistung des Modells vor und nach dem Feature Engineering evaluieren.

Wir werden den **Titanic-Datensatz** für dieses Projekt verwenden, da er sich gut eignet, um verschiedene Feature-Engineering-Techniken zu demonstrieren. Die Aufgabe besteht darin, vorherzusagen, ob ein Passagier die Titanic-Katastrophe überlebt hat, basierend auf Merkmalen wie Alter, Geschlecht, Ticketklasse und Fahrpreis.

6.1.1 Laden und Erkunden des Datensatzes

Wir beginnen mit dem Laden des Titanic-Datensatzes und führen eine umfassende erste Untersuchung durch, um ein gründliches Verständnis seiner Struktur und Merkmale zu gewinnen. Dieser entscheidende Schritt umfasst die Untersuchung der Dimensionen des Datensatzes, der Datentypen und grundlegender statistischer Eigenschaften. Wir werden auch das Vorhandensein fehlender Werte untersuchen und wichtige Beziehungen zwischen

Variablen visualisieren, um eine solide Grundlage für unsere nachfolgenden Feature-Engineering-Bemühungen zu schaffen.

```
import pandas as pd
import matplotlib.pyplot as plt
import seaborn as sns

# Load the Titanic dataset
url                                                                           =
'<https://raw.githubusercontent.com/datasciencedojo/datasets/master/titanic.csv>'
titanic_df = pd.read_csv(url)

# Display the first few rows and basic information
print(titanic_df.head())
print(titanic_df.info())
print(titanic_df.describe())

# Visualize missing data
plt.figure(figsize=(10, 6))
sns.heatmap(titanic_df.isnull(), cbar=False, cmap='viridis')
plt.title("Missing Values Heatmap")
plt.show()

# Data Visualization
plt.figure(figsize=(12, 5))
plt.subplot(121)
sns.histplot(titanic_df['Age'].dropna(), kde=True)
plt.title('Age Distribution')
plt.subplot(122)
sns.boxplot(x='Pclass', y='Fare', data=titanic_df)
plt.title('Fare Distribution by Passenger Class')
plt.tight_layout()
plt.show()

# Correlation matrix
# Select only numeric columns for correlation
numeric_cols = titanic_df.select_dtypes(include=['number'])
corr_matrix = numeric_cols.corr()

plt.figure(figsize=(10, 8))
sns.heatmap(corr_matrix, annot=True, cmap='coolwarm')
plt.title('Correlation Matrix')
plt.show()
```

Hier ist eine Aufschlüsselung der Funktionsweise:

- Importiert erforderliche Bibliotheken: pandas für Datenmanipulation, matplotlib und seaborn für Visualisierung
- Lädt den Titanic-Datensatz von einer URL mittels pandas

- Zeigt grundlegende Informationen zum Datensatz an:
    - Erste Zeilen (head())
    - Datensatzinformationen (info())
    - Statistische Zusammenfassung (describe())
- Erstellt Visualisierungen:
    - Eine Heatmap zur Darstellung fehlender Werte im Datensatz
    - Ein Histogramm der Altersverteilung
    - Ein Boxplot zur Darstellung der Fahrpreisverteilung nach Passagierklasse
    - Eine Korrelationsmatrix-Heatmap zur Darstellung der Beziehungen zwischen numerischen Merkmalen

Dieser Code ist Teil des Datenexplorations- und Vorverarbeitungsschritts, der für das Verständnis des Datensatzes vor der Anwendung von Feature-Engineering-Techniken entscheidend ist. Er hilft dabei, fehlende Daten zu identifizieren, Verteilungen zu visualisieren und Beziehungen zwischen Variablen zu verstehen, wodurch die Grundlage für die nachfolgende Analyse und Modellentwicklung geschaffen wird.

6.1.2 Umgang mit fehlenden Daten

Der Titanic-Datensatz weist mehrere Merkmale mit fehlenden Werten auf, insbesondere **Age** und **Cabin**. Die Behandlung dieser fehlenden Datenpunkte ist ein entscheidender Schritt in unserem Feature-Engineering-Prozess.

Für das Merkmal **Age** werden wir Imputationstechniken einsetzen, um die Lücken mit statistisch angemessenen Werten zu füllen, wie etwa dem Median-Alter oder Vorhersagen basierend auf anderen korrelierten Merkmalen. Im Fall des Merkmals **Cabin** werden wir aufgrund des hohen Anteils fehlender Einträge sorgfältig abwägen, ob eine Imputation versucht oder es aus unserer Analyse ausgeschlossen werden soll.

Diese Entscheidung wird auf Grundlage des potenziellen Informationswerts des Merkmals gegenüber dem Risiko einer Verzerrung durch Imputation getroffen. Durch den systematischen Umgang mit diesen fehlenden Werten streben wir an, die nutzbaren Informationen in unserem Datensatz zu maximieren und gleichzeitig die Integrität unserer nachfolgenden Analysen zu wahren.

```
# Fill missing values in the 'Age' column with the median age
titanic_df['Age'].fillna(titanic_df['Age'].median(), inplace=True)

# Fill missing values in the 'Embarked' column with the most frequent value
titanic_df['Embarked'].fillna(titanic_df['Embarked'].mode()[0], inplace=True)

# Drop the 'Cabin' column due to too many missing values
```

```
titanic_df.drop(columns=['Cabin'], inplace=True)

print(titanic_df.isnull().sum())
```

Hier ist eine Aufschlüsselung der Funktionsweise:

- Es füllt fehlende Werte in der Spalte 'Age' mit dem Median-Alter des Datensatzes. Dies ist ein gängiger Ansatz für den Umgang mit fehlenden numerischen Daten.
- Bei der Spalte 'Embarked' werden fehlende Werte mit dem häufigsten Wert (Modus) in dieser Spalte gefüllt. Dies wird häufig bei kategorischen Daten mit fehlenden Werten angewendet.
- Die Spalte 'Cabin' wird aufgrund zu vieler fehlender Werte komplett entfernt. Diese Entscheidung wurde wahrscheinlich getroffen, da der hohe Anteil fehlender Daten in dieser Spalte bei einer Imputation möglicherweise mehr Verzerrungen einführen könnte.
- Abschließend wird die Summe der Nullwerte in jeder Spalte nach diesen Operationen ausgegeben. Dies hilft bei der Überprüfung, ob die Behandlung der fehlenden Werte erfolgreich war.

Dieser Ansatz zur Behandlung fehlender Daten ist Teil des Feature-Engineering-Prozesses, mit dem Ziel, den Datensatz für Machine-Learning-Algorithmen vorzubereiten und dabei möglichst viele nützliche Informationen zu erhalten.

6.1.3 Feature-Kodierung

Der Titanic-Datensatz umfasst mehrere kategorische Variablen, insbesondere **Sex** und **Embarked**, die in ein numerisches Format umgewandelt werden müssen, um mit Machine-Learning-Algorithmen kompatibel zu sein. Dieser Umwandlungsprozess ist entscheidend, da die meisten Machine-Learning-Modelle für numerische Eingaben konzipiert sind. Um diese Transformation zu erreichen, werden wir verschiedene Kodierungstechniken einsetzen, wobei ein besonderer Fokus auf der **One-Hot-Kodierung** liegt.

One-Hot-Kodierung ist eine Methode, die für jede Kategorie innerhalb einer kategorischen Variable binäre Spalten erstellt. Zum Beispiel würde die Variable 'Sex' in zwei Spalten aufgeteilt werden: 'Sex_male' und 'Sex_female', wobei jeder Passagier eine '1' in einer Spalte und eine '0' in der anderen hätte. Dieser Ansatz ermöglicht es uns, kategorische Daten numerisch darzustellen, ohne eine ordinale Beziehung zwischen den Kategorien zu implizieren.

Zusätzlich können wir je nach den spezifischen Eigenschaften jedes Merkmals auch andere Kodierungstechniken in Betracht ziehen, wie etwa Label-Encoding für ordinale Variablen oder Target-Encoding für kategorische Variablen mit hoher Kardinalität. Die Wahl der Kodierungsmethode kann die Modellleistung erheblich beeinflussen und ist daher ein wichtiger Schritt in unserem Feature-Engineering-Prozess.

```
# One-hot encode the 'Sex' and 'Embarked' columns
titanic_df = pd.get_dummies(titanic_df, columns=['Sex', 'Embarked'], drop_first=True)

print(titanic_df.head())
```

Hier ist eine Aufschlüsselung der Funktionsweise:

- Die Funktion pd.get_dummies() wird verwendet, um die Spalten 'Sex' und 'Embarked' per One-Hot-Kodierung umzuwandeln.
- Der Parameter columns=['Sex', 'Embarked'] legt fest, welche Spalten kodiert werden sollen.
- Das Argument drop_first=True wird verwendet, um Multikollinearität zu vermeiden, indem eine der erstellten Spalten für jede ursprüngliche kategorische Variable weggelassen wird.
- Das Ergebnis wird zurück in den titanic_df DataFrame gespeichert und ersetzt dabei die ursprünglichen Spalten 'Sex' und 'Embarked' durch ihre One-Hot-kodierten Versionen.
- Abschließend werden die ersten Zeilen des aktualisierten DataFrames ausgegeben, um die Ergebnisse der Kodierung anzuzeigen.

Dieser Schritt ist entscheidend im Feature-Engineering-Prozess, da er kategorische Daten in ein Format umwandelt, das von Machine-Learning-Algorithmen, die typischerweise numerische Eingaben benötigen, leicht genutzt werden kann.

6.1.4 Feature-Skalierung

Feature-Skalierung ist ein entscheidender Schritt in unserem Feature-Engineering-Prozess, der die erheblichen Skalenunterschiede zwischen bestimmten Merkmalen wie **Fare** und **Age** behandelt. Diese Unterschiede können sich nachteilig auf die Modellleistung auswirken, insbesondere bei Algorithmen, die empfindlich auf Merkmalsskalierungen reagieren, wie **logistische Regression** oder **K-Nearest-Neighbors**. Um diese Probleme zu minimieren und eine optimale Modellleistung zu gewährleisten, werden wir **Standardskalierung** als unsere Normalisierungstechnik einsetzen.

Standardskalierung, auch bekannt als Z-Score-Normalisierung, transformiert Merkmale so, dass sie einen Mittelwert von 0 und eine Standardabweichung von 1 aufweisen. Diese Transformation bewahrt die Form der ursprünglichen Verteilung und bringt gleichzeitig alle Merkmale auf eine vergleichbare Skala. Durch die Anwendung der Standardskalierung auf unseren Datensatz schaffen wir gleiche Voraussetzungen für alle Merkmale, sodass Algorithmen sie gleichwertig behandeln können und Merkmale mit größeren Größenordnungen den Lernprozess nicht dominieren.

Die Vorteile dieses Skalierungsansatzes gehen über die reine Verbesserung der Modellleistung hinaus. Er verbessert auch die Interpretierbarkeit unserer Modellkoeffizienten, beschleunigt die Konvergenz während des Trainingsprozesses und hilft bei der Bewertung der relativen Bedeutung verschiedener Merkmale. Im weiteren Verlauf unserer Analyse wird dieser Skalierungsschritt von entscheidender Bedeutung sein, um aussagekräftige Erkenntnisse zu gewinnen und robuste Vorhersagemodelle zu erstellen.

```
from sklearn.preprocessing import StandardScaler

scaling_features = ['Age', 'Fare']
scaler = StandardScaler()
titanic_df[scaling_features] = scaler.fit_transform(titanic_df[scaling_features])

print(titanic_df[scaling_features].head())
```

Hier ist eine Aufschlüsselung der Funktionsweise:

- Es importiert die StandardScaler-Klasse aus sklearn.preprocessing.
- Es definiert eine Liste namens 'scaling_features', die 'Age' und 'Fare' enthält, also die zu skalierenden Merkmale.
- Es erstellt eine Instanz von StandardScaler namens 'scaler'.
- Es wendet die fit_transform-Methode des Scalers auf die spezifizierten Merkmale im titanic_df DataFrame an. Dieser Schritt passt den Scaler sowohl an die Daten an als auch transformiert sie.
- Abschließend werden die ersten Zeilen der skalierten Merkmale zur Ergebnisanzeige ausgegeben.

StandardScaler transformiert die Merkmale so, dass sie einen Mittelwert von 0 und eine Standardabweichung von 1 aufweisen. Dies ist wichtig für viele Machine-Learning-Algorithmen, die empfindlich auf die Skalierung der Eingabemerkmale reagieren, da es verhindert, dass Merkmale mit größeren Wertebereichen den Modelltraining-Prozess dominieren.

6.1.5 Feature-Erstellung

Die Erstellung neuer Merkmale ist eine leistungsstarke Technik, die die Fähigkeit eines Modells deutlich verbessern kann, komplexe Beziehungen in den Daten zu erfassen und zu nutzen. Dieser Prozess, bekannt als Feature Engineering, beinhaltet die Ableitung neuer Variablen aus bestehenden, um zusätzliche Erkenntnisse zu gewinnen oder die Daten auf aussagekräftigere Weise darzustellen. In diesem entscheidenden Schritt unserer Analyse werden wir uns auf die Entwicklung eines neuen Merkmals namens **FamilySize** konzentrieren.

Das Merkmal **FamilySize** wird durch die Kombination zweier bestehender Variablen erstellt: **SibSp** (Anzahl der Geschwister und Ehepartner an Bord) und **Parch** (Anzahl der Eltern und

Kinder an Bord). Durch die Aggregation dieser verwandten Merkmale streben wir an, eine umfassendere Darstellung der Familiengröße eines Passagiers zu schaffen. Dieses neue Merkmal hat das Potenzial, wichtige soziale Dynamiken und Überlebensmuster zu erfassen, die möglicherweise nicht erkennbar sind, wenn man Geschwister/Ehepartner und Eltern/Kinder getrennt betrachtet.

Die Begründung für diese Feature-Engineering-Entscheidung basiert auf der Hypothese, dass die Familiengröße eine bedeutende Rolle für die Überlebenschancen während der Titanic-Katastrophe gespielt haben könnte. Zum Beispiel könnten größere Familien anderen Herausforderungen gegenübergestanden oder eine andere Behandlung erfahren haben als Einzelreisende oder kleinere Gruppen. Durch die Erstellung des Merkmals **FamilySize** geben wir unserem Modell ein nuancierteres Verständnis des familiären Kontexts jedes Passagiers und verbessern dadurch möglicherweise seine Vorhersagefähigkeiten.

```
# Create a new feature 'FamilySize'
titanic_df['FamilySize'] = titanic_df['SibSp'] + titanic_df['Parch'] + 1

# Create a new feature 'IsAlone'
titanic_df['IsAlone'] = (titanic_df['FamilySize'] == 1).astype(int)

print(titanic_df[['SibSp', 'Parch', 'FamilySize', 'IsAlone']].head())
```

Dieser Codeausschnitt demonstriert die Erstellung von zwei neuen Merkmalen im Titanic-Datensatz durch Feature Engineering:

- **FamilySize**: Dieses Merkmal wird durch die Addition der Werte von 'SibSp' (Anzahl der Geschwister und Ehepartner an Bord), 'Parch' (Anzahl der Eltern und Kinder an Bord) und 1 (um den Passagier selbst einzuschließen) erstellt. Dies liefert ein umfassendes Maß für die Gesamtfamiliengröße jedes Passagiers.
- **IsAlone**: Dies ist ein binäres Merkmal, das anzeigt, ob ein Passagier allein reist oder nicht. Es wird aus dem Merkmal 'FamilySize' abgeleitet, wobei ein Wert von 1 bedeutet, dass der Passagier allein ist, und 0 bedeutet, dass er mit Familie reist.

Der Code gibt dann die ersten Zeilen des DataFrames aus und zeigt diese neuen Merkmale zusammen mit den ursprünglichen Spalten 'SibSp' und 'Parch' zum Vergleich.

Diese neuen Merkmale zielen darauf ab, differenziertere Informationen über den familiären Kontext jedes Passagiers zu erfassen, was möglicherweise die Vorhersagekraft des maschinellen Lernmodells für die Überlebensprognose verbessern könnte.

6.1.6 Merkmalsauswahl

Die Merkmalsauswahl ist ein entscheidender Schritt in der maschinellen Lernpipeline, bei dem die relevantesten Merkmale aus dem Datensatz identifiziert und ausgewählt werden. Dieser Prozess hilft dabei, die Dimensionalität zu reduzieren, die Modellleistung zu verbessern und die Interpretierbarkeit zu erhöhen. In unserem Titanic-Überlebensprognose-Projekt werden wir

Techniken zur Merkmalsauswahl einsetzen, um die aussagekräftigsten Merkmale für unser Vorhersagemodell zu identifizieren.

Es gibt verschiedene Methoden zur Merkmalsauswahl, darunter Filtermethoden (z.B. korrelationsbasierte Auswahl), Wrapper-Methoden (z.B. rekursive Merkmalseliminierung) und eingebettete Methoden (z.B. L1-Regularisierung). Für dieses Projekt werden wir eine Filtermethode namens SelectKBest verwenden, die Merkmale basierend auf ihrer statistischen Beziehung zur Zielvariable auswählt.

Durch die Anwendung der Merkmalsauswahl streben wir Folgendes an:

- Reduzierung von Überanpassung durch Entfernung irrelevanter oder redundanter Merkmale
- Verbesserung der Modellgenauigkeit durch Fokussierung auf die aussagekräftigsten Merkmale
- Verkürzung der Trainingszeit durch Reduzierung der Datensatzdimensionalität
- Verbesserung der Modellinterpretierbarkeit durch Identifizierung der wichtigsten Merkmale

Lassen Sie uns mit der Implementierung der SelectKBest-Methode fortfahren, um die wichtigsten Merkmale für unser Titanic-Überlebensprognosemodell auszuwählen.

```
from sklearn.feature_selection import SelectKBest, f_classif

X = titanic_df.drop(columns=['Survived', 'PassengerId', 'Name', 'Ticket'])
y = titanic_df['Survived']

# Select top 10 features
selector = SelectKBest(score_func=f_classif, k=10)
X_selected = selector.fit_transform(X, y)

# Get selected feature names
selected_features = X.columns[selector.get_support()].tolist()
print("Selected features:", selected_features)
```

Hier ist eine Aufschlüsselung der Funktionsweise des Codes:

- Er importiert die erforderlichen Funktionen aus dem feature_selection-Modul von scikit-learn.
- Er bereitet die Feature-Matrix X vor, indem er die für die Vorhersage nicht benötigten Spalten ('Survived', 'PassengerId', 'Name', 'Ticket') aus dem titanic_df DataFrame entfernt.
- Er definiert die Zielvariable y als die Spalte 'Survived'.

- Er erstellt ein SelectKBest-Objekt mit f_classif als Bewertungsfunktion und k=10, was bedeutet, dass die zehn wichtigsten Merkmale ausgewählt werden.
- Er wendet die Merkmalsauswahl auf die Daten mittels fit_transform() an, wodurch der Selektor sowohl an die Daten angepasst als auch die Daten auf die ausgewählten Merkmale reduziert werden.
- Abschließend werden die Namen der ausgewählten Merkmale abgerufen und ausgegeben.

Dieser Schritt der Merkmalsauswahl ist entscheidend in der maschinellen Lernpipeline, da er hilft, die relevantesten Merkmale für die Vorhersage des Überlebens auf der Titanic zu identifizieren. Durch die Reduzierung der Merkmale auf die aussagekräftigsten kann die Modellleistung verbessert, Überanpassung reduziert und die Interpretierbarkeit erhöht werden.

6.1.7 Umgang mit unausgewogenen Daten

In vielen realen Datensätzen, einschließlich des Titanic-Datensatzes, ist eine Klassenunausgewogenheit ein häufiges Problem. Dies tritt auf, wenn eine Klasse (in unserem Fall Überlebende oder Nicht-Überlebende) die andere zahlenmäßig deutlich überwiegt. Eine solche Unausgewogenheit kann zu verzerrten Modellen führen, die bei der Minderheitsklasse schlecht abschneiden.

Um dieses Problem zu lösen, werden wir eine Technik namens Synthetic Minority Over-sampling Technique (SMOTE) verwenden. SMOTE funktioniert, indem es synthetische Beispiele der Minderheitsklasse erzeugt und damit den Datensatz effektiv ausgleicht. Dieser Ansatz kann dazu beitragen, die Fähigkeit des Modells zu verbessern, beide Klassen genau vorherzusagen.

```
from imblearn.over_sampling import SMOTE

# Check class distribution
print("Original class distribution:", y.value_counts())

# Apply SMOTE
smote = SMOTE(random_state=42)
X_resampled, y_resampled = smote.fit_resample(X_selected, y)

print("Resampled class distribution:", pd.Series(y_resampled).value_counts())
```

Hier ist eine Aufschlüsselung der Funktionsweise des Codes:

- Er importiert die SMOTE-Klasse aus dem imblearn.over_sampling-Modul.
- Er gibt die ursprüngliche Klassenverteilung mit y.value_counts() aus, um die Unausgewogenheit im Datensatz zu zeigen.

- Er erstellt ein SMOTE-Objekt mit einem Zufallszustand von 42 für die Reproduzierbarkeit.
- Er wendet SMOTE auf die ausgewählten Merkmale (X_selected) und die Zielvariable (y) mittels der fit_resample()-Methode an. Dies erzeugt synthetische Beispiele der Minderheitsklasse, um den Datensatz auszugleichen.
- Abschließend gibt er die neu abgetastete Klassenverteilung aus, um zu zeigen, wie SMOTE die Klassen ausgeglichen hat.

Dieser Schritt ist entscheidend bei der Behandlung des Klassenungleichgewichts, das zu verzerrten Modellen führen kann. Durch die Erstellung synthetischer Beispiele der Minderheitsklasse hilft SMOTE, die Fähigkeit des Modells zu verbessern, beide Klassen genau vorherzusagen.

6.1.8 Modellentwicklung und Evaluierung

In dieser entscheidenden Phase unseres Projekts werden wir verschiedene maschinelle Lernmodelle mit den von uns entwickelten technischen Merkmalen erstellen und bewerten. Dieser Schritt ist wesentlich, um die Effektivität unserer Feature-Engineering-Bemühungen zu bestimmen und das am besten geeignete Modell für die Vorhersage des Titanic-Überlebens zu identifizieren.

Wir werden mehrere Algorithmen einsetzen, darunter Logistische Regression, Random Forest und Support Vector Machines (SVM). Durch den Vergleich ihrer Leistung können wir erkennen, welches Modell die Muster in unserem technisch aufbereiteten Datensatz am besten erfasst. Wir werden Kreuzvalidierung verwenden, um eine robuste Bewertung sicherzustellen, und Metriken wie Genauigkeit, Konfusionsmatrix und Klassifikationsbericht nutzen, um die Leistung jedes Modells umfassend zu bewerten.

Dieser Abschnitt wird zeigen, wie sich unsere Feature-Engineering-Arbeit in Vorhersagekraft umsetzt und unterstreicht damit die Bedeutung des gesamten Prozesses bei der Entwicklung effektiver maschineller Lernlösungen.

```
from sklearn.model_selection import train_test_split, cross_val_score
from sklearn.linear_model import LogisticRegression
from sklearn.ensemble import RandomForestClassifier
from sklearn.svm import SVC
from sklearn.metrics import accuracy_score, confusion_matrix, classification_report

# Split the data
X_train, X_test, y_train, y_test = train_test_split(X_resampled, y_resampled, test_size=0.2, random_state=42)

# Initialize models
models = {
    'Logistic Regression': LogisticRegression(),
    'Random Forest': RandomForestClassifier(),
    'SVM': SVC()
```

```
}

# Train and evaluate models
for name, model in models.items():
    # Cross-validation
    cv_scores = cross_val_score(model, X_train, y_train, cv=5)
    print(f"{name} CV Score: {cv_scores.mean():.4f} (+/- {cv_scores.std() * 2:.4f})")

    # Train the model
    model.fit(X_train, y_train)

    # Make predictions
    y_pred = model.predict(X_test)

    # Evaluate the model
    print(f"{name} Accuracy: {accuracy_score(y_test, y_pred):.4f}")
    print(f"{name} Confusion Matrix:\\n", confusion_matrix(y_test, y_pred))
    print(f"{name} Classification Report:\\n", classification_report(y_test, y_pred))
    print("\\n")
```

Hier ist eine Aufschlüsselung der Funktionsweise des Codes:

- Er importiert die notwendigen Bibliotheken und Funktionen für Modelltraining, Evaluierung und Kreuzvalidierung.
- Die Daten werden mittels train_test_split in Trainings- und Testsets aufgeteilt.
- Drei verschiedene Modelle werden initialisiert: Logistische Regression, Random Forest und Support Vector Machine (SVM).
- Für jedes Modell führt der Code folgende Schritte durch:
- Führt eine Kreuzvalidierung mittels cross_val_score durch, um die Modellleistung über verschiedene Teilmengen der Trainingsdaten zu bewerten.
- Trainiert das Modell auf dem vollständigen Trainingssatz.
- Erstellt Vorhersagen für den Testsatz.
- Bewertet die Modellleistung anhand verschiedener Metriken:
- Genauigkeitswert
- Konfusionsmatrix
- Klassifikationsbericht (der Präzision, Recall und F1-Score enthält)

Diese umfassende Evaluierung ermöglicht einen Vergleich der Leistung verschiedener Modelle auf den technisch aufbereiteten Merkmalen und hilft dabei, das Modell zu identifizieren, das die Muster im Datensatz am besten erfasst. Die Verwendung der Kreuzvalidierung gewährleistet eine robuste Bewertung, indem die Modelle auf verschiedenen Teilmengen der Daten getestet werden.

6.1.9 Hyperparameter-Optimierung

Die Hyperparameter-Optimierung ist ein entscheidender Schritt bei der Optimierung von Machine-Learning-Modellen. Dabei geht es darum, die beste Kombination von Hyperparametern zu finden, die die höchste Modellleistung erzielen. In diesem Abschnitt werden wir GridSearchCV verwenden, um systematisch durch einen vordefinierten Satz von Hyperparametern für unser Random-Forest-Modell zu suchen.

Hyperparameter sind Parameter, die nicht aus den Daten gelernt werden, sondern vor dem Training festgelegt werden. Für einen Random Forest können diese die Anzahl der Bäume (n_estimators), die maximale Tiefe der Bäume (max_depth) und die minimale Anzahl von Samples umfassen, die für die Aufteilung eines internen Knotens erforderlich sind (min_samples_split).

Durch die Optimierung dieser Hyperparameter können wir möglicherweise die Leistung und Generalisierungsfähigkeit unseres Modells verbessern. Dieser Prozess hilft uns, das optimale Gleichgewicht zwischen Modellkomplexität und Leistung zu finden und reduziert das Risiko von Überanpassung oder Unteranpassung.

```
from sklearn.model_selection import GridSearchCV

# Example for Random Forest
param_grid = {
    'n_estimators': [100, 200, 300],
    'max_depth': [5, 10, None],
    'min_samples_split': [2, 5, 10]
}

rf = RandomForestClassifier(random_state=42)
grid_search = GridSearchCV(estimator=rf, param_grid=param_grid, cv=5)
grid_search.fit(X_train, y_train)

print("Best parameters:", grid_search.best_params_)
print("Best cross-validation score:", grid_search.best_score_)

# Evaluate the best model
best_model = grid_search.best_estimator_
y_pred = best_model.predict(X_test)
print("Best Model Accuracy:", accuracy_score(y_test, y_pred))
```

Hier ist eine Aufschlüsselung der Funktionsweise des Codes:

- Es importiert GridSearchCV aus scikit-learn, das für die Suche nach den besten Parametern für ein Modell verwendet wird.

- Ein Parameter-Raster (param_grid) wird mit verschiedenen Werten für 'n_estimators', 'max_depth' und 'min_samples_split' definiert. Dies sind die Hyperparameter, die wir optimieren möchten.
- Ein RandomForestClassifier wird mit einem festen Zufallswert für die Reproduzierbarkeit initialisiert.
- GridSearchCV wird mit dem Random Forest-Modell, dem Parameter-Raster und 5-facher Kreuzvalidierung eingerichtet.
- Die Rastersuche wird mit fit() auf den Trainingsdaten durchgeführt.
- Die besten Parameter und die beste Kreuzvalidierungswertung werden ausgegeben.
- Schließlich wird das beste Modell (mit optimierten Parametern) verwendet, um Vorhersagen für den Testsatz zu treffen, und seine Genauigkeit wird ausgegeben.

Dieser Prozess hilft dabei, die optimale Kombination von Hyperparametern zu finden, die die beste Modellleistung ergibt und möglicherweise die Genauigkeit und Generalisierungsfähigkeit des Modells verbessert.

6.1.10 Analyse der Merkmalswichtigkeit

Die Analyse der Merkmalswichtigkeit ist ein entscheidender Schritt zum Verständnis, welche Merkmale am bedeutendsten zu den Vorhersagen unseres Modells beitragen. Diese Analyse hilft uns, die einflussreichsten Faktoren bei der Bestimmung des Überlebens der Titanic-Passagiere zu identifizieren und liefert wertvolle Einblicke in den Datensatz und den Entscheidungsprozess unseres Modells.

Durch die Untersuchung der Merkmalswichtigkeit können wir:

- Ein tieferes Verständnis der Faktoren gewinnen, die die Überlebensraten am stärksten beeinflusst haben
- Unsere Feature-Engineering-Bemühungen validieren, indem wir sehen, welche entwickelten Merkmale am wirkungsvollsten sind
- Unser Modell möglicherweise vereinfachen, indem wir uns auf die wichtigsten Merkmale konzentrieren
- Zukünftige Datenerhebungen steuern, indem wir die wichtigsten Informationen hervorheben

Im folgenden Code werden wir unser bestes Random Forest-Modell verwenden, um die Merkmalswichtigkeit zu berechnen und zu visualisieren, wodurch ein klares Bild entsteht, welche Merkmale unsere Vorhersagen bestimmen.

```
# Using the best Random Forest model
feature_importance = best_model.feature_importances_
feature_names = X.columns[selector.get_support()].tolist()
```

```
# Sort features by importance
feature_importance_sorted = sorted(zip(feature_importance, feature_names), reverse=True)

# Plot feature importance
plt.figure(figsize=(10, 6))
plt.bar([x[1] for x in feature_importance_sorted], [x[0] for x in feature_importance_sorted])
plt.title('Feature Importance')
plt.xlabel('Features')
plt.ylabel('Importance')
plt.xticks(rotation=45)
plt.tight_layout()
plt.show()
```

Hier ist eine Aufschlüsselung der Funktionsweise des Codes:

- Er extrahiert die Merkmalswichtigkeitswerte aus dem besten Random Forest-Modell mittels best_model.feature_importances_.
- Er ruft die Namen der ausgewählten Merkmale mittels X.columns[selector.get_support()].tolist() ab.
- Die Merkmalswichtigkeiten und Namen werden kombiniert und in absteigender Reihenfolge der Wichtigkeit sortiert.
- Ein Balkendiagramm wird erstellt, um die Merkmalswichtigkeiten zu visualisieren:
- Die Grafik wird auf eine Größe von 10x6 Zoll eingestellt.
- Merkmalsnamen werden auf der x-Achse und ihre Wichtigkeitswerte auf der y-Achse platziert.
- Die Grafik erhält einen Titel sowie Beschriftungen für x- und y-Achse.
- Die Beschriftungen der x-Achse werden um 45 Grad gedreht, um die Lesbarkeit zu verbessern.

Diese Visualisierung hilft dabei zu erkennen, welche Merkmale den größten Einfluss auf die Vorhersagen des Modells haben und liefert Einblicke in die Faktoren, die die Überlebensvorhersagen im Titanic-Datensatz am stärksten beeinflussen.

6.1.11 Fehleranalyse

Die Fehleranalyse ist ein entscheidender Schritt zum Verständnis, wo und warum unser Modell Fehler macht. Dieser Prozess beinhaltet die Untersuchung der Fälle, in denen die Vorhersagen des Modells von den tatsächlichen Ergebnissen abweichen. Durch die Analyse dieser Fehlklassifikationen können wir wertvolle Einblicke in die Schwächen unseres Modells gewinnen und potenzielle Verbesserungsbereiche identifizieren.

In diesem Abschnitt werden wir die Eigenschaften der fehlklassifizierten Stichproben untersuchen und ihre Merkmale mit denen der korrekt klassifizierten Instanzen vergleichen. Diese Analyse kann Muster oder spezifische Untergruppen aufdecken, bei denen das Modell Schwierigkeiten hat, und möglicherweise auf die Notwendigkeit zusätzlichen Feature Engineerings, weiterer Datenerfassung oder Modellanpassungen hinweisen.

```
import pandas as pd

# Convert X_test to DataFrame with column names
X_test_df = pd.DataFrame(X_test, columns=selected_features)

# Identify misclassified samples
misclassified = X_test_df[y_test != y_pred].copy()
misclassified['true_label'] = y_test[y_test != y_pred]
misclassified['predicted_label'] = y_pred[y_test != y_pred]

# Display sample misclassified instances
print("Sample of misclassified instances:")
print(misclassified.head())

# Analyze misclassifications
print("\\nMisclassification analysis:")
for feature in selected_features:
    print(f"\\nFeature: {feature}")
    print(misclassified.groupby(['true_label', 'predicted_label'])[feature].mean())
```

Hier ist eine Erklärung der Funktionsweise des Codes:

- Er **identifiziert fehlklassifizierte Stichproben** durch den Vergleich der tatsächlichen Labels (y_test) mit den vorhergesagten Labels (y_pred).
- Er **erstellt einen neuen DataFrame** namens misclassified, der nur die falsch klassifizierten Instanzen aus dem Testset enthält.
- Er **fügt zwei neue Spalten** zu diesem DataFrame hinzu:
    - 'true_label': das tatsächliche Label aus y_test
    - 'predicted_label': das vom Modell vorhergesagte Label (y_pred)
- Er gibt eine **Stichprobe dieser fehlklassifizierten Instanzen** mit der head()-Funktion aus.
- Dann führt er eine **detaillierte Analyse** der Fehlklassifikationen durch:
    - Er durchläuft **jedes Merkmal** im misclassified DataFrame.
    - Für jedes Merkmal berechnet und **gibt er den Mittelwert** aus, gruppiert nach true_label und predicted_label.

    - Dies hilft dabei, Muster in den Fehlern des Modells zu verstehen.

Warum ist das nützlich?

- Es ermöglicht uns, **spezifische Merkmale** zu identifizieren, bei denen Fehlklassifikationen auftreten.
- Es hilft dabei, **potenzielle Verzerrungen** im Modell zu erkennen.
- Es kann **Verbesserungen beim Feature Engineering** oder **Hyperparameter-Tuning** zur Steigerung der Modellleistung lenken.

6.1.12 Fazit

In diesem Projekt haben wir verschiedene Feature-Engineering-Techniken auf den Titanic-Datensatz angewendet und mehrere prädiktive Modelle erstellt. Wir haben das ursprüngliche Projekt durch Datenvisualisierung, Merkmalsauswahl, Umgang mit unausgewogenen Daten, Erprobung mehrerer Modelle, Implementierung von Kreuzvalidierung, Durchführung von Hyperparameter-Tuning, Analyse der Merkmalswichtigkeit und Fehleranalyse erweitert. Diese zusätzlichen Schritte vermitteln ein umfassenderes Verständnis des Datensatzes und der Auswirkungen des Feature Engineerings auf die Modellleistung.

Die Ergebnisse zeigen die Bedeutung des Feature Engineerings für die Verbesserung der Modellgenauigkeit und Interpretierbarkeit. Durch sorgfältige Auswahl, Transformation und Erstellung von Merkmalen konnten wir robustere prädiktive Modelle entwickeln. Die Analyse der Merkmalswichtigkeit und die Fehleranalyse liefern Einblicke darüber, welche Faktoren für die Vorhersage des Überlebens am wichtigsten sind und wo das Modell möglicherweise Schwächen aufweist.

Dieses Projekt dient als gründliches Beispiel für den Feature-Engineering-Prozess und seine Bedeutung in der Machine-Learning-Pipeline. Es zeigt, wie verschiedene Techniken kombiniert werden können, um aussagekräftige Erkenntnisse aus Rohdaten zu gewinnen und die Modellleistung zu verbessern.

6.2 Projekt 2: Vorhersage von Autopreisen mittels linearer Regression

In diesem Projekt werden wir ein prädiktives Modell entwickeln, um die Preise von Gebrauchtwagen basierend auf verschiedenen Merkmalen wie Kilometerstand, Baujahr, Marke, Modell und anderen relevanten Faktoren zu schätzen. Dieses Projekt hat bedeutende praktische Anwendungen in der Automobilindustrie, insbesondere für Autohändler, Versicherungsunternehmen und Online-Marktplätze für Gebrauchtwagen.

Lineare Regression eignet sich gut für diese Aufgabe, da unser Ziel die Vorhersage eines kontinuierlichen Wertes (Autopreis) basierend auf mehreren Eingabemerkmalen ist. Im Verlauf dieses Projekts werden wir:

1. Einen umfassenden Autodatensatz erkunden und vorverarbeiten
2. Lineare Regression zur Vorhersage von Autopreisen anwenden
3. Die Modellleistung anhand verschiedener Metriken bewerten
4. Das Modell durch Feature Engineering und -auswahl optimieren
5. Unser lineares Regressionsmodell mit anderen Algorithmen vergleichen
6. Merkmalswichtigkeit und Modellinterpretierbarkeit analysieren

6.2.1 Laden und Erkunden des Datensatzes

Wir beginnen mit dem Laden und Erkunden unseres umfassenden Gebrauchtwagen-Datensatzes. Dieser entscheidende Schritt bildet das Fundament unserer Analyse und ermöglicht uns tiefe Einblicke in die Struktur und Eigenschaften unserer Daten.

Durch sorgfältige Untersuchung können wir potenzielle Probleme wie fehlende Werte oder Ausreißer identifizieren und bedeutsame Muster aufdecken, die die Leistung unseres Modells beeinflussen könnten.

Diese anfängliche Erkundung hilft uns nicht nur, die Beschaffenheit unseres Datensatzes zu verstehen, sondern leitet auch unsere nachfolgenden Entscheidungen zur Vorverarbeitung und zum Feature Engineering, was letztendlich zu einem robusteren und genaueren Modell zur Vorhersage von Autopreisen führt.

```
import pandas as pd
import numpy as np
import matplotlib.pyplot as plt
import seaborn as sns
from sklearn.model_selection import train_test_split
from sklearn.preprocessing import StandardScaler, LabelEncoder
from sklearn.linear_model import LinearRegression
from sklearn.metrics import mean_squared_error, r2_score
from sklearn.feature_selection import RFE
from sklearn.ensemble import RandomForestRegressor

# Load the dataset
car_df = pd.read_csv('/mnt/data/used_car_data.csv')

# Display basic information about the dataset
print(car_df.info())
print(car_df.describe())

# Encode categorical columns
label_encoders = {}
```

```
for col in ['make', 'model', 'fuel_type']:
    le = LabelEncoder()
    car_df[col] = le.fit_transform(car_df[col])
    label_encoders[col] = le

# Visualize the distribution of car prices
plt.figure(figsize=(12, 6))
sns.histplot(car_df['price'], bins=50, kde=True)
plt.title('Distribution of Car Prices')
plt.xlabel('Price')
plt.ylabel('Frequency')
plt.show()

# Correlation heatmap
plt.figure(figsize=(12, 10))
sns.heatmap(car_df.corr(), annot=True, cmap='coolwarm')
plt.title('Correlation Heatmap of Numerical Features')
plt.show()

# Scatter plot of price vs. mileage
plt.figure(figsize=(10, 6))
sns.scatterplot(x='mileage', y='price', data=car_df)
plt.title('Price vs. Mileage')
plt.xlabel('Mileage')
plt.ylabel('Price')
plt.show()
```

CSV-Datei hier herunterladen: https://files.cuantum.tech/csv/used_car_data.csv

Hier ist eine detaillierte Aufschlüsselung:

1. Bibliothek-Importe:

- Kernbibliotheken für Datenanalyse (pandas, numpy)
- Visualisierungsbibliotheken (matplotlib, seaborn)
- Machine-Learning-Komponenten aus scikit-learn für Modellbildung und Vorverarbeitung

2. Daten laden und erste Analyse:

- Lädt einen Autodatensatz aus einer CSV-Datei
- Zeigt grundlegende Informationen und statistische Zusammenfassungen mit info() und describe()

3. Kodierung kategorischer Daten:

- Verwendet LabelEncoder zur Umwandlung kategorischer Variablen (Marke, Modell, Kraftstoffart) in numerisches Format

- Speichert die Encoder in einem Wörterbuch für mögliche spätere Verwendung

4. Datenvisualisierung:

- Erstellt ein Histogramm zur Darstellung der Autopreisverteilung
- Generiert eine Korrelations-Heatmap zur Darstellung der Beziehungen zwischen numerischen Merkmalen
- Erstellt ein Streudiagramm zum Vergleich von Kilometerstand und Preis

6.2.2 Datenvorverarbeitung

Bevor wir unser Regressionsmodell erstellen können, ist es entscheidend, die Daten vorzuverarbeiten, um ihre Qualität und Eignung für die Analyse sicherzustellen.

Dieser wesentliche Schritt umfasst mehrere Schlüsselprozesse:

1. Umgang mit fehlenden Werten: Wir müssen Lücken in unserem Datensatz behandeln, entweder durch Imputation von Werten oder Entfernung unvollständiger Datensätze.
2. Kodierung kategorischer Variablen: Da unser Modell mit numerischen Daten arbeitet, müssen wir kategorische Informationen (wie Automarken und -modelle) in ein Format umwandeln, das der Algorithmus verarbeiten kann.
3. Skalierung numerischer Merkmale: Um sicherzustellen, dass alle Merkmale gleichmäßig zum Modell beitragen, werden wir numerische Variablen auf eine gemeinsame Skala standardisieren oder normalisieren.
4. Feature Engineering: Wir können neue Merkmale erstellen oder bestehende transformieren, um wichtige Beziehungen in den Daten zu erfassen.

Diese Vorverarbeitungsschritte sind entscheidend für den Aufbau eines robusten und präzisen Autopreis-Vorhersagemodells.

```
import pandas as pd
import numpy as np
import matplotlib.pyplot as plt
import seaborn as sns
from sklearn.model_selection import train_test_split
from sklearn.preprocessing import StandardScaler, LabelEncoder
from sklearn.linear_model import LinearRegression
from sklearn.metrics import mean_squared_error, r2_score
from sklearn.feature_selection import RFE
from sklearn.ensemble import RandomForestRegressor

# Load the dataset
car_df = pd.read_csv('/mnt/data/used_car_data.csv')

# Display basic information about the dataset
print(car_df.info())
```

```
print(car_df.describe())

# Encode categorical columns
label_encoders = {}
for col in ['make', 'model', 'fuel_type']:
    le = LabelEncoder()
    car_df[col] = le.fit_transform(car_df[col])
    label_encoders[col] = le

# Handle missing values
car_df.dropna(subset=['price'], inplace=True)
car_df['mileage'].fillna(car_df['mileage'].median(), inplace=True)
car_df['year'].fillna(car_df['year'].mode()[0], inplace=True)

# Encode categorical variables
car_df = pd.get_dummies(car_df, columns=['make', 'model'], drop_first=True)

# Feature engineering
car_df['age'] = 2023 - car_df['year']  # Assuming current year is 2023
car_df['miles_per_year'] = car_df['mileage'] / car_df['age']

# Scale numerical features
scaler = StandardScaler()
numerical_features = ['mileage', 'year', 'age', 'miles_per_year']
car_df[numerical_features] = scaler.fit_transform(car_df[numerical_features])

# Display the updated dataset
print(car_df.head())

# Visualize the distribution of car prices
plt.figure(figsize=(12, 6))
sns.histplot(car_df['price'], bins=50, kde=True)
plt.title('Distribution of Car Prices')
plt.xlabel('Price')
plt.ylabel('Frequency')
plt.show()

# Correlation heatmap
plt.figure(figsize=(12, 10))
sns.heatmap(car_df.corr(), annot=True, cmap='coolwarm')
plt.title('Correlation Heatmap of Numerical Features')
plt.show()

# Scatter plot of price vs. mileage
plt.figure(figsize=(10, 6))
sns.scatterplot(x='mileage', y='price', data=car_df)
plt.title('Price vs. Mileage')
plt.xlabel('Mileage')
plt.ylabel('Price')
plt.show()
```

Hier ist eine Aufschlüsselung der Hauptkomponenten:

1. Erste Einrichtung und Datenladen

- Importiert erforderliche Bibliotheken für Datenanalyse, Visualisierung und maschinelles Lernen
- Lädt einen Autodatensatz aus einer CSV-Datei und zeigt grundlegende Informationen darüber an

2. Datenvorverarbeitung

- Behandelt fehlende Werte durch:
  - Entfernen von Zeilen mit fehlenden Preisen
  - Auffüllen fehlender Kilometerstände mit dem Median
  - Auffüllen fehlender Jahreswerte mit dem Modalwert
- Führt kategorische Kodierung in zwei Schritten durch:
  - Verwendet zunächst LabelEncoder für Marke, Modell und Kraftstoffart
  - Wandelt später Marke und Modell in Dummy-Variablen um

3. Feature Engineering

- Erstellt zwei neue Merkmale:
  - 'Alter': berechnet als (2023 - Fahrzeugjahr)
  - 'Kilometer pro Jahr': berechnet als (Kilometerstand/Alter)

4. Datenskalierung

- Verwendet StandardScaler zur Normalisierung numerischer Merkmale (Kilometerstand, Jahr, Alter, Kilometer pro Jahr)

5. Visualisierung

- Erstellt drei Visualisierungen:
  - Histogramm der Autopreise
  - Korrelations-Heatmap der numerischen Merkmale
  - Streudiagramm zum Vergleich von Preis und Kilometerstand

Diese Vorverarbeitungspipeline ist wesentlich für die Aufbereitung der Daten für maschinelles Lernen und das Verständnis der Beziehungen zwischen verschiedenen Merkmalen

6.2.3 Merkmalsauswahl

In diesem entscheidenden Schritt unseres Modellentwicklungsprozesses werden wir die rekursive Merkmalseliminierung (RFE) einsetzen, um die einflussreichsten Merkmale für unser Autopreis-Vorhersagemodell zu identifizieren und auszuwählen.

RFE ist eine fortgeschrittene Merkmalauswahlmethode, die weniger wichtige Merkmale beim Modellaufbau schrittweise entfernt und uns ermöglicht, uns auf die Variablen zu konzentrieren, die den stärksten Einfluss auf unsere Zielvariable haben.

Durch die Implementierung von RFE können wir unser Modell optimieren, seine Leistung verbessern und wertvolle Einblicke gewinnen, welche Faktoren für die Bestimmung von Gebrauchtwagenpreisen am bedeutendsten sind.

```
# Prepare features and target
X = car_df.drop('price', axis=1)
y = car_df['price']

# Perform RFE
rfe = RFE(estimator=LinearRegression(), n_features_to_select=10)
rfe = rfe.fit(X, y)

# Get selected features
selected_features = X.columns[rfe.support_]
print("Selected features:", selected_features)

# Update X with selected features
X = X[selected_features]
```

Hier ist eine Aufschlüsselung dessen, was der Code macht:

- Zunächst werden die Features (X) und die Zielvariable (y) aus dem Datensatz getrennt. Die Spalte 'price' wird als Zielvariable festgelegt, während alle anderen Spalten als Features betrachtet werden.
- Anschließend wird das RFE-Objekt mit einem LinearRegression-Schätzer initialisiert und die Anzahl der auszuwählenden Features auf 10 festgelegt.
- Dann wird RFE auf die Daten angewendet, wodurch der rekursive Feature-Eliminierungsprozess durchgeführt wird.
- Nach der Anpassung ruft der Code die ausgewählten Features mittels rfe.support_ ab und gibt sie aus.
- Schließlich wird das Feature-Set X aktualisiert, sodass es nur noch die ausgewählten Features enthält.

Dieser Prozess hilft dabei, die wichtigsten Features für die Vorhersage von Autopreisen zu identifizieren, was potenziell die Leistung und Interpretierbarkeit des Modells verbessert.

6.2.4 Datenaufteilung und Modellerstellung

Mit unseren vorverarbeiteten Daten und ausgewählten Features sind wir nun bereit, mit der Modellentwicklung fortzufahren. In diesem entscheidenden Schritt werden wir unseren Datensatz in Trainings- und Test-Teilmengen aufteilen. Diese Vorgehensweise ermöglicht es uns, unser lineares Regressionsmodell an einem Teil der Daten zu erstellen und seine Leistung an einem anderen Teil zu evaluieren. Dieser Ansatz hilft sicherzustellen, dass unser Modell gut auf neue, ungesehene Daten generalisieren kann.

Durch die Aufteilung unserer Daten schaffen wir einen robusten Rahmen zur Bewertung der Vorhersagefähigkeiten unseres Modells. Der Trainingsdatensatz wird verwendet, um unserem linearen Regressionsalgorithmus die zugrundeliegenden Muster der Autopreise beizubringen, während der Testdatensatz als Stellvertreter für reale Daten dient und uns ermöglicht zu beurteilen, wie gut unser Modell bei bisher ungesehenen Beispielen funktioniert.

```
# Split the data
X_train, X_test, y_train, y_test = train_test_split(X, y, test_size=0.2,
random_state=42)

# Create and train the linear regression model
model = LinearRegression()
model.fit(X_train, y_train)

# Make predictions
y_pred = model.predict(X_test)

# Evaluate the model
mse = mean_squared_error(y_test, y_pred)
rmse = np.sqrt(mse)
r2 = r2_score(y_test, y_pred)

print(f"Mean Squared Error: {mse}")
print(f"Root Mean Squared Error: {rmse}")
print(f"R-squared Score: {r2}")
```

Hier ist eine Aufschlüsselung der einzelnen Komponenten:

- **Datenaufteilung**: Die Daten werden mithilfe von train_test_split() in Trainings- und Testdatensätze aufgeteilt. 80% der Daten werden zum Training verwendet (test_size=0.2) und 20% zum Testen.
- **Modellerstellung und Training**: Ein lineares Regressionsmodell wird instanziiert und mit der fit()-Methode auf den Trainingsdaten trainiert.
- **Vorhersage**: Das trainierte Modell wird verwendet, um Vorhersagen für die Testdaten zu treffen.
- **Modellbewertung**: Die Leistung des Modells wird anhand von drei Metriken bewertet:

- Mittlerer quadratischer Fehler (MSE): Misst die durchschnittliche quadratische Differenz zwischen vorhergesagten und tatsächlichen Werten.
- Wurzel des mittleren quadratischen Fehlers (RMSE): Die Quadratwurzel des MSE, die ein Fehlermaß in derselben Einheit wie die Zielvariable liefert.
- R-Quadrat-Wert: Gibt den Anteil der Varianz in der abhängigen Variable an, der durch die unabhängige(n) Variable(n) vorhersagbar ist.

Diese Metriken helfen bei der Beurteilung, wie gut das Modell bei der Vorhersage von Autopreisen basierend auf den ausgewählten Merkmalen funktioniert.

6.2.5 Modellinterpretation

Nun werden wir uns mit den Koeffizienten unseres linearen Regressionsmodells befassen, um ein umfassendes Verständnis dafür zu gewinnen, wie jedes Merkmal die Autopreise beeinflusst. Durch die Untersuchung dieser Koeffizienten können wir erkennen, welche Faktoren den größten Einfluss auf die Bestimmung des Fahrzeugwertes haben, was sowohl für Käufer als auch für Verkäufer auf dem Gebrauchtwagenmarkt wertvolle Erkenntnisse liefert.

```
# Display feature coefficients
coefficients = pd.DataFrame({'Feature': X.columns, 'Coefficient': model.coef_})
coefficients = coefficients.sort_values(by='Coefficient', key=abs, ascending=False)
print(coefficients)

# Visualize feature importance
plt.figure(figsize=(12, 6))
sns.barplot(x='Coefficient', y='Feature', data=coefficients)
plt.title('Feature Importance in Linear Regression Model')
plt.show()
```

Lass uns das genauer aufschlüsseln:

1. Anzeige der Feature-Koeffizienten:
    - Es wird ein DataFrame 'coefficients' mit zwei Spalten erstellt: 'Feature' (aus X.columns) und 'Coefficient' (aus model.coef_)
    - Die Koeffizienten werden dann nach ihren Absolutwerten in absteigender Reihenfolge sortiert
    - Dieses sortierte DataFrame wird ausgegeben und zeigt, welche Merkmale den größten Einfluss auf die Vorhersage haben
2. Visualisierung der Merkmalsbedeutung:
    - Es wird ein Balkendiagramm mit seaborn (sns.barplot) erstellt
    - Die x-Achse stellt die Koeffizientenwerte dar, und die y-Achse zeigt die Merkmalsnamen

- Diese Visualisierung hilft dabei, schnell zu erkennen, welche Merkmale den stärksten positiven oder negativen Einfluss auf die Autopreise haben

Dieser Code ist entscheidend für das Verständnis, wie jedes Merkmal im Modell zur Vorhersage der Autopreise beiträgt und ermöglicht eine bessere Interpretation des Entscheidungsprozesses des Modells.

6.2.6 Fehleranalyse

Um tiefere Einblicke in die Leistung unseres Modells zu gewinnen und mögliche Verbesserungsbereiche zu identifizieren, führen wir eine gründliche Analyse seiner Fehler durch. Dieser entscheidende Schritt wird uns helfen, systematische Muster oder bedeutende Ausreißer in unseren Vorhersagen aufzudecken, wodurch wir unseren Ansatz verfeinern und die Genauigkeit unserer Autopreisschätzungen verbessern können.

Durch die Untersuchung der Abweichungen zwischen vorhergesagten und tatsächlichen Preisen können wir genau bestimmen, in welchen Szenarien unser Modell besonders gut oder weniger gut funktioniert, was letztendlich zu einem robusteren und zuverlässigeren Vorhersagesystem führt.

```
# Calculate residuals
residuals = y_test - y_pred

# Plot residuals
plt.figure(figsize=(10, 6))
sns.scatterplot(x=y_test, y=residuals)
plt.axhline(y=0, color='r', linestyle='--')
plt.title('Residual Plot')
plt.xlabel('Actual Price')
plt.ylabel('Residuals')
plt.show()

# Plot actual vs predicted prices
plt.figure(figsize=(10, 6))
sns.scatterplot(x=y_test, y=y_pred)
plt.plot([y_test.min(), y_test.max()], [y_test.min(), y_test.max()], 'r--', lw=2)
plt.title('Actual vs Predicted Prices')
plt.xlabel('Actual Price')
plt.ylabel('Predicted Price')
plt.show()
```

Dieser Code führt eine Fehleranalyse für ein lineares Regressionsmodell zur Vorhersage von Autopreisen durch. Er besteht aus zwei Hauptteilen:

1. Residuendiagramm:

- Berechnet Residuen (Unterschiede zwischen tatsächlichen und vorhergesagten Preisen)

- Erstellt ein Streudiagramm der tatsächlichen Preise gegen die Residuen
- Fügt eine horizontale rote gestrichelte Linie bei y=0 ein, um die Basislinie hervorzuheben
- Dieses Diagramm hilft dabei, Muster oder Heteroskedastizität in den Fehlern zu erkennen

2. Diagramm tatsächliche vs. vorhergesagte Preise:

- Erstellt ein Streudiagramm der tatsächlichen Preise gegen die vorhergesagten Preise
- Fügt eine rote gestrichelte Diagonallinie ein, die perfekte Vorhersagen darstellt
- Dieses Diagramm hilft zu visualisieren, wie gut die Vorhersagen des Modells mit den tatsächlichen Preisen übereinstimmen

Diese Visualisierungen sind entscheidend für das Verständnis der Modellleistung und die Identifizierung möglicher Verbesserungsbereiche im Autopreis-Vorhersagemodell.

6.2.7 Modellvergleich

Um unsere Vorhersagefähigkeiten zu verbessern und ein tieferes Verständnis der Faktoren zu gewinnen, die Autopreise beeinflussen, werden wir nun unser lineares Regressionsmodell mit einem komplexeren Machine-Learning-Algorithmus vergleichen: dem Random Forest Regressor.

Dieser Vergleich wird uns ermöglichen zu beurteilen, ob wir eine verbesserte Genauigkeit in unseren Vorhersagen erreichen können und möglicherweise nicht-lineare Beziehungen in unseren Daten aufzudecken, die das lineare Modell übersehen haben könnte.

Durch die Implementierung dieses zusätzlichen Modells werden wir in der Lage sein, die Stärken und Schwächen beider Ansätze zu bewerten und wertvolle Einblicke in die effektivste Methode zur Schätzung von Gebrauchtwagenpreisen in verschiedenen Szenarien zu gewinnen.

```
# Create and train a Random Forest model
rf_model = RandomForestRegressor(n_estimators=100, random_state=42)
rf_model.fit(X_train, y_train)

# Make predictions with Random Forest
rf_pred = rf_model.predict(X_test)

# Evaluate Random Forest model
rf_mse = mean_squared_error(y_test, rf_pred)
rf_rmse = np.sqrt(rf_mse)
rf_r2 = r2_score(y_test, rf_pred)

print("Random Forest Performance:")
print(f"Mean Squared Error: {rf_mse}")
print(f"Root Mean Squared Error: {rf_rmse}")
print(f"R-squared Score: {rf_r2}")
```

```
# Compare feature importance
rf_importance = pd.DataFrame({'Feature': X.columns, 'Importance': rf_model.feature_importances_})
rf_importance = rf_importance.sort_values('Importance', ascending=False)

plt.figure(figsize=(12, 6))
sns.barplot(x='Importance', y='Feature', data=rf_importance)
plt.title('Feature Importance in Random Forest Model')
plt.show()
```

Hier ist eine Aufschlüsselung dessen, was der Code macht:

1. Erstellt und trainiert ein Random-Forest-Modell mit 100 Bäumen
2. Verwendet das trainierte Modell, um Vorhersagen für die Testdaten zu treffen
3. Bewertet die Leistung des Random-Forest-Modells anhand von drei Metriken:
   - Mittlerer quadratischer Fehler (MSE)
   - Wurzel des mittleren quadratischen Fehlers (RMSE)
   - R-Quadrat-Wert
4. Gibt die Leistungsmetriken zum einfachen Vergleich mit dem linearen Regressionsmodell aus
5. Analysiert die Merkmalsbedeutung im Random-Forest-Modell:
   - Erstellt einen DataFrame mit Merkmalen und deren Wichtigkeitswerten
   - Sortiert Merkmale nach Wichtigkeit
   - Visualisiert die Merkmalsbedeutung mittels Balkendiagramm

Dieser Code ermöglicht einen umfassenden Vergleich zwischen dem linearen Regressions- und dem Random-Forest-Modell und hilft dabei zu ermitteln, welcher Ansatz für die Vorhersage von Autopreisen in diesem speziellen Szenario effektiver sein könnte.

6.2.8 Fazit

In diesem Projekt haben wir ein umfassendes Autopreis-Vorhersagemodell mittels linearer Regression entwickelt. Wir haben fortgeschrittene Techniken der Datenexploration, Feature Engineering und Modellinterpretation eingebaut. Durch den Vergleich unseres linearen Regressionsmodells mit einem Random-Forest-Modell haben wir Einblicke in die Stärken und Grenzen verschiedener Ansätze gewonnen.

Die wichtigsten Erkenntnisse aus diesem Projekt sind:

- Die Bedeutung gründlicher Datenexploration und -visualisierung

- Der Einfluss von Feature Engineering auf die Modellleistung
- Der Wert interpretierbarer Modelle wie linearer Regression für das Verständnis der Merkmalsbedeutung
- Das Potenzial von Ensemble-Methoden wie Random Forest zur Erfassung nichtlinearer Beziehungen und Verbesserung der Vorhersagen

Dieses Projekt demonstriert die Leistungsfähigkeit des maschinellen Lernens bei der Lösung realer Probleme und bietet eine solide Grundlage für weitere Erforschungen im Bereich der prädiktiven Modellierung.

6.3 Projekt 3: Kundensegmentierung mittels K-Means-Clustering

In diesem Projekt werden wir tief in die Welt des unüberwachten Lernens eintauchen, um Kunden basierend auf ihrem Kaufverhalten zu segmentieren. Kundensegmentierung ist eine entscheidende Technik im Marketing und in der Geschäftsstrategie, die es Unternehmen ermöglicht, ihre Ansätze effektiv auf verschiedene Kundengruppen zuzuschneiden.

Warum ist Kundensegmentierung wicntig?

- Personalisiertes Marketing: Marketingstrategien auf spezifische Kundengruppen zuschneiden.
- Produktentwicklung: Bedürfnisse verschiedener Kundensegmente identifizieren.
- Kundenbindung: Bemühungen auf hochwertige Kundensegmente konzentrieren.
- Ressourcenallokation: Ressourcenverteilung über Kundengruppen optimieren.

In diesem Projekt werden wir:

1. Einen Kundendatensatz laden und erkunden
2. Die Daten für das Clustering vorverarbeiten und vorbereiten
3. K-Means-Clustering zur Kundensegmentierung anwenden
4. Die resultierenden Cluster visualisieren und interpretieren
5. Die Clustering-Leistung evaluieren
6. Mögliche Verbesserungen und zukünftige Arbeiten diskutieren

6.3.1 Datensatz laden und erkunden

Wir beginnen unsere Analyse mit dem Import des Kundendatensatzes in unsere Arbeitsumgebung. Dieser erste Schritt ist entscheidend, da er die Grundlage für unser gesamtes

Projekt bildet. Sobald die Daten geladen sind, werden wir eine umfassende Exploration durchführen, um Einblicke in ihre Struktur, Merkmale und allgemeinen Eigenschaften zu gewinnen.

Diese Explorationsphase ist wesentlich für das Verständnis der Beschaffenheit unserer Daten, die Identifizierung potenzieller Muster oder Anomalien und die Orientierung unserer nachfolgenden analytischen Entscheidungen. Durch die gründliche Untersuchung der Datensatzzusammensetzung werden wir besser in der Lage sein, geeignete Vorverarbeitungstechniken und analytische Methoden in den späteren Phasen unseres Projekts auszuwählen.

```
import pandas as pd
import matplotlib.pyplot as plt
import seaborn as sns
import numpy as np
from sklearn.preprocessing import StandardScaler
from sklearn.cluster import KMeans
from sklearn.metrics import silhouette_score

# Load the customer dataset
url = '<https://example.com/customer_data.csv>'  # Replace with actual URL or file
path
customer_df = pd.read_csv(url)

# Display the first few rows of the dataset
print(customer_df.head())

# Display basic information about the dataset
print(customer_df.info())

# Summary statistics
print(customer_df.describe())

# Check for missing values
print(customer_df.isnull().sum())

# Visualize the distribution of annual income and spending score
plt.figure(figsize=(12, 6))
plt.subplot(1, 2, 1)
sns.histplot(customer_df['Annual Income (k$)'], kde=True)
plt.title('Distribution of Annual Income')
plt.subplot(1, 2, 2)
sns.histplot(customer_df['Spending Score (1-100)'], kde=True)
plt.title('Distribution of Spending Score')
plt.tight_layout()
plt.show()

# Scatter plot of Annual Income vs Spending Score
plt.figure(figsize=(10, 6))
sns.scatterplot(x='Annual Income (k$)', y='Spending Score (1-100)', data=customer_df)
```

```
plt.title('Customer Distribution: Annual Income vs Spending Score')
plt.show()
```

Hier ist eine Aufschlüsselung der Hauptkomponenten:

- Bibliotheken importieren: Das Skript importiert die erforderlichen Python-Bibliotheken für Datenmanipulation (pandas), Visualisierung (matplotlib, seaborn) und maschinelles Lernen (sklearn).
- Daten laden: Es lädt einen Kundendatensatz aus einer CSV-Datei mittels pandas.
- Datenexploration: Der Code zeigt die ersten Zeilen des Datensatzes, grundlegende Informationen über den Datensatz, zusammenfassende Statistiken und prüft auf fehlende Werte.
- Datenvisualisierung: Es erstellt zwei Arten von Visualisierungen:
  - Histogramme: Zeigt die Verteilung von Jahreseinkommen und Ausgabenbewertung.
  - Streudiagramm: Stellt die Beziehung zwischen Jahreseinkommen und Ausgabenbewertung dar.

Dieser Code ist Teil der anfänglichen Datenexplorationsphase eines Kundensegmentierungsprojekts mittels K-Means-Clustering. Er hilft dabei, die Struktur und Eigenschaften des Datensatzes zu verstehen, bevor mit weiteren Analysen und Clustering fortgefahren wird.

Dieser Code-Ausschnitt lädt den Datensatz, zeigt grundlegende Informationen an, prüft auf fehlende Werte und erstellt Visualisierungen, um uns die Verteilung unserer Schlüsselmerkmale verständlich zu machen.

6.3.2 Datenvorverarbeitung

Bevor wir den K-Means-Clustering-Algorithmus anwenden können, ist es entscheidend, unseren Datensatz ordnungsgemäß vorzubereiten. Diese vorbereitende Phase, bekannt als Datenvorverarbeitung, umfasst mehrere wichtige Schritte, um sicherzustellen, dass unsere Daten im optimalen Format für die Analyse vorliegen. Zunächst müssen wir uns mit fehlenden Werten in unserem Datensatz befassen, da diese unsere Ergebnisse erheblich beeinflussen können.

Dies könnte entweder das Entfernen von Zeilen mit fehlenden Daten oder die Verwendung verschiedener Imputationstechniken zum Auffüllen der Lücken beinhalten. Als Nächstes werden wir sorgfältig die relevantesten Merkmale für unsere Clustering-Analyse auswählen, wobei wir uns auf diejenigen konzentrieren, die am ehesten aussagekräftige Muster im Kundenverhalten aufzeigen können.

Schließlich werden wir unsere Daten skalieren, um sicherzustellen, dass alle Merkmale auf einer vergleichbaren Skala liegen, was besonders wichtig für distanzbasierte Algorithmen wie K-Means ist. Dieser Skalierungsprozess verhindert, dass Merkmale mit größeren Größenordnungen die Clustering-Ergebnisse dominieren, und ermöglicht eine ausgewogenere und genauere Analyse unserer Kundensegmente.

```
# Select relevant features for clustering
features = ['Annual Income (k$)', 'Spending Score (1-100)']

# Check for missing values in selected features
print(customer_df[features].isnull().sum())

# If there are missing values, we can either drop them or impute them
# For this example, we'll drop any rows with missing values
customer_df_clean = customer_df.dropna(subset=features)

# Scale the features
scaler = StandardScaler()
customer_df_scaled = scaler.fit_transform(customer_df_clean[features])

# Convert scaled features back to a DataFrame for easier handling
customer_df_scaled = pd.DataFrame(customer_df_scaled, columns=features)

print("Scaled data:")
print(customer_df_scaled.head())

# Visualize the scaled data
plt.figure(figsize=(10, 6))
sns.scatterplot(x=features[0], y=features[1], data=customer_df_scaled)
plt.title('Scaled Customer Distribution: Annual Income vs Spending Score')
plt.show()
```

Hier ist eine Aufschlüsselung dessen, was der Code macht:

1. Merkmalsauswahl: Es werden zwei relevante Merkmale für das Clustering ausgewählt: 'Jahreseinkommen (T€)' und 'Ausgabenbewertung (1-100)'.
2. Umgang mit fehlenden Werten: Es wird nach fehlenden Werten in den ausgewählten Merkmalen gesucht und alle Zeilen mit fehlenden Daten werden entfernt.
3. Datenskalierung: Es wird StandardScaler verwendet, um die Merkmale zu skalieren, was für das K-Means-Clustering entscheidend ist, da es sicherstellt, dass alle Merkmale gleichmäßig zu den Distanzberechnungen beitragen.
4. Datenumwandlung: Die skalierten Daten werden zur einfacheren Handhabung wieder in einen DataFrame umgewandelt.

5. Visualisierung: Es wird ein Streudiagramm der skalierten Daten erstellt, um die Verteilung der Kunden basierend auf ihrem Jahreseinkommen und ihrer Ausgabenbewertung zu visualisieren.

Dieser Vorverarbeitungsschritt ist wesentlich, da er die Daten für den K-Means-Clustering-Algorithmus vorbereitet und sicherstellt, dass die Analyse ausgewogen und präzise ist.

In diesem Schritt haben wir unsere relevanten Merkmale ausgewählt, fehlende Werte behandelt und unsere Daten mit StandardScaler skaliert. Die Skalierung ist für das K-Means-Clustering entscheidend, da sie gewährleistet, dass alle Merkmale gleichmäßig zu den Distanzberechnungen beitragen.

6.3.3 K-Means-Clustering anwenden

Nachdem unsere Daten nun ordnungsgemäß vorverarbeitet sind, können wir den K-Means-Clustering-Algorithmus auf unseren Kundendatensatz anwenden. Diese leistungsstarke Technik des unüberwachten Lernens wird uns helfen, verschiedene Gruppen innerhalb unserer Kundenbasis zu identifizieren. Um sicherzustellen, dass wir die optimale Anzahl von Clustern für unsere Analyse verwenden, werden wir die Ellbogenmethode einsetzen.

Bei diesem Ansatz wird der K-Means-Algorithmus mit verschiedenen Cluster-Anzahlen ausgeführt und die resultierende Trägheit (Summe der quadratischen Abweichungen innerhalb der Cluster) gegen die Anzahl der Cluster aufgetragen. Der "Ellbogen" in diesem Diagramm - wo die Abnahme der Trägheit beginnt sich abzuflachen - wird die ideale Anzahl von Clustern für unseren Datensatz anzeigen.

```
# Elbow Method to find the optimal number of clusters
inertias = []
k_range = range(1, 11)

for k in k_range:
    kmeans = KMeans(n_clusters=k, random_state=42)
    kmeans.fit(customer_df_scaled)
    inertias.append(kmeans.inertia_)

# Plot the elbow curve
plt.figure(figsize=(10, 6))
plt.plot(k_range, inertias, 'bx-')
plt.xlabel('k')
plt.ylabel('Inertia')
plt.title('The Elbow Method showing the optimal k')
plt.show()

# Based on the elbow curve, let's choose the optimal number of clusters
optimal_k = 5  # This should be determined from the elbow curve

# Apply K-Means with the optimal number of clusters
kmeans = KMeans(n_clusters=optimal_k, random_state=42)
customer_df_clean['Cluster'] = kmeans.fit_predict(customer_df_scaled)
```

```
# Visualize the clusters
plt.figure(figsize=(12, 8))
scatter = plt.scatter(customer_df_clean['Annual Income (k$)'],
                      customer_df_clean['Spending Score (1-100)'],
                      c=customer_df_clean['Cluster'],
                      cmap='viridis')
plt.colorbar(scatter)
plt.xlabel('Annual Income (k$)')
plt.ylabel('Spending Score (1-100)')
plt.title('Customer Segments')
plt.show()
```

Hier ist eine Aufschlüsselung der Hauptkomponenten:

- **Ellbogenmethode:** Diese Technik wird verwendet, um die optimale Anzahl von Clustern zu bestimmen. Sie beinhaltet:
    - Die Ausführung von K-Means mit verschiedenen Clusteranzahlen (1 bis 10)
    - Die Berechnung der Trägheit (Summe der quadratischen Abweichungen innerhalb der Cluster) für jeden Durchlauf
    - Das Auftragen der Trägheit gegen die Anzahl der Cluster
    - Der "Ellbogen" in dieser Grafik zeigt die ideale Anzahl von Clustern an
- **K-Means anwenden:** Sobald die optimale Anzahl von Clustern festgelegt ist (in diesem Beispiel auf 5 gesetzt), wird der Algorithmus auf die skalierten Kundendaten angewendet.
- **Visualisierung:** Die resultierenden Cluster werden in einem Streudiagramm dargestellt, mit:
    - Jahreseinkommen auf der x-Achse
    - Ausgabenbewertung auf der y-Achse
    - Verschiedenen Farben zur Darstellung unterschiedlicher Cluster

Dieser Prozess hilft dabei, verschiedene Kundengruppen basierend auf ihrem Einkommen und Ausgabeverhalten zu identifizieren, was für gezielte Marketingstrategien genutzt werden kann.

In diesem Schritt haben wir die Ellbogenmethode verwendet, um die optimale Anzahl von Clustern zu bestimmen, K-Means-Clustering mit dieser optimalen Anzahl angewendet und die resultierenden Cluster visualisiert.

6.3.4 Cluster interpretieren

Nachdem wir das K-Means-Clustering erfolgreich auf unseren Kundendatensatz angewendet haben, ist es an der Zeit, tiefer in die Ergebnisse einzutauchen und aussagekräftige Erkenntnisse zu gewinnen. Lassen Sie uns die identifizierten Cluster sorgfältig untersuchen und interpretieren, um ein umfassendes Verständnis unserer Kundensegmente zu erlangen.

Diese Analyse wird wertvolle Informationen über die verschiedenen Gruppen innerhalb unserer Kundenbasis liefern und uns ermöglichen, unsere Strategien und Vorgehensweisen gezielter anzupassen.

```
# Calculate cluster centroids
centroids = customer_df_clean.groupby('Cluster')[features].mean()
print("Cluster Centroids:")
print(centroids)

# Analyze cluster sizes
cluster_sizes = customer_df_clean['Cluster'].value_counts().sort_index()
print("\\nCluster Sizes:")
print(cluster_sizes)

# Visualize cluster characteristics
plt.figure(figsize=(12, 6))
sns.boxplot(x='Cluster', y='Annual Income (k$)', data=customer_df_clean)
plt.title('Annual Income Distribution by Cluster')
plt.show()

plt.figure(figsize=(12, 6))
sns.boxplot(x='Cluster', y='Spending Score (1-100)', data=customer_df_clean)
plt.title('Spending Score Distribution by Cluster')
plt.show()
```

Dieser Code-Ausschnitt ist Teil des Kundensegmentierungsprojekts mit K-Means-Clustering. Er konzentriert sich auf die Interpretation der erstellten Cluster. Hier ist eine Aufschlüsselung dessen, was der Code macht:

1. Berechnung der Cluster-Zentroide: Es werden die Mittelwerte der Merkmale für jeden Cluster berechnet, wodurch wir einen zentralen Punkt erhalten, der jeden Cluster repräsentiert.
2. Analyse der Cluster-Größen: Es wird gezählt, wie viele Kunden sich in jedem Cluster befinden, was uns hilft, die Verteilung der Kunden über die Segmente zu verstehen.
3. Visualisierung der Cluster-Eigenschaften: Es werden zwei Box-Plots erstellt:
    -
        - Einer zeigt die Verteilung des Jahreseinkommens für jeden Cluster
    -
        - Ein weiterer zeigt die Verteilung der Ausgabenbewertung für jeden Cluster

Diese Analyse ist entscheidend, um Einblicke in die verschiedenen Gruppen innerhalb der Kundenbasis zu gewinnen, die dann für die Anpassung von Marketingstrategien und die Verbesserung des Kundenengagements genutzt werden können.

Basierend auf diesen Visualisierungen und Statistiken können wir unsere Cluster wie folgt interpretieren:

- Cluster 0: Hohes Einkommen, hohe Ausgabenbewertung - "Premium-Kunden"
- Cluster 1: Niedriges Einkommen, hohe Ausgabenbewertung - "Bewusste Ausgeber"
- Cluster 2: Mittleres Einkommen, mittlere Ausgabenbewertung - "Durchschnittskunden"
- Cluster 3: Hohes Einkommen, niedrige Ausgabenbewertung - "Potenzielle Sparer"
- Cluster 4: Niedriges Einkommen, niedrige Ausgabenbewertung - "Preisbewusste Kunden"

6.3.5 Clustering-Leistung evaluieren

Um die Effektivität unseres Clustering-Ansatzes zu bewerten, verwenden wir den Silhouetten-Koeffizienten, eine aussagekräftige Metrik, die quantifiziert, wie gut jeder Datenpunkt in seinen zugewiesenen Cluster passt. Dieser Koeffizient liefert wertvolle Erkenntnisse, indem er die Ähnlichkeit eines Objekts zu seinem eigenen Cluster im Vergleich zu anderen Clustern misst.

Durch die Analyse dieser Werte können wir ein umfassendes Verständnis unserer Clustering-Qualität gewinnen und potenzielle Verbesserungsbereiche identifizieren.

```
from sklearn.metrics import silhouette_score, silhouette_samples

# Ensure there are at least 2 clusters
if len(set(customer_df_clean['Cluster'])) > 1:
    # Calculate silhouette score
    silhouette_avg                    =                    silhouette_score(customer_df_scaled,
customer_df_clean['Cluster'])
    print(f"The average silhouette score is: {silhouette_avg:.4f}")

    # Compute silhouette scores for each sample
    silhouette_values                 =                  silhouette_samples(customer_df_scaled,
customer_df_clean['Cluster'])

    # Visualize silhouette scores
    plt.figure(figsize=(10, 6))
    plt.hist(silhouette_values, bins=20, alpha=0.7, edgecolor="black")
    plt.axvline(silhouette_avg,    color="red",    linestyle="--",    label=f"Average
Silhouette Score: {silhouette_avg:.4f}")
    plt.xlabel("Silhouette Score")
    plt.ylabel("Frequency")
    plt.title("Distribution of Silhouette Scores")
    plt.legend()
    plt.show()
```

```
else:
    print("Silhouette score cannot be computed with only one cluster.")
```

Hier ist eine Aufschlüsselung dessen, was der Code macht:

1. Berechnung des Silhouetten-Koeffizienten: Dies erfolgt mithilfe der silhouette_score Funktion, die misst, wie ähnlich ein Objekt seinem eigenen Cluster im Vergleich zu anderen Clustern ist. Der durchschnittliche Silhouetten-Koeffizient für alle Datenpunkte wird berechnet und ausgegeben.

2. Berechnung individueller Silhouetten-Koeffizienten: Die silhouette_samples Funktion wird verwendet, um den Silhouetten-Koeffizienten für jeden einzelnen Datenpunkt zu berechnen.

3. Visualisierung der Verteilung der Silhouetten-Koeffizienten: Ein Histogramm wird erstellt, um die Verteilung der Silhouetten-Koeffizienten über alle Datenpunkte zu zeigen. Dies hilft bei der Beurteilung der Gesamtqualität des Clusterings.

4. Hinzufügen einer vertikalen Linie für den Durchschnittswert: Eine rote gestrichelte Linie wird dem Histogramm hinzugefügt, um den durchschnittlichen Silhouetten-Koeffizienten anzuzeigen, wodurch einzelne Werte leicht mit dem Gesamtdurchschnitt verglichen werden können.

Der Silhouetten-Koeffizient reicht von -1 bis 1, wobei höhere Werte ein besseres Clustering anzeigen. Ein Wert über 0,5 gilt im Allgemeinen als gut. Diese Visualisierung hilft bei der Bewertung der Clustering-Qualität und der Identifizierung möglicher Verbesserungsbereiche.

6.3.6 Mögliche Verbesserungen und zukünftige Arbeiten

Während unser aktuelles Modell wertvolle Erkenntnisse liefert, gibt es mehrere Möglichkeiten, seine Leistung potenziell zu verbessern:

- Feature Engineering: Erstellung neuer Merkmale oder Transformation bestehender Merkmale, um komplexere Beziehungen zu erfassen. Zum Beispiel könnten wir ein Merkmal erstellen, das das Verhältnis von Ausgabenbewertung zu Jahreseinkommen darstellt.

- Andere Algorithmen ausprobieren: Experimentieren mit fortgeschritteneren Clustering-Algorithmen wie DBSCAN oder Gaussian Mixture Models, die Cluster verschiedener Formen und Dichten verarbeiten können.

- Dimensionsreduktion: Bei mehr Merkmalen könnten wir Techniken wie PCA zur Dimensionsreduktion vor dem Clustering einsetzen.

- Mehr Daten einbeziehen: Nach Möglichkeit weitere Kundenattribute wie Alter, Geschlecht oder Kaufhistorie einbinden, um nuanciertere Segmente zu erstellen.

- Zeitreihenanalyse: Bei vorhandenen Zeitreihendaten könnten wir analysieren, wie sich Kunden zwischen den Segmenten bewegen.

6.3.7 Fazit

In diesem Projekt haben wir erfolgreich K-Means-Clustering implementiert, um Kunden basierend auf ihrem Jahreseinkommen und ihrer Ausgabenbewertung zu segmentieren. Unsere Arbeit umfasste den gesamten Data-Science-Prozess, von der anfänglichen Datenaufbereitung und sorgfältigen Vorverarbeitung bis hin zur ausgefeilten Modellbewertung und tiefgehenden Interpretation. Wir haben jeden Schritt mit Präzision durchgeführt und dabei die Integrität und Zuverlässigkeit unserer Analyse sichergestellt.

Die Kundensegmente, die wir durch diesen Prozess aufgedeckt haben, sind nicht nur statistische Gruppierungen, sondern bieten tiefgreifende Einblicke in unsere Kundenbasis. Diese Segmente ermöglichen ein nuanciertes Verständnis verschiedener Kundenverhalten und -präferenzen, das zur deutlichen Verbesserung unserer Geschäftsstrategien genutzt werden kann. Durch die Anpassung unserer Marketingansätze an diese verschiedenen Gruppen können wir personalisiertere und effektivere Kampagnen erstellen, die mit den einzigartigen Eigenschaften jedes Segments im Einklang stehen.

Darüber hinaus erstrecken sich diese Erkenntnisse über das Marketing hinaus und können die Produktentwicklung, Kundenserviceansätze und allgemeine Geschäftsentscheidungen beeinflussen. Die Fähigkeit, Kunden basierend auf ihrer Segmentierung gezielter anzusprechen, kann zu verbesserter Kundenzufriedenheit, erhöhter Loyalität und letztendlich besseren Geschäftsergebnissen führen. Mit Blick auf die Zukunft werden diese Kundensegmente als wertvolle Grundlage für datengestützte Entscheidungen in verschiedenen Aspekten unserer Geschäftstätigkeit dienen.

Fazit

Herzlichen Glückwunsch! Sie haben *Machine Learning Hero: Master Data Science with Python Essentials* erfolgreich absolviert und damit einen wichtigen Schritt zur Beherrschung der grundlegenden Fähigkeiten des maschinellen Lernens gemacht. Von den Kernkonzepten des maschinellen Lernens bis hin zur Implementierung von Modellen mit Python und seinen leistungsstarken Bibliotheken sind Sie nun mit den Werkzeugen ausgestattet, die Sie zur Bewältigung realer Data-Science-Probleme benötigen.

Auf diesem Weg haben wir eine Vielzahl von Themen erkundet – von den wesentlichen Prinzipien des maschinellen Lernens bis hin zu den Feinheiten der Datenvorverarbeitung, Feature Engineering und klassischen Algorithmen des maschinellen Lernens. Als **Machine Learning Hero** haben Sie nun die Fähigkeit, aus Daten aussagekräftige Erkenntnisse, Vorhersagen und Lösungen zu gewinnen, die Entscheidungen in jeder Branche vorantreiben können.

Lassen Sie uns einen Moment innehalten und reflektieren, was Sie bisher erreicht haben:

1. Verständnis der Grundlagen des maschinellen Lernens

In den ersten Kapiteln haben wir Sie in die Grundlagen des maschinellen Lernens eingeführt. Sie haben die verschiedenen Arten des maschinellen Lernens kennengelernt – **überwachtes**, **unüberwachtes** und **verstärkendes Lernen** – und wie diese Techniken auf verschiedene Aufgaben angewendet werden können. Das Verständnis dieser Unterschiede hat es Ihnen ermöglicht, methodisch an Probleme heranzugehen und die richtigen Werkzeuge und Modelle basierend auf der Art der Daten und der Problemstellung auszuwählen.

2. Beherrschung von Python und essentiellen Data-Science-Bibliotheken

Sie sind auch versiert im Umgang mit Python geworden, der bevorzugten Sprache für Data Science und maschinelles Lernen. Durch die Erkundung wichtiger Bibliotheken wie **NumPy**, **Pandas**, **Matplotlib**, **Seaborn** und **Scikit-learn** haben Sie nun die Fähigkeit, Daten zu manipulieren, Trends zu visualisieren und Modelle mit Zuversicht zu erstellen. Diese Bibliotheken werden weiterhin unverzichtbare Werkzeuge sein, während Sie in Ihrer Machine-Learning-Karriere voranschreiten.

3. Datenvorverarbeitung für erfolgreiche Machine-Learning-Anwendungen

Eine der wichtigsten Fähigkeiten, die Sie entwickelt haben, ist die Fähigkeit, Daten effektiv zu **vorverarbeiten**. Rohdaten sind selten perfekt, und die Zeit, die Sie mit dem Erlernen der Datenbereinigung und -transformation verbracht haben, ist entscheidend für die optimale Leistung Ihrer Machine-Learning-Modelle. Ob es um den Umgang mit fehlenden Werten, die Kodierung kategorischer Variablen, die Skalierung von Features oder die Durchführung von Train-Test-Splits geht – Sie wissen nun, wie Sie unübersichtliche Daten in etwas Nützliches verwandeln können.

4. Anwendung klassischer Machine-Learning-Techniken

Wir haben uns dann mit klassischen Machine-Learning-Techniken befasst, einschließlich **Regression**, **Klassifikation** und **Clustering**-Algorithmen. Sie haben Modelle erstellt wie:

- **Lineare und polynomiale Regression** zur Vorhersage kontinuierlicher Ergebnisse.
- **Klassifikationsalgorithmen** wie **SVMs**, **KNN** und **Entscheidungsbäume** zur Klassifizierung von Datenpunkten in verschiedene Kategorien.
- **K-Means Clustering** zur Gruppierung ähnlicher Datenpunkte, wenn keine Labels verfügbar sind.

Durch die Arbeit an praktischen Projekten, wie der Vorhersage von Autopreisen und Kundensegmentierung, haben Sie nicht nur die Theorie hinter diesen Algorithmen gelernt, sondern auch deren praktische Umsetzung. Diese Fähigkeiten werden sich als unschätzbar wertvoll erweisen, wenn Sie Ihre Reise zu fortgeschritteneren Machine-Learning-Techniken fortsetzen.

5. Die Bedeutung des Feature Engineering

Eine der leistungsfähigsten Techniken, die Sie gemeistert haben, ist das **Feature Engineering**. Wie Sie gesehen haben, kann die Qualität der Features, die Sie in Ihr Modell eingeben, den entscheidenden Unterschied in der Leistung ausmachen. Durch das Erstellen neuer Features, das Transformieren bestehender und das Auswählen der relevantesten Variablen haben Sie gelernt, wie Sie Ihre Modelle für größere Genauigkeit und Zuverlässigkeit optimieren können.

Wie geht es weiter?

Während Sie dieses Kapitel über die Grundlagen des maschinellen Lernens abschließen, fragen Sie sich vielleicht: "Was kommt als Nächstes?" Die Reise zur Beherrschung des maschinellen Lernens ist kontinuierlich, und es gibt immer mehr zu lernen. Hier sind einige Schritte, die Sie als Nächstes unternehmen können:

1. Weiter mit realen Daten üben

Die praktischen Projekte, die Sie in diesem Buch abgeschlossen haben, sind erst der Anfang. Um Ihr Verständnis zu festigen, üben Sie weiter mit realen Datensätzen. Sie finden Datensätze auf Plattformen wie **Kaggle**, **UCI Machine Learning Repository** oder sogar in öffentlichen Regierungsdatenportalen. Je mehr Daten Sie bearbeiten, desto besser werden Sie verstehen, wie Sie Ihre Machine-Learning-Fähigkeiten auf verschiedene Branchen und Probleme anwenden können.

2. Vertiefen Sie Ihr Wissen über Algorithmen

Während dieses Buch Sie in die grundlegenden Machine-Learning-Algorithmen eingeführt hat, gibt es noch viel zu erforschen. Tauchen Sie tiefer ein in Themen wie **Ensemble-Methoden** (z.B. **Random Forests**, **Gradient Boosting**), **Hyperparameter-Tuning** und **Modelloptimierung**. Diese Techniken werden Ihnen helfen, die Genauigkeit und Effizienz Ihrer Modelle weiter zu verbessern.

3. Erforschen Sie Deep Learning und KI

Maschinelles Lernen ist ein weites Feld, und einer der spannendsten Wachstumsbereiche ist **Deep Learning**. Wenn Sie bereit sind, Ihre Fähigkeiten auf die nächste Stufe zu heben, wird Sie Band 2 dieser Serie – *Deep Learning and AI Superhero: Mastering Deep Learning with TensorFlow, Keras, and PyTorch* – durch die Welt der **neuronalen Netze**, **Convolutional Neural Networks (CNNs)**, **Recurrent Neural Networks (RNNs)** und mehr führen. Dies wird es Ihnen ermöglichen, KI-Modelle zu erstellen, die Aufgaben wie Bilderkennung, Verarbeitung natürlicher Sprache und autonome Entscheidungsfindung bewältigen können.

4. Bauen Sie ein Portfolio auf

Wenn Ihr Ziel eine Karriere im maschinellen Lernen oder in der Data Science ist, ist es wichtig, Ihre Fähigkeiten zu präsentieren. Beginnen Sie mit dem Aufbau eines Portfolios von Projekten, die Ihre Fähigkeit demonstrieren, reale Probleme mithilfe von Daten zu lösen. Ob es sich um einen Machine-Learning-Wettbewerb auf **Kaggle** oder ein persönliches Projekt mit öffentlichen Datensätzen handelt – ein Portfolio wird Sie auf dem Arbeitsmarkt abheben.

5. Bleiben Sie neugierig und lernen Sie weiter

Das Feld des maschinellen Lernens entwickelt sich ständig weiter, mit neuen Werkzeugen, Algorithmen und Techniken, die laufend entwickelt werden. Bleiben Sie neugierig und lernen Sie weiter. Abonnieren Sie Machine-Learning-Blogs, verfolgen Sie Forschungspapiere und engagieren Sie sich in der Community auf Plattformen wie **GitHub** und **Stack Overflow**. Indem Sie mit den neuesten Entwicklungen Schritt halten, werden Sie weiterhin als Machine Learning Hero wachsen.

Abschließende Gedanken

Ein **Machine Learning Hero** wird man nicht über Nacht. Es erfordert Ausdauer, Neugier und die Bereitschaft, mit Daten und Algorithmen zu experimentieren. Aber durch die Beherrschung der Kernkonzepte, Werkzeuge und Techniken, die in diesem Buch behandelt wurden, haben Sie ein solides Fundament geschaffen, das Sie auf Ihrer Reise durch Data Science und KI unterstützen wird.

Die Kraft des maschinellen Lernens liegt nicht nur in der Fähigkeit, Modelle zu erstellen, sondern in seinem Potenzial, reale Probleme zu lösen, Prozesse zu automatisieren und Erkenntnisse aus

Daten zu gewinnen. Mit den Fähigkeiten, die Sie erworben haben, haben Sie nun die Macht, Innovation voranzutreiben und in jedem Bereich einen bedeutenden Einfluss zu nehmen.

Die Welt des maschinellen Lernens wartet auf Sie. Sind Sie bereit, Ihre Fähigkeiten auf die nächste Stufe zu heben? Setzen wir Ihre Reise in **Buch 2** fort, wo Sie zum **Deep Learning und KI-Superhelden** werden!

Wo weitermachen?

Wenn du dieses Buch abgeschlossen hast und nach weiterem Wissen in der Programmierung suchst, möchten wir dir andere Bücher unseres Unternehmens empfehlen, die für dich nützlich sein könnten. Diese Bücher decken eine breite Palette von Themen ab und sind darauf ausgelegt, dir zu helfen, deine Programmierfähigkeiten weiter auszubauen.

"ChatGPT API Bible: Mastering Python Programming for Conversational AI": Bietet eine praxisnahe und schrittweise Anleitung zur Nutzung von ChatGPT, von der Integration der API bis zur Feinabstimmung des Modells für spezifische Aufgaben oder Branchen.

"Natural Language Processing with Python: Building your Own Customer Service ChatBot": Dieses Buch bietet eine tiefgehende Erkundung des natürlichen Sprachverstehens (NLP). Es vereinfacht komplexe Konzepte erfolgreich durch ansprechende Erklärungen und intuitive Beispiele.

"Data Analysis with Python": Python ist eine mächtige Sprache für Datenanalyse, und dieses Buch hilft dir, ihr gesamtes Potenzial auszuschöpfen. Es behandelt Themen wie Datenreinigung, Datenmanipulation und Datenvisualisierung und bietet praktische Übungen, um das Gelernte anzuwenden.

"Machine Learning with Python": Maschinelles Lernen ist eines der spannendsten Felder der Informatik, und dieses Buch hilft dir, deine eigenen Modelle für maschinelles Lernen mit Python zu erstellen. Es behandelt Themen wie lineare Regression, logistische Regression und Entscheidungsbäume.

"Mastering ChatGPT and Prompt Engineering": In diesem Buch nehmen wir dich mit auf eine umfassende Reise durch die Welt der Prompt-Engineering, von den Grundlagen der KI-Sprachmodelle bis hin zu fortgeschrittenen Strategien und Anwendungen in der realen Welt.

Alle diese Bücher sind darauf ausgelegt, dir zu helfen, deine Programmierfähigkeiten weiter auszubauen und dein Verständnis der Programmiersprache Python zu vertiefen. Wir glauben, dass Programmieren eine Fähigkeit ist, die man im Laufe der Zeit lernen und entwickeln kann, und wir sind bestrebt, Ressourcen bereitzustellen, die dir helfen, deine Ziele zu erreichen.

Wir möchten auch diese Gelegenheit nutzen, um dir für die Wahl unseres Unternehmens als deinen Begleiter auf deiner Programmierreise zu danken. Wir hoffen, dass du dieses Buch für Anfänger in Python als wertvolle Ressource empfunden hast und freuen uns darauf, dir in Zukunft weiterhin hochwertige Programmierressourcen zur Verfügung zu stellen. Wenn du Kommentare oder Vorschläge für zukünftige Bücher oder Ressourcen hast, zögere nicht, uns zu kontaktieren. Wir würden uns freuen, von dir zu hören!

Erfahre mehr über uns

Bei Cuantum Technologies sind wir darauf spezialisiert, Webanwendungen zu entwickeln, die kreative Erlebnisse bieten und reale Probleme lösen. Unsere Entwickler haben Erfahrung in einer breiten Palette von Programmiersprachen und Frameworks, einschließlich Python, Django, React, Three.js und Vue.js, unter anderem. Wir erforschen ständig neue Technologien und Techniken, um an der Spitze der Branche zu bleiben, und sind stolz auf unsere Fähigkeit, Lösungen zu schaffen, die die Bedürfnisse unserer Kunden erfüllen.

Wenn du mehr über Cuantum Technologies und die von uns angebotenen Dienstleistungen erfahren möchtest, besuche bitte unsere Website unter books.cuantum.tech. Wir beantworten gerne alle Fragen, die du haben könntest, und besprechen, wie wir dir bei deinen Softwareentwicklungsbedürfnissen helfen können.

CUANTUM
TECHNOLOGIES

www.cuantum.tech

Printed in Poland
by Amazon Fulfillment
Poland Sp. z o.o., Wrocław

61725171R00361